Schalom Asch wurde am 1. November 1880 in Kutno als Sohn armer jüdischer Eltern geboren. Er wuchs zusammen mit 15 Geschwistern auf und besuchte nur die Talmudschule des Ortes. 1899 gelang ihm in Warschau, wo er mit den deutschen Klassikern in Berührung kam, sein erstes Meisterwerk, »Ein Städtchen«. 1907 führte Max Reinhardt in Berlin das Theaterstück »Gott der Rache« des 26jährigen mit großem Erfolg auf. Schalom Asch hat in der Schweiz, in den USA, Frankreich und Israel gelebt. 1920 wurde er in den USA naturalisiert. Dennoch blieb er immer im jüdischen Glauben verwurzelt. Seine Werke schildern das gegenwärtige und vergangene jüdische Leben in seiner ganzen Vielfalt. Über allen Religionen steht bei ihm jedoch die Liebe zum Nächsten. Schalom Asch schuf als Autodidakt in geradezu besessener Arbeit ein in Fülle und Thematik gewaltiges Werk von 60 Bänden, das er in jiddischer Sprache niederschrieb und das später auch in andere Sprachen übersetzt wurde. Er starb 1957 in London.

Von Schalom Asch sind außerdem erschienen:

»Moses« (Band 2867)
»Jesus« (Band 2868)

Vollständige Taschenbuchausgabe Dezember 1990
Droemersche Verlagsanstalt Th. Knaur Nachf., München
Titel der Originalausgabe »Mary«

Umschlaggestaltung Manfred Waller
Umschlagfoto AKG, Berlin
Druck und Bindung brodard & taupin
Printed in France 5 4 3 2 1
ISBN 3-426-02866-2

Schalom Asch:
Maria
Die Mutter des Erlösers

Roman

Aus dem Amerikanischen von Richard Jordan

Knaur

ERKLÄRUNG

der im Text vorkommenden hebräischen Worte:

Miriam	Maria
Jeschua	Jesus
Schemah Israel	Höre Israel
Schalom alechem	Friede sei mit euch
K'far Nahum	Kapernaum
Tinoki	Kindlein
Emi	Meine Mutter
Abba	Vater
Ben hebr.	Sohn
Bar aramäisch	Sohn
Reb	Anredeform für Gelehrte
Rabbi, Mehrzahl Rabbunim	Titel für Gelehrte
Jochanaan	Johannes
Jom Kippur	Versöhnungstag
Thora	Bibel
Schofar	Widderhorn
Hallel	Lobgesang
Pilpul	Streitgespräch
Schoschanna	Susanna (Rose)

ERSTER TEIL

ERSTES KAPITEL

JEDES Heraufdämmern eines neuen Tags wiederholt den Urbeginn; wer gewahrt, wie sich die Erde der gestaltlosen Leere der Nacht entringt, dem ist, als wohne er der Erschaffung der Welt bei.

Tief hing die Nacht herab auf die Hügelkämme; doch das hohle Halbrund der Himmelsschale, gesprenkelt mit unzählbaren Lichtfunken, ließ einen Regen von Sternenschein herabträufen, der die Nachtluft zu einem durchsichtigen Schleier machte. Von Zypressen- und Olivenhainen nach allen Seiten abgeschirmt, nisteten kleine Häuschen, zu verschlafenen Weilern zusammengedrängt, im Helldunkel des Tals. Auf den Hügeln war, schwankend im Morgenwind gleichwie in stummem Gebet, ein jeder Grashalm deutlich zu unterscheiden, der da zitterte unterm frischen Tau und den Glanz widerstrahlte, den ihm die ersten Schöpfungsstunden verliehen.

Über die taubenetzten Hügel hin ritt ein junger Wandersmann, zum Schutze gegen die feuchte Kühle der Nacht umhüllt von einem weißen Kapuzenmantel. Lockeren Zügels überließ er es dem Eselein, das ihn trug, sich den Weg zu suchen zwischen den Eiben, den wilden Rosen und den Lorbeerbüschen, die die Hänge deckten, während der Reiter sich selbst seinen Gedanken hingab. Er bedachte das Ziel seiner Reise, die ihn zu neuen Menschen an unbekanntem Ort führte. Waltete Gott gnädig über seinem Weg, würde er ihn gute Aufnahme finden lassen bei den Anverwandten in Nazareth, zu denen er nun zog, so wie Jakob gezogen war zu Laban, ein Weib zu finden in deren Mitte?

Denn edler Familie entstammte der junge Reisende, der höchstgeborenen Israels, dem Hause Davids, und keine einfache Sache war es für ihn als Abkömmling königlichen Stammes, ein ebenbürtiges Eheweib zu finden.

Die Adelsgeschlechter Israels waren eifrig und unablässig bemüht, die Reinheit ihrer Sippe zu bewahren, und machten es jedem ihrer Angehörigen zur Pflicht, sich nur mit Familien gleichen Ranges und Standes ehelich zu verbinden. In einem jüdischen Hause wurde nichts liebevoller gehegt, eifersüchtiger bewacht als die Niederschrift des Stammbaums, die von Geschlecht zu Geschlecht als das kostbarste aller Erbstücke weitergegeben wurde. Heiratete ein Mann unter seinem Stande, so traten seine Anverwandten auf dem Marktplatz zusammen, riefen alle ihre Kinder aus den Häusern zu sich und verkündeten ihnen, indes sie Nüsse und Zuckerzeug unter sie verteilten, mit aller gebotenen Feierlichkeit: «Der und der Angehörige unseres Hauses hat ein unwürdiges Weib zur Frau genommen, und wir sind in Sorge, daß nicht seine Nachkommenschaft sich mische mit der unsern. Seied daher eingedenk allezeit, daß dieses Mannes Kinder niemals mit einem der Unsern sich vermählen sollen.» Und wenn ein jedes der Kinder den ihm zukommenden Teil an Nüssen und Honigkuchen erhalten hatte, antworteten sie im Chor: «So gelte dieser Mann nicht mehr als ein Mitglied unseres Hauses.»

Wenn schon die gewöhnlichen Adelsgeschlechter so ängstlich bedacht waren auf die Reinhaltung ihres Stammes, wie eifervoll mußten dann diejenigen darum besorgt sein, die sich der Abfolge vom Königshause Davids rühmten, Davids, dessen Lenden in künftigen Tagen, wie verheißen, der Messias entspringen mußte.

Der junge Reiter entstammte einem verarmten Seitenzweig dieser mächtigen Familie. Zimmermann seines Zeichens, der Sohn eines Elternpaares, dessen gesamtes Vermögen von Herodes eingezogen worden war, konnte er sich nicht der Hoffnung hingeben, als Schwiegersohn angenommen zu werden von einer der reichen Familien aus dem Hause Davids, jener Familien, die ihren Frieden mit Herodes gemacht hatten und die daher ihre Winterpaläste in Jerusalem und ihre Sommerhäuser in den Dattelhainen von Jericho behalten konnten. Es war ihm jedoch zu Ohren gekommen, daß in dem entlegenen Städtchen Nazareth, das inmitten der Berge um das Tal Jesreel an einem wenig begangenen Weg lag, der die Bucht von Akkon mit Damaskus verband, eine aus Davids Geschlecht stammende Witwe mit ihrer Tochter wohne. Der vor kurzem verstorbene Vater war ein armer, aber gottesfürchtiger Landmann gewesen. Die ältere Tochter, Mariama, lebte als Frau eines Handwerkers im Städtchen und half der Witwe und der jüngeren Schwester Miriam bei der Bestellung des Familiengütchens in Nazareth.

Der Jüngling hatte sich dafür entschieden, seinen Ritt bei Nacht auszuführen, teils um der Hitze des Tages zu entgehen, teils aber auch, weil er mit seinen schweifenden Gedanken Gott nahe sein wollte. Denn sein Gemüt war beschwert und sein Herz erfüllt von Furcht, und er wußte, daß nichts ihn dem Angesicht Gottes näher bringen würde, denn die Stille der Nacht.

Einem Lamme gleich, das ausgesetzt wird auf freiem Feld und der Gnade Gottes überlassen, so kam er sich vor. Von frühester Jugend an hatte er sein Brot mit seiner Hände Arbeit verdienen müssen. Nie hatte er die Möglichkeit gehabt, hinaufzuziehen nach Jerusalem, um dort zu Füßen der Rabbunim und der Weisen zu sitzen. Er hatte sich nicht fortbilden können über das hinaus, was er als Kind gelernt hatte. Doch dies hatte in seiner Seele nur den Hunger gesteigert nach Gott, nach Seinem Gesetz und der Gerechtigkeit Seiner Wege. Ohne Vater und Verwandte, die ihn hätten anleiten können, waren seine einzigen Führer die winzigen Bruchstücke geistiger Bildung, deren er sich aus seiner Schulzeit entsann: die paar Stellen aus den Propheten, die Psalmen, die er auswendig herzusagen wußte, die Gebete, die geläufig von seinen Lippen kamen. Denn so wie er von Kindesbeinen an seines Leibes Notdurft gestillt hatte mit seiner Hände Arbeit, so hatte er seinem Geist Nahrung zugeführt aus den in seinem Herzen aufgespeicherten Schätzen. Er vermeinte nicht, sie seien reich, diese Schätze, doch er war ein Mensch, der genug hatte an seinem ihm zugemessenen Teil, und er murrte niemals über den bescheidenen Lebensunterhalt, den sein Handwerk abwarf, und so begnügte er sich auch mit seinen mäßigen Kenntnissen der Heiligen Schrift. Als höchste unter seinen geistigen Schätzen hielt er die Psalmen wert, die er sich immer wieder vorsagte, und so tat er denn auch jetzt, da er über die Hügel hinritt unterm sternbesäten Himmel.

Das Aufsagen von König Davids Strophen hinderte ihn nicht daran, seinen Gedanken nachzuhängen. Wenn nur Gott ihm beistehen wollte, gute Aufnahme und sein Glück zu finden bei den Anverwandten zu Nazareth, bei der Witwe und dem Mägdlein Miriam, das seine Braut werden sollte!

Indes er so sich seinen Gedanken an Braut und Brautstand hingab, fiel ihm die Begegnung mit einem Manne aus Jerusalem ein, der ihm die von einem berühmten Rabbi im Vorhof des Tempels gehörten Aussprüche wiederholt hatte. Vierzig Tage bevor ein Mann geboren wird – so hatte der Rabbi gelehrt – läßt sich eine Stimme vom Himmel vernehmen, welche also spricht: «Die Tochter des Soundso ist bestimmt diesem oder jenem Mann!» Vielleicht hatte eben diese Stimme gesprochen über ihn, verkündend, daß Miriam, die Tochter des Hanan, sein, Joseph ben Jakobs Weib werde. Wenn dies aber so gewesen, dann war sie bereits seine ihm angelobte Braut, die ihm bestimmt war vom HErrn, um ihm zu helfen zu erbauen sein Haus in Israel.

Zittern überlief ihn bei dem Gedanken, als habe er an etwas unaussprechlich Heiliges gerührt, als habe er seine Seele selbst vor sich auf den Tellern seiner Hände.

Joseph brachte den Esel zum Stehen, stieg aus dem Sattel und goß das Wasser aus der Lederflasche aus, die er zur rituellen Händewaschung mit sich führte. Dann, hinkniend auf die feuchte Erde wie Jakob zu Beth-El, hob er die Arme zum Himmel empor, und von seinen Lippen kam murmelnd das Gebet, das in seinem Herzen gereift war:

«Herr der Welt, Gott Abrahams, Isaaks und Jakobs, der Du den Stammvater meines Hauses, Deinen vielgeliebten Knecht David beschützt und beschirmt auf allen seinen Wegen! Leihe Deine Gunst meinem Vorhaben und lasse mich wandeln auf Deinem wahren Pfade! Und wenn ich am Orte ankomme, zu dem Du mich geleitest, so lasse mich Wohlgefallen finden in den Augen derjenigen, die Du zu meinem Weibe bestimmt hast, und in den Augen ihrer Verwandten und Freunde, auf daß ich sie eheliche in Frömmigkeit und Reinheit nach Deinem Gesetze und erbaue mit ihr mein Haus in Israel.»

Als Joseph sich wieder von dem feuchten Boden erhob, sah er am Bergfuß einen milchigen Nebel über die Ebene hingebreitet gleich einer wollenen Decke. Langsam löste sie sich, von Hausdächern und Zypressenwipfeln durchstoßen, zu Wolkenfetzen auf.

Auf seinem hohen Sitz über dem Nebel kam sich Joseph wie in der Luft hängend vor. Da er den Blick zum Horizont hinwandte, ward er eines weißen Glanzes inne, der, wie von unsichtbarer Quelle her, einen zarten Lichtschein über den Himmel ergoß. Allmählich gestaltete sich die Welt heraus aus der namenlosen Finsternis, die Himmel und Erde umschlungen gehalten hatte, und wieder, gleichwie am ersten Schöpfungstag, schied sich das Firmament von der Feste des Landes.

Und nun wurde Joseph, zu seinen Füßen hingekauert in einem Bergtal wie zwischen die Höcker eines Kamels, des bescheidenen Fleckens Nazareth ansichtig. In Morgentau gebadet, die Häuser eng zusammengedrängt, von seinem grünen Gürtel von Zypressenhainen eingehegt, hob sich das Städtchen aus dem Nebel heraus, der noch über dem Lande lag.

Joseph lenkte seinen Esel den Pfad hinunter, der von der Anhöhe zum Städtchen führte.

Er hatte nicht die Absicht, Witwe und Tochter überraschend aufzusuchen, und so beschloß er zunächst einmal bei dem Oheim des Mädchens, dem Bruder ihres Vaters, einem gewissen Reb Elimelech, vorzusprechen. Gleich dem verstorbenen Vater des Mädchens war er ein Vetter Josephs von dessen Vaters Seite, und, gleich ihm selbst, Zimmermann von Beruf. Denn in den meisten Familien Israels vererbte sich ein Handwerk vom Vater auf den Sohn auf Generationen hinaus. Joseph hatte sich also vorgenommen, seine ersten Schritte im Städtchen zu Elimelechs Haus hinzulenken, und dem Vetter, als dem nächsten Verwandten des verwaisten Mädchens, sein Anliegen kundzugeben, auf daß der Alte es dem Mädchen und dessen Mutter vortrage.

So ließ Joseph denn also sein Eselein, beide durchnäßt vom Nachttau, der auf Josephs Mantel, Füßen und Haaren sowie auf seines Reittiers Fell lag, durch das üppige Gerank von Oleander- und Lorbeergebüsch traben, das den Pfad zum Städtchen säumte.

Ihre Krüge auf den Köpfen schlenderten die Töchter der Stadt bereits zum öffentlichen Brunnen. Rauchfahnen begannen aus den offenen Türen zu dringen. Taglöhner richteten ihr Gerät und gingen, Spaten und Äxte geschultert, zur Arbeit. Blöken und Muhen von Vieh, Eselsgeschrei, das Klingen von Hämmern, das Rufen von Kindern erfüllte die Luft. Schaf- und Ziegenherden, die zur Weide getrieben wurden, wirbelten Staubwolken auf.

Joseph ritt durch die erwachenden engen Straßen, den Frauen ausweichend, die mit den Handmühlen im Schoß auf den Hausschwellen saßen, und fragte sich durch zu Reb Elimelech, dem Zimmermann.

Auch im Hause Hannas, der Witwe Hanans, hatte man sich zum Tagwerk erhoben. Das Haus war nicht groß. Es lag am Rand von Nazareth, dicht bei einem Ölbaumhain, der das Tal zwischen Berg und Dorf ausfüllte. Das Wäldchen war Eigentum der Gemeinde; jeder ihrer Bewohner hatte ein Anrecht auf seinen Ertrag. Das Haus selbst war auf drei Seiten von einem wilden Weidenhag umgeben, der es von der Allmend schied. Darüber stieg eine kleine

Anhöhe empor, auf der das Vieh graste. Wie jedes Haus in Israel hatte es auch einen Gemüsegarten, der sorgfältig bestellt und gehalten wurde, damit die verschiedenen Gattungen sich nicht in den Furchen vermischten. Jede Gemüseart war daher gegen die Nachbarbeete durch Holzzäune scharf getrennt. Rebspalier lief um eine Laube; in einem Obstgarten wuchsen ein paar Öl- und Feigenbäume sowie einige Granatbäume. Der Viehbestand war recht dürftig: ein Dutzend Schafe mit ihren Lämmern war alles, dazu noch ein Esel, der als Last- und Zugtier – für den Pflug – diente. Die kleine Herde, peinlich getrennt von der Unterkunft der Menschen, war in ein paar Verschlägen untergebracht, die mit Zweiggeflecht gedeckt waren. Hinter dem Haus, jenseits des Gemüsegartens, lag, von Zypressen beschattet, von sauberer Stein- und Lehmeinfassung sowie, der Gesetzesvorschrift entsprechend, außerdem zur Verhütung von Unfällen für Mensch und Vieh von einem starken Holzgitter umgeben, die Zisterne.

Das Wohnhaus war nieder und klein. Einfache Kalksteinwände umgaben einen langen schmalen Raum, dessen Mitte eine steinerne Feuerstelle mit einem Dreifuß einnahm. Als Rauchabzug diente ein Loch in der Decke. Unverhängte Mauerlücken gaben die Fenster ab; eine größere Maueröffnung, von einem schweren Gewebe verhangen, bildete die Tür.

Schwer und niedrig lastete das Dach, das in seiner ganzen Länge von Zypressenholzbalken getragen wurde. Über diese waren kreuzweise Bambusstangen gelegt, zwischen denen sich eine dicke Schicht von Palmblättern befand. Nur in einer Ecke, an der – nach Jerusalem weisenden – Ostseite des Raums war das Dach mit dickerem Bambusgeflecht verstärkt, weil sich dort über der Decke ein kleiner zum Himmel offener, mittels einer Leiter zu erkletternder Söller befand. Er diente der Familie als Ruhe- und Gebetsplatz; auch zum Dörren von Obst und Trocknen des Käses wurde er verwandt.

Das Mobiliar in dieser Ostecke des Raums war karg: ein niedriger Tisch, dahinter eine mit Kissen und Tüchern belegte Wandbank. Es stand jedoch auch das Familienheiligtum dort, die Truhe mit den Kostbarkeiten des Hauses. Sie bestanden aus zwei seit vielen Geschlechtern vererbten Thorarollen, einer Pergamenthandschrift des Buches Jesaia, der Gesänge Davids und der heiligen Berichte, die vom Leben des großen Königs, des Stammvaters der Familie, erzählten, aus dem Buch Ruth, der Ahnin des Hauses, und schließlich noch der Stammtafel, der wichtigsten Urkunde der Familie, die deren Abstammung von König David nachwies und daher gehegt und gehütet wurde, als hinge das Dasein der Familie davon ab.

So lange der Hausherr am Leben gewesen, waren alle Sabbath- und Festgebräuche in dieser Ecke vorgenommen worden. An jedem Freitagabend hatte der Vater den Sabbath mit einem Becher Wein bewillkommnet und geheiligt. Alle häuslichen Verrichtungen, die zu diesen Zeremonien gehörten, hatten sich in dieser Ecke abgespielt, vor allem die Vorlesung aus der Heiligen Schrift, an jedem Morgen und an jedem Abend, bei Sonnenaufgang und Sonnenuntergang, auf daß das Gebot erfüllt wurde: «Und du sollst sie in deinen Gedanken haben bei Tage und bei Nacht.» Auch nach dem Tode des Gatten hatte die Witwe den Brauch hochgehalten; jeder Tag begann, jeder Tag endete mit einem Bibelvers, den sie ihrem Kinde vorlas.

Wie in jedem jüdischen Heimwesen so waren auch in Hannas Haus die Wohnräume der Männer und der Frauen durch herabhängende Vorhänge von einander getrennt. Obwohl kein männliches Wesen mehr im Hause lebte und die Witwe, seitdem die ältere Tochter Mariama ihrem Gatten gefolgt war, mit der jüngeren Tochter allein darin wohnte, hielt sie die Scheidewand doch wie zu ihres Mannes Lebzeiten aufrecht. Wenn sie das Bedürfnis nach Alleinsein hatte, konnte sich die Hausherrin immer in ihre vom Vorhang abgeteilte Kammer zurückziehen. Dort war sie von ihren persönlichen Dingen umgeben, alle ihre kleinen Habseligkeiten waren hier untergebracht, neben dem Ruhebett, einem irdenen Krug und einer Kleidertruhe vor allem der Heiratsvertrag, der in ihrem Besitz sein mußte, wollte sie als rechtmäßige Gattin ihres Mannes gelten. Wie die Hausmutter so hatte sich auch die Tochter des Hauses, nachdem sie großjährig geworden, ihr eigenes Winkelchen geschaffen. Darin stand der Webstuhl, an dem Hanna ihre und ihres Gatten Kleider gewoben hatte.

Der erste Atemzug, den ein jüdischer Mensch nach dem Erwachen aus nächtlichem Schlaf tut, gehört Gott; so wurde es auch im Hause der Witwe Hanna gehalten. Wenn sie nach dem ersten Hahnenschrei aus ihren beiden getrennten Kämmerchen heraustraten, wuschen sich Mutter und Tochter zunächst die Augen und Hände und sprachen das Morgengebet. Die Tochter fand die

Mutter dann bereits am Tisch an der östlichen Schmalseite des Hauptraums auf dem Platz des verstorbenen Hausherrn sitzen, den sie stets einnahm, wenn sie eine der frommen Obliegenheiten erfüllte, die sonst ihr Mann wahrgenommen hatte. Hanna holte eine Pergamentrolle aus der Truhe und las ihre Lieblingsstelle, das erste Kapitel des Buchs Ruth, vor. Ruth gehörte zu ihrer Vorfahrenschaft; diese Gestalt war, in kaum geringerem Maße als der große König selbst, der Stolz aller, die sich als Nachkommen aus Davids Haus betrachteten. Und Ruth war auch das von den weiblichen Angehörigen der Familie am höchsten verehrte Frauenbild. Das Buch, das ihren Namen trug, wurde mit tiefer Ehrfurcht zu endlos wiederholten Malen gelesen. Denn Ruth war fremdem Stamm entsprungen gewesen und hatte doch, auf Grund ihrer Treue, die höchste Begnadung erlangt, die eine Mutter in Israel erhoffen kann: Stammutter zu werden in der Ahnenreihe des Königs und des Messias.

Nach Verlesung des ersten Kapitels sagten die beiden Frauen das «*Schemah Jisroël*», «Höre, Israel», das Bekenntnis zum Glauben an den Einen, Einzigen, Einigen Gott. Zwar war dies ihrem Geschlecht nicht eigentlich vorgeschrieben, doch fromme Frauen ließen damit ihr Gebet enden, und die Weisen Israels hatten nichts dagegen einzuwenden. Erst nachdem das Gebet gesprochen war, begaben sich Mutter und Tochter an ihre häuslichen Verrichtungen.

Die nächste alltägliche Pflicht in einem jüdischen Haushalt nach dem schuldigen Preis Gottes war die Versorgung des Viehs mit Futter und Wasser. Ehe der Hunger der Tiere nicht gestillt war, durfte der Mensch sich nicht zum Morgenessen niedersetzen. Während also die Mutter die innere Hausarbeit aufnahm, ging die Tochter hinaus, um die Herde zu füttern und zu tränken.

Der auf der Erde lastende Nebel begann sich zu zerstreuen. Gleich wehenden Schleiern trieben lose Wolkenfetzen dahin, verfingen sich an Baumästen und Hausdächern. Der Nebel löste sich zu einem Rieseln auf, das wiederum jedes Blatt und jede Blume mit glänzendem Tau besprenkelte. Die Füße des Mädchens wurden naß, Tropfenperlen hingen an ihren dichten schwarzen Locken, die unter dem Kopftuch hervorkamen. Ihr zarter Hals, der aus dem hausgesponnenen Kittel heraustrat, erzitterte unter der frischen Morgenkühle. Doch sie spürte die scharfe, naßkalte Luft nicht, die sie umfing, als sie aus der Tür kam. Ihre Gedanken waren noch beschäftigt mit den Bildern dessen, was die Mutter vorgelesen hatte – hebräische Wortbilder übertragen in die aramäische Umgangssprache –, die Erzählung von Naëmi und ihren beiden, nach Bethlehem zurückkehrenden, Schwiegertöchtern. Oft hatte sie die Erzählung bereits gehört, doch sie erschien ihr immer wieder wie neu. Sie versetzte sich in Naëmi und Ruth auf dem Wege nach Bethlehem. Sie hörte Ruths Stimme: «Wo du hingehst, da will ich auch hingehen, und wo du wohnest, da will ich auch wohnen.» Wie unerforschlich waren die Wege des HErrn, der eine Fremde auserkor, aus anderm Volk und einem andern Gotte dienend, daß sie eine der heiligen jüdischen Mütter werde gleich Sara und Rebekka! Nein, sie war wie Rahel selbst. Sie war begnadet, den Messias zu zeugen. War dies nicht der Beweis dafür, daß der Messias-König kommen werde für alle Menschen und alle Völker, da ja alle Völker Gottes Kinder waren, wie die Propheten verkündet? Ein fremdes Volk hatte die Stammutter Davids gewiegt, auf daß alle Völker teilhatten an der Erbschaft, am König-Messias, am Reis aus dem Stamme Davids.

Das Mädchen trat zum Pferch der Schafe. Die Herde hatte sie, nach ihrem Schritt hinhorchend, erwartet. Feuchte, sabbernde Schnauzen streckten sich ihr entgegen, beschnupperten sie, leckten ihr die Hände. Miriam nannte jedes der Tiere bei Namen, als sie eines nach dem andern an sie herankamen, um ihren Anteil an den Liebkosungen einzuheimsen. Einem fuhr sie streichelnd über die Augen und nannte es «Mondschein»; einem andern überließ sie einen Finger zum Saugen. Ein drittes wieder hielt ihr die Ohren zum Krauen hin, ein viertes seine Nüstern. Böcklein und Lämmchen nahm sie in die Arme, drückte ihre Wangen an die Köpfchen, ließ die Wärme ihrer Körper mit der des ihren sich vermengen, strich mit den Fingern durch ihre flockige Wolle. Der schuldlose Blutschlag ihres kleinen Tierlebens pochte ihr an Arme und Busen und ließ ihren Leib von einem Schauern erzittern, als spüre sie das Geschick eines jeden Böckleins und Lämmchens voraus, dessen Bestimmung es war, Gott als makelloses Opfer dargebracht zu werden.

Miriam tat das Gatter auf und ließ die Tiere zum Trog hinaus, wo sie die Rinne öffnete, durch die das Wasser aus der Zisterne abfloß. Zuletzt kam das Eselchen, das mit der seiner Rasse eigenen Geduld darauf wartete, daß ihm sein Anteil an Liebe gewährt wurde. Miriam kraute den Adamsapfel unter den zausigen Strähnen, eine Liebkosung, die das Tier mit einem leisen anerkennenden J-a entgegennahm, während es zur Tränke geführt und ihm sein Bündel Heu vorgeschüttet wurde.

Die Erde war schon getrocknet, als Miriam zum Haus zurückkehrte. Voll und hell war die Sonne am Himmel erschienen; gleich glühenden Zungen leckten ihre Strahlen den Tau von Halmen und Zweigen, sogen sie die Feuchtigkeit von den Haaren und den bloßen Armen und Füßen des Mädchens. Das Sonnenlicht spielte auf dem verschossenen Blau ihres Kittels und lieh ihm etwas von der Farbe und dem Glanz des Himmels. Miriam ging dahin im zitternden Lichtdunst, der sich sprühend widerspiegelte in ihren Augen und das blaue Aderngespinst unter der durchscheinenden Haut ihrer Schläfen sichtbar machte. Unter dem Kuß der Sonne begann ihr Blut rascher zu kreisen, bedeckten sich ihre Wangen mit Röte. Sie senkte den Kopf und beschattete die Augen mit der Hand.

Ehe sie wieder die Schwelle überschritt, fiel ihr ein, daß eine Freundin sie erwartete; so lenkte sie die Schritte zurück zur Zisterne am andern Ende des Gartens. Durch die dichten Gruppen von Zypressen und Oleanderbäumen gelangte sie zum Brunnenrand und gewahrte dort die junge Rehgeiß mit ihrem Kälbchen, die jeden Morgen zum Trinken hierherkam. Miriam hatte sie einmal zufällig gefunden und mit einer Handvoll Gras ihr Zutrauen gewonnen. Damit hatte diese Freundschaft begonnen, und von da an riß Miriam jeden Morgen, wenn die Haustiere gefüttert und getränkt waren, frische Blätter von roten und gelben Rüben in ihrem Gemüsegarten und brachte den beiden Gästen den Schmaus, die nun immer alltäglich aus dem Bergwald herunter zum Garten kamen. Miriam konnte ihnen nicht viel Zeit widmen. Anfänglich, in der ersten Zeit der Freundschaft, konnte sie sich nicht sattsehen an den zierlichen Besuchern; sie fand kein Ende sie zu herzen, zu streicheln, zu krauen. Aber nunmehr waren sie alte Freunde, und es blieb nicht jeden Tag Zeit genug für solche Spielereien; im Hause wartete die Mutter auf sie; es war kaum Hand gelegt an das Tagewerk. Miriam mußte sich damit begnügen, dem Reh flüchtig über den feinen Kopf zu streichen und sich von dem Kälbchen kurz die Hand lecken zu lassen. Dann fingen Mutter und Junges schleunigst an, die frischen Gemüseblätter oder gelegentlich auch den Armvoll Heu zu verzehren, den Miriam gebracht hatte – und der eigentlich dem Eselchen gehörte –, bis sie dann plötzlich kehrt machte und, selbst einer flüchtigen Hinde gleich, dem Hause zueilte. Denn schon hatte sie von weitem die Mutter rufen gehört:

«Miriam, Miriam, wo bist du?»

«Ich komme schon!», rief sie zurück, im Laufen noch der Wildkatze, die auch aus den Bergen gekommen war und Gesellschaft suchte, zurufend: «Geh nur wieder heim in deine Berge. Für dich hab' ich nichts. Du mußt dir schon selbst was suchen!»

Sobald sie wieder im Haus war, griff Miriam nach den beiden Krügen und verließ damit wieder das Haus, diesmal um zum öffentlichen Brunnen zu gehen und das Wasser für die Küche zu holen; das Vieh konnte einstweilen mit dem Zisternenwasser auskommen, denn es war erst kurze Zeit her, daß die Regengüsse des Frühlings niedergegangen waren.

So ging der Tag dahin mit seinen Obliegenheiten, deren eine sich an die andere reihte: im Haus, im Garten, auf dem Feld. Denn mit geringfügigen Ausnahmen vermochte sich das Hauswesen selbst zu versorgen. So trieb denn Miriam die Schafe auf die Wiese zwischen dem Ölbaumgarten und dem Felsenfuß des Gebirgs, die Gemeindeweide, wo ein von der Gemeinde besoldeter Hirt die Schafe, Ziegen und Rinder der Einwohner hütete. Vor Einbruch der Nacht trieb der Hirt auch ihre kleine Herde wieder nach Hause, was keine schwere Aufgabe war, denn Miriams Schafe wußten von selbst ihren Weg und kamen, ohne des Lockens zu bedürfen, durch die Lücke in der niederen Weidenhecke zu ihrem Stall zurück.

Andere Verrichtungen, die als ausgesprochene Männerarbeit galten, wie das Scheren der Schafe, das Waschen und Krempeln der Wolle, wurden von bezahlten Tagelöhnern vorgenommen. Dann kümmerte sich Miriam um den Gemüsegarten und die Blumenbeete, die zur Erzeugung von Weihrauch angepflanzt waren; denn jede israelitische Frau, mochte sie noch so arm sein, hatte immer ihren Vorrat von Weihrauchölen. Auch lag es Miriam ob, Öl für die Lampen zu pressen, da traditionsgemäß die Frau aus ihren Einkünften oder mittels ihrer Hände Arbeit das Lampenöl für ihres Mannes Haus zu beschaffen hatte.

All dies hatte Miriam, gleich allen jüdischen Töchtern, in der Jugend gelernt, auf daß sie später im Haus ihres Gatten ihren

Pflichten gerecht zu werden vermöge. Sie mußte mit Mörser und Stößel umzugehen wissen, um Essenzen und Gewürze herstellen zu können. Auch mit Spindel und Webstuhl mußte sie vertraut sein, mußte Reisig sammeln und Anschürholz aus dem Olivenhain zu trocknen verstehen, um den Herd heizen zu können, Betten machen, Zimmer fegen, Tische decken und ihr Leinzeug waschen. Vor allem aber war es an Miriam, den kleinen beim Hause liegenden Acker zu bestellen.

So war der ganze Tag mit Arbeit ausgefüllt, daß ihr nur ab und zu ein paar überflüssige Augenblicke blieben, kurze Ruhepausen zwischen der einen Aufgabe und der andern, die man dazu verwenden mochte, eine kranke Nachbarin zu besuchen und ihr ein Töpfchen heißer Suppe zu bringen, oder sich an den Webstuhl zu setzen, um ein Stück Stoff zu weben, das man als Opfergabe nach Jerusalem bringen und das als Tempelvorhang oder zum Gebetsmantel für einen Priesterschüler dienen konnte.

An heißen Sommertagen hielten die beiden Frauen nach dem Mittagsmahl eine kurze Siesta in der Schattenkühle des Hauses. Aber das ganze übrige Jahr hindurch war für sie an Ruhe erst nach Sonnenuntergang zu denken. Dann erzählte die Witwe der Tochter fromme Legenden aus dem Leben der Erzväter und ihrer Frauen und las aus der Heiligen Schrift vor, wobei sie gerade zur Nachtzeit mit ganz besonderer Ehrerbietung wieder sich denjenigen Propheten zuwandte, die von der großen Menschheitshoffnung, der Heraufkunft des Messias-Königs, kündeten, welche Israel Tag um Tag erharrte.

Heute nun hatten Mutter und Tochter nach dem Einnachten beim Schein der Öllampe die Hauptmahlzeit des Tages verzehrt, und als das Geschirr weggeräumt, die Lampe wieder auf den Tisch gestellt war, auf daß der Tag enden möge, wie er begonnen hatte, mit dem Lesen von Gottes Wort, wie es Seine Propheten verkündet, da geschah mit einmal am Türpfosten, woran die «*Mesusah*» – die winzige Schriftrolle mit den zehn Geboten, die den Eingang eines jeden jüdischen Hauses bezeichnet – hing, ein Klopfen: drei Schläge, das Zeichen eines Besuchers. Die beiden Frauen warfen sich verwunderte Blicke zu; wer konnte sie an einem Werktage besuchen? Besuche wurden nur am Sabbath oder an Feiertagen abgestattet. Ihre Gesichter wandten sich der Tür zu, durch die die hochgewachsene Gestalt des Oheims Reb Elimelech eintrat, dessen Zügen der lange, spitzzulaufende Bart auch auf die Weite und im Halbdunkel des Raums Adel verlieh.

Mutter und Tochter erhoben sich und traten auf den Gast zu, um ihm den von ihm ausgesprochenen Gruß «*Schalom alechem*» – Friede sei mit euch – zurückzugeben. Dem Familienbrauch entsprechend bewillkommneten sie den nahen Verwandten mit einem Kuß auf Wange und Hand und geleiteten ihn dann zum Ehrenplatz, des Hausherrn Sitz an der Spitze des Tisches.

Miriam beeilte sich, dem Besuch Erfrischungen aufzutischen: eine Schale voller Nüsse, Mandeln und Rosinen. Reb Elimelech sprach den Segensspruch, bevor er von den dargereichten Früchten kostete, darauf leitete er sein Anliegen ein mit einem Vers der Schrift: «König Salomo, Friede sei mit ihm, hat gesagt: ‚Laß dein Brot übers Wasser fahren, so wirst du es finden nach langer Zeit.' Und just so ist es nun geschehen. Mein Vetter Jakob, der wie du dich erinnerst, ein Anverwandter deines Mannes war, wohnte einst hier bei uns. Vor vielen Jahren verließ er die Stadt und wanderte den Bergen Judas zu, um sich abzuwenden von dem Reich des Bösen. Viele Jahre sind seitdem vergangen und ich fürchtete, dieser Zweig unserer Familie sei abgeschnitten worden und verschollen in Israel. Heute aber ist das Brot, das über das Wasser fuhr, wiedergekehrt zu uns. Bei Tagesanbruch hat ein Fremdling an meine Tür gepocht, und als ich ihn um seinen Namen befragte, so sagte er: ‚Ich bin dein Blutsverwandter; mein Vater, Friede sei mit ihm, war dein Vetter zweiten Grades. Sein Name lautete Mar Jakob aus dem Hause Davids. Und ich heiße Joseph.'»

«Ja, ich entsinne mich, wie wir Reb Jakob zur Stadt hinaus begleitet haben», fiel die Witwe ein, «mein Mann ging mit ihm zwei Meilen Wegs.»

Dabei legte Hanna ihre verschaffte Hand über die entzündeten Augen, um das Lampenlicht von ihnen abzuwehren.

Reb Elimelech aber nahm seine Rede wieder auf: «Das Brot, das wir einst übers Wasser fahren gelassen haben, ist wieder gefunden. Reb Jakob wurde zu seinem Volke versammelt, doch sein Sohn, der kräftig ist und gottesfürchtig, ist zurückgekehrt zu seines Vaters Heimat.»

«Und was für Absichten hat der Jüngling? Will er hier bei uns bleiben?»

«Ja, denn er hat mitgebracht die Geschicklichkeit seiner Hände, unser Familienhandwerk. Auch er ist Zimmermann.» Und Reb Elimelech nickte der Witwe verständnisinnig zu, die denn auch alsbald den Sinn des Gesagten erfaßte. Sie wandte sich der Tochter zu und sagte:

«Das Vieh muß morgen in der Frühe gefüttert werden, und es wird spät. Geh in deine Kammer, mein Kind. Ich bleibe noch ein Weilchen auf und spreche das eine und andere Wort mit deinem Onkel.»

Miriam senkte den Kopf zum Gruß vor Mutter und Oheim und ging. Reb Elimelech wartete, bis sie draußen war, dann fuhr er fort:

«Als mein Bruder, dein Mann Reb Hanan, krank daniederlag und er einsah, daß er versammelt würde zu seinem Volk, berief er mich an sein Bett und nahm mir den Eid ab, daß ich dafür Sorge tragen werde, daß seine jüngste Tochter Miriam nur in eine Familie einheirate, die der unsern, dem Hause Davids, ebenbürtig ist. Denn er liebte sein jüngstes Kind mehr als sein Leben, dieweil sie sein Alter erfreut und erhellt hatte.»

«Jawohl, das weiß ich», warf die Witwe ein. «Mein Mann hatte immer die Sehnsucht und die Hoffnung gehegt, daß ein Sohn nach seinem Hinschied sein Haus erbauen möge in Israel. Doch um meiner Sünden willen, hat Gott mir Seine Gnade entzogen, und ich trug ihm keinen Sohn. Und da ich mein letztes Kind gebar und mein Mann sah, daß auch dieses eine Tochter war, so sagte er zu mir – ich erinnere mich daran, als wenn es gestern gewesen wäre –: ‚Laß es dich nicht betrüben, mein Weib, denn dieses Töchterchen ist mir teurer denn zehn Söhne.' Und so wurde sie wie ein Sohn in seinen Augen, und er zog sie auf, als ob sie ein Knabe wäre. Er lehrte sie lesen und unterwies sie im Gesetz, und als sie das zehnte Lebensjahr erreichte, sandte er sie nach Jerusalem, auf daß sie dem Tempel des HErrn nahe sei...»

«Und nun hat es der HErr in meine Hand gelegt, das Versprechen einzulösen, das ich deinem Mann gegeben habe», fiel Reb Elimelech rasch ein, ehe die Witwe fortzufahren vermochte. «So wisse denn, Hanna, Tochter des Jochebeth, daß der Jüngling, der am heutigen Tage meine Schwelle überschritt, gleich uns dem echten, heiligen Stamm unseres Vaters David und seiner Großmutter Ruth entsprossen ist. Dies aber ist seine Absicht, um deretwillen er in unsere Stadt gekommen ist: so er Gefallen findet vor deinen Augen und vor den Augen deiner jungfräulichen Tochter, ist er bereit, sie zum Eheweib zu nehmen und bei uns in der Stadt sein Haus zu bauen in Israel. Und da ich dies gehört, so beschloß ich in meinem Herzen, am heutigen Abend hierherzugehen und die Sache bei des Mägdleins Mutter vorzubringen. Denn dieser junge Mann hat Gefallen gefunden in meinen Augen. Er fürchtet den HErrn, und obzwar das Gesetz nicht stark ist in seiner Hand, hat er das Gemüt der Erzväter. Er ist fromm und gottesfürchtig und wandelt in Demut auf den Wegen seiner Väter.»

«So hat Gott der HErr das Gebet der Witwe erhört!», rief Hanna aus, die Hände faltend und sie über ihr Haupt erhebend. «Denn nur dies war die Bekümmernis meines Herzens in meinem Alter: wie kann ich, die ich so arm bin, meine Tochter mit einem Manne unseres Stammes vermählen. Doch dies ist frohe Botschaft, die sich mehr schickt für den Sabbathtag. So bringe am Sabbath den Jüngling zu unserm Hause, auf daß er unsere Tochter ansehe. Und wenn die jungen Leute Gefallen finden eines in des andern Augen, so sollen sie, so Gott will, noch vor dem Ende des Monats Adar einander angetraut werden.»

Dabei wurden denn die Dinge belassen. Die Witwe nahm das Öllämpchen vom Tisch und geleitete den Gast über die Schwelle. Und da er allein war, gab sie ihm das Lämpchen in die Hand, daß es ihm leuchte auf seinem Wege. Sie aber ging wieder ins Haus, darin die junge Miriam schlaflos auf ihrem Lager ausgestreckt lag und mit weitoffenen Augen zu den Sternen aufblickte, die durch das offene Fenster strahlten.

ZWEITES KAPITEL

AM darauffolgenden Sabbath stellte Reb Elimelech seinen Anverwandten Joseph ben Jakob der versammelten Gemeinde in der Synagoge von Nazareth vor. Die Bürgerschaft des Städtchens bestand zum größten Teil aus einigen hervorragenden Familien: der Familie von Reb Hanan und Reb Elimelech, die dem Hause Davids entstammte; die Söhne des Pinchas, die der Priesterkaste angehörten und den Ursprung ihrer Familie auf Aaron, den ersten Hohepriester Israels, zurückführten; andere aus dem Stamm Isaschar sowie Angehörige des Hauses Zadok.

Jede dieser Familien betrieb ihr besonderes Gewerbe. Die Söhne Davids waren Schreiner und Zimmerleute, die Isaschars Sandalenmacher, die sich auch mit dem Dörren von Früchten abgaben, Nüsse und Datteln zogen sowie von den umliegenden Bergen Holz in die Stadt brachten. Was die Söhne des Pinchas anging, so waren sie, auf Grund ihres Priestertums, befugt, einen Teil des vom Volk abgegebenen Zehnten zu ihrem Lebensunterhalt zu verwenden; da sie jedoch nur niedere Priester waren, hatten sie wenig Gelegenheit im Tempel zu Jerusalem zu amten, und so ergänzten sie ihre Einkünfte durch die Herstellung von Töpfereien, die sie nach dem großen Handelsplatz Sepphoris brachten oder in den kleinen Städten der Ebene Jesreel absetzten. Denn die Einwohner von Nazareth waren viel zu arm, um eine eigene Priesterkaste unterhalten zu können.

Durch vielfache Heiraten untereinander war Nazareth zu einer engmaschigen Gemeinde geworden, in der seit Menschengedenken einer den andern kannte. Es war daher nicht zu verwundern, daß der junge Joseph bei seiner Blutsverwandtschaft mit Freuden aufgenommen wurde. Indem man den Sohn empfing, begrüßte man die Rückkehr des Hauses Jakobs nach Nazareth, und der Empfang war um so herzlicher, als man erfuhr, daß der Jüngling eine Tochter der Stadt zu heiraten und hier sein Haus in Israel zu erbauen gedenke. Denn aus der beabsichtigten Eheschließung wurde kein Geheimnis gemacht. Die ganze Gemeinde mußte es ja wissen, wenn ein bestimmter Mann ein Mädchen zum Weibe begehrte, damit, wenn irgendwer – was Gott verhüte – etwas gegen die Heirat einzuwenden oder etwas gegen Bräutigam oder Braut vorzubringen hatte, er aufstehen konnte und sprechen, ehe es zu spät war. So wurde im Gegenteil, sowohl seitens Elimelechs, der sich als den nächsten Anverwandten des Bewerbers betrachtete, wie auch seitens der Mutter des Mägdleins, die Kunde freigebig verbreitet. Es wußte also an diesem Sabbath die ganze Stadt, daß die Braut den Tag über in ihrer Mutter Haus den Besuch der Verwandten und Bekannten erwartete, und daß am vierten Tag der kommenden Woche, will sagen: nächsten Mittwoch, der Heiratsvertrag niedergeschrieben werden solle dem Gesetze Israels gemäß.

Joseph wurde somit in die Gemeinde aufgenommen. Der Ortsrabbiner, Reb Jochanaan von den Söhnen Zadoks in Jerusalem, rief ihn auf, die Stufen emporzusteigen zur Thoralade. Joseph kam der Aufforderung nach. Er trug sein Festgewand, einen weißen, ärmellosen, frischgewaschenen Kittel. Sein dunkles Haar war in der Mitte gescheitelt und glatt nach unten gestrichen, so daß es Haupt und Hals einrahmte. Sein schmales Gesicht, das in ein kleines Spitzbärtchen auslief, zeigte einen Ausdruck jugendlicher Würde, als er den Mittelgang entlangschritt; nur seine Augen schauten etwas schüchtern und ängstlich drein.

Er ward aufgerufen, aus der Thora vorzulesen; und als er, nachdem er gelesen, die schwere Rolle mit beiden Händen hochhob, daß sie sichtbar werde allem Volk, stand der Rabbiner von seinem Sitz auf und stellte sich, von zwei richterlichen Beisitzern flankiert, angesichts der Gemeinde nächst Joseph auf und rief:

«Dieser unser Bruder in Israel, der ledige Joseph, Sohn Reb Jakobs, der der Familie König Davids angehört, ist zurückgekehrt in unsere Stadt, die die Stadt seiner Väter ist, und begehrt zur Ehe Miriam, Tochter von Reb Hanan, welche der gleichen Abkunft ist; und er begehrt ferner, sich niederzulassen unter uns, um in unserer Mitte sein Haus zu bauen in Israel. Trete vor und spreche, wer etwas gegen ihn vorzubringen hat.»

Geraume Zeit blieb es still im Kreise der Gemeinde; nur bei ein paar jungen Leuten im Hintergrund machte sich etwas wie aufbegehrende Erregung geltend, vornehmlich seitens solcher Jünglinge, die der Familie der Braut angehörten und selbst Hoffnungen gehegt hatten, den nun von dem Fremdling besetzen Platz einzunehmen. Als jedoch nach Verlauf mehrerer Minuten niemand einen Widerspruch gegen den Neuankömmling im Angesicht seines Beschützers, des ehrwürdigen Reb Elimelech, laut werden zu lassen gewagt hatte, rief der Rabbi, sich Joseph zuwendend, laut aus:

«Gesegnet sei dein Eintritt; ein Bruder sollst du uns sein!»

Unverweilt wiederholte die Gemeinde die Worte. Sogar einige der jungen Leute stiegen, wenn auch die Augen etwas verkniffen vor Eifersucht, nach den Älteren zur Estrade hinauf, um den Fremdling mit der Segensformel willkommen zu heißen: «Gesegnet sei dein Eintritt bei uns, unser Bruder.»

So also wurde Joseph aufgenommen als Bürger von Nazareth.

Den ganzen Sabbath über saß die Braut auf einem Holzbänkchen in ihrer Mutter Haus. Ihre Flechten waren gelöst, und die

Haare hingen frei herunter über Nacken und Rücken, zum Sinnbild und Gedenkzeichen ihrer Jungfernschaft. Als Jungfrau hatte sie ein Anrecht im Heiratsvertrag auf nicht weniger denn zweihundert Denare Silbers, welche der Gatte im Falle der Scheidung auszuzahlen hatte. Es war darum von Wichtigkeit, daß, falls künftige Beweisaussage nötig wurde, die Gemeindemitglieder sie den ganzen Tag über mit gelöstem Haar sitzen sahen. Die Kinder bekamen Honiggebäck und Mandeln, damit sie den Tag besser in Erinnerung behielten. Den erwachsenen Besuchern aber wurden irdene Teller gereicht mit Melonenscheiben und trockenen Feigen, mit Trauben, Nüssen und Pflaumen, mit Aprikosen und in Wein getauchten Granatäpfelschnitten, auch kühlende Getränke, so der königliche Saft des Spargels, um die Mittagshitze zu bestehen. Auch hatten die Frauen noch Datteln und Honig zu Kuchen geknetet – Honigwaffeln genannt zum Gedenken des Mannas in der Wüste – sowie in Milch getränktes Backwerk. An Gästen fehlte es denn auch nicht, die das Dargebotene verzehrten, vom Schluß des Morgen-Gottesdienstes bis zum Niedergang der Sonne.

Zuerst stellten sich die mit der Braut befreundeten Nachbarstöchter ein. Sie brachten frische Kränze aus Vergißmeinnicht und Maßliebchen mit, um Kopf und Schultern der Braut zu schmücken. Dann stellten sie sich in zwei Reihen zu beiden Seiten des Raums auf: die hübscheren hinter der Braut, die weniger hübschen vor ihr; die edelgeborenen rückwärts, die andern vorne. Auf diese Weise sollten edle Geburt und Schönheit der Braut offen erglänzen, damit der Bräutigam nicht in Versuchung komme, sein Auge auf andere Mädchen zu werfen.

Danach trafen, der Sitte gemäß, die Männer des Orts ein, ihnen folgend dann ihre Frauen und Kinder; es dauerte nicht lange, so war das Haus angefüllt mit fröhlichen Gästen. Doch plötzlich wurde der Türvorhang harsch zur Seite gerissen, um die vierschrötige, gravitätische Gestalt des Ortspriesters, Reb Hanina ben Safra, aus dem Hause Pinchas, einzulassen. Gewichtig trat er ein, gefolgt von seinen sechs erwachsenen Söhnen, welche sich unverweilt hinter ihm aufpflanzten wie eine Palisade von Zypressenstämmen.

Ungeachtet der Aufforderung Reb Elimelechs und der Witwe Hanna, neben dem Rabbi an der Spitze des Tisches Platz zu nehmen, auch davon keine Notiz nehmend, daß die am Tisch sitzenden weniger vornehmen Gemeindemitglieder geräuschvoll zur Seite rückten, um ihm Platz zu machen, blieb Reb Hanina stehen, massig in die Mitte des Raumes gepflanzt, die dunklen Augen streng blickend unter den ergrauten Brauen, die schwer beringten Finger in den Purpurgürtel um seinen langen weißen Mantel gesteckt. Fest richtete er seinen Blick – den hochmütigen Blick des seines Amtes bewußten und in dessen Praktiken erfahrenen Priesters – auf das blasse Gesicht des Bräutigams, der neben der Braut auf einem Hocker saß, und sagte in schneidendem Ton:

«Und was für Erkundigungen sind eingezogen worden, um die Abstammung dieses jungen Mannes festzustellen, der von irgendwoher aufgetaucht ist und die vornehmst geborene unserer Töchter beansprucht?»

Schweigen legte sich über den Raum. Jedem war es bekannt, daß Reb Hanina ben Safra sich selbst als einen Weisen erachtete und daß er bei allen öffentlichen Versammlungen der geläufigste Redner war. Es war auch bekannt, daß er mit der Braut entfernt von der Mutterseite her verwandt war, so daß er sich als ihr Blutsverwandter mit allen Vorrechten eines solchen betrachtete. Es war aber auch nicht weniger bekannt, daß Reb Hanina die junge Waise aus vornehmem Haus als Frau eines seiner Söhne zu sehen gehofft hatte, so daß die jetzt von ihm kundgegebene Besorgnis wohl eigennützigen Beweggründen entsprungen sein mochte. Die Gesellschaft bemühte sich daher, über seine Frage hinwegzugehen, um die Freudigkeit des Zusammenseins nicht zu trüben und der Braut keine Seelenpein zu bereiten. Um so mehr, als man Mitgefühl mit dem jungen Fremdling hegte, den der Priester vor einer so großen Gesellschaft derart hart anließ. Schließlich versuchte einer der Anwesenden die Spannung dadurch zu beheben, daß er den Kindern wieder Früchte und Nüsse reichte und zu ihnen sagte:

«Nun, ihr Kleinen, wenn ihr einmal erwachsen seid, so gedenket der Verlobung dieses Mägdleins Miriam mit Joseph ben Jakob aus dem Hause David und daß ihr euer Teil an Nüssen und Mandeln zum Zeichen ihrer Magdschaft bekommen habt.»

Aber der Priester ließ sich nicht so leichten Kaufes ablenken.

«Es ist die lautere Wahrheit vor dem Schöpfer des Lichts, daß ich meine Frage nicht aus persönlichen Gründen noch um der Ehre meines Hauses willen gestellt habe, sondern einzig und allein um der Ehre dieser Waise willen, die aus königlichem Blut, ja aus

Davids, des königlichen Sängers Israels, Blut selbst stammt. Wenn auch Zwistigkeiten bestanden haben zwischen Hanan und mir, so ist die Mutter dieses Mädchens doch meine Blutsverwandte. Und in dieser Eigenschaft verlange ich zu wissen, welche Erkundigungen eingezogen, welche Vorkehrungen getroffen wurden hinsichtlich dieses jungen Menschen.»

«Ei, wir kennen doch all das Haus, dem er entstammt», ließ sich Reb Elimelech leise vernehmen, ohne den Priester anzuschauen. «Sein Vater war einer der Unsern; entsinnen wir uns nicht alle Mar Jakobs aus dem Hause Davids? Nun ist sein Sohn Joseph gekommen, um ein Mädchen seines Bluts zu freien – denn er ist blutsverwandt mit der Braut –, so wie Boas freite um Ruth. Wenn der Fragesteller etwas vorzubringen hat gegen den Bräutigam, warum hat er heute früh in der Synagoge geschwiegen, als die Verbindung bekanntgegeben wurde? Doch es ist nicht ziemlich, den jungen Mann hier hart anzulassen, da wir versammelt sind, um uns mit dem jungen Paar zu freuen.»

«Die Synagoge ist kein Ort für solches Geschäft», entgegnete der Priester. «Diese Angelegenheit hätte von den Blutsverwandten der Braut geprüft werden müssen, bevor sie ausgesprengt wurde. Als Blutsverwandter der Braut verlange ich nunmehr zu erfahren, welchen Betrag der Bräutigam im Heiratsvertrag zu verschreiben gedenkt, ob er Äcker und Ochsen besitzt und was sein Erbteil ist in Israel... Gewiß, wir alle wissen, daß Mar Jakob einst unter uns gelebt hat, es ist jedoch viele Jahre her, daß er unserer Stadt den Rücken kehrte. Und es befinden sich mehrere mannbare Jünglinge in Nazareth, denen ihre Abkunft vom Hause Aarons mehr Anrecht auf die Braut verschafft, als dieser junge Fremdling hat, dieser erst gestern hier Angekommene, der nun, in unschicklicher Hast sich bewirbt um Feld und Haus obendrein noch zur edlen Tochter aus einer der angesehensten Familien.»

Die Gesellschaft verstand nun, worauf dies hinauslief; ein Lächeln huschte über die Gesichter der Männer, die einander verständnisinnig zublinzelten.

Da erhob sich am oberen Ende des Tisches der Rabbi, Reb Jochanaan, um der Sache ein Ende zu machen.

«Wir sind alle Kinder Gottes», hub er sehr ernst an, «und es ist nicht unsere Art in Israel, zu unterscheiden zwischen Neuankömmlingen und Alteingesessenen. ‚Du sollst lieben den Fremdling in deinem Tor, denn ihr alle seid Fremdlinge gewesen im Lande Ägypten', sagt die Schrift. Ich muß daher, mit aller schuldigen Achtung vor unserm Priester, dieser Auseinandersetzung ein Ende bereiten, welche niemand von Nutzen ist, aber das Herz eines Unschuldigen verletzt. Der Jüngling Joseph ben Jakob ist voll berechtigt zu dieser Verbindung, und wir sind hier nicht versammelt, um sein Verdienst zu prüfen, sondern uns seines Glückes zu erfreuen. Darum, sage ich, lasset uns ein Lied anstimmen... auf den Bräutigam Joseph, der der König dieses Tages ist, und auf Miriam, die bräutliche Königin.»

Doch damit fand es nicht sein Bewenden, denn die Galiläer waren harte, bittere Menschen. Sie waren gewohnt, auf ihren Rechten zu bestehen und schreckten selten vor Kampf und Streit zurück – «rasch erzürnt und schwer zu versöhnen», so ging die Rede über sie. Und am andern Tage kam Hanina ben Safra auf dem Marktplatz störrisch darauf zurück, indem er sagte:

«Selbst wenn über die Familie des jungen Mannes Erkundigungen eingezogen worden sind, so genügt mir das nicht. Als Blutsverwandter der Braut habe ich ein Recht, darauf zu bestehen, daß das Ergebnis der Nachforschung mich ebenso überzeugen muß wie den Erstbesten. Ich beanstande daher das Urteil des Rabbis. Die Blutsverwandten hätten vorher zu Rate gezogen werden müssen.»

Seine Hartnäckigkeit hatte im Gefolge, daß bei noch anderen Blutsverwandten der Braut ein Gefühl der Gekränktheit wachgerufen wurde. Kleophas, der Handwerker, der die ältere Schwester der Braut, Mariama, zur Frau hatte, besann sich plötzlich darauf, daß er ebenfalls bei den Vorbereitungen zu der Heirat gröblich übergangen worden sei. Andere Familien mischten sich gleichfalls in den Streit; Leute, die noch am vorhergehenden Tag dem Fremdling ein freundliches Willkommen geboten hatten, blickten ihn jetzt scheel an als einen Menschen, der vorsätzlich in ihren Bereich eingebrochen sei, um eine von ihren vornehmsten Töchtern zu entführen.

Das Städtchen Nazareth, brachten sie vor, sei wahrlich nicht allzu reich, und es sei schwer genug für manchen alteingesessenen Bürger, sein Fortkommen zu finden. Es bedurfte nicht noch eines Zimmermanns im Ort, der sich mit ihnen um jede Brotkruste herumschlage.

Es ist zuzugeben, daß an dieser Beschwerde immerhin etwas

Wahres sei. Das Städtchen lag an der Galiläa und Syrien verbindenden Landstraße, und die Zimmerleute erwarben ihren Lebensunterhalt in der Hauptsache durch Ausbesserung der Wagen von vorbeiziehenden Reisenden, eine Einnahmequelle, die natürlich recht beschränkt war. Was den Boden von Nazareth anging, so konnte er nicht als unfruchtbar bezeichnet werden, aber er war gar nicht zu vergleichen mit dem fetten schwarzen Boden am See Genezareth, geschweige mit dem noch fetteren Boden der Ebene Jesreel. Die Fruchternte Nazareths – Feigen, Datteln, Mandeln – wurde zu spät reif, und der meist von kleinen Winzern hier gebaute Wein war zu dünn, um in Wettbewerb treten zu können mit dem von berühmten Weingärten wie Sichna, deren Erzeugnisse bis nach Jerusalem hin Absatz fanden, wo sie zum Gottesdienst im Tempel benutzt wurden. Die besten nazarenischen Weine waren gerade gut genug zur Ausfuhr vom Zollhaus in K'far Nahum aus, um von hier in die griechischen Städte der Dekapolis auf der andern Seite des Sees zu gehen, wo die Preise für eingeführte galiläische Weine höher waren als zuhause. Aber dies galt eben nur für den Wein; die übrigen Bodenfrüchte waren so minderwertig, daß ihr Absatz gänzlich auf den heimischen Markt beschränkt blieb, wo die Preise dauernd niedrig standen und oft kaum genug einbrachten, um die hohen, von der Regierung auferlegten Steuern zu bezahlen. So waren viele Bauern Galiläas gezwungen, ihren Unterhalt in der Hauptsache als Handwerker zu verdienen, als Töpfer, Schreiner und mit ähnlichen Gewerben.

Aus all diesen Gründen fand der Widerstand gegen einen Neuzugezogenen wie Joseph guten Nährboden, zumal bei den näheren und ferneren Verwandten der Braut, die das gleiche Handwerk betrieben wie er.

«Wer von euch hat die Kamele mit den kostbaren Geschenken niederknien sehen, die der neue Elieser den Brüdern seiner Braut mitgebracht hat?», spöttelte einer der Gevattern.

«Er kommt mit leeren Händen», sagte ein anderer, «und da verlangt er, wir sollen ihn als Bruder empfangen.»

«Wer sagt, er komme mit leeren Händen? Kommt er nicht mit Händen, in denen die Geschicklichkeit zum Handwerk liegt?»

«Nun, dann hat er Sand zum Meeresstrand gebracht», lachte ein dritter. «Es mangelt wohl an Zimmerleuten in Nazareth?»

So wuchs, gleich nach seinem Eintreffen, eine Entfremdung, ja fast eine Feindschaft empor zwischen dem Ankömmling und der Familie seiner Braut. Zu seinem Glück erfreute sich Joseph des Schutzes von Reb Elimelech, des Haupts von Davids Haus in Nazareth. Er ließ sich unter des Alten Dach nieder und wurde dort gehalten wie einer der Brüder der Söhne Davids. Doch Hanina ben Safra und seine Familie nährten den Groll in ihren Herzen und warteten ihre Zeit ab.

DRITTES KAPITEL

DER Traum aller Mädchen in Israel war es, hinaufzuwandern nach Jerusalem und dort in den Werkstätten des Tempels zu arbeiten: Priestergewänder zu weben und Teppiche, um die Wände der unzähligen Säle und Kammern des Heiligtums zu bekleiden. Für die Töchter vornehmer oder wohlhabender Häuser war dieser Wunsch leicht zu erfüllen, da ihre Familien zumeist einflußreiche Verwandte in der Hauptstadt hatten. Doch für die Töchter aus armen galiläischen Familien war dies ein ferner, zeitlebens unerfüllt bleibender Traum.

Wiewohl es in Galiläa eine Stadt gab, in der Teppiche für den Tempel gewoben wurden, so war es doch Reb Hanans Meinung gewesen, seine jüngere Tochter Miriam müsse gleich den bevorzugten Mädchen ihres Volkes nach Jerusalem gehen. Als denn Zacharia, ein Sohn des Aaron und Verwandter von Hanans Frau, eine Stelle im inneren Dienst des Tempels erhielt, sandte er Miriam zu dem Weibe des Priesters, Elischewa, unter deren geistlicher Führung Miriam ihre Tage in der Heiligen Stadt verbringen sollte.

Das Gesetz war karg gewesen in der Zuweisung frommer Obliegenheiten an die Töchter des Judenvolks. Frauen wurden nicht nach ihrer Person gewertet, sondern nur als Ergänzung zu ihren Männern. Eines Weibes höchster Dienst war es, Kinder zu gebären, ihr stolzester Stand war nicht der der Ehefrau noch der der Jungfrau, sondern der der Mutter. Und bei jeder jüdischen Tochter überragte und verdrängte alle andern Bestrebungen der Wunsch, einem ehrenwerten Mann vermählt zu werden und ihm Söhne zu schenken in Israel. Das weibliche Neugeborene erfreute sich daher keiner großen Schätzung; man machte sich nicht einmal die Mühe, ihm den Namen einer Lieblingsverwandten zu geben. Töchter wurden entweder nach einer der Erzmütter oder sonst einer Heldin genannt, die Ruhm genoß in Israel. So war die Schwester Mosis, Miriam, dem Andenken der Juden teuer, und ihr Name wurde daher häufig Mädchen bei der Geburt verliehen, selbst wenn vielleicht schon andere Töchter des Hauses ihn trugen. So war es auch gekommen, daß die beiden Töchter Hanans den Namen Miriam trugen und zur Unterscheidung einfach die große und die kleine Miriam genannt wurden. Mit der Zeit kam es dazu, daß die ältere nach dem gewöhnlichen aramäischen Sprachgebrauch Mariama gerufen wurde.

Immerhin muß zugegeben werden, daß gewisse ausgezeichnete Frauenpersönlichkeiten seit Urzeiten eine Hauptrolle spielten im Vorstellungsleben des jüdischen Volkes. Ihre Namen hatten hohen Rang und Klang unter den Heiligengestalten Israels und regten immer wieder die schöpferische Phantasie der Mythendichter an. Die Erzmütter Israels wurden vom Volke verherrlicht und neben ihren Gatten, den Erzvätern, auf die höchsten Sprossen der zum Himmel reichenden Jakobsleiter gestellt. Die mütterliche Sara spielte eine erstrangige Rolle, fast gleich Abraham selbst in der Gründungsgeschichte der Nation. Isaak, der Vater Israels, war ihr Sproß gewesen; er hätte der keiner andern Frau sein können. Und was für Sara galt, wurde auch auf alle ihre Nachfolgerinnen übertragen, die in der Grabstätte der Erzväter in der Höhle von Machpelah ruhten. Ähnlich hatten auch spätere Heldenfrauen – Miriam und Deborah, auch Hanna, die Mutter Samuels – in Herz und Sinn des Volkes festen Fuß gefaßt. Aber die Verehrung hervorragender Frauen blieb keineswegs beschränkt auf solche, die in Israel geboren waren; Pharaos Tochter wurde dankbares Gedenken und ein Ehrenplatz in Eden geweiht um deswillen, daß sie Moses im Schilf gefunden und an Sohnesstatt angenommen hatte, gar nicht zu reden von der landesfremden Ruth, die der HErr höher begnadet hatte denn jedes israelitische Weib, indem er sie zur Ahnfrau von Davids Haus machte, an das alle Heilshoffnungen des Judentums geknüpft waren.

Doch keine der Mütter in Israel wurde tiefer geliebt als Rahel, Jakobs ersehnte Braut. Denn um sie hatte der junge Jakob zweimal sieben Jahre gedient. In Schmerzen hatte sie Israel einen Sohn geboren und war gestorben, da sie ihm einen zweiten trug. Sie allein aber wurde nicht bestattet im Grabmal der Ahnen, zu ruhen im Schatten Abrahams und Isaaks und ihres Gatten Jakob, der sie so sehr geliebt, wie es ihrer Nebenbuhlerin Lea zuteil wurde. Hastig war Rahel eingescharrt worden an der Straße nach Ephrath, das ist Bethlehem, gleich einem wertlosen Stein, den man aus dem Wege stößt. Gewiß, auch dies noch war ein Werk der Vorsehung. Denn Rahel lag begraben an der Heerstraße, auf der in späterer Zeit Nebukadnezar die Juden in die Verbannung schleppte. Der ruchlose Babylonierkönig ließ die Gefangenen mit Peitschenhieben vorbeitreiben an Rahels Grabmal; sie aber, eine Schildwache an Wegesrand, erhob sich aus dem Grab, um vor den HErrn hinzutreten und bitterlich zu weinen um ihre Kinder. Und da hob Gott sie auf mit tröstlichen Worten also sprechend:

«Laß dein Schreien und Weinen und die Tränen deiner Augen; denn deine Arbeit wird wohl belohnet werden, spricht der HErr, und deine Kinder sollen heimkehren aus dem Lande des Feindes.»

So war Rahels Name verwoben in die Legende; sie ward Israels Schmerzensmutter, die auf ihren schwachen Schultern alles Leid des Volkes trug. Ihre Gestalt als die einer Fürsprecherin begann hoch hinauszuwachsen über ihresgleichen. Als alle Erzväter und selbst Moses den Willen Gottes nicht zu wenden vermochten, da trat Rahel hin vor Sein Antlitz mit ihren Tränen und ihrem Gram und wies dem HErrn ihr gebrochenes Herz, und der HErr trocknete ihre Tränen mit Worten des Trostes.

Für Miriam war Rahel schon immer die Behüterin gewesen, ein Schutzengel, der über ihr wachte. Viele Male sah sie sie, nicht nur in ihren nächtlichen Träumen, sondern auch im hellen Tageslicht erblickte sie sie mit inwendigen Augen. Gehüllt in einen Dämmerschleier erschien ihr die Mutter Rahel. Manchmal waren ihre Züge nicht verschleiert und ließen große dunkle Augen, gerötet und feucht vom Weinen, voller Gram und Erbarmen, erkennen, als ob das Leid von ganz Israel in ihnen sich sammle. Und aus diesen Augen, so war es Miriam, strahle der Gram hinüber in ihr eigenes Herz, als wolle die Mutter Rahel das Mädchen zu einem Teil ihrer selbst machen und es sich verbinden in einer Gemeinschaft von Liebe und Leid. Das Bild Rahels aber war für Miriam der Inbegriff des Himmels.

Die Vorhöfe des Tempels, von hochgewölbten Säulenhallen umgeben, öffneten den Zutritt zu unzähligen Sälen und Kammern, deren einige offenstanden, andere aber dem Blick der Menge verschlossen blieben. Unter den Pilgern, die sich in diesen Vorhöfen drängten, liefen üppige Gerüchte um von verborgenen Labyrinthen und unterirdischen Gängen, die tief unter den Kellern des Tempels liegen und zu König Salomos Zeit, wenn nicht schon früher, gegraben worden sein sollten.

Jeder dieser Gänge hatte einen eigenen Namen, wie die Höhle des Elia oder die Grube des Jeremia. Andere wollten von verbotenen Gängen wissen, die in die oberen Regionen der Welt führten. Einer davon, hieß es, führe zum Garten Eden, ein anderer zum Grabmal der Erzväter; denn es wurde von einem geheimen Gang gemunkelt, der den Tempel von Jerusalem mit der Grabstätte zu Hebron verband. Eine bestimmte unterirdische Kammer im Tempel aber galt als der Sitz der heiligen Mütter Israels.

Gleich allen andern Pilgern schenkte Miriam den Erzählungen von den unterirdischen Gängen durchaus Glauben. Sie glaubte auch daran, daß ein unmittelbarer Verbindungsweg bestehe zwischen dem Wohnsitz der Erzmütter zu Rahels Grab an der Straße nach Bethlehem, sowie daß Rahel gleich den Patriarchen und Propheten im mystischen Schatten des Tempels ruhe.

Da sie einmal im Frauenhof kniete, meinte sie in der Ekstase des Gebets, Rahels Gestalt vor Augen zu sehen. Die Erscheinung trat auf sie zu, berührte ihre Hand, und Miriam vernahm eine Stimme: «Komm mit, Kind.» Und Miriam, ihr folgend, sah sich in eines der unterirdischen Gemächer versetzt, den Saal der Erzväter, in den bisher kein menschlicher Blick gefallen war.

An Sabbath- und Festtagen stand Miriam mit ihrer Base Elischewa im Frauenhof, sah den Leviten zu, die, mit Harfen in den Händen, auf den zum Allerheiligsten führenden Stufen angeordnet standen, und lauschte ihrem Lied des Aufstiegs. Bei diesen Gelegenheiten waren die Tempelhöfe überflutet von Pilgern aus allen Ecken und Enden des Heiligen Landes und aus allen Gegenden des Reichs. Die meisten lagen auf den Knien oder hingestreckt auf den Boden, indes im innern Tempel die Priester die Opferfeuer entzündeten. Zutiefst aufgewühlt schloß dann Miriam die Augen und erblickte den geheiligten, den unaussprechlichen Einen Israels, von Seraphim und Cherubim umgeben, im Allerheiligsten sitzen auf dem Thron Seiner Glorie, den ihr Gesicht ihr zeigte als lodernde Flamme, von flackernden Feuerrädern umronnen. Dies innerste Heiligtum des Tempels, das Allerheiligste, in ihrer Vorstellung war es verwandelt zur höchsten Himmelsregion, die Er, der HErr der Welt, begnadete mit Seiner Gegenwart, auf daß Sein Ruhm leuchte in Israel während der Wochen der Wallfahrt.

Diese Bilder stellten sich vor ihrem inneren Auge gegen ihren Willen, wider ihr besseres Wissen, ein, denn sie war sich bewußt, daß es sündhaft sei, sich von dem All-Einen Israels in welcher Gestalt immer ein Bildnis zu machen. Doch es war ja nicht Er, den sie zu erschauen versuchte, sondern aufgetürmtes Gewölk, das Seine Gegenwart verbarg, das Gewölk, das einst sich gesenkt auf den Berg Sinai. Sie wußte, daß sie unwürdig war, auch nur den Schatten Seiner Gegenwart zu erschauen. Sie ergriff die Flucht vor ihren Gesichten, um nicht in das große Vergehen der Götzendienerei zu verfallen; sie richtete ihre Gedanken auf den Menschensohn nach Daniels weissagendem Traum, auf den, der auf den Himmelswolken daherfuhr, um vor den Alten der Tage zu kommen.

Elischewa weihte Miriam ein in die Mysterien des Messias und führte sie ein in die Schwesternschaft der frommen Frauen, die ihren vertrauten Umgang bildeten. Des Abends in ihrem oberen Gemach sitzend, das zum Himmel hin offen war, las sie vor aus dem Buch Henoch: «Der Sohn des Menschen aber, gekleidet in das Gewand der Gerechtigkeit, wird austreiben aus ihren Ländern die Fürsten der Erde, die sich der Macht vermessen, und die Männer der Gewalt von ihren Thronen; und er wird lösen die Fesseln, die das Volk gebunden halten, und die Zähne ausreißen denen, die Böses üben.»

Unter den Frauen, die sich zusammenfanden in Elischewas Haus, waren viele alte mit grauen, tief in die Höhlen gesunkenen Augen zwischen spitz hervortretenden Backenknochen und junge mit hochgewölbten Brauen und unmenschlich bleichen Gesichtern. Dies waren die Frauen, die sich im Vorhof des Allerheiligsten drängten, Töchter von Priestern, Töchter vornehmer Familien, aus jeder Gegend des Landes bis nach Babylonien hin, die gekommen waren, um in den Werkstätten des Tempels zu arbeiten, den feinsten Flachs zu spinnen, die Tempelvorhänge und die heiligen Gewänder der amtierenden Priester und Leviten zu weben und zu sticken.

Viele von ihnen waren durch ihre Begeisterung zu ständigem Aufenthalt innerhalb der Mauern des Tempels verurteilt. Sie waren berauscht vom Gesang der Leviten, von dem erhabenen Ritual des Gottesdienstes, dem gewaltigen, glanzvollen Pilgerstrom aus Kleinasien, von Alexandria und Äthiopien, von den griechischen Inseln und den Flüssen Babyloniens. Während der heißen, rauschhaften Nächte auf Elischewas Söller unterm funkelnden Regen des Sternenlichts enthüllten sie einander ihre Träume, ihre nächtlichen Gesichte und Stimmen oder die Erlebnisse der Verzückung, die ihnen am Tage im Frauenhof geworden waren; all diese Zeichen und Wunder aber, sie wiesen auf das nahe Bevorstehen der Erlösung. Hörbar fast war ihnen der sich nähernde Schritt von den Füßen des Messias, denn Pein und Leid der Welt waren über das Maß des Erträglichen hinausgelangt; die Uhr der Greuelherrschaft des Herodes war abgelaufen, ihr Scheitelpunkt überschritten, ihr Maß war voll. Jerusalem strotzte von Unrecht und Laster; das Gezücht der Steuerpächter und Angeber, der Gerichts- und Polizeibeamten, der Sykophanten und Spione hatte Gottes Heilige Stadt zu einem Vipernnest gemacht. Jetzt aber waren ihre Tage gezählt; er, der den Mantel trug von Gottes Herrlichkeit, binnen kurzem werde er kommen, um sie auszutilgen. Die Zuchtrute der Macht war in seinen Händen, und vor dem Hauch seines Mundes würden die Missetäter erbeben und vergehen, denn weit auftun würde er die Tore der Kerker, darein die Gewaltherren die Demütigen geworfen.

Im Kreise herum hockten und knieten die Frauen, die Köpfe unter den schwarzen Schleiern geborgen; zu ihren Füßen hingestreckt lag die Gestalt der Seherin Hanna, der Tochter des Pahnuel, das Gesicht emporgehoben zum Nachthimmel, und über ihre ausgetrockneten Lippen kamen die Worte der Verzückung:

«Ich sehe die Himmel sich auftun, und fürwahr, Millionen von Füßen der Engelsscharen wandeln über loderndem Feuer, alle gekleidet in Weiß und ihre Gesichter gleich wirbelnden Flammen von Schnee ... Und ich sehe Ihn, der genannt wird der Alte der Tage. Sein Gesicht gleicht der weißen Schur von Lämmerwolle ... Und bei Ihm ist ein Anderer, sein Antlitz ist das eines Mannes, und es trägt edle Züge gleich denen der heiligen Seraphim ... Und ich befragte den Engel, der an meiner Seite wandelte, und er enthüllte mir die geheimen Dinge in Hinsicht des Menschensohns ... wer

Er sein möge und von wannen Er kommet und warum Er Seinen Sitz hat beim Alten der Tage. Und also sprach der Engel: ‚Traun fürwahr, Er ist des Menschen Sohn; Sein ist das Gericht und Er weilet in der Gerechtigkeit und in Ihm werden die uralten Geheimnisse entsiegelt, denn Ihn vor allen hat der König der Geister erkoren. Sein Platz aber ist vor dem König der Geister bei dem jüngsten Gericht am Ende der Zeiten ...'»

Miriam aus dem Hause des Hanan, auch sie hegte die geheime Sehnsucht so manchen jüdischen Weibes, daß der erhoffte Messias-König ihrem Schoß entspringen werde. Das vom Propheten so deutlich umrissene Bild des Menschensohns nahm Besitz von der Seele des jungen Mädchens. Zu Zeiten nahm des Propheten Gesicht leibhafte Umrisse an und stand vor ihr verkörpert in fleischlicher Wirklichkeit. Sie schaute auf das bleiche Antlitz und sie trug Verlangen, die Bürde seiner Prüfungen mit ihm zu teilen. Wenn sie kein Teil sein konnte von ihm, so konnte sie doch teilhaben an seinem Leid und ihre Treue beweisen.

Demgemäß verzichtete sie auf allen Frohsinn und Zeitvertreib, die das Leben des Tempels einem jungen Mädchen ihres Standes zu bieten hatte. Vergebens drangen ihre Freundinnen in sie, sie bei ihren Spaziergängen in die Fruchtgärten von Jerusalem zu begleiten. So war es, zum Beispiel, bei den Töchtern Jerusalems Brauch, nach Beendigung des Gottesdienstes am Versöhnungstag, wenn der Hohepriester mit allem Prunk und Pomp in sein Haus getragen worden war, sich in den nahegelegenen Fruchtgärten zu versammeln, wo sich die Jünglinge der Stadt und die zum Besuch darin weilenden Pilger zu ihnen gesellten.

Dann suchte sich jeder Jüngling zur Gefährtin eines der Mädchen, die in Reihen hintereinander standen und den jungen Männern zuriefen: «Schauet nicht auf Reichtum oder Schönheit; wählt vielmehr eine wohlgeborene.»

Miriam blieb allein mit der Alten und hing ihren Gedanken vom Messias nach, bis sie mit einmal erschreckend der Anmaßung inne ward, die in ihrem Sinnen lag. Beschämt und zerknirscht fragte sie sich dann, ob sie nicht von einem stolzen, hochmütigen Geist irregeleitet werde. Wer war sie, was war ihres Vaters Haus, daß sie den Gesalbten Israels wiegen dürfe? Zwar sollte ja der Messias ein Sproß sein von Davids Stamm, doch andere, bedeutendere Zweige der Familie hatten weit größeres Anrecht auf den

Ruhm als das vergessene, verwaiste Haus ihres Vaters. Eines nur stand außer Frage: daß der Messias kommen werde. Vielleicht war er bereits geboren, ja, wandelte vielleicht schon unerkannt in ihrer aller Mitte oder, was wahrscheinlicher war, saß er unter den Schriftgelehrten und den Auslegern des Gesetzes, den Rabbunim, die Gottes Wort aussäeten unter den Kindern Israels, den Männern, die ihren Sitz hatten in der Heiligen Stadt, nächst der Gegenwart Gottes.

Ihres Vaters Haus stand in dem bescheidenen Städtchen Nazareth, so brach des Wortes Gottes wie ein Stein, der auf ein blühendes Feld geworfen ist. Wer also war sie, wie kam sie dazu, den Leidensweg des Messias-Königs teilen zu wollen? Sie war wie der Zweig am alten dürren Stamm unter den Zedern des Libanon.

In solchen Augenblicken der Niedergeschlagenheit wandte sich das junge Mädchen an Gott und flehte um die Gnade der Demut, um die Befreiung ihrer Seele von falschem Ehrgeiz.

Doch wie oft sie ihn verwerfen mochte, der Traum stellte sich immer wieder ein. Tief in ihrem Innern erschaute sie das Bild des Messias; die langen Nächte zu Jerusalem hindurch netzte sie es mit ihren Tränen und sie fühlte ihre Seele vergehen vor Verlangen, ihn mit ihren Augen zu gewahren.

In diesen Stunden, da sie vielleicht im Tempelhof der Frauen auf den Knien lag, warf sie sich mit dem Angesicht zu Boden, nicht im Gebet um eine ihr allein zugeteilte Begnadung, sondern nur um ihr überströmendes Herz zu erleichtern. Und alles um sich vergessend, den Ort, an dem sie war, die Zeit, der dies nicht angemessen war, stimmte sie den Psalm an: «Wie der Hirsch schreit nach frischem Wasser, so schreit meine Seele, Gott, zu dir. Meine Seele dürstet nach Gott, nach dem lebendigen Gott. Wann werde ich dahin kommen, daß ich Gottes Angesicht schaue?»

Wenn sie dann sich vom Boden erhob nach solcher Verzückung, glänzten ihre Augen fieberisch und glühten ihre Wangen wie die einer Kranken. Die Vorübergehenden wichen ihr aus, denn sie hielten sie für eine der Besessenen, die in den Vorhöfen des Tempels umherirrten.

Einmal, als sie sich wieder in diesem verzückten Zustand befand, trat die greise Hanna, die unter den Frauen von Jerusalem etwas wie den Ruf einer Sibylle genoß, zu ihr heran. Die seit langem verwitwete Alte rührte sich nur selten einmal über den Tempelbezirk hinaus. Wochenlanges Fasten überstand sie. Ihre ausgemergelten, verdorrten Gliedmaßen wirkten wie in runzligen Scheiden stekkende Stangen, und von ihrem Gesicht sah man nur die Augen, die in tiefen, schwarzen Höhlen lagen. Viele Geschichten liefen über sie um. Die Einen sagten, sie sei die wiedererstandene Prophetin Deborah, die auf die Erde zurückgekommen sei, um der Erlösung der Judenheit willen und um den Tag des Heils mit strengem Fasten und Bußgebeten näher zu bringen. Andere meinten, sie sei von einem Geist besessen, der durch ihren Mund sprach. Doch alle brachten ihr einhellig die höchste Achtung entgegen und blickten auf sie mit Ehrfurcht.

Schon einige Zeit lang hatte die greise Hanna im Frauenhof Miriam beobachtet. Nun aber sprach sie mit ihrer brüchigen Greisenstimme, mit dem Knochenfinger auf das Mädchen weisend:

«Habt ihrer wohl acht, ihr Frauen; sie ist eine Tochter des Hauses Davids und aus ihrem Schoß wird der Erlöser kommen.»

Mit Schreck und Scham vernahm Miriam die Worte; errötend eilte sie wieder zu ihrem Webstuhl in der Tempel-Werkstatt...

Um diese Zeit etwa befiel ein sonderbares Ungemach den Priester Zacharia, in dessen Hause Miriam zu Jerusalem wohnte. Der Alte war dabei, des priesterlichen Amtes zu walten, das ihm zugeteilt war, indes die Pilgermenge im Vorhof wartete. Doch als sein Dienst, der im Verbrennen des Weihrauchs am Altar bestand, zu Ende war, kam er nicht aus dem Allerheiligsten heraus. Die Menge, die im Vorhof wartete, wunderte sich über sein langes Ausbleiben; ihre Ungeduld wuchs immer mehr, bis sie endlich den betagten Zacharia, von zwei Priestern unterstützt, aus dem Tempel wanken sahen, und es stellte sich heraus, daß er die Sprache verloren hatte. Das Volk sagte, er habe ein Gesicht gehabt, doch niemand wußte, was er gesehen.

Am gleichen Tag erschien Miriam die Gestalt Rahels. Während sie inmitten einer Schar betender Frauen stand, hörte sie die Stimme der Erzmutter: «Gehe heim, meine Tochter, in deiner Mutter Haus zu Nazareth, denn siehe, deine Zeit ist gekommen.»

VIERTES KAPITEL

Der Brauch in Israel wollte es, daß der Heiratsvertrag einer Jungfrau an einem Mittwoch niedergeschrieben wurde, der einer Witwe an einem Donnerstag, und zwar in der Monatsmitte bei Vollmond, welcher Glück verhieß. Demgemäß wurde der nächste Mittwoch des Monats Adar für die Verlobung des jungen Joseph ben Jakob mit der Jungfrau Miriam festgesetzt.

Adar war ein Glücksmonat; ein Sprichwort besagte: Wenn der Adar kommt, es Israel frommt. Denn in den Adar fiel das fröhliche Purimfest, dem das hohe Passahfest folgte.

Und auch die schönste Jahreszeit zog in diesem Monat herauf, da auf den Feldern um Nazareth allüberall die Mohnblumen blühten, da die Reben Früchte ansetzten und ihre Luftwurzeln rankten, da die Granatbäume in vollem Blust standen und im fruchtbaren Tale Jesreel Kornfelder und Blumenbeete, Weinberge und Ölhaine von Farben strotzten. Galiläa im Monat Adar bot den Anblick eines Gottesgartens, und in diesem Garten waren «die Zelte Jakobs» errichtet, die jüdischen Städtchen und Dörfer, die das weite Land sprenkelten nach Osten zu bis zum Berge Tabor, dessen Hänge tausend Zypressen mit dichtem, dunklem Grün deckten bis zum kahlen Kamm, auf dem der Fluch Davids ruhte.

Die Witwe Hanna nahm eines der irdenen Gefäße, die am Eingang des Hauses standen – darin über die Winterszeit der frischgekelterte Wein aufbewahrt wurde und die das übrige Jahr hindurch als Zuber für die Waschungen des Sabbaths dienten – und trug es in die Kammer der Tochter. Nachdem es dort mit frischem Quellwasser gefüllt worden war, half sie der Braut beim Bade. Bald darauf stellten sich die Freundinnen der Braut ein, kleideten sie in weißes Linnen und wanden den Brautkranz aus Mohnblüten und Ölblättern. Mit andern frischen Garten- und Feldblumen – Zyklamen, Lilien und Schwertlilien – schmückten sie Wände und Decken der Zimmer und steckten sie Ölzweige an die Bänke, die zur Aufnahme der Gäste um die Wände gestellt wurden. Darauf kamen die Hausmütter der Stadt und halfen der Witwe bei der Bereitung des Festmahls. Sie kneteten Brotteig, die sie in rasch verfertigten Tonherden unter freiem Himmel buken. Honigwaffeln wurden für die Kinder hergestellt, auch getrocknete Früchte und Nüsse für sie bereitgestellt. Teller und Schüsseln wurden mit Honig gefüllt und die Speisekammer ihres Vorrats von schwarzen Oliven beraubt, die dort in Salz und Essig lagen, damit sie nicht verdürben. Süße Paste aus getrockneten Feigen wurde in Scheiben geschnitten und diese auf irdene Servierteller verteilt. Kürbisflaschen voll köstlichen Dattelweins wurden zu Ehren der Gäste aus dem Versteck geholt, und kühles Gerstenbier, um den Durst zu löschen, sobald der Wein ausgegangen war.

Auch die Nachbarn kamen nicht mit leeren Händen. Aus ihren Gärten brachten sie frische, junge Gemüse mit; darunter Pflanzen, die sättigen wie Fleisch, Artischockenböden etwa, die man sowohl roh wie gekocht verzehren konnte; auch solche, die den Appetit anregen und das Blut erhitzen wie der scharfe Dill und Zwiebeln; den beizenden Anis und den königlichen Spargel, bei dessen Geschmack die Augen erglänzen und der nur den Vornehmen und den Kindern aufgetischt wird. Ansonsten wurden Krüge mit Milch und Sauermilch, auch trockener Quark und anderer Käse sowie da und dort ein in Honig gewälztes Klümpchen Butter auf die Tische verteilt.

Fleischspeisen wurden nicht gegeben. Die Bauern von Nazareth waren zu arm, um es sich leisten zu können, selbst bei einem so außergewöhnlichen Anlaß wie der Heirat einer Tochter, ein Zicklein oder ein Lamm zu schlachten. Außerdem war der Fleischgenuß mit genau umschriebenen, umständlichen Vorschriften ritueller Schlachtung und Opferung verbunden. Tierfleisch war ein Luxus, den in Jerusalem Wohnenden vorbehalten, wo Fleisch im Überfluß zu haben war. Die Landbevölkerung sah nur selten Fleisch zwischen dem einen Passahfest und dem nächsten, wenn sie hinaufwanderte zur Heiligen Stadt, um dort das Osterlamm zu opfern. Auch Fisch war ein seltener Leckerbissen. Die kleinen Fische, die im See Genezareth gefangen und in den Hafenstädten K'far Nahum und Sidon eingesalzen wurden, gelangten nie nach so abgelegenen Plätzen wie Nazareth. Man fand dergleichen nur in den größeren Städten wie Sepphoris, Naïn und Kana. So also mußten sich die Landleute von Nazareth mit Gemüsen und Milcherzeugnissen begnügen, die an Sabbath- und Festtagen mit Eiern oder allenfalls einem Stück Geflügel ergänzt wurden, vorausgesetzt, daß sich ein Kundiger fand, der die Schlachtvorschriften beherrschte.

Wie üblich begann das Fest in Hannas Hause am Abend. Die Bauern und Handwerker von Nazareth konnten ihre Tagesstunden nicht mit Feiern vertun; die meisten von ihnen waren auch Tagelöhner, und nur die Abende gehörten ihnen. Als nun der Abend herankam, stellte die Hausherrin Lampen auf die Tische, irdene Schalen mit Flachsdochten in kleinen Öltümpelchen, die ein trübes Licht verbreiteten. Eine größere Lampe, die mit feinstem Olivenöl gespeist war, wurde vor den Ehrenplätzen – für die Ältesten und das Brautpaar – aufgestellt, deren Duft ihren Nasen wohltun mochte. Vor der Tür wurde an der Mauer eine Fackel aus pechgetränktem Reisig angebracht und daneben ein Wimpel, der das fröhliche Gelage kundmachen und vorbeikommende Fremde einladen sollte, sich zu den Feiernden zu gesellen und an der Gastfreundschaft des Hauses teilzunehmen.

Die ersten Gäste begannen sich nach Sonnenuntergang einzustellen; die meisten hatten ihre Kinder mitgebracht. Die Schriftgelehrten und die Ältesten der Gemeinde waren in die Gewänder ihrer Würde gekleidet – lose schwarze Talare, den römischen Togen nicht unähnlich – und auch die Köpfe trugen sie bedeckt zum Zeichen ihrer gesellschaftlichen Höherstellung. Die Leute aus dem einfachen Volk gingen barhaupt und barfuß, trugen bunte ärmellose Kittel, gegürtet mit einem Strick oder, die Wohlhabenderen, mit Leinengürteln. Bevor sie die Schwelle überschritten, wuschen sie sich Hände und Füße mit dem Wasser, das in Krügen vor der Tür bereitstand.

Die Köpfe und Bärte der vornehmeren Gäste glänzten von der frischen Behandlung mit Olivenöl; Ringe funkelten an ihren Fingern, und um ihre Hälse hingen allerhand Zierketten. Doch deren waren wenige: nur der Ortsrabbiner und einige der Söhne Pinchas, Angehörige der Priesterkaste, an ihrer Spitze Hanina ben Safra, der trotz seinen früheren Bedenken der Verlobungsfeier beiwohnte.

Die Söhne Isaschars andererseits gehörten zur armen Handwerkerklasse und kamen daher, obschon sie unter andern Gewerben auch das des Sandalennähens betrieben, mit bloßen Füßen. Immerhin hatten sie sich auch zu dem festlichen Anlaß Haar und Bart mit Öl gesalbt.

Keiner kam ohne ein Geschenk. Vor Reb Elimelech ging sein Hirtenknabe her mit zwei Mutterschafen und ihren neugeborenen Lämmern – als Brautgabe von des Bräutigams nächstem Blutsverwandten –, womit das junge Paar eine eigene Herde zu gründen vermochte. Die Witwe Hanna selbst schenkte Joseph einen Gebetsmantel mit den vorgeschriebenen Fransen an den vier Ecken, ein jedes Quästchen bestehend aus acht Fäden, so daß sich die Zahl zweiunddreißig ergab, welche dem Ziffernwert des hebräischen Wortes für «Herz» entspricht. Nur Miriams Schwager Kleophas brachte keine Gabe mit: seine nahe Verwandtschaft mit der Braut, meinte er, verleihe ihm eher die Eigenschaft eines Empfängers als eines Spenders von Geschenken.

Beim Betreten des Festraums betrachtete es jeder Gast zunächst als geboten, vor die Braut hinzutreten – die neben Joseph an der Spitze der Tafel saß –, dem Bräutigam und der Gesellschaft ihre Schönheit zu preisen, denn es galt für einen Eingeladenen als höflicher Zug, wenn er die Braut vor dem Bräutigam gebührend herausstrich, und je mehr Lob er ihr spendete, um so reicheren Segen rief er damit auf sein eigenes Haupt herab.

«Die Augen der Braut sind lieblicher als die der Tauben, gewaschen in Milch», begann Reb Tudrus, das Haupt der Kinder Isaschars, verzog das Gesicht unter seinem dichten schwarzen Bart zu einem breiten Schmunzeln und stellte zu Miriams Füßen ein Paar zierlich gestickter Sandalen nieder.

«Schönheit ist bei einer Braut der größte Schatz», ließ sich Jochanaan, der Stellmacher und langjährige Nachbar, vernehmen. Dabei lächelte er dem Bräutigam gutmütig verschmitzt zu, obschon er, als einer der Söhne des reichen Hanina, wohl auch als Bewerber um Miriams Hand hätte auftreten und Joseph sein Glück hätte neiden können.

Doch auch der mächtige Hanina ben Safra selbst schien versöhnlichen Gemüts. Den weißen Priestermantel über den Schultern, das graue Haar von Öl glänzend, trat er mit dem üblichen gewichtigen Schritt herein, löste vom Gürtel seinen Geldbeutel und hielt ihn vor das eine Auge, als wolle er dessen Inhalt abschätzen. Dann steckte er zwei seiner fleischigen Finger hinein und zog aus dem Beutel einige Silberdenare; von diesen ließ er ein paar wieder in die Börse zurückgleiten und entschied schließlich nach sichtbar reiflicher Überlegung, daß zwei Silberstücke ausreichten; die beiden Münzen warf er denn mit lautem Klingen auf den Teller, welcher an der Spitze des Tisches stand. Und darauf, nicht ohne spöttelnden Beiklang, sprach er zu Joseph:

«‚Wer ein Weib findet, der findet sein Glück', sagt der weiseste der Menschen.»

Auf solche oder ähnliche Art steuerte jeder Gast sein Geschenk und seinen Spruch bei, bis der Fußboden um die Braut herum bedeckt war mit Haushaltgeräten, Schmuckgegenständen, Tuchballen und Strähnen von Wolle und Flachs, wozu ein jeder Spender seine guten Wünsche vorgebracht hatte.

Als die ganze Gesellschaft endlich Platz genommen hatte, war der Augenblick gekommen, den Heiratsvertrag aufzusetzen; alle wandten sich dem Bräutigam zu, um zu vernehmen, was er der Familie als Beisteuer zu bieten hatte. Es stellte sich nunmehr heraus, daß der Bräutigam keineswegs mit so leeren Händen und Taschen daherkam, wie seine Widersacher angenommen hatten. Zunächst einmal brachte er die zweihundert Denare zum Vorschein, die nach den Heiratsgesetzen auf den Namen einer als Jungfrau in die Ehe tretenden Frau zu verschreiben waren. Dann aber zog Joseph zur allgemeinen Überraschung auch noch ein funkelnagelneues Leinenbeutelchen heraus und legte es schüchtern vor den Rabbi hin; er hatte seinen Anteil an dem väterlichen Grundbesitz zu Gelde gemacht. Darauf öffnete er ein Säcklein, dem er einen Silberring entnahm und überreichte diesen dem Schwager Kleophas als Geschenk. Für die Brautmutter hatte er feinen Wollstoff für ein Gewand und für die Braut einen aus feiner Schafwolle gewebten, purpurnen Gürtel, gehalten von einer getriebenen echten Silberspange, welche die Form eines Löwen, des Wappentiers des Hauses Davids, zeigte. Auch einen Strang seidigen sidonischen Flachses für das Hochzeitskleid der Braut hatte er zu bieten.

Worauf der Rabbi sich erhob und vom Bräutigam ein Zeichen des Zeugnisses erbat; Joseph überreichte ihm seinen Gürtel, welchen der Rabbi alsbald vor Zeugen in die Hände der Braut legte, wie es der ehrwürdige alte Brauch als Symbol für den Abschluß eines jeden Bundes oder Vertrags verlangte.

Dann wurde der Schreiber aufgefordert, die Vertragsbedingungen niederzulegen, und die Urkunde wurde schließlich von zwei Zeugen unterfertigt und gesiegelt. Gleich darauf wurden die Kinder zusammengerufen, um Honiggebäck und Nüsse zu empfangen, damit sie ihrem Gedächtnis – für allfällige spätere Streitigkeiten – einprägten, daß die Braut am Tag der Vermählung keine Witwe, sondern eine Jungfrau gewesen, sintemalen sie in ihrer Mutter Hause mit gelösten Flechten und offenen Haaren sitzend gesehen worden war.

Zuguterletzt brachte der Bräutigam noch einen dünnen Schleier zum Vorschein, den er der Braut so über den Kopf legte, daß ihr Gesicht verdeckt wurde, und alle Anwesenden riefen Joseph ben Jakob zu:

«Möge sie dir sein wie Rahel und Lea, welche gebaut das Haus Israels.»

Die Gäste aber aßen und tranken, waren guter Dinge und priesen Gott mit Lobgesängen und Segenssprüchen bis tief in die Nacht.

Miriam vermochte in dieser Nacht keinen Schlaf mehr zu finden. Wach lag sie auf ihrer Bettstatt aus Holz und Stroh, mit großen offenen Augen ins Dunkel starrend. Sie dachte an ihren Aufenthalt in Jerusalem, an die Leviten mit Harfen und Psaltern auf den Stufen zum inneren Tempel. All das Sonderbare, was dort über sie gekommen, drängte herauf in die Erinnerung. Sie gedachte des Vetters Zacharia und seines Gesichts, der Erscheinung, denn eine solche mußte es gewesen sein, die ihm am Weihrauchaltar die Zunge gelähmt hatte. Sie gedachte der greisen Seherin Hanna, die erschreckende Weissagungen gemurmelt hatte im Vorhof der Frauen. Und sie dachte an das rätselhafte Gesicht, das ihr selbst geworden war, jener Frau, die sie Mutter Rahel nannte, die sie gemahnt hatte, bereit zu sein, ohne zu verweilen und den Sinn des Gesagten zu erläutern.

Wann immer sie sich dieses Gesicht ins Gedächtnis zurückrief, mußte sie an den Messias-König und an Jesaias Prophezeiungen denken, die sein Kommen verkündeten. Für eine kurze Zeitspanne war es ihr, als vermöge sie ihn zu sehen, den Messias, wie er schweigend dahinschritt am Rande der Finsternis. Ohne zu wissen, wie und warum ihr dies geschah, fühlte sie sich auf mystische Weise mit ihm verwandt, fühlte sie ihn sich nah und spürte sie sein ungekanntes, ungesehenes Licht ihr Herz durchstoßen und durchstrahlen. Hieß es nicht in einer alten Weissagung, daß eine Jungfrau einen Sohn empfangen und gebären werde? Hatte sie davon sagen hören oder hatte sie es gelesen, gleichviel, was konnte es ihr bedeuten? Sie war dem Joseph angelobt, würde ihm binnen kurzem vermählt sein gleich jedem andern Mädchen nach dem Gesetze Mosis. Die Seine war sie nun, dazu bestimmt, die ehelichen Pflichten zu erfüllen, die einer jeden jüdischen Tochter oblagen, ihrem Gatten einen Sohn zu gebären, auf daß er sein Haus baue in Israel.

Somit war alles vorbei. Das Urteil war gefällt.

Da plötzlich ward sie mitgerissen von schmerzlicher Aufsässigkeit. Ihre Natur begehrte auf gegen den Urteilsspruch. Blitzhaft zuckte in ihr das Wissen auf, sie werde niemals imstande sein zu tun, was von ihr verlangt, zu leisten, was von allen andern gefordert wurde.

‚Doch warum schwieg ich dazu? Weshalb täuschte ich die Gemeinde und diesen arglosen Jüngling, der um meinetwillen aus der Ferne kam? Soll ich einem Manne Schande antun, der besser ist als ich und der auf den Wegen des HErrn geht? ... Ich werde mit ihm sprechen. Ich werde ihm meinen Entschluß mitteilen, daß ich mein Leben dem HErrn geweiht habe, so wie Hanna den Samuel, ihr einziges Kind, einst Gott weihte. Er wird auf mich hören und mich verstehen, und er wird mich Gott überlassen. Seine Züge flößen mir das Zutrauen ein, daß er mich nicht enttäuschen wird, denn seine Augen sind klar, und sein Blick ist voll Milde und Demut. Sicher wird er mich verstehen und mir keine Kränkung angedeihen lassen.

Doch wer bin ich, daß ich mein Herz erhebe über alle andern Frauen? Was ist mein Leben, daß es der HErr würdig erachte, es hinzunehmen zum Opfer? Mein Herz ist ein Vipernnest, und ich bin voller Hoffart und falscher Einbildung. Meine Augen erschauen Dinge, die sie nicht sehen dürften, und mein Mund spricht Worte, die ungesagt bleiben müßten. Vater im Himmel, erbarme Dich meiner! Nimm von mir die Täuschung und die Sprache des Hochmuts! Mache mich würdig, daß ich sei eines Deiner niedrigsten Geschöpfe! Binde mein Herz an Deinen Willen und unterwirf mich Deiner Absicht und laß geschehen mit mir, so wie es Dein Wille ist ...‘

Früh am nächsten Morgen erhob sich Miriam gestillten Gemüts und ruhevoll bereit zur Erfüllung ihres Tagewerks. Stolz und Ehrgeiz waren von ihr abgefallen, und sie sehnte sich nur zu tun nach dem Willen Gottes.

Über dem Land dämmerte der Tag herauf. Das junge Sonnenlicht hatte noch nicht wieder die Herrschaft angetreten über Himmel und Erde, und erst der Rand der Erde lag wundervoll strahlend da. Die Felder des Tales Jesreel erwärmten sich unter den Strahlen des Lichts, doch die Hügel um Nazareth ruhten noch verschlafen, langsam und düster erwachend unter ihrer betauten Decke von Zypressenhainen und Dickicht. Und wiewohl der Himmel ein einziges, klares, durchsichtiges Blau war, ruhte die Erde noch in ihrem eigenen Licht; es war, als ob Wiesen und Gärten um das Haus von einer inwendigen Glut erleuchtet wären. Ihre frischen, duftigen, glanzerfüllten Farben ließen vermeinen, die Natur sei verjüngt, sei herrlich wie am ersten Tag.

Miriam umbrach ein Wickenbeet, das gerade unter dem Fenster ihres Kämmerleins an der Hausmauer lag. Zum Schutz vor der Morgenkühle trug sie einen Kittel aus schwerer blauer Wolle; an den Füßen hatte sie Sandalen, und über die Schultern hatte sie ein wollenes Kopftuch der Mutter geworfen, ein altes Stück, dessen Farbe längst verblichen war. Der Kopf war bloß; Tautropfen, die von Zweigen herabsickerten, fielen auf ihre dicken schwarzen Flechten. An die Hauswand geschmiegt, bewunderte sie die zarten Färbungen der schlankgestielten Gewächse, die purpur- und lachsfarbenen oder weißen Blüten und die wie Vogelgefieder sich spreitenden Blätter. Zärtlich hielt sie die gebrechlichen Blumen zwischen den Fingern, mit Liebe und Bewunderung das zarte Filigran eines jeden Blütenblatts betrachtend, auf denen Tautropfen lagen wie Tränen auf den Wangen eines Kindes.

‚O HErr, wie mannigfaltig sind Deine Werke', dachte sie. ‚Die Erde ist voll Deiner Reichtümer!'

Ein plötzlicher Schauer ließ ihren Körper erbeben. Etwas geschah ihr, denn ihr Herz schlug hoch bis zum Halse. Sie wußte nicht warum, doch sie hob den Kopf und blickte um sich, und es schien ihr, als ob tiefes schweres Schweigen sich auf alles Lebende gesenkt habe; als ob die Zeit, ja der Lauf der Schöpfung zum Stillstand gekommen seien. Blumen und Blätter, Gezweig und Gesträuch, Häuser und Bäume, das weidende Vieh auf den Feldern, die arbeitenden Männer, alles und jedes war still geworden, hielt inne in seiner Bewegung, jedwedes Leben stockte für einen atemlosen, zeitlosen Moment.

Im vollen Licht und Bunt des Tages stand alle Kreatur erstarrt und auf Gottes Wort harrend. Auch Miriam harrte, von etwas in Spannung versetzt, das nicht fern sein konnte, das geschehen mußte, das in diesem Augenblick geschah.

Mit einmal kam Angst über sie, eine zitternde Furcht hinflatternd über einem tiefen Meer von Freude, die ihr dunkelstes Wesen erfüllte; Furcht und Freude zugleich und das plötzliche Bewußtsein von einem gewaltigen inwendigen Reichtum bei dem Gedanken an das, was sich nun zu begeben anschickte.

Noch einmal blickte sie um sich, und ihr Blick fiel auf die Lehmwand ihrer Kammer unterm Dach, darin eine Luke als Fenster diente. Aus der Kammer kam ein Wink, ein Ruf, doch keine Stimme wurde hörbar, keine Gestalt sichtbar. Und doch wußte sie, daß jemand darinnen war, daß jemand ihr rief einzutreten und beharrlich winkte, unschaubares Zeichen gab mit unsichtbarem Finger.

Gesenkten Haupts ging Miriam ins Haus und betrat ihre Kammer.

Dort war die Stille noch tiefer; es war, als ob hier der Herz- und Mittelpunkt des Schweigens sich befinde. Nichts in dem kleinen Raum hatte sich jedoch von der Stelle gerührt; alles stand noch so da, wie sie es verlassen hatte: an der Wand der Strohsack auf der Holzbank war mit dem grünen Tuch bedeckt; an dem daneben stehenden Webstuhl hing eine Kette feiner Flachsfäden, des Bräutigams Geschenk: die Mutter hatte anscheinend mit der Anfertigung des Hochzeitskleids begonnen; durch das kleine Fenster waren ein paar rosenfarbene und blaue Wickenblüten zu sehen, die sich auf schlanken Stengeln über ihre Gefährten hinausgeschwungen hatten; in der Ecke stand die Holztruhe mit dem Psalter und den Pergamentrollen mit Teilen der Heiligen Schrift; von einem Holzpflock an der Wand hing ihr blaues wollenes Sabbathgewand mit dem weißen Schleier aus selbstgesponnenem Flachs herunter, das sie im Tempelhof getragen hatte.

Stockend blieb Miriam in der Mitte des Zimmers stehen; schlaff und leblos hingen ihre Hände herab. Die Stille wurde noch dichter, schier greifbar. Nur Miriams Herz hämmerte angstvoll, indes Tropfen kalten Schweißes auf ihrer Stirn perlten und ihre Wangen wie im Fieber glühten. Es mußte jemand im Zimmer sein; sie konnte das Wesen nicht sehen, nur Wucht und Gewalt seiner Anwesenheit ward ihr fühlbar. Einen Moment lang glaubte sie den lautlosen Schatten zweier mächtiger Flügel über ihrem Kopf hinzittern zu spüren. Angst stieg in ihrer Kehle auf, doch zugleich Jubel und Erfülltheit. Was sollte sie beginnen? Wie vermochte sie diese endlose, diese zeitlose Stille zu unterbrechen? Da brach mit einmal durch das kleine Fenster ein unirdischer Lichtstrahl, der kein Sonnenstrahl war, verweilte auf dem Bambusgeflecht, das, ihr zum Gebetsteppich dienend, neben dem Lager hingebreitet war. Die Hände vors Gesicht schlagend sank Miriam auf die Matte, dem Licht entgegen; kein Wort kam von ihren Lippen; ihr Herz allein schrie auf im Gebet...

Als Miriam die Augen wiederum hob, sah sie sich nicht mehr allein, doch ohne Staunen erkannte sie, daß sie die Stube mit einer Engelsgestalt teilte. Diese war, vom Scheitel bis zur Sohle, verhüllt von mächtigen Schwingen, daraus nur das gewaltige Haupt ragte. Das Antlitz war das eines Jünglings, eines jungen Priesters vielleicht, wie die Gesichter, die Miriam gesehen hatte in den Vorhöfen des Tempels, ernster jedoch, strahlender und unnahbar. Mit einer Miene sinnenden Mitleids, die Lippen lächelnd, die großen Augen ernst und gütig blickend, so schaute das Antlitz hinab auf das Mädchen.

Eine Weile standen die beiden, Mädchen und Engel, einander Auge in Auge gegenüber. Auch des Mädchens Blick, gleich dem des Engels, war schwer von Trauer und Erbarmen. Auch Miriams Lippen blieben fest geschlossen; nur ihre Augen sprachen und trugen dem Engel das Leid der Menschheit vor. Ohne Wank stand sie vor des Engels Angesicht, seinen Blick aushaltend und mit dem ihren durchdringend, wie auch das Herz in der Brust ihr hämmern, das Blut in den gestrafften Halsschlagadern pochen mochte im gleichen Takt mit dem Herzen.

So wie Jakob rang mit dem Namenlosen zu Pniel, also stritt Miriams Blick an wider den des Engels. Und er war es schließlich, der Seraph, der das Haupt senkte auf die Schwingen, da er dem tödlichen Gram in den Augen des Mädchens nicht zu widerstehen vermochte. Dann aber, mit einer ruhevoll-leisen Stimme, die entstanden schien als ein Flüstern am jenseitigen Ende des Weltenraums, doch, sich nähernd, an Kraft und Umfang gewann, bis sie nun hier in der Stube mit Menschenlaut erklang, ließ sich der Engel vernehmen:

«Friede sei mit dir, Tochter Hanans, sei gegrüßet, denn der HErr ist mit dir!»

Da erst, als Miriam hörte, wie der Engel sie grüßte mit Menschenstimme, ward sie wieder ihres Erdenwesens inne. Sie begriff, daß der Engel zu ihr gekommen war, ihr, keiner Andern, seinen

Gruß entboten hatte. Da wallte wieder Angst empor in ihr und sie ward wieder das demütige junge Mädchen, das erzitterte und dessen Herz gegen die Wände ihrer Brust hämmerte, daß das verschossene Busentuch ihrer Mutter, das sie trug, aufflatterte. Miriam senkte die Augen zur Erde, als wolle sie sie darein vergraben. Haarsträhnen hingen ihr über die schweißfeuchte Stirn und den Hals; aschfahl ward ihr Gesicht, und ihre Hände begannen zu zittern.

Da schürzten sich des Seraphs Lippen abermals leicht, und die seltsam ferne Stimme erklang wiederum: «Fürchte dich nicht, Miriam, denn du hast Gnade gefunden bei Gott. Siehe, du wirst schwanger werden und einen Sohn gebären, den sollst du heißen Jeschua. Und er wird groß und der Sohn des Höchsten genannt werden; und Gott der HErr wird ihm den Thron seines Vaters David geben. Und er wird der König sein über das Haus Jakobs ewiglich, und seines Reiches wird kein Ende sein.»

Miriams Augen blieben zu Boden gesenkt, und schweigend lauschte sie den Worten des Engels. Doch da er ausgesprochen, hob sie den Kopf und blickte den Engel wiederum an mit ihren gramverdunkelten Augen und sagte leise:

«Wie soll das zugehen? Sintemal ich von keinem Manne weiß.»

Der Engel aber antwortete und sprach zu ihr:

«Der Heilige Geist wird über dich kommen, und die Kraft des Höchsten wird dich überschatten. Darum auch das Heilige, das von dir geboren wird, wird genannt werden Gottes Sohn.»

Lange blieb Miriam schweigend stehen, die Augen geschlossen. Doch in ihre Wangen war die Farbe zurückgekommen und erbrannten von einer Glut heiligen Feuers.

«Siehe, ich bin des HErrn Magd», sprach sie schließlich; «mir geschehe, wie du gesagt hast.»

Und da sie die Augen wieder aufschlug, sah sie, daß der Engel von hinnen gegangen war.

Es galt als wenig taktvoll, wenn sich Braut und Bräutigam öfter als unbedingt nötig zusammen zeigten; selbst für Ehepaare schrieb die gute Erziehung vor, sich hinsichtlich der Häufigkeit gemeinsamen öffentlichen Auftretens eine gewisse Zurückhaltung aufzuerlegen. Aus diesen Erwägungen heraus war Joseph zu seinem Gevatter Reb Elimelech gezogen, in dessen Hause er die Monate bis zur Hochzeit zu wohnen gedachte. Tagsüber verdingte er sich bei den ansässigen Zimmerleuten als Taglöhner. Nach Feierabend besuchte er seine Braut, half ihr in Feld und Garten oder beschäftigte sich mit der Einrichtung seiner Schreinerwerkstatt im Haus seiner künftigen Schwiegermutter, wo das junge Paar später wohnen sollte. Zu trauterem Zusammensein blieb daher nur wenig Zeit.

Lediglich an Sabbath- und Festtagen wurde diese Regel durchbrochen; dann verbrachte Joseph den ganzen Tag in Hannas Haus, und es ergab sich dann wohl auch hin und wieder ein flüchtiger Augenblick des Alleinseins mit der Braut; etwa wenn die beiden in den Garten gingen, um dort nach dem Rechten zu sehen und Miriam dem Bräutigam voller Stolz die niederhangenden Bohnenschoten, die festen Köpfe der Artischocken und die weißen und gelben Dolden des Dills wies, oder wenn sie auf ein paar Minuten sich mit der kleinen Schafherde Hannas abgaben, welche im Hof zusammenströmte, um das Füllen des Trogs zu erwarten. In solchen Augenblicken sagte dann Joseph wohl, ohne daß er es wagte, den Blick zu der Braut zu erheben:

«So Gott will, daß wir unser Haus zusammen erbauen, sollst du, Miriam, an allem den gleichen Anteil haben, was uns der HErr geben mag. Dein Mund soll gebieten über mein Haus, und deine Hand soll es nähren, denn, wahrlich, ein wackeres Weib hat mir Gott zur Gattin gegeben.»

Dann senkte Miriam den Kopf und antwortete nicht.

Eines Abends, als der Sabbath aus war, saß er neben ihr im Haus ihrer Mutter. Das flackernde Flämmchen einer Öllampe warf seinen Schein kaum noch in den Winkel, wo sie saßen. Hanna war in dem kleinen Vorratsraum am entgegengesetzten Ende des Zimmers mit dem Herrichten des Käses und der getrockneten Früchte beschäftigt, die sie vom Dach heruntergeholt hatte, um sie am nächsten Tag in die große Stadt Sepphoris zum Markt zu tragen.

Die Zurüstungen zur Heirat der Tochter erforderten größere Ausgaben; es mußte eine unmäßige Menge Wein angeschafft werden, die allerdings eigentlich der Bräutigam beizustellen hatte. Aber daneben wurde noch viel gebraucht: Öl und Oliven, getrocknete Früchte, gar nicht zu reden von Brot und Hühnerbraten, wovon bei einer Hochzeit immer große Mengen vertilgt wurden, denn der Gäste waren viele. Die Bürde für die Witwe war schwer; so fing sie beizeiten an, alles, was sie überschüssig hatte an Obst, Gemüsen und Milcherzeugnissen, in den nächstgelegenen Marktorten zu Gelde zu machen.

Und ihre Probleme waren mitnichten lediglich finanzieller Natur. Obschon sie aus der Priesterkaste stammte, wußte sie nie recht Bescheid mit den verzwickten Vorschriften der Zahlung des Zehnten. War der Leviten-Zehente auf Minze und Hopfen abzuführen oder nicht? Mußte sie von ihren Artischocken und ihren kostbaren Spargeln abgeben? Und wie sollte sie sich daran erinnern, aus welchem Beet die Erstlinge bereits geerntet waren, da doch viele Pflanzen zu verschiedenen Jahreszeiten reiften? Hanna wartete also auf den Priester des Orts, Hanina ben Safra, der an früher angebrachten Zeichen zu entscheiden vermochte, von welchen Beeten der Zehnte noch nicht abgegeben war. Bald hörte sie denn auch seinen schweren Tritt hinter der Tür und sah durch die Spalten zwischen den Türpfosten seine Lampe aufleuchten. Und gleich darauf hörte sie ihn mit seinem Stab ungeduldig auf die Schwelle stoßen, denn der Priester hatte immer wenig Zeit. Am heutigen Abend noch mußte er die Runde bei mehreren nazarenischen Bauern machen, um ihnen mitzuteilen, welche ihrer Bodenfrüchte sie zum Markt bringen mochten und welche andere noch dem Zehnten unterworfen waren. So ließ ihn Hanna denn auch nicht warten, sondern eilte hinaus zu ihm und ließ Joseph und die Tochter allein im Hause zurück.

Joseph zögerte noch eine Minute, dann rückte er näher zu seiner Braut heran und flüsterte ihr ins Ohr:

«So Gott will und du mir angetraut bist nach dem Gesetze Mosis und Israels, so sollst du mir sein wie Rahel war für Jakob, denn meine Seele lechzt nach dir.»

Wiederum antwortete Miriam nichts, so daß Joseph abermals das Schweigen brechen mußte, indem er sagte: «Und so Gott will, daß du mir Söhne gebierst in Israel, werden wir sie auferziehen, daß sie reich werden an Wissen und an gutem Tun.»

Nach diesen Worten jedoch hob Miriam langsam das Haupt und blickte den Bräutigam an. Und trotz der sich verdichtenden Dämmerung erkannte Joseph mit ehrfürchtigem Staunen ein rätselhaftes Licht in des Mädchens Augen erglänzen. Unwillkürlich rückte er von ihr ab und stammelte, die Stimme mit einmal bebend vor ungewisser Angst:

«Was ist dir geschehen, Miriam? Ich erkenne dich nicht mehr.»

«Was soll mir geschehen sein?»

«Ich weiß es nicht, aber ... ich ängstige mich vor dir, Miriam.»

Abermals richtete sie den Blick auf ihn, und ein schwaches Lächeln umhuschte ihren Mund.

«Warum ängstigst du dich vor mir, Joseph? Du bist mein Bräutigam und kennst mich nun seit manchem Tag.»

«Doch du hast dich verändert. Nicht immer warst du so traurig.»

«Ich bin nicht traurig, Joseph; mein Herz ist wie ein reifer Granatapfel, von Freude erfüllt.»

«Und gleich einem Granatapfel wird der HErr die Frucht deines Schoßes segnen.»

«Wenn Gott nach Seinem Willen verfährt mit mir, so soll die Frucht meines Schoßes Ihm geweiht sein», sagte Miriam mit plötzlicher Festigkeit.

Unter diesen Worten verstummte Joseph, und sein Gesicht entfärbte sich. Was er soeben gehört, das war ein feierliches Gelübde, das ihn unvorbereitet traf. Unbereit war er zu solchem Opfer: seinen Erstgeborenen dem Dienste Gottes zu überlassen; denn dies schien ihm der Sinn ihrer Worte. Er sann eine Weile lang nach, um die ganze Folgenschwere des Gelübdes zu erfassen, und sein Herz ward bekümmert um seines ungeborenen Sohnes willen, der bereits jetzt seines Erbteils in Israel beraubt war.

Wiederum blickte er in Miriams Gesicht, in der Hoffnung vielleicht Worte sagen zu können, die des Mädchens Sinn wandten. Doch die Finsternis im Raum hatte sich noch mehr vertieft und ließ das unirdische Licht in Miriams Augen mit gedoppeltem Glanz erstrahlen. Da entsank Joseph wiederum der Mut, und, den Kopf gesenkt, antwortete er voller Demut:

«Du hast es gelobt, Miriam. So wie Hanna den Samuel Ihm

weihte, so hast du deinen Sohn dem HErrn hingegeben. So soll er denn des HErrn sein.»

In seiner Stimme war ein brüchiger Klang, der dem Mädchen zu Herzen ging, und, als wolle sie ihn trösten, sprach Miriam zu ihm:

«Du weißt doch, Joseph, alles, was von Gott kommt, gehört Gott.»

Joseph begriff sie nicht, doch er schwieg, die Lippen zusammenpressend.

Da trat, vom Priester gefolgt, Hanna wieder ins Gemach. Reb Hanina warf einen mißbilligenden Blick auf das junge Paar, das dicht beieinander im dunkelsten Winkel saß, er hob den Stock nach ihnen hin und schüttelte ihn wie einen tadelnden Finger.

«Ist dies der Brauch in Israel für eine Braut und einen Bräutigam, sich vertraut zueinander zu gesellen, bevor sie zusammengegeben sind durch Mosis Gesetz?»

Joseph sprang auf, das Gesicht von Schamröte übergossen. Miriam blieb regungslos sitzen, die Augen fest zu Boden gesenkt.

«Das Tun derer, die rein sind, ist stets rein», warf die Witwe ein, um der Kränkung, die des Priesters Tadel bedeutete, die Spitze zu nehmen. «Und der Hochzeitstag steht ja vor der Tür.»

Der Priester aber, seine massige Gestalt zu ihr hinkehrend, sagte: «Deiner Tochter hohe Abstammung legt ihr gewisse Verpflichtungen auf. Für ein Mädchen ihres Standes schickt sich solches Betragen nicht.» Als ob er eine schmerzliche Enttäuschung erfahren habe, schüttelte der den Kopf und ging.

Es dauerte nicht lange, da sprach ganz Nazareth von der Veränderung, die über Miriams Wesen gekommen war. Statt fröhlich zu sein mit ihren Freundinnen und sich ihres Brautstands zu erfreuen, sah man das Mädchen häufig sich in stille Winkel verkriechen und beobachtete an ihr eine unerklärliche Vorliebe für Einsamkeit und Dunkel. Doch ihre Schwermut war nicht von der Art, die den, der ihrer gewahr wird, aufreizt oder bedrückt. Die Menschen fühlten sich glücklicher und freundlicher in ihrem Beisein. Dessen ungeachtet empfand männiglich etwas wie Unruhe in ihrer Gesellschaft. Man scheute sich, ihr in die Augen zu sehen, und selbst die Mutter fühlte sich seltsam verlegen, wenn sie das Mädchen am Morgen aus seiner Kammer treten sah. In solchen

Augenblicken schien das Mädchen umhüllt von Licht, und seine Augen zeigten einen Strahlenglanz, der mehr war als nur das widerscheinende Licht dieser Welt.

Als Hanna sie eines Morgens wiederum so erblickte, sagte sie, mit gepreßtem Atem und bebender Stimme: «Miriam, meine eigene Tochter, du bist mir wie eine Fremde. Im Namen des HErrn sage mir, was ist dir geschehen?»

«Ich verstehe dich nicht, Mutter.»

«Du verstehst nicht, Miriam? Du siehst aus, als ob ein Engel über dich hingeflogen sei. Es ist mir, als höre ich noch das Rauschen seiner Schwingen.»

In schlichtem, ungezwungenem Ton sagte Miriam: «Gott hat mir Seine Gnade widerfahren lassen, Mutter.»

Hanna warf der Tochter einen strengen Blick zu und sagte: «Gott läßt uns allen Seine Gnade widerfahren, so scheint mir.»

«Ich weiß, Mutter. Doch mich hat Er auserwählt, den Bedrückten Trost und Hoffnung zu bringen. Er hat mich zu Israels Mutter ausersehen.»

«Miriam, mein Herz zittert bei deinen Worten! Etwas ist über dich gekommen; was, das weiß ich nicht. Doch dies weiß ich: laß kein fremdes Ohr solche Worte hören. Böse Zungen werden übel von dir reden.»

«Was vermöchten sie mir Übles zu tun, da Er über mir steht gleich einer Feuersäule? Wen soll ich fürchten, da ich sehe, daß Er mich auserwählt hat, die Hoffnung Israels zu gebären?»

Hanna erbleichte vor Entsetzen.

«Bete zu Gott, daß du mir keine Schande bereitest, Miriam», sagte sie. «Und möge Er alles zum Guten wenden.» Damit nahm sie die Tochter bei der Hand und führte sie zurück in das verhängte Gemach, ihr einschärfend:

«Verbirg dich zwischen diesen Wänden. Mir ist angst, daß du hingehst und die Leute deine Reden hören.»

Doch die Leute hörten trotzdem davon. Am hellen Tag manchmal fiel Miriam, während sie in Feld und Garten arbeitete, auf die Knie. Zur Nachtzeit auch stand sie mitunter hochaufgerichtet allein auf dem Dach des Hauses und starrte zum Sternenhimmel auf oder warf sich, die Hände zu ihm emporstreckend, auf die Knie und stimmte einen Psalm Davids an oder sang Strophen eigener Erfindung, deren Herkunft und Sinn niemand begriff. Nicht die

Worte einer Prophetin waren es, sondern eher die begeisterten Gesänge einer Priesterin. Lieder zu Preis und Verherrlichung Gottes sang sie um der Wunder willen, die Er in ihr erweckt. Sie sang von erfüllten Verheißungen, vom einst mit den Erzvätern gemachten Bund, von der Heraufkunft des Heils und der großen Erlösung, die bevorstehe.

«Öffnet weit die Tore der Herrlichkeit für den Gebenedeiten Israels», sang sie. «Der Gefangene und der Dürstende, sie harren seines Kommens! Lobsinget dem HErrn allüberall auf Erden ... !»

Aus solchen Verzückungen erweckte Hanna sie, richtete sie auf und half ihr die Leiter hinunterzusteigen in die Geborgenheit des Hauses. Sie wollte nicht, daß das Gerede der Stadt über das wirre Wesen ihrer Tochter sich vergrößere.

Trotzdem verbreiteten sich Gerüchte gleich Lauffeuern: eine neue Prophetin sei auferstanden in Israel, hieß es, und dies sei niemand anders als die Tochter der Witwe Hanna und ihres seligen Mannes, des Zimmermanns Hanan, eben jene Miriam, die erst jüngst dem neuen Mitbürger Joseph angelobt worden war. Es wurde gemunkelt von Gesichten, die sie gehabt, von einem Geist, der zweifellos von den Mädchen Besitz ergriffen habe. Es mußte ein Geist sein, der aus ihr sprach, sobald ihr Mund sich auftat; doch wer weiß, was für ein Geist das sein mochte? War es der Geist Gottes oder, was der Himmel verhüte, der des Satans?

Einmal gar vernahmen die Töchter der Stadt mit eigenen Ohren, wie der Geist aus Miriam sprach.

Miriam hatte auch weiter jeden Morgen am öffentlichen Brunnen hinter dem Ort Wasser geholt. Hanna ließ sie eigentlich nur mit einigem Widerstreben hingehen; aber es war nun einmal so selbstverständlich, daß die Haustochter das Wasser holte, daß, es anders zu halten, so gut wie undenkbar war.

Nun war aber der Brunnen der Versammlungsplatz der Frauen, der Mittelpunkt, an dem sich alle Neuigkeiten, aller Klatsch und Tratsch sammelten, um von da wieder ausgestrahlt zu werden. Allmorgendlich wurde dort mit viel Gewisper, Geflüster und heiserem Gelächter zwischen Frauen und Mädchen ausgetauscht, was es an Vertraulichkeiten des Tages und Erlebnissen des Vortags gab, was über dieses männliche oder von jenem weiblichen Wesen in letzter Zeit geäußert worden war. Es bedarf nicht der Erwähnung, daß Miriams Benehmen den Schwatzbasen am Brunnen reichlichen

Stoff zu Gerede bot, und daß die Nachbarinnen des Mädchens an jedem Morgen atemlos angelaufen kamen, um ihren Busenfreundinnen mit keuchenden Stimmen zu berichten, was sie Miriam in der verwichenen Nacht auf ihrem Dach hatten singen hören: nämlich, daß sie vor allen Töchtern Israels auserkoren sei, ihrem Volke das Heil zu bringen.

Als eines Morgens Miriam mit ihrem Krug auf dem Kopf zum Brunnen kam, sah sie dort die Frauen und Mädchen, flüsternd die Köpfe zusammengesteckt, stehen. Aller Augen waren auf sie gerichtet, so daß über den Gegenstand des Gesprächs kein Zweifel möglich war. Als Miriam zum Brunnenrand herankam, traten die Frauen zurück und machten ihr Platz, obschon sie noch nicht an der Reihe war, ihren Krug zu füllen. Doch kaum war das geschehen und sie hatte sich auf den Heimweg machen wollen, als sie sich daran verhindert sah durch die Frauenschar, die sie von allen Seiten umringte. Eine der Frauen, eine von der Sonne fast schwarz gebrannte, die einen Messingring in der Nase trug – sie hieß nur Avihu «mit der bösen Zunge» –, stellte sich, die Arme in die Seiten gestemmt, vor Miriam auf und sagte:

«Du also sollst ausgerechnet den Juden das Heil bringen und die Mutter Israels werden?»

«Sieht sie nicht schon aus wie eine Erzmutter», stichelte eine Andere, «genau wie Rahel und Lea?»

«Ich bin erwählt als des HErrn Magd», sagte Miriam, als seien die Fragen allen Ernstes in gutem Glauben gestellt gewesen.

«Woher weißt du das?», wurde sie gefragt. «Wenn du nie mit einem Manne zusammengewesen bist, woher weißt du, daß dir solches geschieht? Vielleicht verschließt der HErr deinen Schoß mit sieben Riegeln.»

«Wer weiß...? Gemauste Früchte schmecken am süßesten», warf die alte Tamar ein, die von ihrem Mann im Stich gelassen worden war, und dabei kam aus ihrem zahnlosen Mund ein peifendes Lachen.

Miriam blickte sich in der Runde um. Die Frauen wichen und wankten nicht; ein Kreis von Gesichtern, verdunkelt von Haß und Bosheit, umgab sie. Ein Frösteln der Angst lief ihr das Rückgrat herunter; sie ließ den Krug los, sank in die Knie und hob die gefalteten Hände empor. Sie sprach kein Wort, doch ihre Lippen bebten, und hektisches Rot überströmte so plötzlich ihr Gesicht, daß die Frauen, fast einander umstoßend, zurückfuhren. Aus einiger Entfernung starrten sie auf das kniende Mädchen und lauschten mit angehaltenem Atem auf das Selbstgespräch, das von Miriams Lippen kam gleich dem Absingen eines eingelernten Psalms:

«Gewaltiges hat der HErr an mir getan. Er hat sich gezeigt in der Gestalt eines Adlers in meiner Kammer, und in der Gestalt eines Raben hat Er mich gehoben auf seine Schwingen und mich getragen in die Wolken. Nicht in den Zedern des Libanon, noch auf den Bergen von Juda hat Er sein Nest gebaut, sondern im sanften Ried Galiläas. Und in meines Vaters niedrigem Hause hat Er die geringste der Mägde erkoren, zu gebären in ihrem Schoß die Hoffnung Israels. Aus ihren Lenden wird hervorgehen Hilfe und Heil, das keine Schranken und kein Aufhören kennt, bis daß das Ende der Tage erfüllet die Erde und das Gewölbe des Himmels . . . !»

«Habt ihr das gehört? Habt ihr gehört, was sie gesagt hat?», kreischte eine der Frauen mit schriller Stimme.

«Sie hat gesagt, sie gehe schwanger mit der Hoffnung Israels?»

Die Frauen aber liefen in wilder Eile davon, um die erschreckende Zeitung im Ort zu verbreiten: «Eine Jungfrau hat empfangen in Israel!»

SECHSTES KAPITEL

DAS Vorkommnis am Brunnen war bald zum Stadtgespräch geworden. Wohin immer Miriam sich wandte, wo sie ging und stand, am Brunnen oder auf dem Markt, schauten sich junge Mädchen wie alte Frauen die Augen aus nach der Jungfrau, die solch Ärgernis gegeben hatte, und suchten – je nach ihrem Stand mit scheuen oder erfahrenen Blicken – sich zu vergewissern über die argwöhnischen Mutmaßungen, die die Worte Miriams hervorgerufen hatten.

«Ei, ihr Törinnen! Ihr Leib geht ja schon bis zum Hals, und da sucht ihr noch nach Anzeichen!», lachte eine Witwe, die sich ihrer Hebammenkünste zu rühmen pflegte.

«Der neue Schreiner stiehlt anscheinend gern Feigen, ehe sie reif sind», meinte eine Andere.

Binnen kurzem kamen die Gerüchte den Ortsbehörden zu Ohren, und der Rabbi wie die Angehörigen des Gerichts hielten dafür, daß die Angelegenheit eine amtliche Untersuchung erfordere.

Nun war vom streng rechtlichen Gesichtspunkt betrachtet Beiwohnung zwischen Braut und Bräutigam kein Vergehen. Es war sogar eine der drei anerkannten Formen der Eheschließung; doch ihre Rechtmäßigkeit milderte die Unziemlichkeit einer solchen Handlungsweise keineswegs, da der Verkehr mit einer Braut vor der Hochzeit als scham- und rücksichtslose Verletzung der Schicklichkeit galt und für immer einen Flecken auf dem guten Namen der Familie der Braut zurückließ. Die Handlung an sich war also nicht strafbar, vorausgesetzt, daß der Bräutigam sich zu ihr bekannte und offen erklärte, daß er sie zur Vollziehung der Ehe vorgenommen habe. Doch wenn, Gott behüte, der Bräutigam ableugnete, etwas mit der Sache zu tun zu haben, so fiel die ganz schwere Last der Untreue auf die Schultern der Braut, und sie war als Ehebrecherin gebrandmarkt. Für das Verbrechen des Ehebruchs aber schrieb das mosaische Gesetz nur eine einzige Strafe vor: den Tod durch Steinigung. Im Gedanken an diese Strafandrohung widerstrebte es daher den Ortsbehörden aufs Äußerste, eine Tochter in Israel mit diesem todeswürdigen Verbrechen zu belasten und zu beschämen. Sie entschieden sich daher dafür, zunächst einmal den Bräutigam zu befragen. Gestand er die Tat ein, so war der Fall der Gerichtsbarkeit entzogen.

Wie sich denken läßt, ahnte Joseph nichts von den in der Stadt umlaufenden Gerüchten, wiewohl sie sogar einen dunklen Schatten über seine nächsten Angehörigen geworfen hatten. Um ihn herum wurde dauernd geraunt, und die Gesichter seiner Verwandten trugen, wo immer er sich blicken ließ, einen bitteren Ausdruck; doch trotzdem hatte Joseph bisher diese Veränderung kaum wahrgenommen und war zweifelsohne weit davon entfernt, deren Ursache zu vermuten. Er war viel zu vertieft in die Vorbereitungen zu der bevorstehenden Hochzeit; legte Heller auf Heller seines schmalen Verdienstes zusammen, um Geschenke für die Familie seiner Braut kaufen und den Wein anschaffen zu können, den er zum Hochzeitsschmaus beizusteuern hatte. Er kannte den Brauch, daß ein in die Ehe tretender Mann nach der Anzahl von Weinschläuchen geehrt wurde, die bei seiner Hochzeit ausgetrunken worden waren.

Joseph war so mit diesen Zurüstungen beschäftigt und unternahm sie so freudigen Herzens, daß er nicht einmal die Veränderung seines ihm früher so wohlgesinnten Gevatters Reb Elimelech bemerkte. Der Alte hatte sich ganz von ihm zurückgezogen, ja erwiderte kaum mehr Josephs Gruß. Noch schlimmer ließen sich die Dinge in der Familie der Braut an, deren Angehörige mit recht unsanftem Murren und Murmeln dem jungen Eindringling und Friedensstörer begegneten. Miriams Mutter sogar zog sich in einen entlegenen Winkel zurück, sobald Joseph sich am Abend zum Besuch seiner Braut im Hause einstellte.

Auch in der Synagoge sah sich Joseph auf einmal von allen gemieden. Die Männer gingen, seinen Gruß nicht beachtend, um seinen Platz herum, und Joseph merkte, daß sie ihm böse Blicke des Zorns und der Verachtung zuwarfen. Diese Behandlung, deren Ursache er sich nicht erklären und nicht bei sich selbst finden konnte, machte ihn verstört. Eine Andeutung, daß diese allgemeine Feindseligkeit, die ihn bedrückte wie eine tödliche Last, etwas mit seiner Braut zu tun habe, geschweige daß die Keuschheit seiner Braut im Spiel sei, würde er mit Heftigkeit zurückgewiesen haben. Unwissend wie er somit war, übersah und vergaß er den bitteren Schimpf, der ihm von allen Seiten angetan wurde.

Mit ehrlichem und tiefem Schreck empfing er daher die Aufforderung, vor dem Gericht Nazareths zu erscheinen.

«Joseph ben Jakob», begann der Rabbi, wie beim Gebet den Körper vor- und rückwärts bewegend und die weißen seidigen Strähnen seines Barts mit den Fingern fassend, «es ist uns Nachricht erstattet worden bezüglich des Mägdleins Miriam, dem du jüngst anverlobt wurdest. Die Sache bekümmert unsere Herzen und ruft nach Klarstellung...» Nach einer kleinen Pause fuhr er fort: «Wenn dergleichen auch – wie wir von Beispielen wissen, die uns zu Ohren gekommen sind – in vergangener Zeit vorgefallen ist, so ist dies doch nicht gang und gäbe bei uns in Galiläa. Indes ist die Handlung, von der ich spreche, nur dann zulässig, wenn der Bräutigam einräumt, die Tat begangen zu haben im Hinblick auf die Ehe; doch wenn nicht, dann nicht. Darum fordere ich dich auf, Joseph ben Jakob, dem hier versammelten Gericht mitzuteilen, ob du dich mit deiner Braut, genannter Miriam, vermählt hast durch Beiwohnung und ob das Kind unter ihrem Herzen von dir erzeugt ist.»

Joseph gab keine Antwort. Sein Gesicht war aschfahl geworden;

die Augen, deren Äpfel immer mehr vorgetreten waren, drückte er jetzt zu, und sein langes Kinn fiel vor Scham und Verzweiflung auf seine Brust. Er bemerkte nicht die zornigen Blicke, die ihm Kleophas, sein Schwager, und der Priester Hanina zuwarfen, die beide auf der den Verwandten der Braut vorbehaltenen Bank an der Seite saßen. Er bemerkte nicht, wie bleich und eingefallen das Gesicht von Reb Elimelech geworden war, darauf sich die Furchen in den letzten Tagen noch tiefer als bisher eingegraben zu haben schienen. Er vergaß die Anwesenheit des Rabbi und seiner Beisitzer wie die des ehrwürdigen Haupts der Synagoge Reb Jochanaan von den Söhnen Isaschar, der ebenfalls dem Gerichtshof angehörte. Er vernahm nicht einmal das gedämpfte Gemurmel der Gemeinde, die sich auf den rückwärtigen Bänken im Saal und in der Tür drängte, und er sah nicht die Köpfe der Frauen und Mädchen an den Fensterluken. Es schien, als sei er unter dem unerwarteten Schlag zusammengebrochen; seine Gestalt schien zusammengedrückt und eingeschrumpft, als ob ihr alles Lebensblut entflossen wäre; und kein Wort kam von seinen Lippen.

Mehrere Minuten lang schwieg der ganze dichtgefüllte Gerichtssaal. Alles hielt den Atem an, um zu hören, was der junge Fremdling auf die gegen ihn vorgebrachte Anschuldigung zu erwidern habe. Doch Joseph äußerte noch immer kein Wort.

«Schweigen bedeutet bekennen», sagte Reb Elimelech schließlich, um der peinlichen Spannung ein Ende zu machen. Doch der Rabbi ließ es dabei nicht bewenden, sondern fuhr fort:

«Diese Sache ist zu ernst und schwerwiegend, als daß sie durch ein einfaches Geständnis auf Grund von Aussageverweigerung aus der Welt geschafft werden kann. Joseph ben Jakob, ich fordere dich noch einmal, im Namen des Gerichts, auf, uns zu erklären, ob du die Ehe durch Beiwohnung vollzogen hast oder ob du, was Gott verhüten möge, unschuldig bist an diesem Vorkommnis und das Kind nicht erzeugt hast, welches deine Braut Miriam unter dem Herzen trägt.»

Die Worte des Rabbi verhallten und hinterließen nur noch tiefere Stille. Ihre ganze Wucht lastete auf dem Gewissen eines jeden Anwesenden, und Angst schlich durch den Saal, als ob die stehende Luft darin aufgerührt worden sei von den Fittichen des Todesengels. Alle darin waren sich bewußt, was es bedeuten würde, wenn Joseph ableugnete, mit der Angelegenheit zu tun gehabt zu haben. Alles wartete gespannt auf seine Antwort.

Ein langes Stöhnen zerriß die Stille. Dann rief Joseph aufschluchzend aus: «Vater im Himmel, willst Du zur Seite stehen und mitansehen, wie eine unschuldige Tochter in Israel Erniedrigung erleidet!»

«Was hat er gesagt? Was hat er gesagt?», wurde Geflüster der Zuschauer hörbar.

«Erkläre dich genauer, Joseph ben Jakob», sagte der Rabbi, «was dies bedeutet.»

«Dies bedeutet», sagte Joseph, «daß ich frage: wer hat diese niederträchtige Verleumdung meiner Braut aufgebracht?»

Einen Augenblick lang blieben der Rabbi und seine Beisitzer vor Verdutztheit stumm, als sei die Anklage des Jünglings wider sie geschleudert worden. Dann sprangen die Anverwandten der Braut empört auf; Kleophas fuhr wie von der Tarantel gestochen hoch und schüttelte die geballte Faust gegen den Beklagten; hinter ihm fuchtelte der Priester Hanina wütend mit den Armen. An der Tür schwoll das Gemurmel zu einem Getümmel zorniger Stimmen an. Doch der Rabbi hob die Hand, um Schweigen zu gebieten, und fuhr mit bebender Stimme fort:

«Joseph ben Jakob! Der HErr ist Zeuge, daß die Beschuldigung deiner Braut nicht von diesem Gerichtshof ausging. Ehe wir dich zu dieser Verhandlung vorluden, haben wir Bericht erhalten, der unsere Herzen aufrührte. Doch da sei Gott vor, daß wir uns mit diesem Bericht begnügt hätten; nein, wir bemühten uns, der Sache auf den Grund zu kommen, und verhörten Zeugen von makelloser Lauterkeit, Familienmütter und junge Mädchen, die das Mägdlein Miriam, deine Braut, mit ihrem eigenen Munde haben sagen hören, daß sie schwanger sei. Sie rief dabei den Heiligen Namen an und sagte Gott Dank für die Gnade, die Er ihr habe zuteil werden lassen. Es wurde dies von ihr nicht nur einmal, nicht nur zu zweien Malen, sondern zu vielen Malen vernommen. Am Brunnen, aus dem sie des Morgens Wasser holt, und wiederum zur Dämmerzeit des Abends, hat sie dies ihren Freundinnen vertraut. Und noch immer zögerten wir, das Gericht zu berufen, bis wir Frauen befragt hatten, die dieser Dinge kundig sind und welche vor uns erklärten, daß ein Irrtum über den Zustand des Mägdleins Miriam, deiner Braut, ausgeschlossen sei. Es besteht unseres Erachtens keine Veranlassung, an der Aussage dieser Zeuginnen zu zweifeln. Wir richten daher an dich zum dritten Mal öffentlich vor dieser hier versammelten Gemeinde die Frage, ob das Kind, welches deine Braut Miriam im Schoße trägt, deinem Samen entstammt. Wenn, was Gott verhüten möge, ein anderer Mann das Kind erzeugt hat, so schwebt, das ist dir bewußt, schweres Unheil über deiner Braut, über ihrer Mutter Haus, über uns allen in dieser ganzen frommen Gemeinde. Joseph ben Jakob, reinige den Namen einer Tochter Davids; beschwichtige die verstörten Herzen dieser Gemeinde in Israel; ich bitte dich um dein Geständnis!»

Die Gemeinde hatte ihre Gesichter von Joseph abgewandt. Alle hefteten die Blicke auf den Boden, als ob die dem Leben von Josephs Braut drohende Gefahr ihrer aller Gefährdung bedeute. Joseph antwortete nicht unverzüglich. Eine Ewigkeit atemlosen Wartens schien es, bevor er den Kopf erhob, den Blick voll auf den Rabbi richtend, mit lauter, schallender Stimme sagte:

«Vor dieser frommen Gemeinde hier erkläre ich, daß meine Braut, Miriam, Tochter des Hanan, keusch ist und ohne Makel. Sie ist jeden Fehles bar, denn die Schuld ist mein... Verfahret mit mir dem Gesetze gemäß.»

Unter seinen Worten löste sich die allgemeine Spannung. Als er geendet, kam Bewegung in die Versammlung; von allen Seiten wurden geballte Fäuste gegen ihn geschwungen; zornige Stimmen erhoben sich, und den allgemeinen Tumult überschrie die vor Wut überkippende Stimme des Kleophas:

«Ich will Vergütung des Schadens von ihm! Für die ganze Familie verlange ich Schadenersatz!»

«Was habe ich euch gesagt?», schrie der Priester Hanina. «War etwa Mangel an ledigen Männern in unserem Ort, daß wir die Waise Miriam einem Fremden überlassen mußten, der unsere vornehmsten Familien in Schande stürzt?»

Noch einmal gebot der Rabbi der Menge Schweigen. Er atmete auf, denn er sah furchtbares Unheil abgewandt von der Gemeinde: so wandte er sich den Verwandten der Braut zu und sagte: «Unser junger Freund Joseph ben Jakob hat uns soeben zu wissen getan, daß er seine Braut zum Weibe genommen auf eine Weise, die die Thora, Mosis Gesetz und Israel gutheißen. Er hat keine Schande über die Familie gebracht, und niemand kann von ihm eine Genugtuung verlangen. Von diesem Tag an ist Miriam, die Tochter des Hanan, seine gesetzliche Ehefrau und» – damit wandte er sich an Joseph – «ich bete zu Gott, daß dieser Bund gesegnet sei von Freude und Glück.» Damit schritt der Rabbi zu dem verstörten Joseph hinab und reichte ihm die Hand. Zum Beschluß aber richtete er diese Worte an die Versammlung: «Volk von Nazareth! Ein neues Haus ist erbauet in Israel. Lasset uns ihm Glück wünschen ohne Ende.»

Darauf trat Reb Elimelech zu Joseph heran und sagte: «Du weißt wohl, Joseph, dies ist nicht Sitte gewesen in Israel, und ich hätte gehofft, meines Bruders Tochter werde sich würdig erweisen des Trauungsbaldachins. Doch mit Gottes Hilfe wird eurer Ehe Segen widerfahren und wird dein Weib dir Söhne aufziehen zu Weisheit und guten Taten.» Damit ging der Alte seinem Hause zu und ließ Joseph allein zurück im Gerichtssaal.

Es wurden wenig Worte gewechselt zwischen Joseph und Miriam, als sie am Abend auf dem Dach des Hauses saßen. Joseph hielt den unbeweglich zu Boden gesenkten Kopf in den Händen vergraben. Er merkte nicht, daß Miriam nach ihm hinblickte mit dem überströmenden Mitleid, dessen ihre Augen fähig waren, als ob ihre Blicke im Stande wären, die Flecken des Leids von seinem jungen Gesicht zu waschen, aus dessen Zügen jedes Zeichen der Jugend gewichen zu sein schien.

«Sage mir ein einziges Wort, Miriam», flüsterte Joseph schließlich. «Sage mir, daß man dich zu Unrecht bezichtigt hat. Ich werde dir glauben; denn ich weiß, du bist ohne Fehle.»

«Sie haben die Wahrheit gesprochen, Joseph.»

«Wer?»

«Diejenigen, die gesagt haben, daß das Heil der Welt unter meinem Herzen ruht.»

«Miriam, ich verstehe dich nicht.»

«Ich habe ein Kind empfangen.»

Durch Josephs Körper lief ein Schauder; er nahm die Hände vom Kopf und richtete sich mühsam auf.

«Miriam, ich weiß, daß in dir keine Ruchlosigkeit ist», sagte er. «Möge Gott dich beschützen immerdar und auf allen deinen Wegen.»

Er neigte den Kopf tief vor seinem Weibe und ging davon, sie zurücklassend im nächtigen Dunkel. Miriams Augen folgten seiner

Gestalt, die strauchelnden Schritts durch den Garten sich bewegte, um dann zwischen den beleuchteten Häusern der Stadt zu verschwinden.

In der kleinen Werkstatt Reb Elimelechs angelangt, warf sich Joseph auf sein Ruhelager und begann darüber nachzugrübeln, was nun zu tun sei. Er hegte keinerlei Groll gegen Miriam, denn er wußte in seinem Herzen, daß er sie keines Treubruchs zeihen konnte. Er war überzeugt, es gäbe etwas, das sie ihm hatte sagen wollen, das jedoch ungesagt geblieben war. Ihre Augen hatten zu ihm mit einer so eigenen Ausdrucksgewalt gesprochen, daß nur die Schwerfälligkeit seines Verstandes ihn daran verhindert hatte, den Sinn dessen zu erfassen, was sie hatte ausdrücken wollen. Ihre Augen hatten ihn angefleht, ihn beschworen, nicht vorschnell zu urteilen... Nein, da sei Gott vor, daß er sie verurteilen sollte! Er war erst allerjüngst von fern dahergekommen – wie sollte er sagen können, welcher Drangsal sie ausgesetzt gewesen, bevor sie einander begegnet waren? Wer konnte von dem Leid in ihrem Herzen wissen, von dem ihre Augen nur einen schwachen Schimmer offenbarten... Doch, war es wirklich Leid, was er in ihren Blicken gesehen hatte? Jubel war doch in ihren Augen und Glück und Segen ohne Ende. Das Heil der Welt ruhe in ihrem Schoß, hatte sie gesagt. Er hatte das nicht verstanden, und verstand es auch jetzt nicht, doch die unsterbliche Freude in ihren Augen hatte ihre Worte bestätigt, hatte sie hinausgehoben über den Bereich alles Fragens und zweifelnden Forschens. Mit solchem Strahlenglanz konnte Sünde nicht einhergehen; nicht nach Mitleid rief er, nein, nur nach Mitfreude.

Aber für Joseph war kein Platz in ihrer Glückseligkeit. Ein Anderer mußte dagewesen sein, einer, den sie als würdiger befunden hatte. War er somit nicht ein Stein in ihrem Wege, ein lebendiger Tadel und Vorwurf? Er hatte nicht den Wunsch, sie zu tadeln, ihr Vorwürfe zu machen. Seine Rolle war ausgespielt. Er hatte alle Verantwortung auf sich genommen, hatte öffentlich einbekannt, der Urheber jedweder Schande zu sein, die begangen worden sein mochte. Miriam war gesichert vor dem Gesetz; nichts konnte an sie mehr rühren. Und ihm blieb nur Eines übrig: sich ihrem Anblick zu entziehen und die Schritte zurückzulenken dorthin, von wannen er gekommen war. Zwar, die Verwünschungen der Stadt Nazareth würden hinter ihm dreinschallen; es würde ihm nachgesagt werden, er habe eine arme Waise nur geheiratet, um sie im Stich zu lassen, und es war schlimm, einen besudelten Namen zu hinterlassen. Doch das war nun einmal nicht anders. Von auswärts konnte er später einen Scheidungsbrief einreichen, wie es Israels Gesetz vorschrieb. Am schwersten drückte ihn der Schmerz, den er seinem braven Gevatter, Reb Elimelech, bereiten mußte. Vom ersten Augenblick, da er gekommen war, bis zu diesen jüngsten Tagen hatte der Alte ihm jede Freundlichkeit erwiesen, ihm allen Schutz geliehen, der in seiner Macht stand. Josephs Herz krampfte sich zusammen beim Gedanken, daß Elimelech für den Rest seiner Tage schlecht von ihm denken werde. Doch auch dies würde er tragen. Willig wollte er jeden Preis entrichten, um Miriam die Schmach und das Leid seiner Gegenwart zu ersparen, auf daß sie flecken- und schuldlos dastehe vor ihrer Familie und dem Volke von Nazareth.

Die Stadt zu verlassen, dessen bedurfte es nicht viel Zeit. Sein Hab und Gut war leicht: ein kleines Bündel an den Stab gehängt und den Esel gesattelt, der ihn von dannen trug. Noch einige Stunden waren es bis zum Tagesanbruch. So lange wollte er noch ruhen, denn seine Augen schmerzten, und die Pein des Tages hatte ihn erschöpft. Er spürte, wie seine Glieder schwer wurden vor Schläfrigkeit. Seine Lider schlossen sich; sein ermattetes Gehirn, dem langsam alles Bewußtsein entsickerte, ward zu einer einlullenden Leere, zu einer hohlen sich wiegenden Schale des Schlafs. Und Joseph sah sein Lager sich regen, schaukelnd zuerst, dann sich aufschwingend und schwebend hinweg über den Bereich der Wolken. Er fühlte sich emporgetragen in unermeßliche Höhen und emportauchend in ein Meer von Licht. Zu grell war es für menschliche Augen, und Joseph erblickte nichts denn blendende Helle, ein strahlendes, unendliches Antlitz, eine Sonne der Sonnen. Das Antlitz beugte sich über ihn, und Joseph verspürte die sanfte Gewalt einer allesdurchdringenden Weichheit und erblickte den Schatten von zwei grenzenlosen Schwingen, die über sein Lager fielen. Gleich Jakob meinte er, in den Armen eines Seraphs zu liegen, und er vernahm eine Stimme, die zu ihm sprach:

«Joseph ben Jakob, fürchte dich nicht, deine Braut Miriam zum Weibe zu nehmen, denn das, was in ihr erzeuget ist, ist vom Heiligen Geist. Sie wird einen Sohn gebären, und den sollst du nennen: Jeschua, denn er wird erretten sein Volk von seinen

Sünden. Und siehe, all dies geschiehet, auf daß das Wort des Propheten sich erfülle: ‚Sehet, eine Jungfrau wird schwanger werden und einen Sohn zur Welt bringen; und sein Name wird sein Emanu-el.»

Joseph erwachte mit stürmisch pochendem Herzen. Schweiß rann ihm von der Stirn, und seine Glieder flogen. Furcht befiel ihn ob des Traumgesichts, und doch fühlte er einen Strom von Glückseligkeit durch seinen Leib rinnen. Die bitteren Gedanken an den gestrigen Tag waren verschwunden. Um ihn war die Welt strahlend und schattenlos, und sein Herz hüpfte vor Freude:

«Ich will tun nach Deinem Willen, Vater im Himmel, ich werde tun nach Deinem Willen», sagte er immer wieder, warf sich schließlich zu Boden und vergrub das Gesicht in der Erde des ungedeckten Fußbodens von Elimelechs Werkstatt. «Wie soll ich Dir danken, o mein Gott, mein himmlischer Vater, daß Du mich würdig befunden hast, ihr Hüter zu sein.»

Er stand auf und eilte ins Haus der Witwe Hanna.

Doch sein Schritt verlangsamte sich, je näher er kam: das Haus lag unter einem Nebel, der darum hing wie eine schirmende Wolke. Joseph ging seitlich am Hause vorüber, und da er den Gemüsegarten dahinter betrat, ward er seines Weibes Miriam ansichtig, das inmitten tauigen Dunstes stand.

Er wagte nicht weiterzugehen, sondern beugte nur den Kopf vor Miriam und flüsterte stoßendem Atems wie ein Fieberkranker, indes Tränen über seine Wangen rannen und seine Lippen netzten:

«Habe Erbarmen mit mir Sünder, der ich bin. Vergib mir, wenn ich Übles von dir dachte. Ich weiß nun, daß du die Erwählte Gottes bist, daß das Kind geboren werden muß von einer Jungfrau, auf daß die Weissagung erfüllet werde.»

Miriam aber, Füße und Unterkörper noch immer eingehüllt in Nebeldunst, trat auf ihn zu, so daß es schien, als wehe ein Wind sie ihm entgegen. Und Josephs Herz sank bei ihrem Nahen, denn Gottesfurcht hatte ihn übermannt.

«O Miriam, Gebenedeite», rief er aus, «wo soll ich mich verbergen vor Gottes Zorn, ich, der ich die Hand ausgestreckt, das Feuer zu rauben von seinem Altar!»

«Sei getrost und leichten Herzens, Joseph. Das Wort des Propheten muß sich erfüllen; doch ein Vater auf Erden wirst du sein dem Sohn der Verheißung.»

SIEBENTES KAPITEL

OBSCHON Joseph ben Jakob dem Hause Davids entstammte, hatte er seit langem die Hoffnung aufgegeben, einmal zu sehen, daß die Gewaltherrschaft des Herodes von einem Angehörigen seines eigenen Hauses vom Thron gestürzt würde. Gleich allen Gerechten in Israel erwartete auch Joseph einen Retter, der größer wäre denn ein König, erharrte er die Erfüllung der messianischen Hoffnung.

Die Zeit war vorbei, da das messianische Ideal auf das Prokrustesbett eines jüdischen Königs gestreckt werden konnte. Seit dem Zeitalter der Propheten des babylonischen Exils war es zu den Dimensionen einer nationalen Besessenheit angeschwollen, die die engen Schranken eines jüdischen Königtums sprengte und nichts Geringeres forderte als ein Weltregiment unter einer neuen allumfassenden Ordnung.

Wie sehr auch die messianischen Hoffnungen in der Zeit Esras und Nehemias zu bloß nationalistischen Bestrebungen verwässert worden sein mochten, so hatte doch gerade die Erfüllung dieser Bestrebungen durch die Makkabäer genügt, um die Schriftgelehrten wie das gemeine Volk aus ihrer Stockblindheit emporzureißen, indem sie ihnen die Lehre gab, daß eine rein politische Lösung ihrer nationalen Ambitionen – in Gestalt der Unabhängigkeit unter einem jüdischen König – des Himmelsglanzes schmerzlich entbehrte, der für die Tage des Messias verheißen war, und um dessentwillen allein sich Leiden und Harren verlohnte.

Die letzten Hasmonäer, die hellenisierten Nachkömmlinge der Makkabäer, ließen den messianischen Traum vom jüdischen Königtum zu einem brudermörderischen Hader um das Erbe der Macht entarten. Unter ihrer Herrschaft wurde nicht eine einzige der Forderungen, die die Propheten an den Messiasstaat stellten, erfüllt. Statt dessen wurde das Land in Stücke gerissen durch kleinliche Despoten, die nur ihrem persönlichen Ehrgeiz frönten.

Nach und nach stellte sich somit der alte messianische Traum wieder ein, die messianische Vision von einer Erlösung der Welt, die nichts, aber auch gar nichts gemein hatte mit engen nationalistischen Aspirationen. Wiederum richtete die Judenheit ihren Blick auf die Vision der Propheten, die von der Reinigung und Erhöhung des Menschengeschlechts durch einen Welterlöser sprach, einen Heiland, der nicht herrschte mittels Legionen von dieser Welt, sondern durch den Geist Gottes, eine zwiefache Persönlichkeit – Engel und Mensch in einem –, der dahergefahren komme auf den Wolken des Himmels, wie Daniel geweissagt hatte, nicht nur die Juden, sondern das ganze Menschengeschlecht erlösen und die neue Weltordnung errichten werde auf den Trümmern der alten.

Im Volke wurden Stimmen laut, die ein Widerhall waren der visionären Klänge, die die Propheten über die Welt angestimmt hatten. Schriften liefen in Stadt und Land um, die sich auf die alten geheiligten Namen beriefen. Um ihnen bei der Judenschaft Beachtung und Glauben zu verschaffen, wurde für diese apokryphen Traktate die Verfasserschaft irgend einer legendären, mystischen Figur in Anspruch genommen, so etwa des vorsintflutlichen Erzvaters Henoch oder König Salomos; in Mosis' Mantel gehüllt brachten sie eine neue Heilsbotschaft aus dem Munde Jakobs, des allgeliebten Patriarchen, unter der Angabe, es sei das Testament seiner zwölf Söhne, der Stammesahnen Israels; oder sie boten, Davids Harfe schlagend, einen neuen Psalter, der die höchsten Hoffnungen und Sehnsüchte des jüdischen Volkes besang.

Im freien Judäa, in der wiedergefundenen Heiligen Stadt Jerusalem, im Schatten des stattlichen, von Herodes erbauten Tempels, überall, so weit die Grenzen des neuen Palästina reichten, ersehnte Israel nicht mehr einen Nationalhelden, sondern einen Welterlöser. Der jüdische Messias war über die engen Grenzen des Landes hinaus- und aus den jämmerlichen Bettlerlumpen eines Provinztyrannen herausgewachsen; er forderte die Welt zum Schemel seiner Füße, den Himmel zum Thron seiner Herrlichkeit.

Was vermochte ein Herodes mit seinem protzigen Tempel Israel zu bieten, da selbst dieser Tempel überboten wurde von der Feste Antonia, von der aus der römische Centurio seinen Schatten warf in den innersten Hof des Heiligtums? Gewiß, die jüdisch-nationalen Ambitionen waren noch nie zu solch voller Verwirklichung gediehen gewesen wie unter dem despotischen Regiment Herodes' des Großen. Kein anderer jüdischer Monarch vermochte sich König Salomo zu vergleichen, der das goldene Zeitalter von Israels Vergangenheit versinnbildlichte. Gleich Salomo hatte Herodes die Grenzen Palästinas erweitert, und Ausdehnung wie Umfang des Handelsverkehrs mit der Welt waren über die unter seinem Vorgänger hinausgewachsen. Wenn er dies nicht, wie Salomo, mittels Davids Schwert vollbrachte, so hatte er doch auf seine Weise, die einzige Art und Weise, auf die in seiner Epoche Zuwachs an Land zu gewinnen war, nämlich durch schlaue Diplomatie und kriecherische Schmeichelei vor dem Thron der Caesaren, dieses Ziel erreicht. Gleich Salomo hatte der verschlagene Herodes genau erkannt, welch ein Machtfaktor ein nationales Zentrum in Jerusalem bedeutete, und darum das üppigste, das durch Pracht und Prunk auffallendste Bauwerk errichtet, dessen das Judenvolk sich in seiner ganzen Geschichte rühmen konnte – den zweiten Tempel zu Jerusalem. Herodes verstand genau, daß der Tempel etwas war wie ein Magneteisenberg für die Treue und Anhänglichkeit der zahllosen Juden in der Diaspora, die sich bereits über die ganze damals bekannte Welt zerstreut hatten. Denn ganz abgesehen von den Einkünften und Abgaben, die von ihnen in die Schatztruhen des Tempels strömten, er kannte und schätzte den Wert, den der Einfluß der Juden in der Diaspora für die Ausdehnung seines Handels mit der gesamten Welt des Altertums hatte.

Herodes war ein Despot – darin, beiläufig gesagt, sich keineswegs unterscheidend von den mehr oder minder bedeutenden Herrschergestalten seiner Zeit –, doch es darf nicht verkannt werden, daß er seinem Lande den höchsten materiellen Wohlstand gewann und bewahrte, wenn dieser auch auf Kosten des armen Landvolks ging, dem bis zum Weißbluten Steuern entpreßt wurden. Ansehen, Achtung, Bedeutung, nicht nur für sich selbst, sondern auch für sein Staatswesen und sein Volk erwarb Herodes dadurch, daß er mit üppigen Geschenken jede wichtigere Stadt des Römerreichs überschüttete, mit der er in Handelsverkehr zu treten wünschte, indem er ihr einen Tempel oder ein Stadion, ein Bad oder einen Park schenkte. Zur Hebung des Handels von Israel schuf er auch den großartigen Hafen Caesarea und, um sich die Römer zu verbinden, ließ er heidnische Tempel errichten, die der Verehrung des Caesar Augustus geweiht waren. Die verfallenen und versandeten Häfen von Jaffa und Akkon ließ er ausbaggern und ausbauen, wodurch sie in den Stand gesetzt wurden, mit den alten verkehrsreichen Hafenstädten Gaza, Askalon, Tyrus und Sidon den Wettbewerb aufzunehmen.

Es läßt sich wohl sagen, daß unter ihm die Juden aus einem armen Bauernvolk zu einer florierenden Handelsnation wurden.

Herodes schlug ihnen ein Fenster, das den Ausblick in die Welt bot. Er ließ Theater und Gymnasien erbauen, er führte festliche Umzüge und öffentliche Spiele ein, veranstaltete Ringkämpfe und Wettrennen. In der uralten Stadt Sichem ließ er ein modernes Stadion errichten mit weitgeschwungenen Kolonnaden, vergoldeten Pergolas und einer Arena, einem der größten Bauwerke dieser Art im ganzen römischen Weltreich, darin Städtemannschaften Wagenrennen austrugen und Gladiatorenkämpfe stattfanden. Beurteilt man Herodes nach der Weitsicht seiner politischen und wirtschaftlichen Anschauungen, nach der in seinen Bauten entfalteten Pracht und Üppigkeit, so muß man ihn zu den größten der jüdischen Könige zählen.

Doch das Reich des Herodes gehörte dem Bereich des Satans an; er brachte es nicht fertig, sich die Liebe des Judenvolkes zu erlisten, indem er seine nationalen Begierden reizte und sättigte, indem er die Grenzen des Landes weiter hinausschob, indem er neue Einkommensquellen schuf, indem er die Städte mit Marmor und Edelgestein verschönerte, die Straßen Jerusalems mit Gold und Silber bepflasterte, wie vor ihm Salomo getan, noch auch indem er den prachtvollen Tempel errichtete als Sammelpunkt für die Juden der Diaspora und Sehenswürdigkeit für die Fremden aller Länder, die sich in nichtendenwollenden Zügen einstellten.

Israel harrte eines Andern, des Messias, des Sohnes Davids, und mit ganz Israel harrte Joseph ben Jakob.

Zu dieser Zeit war das Haus David kein politischer Faktor mehr. Aus seinem einst fürstlichen Stand gefallen, lebte es, niedergegangen und verarmt, dahin unter den andern vornehmen Familien Israels.

In noch schlimmerer Verfassung befand sich das Haus der Hasmonäer, dessen bloßer Name einst messianischen Klang gehabt hatte. Nachdem Herodes den letzten Hasmonäerkönig, den betagten Hyrkanos, hatte beiseiteschaffen und auch den letzten Hohepriester aus der Makkabäer-Dynastie, den jungen schönen Jochanan Aristobulos, hatte ertränken lassen, verloren die beiden Ämter, das des Königs und das des Hohepriesters, allmählich immer mehr ihre messianische Begriffsbedeutung. Das Hohepriesteramt blieb gewiß noch von höchster Würde und Ehrfurcht umgeben, aber die Person seines Inhabers büßte beim Volk ständig an Ansehen ein.

Er war nicht mehr der Enkel der ruhmreichen Makkabäer, sondern lediglich noch der Vater einer von des Herodes Konkubinen. Auch war es nicht wahrscheinlich, daß er seinen Posten für längere Zeit beibehielt, denn das höchste Amt im Lande ging als einbringliche Pfründe von einer Hand in die andere. Von den Familien aus Davids Haus wurden diejenigen, die sich mit der Herrschaft des Herodes abfanden und ihr treu dienten, geduldet und durften in einzelnen Fällen auch ihre Güter und Vermögen behalten. Die übrigen wurden, gaben sie dem König auch nur den leisesten Verdacht eines Zweifels an ihrer Treugesinnung, schonungslos bis zum letzten Mann ausgerottet.

Viele Angehörige des Hauses David tauchten, um des Herodes Zorn zu entgehen, im Volke unter. Sie wandten den Großstädten den Rücken und zogen sich in die kleinsten Dörfer und entlegensten Weiler der Provinz zurück, wo sie sich, ohne Furcht vor Entdeckung durch die allgegenwärtigen Schergen des Königs, unter das Landvolk mischen konnten. Zu diesen Abkömmlingen aus dem Hause David, die sich, um des Herodes Nachstellungen zu entgehen, solcherart verkrümelten, gehörte auch die Familie Josephs ben Jakob. Sein Vater, Reb Jakob, hatte sich zuerst nach Nazareth in Galiläa gewandt, wo er unauffällig als Schreiner lebte und sich fortbrachte, während der Besitz seiner Ahnen von König Herodes bei der allgemeinen Enteignung der fürstlichen Familien eingezogen wurde. Doch nach ein paar Jahren hatten des Herodes Spürhunde ihn ausgespäht, er verließ die kleine Ortschaft Galiläas und entwich in die Berge Judäas, seit unvordenklichen Zeiten die Zufluchtsstätte derjenigen, die sich die Ungnade der tyrannischen Herrscher zugezogen hatten. Ihre unzähligen Täler, Schluchten und Klammen boten unvergleichliche Schlupfwinkel. Zahllose Niederlassungen der verschiedensten Art und Größe befanden sich daher in diesem Gebirge. In der Tiefe von Abgründen nisteten ganze Dörfer, deren flache lehmbeworfene Dächer von dem Weiß der sie umgebenden Kreidefelsen nicht zu unterscheiden waren. Bei Tag verriet sich das Vorhandensein dieser Siedlungen nur durch die Schaf- und Rinderherden, die die steilen Abhänge erkletterten, um zwischen Lorbeer- und Oleandergebüsch nach Gras zu suchen. Des Nachts mochte vielleicht dunkles Rauchgekräusel, das aus den Felsspalten aufstieg, die Nähe von menschlichen Behausungen andeuten.

In einem Bergdorf dieser Gegend also hatte Reb Jakob Unterkunft gefunden, dort seine Söhne aufgezogen und sie in dem Handwerk unterwiesen, das er selbst während der Verbannung in Nazareth erlernt und ausgeübt hatte. Joseph war der jüngste seiner Söhne, zu jung, um sich der guten Tage von Bethlehem und Jericho zu erinnern, wo die Familie in Hülle und Fülle gelebt hatte. Joseph war aufgewachsen in Armut, und Entbehrung war ein häufiger Gast am Familientisch. Sein Vater und seine Brüder – vor allen der hitzköpfige Ascher – empfanden mit bitterem Groll die Schicksalswendung; sie sehnten sich zurück nach der früheren Lebenslage, hofften stets, wieder in den Besitz von Hab und Gut zu kommen und wieder die frühere bevorzugte Stellung einzunehmen, die frühere Rolle zu spielen; inzwischen warteten sie, voller Verdrossen- und Verbissenheit, den Sturz der Herrschaft des Herodes ab, den zu beschleunigen Ascher sich sogar einer Aufrührerschar angeschlossen hatte. Nur Joseph fand sich mit seiner Lage ab. Ja, er empfand unverstellte Freude an dem mühevollen Leben, das seine Familie zu führen gezwungen war. Er hatte nicht nur, gleich andern seiner Verwandten, jede Hoffnung auf die Wiedereinsetzung des Hauses David auf den Thron Israels fahren lassen, er hatte auch den Hochmut auf seine königliche Abkunft aufgegeben und eingetauscht gegen den Stolz, einer Familie anzugehören, die den Erlöser Israels und der Welt hervorzubringen bestimmt war. Wie dies sich begeben werde und welcher Zusammenhang bestehen werde zwischen den Nachkommen Davids und dem Messias, der einherfahren werde auf den Wolken, um das Himmelreich auf Erden zu errichten, das wußte Joseph nicht und er zerbrach sich auch nicht den Kopf damit, es zu ergründen. Es war dies eines der Geheimnisse, von denen die Weisen sagten: «Suchet nicht aufzudecken, was euch verborgen ist», ein Geheimnis gleich den dem Menschensinn unerfaßbaren hinsichtlich des Himmels oder des Zustands der Welt vor der Schöpfung. Joseph entschlug sich daher jeglicher Grübelei über das Wesen und die Gestalt des Messias und wartete demütigen Geistes auf dessen unumgängliche Heraufkunft.

Einstweilen empfand er das Alltagsgetriebe im Elternhaus als seiner Veranlagung durchaus angemessen, und er hätte sich inmitten der einfachen Dörfer seiner Umwelt nicht wohler fühlen können, wenn er darin geboren gewesen wäre. Das Zimmermannsgewerbe, das er zusammen mit seinen Brüdern erlernte, ward ihm eine unantastbare Quelle der Freude; er schätzte es hoch, nicht so sehr um des Brotes willen, das es ihm einbrachte, als weil es ihn in der Gemeinschaft der Menschen festen Fuß fassen und Wurzelboden finden ließ. Sein Handwerk war es, das ihn, an welchem Ort immer er sich niederließ, zum Vollbürger machte. Es verknüpfte ihn mit seinem Volk statt ihn von diesem abzuscheiden und ihn in der Frostluft der Adelskaste zu halten. Er hatte das Gefühl, diese Tätigkeit mache ihn, sei es auch in der allerbescheidensten Weise, zu einem Teilnehmer am Schöpfungsakt, da sie ihn befähigte, sein Scherflein beizutragen zur Gesamtheit der Werke, die Gottes Welt ausmachten. Und so liebte er seiner Hände Arbeit von ganzem Herzen und erfreute sich der tiefen geheimnisvollen Gefährtenschaft mit dem Landmann, der die Erde furchte mittels des hölzernen Pflugs, der aus seiner, Josephs, Hand hervorgegangen war. Und der Brotteig, der geknetet wurde in den Trögen, ward seine Gabe gleichwie es die des Sämanns, des Schnitters oder des Dreschers war. Über jedes Gerät, das seine Werkstatt verließ, sprach er regelmäßig den Segensspruch. Sein Herz erhob sich vor Freude über jede fertiggestellte Schale oder jedes sonstige von ihm verfertigte Gefäß, das dazu bestimmt war, den kargen Bissen oder Trank aufzunehmen und aufzubewahren, den der Bauersmann im Schweiße seines Angesichts dem widerspenstigen Erdboden abrang.

Joseph fühlte sich eins mit den von Armut bedrückten Dörflern seiner Gemeinde. Er wußte um ihre Sorgen, kannte ihre Not und ihre hilflose Vereinsamung. Er sah, wie der Staat das bißchen Fleisch hinwegfraß, das noch an ihren hageren, ausgemergelten Leibern hing, nachdem die hohen Zehnten und Steuern, die das Gesetz vorschrieb, aufgebracht waren. Denn der Boden war karg im Gebirge. Regengüsse wuschen auch das letzte kostbare Körnchen Ackerkrume hinweg, das in den Felsgründen zwischen den Tälern klebte. Jede Handvoll fruchtbaren, bestellbaren Erdreichs mußte aus den Steinrissen und Felsspalten hervorgegraben und auf hängenden Terrassen gegen die Wut des Regens geschützt angelegt werden. Wahrlich, jeder Fußbreit Erde, den diese Bergbauern besaßen, war mit Schmerzen und Mühen der Wildnis abgerungen. Und die geringfügigen Erträge, die auf diesen kleinen Feldern reiften, mußten viele Mägen sättigen, viel mehr Münder füllen, als Hände an der Arbeit beteiligt gewesen waren. Der Bauer von Judäa rackerte sich buchstäblich zu Tode, um die phantastischen Ausgaben zu ermöglichen, mittels derer Herodes nicht nur die eigenen, sondern auch fremde Städte mit dem Bau von Theatern, Stadien, Arenen, Tempeln und Bädern beglücken konnte. Nicht selten war der junge Joseph Zeuge von Gewalttaten, die die Steuereintreiber oder Zollpächter des Königs an den wehrlosen Bauern begingen.

Um die Berge herum erdehnte sich eine fruchtbare Ebene gleich einem grünen Gürtel dem Meere entlang. Dieser Küstenstreifen war früher Philistergebiet gewesen, doch nun gehörte er zu Judäa. Dort war der Boden fett und ergiebig; alte Hafenstädte lagen darin, denen allen des Herodes Neuerungseifer zugute gekommen war. Askalon allein ausgenommen, eine Enklave, die von Überbleibseln des Philistervolks bewohnt war, befand sich der ganze Küstenstrich in jüdischen Händen und war er dicht von jüdischer Bevölkerung besiedelt, von der uralten Hafenstadt Gaza im Süden bis zu dem prächtigen, geschäftigen Hafen von Caesarea im nördlichen Teil der Ebene Scharon, wo Herodes eine aus Juden und Griechen gemischte Einwohnerschaft angesiedelt hatte. Schiffe aller Nationen luden den berühmten Weizen und Spelz Ephraims, den schweren Wein und Honig sowie das gereinigte Öl der Olivenhaine von Schephela, um sie auf die Märkte von Tyrus und Sidon, ja noch weiter bis zum schiffeübersäten Welthafen von Tarsus zu bringen.

Große Marktflecken reihten sich aneinander in der fruchtbaren Ebene, und hier verkauften die Bergbauern die mageren Erzeugnisse ihrer Äcker. Der Edelstein der Ebene war Lydda, wohin nicht nur die Bauern zogen, sondern auch die Handwerker der Gebirgssiedlungen ihre Waren brachten. Auch Joseph stieg oft hinab nach Lydda; mit einer ganzen Karawane von Handwerkern und Bauern zusammen führte er am Halfter seinen Esel, auf dessen Rücken hochaufgepackt die kunstvoll verfertigten Erträgnisse der Arbeit seines Herrn schwankten: geschnitzte Joche, Spinnräder und Webstühle, Gefäße und Fäßchen.

Der Markt stand unter Aufsicht eines besonderen Beamten, der die griechische Bezeichnung Agoranomos führte. Es bedarf kaum der Erwähnung, daß dieses Amt sich üblicherweise in den Händen eines Mannes befand, der Beziehungen zum Hof hatte oder zu einer wohlhabenden Familie gehörte. Denn der Posten war sehr begehrt, da er unbegrenzte Möglichkeiten für Bestechungsgelder bot. Der Staat überließ ihn daher, gegen eine entsprechend fette Pachtsumme, einem Privatunternehmer, der sich alsbald mittels eines Schwarms von Schergen, Schreibern und Einnehmern ans Werk machte. Jeder Handwerker oder Bauersmann, der seine Waren zu Markt bringen wollte, mußte über eine schmale Brücke, die geradenwegs zum Zollgatter führte, wo die Ladungen der Packtiere losgeschnürt und heruntergenommen und dann vom Oberzöllner begutachtet und abgeschätzt wurden. Getreide, Gemüse, Obst, jede Kanne Öl und jeder Topf Honig wurde gewogen, gemessen, und es mußte auf der Stelle dafür die Abgabe entrichtet werden. Die reichen Bauern, die den Zoll bis zum letzten Groschen in bar hinlegen konnten, kamen glimpflich davon, indem sie die für jede Ware festgesetzte Abgabe einfach beglichen. Den armen Bauern aber, die über kein Bargeld verfügten, wurde die Steuer in Naturalien abgezwackt, und da stand es dem Oberzöllner frei, nach Belieben zu schätzen; er ließ es sich denn auch nicht nehmen, die armen Opfer unverzüglich einmal von Staatswegen, ein zweites Mal im Namen des Marktaufsehers und ein drittes Mal im Interesse der eigenen Tasche zu schröpfen.

Dem gleichen Verfahren wurden natürlich auch die Handwerker unterworfen. Die Reichen bezahlten bar; die übrigen mußten so und so viel Paare Sandalen, so und so viel Ellen gefärbter Wolle, so und so viel Tonkrüge, Bänke, Tische und so fort abliefern, je nachdem es der Zöllner für gut befand oder das Zollhaus aufnehmen konnte. Immer wieder hatte Joseph mitangesehen, wie Nachbarsleute aus seinem Dorf – die mit ihm zum Markt gezogen waren – ihre Esel hatten verkaufen müssen, um Rohwolle und Färbemittel erstehen zu können, damit sie ihr Gewerbe weiterbetreiben konnten. In solchem Fall mußte dann der Bauer oder Handwerker selbst den Esel spielen und sein Material die Saumpfade zu seinem Gebirgsdorf hinaufschleppen.

Die Abgaben wurden aber für gewöhnlich zweimal entrichtet, einmal vom Hersteller und ein zweites Mal vom Käufer. Denn zu dem Stadtzoll, den der Verkäufer beim Eintritt in den Marktflecken zu zahlen hatte, kam die Verkaufssteuer, die dem Kunden für jedes Stück Ware abgenommen wurde. Zu diesem Zweck wimmelte es auf dem Marktplatz von Steuerbeamten, die scharf aufpaßten; ein jeder von ihnen trug als Abzeichen seiner Amtsstellung ein Messingschild auf der nackten Brust und einen Knüttel in der Faust.

Doch nicht die Regierung allein machte der jüdischen Bauernschaft das Leben sauer und erlegte ihr ihr Joch auf. Die jüdischen Bauern, Tagelöhner und Handwerker in Palästina befanden sich stets zwischen zwei Mühlsteinen: auf der einen Seite die Regierung und auf der andern die Schriftgelehrten, die, das Gesetz über ihren Häuptern schwingend, sie in einem die Seelen wie die Leiber einsperrenden Kerker hielten. In jedes Eckchen und Winkelchen steckten sie die Nasen, von jedem Öl- oder Honiggefäß lüfteten sie den Deckel, um sich zu vergewissern, ob besagter Honig oder das in Frage kommende Öl auch genau den rituellen Reinigungsvorschriften entspreche. So heilsam derlei mosaische Gesetzesvorschriften – wie etwa die gegen die Aussaat verschiedenartiger Samen in die gleiche Furche, eine Vorschrift, die wohl ursprünglich zur Stärkung des Pflanzenwuchses im Lande gedacht war –, so förderlich sie in der Zeit ihrer Erlassung gewesen sein mochten, nun wurden sie von den Gesetzesauslegern mit ihrer unerschütterlichen Strenge und ihren kniffligen Verdrehungen zu einer unerträglichen Last für den Bauern, der manchmal schier außer sich geriet vor Angst, er könne unachtsamerweise Flachs mit Baumwolle gemischt haben. Das arme Landvolk, das zu unwissend war, um sich in dem Labyrinth von Vorschriften, Regeln, Ver- und Geboten auszukennen, verstieß, ohne daß es sich dessen versah, immer wieder gegen das Gesetz.

Joseph blieb es zeitlebens im Gedächtnis, wie die armen Bauern seiner Heimatgegend ihr schlimmes Los verwünschten, sobald der Tag herannahte, an dem sie auf ihren elenden Äckerlein zur Aussaat schreiten mußten. Ständig lebten sie in quälender Angst, irgend eine Vorschrift könnte verletzt worden sein, wodurch all die der Erde gewidmete Mühsal umsonst gewesen war, denn dann kam der Schriftgelehrte, der Rabbi oder dessen Stellvertreter, verfluchte die betreffende Feldfrucht, erklärte sie als unrein, ordnete an, daß das Gemüse herausgerissen, das Obst vernichtet, das Getreide verbrannt werden mußte, ehe es reifen konnte.

Als frommer Jude und Kind der Thora trug Joseph freudig das Joch des Gesetzes, das die Rabbunim auf seine Schultern gelegt hatten. Eben diese Rabbunim, und zumal die Pharisäer, wurden doch vom Volk durchaus verehrt. Die Obrigkeit, zu der das Volk als seinen Führern emporsah, war nicht das entartete Haus des Herodes noch der verderbte Klüngel des Hohepriesters, sondern diese Gelehrten, Weisen, Rabbiner, Pharisäer. Joseph verstand, gleich sämtlichen Juden des Landes, daß all diese Gesetze und Vorschriften nur Eines bezweckten: das Judentum durch eine eiserne Mauer zu bewahren vor dem Einbruch des Heidentums und den Greueln, die in der ganzen Heidenwelt gang und gäbe waren. Doch sie spreiteten den Mantel heiligen Wissens über einen zu kleinen Ausschnitt des Volkes, über die Wenigen, die mit Gesetzeskenntnis ausgestattet waren. Und sie hatten die große Masse der Judenheit ausgeschlossen, sie außerhalb der Schranken des heiligen Wissens gehalten, weil diese nicht im Stande war, die vielen Zusätze und Klauseln, mit denen die Rabbunim das mosaische Gesetz eingezäunt hatten, zu verstehen.

Seit vielen Jahren zehrten an Josephs Seelenfrieden die Zweifel gleich Geschwüren. Gewiß begehrte er nicht auf gegen die Berechtigung der Schriftgelehrten zur Auslegung des Gesetzes und zur Urteilssprechung gegen Gesetzesbrecher; das wäre undenkbar gewesen. Aber er konnte sich nicht mit dem Gedanken abfinden, daß der Vater alles Lebenden, der Gott des Erbarmens, Er, der sich der Bedrückten annahm und dem just das einfältigste Gemüt am nächsten stand, daß Er mit Argusaugen darüber wachen sollte, ob der ärmste Seiner Bauern auch die verschiedenen Saaten in abgetrennte Furchen streute, wie es das Gesetz gebot. Er vermochte es mit seinem Herzen nicht zu vereinbaren, das Unrecht zu rechtfertigen, das er alltäglich von den Schriftgelehrten einer ganzen Schicht der Bevölkerung antun sah, dabei den ärmsten und redlichsten des Volkes, die ihr Brot mit ihrer Hände Arbeit verdienten und im Schweiß ihres Angesichts aßen. Und diese Menschen wurden von den Gelehrten als unwissend gebrandmarkt, die ihnen den Schutz eines unverständlichen Gesetzbuches versagten, ja sie verbannten aus der Gemeinschaft Israels. Wahrlich, die Schriftgelehrten sprangen seltsam um mit dem HErrn. Mit Ihm, von dem Israels großer Sänger gesungen, daß Er das gebrochene, das zerknirschte Herz liebe; von dem die Propheten gesagt, Er fordere nichts von den Menschen, denn zu wandeln in Rechtschaffenheit, – nun, im Mund der Schriftgelehrten wurde Er zu einem mürrischen, launenhaften Tyrannen, der als unrein verkündete alle Seine Werke und das ganze Menschengeschlecht, das doch aus Seinen Kindern bestand, so daß die Berührung ihrer Hände besudle und beflecke, als ob der Strom der Schöpfung selbst erfüllt sei von Teufeln und unreinen Geistern, welche die Luft verpesteten, darin der Mensch zu wandeln verurteilt war; und Sein auserwähltes Volk selbst hatte Er gebunden und gefesselt mit tausend Knäueln und Knoten, die nur die Gelehrten zu entwirren vermochten.

Unter solchen Umständen, da die Gelehrten sich schieden von den ungebildeten Landbewohnern, während die Aristokraten und Staatsbeamten zu ihrem persönlichen Vorteil eine Kluft aufrissen, mußte die Bevölkerung unweigerlich in Kasten auseinanderfallen. Politische Vereinigungen und religiöse Sekten schossen wie die Pilze empor und gingen mit ebenso erstaunlicher Schnelligkeit wieder zugrunde, wobei ihnen allen Israel als Ganzes gleichgültig blieb und jeder nur seinem eigenen Heil nachjagte.

Zu jener Zeit zerfiel auch die Familie Josephs. Mehrere von seinen älteren Brüdern, in deren Herzen noch immer die alte Hoffnung schwelte, Davids Haus werde wieder auf den Königsthron gelangen, schlossen sich geheimen Gruppen revolutionären Charakters an, die in allen Teilen des Landes ihre Anhängerschaft hatten. Andere traten in die Reihen der Rebellen unter dem galiläischen Anführer Jehuda, die in unzugänglichen Gebirgswinkeln hausten, Überfälle auf den Landstraßen veranstalteten, Städte und Dörfer überfielen und deren Ziel die Brechung der Gewaltherrschaft des Herodes und seiner römischen Oberherren mit bewaffneter Hand und offenem Aufruhr war.

Doch Joseph war nicht kriegerischer Natur. Seiner ganzen Veranlagung nach war er viel zu gutmütig und gefügig, und sein Zutrauen zu den Menschen so kindlich, daß man es nicht ganz ungerechtfertigt finden mochte, wenn ihn seine älteren Brüder manchmal einen Einfaltspinsel nannten. Er hielt sich zu denen, von denen sich alle Anderen abwandten, zu denen, die auf der Stufenleiter Israels die niedrigste Sprosse einnahmen, zu der ungelehrten Bauernschaft.

Er scheute sich nicht, ihre Lehmhütten zu betreten, mit ihnen aus derselben Schale zu trinken, mit ihnen auf der nackten Erde zu hocken und mit der Hand aus der gleichen irdenen Schüssel zu schöpfen, daraus sie mit geschwärzten, schmutzverkrusteten Fingern aßen. Zur Nacht lag er mit ihnen, das ausdrückliche Verbot der Rabbunim wissentlich verletzend, auf Strohmatten. Gleich ihnen hüllte er sich in ein Gewand aus Sackleinen, von einem Strick gegürtet, und teilte mit ihnen den Haß auf die Gebildeten, die sich den HErrn für sich allein angeeignet und Seine Thora in ihre Geldbörsen eingeschnürt hatten. Joseph bemühte sich, ihnen Trost zu spenden. Seine Gelehrsamkeit war zwar nicht weit her, aber er konnte die hebräischen Schriften lesen, und die Worte der Propheten waren seinem Gedächtnis wohlvertraut. So trug er ihnen denn am Abend die Lieder des Psalmisten Israels vor, übersetzte sie ihnen in die aramäische Umgangssprache und erzählte ihnen von dem durch Jesaia geweissagten Erlöser, dessen Sendung es war, Israel von dem Joch zu erlösen, das ihm Einheimische wie Fremde auferlegten; der, durch Gottes Wort, die Ordnung der Welt wandeln, ein neues Gesetz verkünden und einen neuen Bund zwischen dem Menschen und Gott schließen werde; der die Mauern niederlegen werde, die zwischen Mensch und Mensch, zwischen Nation und Nation sich erhoben, und der alle Völker einigen werde auf dem Boden Zions; ein Prophet, ein Erlöser werde er sein, ein Gesalbter des HErrn, ein Bringer froher Botschaft zu den Demütigen, der die gebrochenen Herzen heilen und den Gefangenen die Freiheit verkünden werde.

Solch einen Befreier hatte Joseph seit vielen Jahren erharrt, ohne daß er sich Mühe gab, das Geheimnis seiner Herkunft zu enträtseln. Dies jedoch wußte er: der Messias würde nicht kommen als König, nicht als Kriegsheld, noch auch als ein Prophet gleich den Sehern, die seine Verkünder gewesen. Der von Gott erwählte Messias werde er sein, den das ganze Judenvolk erharrte mit dürstender Seele. Und nun, plötzlich sollte er, Joseph ben Jakob, beteiligt sein am Wunder der Ankunft des Messias. Das war mehr, als sein wacher Geist fassen konnte. Joseph irrte durch die Straßen Nazareths wie befangen in einem Traum, wie trunken von süßem Wein.

ACHTES KAPITEL

JOSEPHS Verwandte in Nazareth mieden sein Haus; selbst sein alter Freund Reb Elimelech hielt sich vom Umgang mit ihm fern. Die ganze Bitterkeit und Erzürntheit über die Schande, die er der Familie zugefügt, entlud sich über Josephs Haupt. Durch keine Hintergasse des Städtchens konnte er mehr gehen, ohne daß hämische Stimmen, meist begleitet von rauhem Hohngelächter, hinter ihm laut wurden: «Da geht er, der Bursche, der seine Trauben ißt, bevor sie reif sind.»

Miriam blieb dies erspart; sie wurde geschont, galt als das schuldlose Opfer, und man ließ sie unbehelligt ihres Weges gehen. Kein Anzeichen schien sich darzubieten, das ihr Leben von andern Frauen ihrer Lage unterschied. Sie versah ihre häuslichen Obliegenheiten und diente ihrem Gatten wie jede andere Ehefrau. Ihrer Mutter allerdings fiel auf, daß die jungen Eheleute getrennt schliefen: Miriam in ihrer Kammer und der Schwiegersohn in dem kleinen Anbau, den er sich als Werkstatt errichtet hatte. Doch sie schrieb das einer aus Reue geborenen Zurückhaltung und Bescheidenheit zu und hielt es für das Richtigste, es mit Schweigen zu übergehen.

Nach Feierabend saßen die Neuvermählten oft im großen Wohnzimmer, doch ohne ein Gespräch miteinander aufzunehmen. Denn um Miriam lag immer Schweigen; ihre Verschlossenheit, die für Fernstehende als Demut wirkte, machte sich auf die Nähe als eine so gebietende Unnahbarkeit geltend, daß Joseph es für eine Entweihung gehalten hätte, in ihr Stillschweigen auch nur mit einem gedankenlosen Wort einzubrechen. So saßen sie denn stumm beieinander, Miriam nur manchmal mit einem Lächeln auf den Zügen den Kopf wendend, einer Gebärde, vor der Joseph die Augen niederzuschlagen pflegte.

Seitdem er den Traum gehabt, die Engelsstimme an sein Ohr gedrungen war, hatte er in seinem jungen Weibe ein geheimnisumwittertes Wesen erblickt, das er nicht nur nicht begriff, sondern das er auch, aus religiöser Scheu, nicht begreifen wollte. Es nahm ihn Wunder, daß sie überhaupt an seiner Seite war, sie, nach der er körperliches Verlangen getragen, ehe er Gottes Ratschluß erkannt, ehe er geahnt hatte, daß sie die von Gott erwählte Mutter war. Nun aber trug ihr Schoß Israels Hoffnung, war sie vom Heiligen Geist befruchtet, um die Erlösung der Menschheit zu empfangen und zu gebären. Ihm aber war das Los zuteil geworden, ihr Wächter und Schützer zu sein; sie und ihr Sproß waren ihm anvertraut worden als geheiligtes Pfand. Sobald seine Grübeleien zu diesem Punkt kamen, seinem Anteil an dem Wunder, fühlte er, wie seine Gedanken verzweifelt zurückschauderten ob seiner Unzulänglichkeit, und er nahm Zuflucht zu dem Gebet: «Vater im Himmel, läutere mein Herz und mache mich meiner Aufgabe gewachsen; öffne meine Augen für Deine Unterweisung, auf daß ich bestehe in ihrer Gegenwart.»

In solchen Augenblicken schien es ihm, als errate Miriam seine Gedanken, denn sie griff nach seiner Hand und veranlaßte ihn, aufzublicken in ihre lächelnden Augen, indes sie sagte:

«Joseph, du bist meine Wehr und mein Schild und der Beschützer meines Kindes.»

Wenn er derlei Worte vernahm und die kühle Berührung ihrer Hand verspürte, glaubte Joseph sein Gebet wunderbar erhört, als ob etwas von ihrer Heiligkeit, von ihren Fingern ausfließend in ihn, ihn mit einmal ihrer Nähe würdig gemacht habe.

Eines Morgens arbeiteten beide zusammen im Pflanzgarten. Joseph hob Gräben zur Bewässerung der Gemüsebeete aus. Ein paar Schritte hinter ihm kniete Miriam auf der Erde und jätete Unkraut. Plötzlich schreckte Joseph auf, als er Miriam singen hörte. Er drehte sich um und erblickte Miriam, noch immer auf den Knien, wie sie leise betend vor sich hinsummte. Das Kopftuch hatte sie über das Gesicht fallen lassen, wie um jede Ablenkung fernzuhalten. Joseph hielt sofort mit dem Graben inne, richtete sich vorsichtig auf, ging ein paar Schritte davon, nur hoffend, Gott werde seinen verstehenden Geist erschließen und ihn für Miriams unausgesprochene Wünsche aufnahmefähig machen. Da er eine Weile so am äußersten Rand des Gartens gestanden hatte, die Augen geschlossen und die Gestalt in Demut gebeugt, spürte er mit einmal Miriams Hand auf seiner Schulter.

«Miriam!», schrie er angstvoll auf, da er ihre Augen von Tränen erfüllt sah, «was macht dich so traurig?»

«Joseph, nicht aus Traurigkeit weine ich. Gute Zeitung ist meinem Ohr geworden; es ist die Freude, die mir die Tränen in die Augen treibt.»

«Was für Zeitung, Miriam?»

«Daß Gott meiner Base Elischewa Trost gewährt hat. Im hohen Alter noch hat Er ihren unfruchtbaren Schoß aufgetan: Elischewa ist hochschwanger. Ich bitte dich, Joseph, bringe mich zu ihr, damit ich Tröstung finde in der Gnade, die Gott ihr hat zuteil werden lassen.»

Und Joseph zögerte nicht; er beugte den Kopf noch tiefer und antwortete: «Ich werde tun, wie du sagst, Miriam.»

Niemand in Nazareth konnte sich recht erklären, warum das junge Paar so kurz nach der Heirat schon die Heimstatt verließ, um eine lange Reise anzutreten. Die Klatschbasen ließen ihren Zungen freien Lauf und waren nun endgültig davon überzeugt, die junge Frau sei so tief von der Beschämung über ihres Gatten Liederlichkeit ergriffen, daß sie ihr Gesicht nicht mehr vor denjenigen zeigen wolle, die wußten, was sie erlebt hatte; ja, sie habe auch allen Grund, den Schauplatz ihrer Erniedrigung zu verlassen und Zuflucht zu suchen in der schirmenden Einsamkeit der Wildnis Judäas, wo sie mit ihrem Blutsverwandten, dem alten Priester Zacharia zusammen bleiben könne, bis über die Sache Gras gewachsen sei. Miriams alte Mutter, die während der letzten Wochen weit über ihre Jahre gealtert und jedem Umgang ausgewichen war, weil sie wußte, daß ihre Kinder die Zielscheibe für jeden eitlen Zungendrescher der Umgegend bildeten –, sie, die einsame, betagte Witwe freute sich darüber, daß ihre Tochter, zumindest für einige Zeit, wegging, bis die jungen Mädchen und alten Weiber einen neuen Gegenstand gefunden hatten, an dem sie ihre Zungen wetzen konnten. Und die übrigen Familienmitglieder sahen Miriam ebenfalls ohne allzugroßes Bedauern scheiden.

Selbst Joseph, Miriams Geleiter, vermochte kein volles Verständnis dafür aufzubringen, warum seine Frau sich so beeiferte, inmitten der Schwangerschaftszeit eine so sehr beschwerliche Reise zu machen, bloß um ihre Verwandten in der südlichen Wüste zu besuchen. Er fügte sich jedoch ihrem Wunsch in der Überzeugung, jedes Verlangen Miriams stütze sich auf eine göttliche Absicht.

Miriam hatte guten Grund zu der Reise, wiewohl sie ihn ihrem Gatten nicht enthüllte. Für sie waren der alte Priester und sein Weib Elischewa, die ihre Jugendjahre betreut hatten, ihre geistlichen Eltern. Und Miriam bedurfte einer Stärkung ihrer Hände. Nicht daß sie gezweifelt hätte an den Worten des Engels, der ihr von ihrer Auserwählung Kunde gegeben; dennoch war sie, während der ganzen Dauer der Reise, nicht leichten Herzens. Die Mutterschaft der Base war zweifellos eine seltene Begnadung, doch es gab dafür Präzedenzfälle, und man mochte den Bericht davon, ohne in übertriebene Leichtgläubigkeit zu verfallen, hinnehmen. War die gleiche Gnade nicht der greisen Sara, und auch der Hanna zuteil geworden, die den Propheten Samuel gebar? Wann jedoch, solange Menschen zu denken vermochten, hatte eine Jungfrau, vom Heiligen Geist beschattet, empfangen? Miriams Erlebnis konnte nur auf Grund des Glaubens hingenommen werden. Ihre jungfräuliche Schwangerschaft war der erste Beweis des Glaubens an den Messias. Würde sie solchen Glauben bei ihrem alten Vetter finden? Bei dem alten Priester, der Haarspaltereien trieb über die Stimme seines Engels, so daß er zur Strafe mit Taubheit geschlagen und seines Priesteramts beraubt worden war? Bis auf diesen Tag hatte sie – ihre nächste Familie eingeschlossen – nur einen einzigen Menschen gefunden, der voll und ganz an sie glaubte. Und dieser hatte Leid und Demütigung erduldet um ihretwillen, ohne auch nur den Mund zu einer Klage aufzutun. Miriam hatte von seinem Verhalten vor Gericht vernommen und wußte von dem Schimpf, der sein Lohn gewesen war. Sie wußte von den spöttischen Blicken, dem Gezischel hinter seinem Rücken, den vor Zorn geballten Fäusten seiner Anverwandten. Und sie staunte über den ungetrübten Frohmut seines Herzens. So ließ sie denn, indes das Eselein vorsichtig die Füße aufsetzte auf den steinigen Pfad, ihre Hand auf der Schulter Josephs ruhen, der, mit Stab und Bündel dahingehend, Schritt hielt mit dem Reittier, und sagte:

«Joseph, welch Leid und welche Schande habe ich über dein Haupt gebracht! Doch gleich einem Schwamm saugst du den Kummer auf und verlierst kein Wort darüber.»

«O Miriam, ist es nicht genug, daß Gott dich in meine Obhut gegeben hat, um all meine Leiden in Freuden zu verwandeln? Ist es nicht genug der Gnade für mich, einherzugehen mit dir gleichwie dein Schatten? Kann ein Mann mehr verlangen, denn auserwählt zu sein zum Hüter des Heiligtums in deinem Schoß? Der Schritt deiner Füße, Miriam, ist mir teuer wie der Schlag meines Herzens, und die Luft, die ich in deiner Gegenwart atme, läutert mein Wesen, denn du, Miriam, bist geheiligt und du verleihst von deiner Heiligkeit allem, was dir naht.»

In stummer Glückseligkeit lauschte ihm Miriam und sagte zuletzt: «Joseph, ich danke Gott alle Tage, daß er mich deinen Händen anvertraut hat.»

Joseph geleitete sein junges Weib über den steinigen Weg, der die kleine Stadt mit der Jordanebene verband, um dann geradeaus genau südlich das Flußtal hinunterzuwandern bis nach Jericho. Um den Städten der Samariter auszuweichen, die rittlings über den Verbindungsstraßen zwischen Galiläa und Judäa saßen, zog es Joseph, gleich allen einsamen Wanderern, die nach Jerusalem wallfahrteten, vor, die größeren Beschwerden des gebirgigen Jordanwegs auf sich zu nehmen und die bequemere Heerstraße Sichem-Ephraim zu verschmähen.

Es war eine lange Reise; sie nahm fast eine Woche in Anspruch. Doch es war Spätfrühling, die schönste und mildeste Jahreszeit für Wanderer. Die Felder überzog eine verschwenderische Fülle der verschiedenartigsten Bodenfrüchte; Männer und Frauen waren mit der Pflege der Pflanzgärten beschäftigt, mit denen die Jordanebene so üppig bestellt war. Vom lauen Zephyrwind dahergetragen, umwehte die Reisenden ab und zu der Duft von Lotos, Zimmet und blühendem Ingwer. Auf manchen Feldern um sie war Flachs, Baumwolle und Hanf angesät; man konnte die Frauen unter freiem Himmel vor den Türen spinnen und weben sehen, indes die jungen Mädchen das Garn für die Spindel auskämmten, Leinen bleichten oder Seile drehten. Es wimmelte von Tätigkeit auf den Feldern, denn sie standen voll reifer Frucht und waren bereit zum Schnitt. Allüberall, wohin der Blick der Wanderer aufs Geratewohl auch fiel, sahen sie, sprühend in tausend Farben, bunte Teppiche von Runkelrüben und Radieschen, von Artischocken, dicken ägyptischen Kürbissen und Melonen, von Heil- und Würzkräutern und blühenden Büschen und Sträuchern.

Der Reichtum der Felder überströmte die Ränder der Fußwege längs des Flußufers, auf dem Josephs Esel zierlich dahinging, den Bauch gestreift und gekitzelt von aufgeschossenen Mohnblüten, indes andere von den Hufen zertreten wurden. Ihnen zu Häupten fingen die weißen und roten Blütendolden des Oleanders die Sonnenkeile auf und ließen nur ein Lichtgesicker durch, so daß gesprenkelte Schatten über die Reiterin und ihren Begleiter fielen.

Um die Mittagszeit fanden sie Schutz vor der steilen Sonne in

Gemeinschaft der Mäher und Schnitter der umliegenden Kornfelder; denn jüdischem Brauch gemäß wurden Wanderer von den Landleuten so gut wie immer aufgefordert, ihre Feldfrüchte und ihr Wasser mit ihnen zu teilen. Wenn der Abend sank, suchten sie Obdach in irgendeiner Gartenlaube oder in dem Zelt eines Fischers am Fluß, manchmal auch in einer der Wächterhütten, die in großer Anzahl auf den Weingärten verteilt waren, es sei denn, ein Bauer bot ihnen Unterkunft in seinem Hause oder seiner Scheune.

Joseph trug Sorge, die Häuser wohlhabenderer Bauern zu meiden; er wollte ihnen durch Beanspruchung ihrer Gastfreundlichkeit keine Last auferlegen. Wenn er gesehen hatte, daß Miriam in dem Obdach, das er für sie gefunden, wohl und sicher untergebracht war, so setzte er sich selbst davor hin, das Halfterband des Esels in der Hand, damit dieser nur das Gras am Wegrand abweidete und nicht in die Anpflanzungen der Landleute hineingeriet. So hielt er allnächtlich Wache über sein Weib und warf sich jede Viertelstunde vor, die er gegen seinen Willen verschlafen hatte.

Nicht überall zeigt sich der Jordan dem Menschen so freundlich. Der Fluß schlängelt sich durch das Tal, windet sich in Schleifen und Bogen, oft ganze große Landflächen einschließend und unzugänglich machend. Nur an seinem Oberlauf schien er eine kleine Strecke weit fröhlich durch Gärten und Wiesen dahinzuströmen, Fischer und Bauern an seine Ufer lockend, doch plötzlich biegt er scharf ab und bevor er weiter abwärts wieder einlenkt, hinterläßt er dem Fischer einen Halbkreis unbetretbaren Marschlandes, auf dem verschwenderisch Gerank und Geschlinge von Wasserpflanzen wuchert. Niedergebrochene Stämme und abgestorbene Baumstümpfe versperren den Weg zum Flußufer. Diese eingeschlossenen Gebiete am Flußlauf tragen den zutreffenden Namen «Jordans Stolz», denn sie zeugen von seinem Hochmut, seiner Unnahbarkeit, seiner olympischen Verachtung für die Nöte der Sterblichen. Diese Strecken sind voller Gefahren, und selbst die kundigsten Reisenden – geschweige die nach Jerusalem wallfahrenden Pilger – meiden das trügerische Pflanzengewirr und machen Umwege, die sie an den Niederlassungen am Bergfuß entlangführen. Denn auch wilde Tiere lauern in diesen Dickichten; Wildkatzen springen von den Bäumen, Eber zeigen ihre scharfen Hauer, und sobald die Nacht hereinbricht, wird das Geheul der Schakale hörbar.

Joseph kannte sich nicht aus in dieser Gegend, und an einer Stelle verlor er, den Esel dem Ufer des Flusses entlangführend, den er sich als Wegweiser genommen hatte, den gewöhnlichen Weg, der vom Jordan abbiegend den sicherern Bergen zu verlief.

Rasch fiel die Nacht herab, wie das im Lande Israel die Regel ist. Auf einmal befanden sich Joseph und Miriam inmitten einer vom Fluß umschlungenen Inselwildnis, und Joseph war sich der Gefahr nicht bewußt, in die er seine Schutzbefohlene geleitet hatte.

Beide waren sie von Kindesbeinen daran gewöhnt, unter freiem Himmel zu schlafen; jede Wallfahrt nach Jerusalem machte das nötig. Miriam stieg also von dem Esel ab, und Joseph fand nahebei eine Sykomore, unter der der moosige Grund ihr ein Bett und deren dichter Wipfel ihr den Baldachin bot. Er schnürte die Tücher und Decken vom Rücken des Esels los und breitete sie auf den Boden. Eine kleine Weile blieb er neben Miriam sitzen, während der sie ihr Brot und eine Handvoll Oliven verzehrten und aus Josephs Lederflasche einen Trunk frischen Wassers nahmen. Dann dankten sie Gott für Seine Wohltaten, und danach streckte sich Miriam aus und war bald eingeschlafen, denn sie war müde von dem langen Ritt unter der stechenden Sonne.

Joseph setzte sich in einiger Entfernung von ihr nieder, um den Esel im Auge zu behalten, und rüstete sich, wie allnächtlich, wachzubleiben, um seine Frau vor jeder Gefahr zu bewahren.

Doch der Himmel hatte sich kaum ganz verdunkelt, als auch schon das wilde, trostlose Geheul der Schakale durch die Stille erschallte. Zugleich belebte sich das Dickicht vom Gebrumm und Geschnaub unsichtbarer Tiere, und die glatte Wasserdecke des Jordan wurde aufgerührt vom Sumpfgetier, das mit seinem Zischen das mißtönige Lautgewirr vermehrte. Joseph war es plötzlich, als griff eine kalte Hand an sein Herz; er fuhr herum und sah im Unterholz das eisige Glitzern von Tieraugen, die ihn anstarrten. Er blickte sich rundum; wohin immer aber er auch sich wandte, gewahrte er das gleiche kalte Funkeln, im Dickicht, im Gezweig, unter den knorrig-verkrümmten Wurzeln der Bäume. Und dazu vernahm er aus dem Gebüsch und dem Röhricht das Schlurfen und Scharren von näherkommenden Tierpfoten.

Mit bebenden Nüstern sog das Eselchen Witterung ein, dann

brach es in wildes Angstgeschrei aus und schlug mit den Hufen in die finstere Leere.

Plötzlich aber übergellte diesen ganzen Lärm ein durchdringendes Kreischen, unter dem Joseph zusammenfuhr. Der Laut ließ nicht nach, sondern wuchs immer mehr zu betäubender Heftigkeit an; Joseph durchzuckte ein Grauen, und er sagte sich, kein lebendes Tier könne diesen Schrei ausgestoßen haben. Es war ihm, als gefrören ihm die Augen in den Höhlen, als könne er damit den teuflischen, tanzenden Nachtgestalten Einhalt tun, den Dämonen mit Katzenaugen, Stierhörnern und Menschengesichtern, die die Finsternis aus dem Samen seines eigenen von Entsetzen befallenen Hirns erzeugt hatte. Er sah sie, ihn immer enger umringend, unzüchtige Schatten werfen über Miriams schlummernden Körper, ihr einkreisend in das grüne Funkeln und Schillern von tausend Augenpaaren, fühlte seinen Atem eingeschnürt wie von einer würgenden Schlinge; und obschon der Höllengraus jeden Laut übertäubte, meinte er, das Heranschleichen von Luchstatzen, das Knirschen gefletschter Zähne, das Ausrecken von ungeheuerlichen Klauen und Krallen zu merken. Mit jeder Sekunde verengte sich der Ring um ihr kleines Lager, und Joseph, von Verzweiflung und Scham über seine Hilflosigkeit geschüttelt, warf das Haupt empor und schrie: «HErr, errette die Mutter und das Kind! ...»

Kaum hatte er diesen Schrei ausgestoßen, so fühlte er sich seltsam beruhigt. Das wilde Getümmel um ihn tobte so heftig wie zuvor; das Gefunkel feindseliger Augen glänzte noch immer aus jedem Busch und Baum; er konnte die Tiergestalten sehen, die auf das Lager zuschwankten, doch plötzlich wußte er auch Miriam gefeit, und mit ihr sich selbst und das Eselein, als sei ein schützender Zauberkreis um sie alle gezogen. So wirklich, so greifbar spürte er diesen Kreis, daß er meinte, es müsse ein Ring lebendiger Leiber sein, die selbst er nicht zu sehen vermochte, sondern nur die Schatten, die sie warfen. Und obschon er keine Schwingen erkannte, vermeinte er dennoch auf den Wangen einen kühlen Luftzug zu spüren, der aufgerührt schien von ihrem Schweben. Joseph wischte sich den kalten Schweiß von der Stirn, und seine Züge entspannten sich. Er fühlte sich sicherer und unverwundbarer, als er sich in der stärksten Burgfeste hätte fühlen können, und zum ersten Mal seit vielen Nächten sank er in tiefen Schlaf.

Als er erwachte, war die Sonne bereits aufgegangen, und er sah die klaren lächelnden Augen seines Weibes auf sich gerichtet. Miriam war wohlausgeruht; Vergessenheit des Schlafs hatte sie umfangen gehabt, die sie nichts hatte ahnen lassen von der Gefahr, durch die sie geschritten war.

Joseph erzählte ihr nichts von der nächtlichen Heimsuchung, um sie nicht noch nachträglich zu erschrecken. Doch er wußte hinfort, daß sein junges Weib und die Fracht ihres Schoßes nicht allein unter seinem Schutze standen; mit Zuversicht und Frohmut im Herzen nahm er die Wanderung wieder auf, und also brachte er sie heil zu den Dattelhainen Jerichos.

Eine steinige Einöde ist die Wildnis von Juda; keine unbetretene Sandwüste, sondern ein weites Trümmerfeld von zerstörten Städten und Dörfern, von halbzerfallenen Tempeln, Säulengängen und in Terrassen aufgestuften Palästen; Trümmerhaufen über Trümmerhaufen.

Südlich Jerichos mußte das Eselein, das die Last Miriams trug, über rutschende Trümmermassen klettern und klimmen, uralte, versunkene Leichen von Städten, die einst Josuas Weg ins Gelobte Land versperrt hatten. Mit übervorsichtigen Tritten, als wisse es um das Wesen der Last, die es auf dem Rücken trug, suchte sich das Eselein seinen Pfad zwischen messerscharfen Felszacken und jäh sich auftuenden Spalten, die Hufe eingrabend in jede Vertiefung, die es fand, und sich vor dem Abgrund hütend, der sich dicht neben ihm öffnete. Joseph wich nicht einen Augenblick von seiner Seite; Miriams Hand lag auf seiner Schulter, und er war gewärtig, jeden Augenblick sie zu stützen, wenn das Tier doch einmal einen Fehltritt tun sollte.

Über ihnen reckten die Felsen ihre Spitzen zum Himmel auf. Da und dort meinte Joseph zwischen den Steinhalden die Überreste eines heidnischen Tempels bedeckt mit zerschlagenen Bildern von Tiergöttern und Götzen gewahren zu können. Zu beiden Seiten gemahnten die steilen Abhänge der Berge an zerstürzte Fassaden und Kolonnaden längst verschollener Paläste, zu ihren Füßen waren gewaltige Steinfliesen einstmaliger Märkte und Arenen, Behausungen einer ausgestorbenen Rasse von Riesen, der verruchten Söhne des Asmodi, die gottlos sich erhoben wider den HErrn, Türme aufgerichtet, den Himmel zu stürmen und die Allmacht zu entthronen, welche, zu gerechter Strafe, ihre Städte dahingeworfen und verweht wie Spreu im Wind und nur die ragenden Felsspitzen noch stehen gelassen hatte als Mal ihrer Auflehnung.

Todesstille, Schweigen der Ausrottung herrschte zwischen diesen Gesteinstrümmern. So weit das Auge reichte, kein Mensch, kein Tier, keine Behausung, nichts als die ungeheuerliche Masse des Gesteins und des Abgrunds, der jählings hinunterstürzte zu den ausgetrockneten Bachbetten, angefüllt mit zermahlenem Fels, dessen emporsteigender Staub anzusehen war wie der Dampf aus Kesseln, die eine Hexenbrut umrührte. Nirgends der Laut rinnenden Wassers; nirgends der Anblick eines Baums; nur das haarsträubende Heulen einer Hyäne, die von einem über ihr kreisenden und seines Opfers Erschöpfung erwartenden Raubvogel verfolgt wurde. Der huschende Schatten des Geiers war das einzige Lebenszeichen in dieser Wüstenei, sehr selten einmal die Gestalt einer flüchtigen Gazelle, die für einen Augenblick hoch oben auf einer Bergspitze stand, um zu verschwinden so schnell, wie sie gekommen war.

Seit uralten Zeiten diente die Wildnis Judas Menschen, die ihren Verfolgern sich entziehen wollten, als Zuflucht. In den Felshöhlen hier hatten sich David und die Seinen vor dem Zorn Sauls verborgen. In diese Berge hier war der Prophet Elia geflüchtet, als die Baalsanbeterin Jesebel ihm nach dem Leben trachtete. Und hierher kam der Priester Zacharia, um die Schmach seiner Taubheit zu verbergen; denn er war noch immer von Furcht ergriffen über das Gesicht, das er im Tempel gehabt, und vor dem Zorn des Engels, dessen Wort, daß Elischewas Schoß aufgetan sei, er anzuzweifeln gewagt hatte. Mit seinem Weibe war er aufgebrochen und hinausgewandert in die Einöde, um dort die Erfüllung der Verheißung des Engels abzuwarten, daß ihm ein Sohn geboren und dann seine gefesselte Zunge wieder gelöst werde.

In der Wüste Juda lagen mehrere Oasen zerstreut. Zwischen den Felswänden des Gebirgs hatte der Wind mit den Jahren Schicht auf Schicht von Erdstaub abgelagert, die, bewässert von den in den umliegenden Bergen entspringenden Quellen – deren es nicht wenige gab –, allmählich zu schmalen Streifen bestellbaren Bodens wurden. Um diese jämmerlich kleinen Oasen sammelten sich Gruppen von Menschen, die persönliche oder politische Gründe hatten, die Einsamkeit aufzusuchen. Sie stellten in den Felsspalten ihre Zelte auf, säten die für ihren Unterhalt nötigste Feldfrucht und pflanzten vielleicht auch die eine oder andere Dattelpalme zur Ergänzung der wilden Obstbäume an, die um die Quelle herum wuchsen. Mit der Zeit entwickelten sich diese Oasen zu kleinen Ansiedlungen, die man «die Bergdörfer» nannte. Sie bestanden fast ausschließlich aus Zelten sowie aus roh und rasch gezimmerten Schuppen, mit Palmblättern und Schilfmatten bedeckte, mörtellos übereinander geschichtete Steinmäuerchen. In einer dieser weltverlorenen Siedelungen nun hatte sich der betagte Priester mit seiner Frau niedergelassen, um der kommenden Dinge zu harren.

Die Dämmerung fiel schon herab, als Joseph, noch immer Miriams Eselein am Zügel führend, der Zelte und Steinhütten ansichtig wurde, die hoch droben in die Felsschrunden geklemmt lagen. Er erriet, daß dies das Ziel sei, dem er zusteuerte, und so spornte er das erschöpfte Tier zu einer letzten Anstrengung an, das denn auch die roh in den Fels gehauenen Steinstufen, die zu der Niederlassung führten, hinaufklomm. Schließlich erreichten sie das Bergdorf und gelangten auf einen kleinen von ein paar Palmen umstandenen Platz mit einem Brunnen, der die dort entspringende Quelle einfaßte. Die etwa zwanzig Menschenbehausungen drückten und duckten sich in verschiedenen Höhenlagen an die Felswand.

Am Brunnenrand saß ganz allein ein Mann, offensichtlich seit langer Zeit Einsiedler, den Joseph nach dem Priester Zacharia fragte. Stumm deutete der Fremde auf die steile Bergwand, wo Joseph nun etwas wie eine Höhle erkannte, die durch eine Matte aus grobem Ziegenhaar gegen die Sonne geschützt war. Er fand dann auch eine in den Fels gehauene Treppe, die zu dem Unterschlupf führte; auf deren erste Stufe den Fuß setzend rief er hinauf:

«Zacharia, Zacharia, komm hervor und begrüße deine Gäste!»

Sein Ruf verhallte, ohne Antwort zu wecken, als ob die alles aufschluckende Stille der Dämmerung ihm die Worte von den Lippen gerissen und in sich gesogen habe. Die fernen Bergspitzen waren vom goldenen Gleißen der letzten Sonnenstrahlen überzogen; doch hier auf der Hochfläche unter den steilen Bergwänden, deren längerwerdende Schatten über die Einöde krochen, herrschte schon fast vollkommene Finsternis. Nach einigen, inmitten der feierlichen Stille länger erscheinenden Sekunden aber wurde die Matte vor Zacharias Höhle von innen zurückgeschlagen, und die hohe Gestalt des Priesters wurde sichtbar. Deutlich hob sich sein weißes Gewand in der Dunkelheit ab, und Joseph konnte dessen Flattern verfolgen, als der Priester die Treppenstufen hinabstieg. Und dann erblickte Joseph den Mann, von dem Miriam ihm auf der Reise so viel erzählt hatte; er erkannte ihn an seinem langen, spitzen weißen Bart und seinen hellen blauen Augen. Auf dem alten Gesicht stand Freude geschrieben, und der Priester streckte Joseph die Arme entgegen, umarmte ihn und machte dann dauernd Zeichen mit den Händen zu der Höhle hin.

Die Stufen herab aber stieg jetzt eine zweite Gestalt, ebenso mager und fast ebenso groß wie die des Priesters. Es war die gleichfalls hochbetagte Elischewa, deren Gewand aus dunklem Sackleinen sich straff über ihren gewölbten Leib spannte; in der Hand trug sie ein flackerndes irdenes Lämpchen. Schon von weitem erriet sie, wer auf Josephs Eselein saß, denn mit einmal wurden ihre Schritte schneller, und den letzten Teil des Weges legte sie gar laufend zurück, ohne auf die Gebärden und die murrenden Stammellaute des Priesters zu achten, die sie zu Langsamkeit und Vorsicht mahnen sollten.

Miriam glitt aus dem Sattel, eilte auf die Alte zu und barg ihr Gesicht an Elischewas Brust; diese schmiegte ihre Wange an die Miriams, streichelte ihr übers Haar und hielt sie dicht an sich gedrückt, als wollte sie sie überhaupt nicht mehr freigeben. Dann wandte sie sich Joseph zu und schließlich, ohne Miriams Hand loszulassen, leuchtete sie ihr die Stufen hinauf, über die den beiden Frauen der Priester und Joseph samt seinem Eselein folgten.

Als sie sich dann in der Höhle auf die aus Hanf geflochtenen Matten niedergesetzt hatten, begann Miriam wieder zu der alten Base zu sprechen:

«Ich habe diese langwierige Reise unternommen, Base Elischewa, um mich mit dir zu freuen über das Geschenk, das Gott dir gewährt hat.»

Bei diesen Worten schoß Elischewa das Blut zu Kopfe, und ihr Gesicht überzog sich mit tiefer Röte. Ihre eingesunkenen Augen, die sonst in die Welt schauten mit dem matten Schimmer ungeschliffener Edelsteine, entzündeten sich plötzlich zu lodernden Flammen. Sie erhob sich mit einem Ruck und richtete sich zu ihrer vollen Höhe auf, so daß die gewölbte Kuppe des Schädels fast an die Decke stieß. Haarsträhnen entfielen ihrem schwarzen Kopftuch, einen Augenblick lang schaute sie Miriam mit einem Blick an, in dem Grauen und Jubel sich mischten, dann fiel sie schwer auf die Knie und rief laut:

«Ich sehe, was ich sehe!»

Damit warf sie sich vor ihrem jungen Mündel flach auf den Boden und sagte, die runzligen, langen Hände zu Miriam emporstreckend:

«Gebenedeit bist du unter den Weibern, und gebenedeit ist die Frucht deines Schoßes ... Denn im Augenblick, da dein Gruß zu meinen Ohren drang, hüpfte das Kind in meinem Schoß vor Freude!»

Joseph rührte sich nicht; er hielt, wie es seine Gewohnheit war, die Blicke zu Boden gesenkt. Doch der alte Priester stand plötzlich auf und blieb dann so regungslos an die Felswand gelehnt, daß selbst die feinen Haare seines Bartes wie gefroren erschienen. Einen Atemzug lang starrte er mit offenem Munde und wie von Wahnwitz umfangen die beiden Frauen an, dann entrann sich stöhnendes Gestammel seiner Brust. Danach senkte auch er die Augen zu Boden, und die beiden Männer wagten nicht zu atmen, denn es war ihnen, als sei die Luft der Höhle erfüllt vom Stoff einer andern Welt, als ob die ganze Menschheit körperlos versammelt sei unter dem Palmendach und der Jungfrau huldige, die an der Wand saß, eine Unendlichkeit fleischloser Seelen, die Geschlechter der Lebenden, der Toten und der Ungeborenen.

Da erhob sich Miriam, so strahlenden Antlitzes, daß man hätte glauben mögen, die Sonne sei untergegangen hinter der Weiße ihrer Haut, und sie tat die Lippen auf zu einem Lobgesang, einem Lied für Himmel und Erde, Mensch und Engel, für die Lebendigen und die Toten, ertönend zu allen Enden der Erde vom ersten Tag der Schöpfung bis zum Ende aller Zeiten.

«Meine Seele erhebet den HErrn.

Und mein Geist freuet sich Gottes, meines Heilandes.

Denn Er hat die Niedrigkeit Seiner Magd angesehen. Siehe, von nun an werden mich selig preisen alle Kindeskinder.

Denn Er hat große Dinge an mir getan, der da mächtig ist, und des Name heilig ist.

Und Seine Barmherzigkeit währet immer für und für bei denen, die Ihn fürchten.

Er übet Gewalt mit Seinem Arm, und zerstreuet die hoffärtig sind in ihres Herzens Sinn.

Er stößet die Gewaltigen vom Stuhl und erhebet die Niedrigen.

Die Hungrigen füllet Er mit Gütern und lässet die Reichen leer.

Er denket der Barmherzigkeit und hilft seinem Knecht Israel auf.

Wie Er geredet hat unsern Vätern, dem Volke Seines Bunds, Abraham und seinem Samen ewiglich.»

Miriam hielt inne, doch keiner ihrer Gefährten wagte das Schweigen zu brechen. Sie hatten Angst sich zu bewegen, auf daß nicht ihr grobes Fleisch die unsichtbare Versammlung der Seelen versehre, von der sie sich umgeben fühlten. Doch als Miriam weiter in der Mitte des Raums stehen blieb, fielen sie auf die Knie, und der erste Laut, der hörbar ward, war Elischewas Freudeschluchzen. Auch Joseph weinte wortlos vor sich hin. Nur der Priester trat, von einem plötzlich über ihn kommenden Krampf eines ununterdrückbaren Jubels getrieben, zum Eingang der Höhle hin, riß den Vorhang herunter und brüllte in die Nacht hinaus über die Berge hin den unmenschlichen Schrei der Stummen.

Ungefüge, ungeformt hallte er wider von den Felswänden und verhallte, schwächer werdend von Kuppe zu Kuppe: die erste Verkündigung an die Welt vom Kommen des Messias.

NEUNTES KAPITEL

JOSEPH überließ seine junge Frau der Obhut Elischewas in der Bergwildnis von Juda und kehrte selbst nach Nazareth zurück, um Heim und Werkstatt einzurichten.

Einstweilen wohnte er weiter bei der Witwe Hanna, zu deren Haus die Werkstatt den Anbau bildete. Als Schwiegersohn gehörte er ja nun zur Familie des verstorbenen Hanan ebenso wie der Nazarener Kleophas, der die ältere Miriam, Mariama gerufen, zur Frau hatte. Die beiden Männer waren zwar nicht miteinander befreundet, aber sie bestellten doch oft zusammen das Grundstück der Witwe, teilten sich in dessen Arbeit und in dessen Ertrag. Dem aus den Bergen Judas stammenden Joseph kam der Boden in dem galiläischen Vorland fruchtbar vor. Und er sorgte dafür, daß von dem kleinen Grundstück genügend Früchte und Gemüse auf den Tisch Hannas gelangten, wo diese die Hauptnahrung bildeten. Mit noch etwas Ziegenmilch zur Ergänzung würde diese Kost wohl ausgereicht haben, wären nicht die hohen Regierungssteuern und die Abgaben an die Gemeinde gewesen, deren allgemeine Bedürfnisse ebenfalls von den Stadtbürgern bestritten werden mußten. So ließ es sich Joseph denn angelegen sein, durch die Einnahmen aus seiner Schreinerarbeit zu den Kosten des Haushalts beizutragen.

Josephs Kunden waren die Armen. Die rauhen Landleute aus der Nachbarschaft brachten ihm ihre ausbesserungsbedürftigen Pflugscharen, hin und wieder eine zerbrochene Deichsel oder Achse, einen Dreschflegel oder Trog und sonstige Holzgefäße; doch in der Hauptsache schnitzte er Joche für die Ochsen der Bauern, die auf ihren winzigen Stücken Land vor dem Pflug gingen.

Er war durchaus zufrieden mit seinem Leben. Obschon das Städtchen unter den Gemeinden Israels kaum bekannt war und von den Nachbarorten oft mit Geringschätzung betrachtet wurde, lag es nicht so abseits und vereinzelt, wie manche, die seinen Namen gehört hatten, glaubten. Freilich lag es nicht an der großen Wallfahrtsstraße nach Jerusalem, auch nicht an der königlichen Heerstraße, die von der Meeresküste, ausgehend vom großen Hafen Caesarea, nach Damaskus führte und die sowohl von der römischen Beamtenschaft wie vom Hauptteil des Handelsverkehrs mit Arabien benutzt wurde; aber es lag doch in leicht erreichbarer Nähe von der volkreichen Stadt Sepphoris, durch die die Handelskarawanen den Weg nehmen mußten. Manchmal verirrte sich auch von der Heerstraße eine Kohorte einer römischen Legion nach Nazareth, deren Mannschaften dann unverzüglich in Ausschreitungen verfielen, die sie sich in den größeren Städten, wo sie strengster militärischer Disziplin unterworfen waren, nicht erlauben durften. Dann mußten die Frauen sich in Brunnen und Gräben, möglichst außerhalb des Orts, verstecken, um den Gelüsten der Soldateska nicht zum Opfer zu fallen. Die Römer ließen ihre Rosse in den kleinen Gemüsegärten der Ortsbewohner weiden, raubten Wein und Öl aus den Häusern und schlachteten das letzte Schaf, über das eine Familie noch verfügte. Doch sie brachten nach Nazareth auch etwas wie den Hauch von der großen Welt jenseits des Meeres, wo der römische Adler aufgerichtet war und seinen Schatten über den der Zeit bekannten Erdkreis warf.

Dank diesen zeitweiligen Einbrüchen in ihren Frieden lernten die Nazarener die Oberherren ihres Vaterlandes kennen.

Doch in der Regel währten diese Überfälle nicht lange. Nach ein paar Tagen bekam der Centurio die Mannschaften wieder in die Hand und zog mit ihnen ab. Im Städtchen zog wieder Ruhe ein, und die Bewohner gingen wieder in Frieden und Ordnung ihrer Tätigkeit nach.

Dies waren eigentlich die einzigen Gelegenheiten, bei denen die Nazarener mit dem Römerreich in Berührung kamen; ihr Gemeinschaftsempfinden mit Israel wurde so gut wie ausschließlich durch die Nähe von Sepphoris aufrechterhalten. Denn Sepphoris war eine Stadt der Weisen und Gelehrten. Außer zahlreicher Synagogen konnte es sich noch einer Reihe von Hochschulen rühmen, wo ausgezeichnete Männer ansehnliche Schülerscharen in der Thoralehre unterwiesen. Die Stadtbürger selbst waren fromme Juden, die eifrig und genau das Gesetz beobachteten und häufig nach Jerusalem pilgerten, und zwar nicht nur die Männer, sondern auch die Frauen, so daß es scherzweise hieß, die Frauen von Sepphoris begäben sich an jedem Freitag des Monats nach Jerusalem. Wenn das auch eine unfreundliche Übertreibung war, so traf es doch zu, daß Jerusalem gleich einem riesigen Schwamm das Lebensblut von Galiläa wie von Juda aufsog. Denn jede Stadt in Israel erachtete sich bloß als ein Anhängsel von Jerusalem, als etwas wie eine bloße Raststätte und Zwischenstation zum Tempel. Sepphoris also war stets wohl unterrichtet von allem, was in der Hauptstadt vorging. Seine Schriftgelehrten und Gesetzesausleger kannten alle Zusätze der Halacha oder der Hagada, die in den Schulen Hillels oder Schammais verkündet wurden; sie verfolgten sämtliche Diskussionen und Kontroversen zwischen den beiden sich bekämpfenden Schulen. Sie nahmen auch eifrig Partei für die eine oder andere und erhitzten sich darüber in ihren eigenen Lehranstalten. Ebenso erfuhren auch die revolutionär und rebellisch Gesinnten von allen Wirren, die sich in der Hauptstadt begaben und auf den Sturz von Herodes' Herrscherhaus oder auf den Widerstand gegen die Oberherrschaft Roms abzielten. Sepphoris war eine Brutstätte der Meuterei, und seine jungen Männer stachelten die Einwohnerschaft ständig zum Aufruhr und zu einem Marsch gegen Jerusalem an.

Alle diese Stimmen, die der Aufrührer wie die der Prediger,

fanden einen dumpfen Widerhall in dem abseitigen Städtchen Nazareth. Vom Markt in Sepphoris heimkehrende Bauern brachten die letzten Neuigkeiten mit, und gelegentlich machte auch einmal ein gelehrter Mann aus der Großstadt für einige Tage seine Aufwartung. Dann hielt er einen Vortrag in der Synagoge, worin er sich über irgendeine ausgefallene Stelle im Gesetz verbreitete und so die Ältesten der Gemeinde mit den jüngsten von der Schule des Hillel oder dessen ewigem Widerpart eingeführten Neuerungen bekannt machte. Wenn der Mann aus der Großstadt dann wieder seines Weges gezogen war, diskutierten die Ältesten und die Schriftgelehrten von Nazareth wochenlang seine Darlegungen, nahmen für und wider Partei, kurz: führten die in der Hauptstadt aufgekommene Kontroverse in ihrem kleinen Kreis weiter. Doch die durch solche Besuche hervorgerufene Aufregung ließ sich nicht vergleichen mit dem Aufsehen, das es schuf, wenn ein Abgesandter der Pharisäer direkt von der Hauptstadt erschien, um sich über den allgemeinen Zustand der Gemeinde zu vergewissern und auf Beiträge zu den Lehrstätten zu drängen. Während der Tage, da ein solcher Abgesandter im Städtchen verweilte, sonnte dieses sich im Stolz, zu den Mutterstädten Israels zu gehören, ein Glied der heiligen Gemeinde des auserwählten Volks zu sein.

Doch es gab auch noch andere Anlässe zum Kontakt mit der Außenwelt. Die Aufkäufer aus den Küstenstädten des nördlichen Phönizien pflegten die Gegend nach Wolle zum Betrieb der Webstühle von Tyrus abzustreifen; auch um Weihrauch und Myrrhe, Ingwer und Zimmet einzuhandeln, die bekanntermaßen in den nazarenischen Bergen wohl gediehen. Durch sie wurde die farbige Vielfalt und gottlose Leichtfertigkeit des Lebenswandels der Heiden in das Städtchen gebracht. Mit ledernen Schuhen und bunten Tuniken angetan, die gesalbten Locken von Goldreifen gehalten, die Bäuche von breiten Seidenschärpen in dreifacher Länge umwunden und vom Gewicht ihrer schweren Geldbeutel nach der einen Seite überhängend, kamen sie daher und stachen mit diesem prahlerischem Aufzug gewaltig ab von der einheimischen Bevölkerung, die größtenteils in groben, mit einem Hanfstrick gegürteten Leinwandkitteln, mit bloßen Füßen oder einfachen Holzsandalen ging. Die tyrischen Kaufleute ließen ein sündiges Gelüst nach Reichtum und lässigem Leben zurück, und dann sah man denn manch einen der wohlhabenderen Bürger am Werktag mit nach tyrischer Mode gesträhltem und gelocktem Bart und den Kopf mit Olivenöl beschmiert einherstolzieren; und auch die Frauen äfften tyrische Moden nach, indem sie sich in purpurne oder scharlachfarbene Gewebe kleideten, sich die Wangen schminkten, die Augenbrauen malten und die nach sinnlich aufreizenden Wohlgerüchen duftenden Köpfe unverhüllt trugen.

Der Ortsrabbiner und die Ältesten zögerten nicht, diese von durchreisenden Sybariten mißleiteten Männer und Frauen auf die Wege Israels zurückzuführen, vornehmlich durch entsprechende Predigten an jedem Sabbath nach der Verlesung des Thoraabschnitts.

Dann aber kam auch wieder einmal ein den Galeeren von Tyrus oder Sidon entlaufener Sklave nach Nazareth; und da ward der Stadt eine ganz andere Kunde von dem Leben in den ausländischen Großstädten, von Mühsal und Not, von Männern und Frauen, ja Kindern, die an die unersättlichen Webstühle geschmiedet schwer arbeiten mußten, bis sie vor Schwäche umfielen.

Es dauerte nicht lang, bis Joseph nach seiner Rückkehr in das Städtchen mit seinen Nachbarn bekannt wurde. Das Haus, in dem er mit der Witwe Hanna wohnte, stand dicht am Rand der Ortschaft, gleich beim öffentlichen Brunnen. Nicht weit davon, schon außerhalb des eigentlichen Orts, wohnte ein Lohgerber. Er hauste dort in vollständiger Absonderung; denn das Gesetz schrieb vor, daß alle Gerbereien auf freiem Feld betrieben werden mußten, weil dieses Gewerbe als widerlich galt, ja einer Frau als Scheidungsgrund angerechnet wurde, falls der Gerber ihr nicht rechtzeitig zu bedenken gegeben hatte, daß sie sich mit den üblen Ausdünstungen seines Körpers abfinden müsse.

Dieser Mann nun hatte seine Hütte und seine Gerberei in einer durch den Abfluß des Brunnenwassers gebildeten Erdrinne errichtet, um nächst seinem Hause die Schafhäute wässern zu können. Seine Behausung war das ganze Jahr hindurch feucht; die Wände aus Schilfgeflecht faulten von der Nässe; die Erde, die den Fußboden bildete, stand dauernd unter Wasser; bei seiner Frau hatten sich im Gefolge dieses Zustandes Lähmungserscheinungen herausgebildet; einige seiner Kinder litten an Wassersucht und schleppten, für ihr Leben verkrüppelt, die geschwollenen Bäuche auf spindeldürren Beinchen dahin.

Dieser Gerber, Taddi mit Namen, hatte dem Elend seines ans Bett gefesselten Weibes und seiner siechen Kinder zum Trotz, eine fröhliche und glückliche Gemütsveranlagung. Immer überarbeitet, was bei der Mühseligkeit seines Handwerks und der Sorge für seine große Familie kein Wunder war, klagte er trotzdem nie. Er war ein kleiner, gedrungener Mann, dessen Gesicht fast gänzlich unter einer Mähne dichten schwarzen Haars und einem ebenso unbändig wuchernden Bart verschwand. Gekleidet – wenn man das so nennen konnte – war er in ein paar grobe Leinwandfetzen, die nach den üblen Gerüchen seiner Schafhäute stanken; seine Haut hing immer voller Tierhaare, und in diesem Aufzug kam er geradenwegs von seiner Lohebütte, um seiner Familie heiße Suppe aufzutischen. Seiner Frau, die seit langem den Gebrauch ihrer Arme eingebüßt hatte, führte er selbst Löffel nach Löffel an die Lippen, stillte den Hunger seiner Kinder und fand dabei immer noch Muße, dreimal täglich das «Höre, Israel» aufzusagen, ja sogar dreimal wöchentlich, den Sabbath eingeschlossen, an der Verlesung des Thoraabschnitts in der Synagoge teilzunehmen, wo er mit den andern Ärmsten der Gemeinde an die Tür gedrückt stand. Der bemerkenswerteste Zug an diesem Gerber aber war der erstaunliche Schatz an Bildung, den er aufzuhäufen verstanden hatte. Unzählige Psalmen wußte er auswendig, die er beim Kalken und Schaben der Häute vor sich hinsang. Außerdem entsann er sich nicht nur vom Unterricht in seiner Jugend her des Wortlauts der Propheten und der Bücher der Heiligen Schrift, sondern auch aller Streitgespräche und Predigten, die er von den Weisen an den Hochschulen gehört hatte; all dies barg sein Gedächtnis gleich einem sprunglosen Gefäß, das keinen Tropfen von dem, was es zu enthalten geschaffen ist, mehr hergibt.

Eines Abends kurz vor dem Einnachten kam Joseph an der Gerberei vorbei und stutzte beim Anblick eines halbnackten, rabenhaarigen Juden, der, vom Scheitel bis zur Sohle mit übelriechender Lohe bespritzt, regungslos zwischen Bottichen und Zubern voll eingeweichter Häute stand und völlig versunken war in das Aufsagen des «*Schemah Jisroel*».

Joseph wartete ab, bis der Gerber sein Gebet beendet hatte, dann trat er auf ihn zu und begrüßte ihn, sich tief verbeugend, mit den Worten:

«Schalom alechem. Ich bin dein Nachbar. Ich hatte schon immer den Wunsch, deine Bekanntschaft zu machen; doch ich fürchtete, du könntest Bedenken haben, mit einem Mann meines niederen Gewerbes Umgang zu pflegen, denn ich bin Zimmermann.» Ganz bewußt setzte Joseph sein Handwerk herab wegen der Verrufenheit, in der das des Gerbers stand.

«Ein niederes Gewerbe ... das des Zimmermanns! Das sagst du zu einem Gerber? Mein Freund, du bist ein Spötter, der sich über die Armen lustig macht.» Aber die Worte klangen nicht gekränkt, und der Gerber grinste breit, während er sie vorbrachte. «Von mir wäre es verwegen, unter dein Dach zu treten, denn du weißt wohl, wie die Leute die Nasen rümpfen, wenn sie einen Gerber auch nur von weitem riechen. Aber wie unsere Weisen sagen: ‚Lieber ein Aas auf der Straße häuten, denn sich verlassen auf Menschen.' Gott aber sieht das Herz des Menschen an unter jeglichem Kleide, und was er geschaffen, hat er zum Guten geschaffen; denn es steht geschrieben: ‚Nach einer jeglichen Schöpfung sah Gott, daß sie gut war', nicht ‚schön', wohlgemerkt, sondern ‚gut'. Daraus folgt, daß alles was nützlich und gut notwendigerweise schön ist.»

«Du lehrest wohl, Meister», sagte Joseph, sich wiederum verbeugend. «Deine Worte sind voller Wissen und Weisheit, und ich bin sehr in deiner Schuld. Doch, Rabbi, lehre mich noch ein Anderes: Wie kommt es, daß du, der du sicher den Essenern angehörst, das *‚Schemah Jisroel'* in deiner Alltagskleidung sagst?»

Wieder schmunzelte der Gerber und erwiderte: «Zunächst muß ich dich bitten, junger Mann, mich nicht Rabbi oder Meister zu nennen, sintemalen ich weder dieses noch jenes bin. Ich bin ein schlichter Jude, der sich nur ein wenig gewälzt hat im Staub der Weisen, so wenig, wie es eben meine Arbeit gestattet, die ich in sehr hoher Achtung halte, da sie mein Weib und meine Kinder ernährt. Was die Essener betrifft, so habe ich ihnen niemals angehört, denn wenn man zu der einen Gruppe gehört, so verschließt man seine Tür allen andern. Mir genügt es, der Gemeinde Israels anzugehören. Nun wirfst du mir vor, daß ich ungewaschen und in meinem Werktagsgewand bete; doch, soviel ich weiß, spricht der Prophet lediglich davon, daß man sein Herz reinigen soll, ehe man das Haus Gottes betritt, nicht davon, daß man seine Kleider waschen müsse. Ich trete vor Gott in dem Gewand, das er mir gegeben hat.»

«Du hast mir verboten, dich Rabbi zu nennen, doch deine Worte entfließen einem Quell der Erkenntnis», sagte Joseph. «Erlaube mir, dir ein Kleines zu tun für das Große, was du an mir getan hast; dein Bottich leckt, er bedarf der Ausbesserung, und wozu sollte ein Böttcher sonst nütze sein?»

«Ach, der Reiche geht zum Markt und holt sich soviel Bottiche, als er braucht, ob er Geld im Beutel hat oder nicht, denn er kann später bezahlen. Doch der Arme kann nur kaufen, wenn er bares Geld hat.»

«Mit deiner freigebigen Lehre hast du mich mehr denn je bezahlt», entgegnete Joseph. «In meiner Werkstatt habe ich ein Stück Hartholz, mit dem sich dein Bottich gut abdichten läßt.» Und damit schulterte Joseph das Gefäß und ging, um dem Andern jeden weiteren Einspruch abzuschneiden. Als er ein Dutzend Schritte gegangen war, hörte er den Gerber hinter sich rufen:

«Wenn du meinen Bottich ausbesserst, sollst du Leder für ein Paar neue Sandalen haben.»

So begann Josephs Freundschaft mit dem Gerber. Mit seinem anderen Nachbar, einem Edomiter, welcher Weihrauchpflanzen züchtete, fing die Bekanntschaft so an:

Eines Tages stand Joseph in seiner Werkstatt, die er aus vier in die Erde gerammten Eichenpfosten mit geflochtenen Matten dazwischen errichtet hatte, da hörte er draußen rufen:

«Schreiner, komm heraus, ich habe Arbeit für dich!»

Joseph ging hinaus und sah dort in respektvollem Abstand einen großgewachsenen Mann stehen, seinen Nachbarn, den Edomiter Jekatiel. Joseph hatte ihn schon früher gesehen gehabt, wenn Jekatiel mit seinen wohlduftenden Harzen und Gewürzen an der jenseitigen Seite des Hügels hantierte. Jetzt sah Joseph, daß der Edomiter einen zerbrochenen Mörser in der Hand hatte.

«Was nötigst du mich zum Hinauskommen, wo doch die Tür zu meiner Werkstatt einem Jeden offensteht?», fing Joseph an.

«Darf ich denn dein Haus betreten? Ich bin unrein; ich bin ein Edomiter; ein Heide.»

Joseph überlegte einen Augenblick; er gedachte seiner Freunde in den Bergen Judäas, unter denen ebenfalls Unreine waren.

«Kein Mensch ist unrein», sagte er. «Wir sind alle nach dem Bilde Gottes geschaffen. Komm herein, und möge dein Eintritt unter mein Dach gesegnet sein.»

Der Edomiter warf ihm einen noch immer zweifelnden Blick zu.

«Bist du keiner von den Juden?», fragte er.

«Gewiß, das bin ich.»

«Und du ladest mich ein in dein Haus?»

«In meinem Hause ist jeder Mann ein willkommener Gast.»

«Selbst ich?»

Statt aller Antwort führte Joseph den Edomiter in seine Werkstatt. Dort hieß er ihn, am Tische niederzusitzen, stellte darauf eine Schale und füllte sie mit frischem Wasser. Doch der Edomiter machte keine Miene zu trinken.

«Du würdest besser daran tun, dich zu vergewissern, daß deine Brüder mich nicht in deinem Hause erblicken, wie ich an deinem Tische sitze und aus deinem Gefäß trinke, denn dann werden sie dein Haus als unrein erklären.»

«Sie können nicht unrein machen, was Gott rein geschaffen hat», sagte Joseph und machte dem Edomiter ein Zeichen mit der Hand, die Schale an den Mund zu setzen. «Doch sage mir, was führt dich hierher?»

«Ich bin Hersteller von wohlriechenden Ölen. Ich gewinne sie aus den Weihrauchpflanzen in meinem Garten an der andern Seite des Hügels. Nun gibt es edle Gewächse – wie Saffran und die Königsrose –, die man nur in einem aus feinstem, duftigstem Zedernholz gefertigten Mörser zerstoßen darf. Der Duft des Zedernholzes und des Saffrans ergibt eine wohlgefällige Mischung, während ein Mörser aus Stein das Aroma dumpf macht. Dieser Holzmörser nun ist mir beim Stoßen zerbrochen. Das ist um so mehr schade, als ich ihn von meinem Vater habe, welcher mich in meiner Kunst unterwiesen hat. Und nun will kein israelitischer Schreiner mir den Mörser ausbessern oder mir einen neuen machen, weil man argwöhnt, ich stelle Weihrauch her für die Händler aus Tyrus, die ihn zum Dienst in den Baalstempeln liefern.»

«Stimmt das?», fragte Joseph.

«Ich habe mein Feld einem tyrischen Händler verpfändet, und so muß ich ihm Ware verkaufen. An wen er sie wiederverkauft, das weiß ich nicht, ob an die Frauen oder an die Tempel.»

«Und du, verbrennst du deinen Weihrauch am Altar falscher Götter?»

«Ich verwende meine Wohlgerüche, um mein Brot zu erwerben; gering genug ist es.»

Joseph hatte inzwischen den Mörser in seinen Händen hin- und hergedreht; nun schüttelte er abschätzig den Kopf und sagte:

«Falsche Götter gibt es nicht. Es gibt bloß den Einen lebendigen Gott, welcher der Vater aller Menschen ist. Was für einen Zweck sollte es haben, Weihrauch zu verbrennen vor Göttern, die nie und nimmer waren? Was jedoch deinen Mörser betrifft, so läßt er sich nicht mehr ausbessern. Du mußt einen andern haben; um einen zu drechseln, brauche ich ein Stück Zedernholz. Warte bis nächsten Montag, wenn ich von Sepphoris zurück bin. Im Bazar dort kann ich Zedernholz kaufen, und dann mache ich dir einen neuen Mörser, zur Herstellung von Weihrauch, doch nicht für Götzen.»

«Mein Guter, ich arbeite bloß, damit ich leben kann», sagte der Edomiter ausweichend.

«Sofern du nur menschlichen Bedürfnissen dienst», erwiderte Joseph und geleitete seinen Besucher aus der Werkstatt.

Joseph entdeckte bald, daß Galiläa sehr verschieden war von seinen heimischen Bergen Judas. Das Land war reicher und der Boden fruchtbarer. Ephraim im Süden war zwar mit Recht berühmt ob des guten Strohs, das seine langen Weizenhalme lieferte, aber das Getreide des Tales Jesreel setzte voller an und ergab größere Mengen Mehl. Viel reichlicher gab es Brot in Galiläa als im armen Judäa, ganz zu schweigen von den vielen Früchten und Gemüsen, die man in Judäa nur sah, wenn sie eingeführt wurden: Melonen und Kürbisse, Zichorie und Artischocken, köstliche Spargelsprossen sowie alle Arten Nüsse und Mandeln, die zerstampft und zermahlen wertvolle Öle lieferten; dazu wildwachsende Feigen und Granatäpfel, Äpfel, Pfirsiche, Lotosfrüchte. Es war eine Gegend der Hülle und Fülle. Jeder Morgen Boden war bestellt. Selbst Vieh und Geflügel ward hier fetter als in Judäa. Die Rinder nährten sich von saftigerem Gras, und die Milch schäumte aus breiteren Eutern. Die Bauern des Tals – und die Mehrzahl der Bewohner bestand aus Kleinbauern mit einem eigenen Stückchen Land – schafften schwer; sie erhoben sich mit der Sonne, und kehrten spät von der Feldarbeit zurück. Die galiläischen Bauern waren freilich ein unwissendes, im Gesetz nicht sehr bewandertes Völkchen; ständig verstießen sie gegen die Vorschriften der Rabbunim, nicht nur beim Säen und Pflanzen, sondern auch bei der Reinigung von Haus, Gerät und Körper. Aber sie fehlten nur aus Unachtsamkeit, nicht aus Verachtung des Gesetzes; im Gegenteil, sie waren arglose, einfältig gesinnte, tief von ihrem Glauben durchdrungene Menschen. Häufiger als alle andern Juden wallfahrteten sie nach Jerusalem, und zwar nicht nur die wohlhabenden Bauern, für die die Pilgerreise keine schwere Belastung bedeutete; die ärmsten sogar legten die lange Wanderschaft zu Fuß zurück, nicht nur zu den drei vorgeschriebenen Anlässen – am Passah-, Wochen- und Laubhüttenfest –, sondern auch bei jeder sonstigen Gelegenheit, die dem frommen Eifer einen Vorwand bot. Hinsichtlich gewisser Gebräuche waren sie wenn möglich noch strenger als ihre Brüder in Judäa. So begingen sie den Vorabend des Passahfestes – oder auch den Vorabend des Versöhnungstags – als sei es der Festtag selbst. Kein anderer Jude war auch so eifersüchtig bedacht auf Israels Freiheit. Der galiläische Bauer war immer der Erste, wenn es galt, sich einem Aufstand oder einer Geheimgesellschaft gegen Herodes oder Rom anzuschließen. Doch eben diese freiheitsliebende Natur erschwerte es ihm auch, im Schraubstock der Abgetrenntheit und Gesondertheit eingepreßt zu verharren, in den ihn die Rabbunim spannten, welche nicht erlaubten, daß ein Mensch sich durch die Berührung mit unreinen Dingen beflecke. Die Galiläer nahmen es mit dieser Reinheit nicht so genau wie die Judäer, und wegen dieser Läßigkeit zogen sie sich die Verachtung der Jerusalemer zu, die sie schlechtweg als Ignoranten über die Achsel ansahen.

Es kamen noch zwei Momente hinzu, durch die die Galiläer sich von den Bewohnern des Südens unterschieden; einmal der Umstand, daß Galiläa niemals zur Gänze israelitisch gewesen war; viele Rassen hatten sich dort seit Jahrhunderten vermischt. Und wenn auch König Jannäus nach der Eroberung und Angliederung Galiläas dessen heidnische Ureinwohner bei Todesstrafe gezwungen hatte, den Glauben Israels anzunehmen, damit sie keine Bedrohung der jüdischen Unabhängigkeit mehr bedeuteten, so hatte doch in deren Herzen das Judentum nicht tief Wurzel geschlagen. Die Juden waren mit ihrer Hingabe an die Religion zu esoterisch und in ihrer ganzen Lebensweise zu distanziert, um sich fremde Rassen assimilieren zu können. Dem äußeren Anschein zuliebe unterwarfen sich eine Anzahl Edomiter und Moabiter, auch kanaanitische Einwanderer aus Tyrus und Sidon, der Beschneidung, weil sie sonst keinen jüdischen Landesteil hätten bewohnen dürfen. Sie nahmen die minder beschwerlichen der jüdischen rituellen Obliegenheiten auf sich und bezeigten sich eifrig in der Einhaltung der sieben Hauptgebote, die das Judentum allen Söhnen Noahs auferlegte; so verzehrten sie nicht das Fleisch gefallener Tiere, enthielten sich der Blutschande und unterzogen sich in gewissem Umfang der Beobachtung des Sabbaths als Ruhetags. Doch in ihren Herzen waren sie Heiden und Fremde geblieben. Dem größten Teil des mosaischen Gesetzes schenkten sie keine Beachtung, so vornehmlich den Reinlichkeitsvorschriften. Ja, über kurz oder lang wurden die meisten von ihnen dem äußerlich angenommenen Glauben untreu und kehrten zu ihren heidnischen Götzen zurück, die sie niemals ernstlich abgeschworen hatten. Erst insgeheim, nach der Machtergreifung des Herodes aber offen, führten sie die Anbetung der heidnischen Göttin der Fruchtbarkeit, der Astarte, wieder ein.

Die kleine Göttin, die dargestellt wurde als nacktes Weib mit sinnlich schwellendem Leib, eine Taube an ihre nackten Brüste pressend oder deren Warzen gleich milchgebenden Eutern fassend, hatte die heidnischen Völker des Orients lange Zeit behext und hatte zeitweise sogar mit dem Gott Israels den Wettbewerb aufgenommen. Nicht alle Juden in Galiläa waren gefeit dagegen, ihrem Bann zu verfallen, insbesondere die Frauen neigten dazu, die ihr die Macht zuschrieben, Fruchtbarkeit zu verleihen oder mit Unfruchtbarkeit zu schlagen. Jede heidnische Wohnstatt barg, heimlich oder schamlos zur Schau gestellt, ein Abbild der Göttin, je nach den Mitteln ihres Anbeters in größerem oder kleinerem Format, eine mehr oder minder roh ausgeführte, sei es in Bronze gegossene, sei es auch nur aus dem fetten Lehm Galiläas gebrannte Statuette. Oftmals stand das Anstoß erregende Bildwerk in einem Winkel auf einem kleinen Bord, der als Altar diente. Und bei den geeigneten Anlässen – wenn der Bauer sich zur Aussaat rüstete, bevor eine Jungkuh zum Stier geführt wurde oder wenn das Weib in Wehen lag – wurde vor diesem Altar Räucherwerk verbrannt und er wurde mit Blumen bestreut, oder wurde gar die Fleischesknospe an der Göttin Leib mit Honig und Rosenwasser benetzt. Bei wichtigeren Gelegenheiten – wenn die Hausmutter ihre Göttin in einem besonderen Gebet um männliche Leibeserben anflehte –

wurde eine weiße Taube geopfert und deren mit Weihrauch gefüllter Balg vor dem Götzenbild verbrannt.

Doch diese Bräuche wurden nur von den eingebornen Heiden geübt, denen, die zu Recht die «Fremdlinge innerhalb des Tores» genannt wurden und denen die Juden die höchste Rücksicht entgegenbrachten, dem ausdrücklichen Gebote Mosis entsprechend: «Du sollst deinen Fremdling lieben, denn ihr alle waret Fremdlinge im Lande Ägypten.» Die Provinz Galiläa beherbergte jedoch auch viele ausländische Heiden aus den angrenzenden Gebieten, die zur Ausnutzung des besseren Bodens eingewandert waren. Darunter waren viele Griechen aus der Dekapolis, den zehn hellenischen Städten am andern Jordanufer, aus Gadara, Philadelphia und Capitolias. Diese Einwanderer gaben sich ihrem Götzendienst ohne Zurückhaltung hin. Samt den kanaanitischen Sklaven, die sie aus den Bazaren von Tyrus und Sidon mitgebracht hatten, bildeten sie ein in Israel wahrhaft unassimilierbares Element. Noch fremder wirkten die hellenisierten Araber, die aus Damaskus im Norden und Petra im Süden, der Felsenstadt am Rande der Arabia Deserta, den Weg nach Galiläa gefunden hatten. Ihre Ausschweifungen gefährdeten ernstlich den sittlichen Widerstand des Volkes und die Lauterkeit des jüdischen Familienlebens. Wenn man den Griechen aus der Dekapolis noch zubilligen mochte, daß sie dem Ethos gewisser philosophischer Systeme wenigstens einigen Lippendienst erwiesen – manche von ihnen waren etwa durch die strenge Schule der Stoiker gegangen –, so konnte von solchen zügelnden Einflüssen nicht die Rede sein bei dem hellenisierten Auswurf Arabiens, der sich um die philosophischen Spekulationen der Griechen nicht scherte, sondern sich nur an die äußerlichen Reize und Versuchungen des griechischen Lebens hielt: die Vielgötterei, das sinnliche, üppige In-den-Tag-hinein-Leben, den Kult des Nackten, die geschlechtliche Perversion und die erotische Ungebundenheit. Ihre Männer und Frauen kannten keine Schranken für ihre Wollust und schienen, um ihr zu frönen, die Greuel Sodoms und Gomorrhas wieder heraufbeschwören zu wollen.

Angesichts dieser Einflüsse bemühten sich die Ältesten Israels mit äußerster Macht und Anstrengung, im Volk die hohen sittlichen Grundsätze und ethischen Maßstäbe aufrechtzuerhalten, die ihm durch den jüdischen Glauben eingeimpft waren und die dieser von seinen Anhängern forderte. Wenn sie es nicht vermochten, oder vielleicht auch nicht eifrig genug anstrebten, die fremden Elemente unter die Fittiche des Judentums zu bringen und sie der religiösen Kultur der Juden zu assimilieren, so bemühten sie sich um so heftiger, die Judenheit vor dem Untergehen im Meer des Heidentums zu bewahren, was sie eben dadurch zu vollbringen suchten, daß sie Israel von allen Völkern der Erde abgesondert und es mit den Fesseln des Gesetzes eng umwunden hielten. Jedem Juden wurde auferlegt, mit äußerster Vorsicht darauf achtzuhaben, daß er sich nicht durch den Umgang mit einem Heiden verunreinige. Denn nicht nur der Körper des Heiden selbst war unrein, sondern alles, was er mit den Fingern berührte, wurde durch die Berührung verunreinigt. Seine Hände hatten dem Götzenbild gedient, sein Fleisch war verderbt von Unzucht, jedes Teilchen von ihm trug den Keim der Fäulnis an sich. Diese puritanische Besessenheit wurde bis ins Widersinnige getrieben, bis ein Netz von schützenden Gräben und Wällen die Juden nicht nur von den Heiden, sondern auch untereinander schied. Sekten und Kasten wuchsen wie die Pilze auf, eine jede gleicherweise beeifert, sich innerhalb der selbstgezogenen Grenzen abzuschließen. Der Pharisäer machte einen Unterschied nicht nur zwischen dem Sektengenossen und dem Außenseiter, sondern auch zwischen gewöhnlichem und asketischem Pharisäer. Bei den Essenern meinte ein älterer Angehöriger, er habe ein Gran von seiner Reinheit verscherzt, wenn er sich bloß von einem jüngeren Bruder berühren ließ. Diese über alles Maß hinausgetriebene Besorgnis um unbedingte Reinheit – die die Juden aus der Gefangenschaft unter den Persern in Babylonien mitgebracht hatten – trug viel zur Unterwühlung der demokratischen Grundlagen bei, die das Gesetz Mosis und die Propheten für ganz Israel gegeben hatten. Die Nation wurde aufgesplittert in Gruppen, die sich gegenseitig mit Reinigungsbetätigung zu überbieten suchten. Es war nicht so ungerecht, wenn die Sadduzäer von den Pharisäern spotteten: «Wenn sie bloß könnten, so würden sie die Sonne und den Mond abwaschen.»

In Judäa gelang es den Rabbunim, zu ihrer mehr oder minder großen Zufriedenheit, zwischen Heiden und Juden körperliche und geistige Schranken aufzurichten; ebenso auch zwischen dem städtischen Gebildeten und dem ungebildeten Landbewohner. Im vielsprachigen Galiläa mißlang ihnen das so gut wie ganz, zumal auf dem Land, wo kein engverwobenes jüdisches Gemeinschaftsleben bestand, das die rituelle Absonderung hätte erzwingen können. Hier wohnten die Juden Schulter an Schulter mit ausländischen Fremdlingen, und aus tausend Gründen wurde der tägliche Kontakt unumgänglich.

Und da Galiläa im Wesentlichen ein Land von Kleinbauern war, die weniger als ihre judäischen Brüder dazu neigten, sich in Städten zu konzentrieren, so konnte die rabbinische Disziplin der Absonderung nicht recht durchdringen und durchgreifen, so daß in der ganzen Provinz der Verkehr mit den Heiden überhandnahm. Deswegen wurden die Galiläer von rabbinischer Seite als unrein erklärt, kurz, man schüttete, wie die Redensart geht, das Kind mit dem Bade aus.

Joseph fand, daß Galiläas Lage, wenn möglich, noch schlimmer war als die seiner heimischen Berggegend. Dort, wie in andern Landesteilen Israels auch, richtete sich die Verachtung der Unreinen und Ungebildeten nur gegen Einzelpersonen, so viel derer sein mochten. In Galiläa aber war geradezu Acht und Bann verhängt über die ganze Bauernschicht, die beinahe auf die Ebene von Ungläubigen herabgedrückt wurde. Für den gebildeten Vornehmen von Jerusalem war ganz Galiläa ein Gegenstand der Verachtung, ein Absprengsel, über das man die Achseln zuckte.

Um so inniger ersehnte Joseph jetzt die Erfüllung der messianischen Hoffnung. Er harrte des großen Töpfers, der die zerstreuten Scherben Israels sammeln, den Welterlöser, der die Mauern niederlegen werde, welche den Menschen vom Menschen schieden, und die Gräben ausfüllen, die zwischen Volk und Volk klafften.

Am Abend nach dem Besuch des edomitischen Götzendieners entrollte Joseph das Familienerbstück, die Schriftrolle mit Jesaias Prophezeiungen, und suchte sein Lieblingskapitel, das beginnt: «Tröstet, tröstet mein Volk.»

«Es ist eine Stimme eines Predigers in der Wüste», las er. «Bereitet dem HErrn den Weg, machet auf dem Gefilde eine ebene Bahn unserm Gott. Alle Täler sollen erhöhet werden, und alle Berge und Hügel sollen erniedriget werden, und was ungleich ist, soll eben, und was höckrig ist, soll schlicht werden. Denn die Herrlichkeit des HErrn soll geoffenbaret werden, und alles Fleisch mit einander wird sehen, daß des HErrn Mund redet.»

ZEHNTES KAPITEL

DREI Monate lang blieb Miriam bei ihrer Base Elischewa in der Wüste Juda. Dann kam Joseph, sie abzuholen, und geleitete sie heil und sicher nach Nazareth. Ihre Schwangerschaft war nunmehr ganz offensichtlich. Doch obschon alle sie bemerkten, so wurde doch selten mehr darüber gesprochen; Nazareth hatte sich mit ihrem Zustand abgefunden, der für eine seit mehreren Monaten verheiratete Frau nichts Besonderes war. Sie bestellte ihren kleinen Garten, sie versorgte die kleine Schafherde, sie saß am Spinnrad oder am Webstuhl, um Stoff für Gewänder zu fertigen; sie bereitete in der Handmühle das Mehl für das tägliche Brot, sie reinigte das Öl für die Lampen, holte allmorgendlich Wasser aus dem Brunnen und richtete allabendlich ihrem Gatten das Lager auf einer der Bänke im großen Wohnraum.

Kurz, Miriam versah ihren neuen Haushalt wie jede andere jüdische junge Frau, die dazu erzogen war, ihrer Pflicht und ihrer Stellung eingedenk zu sein. Die Gesichte und Verzückungen ihrer Mädchenzeit hatten aufgehört. Sie wurde nicht mehr von dem Drang erfaßt, unbekannte Psalmen anzustimmen oder nächtlicherweile auf ihrer Mutter Dach seltsame Weissagungen zu stammeln. Am Brunnen und auf dem Markt betrug sie sich mit der Bescheidenheit und Zurückhaltung, die einer Frau in ihrem Zustand geziemte. Und obzwar an ihrem Benehmen nichts Auffälliges war, so war die Wirkung, die ihre Person auf die Nachbarn ausübte, doch unerklärlich und sonderbar. Wenn sie mit ihr sprachen oder auch nur mit ihr zusammen waren, verspürten Männer wie Frauen in ihren Herzen einen Sturm des Jubels, der ihr Geschwätz unverzüglich zum Schweigen brachte und sie taub machte für die äußere Welt, so wie Mütter, die guter Hoffnung sind, plötzlich ihren Sinn nach innen wenden, um das Kind in ihrem Schoße sich regen zu fühlen.

Miriam trug ihr Kind über alle Felder, über die, die Korn erbrachten zum Unterhalt der Menschen, und über die, die brach und verwahrlost, von Distel und Dorn überwuchert dalagen. Sie wollte, daß ihr Kind durch sie eines jeden Anblicks, Lauts und Geschmacks teilhaftig und erfahren würde, daß es gute und giftige Gewächse berühre, süße wie häßliche Gerüche einsöge. Doch nun ward sie mit Staunen inne, daß Blumen und Pflanzen oder auch

Männer und Frauen ihr nicht mehr so erschienen, wie sie andern Menschen erschienen oder wie sie ihr selbst vor der Zeit ihrer Schwangerschaft erschienen waren. Sie schienen ihr jetzt aus einem andern Stoff zu bestehen, als ob die betreffenden Menschen und Dinge sich plötzlich in ihrem wahren Lichte enthüllten.

Selbst die Düfte waren verwandelt. So ging Miriam oftmals zu dem Gerber Taddi, um ihm im Haushalt behilflich zu sein, sein krankes Weib zu pflegen und seinen hungernden Kindern zu essen zu bringen. Wenn sie das früher hin und wieder getan hatte, so waren ihr schon aus weitem Abstand die scharfen Gerüche entgegengeschlagen, der Gestank der eingeweichten Tierhäute und des frisch gegerbten Leders. Dann hatte sie den Atem angehalten und keuchend durch den Mund Luft geholt, da sie den üblen Geruch, der über dem ganzen unglückseligen Haus lag, nicht zu ertragen vermochte.

Nun aber, seit sie das Kind trug, war es nicht mehr der gleiche Geruch. Sobald sie sich dem Hof des Gerbers näherte, erfrischte sie ein reiner Duft, der süßer war als der der Akazie und milder denn Aloe und Myrrhen. Und wenn dann mit seinem verfilzten Bart und seinem beschmutzten Körper in den faulenden Lumpen der Gerber selbst auf sie zukam, so weiteten sich Miriams Nasenflügel in Wohlgefallen, als habe der Gerber seine Häute in süßriechende Essenzen eingeweicht. In Miriams Gegenwart schien der Gerber wie vom Duft seltenen Räucherwerks umgeben.

Genau das Gegenteil begab sich, sobald Miriam am Garten des edomitischen Weihrauchzüchters vorüberkam. Sie hatte den kleinen Hügel, auf dem der Pflanzgarten lag, gerade aufgesucht, damit das Kind in ihrem Schoß die Süße seiner Gewächse empfände; doch wenn sie sich anschickte, die Lehne hinaufzusteigen, schlug ihr der scharfe Geruch von brennendem Schwefel entgegen, der sie zu eiliger Umkehr veranlaßte.

Es war, als ob die gebenedeite Last von Miriams Schoß der Menschen Irrtümer berichtige. Bei der Annäherung an die Hütte des rauhen Lohgerbers roch sie den Duft angezündeten Weihrauchs im Tempel, als ob der jüdische Gerber seine niedere Tätigkeit zu einer Form des Dienstes am lebendigen Gott gewandelt habe; und durch die nämliche Umkehrung falscher menschlicher Werte hauchte der Garten des heidnischen Essenzenmischers üble

Dünste von Schwefel und Fäulnis aus, die von den Altären des Moloch und der Astarte aufschwelten.

Auch Pflanzen selbst traten Miriam jetzt in ungewohnter Weise entgegen. Wenn Miriam einen sonst wegen seiner dornigen Gewächse gemiedenen Pfad einschlug, so schienen die stachligen Pflanzen sich nach ihr zu recken und zu strecken, ihr die stechenden Spitzen zuzuwenden, als trügen sie Verlangen nach Miriams beseligender Berührung. Sie breiteten sich hin zu ihren Füßen, klammerten sich an den Saum ihres Gewandes, ringelten sich um ihre Knie und Knöchel. Und Miriam spürte kein Brennen und kein Stechen, im Gegenteil: die Berührung der Nesseln war ihr wie die Liebkosung flaumiger Daunen oder weicher Moose. Die Grashalme ritzten ihre Haut nicht; Kakteen stachen nicht ihre vorüberstreifenden Füße. Andererseits schrak sie auch manchmal zusammen vor einer anscheinend harmlosen Pflanze, als ob sie eine Ausdünstung von Unreinlichkeit verspüre.

Einmal mußte Miriam an dem Haus des edomitischen Pflanzers auf der andern Hügelseite vorbei. Wie gewöhnlich ging sie barfuß; gerade war sie unversehrt durch einen Kaktushain gekommen und gelangte jetzt auf ein Feld voll Schwertlilien, herrliche hohe Pflanzen in Vollblüte, von einem Purpurschimmer überhaucht. Mit leichtem Fuß war Miriam durch die gefährlichen Stacheln der Riesenkakteen geschritten, doch jetzt, inmitten der wunderschönen Blumen fühlte sie sich wie erstickt von würgenden Dämpfen. Sie beschleunigte den Schritt, um aus dem Feld herauszukommen, doch je rascher sie es durcheilte, um so weiter schien es sich nach jeder Richtung hin auszudehnen. Miriam kannte den Hügel von frühester Jugend an, ja sie wußte hier so gut Bescheid wie zwischen den vier Wänden ihres Gemachs, doch sie entsann sich nicht, dieses Lilienfeld je vorher gesehen zu haben. Wie eine fremdartige Decke war es über vertraute Orte gespreitet. Grenzenlos schien es sich nun hinzudehnen; sie blieb stehen, um in die Runde zu blicken. In ihrem Umkreis bis hin zum Horizont erkannte sie nichts wieder, als habe sie sich in eine fremde Gegend verirrt. Das Erdreich unter ihren Füßen selbst schien eine andere Farbe zu haben; die ruhevollen Felder der Heimat, die zypressenbedeckten Hügel mit den grasenden Schafherden waren verschwunden; und verschwunden waren die vertrauten Ölbaumhaine und Weingärten. Wie Heuschreckenschwärme bedeckten blaue Schwertlilien in allen Schattierungen von Violett bis Indigo das Antlitz der Erde, alles Grün mit dem Teppich von Blau erdrückend und erdrosselnd. Der Himmel selbst verlor seinen Azurschimmer durch die Widerspiegelung der fahlblauen Fläche des Blumenmeers darunter und hing schwer und glanzlos über dem erschrockenen jungen Weib. Und ein infernalischer Gestank stieg von den Pflanzen auf wie aus einem unterm Schwamm verfaulenden Brunnen, der die Luft verpestete und Miriams Kehle mit einem Zersetzungsgeruch würgte. Und darauf brach von den Blumen her ein mächtiger Windstoß auf, der Miriam in immer mehr sich verengendem Kreis umfuhr und umwirbelte. Hierhin und dorthin versuchte sie vorwärtszukommen, doch die Winde umtanzten sie wie eine Horde losgelassener Teufel, bliesen ihr faulige Dämpfe ins Gesicht und versperrten ihr jeden Ausweg.

Entsetzt gingen Miriams Blicke in die Runde, ausspähend nach einem rettenden Wunder. Doch plötzlich sah sie vor sich die hohe, kräftige Gestalt eines Weibes mit grobem, schwerem Knochenbau und weit ausgreifenden Armen. Auch ihre Füße waren über Menschenmaß, die Zehen glichen den Wurzelknorren alter Ölbäume. Zu gewaltig schien das Weib, als daß es ein gewöhnliches Menschenwesen sein konnte, als entstamme es einer andern, mächtigeren Menschenrasse, dem ausgestorbenen Riesengeschlecht der Enakskinder, die einst auf dem unter ihren Tritten erschauernden Boden Kanaans gewandelt. Dunkel, alt, gefurcht gleich der Erde war ihr Antlitz, und grobdrähtiges Haar hing ihr um den Kopf, gelben Weizenhalmen ähnlich, die den Schnitter erwarten. Das Weib nahm Miriam in seine mächtigen Arme und trug sie hindurch durch die Schwertlilien und deren mephitische Düfte, mit den riesigen Füßen die Blumen niedertretend.

«Wer bist du?», fragte Miriam. «Wo bist du zuhause, denn niemals noch sah ich dich in dieser Gegend?»

«Ich bin die Mutter vieler Völker, für die dein Schoß Heil und Segen trägt. Die Mächte der Finsternis haben sich gegen dich verbunden gehabt, um dich zu fangen in diesem Feld, wo Weihrauch wächst zum Götzendienst. Hier ist Gottes Erde fremden Göttern überantwortet, und ihr Räucherwerk beherrscht die Luft. Doch Gott in seinem Erbarmen für die Völker der Welt hat mich abgesandt, um dich hinauszugeleiten aus dem Bereich des Götzendieners. Komm, ich zeige dir die Völker, die der Erlösung harren.»

Zunächst erblickte Miriam nichts. Um sie war nichts als ein weißlicher Dampf, der die Luft erfüllte. Mählich ward er dünner, zerfiel schließlich zu Nebelschwaden, die gleich Wölklein vor dem Wind hierhin und dorthin trieben. Darunter tauchte aus dem Dunst ein Streifen von Grün auf. Rauchschleier stiegen daraus empor, so wie sie sich vom Land lösen im Morgengrauen, wenn die Erde sich befreit aus der Umschlingung der Nacht. Baumwipfel kamen in Sicht, und zu den Füßen der Stämme dann grüne Wiesen, geädert von rinnenden Wässerlein und Bächlein; zwischen den Baumgruppen aber lagen dunkel und still kleine Seen. Mit einmal aber fing Miriams Ohr die Klänge eines Gesangs auf, der emporstieg von dieser fremden Erde. Nicht Engelsgesang war es, nein, Menschensang, Singen von alten und jungen Menschen und von Kindern. Und weiße Schafe weideten an den Hängen, die die Wiesen begrenzten, Mütter stillten ihre Kinder und Väter pflügten die Felder. Da veränderte sich das Bild, und Miriam erblickte andere Länder, darin Bäume in den Grund sanken und im Schlamm vermoderten und Menschen im Schatten düsterer Wälder wohnten; und Länder bedeckt von ewigem Schnee, wo unaufhörlich Winde und Stürme bliesen und Schneewehen trieben von Ort zu Ort. Doch auch dort lebten Menschen; Miriam gewahrte sie, gekleidet in das Fell wilder Tiere, selbst gleich Tieren aus ihren Höhlen kriechend. Und sie sah Länder rittlings über den Graten riesenhafter Gebirge, und auch diese waren bevölkert von Menschen. Und sie sah friedliche grüne Felder und stille Täler, von zweiggeflochtenen Menschenwohnungen gesprenkelt. Und sie sah spitzgetürmte Klippen, da nimmer nachlassende Stürme hausten, und sonnige, begrünte Hügel, darauf Menschen einhergingen im Schatten der Palmen. Und öde Wüsten sah sie, überfegt von glühendem Wind und Sand, und Küsten, deren Volk auf Schiffen lebte.

Und immer noch vernahm Miriam Singen. Der Gesang aber war schwer und getragen von schmerzenden, betenden Ängsten. Und von der Wiese stieg ein Duft würziger Harze und Blumen auf, edler Duft sich emporschwingend mit dem Gesang gleich Weihrauch, der entzündet war für die schwangere Mutter. Und mit einmal fühlte Miriam sich selbst aufgehoben über alle Höhen und spürte das Kind sich regen in ihrem Schoß.

«Dies sind die Völker der Welt», sagte sie fremde Frau, «und dies ist der Schrei der Sehnsucht nach dem Heil, das du für sie trägst. Denn durch die Frucht deines Schoßes werden sie alle geeint werden zu einer einzigen Familie vor Gott.»

Danach fühlte sich Miriam wieder auf den festen Erdboden versetzt, und sie erkannte das elterliche Grundstück mit dem friedlichen Häuschen und den paar Schafen, die im schwindenden Sonnenlicht des Nachmittags grasten.

ELFTES KAPITEL

ZU Jerusalem fanden sie ein Gasthaus nächst dem Teich Siloah im untersten Teil der Stadt, nicht weit von der Davidsmauer, wo Esel- und Kameltreiber zu nächtigen pflegten. Auf dem kurzen Weg, der von Jerusalem südwärts führte nach Bethlehem – oder besser: nach Ephratha, denn Joseph und Miriam nannten den Ort lieber bei dem Namen, den ihm die Erzväter gegeben hatten –, machten sie längere Rast an Rahels Grabmal. Joseph war ungeduldig und besorgt, Bethlehem vor Einbruch der Nacht zu erreichen. Doch Miriam zögerte an der Grabstätte, als vermöge ihre Anwesenheit Israels Schmerzensmutter darüber zu beruhigen, daß die Zeit der Erlösung nahe sei.

Miriam wußte wohl, warum ihr Gatte sie nach Bethlehem brachte. Es geschah nicht nur wegen der vom Hegemonen Syriens, Cyrenäus, ausgeschriebenen Volkszählung, derzufolge die gesamte Bevölkerung sich an ihrem Herkunftsort zwecks Eintragung in die Steuerlisten einzufinden hatte. Als Nachkömmling des Hauses Davids mußte Joseph, diesem Befehl Folge leistend, sich nach Bethlehem begeben.

Doch es bestand ein noch gewichtigerer Grund für die Reise. Bei denen, die den Messias erwarteten, hatte es immer geheißen, sein Geburtsort werde Bethlehem sein, denn hatte nicht der Prophet Micha in des HErrn Namen gesprochen, als er sagte: «Und du Bethlehem Ephratha, die du klein bist unter den Tausenden in Juda, aus dir soll mir der kommen, der in Israel Herr sei, dessen Ausgang von Anfang und von Ewigkeit her gewesen ist»?

Wen anders konnte der Prophet gemeint haben als den Messias? Und was er geweissagt, das schickte sie sich an zu erfüllen: gerade jetzt war sie auf dem Wege gen Bethlehem, um den Erlöser

Israels zu gebären. Sollte sie nicht jauchzen? Doch Miriams Jubel war überschattet von Sorge. Freudig erwartete sie die heilige Stunde von des Messias Geburt, doch da diese näherrückte, empfand sie immer größeren Schmerz und Schrecken um des Schicksals ihres Kindes willen. Wenn die Worte Michas in Erfüllung gingen, dann auch die andern Weissagungen, die entsetzlichen Voraussagungen Jesaias, die ihr in den Ohren klangen, mochte sie ihre Hände noch so fest an die Schläfen pressen, um sie fernzuhalten. Bei Tage und bei Nacht, im Traum und im Wachen hallten in ihr die Worte nach von den Leiden des Messias, von den Sünden der Vielen, die er auf sich nehmen werde, um zuletzt hinzugehen «wie ein Lamm zur Schlachtbank».

Wie nahe Rahel ihr jetzt stand! Miriam schloß die Augen vor dem uralten Grabmal und meinte Rahel zu sehen, in der Gestalt, in der sie ihr so oft erschienen war, aufsteigend aus der Grube, sich aufstellend an der Straße, deren Kies die Füße zahlloser Juden zermahlen hatten, da sie unter den Peitschenhieben der Schergen Nebukadnezars, des Babyloniers, sich hinschleppten in die Verbannung. Und sie sah Rahel allein am Rand des Wegs, am Pfad in die Nacht stehen. Doch der Staub hatte sich noch nicht wieder auf die Straße gelegt, denn noch nicht lange war Israel außer Sicht; noch waren die Spuren seiner wunden Füße frisch auf dem Grund; im Straßengraben lagen noch die Überreste verstümmelter Kinder, die von Peitschenhieben zerfleischten Leiber von Greisen, die Leichen von Frauen, die von Bluthunden zerfetzt waren. Bündel von einst liebevoll bewahrtem Hausrat lagen auf der Landstraße herum, Fetzen von geheiligten Pergamentrollen, darauf Gottes Wort vom Blut der Juden befleckt war, zertretene Gebetsmäntel, deren Risse bewiesen, daß sie nicht ohne Gegenwehr hergegeben worden waren. Ein Pfad in die Nacht, in ewige Verbannung war diese Straße, der Beginn einer endlosen Reise, die unzählige Geschlechter der Kinder Jakobs vorbeiführen mußte an Rahels Grab, während sie, ihrer aller Mutter, in hilflosem Mitleid mit ihren todmüden Kindern die Hände ausstreckte.

Dann plötzlich aber sah Miriam sich selbst mit Rahel am Wegrand stehen. Ihre Hände waren erhoben nach denen, die neuerdings die Peitsche am Grabmal vorübergetrieben hatte. Doch immer neue Züge von Unseligen folgten ihnen, neuvergossenes Blut sickerte in den Staub der Straße. Und das Leid, das Rahel trug um Israel, es wurde zu ihrem eigenen Leid um die Welt; zwei Mütter waren sie, die weinten um Israel und die Menschheit.

Warum aber weinte sie? So fragte sich Miriam. Trug sie denn nicht die Errettung und das Heil in ihrem Schoß für all die schmerzbeladenen Wanderer, die auf der Straße nach Bethlehem sich hinschleppten? Brachte sie nicht den Befreier, den, den Gott den Leidenden der Erde verheißen? War nicht das Ende von Schmerz und Übel in Sicht, die Heilung von aller Krankheit? In diesem Augenblick ja spürte sie den Herzschlag des Messias in ihrem Schoß; zu dieser Stunde ja war sie auf dem Wege nach Bethlehem, nach Ephratha, um Gottes Verheißung einzulösen und den Heiland zu gebären, der aller Verbannung ein Ende machte und alle menschlichen Tränen trocknete.

«Rahel, sei getrost. Ich bin die Mutter der Hoffnung, gekommen, den Heiland zu gebären. Siehe, ich schreite auf dem Wege gen Bethlehem, aus dem Israels Herr erstehen soll. Sei getrost, Rahel; deine Tränen werden ihren Lohn finden; deine verbannten Kinder werden kehren in ihre Heimat.»

Gott hat dem Meer eine Grenze gesetzt; und so auch der Wüste. Denn die Wüste, die Wildnis von Juda ist wie ein Meer, das im Augenblick des Hochmuts von Gott versteinert wurde. Kopfüber stürzen sich seine Felsen von den Bergen Judas hinab in die Niederung des Toten Meeres, auf dessen anderer Seite die Hügel von Moab – zeitlose Mahnmäler an Sodom und Gomorrha – in der grellen Sonne erschimmern gleich Haufen von Gold und Silber. Nach Westen zu wird der steinigen Ödnis wie durch göttlichen Befehl Halt geboten, damit sie nicht übergreife auf die judäische Hochebene.

Auf dieser Hochfläche, die sich in einem langgezogenen Streifen erdehnt über den Kamm Judas, liegt das Städtchen Bethlehem. Seinen Schwesterdörfern und -flecken gleich liegt es inmitten eines Gürtels fruchtbaren welligen Landes, das sich von Jerusalem bis Hebron erstreckt, um dann westlich zur Küstenebene von Askalon und Gaza abzufallen, dem Land der Philister am Strand des gewaltigen Meeres.

Zur Sommer- und Herbstzeit ist die ganze Gegend dicht bedeckt von Weingärten. Allenthalben entsproßt dem rötlichen, frisch umbrochenen Boden der stämmige Rebstock, sich krümmend gleich den knorrigen, knotigen Fingern einer zerarbeiteten Hand. Unter der Last der üppigen Trauben sich beugend klimmt die Rebe die Hügelhänge empor. Über den Hügeln drüben aber in den Tälern darunter weiden Schafherden, aus der Ferne anzusehen wie treibende Schneewehen, die fetten Wiesen ab. Die weißen Schafe zwischen den voll dunkler Früchte hängenden Weinbergen bezeugen die Macht des Segens, den der sterbende Jakob über Juda sprach, daß seine Söhne Zähne haben würden weiß von Milch und sie ihre Kleider waschen würden in Rebenblut.

Nun aber war tiefer Winter, und die Weinberge lagen öde und trostlos da. Über dem kalten, baren Boden erhoben sich fröstelnd die kahlen Gerippe der Rebstöcke. Kümmerliches Gras wuchs auf den Hängen und in den Mulden, und kleine zerstreute, von pelzbekleideten Hirten geleitete Herden suchten zwischen Dornen und Disteln nach ein paar Nesselhalmen, die die Sichel verschont haben mochte, oder nach einem Maulvoll Klee, das vielleicht auf dem feuchten Boden nachgewachsen war, und ihr klägliches Blöken trug die Kunde von nahender Hungersnot von Hügel zu Hügel.

Ein milchiger Nebel hing über der Landschaft, als Joseph das Eselein auf die Tore Bethlehems zuführte. Regungslos lag er über über dem Städtchen, bis er auf einmal unter den letzten schrägen Strahlen der Sonne zerriß. Für ein Weilchen wurde die Sicht klarer, und die Wanderer vermochten einen letzten abendlichen Anblick der mit dünnem Neuschnee überzogenen Hügel zu erhaschen.

Mit der Annäherung an die Stadtmauer verdichtete sich der Verkehr auf der Straße. Immer mehr wuchs die Zahl der Leute, die die Tore vor Einbruch der Nacht noch hinter sich bringen wollten. Viele von ihnen zogen in Karawanen dahin, die aus Kamelen und Maultieren bestanden, diese beladen mit Sack und Pack, jene mit den beleibten, in die gepolsterten Sättel läßig zurückgelehnten Gestalten hochgestellter Reisender und reicher Kaufleute. Männer und Frauen drängten sich auf der Straße: die Frauen verschleiert oder bloßen Gesichts, Halbmonde oder anderes Geschmeide von funkelnden Steinen im Haar, den Hals umhangen von goldenen Ketten und die Arme beladen mit schweren Reifen. Die Reichen hatten ein Schutzgeleit von Sklaven und Freigelassenen um sich; vor einzelnen stolzierten sogar Ausrufer mit langen Stäben einher, um ihren Herren den Weg zu bahnen, indem sie dauernd in langgezogenem Singsang die Worte vernehmen ließen: «Platz da! Bahn frei für den vornehmen Reb Zavda bar Kafda, welcher die Armen in Zeiten der Not ernährt!» oder «Schaffet Raum für den edlen Sproß aus dem Hause Davids, der heimkehrt in die Stadt seiner Väter!»

Hin und wieder auch war ein würdiger Herr aus Jericho zu sehen, der sich nach Römerart in der eigenen Sänfte den ganzen Weg her hatte tragen lassen. Auch darin die römischen Patrizier nachäffend, ließ er sich von einer Schar Freigelassener begleiten, und während seine Träger die Köpfe auf- und niederwarfen, um den Schweiß von ihren triefenden Gesichtern abzuschütteln, unterhielt sich der in eine modisch geschnittene römische Toga gehüllte Herr leutselig mit den ihn umgebenden Klienten. Auch ihm schlug sein Ausrufer eine Gasse, indem er schallend den Stammbaum und die Verdienste seines Herrn pries. Andere Karawanenteilnehmer kamen bescheidener auf dem Rücken von Eseln oder in Ochsenkarren daher. Es waren zum größten Teil in Bethlehem Geborene oder früher hier Ansässige, die von ihren neuen Wohnorten kamen, um sich gleich Joseph und Miriam, zu der von der Regierung angeordneten Volkszählung zu stellen.

An der Stadtmauer erkannte Joseph einen großen Andrang von Menschen und Tieren, der sich vor den Toren staute: schwerbeladene Esel und Kamele, mit Waren vollbepackte Ochsenkarren, Fußgänger mit Bündeln auf dem Rücken. Jeder Mensch und jedes Tier mußte die Untersuchung der Zöllner über sich ergehen lassen, die im Torweg standen und die Karawanen der Reichen bevorzugt behandelten, da sie von ihnen eine Kopfsteuer von jeder Person des Gefolges, von jedem Reit- und Lasttier, ja noch eine Abgabe von dem mitgeführten Reiseproviant erheben konnten. Manchmal dauerte die Abfertigung stundenlang, da die Beamten jede Kanne Öl, jedes Fäßchen Wein, jeden Korb mit Datteln und jeden Sack voll Mehl abwogen und abmaßen, Myrrhen und Narden, Öle, Salben und Wohlgerüche, die der Körper- und der Bartpflege dienten, genau abschätzten. Mittlerweile dunkelte der kurze Wintertag rasch, und noch immer stand eine lange Schlange von Mensch und Tier am Tor, die Einlaß in die Stadt begehrte. Joseph und Miriam konnten gerade noch, kurz ehe die Torflügel vor der Nase einer ganzen Reihe müder Wanderer mit geschwollenen Füßen zufielen, hindurchschlüpfen.

Bethlehem lag zu weit abseits von den nächsten großen Verkehrsstraßen, um ein bedeutender Handelsplatz zu werden. Es war ein am Rand der Wüste Juda sich hinfristendes Provinzstädtchen geblieben. Nichtsdestoweniger erfreute es sich eines gewissen Ansehens, das über seine eigentliche Bedeutung hinausging. Israel hegte eine sentimentale Anhänglichkeit für den Ort, teils um seines Alters willen – denn schon den Erzvätern war Bethlehem bekannt gewesen –, teils weil Samuel hier den jungen David zum König gesalbt und weil hier auch die vielgeliebte Ruth mit ihrer Schwiegermutter Naëmi gewohnt hatte. Für die Abkömmlinge des Hauses Davids hatte die Stadt ihre ganz besondere Bedeutung, war sie doch der Geburtsort ihres Ahnherrn, des Gründers der messianischen Dynastie. Wohin immer ihr Schicksal sie verschlagen haben mochte, sie verweilten gern bei dem Augenblick in Davids Leben, da er, als König von Israel, seine damals von den Philistern besetzte Vaterstadt belagerte und einem unvermittelten Einfall folgend ausrief: «Wer will mir zu trinken holen des Wassers aus dem Brunnen zu Bethlehem unter dem Tor?» Worauf sich drei von des Königs Mannen durch die Reihen der Pihilister durchschlugen, am Brunnen beim Tor frisches Wasser schöpften und es dem König brachten. «Der aber wollte es nicht trinken, sondern goß es dem HErrn und sprach: ‚Das lasse der HErr fern von mir sein, daß ich dies tue. Ist es nicht das Blut der Männer, die ihr Leben gewagt haben?'»

Jedem jüdischen Herzen war somit Bethlehem teuer. Doch im Wirtschaftsleben Judäas spielte die Stadt eine sehr geringfügige Rolle. Ihre Einwohner waren größtenteils Schafhirten, die ihre Herden im grünen Hügelland der Umgegend aufzogen und die fetten Mutterschafe und Lämmer zum Schaftor nach Jerusalem trieben, wo dafür ein großer Bedarf zu Opferzwecken im Tempel herrschte.

Bescheidene Einkünfte brachten dem Städtchen außerdem nur die Beherbergung und Bewirtung der Durchreisenden, die hier auf ihrem Wege nach Hebron und der Küstenebene nächtigten. Während der Sommermonate lagerten die Fremden auf dem Marktplatz oder in den Bogengängen großer Wohnhäuser. Im Winter fanden sie für teureres Geld Unterkunft im einzigen Gasthof, der dicht beim Tor gelegen war.

Wie die meisten Häuser in Bethlehem bestand das Gasthaus

aus einem Bau, dessen Eingang zur Straße führte, und einem Hof dahinter, der in das umliegende Feld verlief. Das Gebäude selbst hatte drei Teile; dem Eingang zunächst lag die Schenke, wo der schwitzende Wirt sich über einen Dreifuß beugte, auf dem lange Streifen von Schaffleisch brieten, während seine Frau den Gästen das Brot und die verschiedenen Gerichte sowie Wein und Bier – dieses aus Gerstengraupen oder Mohnkernen gebraut – auftischte. Das einzige Stockwerk darüber enthielt die Schlafräume, deren größere und luftigere für die Männer, die übrigen für die Frauen abgeteilt waren. Diese bequemen Unterkünfte waren jedoch nur für die wohlhabenderen Gäste. Für die übrigen war der Stall am Rand des Hofes dicht beim Brunnen bestimmt. Vier Mauern aus aufgeschichteten Steinen bildeten ihn; kein Dach bedeckte ihn. Hier konnten die Maultiertreiber ihre Tiere mit Wasser versorgen, sie im Schatten der Wände bei den daran angenagelten Krippen festbinden. Seite an Seite verbrachten hier Mensch und Tier die Nächte.

Dieser Stall, an sich eigentlich ein Teil der Herberge, war im weitern Sinn ein der Allgemeinheit zugänglicher Zusammenkunftsort. Jede Herberge in Israel stellte derartige Ställe nicht nur ihren Gästen für ihre Tiere zur Verfügung, sondern überließ sie auch den vorbeiziehenden Maultiertreibern, die ihre Tiere für eine Nacht einstellen wollten. Außerdem standen sie allen vorbeikommenden Wanderern, vornehmlich den ärmeren unter ihnen, offen, deren Aufzug und Auftreten sie vom Absteigen im Haupthause ausschloß. In diesen Ställen fanden sie zwar keinen Schutz vor Regengüssen, aber damit war Judäa ja selten gesegnet; den Armen genügte es, hier Schutz vor den Nachtwinden und die durch den Atem und Dunst der ruhenden Tiere gespendete Wärme zu finden.

Obschon die Nacht hell und der Mond voll war, auch der Schnee schimmernde Schmelzpfützen auf dem Boden bildete, band Joseph doch das Öllämpchen los, das am Sattel des Esels baumelte, und zündete es an, um besser den Weg zur Herberge durch die krummen, löcherigen Gäßchen zu finden.

Als er in die Straße einbog, an der das Gasthaus lag, hörte er schon von weitem das Stimmengewirr und Getöse im Hauptraum. Nach einigen weiteren Schritten geriet er in ein Durcheinander von Kamelen, Eseln und Maultieren, die vor dem Tor des Gasthauses herumstanden. Offenbar war die Stallung hinterm Haus nicht ausreichend gewesen, um all die Tiere aufzunehmen, die infolge der Regierungsverordnung mit ihren Herren in der Stadt zusammengeströmt waren. Licht und Rauch, Geschrei und Gelächter drang aus der Wirtshaustür heraus wie der Schaum aus dem Spundloch eines Fasses.

Joseph half seiner jungen Frau aus dem Sattel und band den Esel an eine vor dem Haus freistehende Stange. Dann legte er Miriam seinen Mantel um und ließ sie zur Beaufsichtigung des Tieres zurück, während er das Haus betrat.

Die von dem als Kochherd dienenden Dreifuß aufsteigenden Dämpfe schlugen ihm entgegen, als er die Tür aufstieß, und für einen Augenblick betäubte ihn das Getöse der lauten Stimmen und des rauhen Gelächters. Es brauchte eine ganze Weile, bis seine Augen an den rauchigen Dunst so weit gewöhnt waren, daß er Einzelheiten unterscheiden konnte.

Rechter Hand erkannte er den würdigen Herrn, dessen Reisezug auf der Landstraße an ihm vorübergekommen war. Vor dem Mann stand ein niedriges Tischchen, darauf sich allerhand gute Dinge häuften. Wie auf dem diwanartigen Sitz auf seinem Kamel lag der große Herr auch hier in ein Kissen zurückgelehnt da. Rechts und links von ihm standen zwei Diener, während zwei andere durch das Gedränge hin- und hereilten, um ihrem Herrn Schüsseln voll Essen zu bringen und seinen Becher nachzufüllen.

An der linken Wand gegenüber erkannte Joseph den andern hohen Herrn von der Landstraße. Den Fußböden des Gasthauses anscheinend mißtrauend, lag er noch ausgestreckt in seiner eleganten römischen Sänfte. Auch er hatte ein Tischchen vor sich, das allerdings mit Speisen aus seinem eigenen Reiseproviant beladen war; auch um ihn bemühten sich unablässig seine dienstbaren Geister.

Es ließ sich erkennen, daß die beiden Herren in einem verbissenen Wettstreit begriffen waren, einander mit der Zurschaustellung ihres Reichtums zu überbieten, ein Wettbewerb, den ihre Diener auf ihre Weise mitmachten. Es dauerte denn auch nicht lang, bis diese vor dem Dreifuß, wo der Wirt durch das dicke Gebrodel der Speisedämpfe kaum sichtbar wurde, untereinander in Zank gerieten über eine Schaflende, die gerade gebraten wurde und die sie sich gegenseitig für ihre Herren wegzuschnappen suchten.

Um diese beiden Herren – die ruhenden oder besser: faulenzenden Pole – tobte der Lärm der andern hungrigen Gäste. Dicht aneinandergepreßt saßen sie da, und durch diesen Menschenwirrwarr mußte sich die große, breite Wirtsfrau mit den gemalten Augenbrauen und dem öligen Haar, das ihr lose aus einem Netz heraushing, den Weg bahnen. Der Halssaum ihres etwas anstandswidrig tief ausgeschnittenen Kleides war von billigem falschem Schmuck umhangen, und ihr voller Busen hauchte einen starken Myrrhenduft aus. Alle Augenblicke sah man ihre eigens für diesen Tag angelegte, purpurfarbige sidonische Tunika durch eine Lücke im Gedränge aufblitzen und wieder hinter der wogenden Menschenmasse verschwinden. In ihren drallen Armen trug sie an sich gedrückt Bier- und Weinkannen, nach denen, wo sie ging und stand, gierige Hände griffen.

Die Rabbunim waren diesen Wirtinnen nicht sehr gewogen, diesen Weibern, die dauernd mit Männerkörpern in Berührung kamen. Sie wurden sogar von manchen frommen Seiten geradezu der Hurerei verdächtigt; dessen schien sich die Wirtsfrau hier bewußt zu sein, denn sie trug einen argwöhnischen, bittenden Blick zur Schau vor den reichen Gästen, die aus Jerusalem, Jericho und Hebron zur Volkszählung in Davids Stadt gekommen waren. Wenn sie einen Teller mit Eiern oder einen Weinbecher vor einen Gast hinsetzte, lag in ihren ummalten Augen ein schüchternes Lächeln, als wolle sie um Verzeihung bitten, und zwar nicht so sehr deswegen, weil sie den Gast hatte warten lassen, sondern weil sie überhaupt vor ihn trat.

Das lange Wartenlassen auf Bedienung wäre freilich genügender Grund gewesen, um Nachsicht zu bitten. Offenbar hatte das Wirtshaus nicht einen solchen Zustrom von Gästen erwartet; was es zu bieten hatte an Verköstigung, war jämmerlich unzureichend. Die zwei frischgeschlachteten Lämmer waren längst verzehrt, und noch immer verlangte die Gästeschar lärmend nach Speise und Trank.

«Heda, Frau Wirtin», ließ sich eine spöttische Stimme aus einem Kreis junger Zecher vernehmen, die an einer Tischecke zusammensaß. «Wie wär's mit einer Kapaunbrust auf die Art, wie man sie in Askalon zubereitet, mit gebackener Kalbsleber garniert, mit Nägelein besteckt und in Wein und Honig getränkt?»

Seine Spießgesellen ließen sich nicht lumpen und setzten ebenfalls der Wirtin mit Rufen zu.

«Heda, Frau Wirtin», rief ein anderer, «wo bleibt der Spargelsaft, den ich vor einer Stunde bestellt habe?»

Ein dritter, der noch dazu seinen Spott auslassen wollte über die bescheidenen Genüsse, die der Gasthof zu bieten hatte, rief schallend nach gewürztem Wein. «Über meine Lippen kommt kein anderer als gewürzter Wein», schrie er.

«Und sidonische Schüsseln möchte ich mir ausgebeten haben! Von andern esse ich nicht!»

«Und was soll sie dir darauf bringen?», fragte sein Freund mit spöttischer Höflichkeit.

«Also, warte mal ... Oliven von Bischni und cyprischen Wein in einer korinthischen Kanne. Ja, und daß mir auch ein tyrischer Flötenspieler mitkommt nebst einem Rudel ägyptischer Tänzerinnen, damit es hier fröhlicher zugeht, denn, Frau Wirtin, ich bin entsetzlich niedergeschlagen und mein Herz ist schwach und müde vom Warten und Lechzen nach euren kümmerlichen Kuchen und tränendrüsenreizenden Zwiebeln.»

«Stille deinen Hunger mit einem vollen Blick aus ihren Augen! Und laß dir genügen an der Honigmilch ihres Lächelns, um deinen Durst zu löschen!»

«Pfui, du Ehebrecher! Willst du, daß ich begehre meines Nächsten Weib?»

«Gott behüte! Aber habt ihr nicht gehört? Die Rabbunim haben allen Schankwirten geboten, sich von ihren Frauen scheiden zu lassen, damit sie ihr Gewerbe betreiben können.»

«Möge dein Lästermaul gestopft werden mit Nattern und Vipern, für deine Schmähung der Rabbunim!», rief von der Mitte des Raums her eine donnernde Stimme.

«Wieso schmähe ich sie?», rief der junge Mann mit gespielter Entrüstung zurück. «Ich sage doch, daß die Rabbunim belobt werden müssen für eine so heilsame Neuerung.»

Da richtete sich der Mann in der Mitte mit einem Ruck zu seiner ganzen Größe auf, so daß er die Umstehenden überragte, und rief, auf den Kreis der Spötter deutend, scharf:

«Und diese Gecken nennen sich Söhne Davids, und so verbringen sie die Nacht in ihres Ahnherrn Stadt, indem sie sich mit Späßen die Zeit vertreiben.»

Andere Gäste pflichteten ihm bei.

«Unser Vater David hat sich begnügt mit gerösteten Körnern, doch ihr müßt getrüffelten Kapaun und Flötenspieler haben!»

«Richtig! Und eine hübsche Abisag, um mir die Füße und sonst noch allerlei zu wärmen.»

«Hört ihr ihn? Nun lästert er gar David, den König!»

«Wer? Was hat er gesagt?»

«Da drüben der . . . der Milchbart!»

«Der Bauch soll ihm aufgeschlitzt werden wie einem Fisch!»

«Keiner soll hier über König David niedrige Reden führen und mit gesunden Knochen heimkommen!»

«Lang lebe David, der König von Israel!»

«Schmeißt die Burschen hinaus!»

Und damit wurden die übermütigen Gesellen von den andern Gästen, Davids Namen als Schlachtruf ausstoßend, an die Luft gesetzt.

Dreimal schon hatte Joseph dem Wirt seine Bitte vorgetragen, doch dieser beugte sich, als gingen ihn die Worte nichts an, weiter über seinen Dreifuß.

«Abrahams Sohn», begann Joseph wiederum, «habe Erbarmen mit einer Tochter Israels und gewähre ihr Obdach in deinem Hause, denn sie ist in großer Not.»

Der Wirt war ein untersetzter Mann mit einem vortretenden Schmerbauch und zerrauftem schwarzem Bart. Wer weiß, wie lange er schon an seinem Dreifuß stand, denn der Schweiß rann ihm in Strömen von der niedern Stirn über den Bart hinunter auf seinen fleischigen Brustkasten, der unter seinem offenstehenden Kittel zum Vorschein kam. Er hatte den Spieß in der Hand, an dem er große Fleischstücke über dem Feuer briet, die ihm immer wieder, bevor sie noch gar waren, unter den Händen weggerissen wurden. Er gab Joseph keine Antwort; nur sein Gesicht verzog sich zu einer gereizten Grimasse der Ungeduld. Noch einmal wiederholte Joseph in dringlichem Ton seine Bitte:

«Hast du nicht gehört? Sie ist in bitterer Not und muß unter ein Dach kommen.»

«In bitterer Not, hä?», warf der Wirt schließlich, ohne den Blick von seinem Bratspieß zu heben, hin. «In was für einer Not denn, junger Mann?»

«Sie steht dicht vor ihrer Niederkunft; in der heutigen Nacht muß es geschehen.»

«Vor der Niederkunft, hä? Was treibt sie sich dann hier in Bethlehem herum, sag mir bitte, zu einer Zeit, da unsere bedeutendsten Leute zur Zählung und Schatzung hier sind?»

«Zu diesem Zwecke sind auch wir hierhergekommen.»

«Was, du auch?» Und zum ersten Mal maß der Wirt Joseph mit einem flüchtigen Blick.

«Ja», bestätigte Joseph. «Wir sind von Davids Samen und sind hergekommen, uns einschreiben zu lassen nach der Verordnung des Hegemonen.»

«Von Davids Samen, hä?», sagte der Wirt und spießte jähzornig einen neuen Klumpen Fleisch auf. «Hier in dieser Stadt erlauben wir nicht, daß mit dem Namen unseres Königs Leute wie deinesgleichen um sich werfen. Du hast gesehen, wie wir mit den jungen Lümmeln vorhin verfahren sind. Mach dich also hinaus, ehe es dir ebenso geht.»

«Ich berufe mich nicht fälschlich auf unsern König! Wir sind echte Nachkommen von ihm.»

«Dann zeig mir erst deine Vollblutkamele und edlen Maulesel, dann werd' ich mir ein Urteil bilden über deine Abkunft.»

«Wir reisen, wie es uns unsere Mittel erlauben. Doch, falls du dich sorgst um die Bezahlung, wir haben genügend Geld, um für die Unterkunft aufzukommen.»

«Das Haus ist schon voll mit den echten Abkömmlingen des Hauses Davids, ehrenwerten Männern aus Jericho und Fürsten aus Jerusalem mit großem Gefolge. Für deinesgleichen ist der Stall hinten im Hof da. Die Stadt ist überlaufen von Landstreichern, die den Namen König Davids verschimpfieren möchten. Bring dein Weib in den Stall, wenn du sie noch hineinquetschen kannst.»

«Aber ihre Stunde ist gekommen», drängte Joseph noch einmal in heller Verzweiflung. «Sie muß ein Dach über dem Kopfe haben.»

«Mach dich fort, Mensch! Du störst mich bei der Arbeit! Siehst du nicht, daß ich alle Hände voll zu tun habe? ... Ja, ja, Reb Zavda, gleich kommt es! Das Stück da ist für Reb Zavda, auch die Flasche hier. Das Gebäck wird gerade geholt und muß gleich da sein! ... Laß mich in Frieden, Mensch, verzieh dich in den Stall! Die Tiere werden euch warm halten. Jeder Stromer in der

Stadt möchte im Gasthaus nächtigen. Und an einem Tag wie heute auch noch!»

Schweren Schritts ging Joseph fort und berichtete Miriam, die noch bei dem Esel stand, daß er nichts ausgerichtet habe und daß sie die Nacht mit den Treibern und den Tieren zusammen verbringen müßten. Als Miriam seine Niedergeschlagenheit sah, lächelte sie unbekümmert und tröstete ihn mit dem Psalmisten:

«‚Wer unter dem Schirm des Höchsten sitzet und unter dem Schatten des Allmächtigen bleibet...'»

«‚Der spricht zu dem HErrn: Meine Zuversicht und meine Burg ist mein Gott, auf Ihn will ich bauen'», fiel Joseph, das Gesicht auf einmal wieder erhellt, ein.

Er band das Eselein los und ging mit Miriam nach dem kalten freien Feld zu. Als sie zum Stall kamen, sagte Miriam:

«Vielleicht ist es Gottes Wille, daß mein Kind unter den Armen und Niedrigen das Licht der Welt erblickt.»

ZWÖLFTES KAPITEL

Es war eine vor Kälte klirrende Nacht, wie es deren manchmal in Judäa gab. Auf den Hügelkuppen war der dünne Neuschnee, der am Nachmittag gefallen war, zu einer perlweißen Kruste gefroren, während in den geschützteren Tälern noch da und dort dunkle, feuchte Flecken zu sehen waren, in denen sich der Mond, ein scharfumrandeter weißer Feuerkreis, trübe widerspiegelte. Die Sterne hingen so dichtgedrängt am Himmel, daß man meinte, sie müßten klingend aneinanderstoßen. Ihr Licht vermischte und verwischte sich und lag als weißer Dunst über Höhen und Tiefen, so daß es schien, als liege die alte trächtige Erde Judas wieder ruhend da in urzeitlicher Jungfräulichkeit, unverdunkelt, unbemakelt vom Schweiß der Sterblichen, vom Fluch, den des Menschen erster Ungehorsam auf ihn herabgerufen hatte.

Ein kurzer Fußweg führte vom Wirtshaus durch den Hof zum offenen Feld, wo der Brunnen und der Stall lagen. Als sie sich dem Stall näherten, sah Joseph diesen vom Mondschein erhellt, seine Steinmauern in einen kühlen Seidenglanz wie von schimmernden Schleiern umhüllt. Kein Mensch war um die Wege, was Joseph sonderbar dünkte, denn er hatte erwartet, hier eine Anhäufung der Kamel- und Maultreiber zu finden, die die Standespersonen von Jericho, Hebron und Jerusalem hergebracht hatten. Nur drei große Kamele kauerten bäuchlings am Brunnen beim Stalleingang, und Joseph gewahrte, wie das Wasser, das in den Trog hinabfloß, im Mondschein einem Bächlein geschmolzenen Silbers glich. Doch auch dies war sonderbar, daß kein Treiber die kostbaren Tiere bewachte. Riesenhaft wirkten die Kamele ins Dunkel aufragend, als seien sie gewohnt, Titanen zu tragen; sie waren auch reichlich beladen, auf ihren Köpfen lag und über ihre Stirnen fiel fein ausgeführter, wohlpolierter Metallschmuck. Sie reckten die hochmütigen Hälse und wandten Joseph und Miriam mit feierlicher Bewegung die Köpfe zu, als die beiden nahe genug gekommen waren, um zu erkennen, daß die zwischen den Höckern der Tiere aufgetürmten Ballen von einer dünnen Staubschicht überzogen waren, als hätten die Kamele eine lange Reise aus winterlosen fremden Ländern hinter sich. Joseph zerbrach sich den Kopf darüber, woher solche Kamele gekommen und was für Leute vor diesem Stall hier aus ihrem Sattel gestiegen sein mochten.

Er stieß die Stalltür auf und führte das Eselchen hinein. In der Mitte des Raums saßen drei Schäfer unterm offenen Nachthimmel auf dem Boden. Sie trugen weiße Hirtenumhänge; sie waren staubbedeckt wie die Kamele vor dem Stall. Der Mondschein ließ ihre Gesichter ungewöhnlich bleich erscheinen und ihre Gestalten wie von Lichtfransen umronnene Schattenbilder sich scharf abheben. Einer von ihnen, der größte an Wuchs, mit einem langen, ihm bis auf die Brust wallenden Bart, sah wie verwittert von hohem Alter aus. Das von schwarzen Locken umrahmte, versonnen dreinschauende Gesicht des zweiten Hirten war das eines Jünglings. Trotz der beißenden Kälte trug er einen kurzen Schäferkittel, der ohne den Umhang seine Arme und Beine freigelassen haben würde. Auf seinem Rücken trug er ein Reisigbündel geschnürt, wie es die Hirten zum Feueranzünden mit sich führen. Der dritte war ein Mann in mittleren Jahren, grobknochig, breitbrüstig, die Haut gehärtet und gegerbt von allen Wechseln der Witterung. Sein Haupt- und Barthaar war pechschwarz und hing in wie aus Eisen getriebenen Korkzieherlocken herab. Alle drei waren kräftig gebaut, und als sie sich erhoben, um die Ankömmlinge zu begrüßen, schienen sie, zu ihrer ganzen Höhe gereckt, wie die überlebenden Angehörigen eines Riesenvolks.

«Gesegnet seien die, die da kommen im Namen des HErrn», sagten sie, sich vor dem jungen Paar verneigend.

«Möge Gott euer Herz erfreuen, wie ihr das unsere erfreut», erwiderte Joseph, sich ebenfalls vor dem ältesten Hirten verneigend. «Wir haben im Gasthaus kein Obdach gefunden und sind darum hergekommen, um hier die Nacht zu verbringen.»

«Hier wie allerwärts werdet ihr Gott finden. Jakob schlief auf freiem Feld, und der HErr zeigte sich ihm. Lasset es also euer Herz nicht verdrießen, daß ihr die Nacht verbringen müßt inmitten von Schäfern und Schafen, da doch unsere Väter dermaleinst Hirten waren.»

«Eure Worte bringen Frieden den Schwerbeladenen», sagte Joseph, «möge Gottes Segen euch Trost sein, so wie ihr uns Trost spendet. Mein Weib ist in Wehen und wird wohl in dieser Nacht mit ihrem Kindlein niederkommen.»

«David wurde hinweggerufen von seiner Herde, um König in Israel zu werden. Da ihr von Davids Stamme seid, der sich herleitet von einem Hirten, so werdet ihr nicht verschmähen, eine Schafkrippe als Wiege eures Kindes zu benutzen. Kommt», setzte er sich zu seinem Gefährten wendend, fort: «gehen wir von hinnen und lassen wir die Mutter die Verheißung ihres Schoßes erfüllen.»

«Die Nacht ist kalt und stürmisch», mahnte Joseph.

«Daran sind wir Hirten gewöhnt. Wir werden uns draußen niederlassen und Abschied von euch nehmen mit einem Hirtensegen für ein Hirtenkind. Lebet wohl.»

Joseph und Miriam blickten den Schäfern nach, als sie aus dem Stall gingen. Darauf sagte Miriam: «Dies ist ein gutes Vorzeichen. Hirten sind gekommen, um mein Kind zu segnen. Die Erzväter waren Hirten, Joseph.»

«Sieh, Miriam, was sie dagelassen haben» ...

«Was denn?»

«Bündel voll Weihrauch, Öle und Kästchen. Geschenke für dein Kind.»

Heller wurde die Nacht über dem Land, doch nicht vom Licht des Tages, auch nicht vom Schein der Sterne; es war eine andere, nie gesehene Helle, als ob Perlenstrahlen den Äther durchwehten. Vervielfacht noch waren die Sterne, sie wurden größer und schienen sich hinzuwenden zur Erde. Lichtstrahlen rieselten herab, die dem Boden, auf den sie fielen, eine jungfräuliche Weiße verliehen, alle Dinge hell und durchscheinend machten, so daß nicht zu sagen war, ob die Landschaft aus festem Stoff oder vielmehr aus einem Gespinst verhüllter, tanzender Schattenungetüme bestand. Hügel und Häuser, Täler und Herden tauchten einen Augenblick lang auf und entschwanden wieder den Blicken. Das Grün der Täler war tiefer grün, und dem Dunkel des Dickichts entstieg ein tauiger Dunst, der die Luft mit dem würzigen Hauch frischer Wiesen im Hochfrühling erfüllte.

Ein feiner weißer Flor von Schnee kam herabgeweht von den Höhen her, und die armen Hirten, die ihre Herden nicht unter einem Dach bergen konnten, da sie fern von ihrem Heimatort weideten, bemühten sich tapfer, die Schafe durch deren eigene Körperwärme vor dem Frost zu schützen, indem sie sie so dicht wie möglich zusammentrieben. Von weitem sah eine jede Herde aus wie ein vielköpfiges wollenes Vlies, das gleich einem weißen Teppich auf der Talebene lag. Dampfiger Nebel stieg hoch von ihren feuchten Fellen und hing, sich mischend mit dem Rauch ihres Atems, wie eine Wolke über den Herden.

Die fröstelnden Schäfer waren in sackartige Kittel gehüllt, die meist vollkommen durchnäßt waren von dem treibenden Schnee. Manche bedeckten sich noch mit Sackleinenfetzen, mit Umhängen aus Ziegenfell oder grobem Wollgespinst. Da und dort sah man sie um ein kleines Reisigfeuer gekauert.

Seit mehreren Stunden hatten sie einen nie gesehenen Glanz bemerkt, der vom Himmel herabströmte. Nicht die ungewohnte Größe und Helligkeit der Sterne war es, nicht einmal die außergewöhnliche Lichtfülle über dieser Nacht, was die Hirten immer wieder veranlaßte, die Köpfe fragend zum Himmel zu heben, als schulde dieser ihnen eine Antwort; es war die erschreckende Erkenntnis, daß all dieser schwebende Glanz der Milchstraße über Bethlehem hing, daß die weiß erschimmernden Himmelsstraßen, gleich ziehenden Schleiern hertreibend vom Horizont, bestrebt waren, über ihrem schlafenden Städtchen haltzumachen. Nie hatten sie den milchigen Sternennebel solch strahlendes Licht verbreiten, nie ihn mit solch perlmuttergleichem Schillern und Funkeln vom Schnee der Berge zurückgeworfen gesehen. Nie zuvor hatten sie ein solches Gewimmel von Sternen erblickt, so dicht, daß ihr Blitzen und Blenden gleich dem Aufsprühen von Funken beim Zusammenstoß metallischer Körper wirkte. Und mit einmal sahen sie, wie ihre Herden sich auflösten, wie die Tiere dem wolligen Schoß entliefen, der sie mit der Wärme ihrer zusammengedrängten Körper vor der Kälte geschützt hatte. Mit witternden Nüstern sogen sie den frischen fetten Dunst ein, der sich aus dem Gesträuch und dem Gras des Weidelands erhob, und begannen sich in den Senken zu zerstreuen, ja die Berglehnen emporzuklimmen. Der Anblick der ganzen Landschaft hatte sich verändert. Ein Strom von Wärme wehte durch die Luft hin. Die Erde schüttelte den Winter ab; ein Frühlingshauch entstieg ihr. Jeder Busch und jeder Strauch atmete balsamischen Wohlgeruch aus, der Blütenkelchen zu entstammen schien, und erfüllte die Welt mit einem Duft von Jugend und Auferstehung. Und den Hirten war es, als habe sich ihr Winter plötzlich in Lenz verwandelt. Jedes Tal erglänzte vom Grün jungen Grases, und auf den Hügeln kam frische Weide unter dem weichenden Schnee zum Vorschein, und die Schafe grasten auf den Wiesen, überrieselt von perlmutternem Licht. Stille senkte sich über die ganze Schöpfung.

Um ihre kleinen Feuerchen blieben die Hirten regungslos hocken vor Schreck und wagten nicht den Mund aufzutun zu einem Wort. Dann aber plötzlich blickten sie ängstlich auf, denn sie hatten über ihren Köpfen ein gedämpftes Sausen, wie wenn Fächer die Luft bewegten, gehört. Woher der Laut kam, war nicht auszumachen; sie erblickten über sich nichts als die schleiernden weißen Pfade am östlichen Himmel, gleich zarten Wolken niedrig hingestreckt und hinstreifend über Bethlehem.

Da zerteilten sich auf einmal die Wolkenschleier und enthüllten ein feuriges Lodern, das herniederflackerte auf die knienden Hirten zu. Und inmitten der Flammen stand die Gestalt eines Engels, und eine Stimme hub an zu sprechen:

«Fürchtet euch nicht, denn, siehe, ich verkündige euch große Freude, die allem Volk widerfahren wird. Denn euch ist heute in Davids Stadt ein Heiland geboren, welcher der Messias ist. Und dies habet zum Zeichen: ihr werdet finden das Kind in Windeln gewickelt und in einer Krippe liegend.»

Und da die Hirten die Augen aufhoben zu sehen, wer gesprochen habe, da erblickten sie den Engel inmitten der Menge der himmlischen Heerscharen, die lobten Gott und sangen:

«Ehre sei Gott in der Höhe und Friede auf Erden und den Menschen ein Wohlgefallen.»

Der Gesang verhallte und das Gesicht zerrann. Die Hirten aber, wieder der Sprache mächtig, sagten zueinander:

«Lasset uns gehen gen Bethlehem, zu sehen mit unsern eigenen Augen, was der HErr uns kundgetan hat.»

DREIZEHNTES KAPITEL

WIE alle andern von Herodes errichteten Bauwerke war der Winterpalast des Königs zu Jericho ein Konglomerat um einen gartenartigen Innenhof angeordneter, massiger Gebäude. Die nach außen zu liegenden Baulichkeiten waren größtenteils Kasernen für die Leibgarde des Königs, die berüchtigte germanische Hilfskohorte, und deren Rosse. Die inneren, von einem Wachtturm überragten Bauten beherbergten das königliche Gefolge und die Verwaltung; in den unterirdischen Gewölben und Verließen wurden die bedeutenderen Häftlinge gefangengehalten, die Herodes von Residenz zu Residenz mitschleppte. Der Königspalast selbst befand sich im Kern des riesigen Steingehäufes, herrlich inmitten eines Gartens von Palmen und Zypressen gelegen, mit einem eigenen Schwimmbecken für den König, das von einer weitgeschwungenen ionischen Säulenhalle umgeben war. Jenseits dieser, zu der eine breite Freitreppe hinabführte, ragte die hohe, fensterlose Feste empor, in der zwischen dicken Mauern aus Felsquadern König Herodes' Privatgemächer sich befanden.

In einer weit und stumm daliegenden Halle, die den Vorraum zu den Gemächern des Königs bildete, saßen drei Vertraute des Herodes: der hellenisierte Jude Nikolaus von Damaskus, Hofhistoriograph, Sekretär und persönlicher Ratgeber des Königs; der Schatzmeister Talamai sowie die Schwester des Herodes, die ruchlose Sulamith.

Die Vorhalle war ein düsterer, unfreundlicher Aufenthalt; kein Fenster ging nach außen, keine Nische befand sich in den strengen, kalten, schmucklosen Steinmauern, die das Dach aus massivem Zedernholz trugen. Sie erhielt Licht nur von den Ölschalen aus korinthischer Bronze, die auf von Rosen umwundenen Alabaster-

Halbsäulen standen; aber auch deren Schein war gedämpft und getrübt durch den Rauch, der, zu unbeweglichen Wolken geballt, ständig über diesen Schalen hing. Durch die hohe Tür, deren Bronzeflügel an die Wand zurückgeschlagen waren und vor der jetzt nur kostbare Teppiche aus persischer Seide hingen, drangen ein paar spärliche Lichtstrahlen. Diese Vorhänge waren mit Rosenwasser und andern Wohlgerüchen besprengt und wurden dauernd von zwei äthiopischen Sklaven hin- und herbewegt, um durch die von ihnen verbreitete duftige Kühle die durch die Öllampen hervorgerufene stickige Hitze zu mildern.

Die drei in der Halle saßen in weitem Abstand voneinander und wechselten kein Wort. Nikolaus von Damaskus, in seine römische Toga gehüllt, bewahrte eine stoische Ruhe; er warf keinen Blick auf die nervöse Sulamith, seine stärkste Rivalin hinsichtlich des königlichen Vertrauens. Auch die rothaarige Sulamith war sich durchaus bewußt, wie vertraut Nikolaus mit dem König stand und daß er für immer dessen Herz gewonnen hatte durch seine speichelleckerische Geschichtsdarstellung, in der er dem Namen des Königs die Bezeichnung «*Magnus*» – «der Große» – beifügte. Aus kindischer Dankbarkeit hatte der leidende Herodes Nikolaus die Zügel der Regierung übergeben und beratschlagte jetzt gerade mit ihm, wen er, da sein Sohn Antipater sich durch seinen Aufruhr gegen den Vater selbst von der Thronfolge ausgeschlossen hatte, zum Erben der Krone bestimmen solle. Sulamith wußte nur zu gut, daß der verschlagene Nikolaus auch ebenso den am nächsten in Betracht kommenden Thronerben Archelaos in die Hand bekommen würde und daß sie sich mit Nikolaus gut stellen mußte, um die Einwilligung des Caesar Augustus dafür zu erlangen, daß sie das ihr in Herodes' Testament hinterlassene Erbteil antreten konnte. Mit fahrigen Blicken und Gebärden versuchte sie, sich dem großen Mann bemerkbar zu machen und ihn in ein harmloses Gespräch zu ziehen. Doch der raffinierte Nikolaus tat, als bemerke er ihre Blicke nicht, und richtete die seinen auf die grellgefärbten Haare Sulamiths, deren von keiner Tinktur aus Antiochia und keinem Henna aus Alexandria gänzlich zu beseitigende graue Wurzeln er nicht ohne Ekelgefühle wahrnahm. Unfähig, diese Verletzung seiner ästhetischen Gefühle länger auszuhalten, versenkte er seine Blicke in die Akten, die er zur Besprechung mit dem König bei sich hatte.

Der untersetzte Talamai, königlicher Schatzmeister und mit allen Vollmachten ausgestatteter Steuerpächter, hockte mit seinem eingeschrumpften Körper in einem breiten, mit Elfenbeinintarsien gezierten Sessel hingekauert, von dem seine kurzen Beine schlaff und mißförmig herunterhingen. Aus dem gewohnheitsmäßigen Drang heraus, sich möglichst unsichtbar zu machen, hatte er seinen Körper zusammengezogen, und die einzige Bewegung, die er sich gestattete, bestand in einem ängstlich-unterwürfigen Streicheln seines angegrauten Ziegenbärtchens. Wenn an seiner Hand nicht ein unmäßig großer Smaragd-Siegelring gefunkelt hätte, würde man ihn tatsächlich kaum bemerkt haben. Er vor allen hatte wahrlich guten Grund, sich in den Schatten zurückzuziehen; denn ein so riesenhaftes Vermögen er aus seiner Stellung schon angehäuft hatte und noch immer zog, hatte er noch immer nicht gelernt, dem Biß seines schlechten Gewissens zu entgehen. Er wußte genau, daß selbst die Luft Judäas geladen war mit der angestauten Verbitterung eines unterdrückten, ausgepreßten Volks, und daß sich eine Stunde, nachdem König Herodes die Augen für immer geschlossen haben würde, ein Sturm der Wut gegen seine Helfershelfer entladen werde. Und er wußte auch, daß er das erste und begehrteste Opfer des Volkszorns sein werde, da seine Verhaßtheit bloß noch von der des Königs übertroffen wurde. Doch der gerissene Talamai hatte seine Vorkehrungen bereits getroffen. Sein bewegliches Vermögen, sein Schatz an Bargeld, war, in Säcken voller Goldstücke, in Goldbarren und Edelsteinen kürzlich an seinen Geschäftspartner in Antiochia spediert worden, und er selbst war darauf vorbereitet, jederzeit seine eigene Person dorthin in Sicherheit zu bringen. Dort, in Antiochia, konnte er dann abwarten, bis die Volkswut verraucht war. Während er jetzt da in dem prunkvollen Stuhl kauerte, stellte er Überlegungen darüber an, wieviel Lebenszeit dem kränkelnden König noch zugemessen sein mochte. Noch heute, kam er zum Schluß, mußte er sich darüber klarwerden, ob Herodes noch länger weiterleben werde, und mußte er seine diesbezüglichen Pläne gestalten.

So war jeder der drei in seine Gedanken vertieft, bis plötzlich vom innersten Gemach des Königs her ein heftiges Getöse hörbar wurde, als ob ein Donnerwetter niederginge. Aufprallen von Metallgegenständen auf Marmorfliesen, Schläge wider Wände und Säulen, von langem rollendem Widerhall gefolgt, drang heraus.

Aller Augen wandten sich nach der hohen Tür, die zu den königlichen Gemächern führte, doch keiner von den dreien getraute sich, einen Schritt daraufzu zu tun. Zwei hochgewachsene blonde Centurionen der germanischen Kohorte standen, bewaffnet bis zu den Zähnen, den Schild in der einen Hand und die andere am Griff des Kurzschwerts, zu beiden Seiten der Türe Wache. Es war allgemein bekannt, daß diese Wachen Befehl hatten, jeden Mann und jede Frau, die sich ohne ausdrückliche Erlaubnis des Königs der Tür auch nur näherte, niederzuhauen, mochte es auch des Königs bester Freund, ja ein Blutsverwandter von ihm sein.

«Aha, der böse Geist ist wieder über ihn gekommen, das Gespenst, das ihn verfolgt. Schon seit so vielen Jahren ist sie zum Tod geführt worden, und noch immer läßt sie ihm keine Ruhe.» Es war Sulamith, die diese Worte voller Haß und Wut aus ihren zusammengebissenen Zähnen hervorzischte.

Sowohl Talamai wie Nikolaus wußten, worauf sie anspielte: auf Königin Mariamne, die Hasmonäerin, die Herodes samt ihrer ganzen noch vorhandenen Sippe dem Henker überantwortet hatte. Es wurde gemunkelt, der König sei noch immer vernarrt in sie wie ein unreifer Schuljunge und werde von Halluzinationen verfolgt, bei denen ihm die längst enthauptete Königin erschien, wie er sie zu ihren Lebzeiten gekannt und geliebt hatte. Diese krankhaften Einbildungen hatten sich in letzter Zeit in beunruhigender Weise verstärkt.

«König Herodes der Große, der Freund Caesars und des römischen Volks, gibt sich nicht den krankhaften Phantastereien eines Schwächlings hin», sagte Nikolaus aufstehend in strengem Ton. «Er erfreut sich eines gesunden Geistes in einem gesunden Körper, und die Zügel der Regierung ruhen fest in seiner Hand. Wer etwas anderes behauptet, macht sich des Hochverrats am König schuldig, stehe er ihm noch so nahe durch Fleisch und Blut.»

Sulamith erblaßte; es schien, als ob unsinnigerweise selbst die grelle künstliche Farbe ihres Haares fahl würde. Sie ward auf einmal zu einem gebrochenen alten Weib, das sich vor einem grausamen Herrn krümmte.

«Vergib mir», sagte sie. «Der Erste von des Königs Dienern spricht die Wahrheit, wie stets. Der König ist gesund an Leib und

Seele, und die Zügel der Regierung liegen fest in seiner Hand. Lang lebe König Herodes!»

«Lang lebe der König!» wiederholte Talamai wie ein Echo und sprang auf von dem ihm viel zu großen Sessel, um sich zu der jetzt fälligen Kundgebung treuer Gesinnung bereitzumachen; denn eben wurden die Türflügel hinter den germanischen Wachen aufgerissen, und eine großgewachsene, hagere, unwahrscheinlich ausgemergelte Männergestalt taumelte in den Vorraum. Verfallen und leichenhaft wirkte das von Krankheit zerrüttete Gesicht und der Körper des Mannes. Die geröteten, blutunterlaufenen Augen schienen wie zwei offene Wunden; wie im Wahnsinn vorquellend und ins Leere stierend, war es, als rissen sie den widerstrebenden Körper mit sich. Es war der König. Mit der einen Hand raffte er eine weiße Toga, deren Enden ihm dauernd zwischen die Beine gerieten, so daß er alle paar Schritte strauchelte und in die Knie sank. Die andere Hand hielt er ausgestreckt und griff mit den Fingern in der Luft herum, als wolle er etwas Unsichtbares packen und würgen; aus seinem Mund triefte Schaum, spritzte Speichel und drangen rasende Worte hervor:

«Ich weiß, wozu du gekommen bist... mich zu höhnen ob Antipaters Verschwörung. Ha, mit Fug und Recht habe ich dich und deine verkommene Verwandtschaft verurteilt... jawohl... samt deinem hübschen Brüderchen. Und wenn sie wieder auferstehen könnten, würde ich, ich, Herodes, sie erdrosseln mit diesen, meinen eigenen Händen, jawohl, dich und deine ganze verruchte Brut. Ha, meinst du, ich habe nicht gesehen, so wie ich dich jetzt sehe, wie sie dem Sklaven zublinzelten, der seinen Absatz setzte auf seines Herrn Haus? Wer war der Sklave, und wer war der Herr? Welch elendes Königreich habe ich denn geerbt von deinen hochnäsigen, deinen prahlsüchtigen, scheinheiligen Makkabäern? Was haben sie jemals getan für das Staatswesen als sich herumzubalgen wie die Köter um kleine Streifen Brachland, von dem sie nicht wußten, wie sie es unter sich verteilen sollten? Ihre kleinlichen frömmelnden Ambitionen nach Hohepriestertum und Herrschaft über eine jämmerliche Provinz, sie machen mich lachen. Wo zogen sich die Grenzen Israels zu deines Vaters Regierungszeit, und wo sind sie jetzt, hä? Ich habe sie weiter hinausgerückt denn König David, weiter als Salomo. Bis vor Damaskus reichen meine Grenzen und fressen sich ein ins Herz Ägyptens, denn Augustus Caesar ist mein guter Freund, mein gütiger Freund, der mir wohlwill. Ich habe Jerusalem zu einer Weltstadt gemacht und Judäa zu einer Macht, mit der gerechnet werden muß. Die Erzeugnisse meines Reichs werden auf jedem Markt, in jedem Bazar der bewohnten Erde gehandelt. Ich habe die Häfen von Tyrus und Sidon ausgehungert und Tore zur Welt geöffnet in Caesarea, Akkon, Jaffa, Gaza und Askalon. Und wer hat Jerusalem zum Zentrum für das zerstreute Judentum der Diaspora gemacht? Aus jedem Land kommen die Versprengten zum Tempel, zu meinem Tempel... zu des Herodes Tempel. Was hast du getan? Gewühlt und gehetzt hast du gegen mich, Aufruhr hast du gestiftet gegen mich!

Ja, ich weiß, du hassest mich; weil ich deinem hübschen Brüderchen durch meine Gladiatoren ein nicht ganz heilsames Bad habe verabreichen lassen; einen feinen Hohepriester hat er abgegeben, ertränkt und wie ein toter Fisch herumschwimmend in meinem eigenen Schwimmbad keine fünfzig Ellen von hier. Du meintest, ich hätte ihn umbringen lassen, weil ihm das Volk zujauchzte, als er am Versöhnungstag unversehrt aus dem Allerheiligsten auftauchte? Du meintest, ich könne es nicht ertragen, zu hören, wie der Pöbel einem Andern zujubelte? Du hast geglaubt, ich neide ihm die Liebe des Gesindels? Ach, Mariamne, wie schlecht kennst du mich! Die Liebe des Volks ist mir verächtlich wie der Kot an meinen Schuhen! Sie ist falsch und wetterwendisch, Mariamne, – noch schlimmer denn Weiberliebe. Nein, nicht weil ihn das Volk liebte, ließ ich ihn umbringen; sondern, weil du ihn liebtest, Mariamne, du...»

Von draußen drang der Schall silberner Trompeten herein. Sie verkündeten, daß der König aus seinen Gemächern herausgekommen sei, und Nikolaus war sehr besorgt, ein römischer Offizier möge den König in diesem verwilderten Zustand sehen. Er nahm daher all seinen Mut zusammen, um dem Wahnsinnsanfall des Königs ein Ende zu machen. Er kannte allerhand Mittel, um Herodes zur Vernunft zu bringen. Er trat vor den noch immer schreienden und schäumenden König hin und verkündete in feierlichem Ton:

«Der Herr des Reiches, Caesar von Rom, der göttliche Augustus, entbietet seine Grüße und erkundigt sich nach dem Ergehen seines Freundes, König Herodes' des Großen.»

Die Worte taten ihre Wirkung. Wie auf Zauberschlag erstarrten mit einmal die Gebärden des Königs; staunend blickte er um sich und erkannte seinen Sekretär. Dann nahm er das eine Ende seiner am Boden schleifenden Toga hoch, warf es über die Schulter, nahm eine herrscherhafte Haltung an und legte eine Hand über die Brust.

«Eine Botschaft vom Kaiser?», fragte er. «Lies sie vor, Nikolaus von Damaskus.» Damit bestieg er eine in der Nähe errichtete Estrade mit einem Baldachin, auf der ein mit Damast bezogener, mit Diamanten gezierter Thronsessel stand. Er setzte sich nicht nieder, sondern blieb, die eine Hand auf die Armlehne des Sessels gestützt, stehen und lauschte auf die kaiserlichen Worte. (Römische Boten selbst wurden nicht vor ihn gelassen, damit Rom nicht von seiner Geistesgestörtheit Kunde erhielt.)

Und Nikolaus las:

«Der Kaiser drückt seine Bekümmernis und sein Beileid darüber aus, daß dir das Ungemach widerfährt, ungetreue Kinder zu haben. Doch rät er dir, mit Geduld und Achtsamkeit vorzugehen und gründlich die Wahrheit zu erforschen, ehe du Maßnahmen ergreifst, die nicht ungeschehen gemacht werden könnten. Der Kaiser ist gewillt, dein Todesurteil gegen Antipater gutzuheißen, im Vertrauen auf deine Gerechtigkeit und deine natürliche Liebe zu deinem eigenen Fleisch und Blut. Doch der Kaiser ist nicht geneigt, irgend etwas zu tun, was die Ursache zu späterem Verdruß und Bedauern werden könnte. Er dringt daher noch einmal in dich, die Sache zu untersuchen und jeder Tatsachenspur nachzugehen, um dich über den Schatten jeglichen Zweifels hinaus zu vergewissern, ob Antipater verräterischerweise deinen Tod erstrebt hat oder nicht; ist dies geschehen, so wird der Kaiser gern deinen Urteilsspruch bestätigen und bekräftigen.»

Herodes streckte die Hand nach dem Schriftstück aus, drückte es dann in der vorgeschriebenen zeremoniellen Weise an Herz, Augen und Lippen. Danach setzte er sich sichtlich erschöpft nieder. Seine langen Locken fielen ihm fast bis auf die Brust; obschon sie jeden Tag von seinem Leibbarbier gefärbt und geölt wurden, hatten sie ihren schwarzen Glanz verloren und hingen ihm in fahlen, leblosen grauen Strähnen herunter.

«Der Kaiser ist besorgt um mich», sagte er müde, als mißtraue er seinen eigenen Worten. «Der Kaiser lehnt es ab, vorschnell zu handeln, damit ich durch sein Vorgehen nicht zu Schaden komme. Der Kaiser beklagt mein Mißgeschick... Talamai!»

Mit gekrümmtem Rücken und knickenden Knien schlurfte der vertrocknete Schatzmeister auf den König zu.

«Talamai, du wirst fünfzehnhundert Sklaven und ebenso viel Talente Gold anweisen zum Bau eines Tempels, den ich dem göttlichen Augustus zu weihen gedenke. Du wirst ihn in meinem Palast zu Sebaste errichten lassen, und zwar in einer Höhe, die die meines Augustus-Tempels in Caesarea übertrifft.»

«Des Königs Wille soll geschehen», sagte Talamai und machte einen unbeholfenen Kratzfuß.

«Und du, Nikolaus, richtest ein Sendeschreiben an den Kaiser. Teile ihm mit, daß wir ausgiebige Beweise in Händen, daß wir den verräterischen Briefwechsel meines Sohnes mit meinem Bruder aufgefangen haben, jawohl, mit meinem eigenen Bruder. Ach, wird denn mein Mißgeschick niemals enden?» Herodes brach wieder zusammen und verfiel in klägliches Mitleid mit sich selbst. «Meine eigene Familie trachtet mir nach dem Leben, zuerst meine Kinder und nun auch mein Bruder. Wo finde ich Freunde, denen ich vertrauen kann? Steht mir niemand zur Seite? Muß ich immerzu vor jedem Schatten an der Wand erzittern?»

Alle wußten, wie bedenklich es war, wenn sich der König derartigen Stimmungen überließ, denn sie schlugen meistenteils in Anfälle blindwütiger Raserei um. Es verbreitete sich ein merkliches Angstgefühl im Raum; nur Nikolaus bewahrte seine Ruhe, denn er war mit zuviel Erfolg durch die Schule der Stoiker gegangen, als daß er je seine Haltung verlor.

«Schreibe dem Kaiser Augustus», fing Herodes wieder an, als er sich etwas erholt hatte. «Schreibe ihm, daß ich mich verneige vor seiner Weisheit und daß ich sein getreuer Diener bin bis zum letzten Atemzug meines Lebens. Sage ihm, daß mir seine Worte sind wie Wasser eines Jungbrunnens. Aber» – und jetzt brach der König plötzlich in Wut aus – «teile ihm mit, daß mein eigener Bruder Pheroras sich mit meinem Sohn zusammen gegen mein Leben verschworen hat. Daß wir im Besitz aller ihrer Briefe sind. Und daß wir sogar das Gift erprobt haben, welches sie für meinen Tod bereiteten. Sage ihm, daß dies meinen Bruder getötet hat. Schreibe dies sofort, Nikolaus, mein guter Freund, auf daß der Kaiser aufgeklärt werde; und indes wir auf seine Bestätigung warten, lasset ein Pfund Fleisch von meines Sohnes Körper verbrennen, ja, laßt es brennen und heilen, brennen und heilen und wiederum brennen!» Fiebrig schreiend, steigerte er sich in seine Raserei hinein. «Doch sage dem Arzt, daß ich ihn mit seinem Leben haftbar mache dafür, daß mein Sohn am Leben bleibt. Mein Sohn soll leben, auf daß ich sein sengendes Fleisch rieche; ich sage, er soll leben!»

«Des Königs Wille soll geschehen», sagte Nikolaus, sich würdevoll verbeugend.

«Was sonst noch?», fragte der König ein wenig ruhiger.

«Da ist die Angelegenheit des Juda ben Sarifai und des Mattathias ben Margalot, der beiden jungen rabbinischen Eiferer, die ihre Schüler aufgehetzt haben, den römischen Adler vom großen Portal des Tempels herunterzureißen. In Ausführung des königlichen Befehls sind sie nach Jericho überführt worden. Der König hatte den Wunsch ausgesprochen, sie vor sich zu sehen und ihnen selbst das Urteil zu sprechen. Gefällt es dem König, sie zur Stunde zu sehen?»

«Jawohl. Ich bin begierig, die Wahnwitzigen zu sehen, die die Hand zu erheben wagen gegen das Sinnbild Roms. Ich bin der Freund des römischen Volkes; Augustus selbst hat mir diesen Titel verliehen, und ich werde ihn gegen wen es auch sei zu verteidigen wissen. Laß die beiden hereinbringen.»

Nikolaus gab den germanischen Wachen einen Wink, und binnen wenigen Minuten wurden zwei Jünglinge in die Halle geschleppt. Blutige Striemen bedeckten ihre Gesichter und ihre halbnackten Körper; ihre Bärte und Schläfenlocken waren mit Blutgerinnsel verklebt, ein gräßlicher Beweis für die Folterungen, denen sie seit ihrer Verhaftung unterworfen gewesen waren. Nun aber pflanzten sie sich mit berechneter Dreistigkeit vor dem König auf, blickten ihn von oben bis unten an, als seien sie seine Richter und er ein wegen Diebstahl verhafteter Landstreicher. Diese Unverschämtheit war mehr, als der kranke König zu ertragen vermochte; seine eingefallenen Wangen wurden blaurot vor Wut, und zugleich bekam er einen Schmerzanfall seiner Gallensteine, unter dem er sich wand und sich in seinem Thronsessel wälzte, daß er nach vornüber gefallen wäre, hätte ihn nicht einer der Sklaven, die hinter ihm standen, bei den Schultern gehalten. Der König drückte den Kopf an ein Kissen und schaute die beiden jungen Aufrührer an, in denen Haß und Schmerz zugleich lag, ja etwas wie Not, so als ob er seine Henker anflehe, sein unglückliches Los zu bedenken und Erbarmen mit ihm zu haben.

«Ihr also wart es», sagte er schließlich, «die die Schüler aufgereizt haben, den römischen Adler vom Tempeltor herunterzureißen?»

Juda sagte: «Es war keine Aufreizung, es war ein Befehl dazu, Herodes. Wir gingen vor und geboten unsern Schülern zu folgen.»

«Auf Grund welcher Befehlsgewalt, wenn ich bitten darf?»

«Auf Grund der Befehlsgewalt der Thora, des Gesetzes Gottes, das Israel von Moses gegeben wurde und welches verbietet, Bildnisse zu machen.»

«Seid ihr euch bewußt, daß ihr euch des Verrats am Caesar zu Rom schuldig gemacht habt und daß darauf die Todesstrafe steht?»

«Diese Strafe ist Herodes gewohnt, auf geringfügigere Veranlassung zu verhängen. Wenn du aber die Antwort wissen willst: ja, wir sind uns dessen bewußt. Die Knechte Roms werden nicht verfehlen, das Schlimmste zu begehen», sagte Juda mit einem Lächeln ironischer Höflichkeit.

«Ihr wißt also, was euch bevorsteht. Das scheint euch jedoch wenig Sorge zu bereiten.»

Mattathias, der jüngere von beiden, erwiderte:

«Wenn wir diese Erde verlassen, die du und deine römischen Herren in Sünde ersäuft haben, so werden sich uns die Tore des Himmels auftun. Weswegen sollten wir also Angst haben?»

«Nikolaus», sagte der König, «hast du gehört? Sie glauben ganz bestimmt, der Himmel warte nur darauf, sie wegen ihrer Heldentat gegen einen goldenen Adler zu belohnen. Sagt mir einmal, ihr zwei, ist schon einmal einer aus dem Jenseits zurückgekommen, um euch über die dortigen Vorgänge zu unterrichten?» Dabei verzog er sein Gesicht zu einer breiten grinsenden Grimasse, die die Haut über seinen hohlen Wangen in viele Falten legte.

«Auch du wirst bald entdecken, was deiner harrt», entgegnete Mattathias.

«Ich?», fragte der König.

«Jawohl, Herodes, du ... denn in deiner Nase ist ein Ruch von Asche und ein Geschmack von Staub in deinem Mund. Ehe dieser Monat um ist, wirst du die Tore der Hölle vor dir sich auftun sehen ...»

«Verbrennt sie bei lebendigem Leibe!», schrie der König mit fast überkippender Stimme. Er bebte vom Scheitel bis zur Sohle, und, sich mühsam vom Sessel hochrichtend, schrie er den Wachen, die die zwei Jünglinge bereits abführten, noch einmal nach:

«Verbrennt sie bei lebendigem Leibe!»

Von draußen aber verklang, gleich einer Antwort, das Singen der beiden: «‚Ich jauchzete, da sie sagten: lasset uns gehen zum Hause des HErrn ...'»

«Was macht diese Gauner so fröhlich, Nikolaus?», fragte der König. «Ich schicke sie zum Scheiterhaufen, doch sie singen und jubeln.»

«Es steht Seiner Majestät Herodes dem Großen nicht an, sich Gedanken zu machen über die Auffassungen der Feinde Roms, noch sich das königliche Herz zu beschweren mit deren Geschwätz», sagte der Sekretär.

«Nikolaus, mein Ratgeber, mein Geschichtsschreiber, du hast recht. Du gemahnst Herodes den Großen daran, daß Roms Feinde seine Feinde sind, und daß es einem Freunde Caesars nicht geziemt, sich das Gemüt zu beschweren mit den Irrereden von Menschen, die den Tod vor Augen sehen. Doch wieso waren sie so glücklich, als sie erfuhren, daß ich sie lebendig verbrennen lasse? Ja, freilich ... Sie jauchzten meinem Tod entgegen. Asche in der Nase und Staub im Mund, sagten sie. Und wie jubelnd sie verkündeten, daß ich dahingehen werde, ehe der Monat um ist. Ganz Jerusalem ersehnt meinen Tod. Was ist denn an mir, Nikolaus, was habe ich getan, daß jede lebende Seele mein Ende erharrt? Werde ich nur gemietete Klageweiber haben zu meiner Bestattung? Und dabei habe ich diesen Undankbaren meinen herrlichen Tempel erbaut! Habe ich dem Volke nicht zu essen gegeben in Hungerjahren? Habe ich Kleopatra nicht all mein Gold und Silber verpfändet gegen Korn, um mein Volk zu ernähren, als die Hungersnot kam? Warum also betet das Volk um meinen baldigen Tod? Was habe ich getan, um diese Flüche zu verdienen? ... Doch ich weiß, was ich tun werde ...» Seine Stimme schlug vom dumpfen Klageton zu grellem, schneidendem Geschrei um, «in jeder Straße, nein, in jedem Hause soll das Gewimmer der Trauer zu hören sein nach meinem Tode!» Mit den entzündeten roten Augen um sich herum blickend, hielt er kurz inne, dann sank er in sich zusammen und sagte mit schwacher Stimme: «Wem aber kann ich vertrauen, daß er meinen Befehl ausführt, wenn die Stunde gekommen ist?»

Sulamith, die sich bisher ängstlich im Hintergrund gehalten hatte, glaubte jetzt den Moment gekommen, sich bemerkbar machen zu können; sie trat aus dem Schatten vor, warf sich Herodes zu Füßen und schrie:

«Drei Gatten habe ich deinem Gericht überantwortet, als sie sich gegen dich vergangen hatten. Und wenn du mein Leben brauchst, so lege ich es mit Freuden in deine Hände.»

«Ach, meine Schwester», sagte Herodes, die Hand ausstreckend, um sie ihr auf den Kopf zu legen, «du bist die Einzige aus meiner Familie, die mir die Treue hält.»

«Du weißt, mein Herr und König, daß du mir deine Befehle anvertrauen kannst. Ich werde sie ausführen.»

«Ja, Sulamith, das wirst du, ich weiß es. Gehe darum und rufe die angesehensten Rabbunim von Jerusalem, Hebron und Jericho, oder wo es sonst sein mag, zusammen. Laß alle ergreifen, die als Lehrer und Führer des Volkes gelten, und setze sie hinter Schloß und Riegel. Lasse verstärkte Wachen vor die Gefängnisse stellen. Hier ist mein Ring. Meine treuergebene germanische Kohorte wird dir blind gehorchen, wenn du ihrem Anführer diesen Ring zeigst.» Hier versuchte Herodes die Stimme zu senken, doch seine Körper- und Nervenschwäche waren so vorgeschritten, daß er nicht mehr genügend Herrschaft über seine Organe hatte, und so vermochte er auch seine Stimme nicht mehr nach Belieben zu dämpfen. Es hörten daher alle, als er fortfuhr: «Am Tage meines Todes sollen dann alle Rabbunim und Volksführer enthauptet werden. Versprichst du mir das, Schwester?»

«Ich verspreche es», sagte Sulamith in begütigendem Ton wie zu einem eigensinnigen Kind.

Nikolaus schwieg und gab auch sonst keine Andeutung von sich, daß er des Königs Worte verstanden habe. Die Falte zwischen seinen Augenbrauen vertiefte sich jedoch, und seine Lippen wurden weiß, so fest preßte er sie zusammen.

Von der Vertrauenskundgebung des Königs ermutigt, stand Sulamith auf. Die Arme theatralisch ausbreitend, rief sie:

«Mein Herr und König, schreckliche Zeitung ist uns zu Ohren gekommen. Dein getreuer Sekretär hat sie dir vorenthalten, und auch ich schwankte, ob ich durch ihre Enthüllung deine Ruhe stören sollte. Doch die Zeit ist nunmehr gekommen, daß du davon erfahren mußt, ansonsten ich meine Pflicht als treue Untertanin verletzen würde. Du mußt davon Kenntnis nehmen, auf daß deine Weisheit die Bemühungen lenken kann zur Unterdrückung des Gerüchts, das sich im Volk verbreitet und bedenkliche Folgen zu haben droht...»

«Sprich aus, was du zu sagen hast, Weib», fiel ihr der König ins Wort.

Sulamith zauderte noch etwas, um sich an der Ungeduld des Königs zu weiden, dann schnellte sie die Worte ab:

«Es geht das Gerücht, der Messias sei geboren.»

«Der Messias!», schrie der König auf, duckte sich wie unter einem harten Schlag zusammen und seine Augen fuhren zur Tür hin. «Wer sagt das?»

«Es scheint, Schäfer haben es zuerst im Tal von Bethlehem ausgesprengt», erwiderte Sulamith mit wachsender Sicherheit. «Ich habe befohlen, sie zu fangen und hierher zu bringen, auf daß du ihr lügenhaftes Gerede aus ihrem eigenen Munde vernehmen könnest.» Mit entschlossenem Schritt trat Nikolaus vor.

«Mein Herr und König», sagte er, «diese Sache ist nicht wert, daß du selbst dich damit befassest. Wir haben Sendboten nach Bethlehem geschickt, sobald uns das Gerücht zu Ohren kam. Wir kennen jedes ehrbare Mitglied des Hauses David, das zur Zeit der Zählung und Schatzung in Bethlehem war. Ein jeder von ihnen ist dein treuer, dich liebender Untertan, keiner von ihnen hat irgendwelchen Ehrgeiz, der auf die Wiedereinsetzung seines Hauses oder des Hauses der Hasmonäer abzielt. In keiner dieser Familien ist während der Nacht, von der diese einfältigen Schäfer reden, ein Kind geboren worden. Wir dürfen daraus den sicheren Schluß ziehen, daß das Ganze ein kindisches Gefasel ungebildeter Hirten ist, das zweifellos durch den ungewöhnlichen Strahlenglanz jener Nacht hervorgerufen worden ist.»

«Ich will trotzdem die Schäfer anhören», sagte der König.

Eine kleine Anzahl Schäfer wurde in die Halle geführt. Es waren alte und junge darunter; alle waren sie in zerlumpte Schaffelle gekleidet; ihre Füße waren gegen die Kälte in Fetzen von Sackleinwand gewickelt. Linkisch verbeugten sie sich.

«Sagt, was ihr in jener Nacht gesehen und gehört habt», herrschte sie der König an.

Der älteste Schäfer tat zaghaft einen Schritt nach vorne und begann:

«Herr König, wir hörten Sterne singen gleich Engeln und sahen Engel leuchten gleich Sternen. Es waren ihrer so viele, daß wir sie nicht zählen konnten, der Sterne am Himmel und der Engel über der Erde, und sie alle sangen im Chor: ‚Ehre sei Gott in der Höhe und Friede auf Erden und den Menschen ein Wohlgefallen'.»

«Den Menschen ein Wohlgefallen?», wiederholte der König und stieß ein kurzes, erregtes Lachen aus. «Was soll das bedeuten? ... Nun, nun ... fahr fort mit deiner Erzählung.»

«Darauf, Herr König, war auf einmal ein einziger Stern da, sehr groß und hell war er, der setzte sich an die Spitze der andern Sterne und blieb stehen über Bethlehem, und dann erschien uns ein Engel, indes wir zitternd vor Furcht dastanden, und sagte: ‚Fürchtet euch nicht, denn siehe, ich verkündige euch große Freude, die allem Volk widerfahren ist. Denn euch ist heute ein Heiland geboren, welcher der Messias ist aus dem Hause Davids und welcher herrschen wird ...'»

«Es ist unter der Würde des großen Herodes», unterbrach Nikolaus den Schäfer, «des Freundes Caesars und des römischen Volks, dessen Feinde für immer vor ihm erzittern, sein Ohr diesen törichten Bauern zu leihen.» Mit bei ihm ungewöhnlichem Feuer hatte er diese Worte gesagt, und mit einem erbitterten, tödlichen Blick auf Sulamith setzte er hinzu: «Und es ist ein übles Unterfangen, des Königs Gemüt zu verwirren mit den albernen Hirngespinsten von Hirten, denen der Vollmond die Köpfe verdreht hat.»

«Mein Herr und König», warf Sulamith hastig ein, weil sie fürchtete, der König könne wieder ihrer Hand entgleiten, «die Schäfer behaupten weiterhin, sie hätten selbst das Kind gesehen.»

«Jawohl, Herr König», sagte einer der jüngeren Hirten, «wir erblickten es genau so, wie der Engel gesagt hatte. Denn wir machten uns auf und liefen dem großen Sterne nach in die Stadt Bethlehem und fanden allda ein Kindlein, in Windeln gewickelt, in einer Krippe liegen und die Mutter daneben sitzend, wie der Engel verkündet hatte.»

Wieder fiel Nikolaus, sichtlich wachsend erregt, ein:

«Ich habe genaue Nachforschungen anstellen lassen, und ich erkläre hiermit noch einmal, daß in jener Nacht bei den ehrbaren

Familien von Davids Hause, die dazumal in Bethlehem waren, kein Kind geboren wurde.»

«Herr König», beharrte der junge Schäfer, «der Mann jedoch, welcher bei der Mutter des Kindes sich befand, war ein armer Mann, der nie vorher dort gesehen worden war. Er war eines langen Weges gekommen; woher, das wußte niemand. Und der Gastwirt wollte ihn darum, weil niemand ihn kannte, nicht beherbergen. Und so geschah es, daß das junge Weib sein Kind im Stall gebar.»

Nikolaus rief, verzweifelt die Hände ringend:

«Und solches Gefasel wird vor den König gebracht!»

Da getraute sich der bisher im Hintergrund verbliebene Talamai unter einem Kichern sein Scherflein beizusteuern, indem er sagte:

«Ein Landstreicher, ein Stromer, ein von Gott weiß wo Hergelaufener ... das sollte ein Sohn Davids sein?»

«Doch die Erzväter kamen, ihn aufzusuchen», beharrte der Schäfer, «Abraham, Isaak und Jakob stellten sich im Stalle ein, um das Kind zu begrüßen.»

«Die Erzväter?»

«Ei, ja! Sie ritten auf Kamelen, wie Menschenaugen noch keine Kamele gesehen haben. Und sie waren schwer beladen mit Weihrauch und Ölen und andern kostbaren Geschenken für das Kindlein. Und einer der Reiter war ein Greis mit einem breiten weißen Bart, und sein Wuchs war höher denn jedes sterblichen Menschen. Und hinter ihm kam ein junger Hirt mit nackten Beinen, und hinter diesem wieder schritt ein dunkelhäutiger Mann mit dem Krummstab eines Schäfers in der Hand. Sie wurden gesehen, da sie durch Bethlehem ritten zu der Herberge hin, in deren Stall das Kind zur Welt kam.»

«Hast du sie selbst gesehen? Die Erzväter, meine ich?», fragte, sich näher heranwagend, Talamai.

«Nachdem wir das Kind besucht hatten, entsannen wir uns der merkwürdigen Hirten», erklärte der älteste der Schar. «Wer anders als die Erzväter konnten sie gewesen sein? Wo sonst wären Hirten zu finden, die aussehen wie Könige?»

«Und solche Narreteien wagt ihr vor Herodes auszusprechen!», rief Nikolaus wieder.

Da gab der König Nikolaus einen Wink, die Schäfer abführen

zu lassen. Darauf sagte er: «Nikolaus, sende sofort meine besten Sterndeuter nach Bethlehem, daß sie mir Kunde bringen über die Zeichen und Stellungen der Gestirne in jener Nacht.»

Danach klatschte er dreimal in die Hände, worauf die Türflügel sich auftaten und Hermanus, der oberste Centurio der germanischen Leibwache, der sich stets in der Umgebung des Königs befand, zum Thron herantrat.

«Hermanus», sagte der König, und zwar in ruhigem, entschiedenem Ton ohne eine Spur von Zorn oder Furcht, «Hermanus, du nimmst zehn Berittene und reitest nach Bethlehem; dort tötest du einen jeden in der Nacht vor der Volkszählung geborenen Knaben.»

Der Centurio erhob zum Gruß den Arm mit der ausgestreckten Handfläche und ging dann.

Nach Beendigung der Audienz beim König suchte Nikolaus den Centurio im königlichen Marstall auf, wo die zehn Reiter eben ihre Pferde sattelten.

«Hermanus», sagte Nikolaus, «der König, möge Gott ihn bald genesen lassen, ist nicht bei guter Gesundheit. Er hat heute zwei Befehle ergehen lassen, die Rom niemals gutheißen wird: die Hinrichtung aller Rabbunim am Tag seines Todes und die Hinmordung unschuldiger Kindlein zu Bethlehem. Hermanus, der Kaiser wird es ebenso günstig aufnehmen wie des Königs Nachfolger, wenn du davon abstehst, diesen Befehl auszuführen.»

«Ich habe Befehle entgegenzunehmen, doch nicht an ihnen zu deuteln», erwiderte der germanische Centurio und kehrte Nikolaus verächtlich den Rücken.

Eine Stunde später sprengten die zehn Reiter in die Stadt Bethlehem hinein. Doch als sie nach den Kindern fragten, die in den letzten Tagen vor der Volkszählung geboren worden seien, wußte ihnen niemand Auskunft zu geben und ihnen eines zu nennen. Ein einziges männliches Kind war in der Nacht vor der Schatzung zur Welt gekommen; dieses Kind aber war samt seinen Eltern verschwunden, ohne eine Spur zu hinterlassen.

ZWEITER TEIL

ERSTES KAPITEL

MIRIAM saß vor ihrem Haus in Nazareth und spielte mit dem Kind auf ihrem Schoß.

Es war Vorfrühling, die Zeit der letzten Regenfälle. Die Erde duftete jung und neu, als ob sie ein altes schwarzes Gewand abgeworfen habe. Überall brachen junge Schößlinge aus der aufgeweichten Erde. Sie waren von der gleichen Farbe wie Gras und Kraut des vergangenen Jahres, doch ihr Grün hatte einen saftigeren Schimmer, eine kühl-zartere Unberührtheit und Unschuld wie die junge Haut von Miriams Kind, und der Drang ihres Wachstums war so stürmisch und bestimmt, daß Grashalme, die unter den Hufen weidender Schafe sich hatten beugen müssen, gleich losgelassenen Sprungfedern wieder hochschnellten. Die Regengüsse hatten tiefe Rinnen in die Erde gegraben, und die noch nassen Hänge der Hügel waren kreuz und quer durchzogen von Wässerlein, die gleich Fäden sich hinunterschlängelten, um in Schluchten und Schlünde abzufließen. Und die neuen Gewässer, die durch die Täler rauschten und strudelten, veränderten das gewohnte Gesicht der Landschaft, einer Schar lärmender Buben gleich, die von der Schule heimkommend, das Aussehen eines alten Hauses binnen wenigen Augenblicken verwandeln.

Das Kind in Miriams Armen wollte nicht ruhig bleiben. Seine Beinchen baumelten hin und her, es schaukelte sich auf seiner Mutter Knien, seine dicken kurzen Händchen fuhren ihr über Wangen und Hals. Mit hellen staunenden Äuglein blinzelte und lächelte es ihr ins Gesicht, und seine kleinen Lippen bewegten sich unablässig zu lallendem Geplauder, als könnte es sich vor Verwunderung nicht Einhalt tun.

«Was willst du mir denn sagen, Tinoki?», fragte Miriam. «Willst du mir erzählen von deines Vaters Haus, von dem Frieden und dem Licht, das du hinter dir gelassen hast? Erzähle mir alles, mein Kind, deine Mutter wird nicht müde werden, dir zuzuhören.»

Und um ihm zu zeigen, daß sie es verstehe, nahm sie die winzige Hand des Kindes zwischen ihre Lippen und saugte an den Fingerchen.

Während dieser verspielten Stunden, da sie mit dem Kinde vor der Haustür saß, blickte sie sich manchmal ringsum, und es wollte ihr scheinen, als ob die Landschaft sich zu ihren Füßen breite, um dem Kind ihre Glückseligkeit zu zeigen und ihren Jubel zu singen über das Neugeborene. Sie meinte, jede Pflanze im Erdreich, jedes Tier auf dem Felde und jedes Vöglein in der Luft schmücke sich und putze sich, um dem Kinde vorzuführen, mit welcher besonderen Eigenschaft und Kunst es der HErr begabt habe. Das kleine Feld auf dem Hang vor dem Hause schien ihr unsäglich schön, schien einen paradiesischen Duft auszuhauchen, wie sie Blumen, die sie kannte, nicht entströmten. Zu Zeiten war die kleine Lehne über und über bedeckt mit exotischen Blüten, wie sie nie deren angepflanzt gesehen hatte. Einmal sah sie lauter Mohnblumen, mit denen in dieser Jahreszeit die Ebene Jesreel übersät war; doch ein ander Mal war das Feld mit unbekannten, fremdartigen Schwertlilien gesprenkelt, deren rote und blaue Kelche fröhlich vor des Kindes Augen nickten. Miriams verzaubertem Sinn schien es, die ganze Blumenpracht der Welt, alle Gewächse der Erde stellten sich ihrem Kinde zur Schau, so wie sie sich Adam dargeboten hatten am Anfang aller Zeiten.

Andere Stunden waren, da Vögel und Tiere das Kind unterhalten zu wollen schienen; nicht nur die paar Schafe ihrer eigenen Herde kamen heran, um ihre Schnauzen an den Beinchen des Kindes zu reiben oder seine Füßchen zu lecken, erwartend daß dessen spielende Händchen segenbringend hinstreiften über ihre zottigen Felle: auch die Rehgeiß kaum aus dem Wald, um sich mit zaghaften Schritten zu nähern, und dann nahm Miriam des Kindes Händchen in die ihren, um damit den Kopf des Tieres zu tätscheln. Manchmal machte sich Josephs Eselein, das bei Mutter und Kind Wache stand, mit einem plötzlichen J-a bemerkbar, um die Aufmerksamkeit auf sich zu lenken. Doch auch andere Tiere kamen heran aus Wald und Feld, hin und wieder strich ein fremdländischer Vogel über sie hin und spreitete die Schwingen, um die Pracht seines Gefieders zu zeigen, oder ein Kanarienvogel suchte sich ein Stänglein unmittelbar über Miriam, um sich niederzulassen und sein Lied zu zwitschern.

Kein Vogel und kein Tier jedoch entzückte das Kind und die Mutter so wie die junge Schwalbe, der Miriam wegen ihres unermüdlichen Hin- und Herfliegens den Namen Poria – Vagabundin – gegeben hatte.

Poria war eine ganz gewöhnliche Hausschwalbe, wie sie tagsüber in die Stalltüren zu schwirren pflegen, unermüdlich Körner und Würmer aufpicken und sie heimbringen, um sie in die hungrig aufgesperrten Schnäbel ihrer Jungen zu stopfen, und die sich immer mit schrillem Geschilp der von ihnen vollbrachten Leistungen rühmen. Da Poria sich durch nichts Besonderes auszeichnete, was sie dem Kind hätte vorführen können – ihr Gefieder war von gewöhnlichem Graubraun und ihr Gezwitscher auch nicht hervorragend –, so ersetzte sie durch Beweglichkeit, was ihr an Vorzügen abging. Ohne Ruh noch Rast hüpfte sie um Mutter und Kind herum, um mit aller Gewalt deren Beachtung zu finden, verschwand plötzlich und erschien ebenso plötzlich wieder, schwirrte wieder davon, kehrte in einem scharfen Bogen, als ob sie sich überschlagen wolle, zurück und umkreiste ihre Köpfe, bevor sie wieder zum Stall flitzte, um ein Strohhälmchen aufzupicken, das sie dann ehrerbietig zu Miriams Füßen niederlegte.

Das Kind war bald auf Poria aufmerksam geworden und folgte ihren Kapriolen mit eifrigen Blicken.

«Schau, Tinoki», sagte Miriam dann, «siehst du, was Poria alles für dich tut? Da hat sie dir ein Weizenkörnchen hingelegt; sie will dich füttern, wie sie ihre eigenen Jungen füttert; und hier hat sie ein Strohhälmchen hergeworfen, damit du dir ein Nest bauen kannst. Segne sie dafür, Tinoki.»

Und das Kind streckte seine Hand nach dem Vogel aus, der dann seinen Flug unterbrach und zurückschwirrte, auf Miriams Schoß hüpfte, dann wieder davonflog, um, gleichsam ein Bringer guter Nachricht, den Stall aufzusuchen, wo dann sein aufgeregtes Gezwitscher ein fröhliches Gelärm unter dem ganzen dortigen Schwalbenvolk zur Folge hatte.

Poria war aber noch zu anderem nütze als zu bloßer Spaßmacherei. Eines Tages, da Mutter und Kind auf ihrem üblichen Platz an der Hausschwelle saßen, geschah es, daß ein Fröschlein aus einer dichten Oleander- und Nesselhecke heraushüpfte, die den Gemüsegarten umgab. Hinter ihm her aber kam gierig züngelnd eine Natter gekrochen.

Mit ein paar angstvollen Sätzen war das Fröschlein dicht an Miriams Füße herangelangt; dort drehte es sich um und blickte der Verfolgerin entgegen. Diese ringelte sich langsam vorwärts und hob, als sie nahe genug war, den Kopf, wie den Eisenknopf eines Totschlägers, während ihre wie Pfefferkörner aussehenden stechenden Augen das keuchende Fröschlein kalt anglitzerten.

Dann richtete die Natter langsam ihren Schwanzteil hoch, um sich vorzuschnellen; zwischen ihren Kiefern schoß blitzartig flakkernd die nadelartige Zunge heraus, die sich dann in erbarmungslos aufreizendem, regelmäßigem Wechsel zurückzog und wieder hervorschoß. Da, als die Schlange eben zum tötlichen Sprung ansetzte, flitzte Poria herab und blieb keck und sicher zwischen der Mörderin und ihrem Opfer. Sie schilpte und zwitscherte, schlug mit den Flügeln und verwirrte damit die Schlange so, daß diese sich für eine Sekunde lang ausstreckte, was dem kleinen Frosch die Zeit verschaffte, sich mit einem Sprung in Sicherheit zu bringen.

«Siehst du, Tinoki, wie Gott allen seinen Geschöpfen Hilfe sendet? Und Seiner Diener sind viele; eine junge Schwalbe kann Seinen Dienst versehen.»

Das Kind wand geschmeidig seinen Körper hin und her und stieß mit Armen und Beinen nach allen Seiten. Seine Händchen trafen sich in der Luft und legten sich dann auf seinen Mund, dessen Geplapper sie nicht unterbinden konnten.

Miriam beugte sich über das Kind und fragte:

«Was ist, Tinoki... was willst du sagen?»

Miriam stillte das Kind im Freien, als sie, aufblickend, eine Frau vor sich stehen sah, die auf sie und den Säugling herabblickte. Die Frau schien Miriam bekannt; es war ihr, als habe sie ein Weib dieser Art in ihrem seinerzeitigen Albtraum vor vielen Monaten auf dem Feld des heidnischen Weihrauchzüchters gesehen. Die Frau war groß und breit, mit groben Knochen und erdbrauner Haut, als ob sie aus einem Eichenstamm gehauen sei.

«Wer bist du und was willst du von mir?», fragte Miriam etwas beunruhigt, und ihre Arme umschlossen unwillkürlich das Kind fester.

«Erkennst du mich nicht wieder?», sagte die Andere. «Ich bin Adamia, die Frau deines Nachbarn Jekatiel, des Weihrauchzüchters.»

Da erkannte Miriam sie. Gewiß, es war Adamia; sie hatte die Sonne im Rücken gehabt, so daß Miriam, als sie aufblickte, nur den Schattenriß gesehen hatte, der finster zwischen ihr und der Sonne stand.

«Was ist dein Begehr, Adamia?», sagte Miriam.

«Ich wollte dich bitten, mir eine irdene Schüssel zu leihen, um die Milch für mein krankes Kind kühl zu halten», antwortete Adamia, Miriam einen erregten Blick zuwerfend.

«Für dein Kind sollst du die Schüssel haben», sagte Miriam, «doch du darfst sie nicht für deine Götzen benutzen, denn zu solchem Zweck verbietet mir das Gesetz, sie dir zu geben.»

«Es ist für mein Kind. Nur für es borge ich mir deine Schüssel», sagte Adamia, die Augen zur Seite gewandt, fast verdrossen.

Miriam ging, das Kind auf den Armen, ins Haus und holte eine irdene Schale. «Willst du Öl zum Einreiben haben, Adamia?» fragte sie. «Meine Mutter bereitet aus Muskatwurzeln ein Öl, das gut zum Einsalben von Kranken ist.»

«Nein, Miriam», sagte Adamia leise, «aber wenn du gütig sein willst, schenke mir ein Zweiglein oder zwei von eurem Weihrauch ...»

«Wozu brauchst du von unserm Weihrauch, wo ihr doch solchen aller Art in eurem Pflanzgarten habt?»

Es blieb eine kleine Pause, dann sagte Adamia:

«Miriam, es ist gar kein Vergleich zwischen eurem Weihrauch und unserem. In eurem liegt eine Kraft beschlossen; wenn man den euren anzündet, so wendet er den bösen Blick ab und bewahrt mein krankes Kind vor übelwollenden Geistern.»

«Aber das ist ja blinder Aberglaube, Adamia. Für alle Übel gibt es nur eine Hilfe, den Glauben an den Einen, Einzigen Gott Israels, den Allerhöchsten. Bete zu ihm, Adamia, dann wird dein Kind genesen. Aber wenn du Weihrauch möchtest, um im Krankenzimmer Wohlgeruch zu verbreiten, so sollst du einen Strauß haben.» Und Miriam begab sich wieder ins Haus, um einen Busch Thymian und Myrrhen zu holen. Noch während sie sich im Hause befand, hörte sie Adamia ihr zurufen:

«Der Geist der Götter leuchtet über deinem Sohn!»

«Nicht der Götter, Adamia», sagte Miriam wieder aus dem Hause tretend, «sondern Gottes.»

Mit dem Einsetzen der herbstlichen Regenfälle verändert sich die Witterung in den Bergen Galiläas von einer Stunde zur andern. Winterliche Nacht straft sommerliche Abenddämmerung Lügen; Morgensonne wird zu unwahrscheinlicher Erinnerung, wenn tintenschwarze Wolkenmassen den Himmel verfinstern.

Die Wände von Miriams Haus bebten im Sturmwind; ein Getrommel wie von Millionen Knochenfingern schlug auf Dach und Wände, als ob die Winde winselnd Einlaß begehrten.

Miriam betrachtete ihren Sohn, der in dem als Wiege dienenden Holztrog schlief. Seine Lippen waren geöffnet und sein Atem ging so gleichmäßig, daß das Deckbett sich kaum regte. Das in Windeln gehüllte Bündelchen des schlummernden Körpers, die hauchfeine Zartheit der Haut, die dunklen Wimpernfransen der schlafgewölbten Lider, alles sprach Miriam von unendlichem Frieden. Und doch fühlte sie sich besorgt und geängstigt.

Sie befand sich allein in dem langen leeren Raum des Hauses. Joseph und Hanna waren frühmorgens vor dem Losbrechen des Regens zum Markt nach Sepphoris gegangen. Sie hatten den Esel mitgenommen, der Joche aus Josephs Werkstatt und frisches Gemüse aus dem Garten trug.

Bestimmt hatte der Regen sie aufgehalten, denn schon sank die Nacht und sie blieben noch immer aus. Miriam zündete eine Lampe an und hängte sie, des Windes ungeachtet, zwischen die Türpfosten, um den verspätet Heimkehrenden den Weg zu zeigen. Wildflackerndes Halblicht warf die Lampe in die Nacht, und Miriam beobachtete die ruhelos tanzenden Schatten, indes sie sich bemühte, ihre Gedanken zu sammeln; sie auf ein einziges Bild einzustellen. Das große Wunder ihres Lebens – die Engelserscheinung in ihrem Gemach – mußte immer wieder heraufgerufen werden; denn die Zeit tat das Ihre, um die Erinnerung daran aus Miriams Sinn zu tilgen, sie in die verwischte Namenlosigkeit des Vergangenen unterzutauchen. Miriam dachte an die Nacht zu Bethlehem, vor nun fast einem Jahr, als der Winter, für einen verhuschenden Augenblick, das Gesicht des Frühlings angenommen und die Nacht gelodert hatte von Sternen und flammenden Seraphim. An ihrem inneren Auge zog jedes Begebnis von der Verkündigung des Engels an vorbei. Alles war seinem Worte gemäß eingetroffen. Der Knabe der Weissagung war da, das Kind, das Israel geboren worden, «das Reis vom Stamme Isais, welches mit Gerechtigkeit richten wird die Armen». Würden sich auch die andern Weissagungen erfüllen, buchstäblich auch die, welche Leid und Qual verkündeten? Dieses Kind, das ihr Fleisch war, würde es Der werden, von dem der Prophet gesagt, daß er das Opfer bilden werde, das Abraham dargeboten, aber nicht vollzogen hatte? In Abraham war der Mensch auf die Probe gestellt worden, in ihr sollte die Prüfung sich vollenden. Und Miriams Leib erschauerte unterm plötzlichen Vorgefühl der Durchbohrung ihres Fleisches.

An keinem Teil des eigenen Körpers verspürte sie den Schmerz; sie fühlte ihn im schlafenden Körper ihres Kindes, empfand ihn durch die Macht ihres Mitgefühls. Sie meinte, sie vermöge den Speerstich in die eigene Seite eher zu ertragen, denn die Verwundung ihres Kindes mitanzusehen. Und, in einem Anfall verzweifelter Scham und Niedergeschlagenheit senkte sie den Kopf und ließ ihren Tränen freien Lauf.

«Du, der Du ihn mir gabest, der Du mir anvertraut hast das Heil der Welt, auf daß ich ihn nähre und hege und aufziehe zur Erfüllung dessen, was Du ihm bestimmt hast, gib mir auch die Kraft, zu erkennen die Geheimnisse, die Du in ihn gelegt; gib mir die Erkenntnis, daß ich des Rätsels seines Wesens innewerde. Laß mich trinken mit ihm den Becher der Freude und der Bitternis; laß mich bei ihm sein in seinem Fall und seinem Aufstieg, wie tief auch die Schande und wie hoch auch die Erhebung sein möge, die seiner wartet. Scheide mich nicht ab, Vater im Himmel, von meinem eigenen Fleisch und Blut ...»

Müde erhob sich Miriam, ihr Atem stockte. Ungehört hatte jemand das Haus betreten; durch das Halbdunkel erkannte sie die massige Gestalt ihrer Nachbarin Adamia. Sie trug das irdene Schüsselchen in den Händen; brennender Weihrauch kräuselte sich daraus empor.

«Ach, du bist es, Adamia, du hast mich recht erschreckt ... Was willst du?»

«Ich bringe dir dein Gefäß zurück», sagte Adamia und stellte die Schale mit dem brennenden Weihrauch auf den Tisch neben Miriam und dem Kind.

«Adamia, was tust du?», rief Miriam entsetzt aus. «Wir sind keine Götzendiener, daß wir Weihrauch verbrennen vor Menschenwesen!» Und sie nahm hastig die rauchende Schale aus der Nähe der Wiege weg.

«Miriam», sagte Adamia, und ihr dunkles Gesicht überzog Röte und zugleich wurde der Ton ihrer Stimme immer demütiger, «ich weiß nicht, wer du bist, noch wer dein Kind ist. Doch heute habe ich keinen Gott mehr, der mein Gebet oder mein Weihrauchopfer annähme. Mein Gott ist gestorben.»

«Wieso ... gestorben?»

Die Frau senkte den Blick und sagte mit vor Scham gepreßter Stimme: «Wir dienen der Astarte, der Göttermutter, welche Fruchtbarkeit verleiht Mensch wie Tier und ebenso der Erde. Wir hatten ein Bildnis aus geknetetem Ton von ihr im Hause. Wir hielten es geheim vor den Leuten. Wir verbrannten Weihrauch davor und beteten zu ihm, auf daß die Göttin meinem Schoß Fruchtbarkeit verleihe. Doch nach der Geburt deines Kindes war keine Göttin mehr in unserm Hause; nur die Scherben ihres Bildes lagen in einem Haufen Weihrauch. Nun sind wir ohne Gott; Astarte ist tot. So brachte ich dieses Gefäß, um zu räuchern vor dir und deinem Kind.»

«Warum vor mir und meinem Kind? Sind wir denn Götzen?»

«Ich weiß nicht, was du bist, Miriam, aber ich habe vernommen, daß die Juden einen Messias erwarten, der allen Menschen Frieden und Heil bringen wird. Und einmal, da ich dich von meinem Hause aus beobachtete, wie du an der Tür saßest und dein Kind stilltest, meinte ich zu sehen...»

«Was hast du gesehen?»

«Ich meinte, den Heiland der Juden auf seiner Mutter Schoß zu sehen... Du bist die Erdmutter, und darum habe ich dir Weihrauch dargebracht.»

«Das ist heidnisches Gerede», sagte Miriam sanft. «Dergleichen hast du von Götzenpriestern und Zauberern gehört. Wenn du am heutigen Tage den Glauben an eure Götzen verloren hast, so reinige dein Herz von jeder Spur, die Astarte darin zurückgelassen hat. Und wenn du das Heil erharrst, das Israels Gott gewiß der ganzen Menschheit senden wird, so tue, wie wir alle tun; wende dein Herz dem HErrn zu und bringe dein Gebet dem Einigen, Einzigen Gott dar, denn Er allein hat Ohren, dein Flehen zu erhören, und Mittel, dir beizustehen. Sein Name ist: der Gott Israels.» Damit nahm Miriam die irdene Schale und reichte sie Adamia wieder hin:

«Nimm sie wieder», sagte sie, «Seine Priester in Jerusalem verbrennen Weihrauch genug für den Gott Israels. Von dir fordert Gott nichts, als zerknirschtes Gemüt und sündenreine Hände.»

Verlegen fingerte die Edomiterin an dem Gefäß herum, das Miriam ihr in die Hand gegeben hatte, und sagte demütig: «Ich werde tun, wie du gesagt hast, denn ich sehe, daß Gott mit dir ist. Doch trotzdem... sobald ich dich erblicke mit dem Kind auf deinen Armen, so geht es mir wie eine Glut frommer Verehrung durch die Brust, und meine Knie drängt es, sich zu beugen. Verzeih mir, Miriam; urteile nicht hart über mich, sintemal meine Beine schwach werden aus Furcht vor Gott.»

Adamia ging vor die Tür hinaus und leerte das Weihrauchgefäß auf die nasse Erde. Dann gab sie Miriam das Schüsselchen zurück und sagte, indes sie das Haus verließ:

«Dein Gefäß hat mich gereinigt vor dem HErrn.»

Nachdenklich setzte sich Miriam wieder neben die Wiege. Schwül und stickig lagen die Weihrauchdämpfe im Raum; mit ihrem Duft mischte sich der Geruch alten Erdreichs, ein Geruch gleich dem, den die Mutter der Völker ausgehaucht hatte in dem Traumgesicht, das sie vor vielen Monaten gehabt hatte.

Der Regen hatte aufgehört; bald vernahm Miriam den Schritt ihres Mannes, der mit Hanna und dem Esel sich näherte.

Hanna betrat als Erste den Raum. «Wer ist dagewesen?», fragte sie, die Nase rümpfend und die Stirn runzelnd. «Ich rieche Weihrauchduft.»

«Unsere Nachbarin Adamia», sagte Miriam. «Sie brachte eine Schüssel zurück, die ich ihr geliehen hatte.»

«Dann ist die Schüssel unrein! Adamia hat sie zum Räuchern vor ihren falschen Göttern benutzt.»

«Die Schüssel ist rein», sagte Miriam.

ZWEITES KAPITEL

ZWEI Jahre galt in Israel als der richtige Zeitraum, in dem ein Kind von der Mutter genährt werden sollte. Miriam aber kam es hart, ja schmerzlich an, sich von dem Kinde zu trennen. Mit Angst und Sorge sah sie die Zeit herankommen, da ihr Söhnchen der Mutterbrust nicht mehr bedurfte. Sie schob es daher über die übliche Zeitgrenze hinaus, mit der Entwöhnung des Kindes zu beginnen, ungeachtet der Spöttelei ihrer Anverwandten in Nazareth, die fragten, ob sie dem Kind ihre Brust auch in die Schule nachbringen wolle.

Schließlich aber war das Kind dann doch entwöhnt, und Josephs Familie gab aus diesem Anlaß einen Festschmaus in Hannas Haus, zu dem alle Verwandten und Bekannten herzlich eingeladen waren.

Als erster Gast stellte sich die ältere Miriam, Mariama, die Frau des Kleophas, ein. Mariama war kinderlos; fünf Jahre schon war sie verheiratet und hatte ihrem Mann noch immer keinen Leibeserben geboren, was nicht dazu beigetragen hatte, den von Natur mürrischen Charakter des Kleophas zu sänftigen. Er verfehlte denn auch nicht, bei jeder Gelegenheit seine Bitterkeit auszudrücken; gleichzeitig aber knüpfte das Gefühl dafür, daß er etwas entbehren mußte, womit das Haus Hanans so schön gesegnet worden war, das Band zu dessen Familie um so enger. Die ihm versagte Vaterschaft fand ihre Entschädigung an der Sorge, die er der Familie Hanans widmen konnte. Da er der ältere Schwiegersohn war, so verlegte er sich darauf, sich als den bestallten Hüter der ganzen Familie zu betrachten, ohne dessen Zustimmung kein Schritt getan werden durfte. Im tiefsten Herzen mochte er wohl auch Groll auf das Kind hegen, dessen Entwöhnung nun gefeiert wurde; denn er konnte nicht vergessen, daß die Umstände, unter denen es zur Welt gekommen war, Schande über die Familie gebracht hatten.

Trotzdem wurde das Fest im Hause Hanans fröhlich begangen, denn dieser war ohne männliche Nachkommen gestorben, und Miriams Säugling war der erste Knabe, der seiner Familie geboren wurde. Kleophas mochte vielleicht Eifersucht darüber empfinden, daß dieser Erstgeborene nicht seinen Lenden entstammte, doch in seiner Eigenschaft als Familienältester hielt er sich dafür schadlos und benahm sich demgemäß während der ganzen Festlichkeit, als ob ihm eigentlich alle Ehrenbezeugungen gebührten.

Seine Frau Mariama freute sich neidlos und von ganzem Herzen des Glücks der jüngeren Schwester, an der sie seit frühester Kindheit unerschütterlich hing, ja, die sie verehrte, und zu der sie jetzt, da sie eine erwachsene Frau war, noch immer emporsah. Es schien ihr nur selbstverständlich, daß der Segen Gottes, falls dieser nur für eine von ihnen ausreichte, der Schwester zuteil werde. So brachte sie Miriam und ihrem Kind ihre von jedem Hintergedanken freie Liebe entgegen, und nannte den Kleinen – warum, das konnte sie sich selbst nicht erklären – immer mit dem Namen seiner Mutter, Miriams Kind oder Miriams Sohn, nicht mit dem Namen Josephs zusammen, Josephs Sohn, was die übliche Bezeichnung gewesen wäre.

Sie liebte Miriams Sohn nicht weniger, als sie ein eigenes Kind hätte lieben können. Es verging kein Tag, daß sie nicht neue gute Eigenschaften und Zeichen vorzeitig sich kundgebender Klugheit an dem Kinde gefunden hätte, ehe dergleichen noch Miriams wachsamen Augen aufgefallen war. Sie spielte mit ihm, erfand jeden Tag neue Kosenamen für ihn, von denen viele später von der ganzen Familie aufgenommen wurden. Mit voller Überzeugung prophezeite sie, das Kind werde einmal nichts Geringeres werden als ein Rabbi in Israel; das könne man schon, pflegte sie zu sagen, an seiner hohen Stirn und an dem hellen Licht göttlicher Begnadung sehen, das in seinen Augen glänze. An diesem Abend nun saß Mariama mit vor Freude über das Kind strahlendem Gesicht zu Füßen Miriams, die – auf einem eigens aufgestellten, mit schneeweißem Linnen bezogenen, mit Oliven- und Blütenzweigen geschmückten Ruhebett sitzend – ihren Erstgeborenen auf den Armen hielt, so daß alle ihn sehen konnten.

«Jeschua», sagte Mariama, «du wirst einmal ein großer Mann werden und deinem Volke Israel beistehen, gelt, Jeschua?»

Ihr Mann, der dicke, untersetzte Kleophas, vermochte seine Mißstimmung nicht zu verhehlen, denn er fand doch, daß seine Frau sich etwas gar zu selig gebärde über den Neffen, statt daß sie sich über ihre eigene Kinderlosigkeit gräme. So sagte er also:

«Ist das alles, was du von ihm erwartest? Warum nennst du ihn nicht gleich den Messias?»

«Warum eigentlich nicht?», rief Mariama heftig herumfahrend. «Kann nicht eine jede jüdische Mutter aus Davids Haus den Messias gebären? Und glänzt nicht ein Licht des Heils in Jeschuas Augen? Sieh ihn doch nur an, Kleophas!»

Der alte Reb Elimelech warf ein: «Bei uns in Israel ist es Brauch, das Kind vor den Eltern zu preisen, um die Mutter dem Gatten wert und teuer zu machen.»

«Aber ich habe gar nichts dagegen, daß das Kind gepriesen wird», widersprach Kleophas. «Ich wende mich bloß gegen die Plapperzunge meiner Frau.»

«Er wendet sich bloß dagegen, daß sein Esel eines andern Mannes Pflug zieht», flüsterte ein Gast seinem Nachbarn kichernd ins Ohr.

Mariama ließ sich nicht beirren. Um der ganzen Gesellschaft die Klugheit des Kindes vorzuführen, sagte sie schmeichelnd:

«Komm, Jeschua, laß uns hören, wie du das ‚Schemah' aufsagst, das dich die Mutter gelehrt hat.»

Das Kind blickte fragend zum Gesicht der Mutter auf.

«Tu, was die Tante sagt, Tinoki», sagte Miriam ihm zunickend.

Worauf das Kind von der Mutter Schoß heruntergiltt, sich in seinem neuen weißen Leinenkittelchen aufrichtete und mit klarer Stimme aufsagte:

«Höre, Israel, der HErr unser Gott, ist ein einiger HErr.»

Die Frauen im Raum waren wie vor den Kopf geschlagen.

«Habt ihr das gehört? Genau wie ein Großer hat er das gesagt!»

«Und wie bitten kleine Kinder den himmlischen Vater um Regen?», fragte Mariama, von Stolz geschwellt, weiter.

«Vater, Vater, schick' uns Regen; tue es der Kindlein wegen.»

Dies erregte bei den Frauen noch mehr Bewunderung, und sie brachen in laute Lobsprüche aus.

«Ist das wahr, was erzählt wird, Miriam, daß du dein Kind gelehrt hast, den Segensspruch zu sagen über die Milch deiner Brust?»

«Es ist wahr», erwiderte Miriam. «Seit er ein Jahr alt ist, hat er stets den Segensspruch gesagt.»

Jetzt begannen auch die Männer, die um den einzigen Tisch im Gemach herumsaßen, Neugier für das Kind zu bezeigen. Sie ließen die Datteln, Eier und Oliven sowie den Wein, die Joseph ihnen aufgetischt hatte, im Stich und traten zu Miriams Ruhebett heran, um das Wunderkind näher in Augenschein zu nehmen. Der alte Elimelech beugte seine lange Gestalt über es und sagte:

«Sag mir deinen Vers, Kind.»

Jeschua steckte einen Finger in den Mund, schaute den Alten fest an, sagte aber nichts.

«Hat er schon einen Bibelvers gelernt?», fragte Elimelech die Mutter.

Statt jeder Antwort, sagte Miriam zu ihrem Söhnchen: «Tinoki, sag dem Großvater deinen Vers auf.»

«‚Der HErr ist nahe denen, die zerbrochenen Herzens sind und hilft denen, die ein zerschlagenes Gemüt haben.'»

Der Alte blieb stumm; er überdachte den von dem Kinde gesprochenen Vers des Psalmisten mit vollem Verständnis und in seiner ganzen Tragweite. Die Furchen seines Greisengesichts vertieften sich, bis sie sich unter einem Lächeln wieder glätteten.

«Nun, Kinder bereiten einem immer Überraschungen», sagte er und suchte sich des in ihm aufgestiegenen Unmuts zu entschlagen. «Der übliche Weg ist, den Unterricht der Kinder zu beginnen mit dem ersten Vers des Leviticus. Wer hat dich deinen Vers gelehrt, Kind?»

«*Emi*», und Jeschuas Hand griff nach der Mutter Knie, das er fest umfaßte.

«Deine Mutter, so? Ein Vers, der seltsam klingt im Munde eines Kindes. Möge Gott geben, daß er ein getreuer Sohn Abrahams werde, und mögen viele sein gleich ihm in Israel.» Mit diesen Worten hob der Alte das Köpfchen des Kindes hoch und küßte es.

«‚Aus dem Munde der kleinen Kinder und Säuglinge hast Du eine Macht zugerichtet'», zitierte der Gerber Taddi, der mit seinen Kindern zum Fest gekommen war. Er trug sein sauberes Sabbathgewand; sein Haar war gereinigt von Staub und Schmutz, sein Bart ausgekämmt, so daß er kaum zu erkennen war. Auch er drückte einen Kuß auf die Schädeldecke des Kindes. Darauf wandte er sich an die Männer und fing, wie das seine Art war, ein Lehrgespräch an über den Vers des Kindes.

«Warum», fragte er gewichtig, «beginnen wir den Unterricht der Kinder mit den ersten Versen des Leviticus, die von Opfern handeln? Warum mit dem dritten Buch Mosis statt mit dem ersten? Meine Freunde, die Rabbunim sagen uns den Grund; nämlich, weil die Kinder ohne Fehl sind, wie auch die Opfer sonder Makel sein müssen. Darum, sagen sie, lasset die Reinen umgehen mit den Reinen. Doch es ist nicht nur in Ansehung eines Kindes, welches rein ist und dem Auge Gottes wohlgefällig. Die Stimmen der Kinder selbst sind wie der Hauch des Heiligen. Wenn der Herr der Welt ihre Stimmen hört, die sich erheben beim Lernen des Gesetzes, so steigen diese Klänge vom Schulzimmer auf zu Ihm, süßer denn die Dämpfe des Weihrauchs; Sein Erbarmen wird geweckt mit den Geschöpfen Seiner Hand; kein Ankläger kann dann vor Ihn treten, zu beschuldigen Sein auserwähltes Volk; und jede üble Vorschrift, mag sie erlassen sein und gesiegelt, wird null und nichtig. Denn mit den Stimmen der Kinder kann sich selbst der Gesang der Engel nicht vergleichen. Darum hat der Sänger Israels gesagt: ‚Aus dem Munde der kleinen Kinder und Säuglinge hast Du eine Macht zugerichtet.' Und mittels dieser Macht, der Macht der Kinderstimmen, wird der

Messias siegen über Satan. Denn der Psalmist hat gesungen: ‚Tastet Meine Gesalbten nicht an', und dies meinet die Kinder in den Sälen der Lehre.»

Nach diesen Ausführungen des Gerbers, die den Männern wegen ihrer Beredsamkeit zusagten und die Mütter erfreuten ob der Würde, die sie den Früchten ihres Schoßes zugesprochen hatte, wurden Süßigkeiten unter die anwesenden Kinder verteilt. Vor allem erhielten die Kinder des Gerbers viele Nüsse und von Hanna gebackene Honigwaffeln.

Joseph hatte in Erwägung gezogen gehabt, auch die Kinder seines Nachbarn, des Weihrauchzüchters, einzuladen. Doch er hatte davon Abstand genommen, um Reb Elimelech kein Ärgernis zu geben, der sicher nicht Josephs Schwelle überschritten haben würde, wenn Heidenkinder im Hause gewesen wären. Er hatte sie also zwar nicht eingeladen, aber er füllte einen großen Weidenkorb mit frischen Feigen, Gurken, Kürbissen, Pfirsichen und Mandeln, alles mit Olivenzweigen umsteckt, und stellte ihn vor seine Tür, damit dem alten jüdischen Brauch nachkommend, welcher vorschrieb, daß von Festgästen mitgebrachte Geschenke im Freien aufgestellt würden, auf daß alle Vorübergehenden herankommen und sich sattessen mochten. Und Joseph wußte, daß die hungrigen Kinder des Edomiters von dieser stillschweigenden Einladung vollauf Gebrauch machen würden.

Joseph hatte aber seine Nichtbeachtung des gesellschaftlich Vorgeschriebenen dadurch kundgegeben, daß er den als Ausgestoßenen Geltenden, der nur mit seinem Spitznamen «Nafchi» – Schmied – genannt wurde, samt Frau und Kindern einlud. Dies war ein bärenstarker Mann mit einem wilden Gesicht und schwarzem Bart, einem stets eitrig entzündeten Auge und einer Hasenscharte, die seine Worte in der Erregung pfeifend aus dem Munde kommen ließ. Sein Pariatum in Nazareth ging auf ihn selbst zurück, da er sich in einer bewußten, trotzigen Aufsäßigkeit gegen die Schriftgelehrten und Gemeindebehörden gefiel. Dies war keineswegs eine Folge von Unwissenheit, denn Nafchi verfügte über eine ansehnliche Bildung. Es hieß, er habe seine Jugend zu Füßen der Rabbunim verbracht, sei aber später in Gesetzlosigkeit verfallen. Wie dem auch sein mochte, Tatsache war, daß Nafchi schier zur Verzweiflung getrieben wurde durch schwere Arbeit. Er hatte einmal ein paar Morgen Land besessen, auf denen er

Gemüse und Flachs zum Verkauf an die Händler zog: auch ein paar Olivenbäume hatte er sein eigen genannt; doch er konnte nie seine Früchte selbst genießen, da er sie zum Markt bringen mußte, wo er auch die Wolle seiner Schafe verkaufte, während er seine eigene Blöße mit alten Sackleinenlumpen deckte. Nafchi schuftete die ganze Woche wie ein Lasttier, doch wenn der Sabbath kam, hatte er nicht das Nötigste, um ihn festlich zu begehen. Seine Familie lief herum wie Bettelpack. Auch seine Frau und Kinder schafften den ganzen Tag und konnten des Nachts vor Hunger nicht schlafen. Ihre Mahlzeiten bestanden die Woche über aus einem Gerstenbrei mit ein wenig Lauch oder Zwiebel. Für den Sabbath suchten sie sich weggeworfene Gemüsereste zusammen oder lasen die kleinen Fische auf, die die nazarenischen Fischhändler, die von K'far Nahum und Bethsaida zurückkamen, auf dem Marktplatz liegen und in der Sonne verfaulen ließen. Selbst Nafchis ausgehungerte Familie vermochte dieses Abfallzeug nur hinunterzuwürgen, wenn es scharf gebraten oder mit Teig zusammengeknetet wurde.

Zuletzt verlor dann Nafchi sein Stück Land. Wie viele Andere sah er sich gezwungen, sein väterliches Erbe an den Wucherer Talami bar Kazin abzutreten, der Nafchi wegen seiner Schulden mit dem Verkauf in die Sklaverei gedroht hatte. Dieser Talami hätte sich wahrlich kein Gewissen daraus gemacht, die Drohung auszuführen, wenn jüdische Sklaven auf den Sklavenmärkten einen guten Preis erzielt haben würden. Doch israelitische Sklaven waren nun einmal nicht sehr begehrt; denn das mosaische Gesetz gestand ihnen gewisse Vorrechte gegenüber den kanaanitischen Sklaven zu. Für Talami zahlte es sich besser aus, wenn er seine Schuldner ließ, wo sie waren, und er sie als Taglöhner auf ihren früheren Äckern arbeiten ließ, von deren Ertrag er ihnen einen kleinen Bruchteil als Lohn zahlte.

Damals, als der Geldverleiher Talami seinen Anspruch auf das Stück Land Nafchis geltend machte, hatte sich dieser einer der Räuberbanden angeschlossen, die die Berge unsicher machten, wie das viele Bauern taten, denen man ihren Besitz weggenommen hatte. Diese Räuber waren es, welche ihm den Namen Nafchi, Schmied, anhängten, weil er geschickt darin war, die Sensen und Sicheln der neu in die Bande aufgenommenen Bauern in Schwerter und Dolche umzuschmieden, die sich leicht unterm Mantel verbergen ließen, während man in einer Volksmenge stand, um sie unbemerkt in den Rücken des Opfers zu stoßen. Noch lange, nachdem er dem Räubertum abgesagt hatte, nachdem er längst schon als Tagelöhner in Talamis Dienst das früher ihm gehörige Stück Land bestellte, blieb der Name Nafchi an ihm haften.

Er wohnte mit seiner Familie nicht weit von Josephs Haus, denn so mächtig Talami war, es war ihm nicht gelungen, die Mutter und die Kinder auf die Straße zu setzen, nachdem der Vater zu den Ausgestoßenen in die Berge geflüchtet war. Nafchis Frau war ein großes, grobknochiges, kräftiges Weib. Sie hatte sich damals mit ihren beiden Kindern buchstäblich in den Boden des Gütchens ihres Mannes eingegraben und sich, wie ein Ölbaum, der nicht zu entwurzeln ist, geweigert, fortzugehen. Einige Jahre lebte sie in einem Graben hinten in ihrem Feld, nur von einigen Fetzen Sackleinwand bekleidet, die an ihrem Leib verfaulten und zerfielen. Doch was die Ernährung betraf, so waren sie jetzt besser daran als vorher. Denn jetzt konnten sie sich auf die Rechtsvorschrift berufen, die den Armen einen Sechstel von jeder Ernte zusprach; kraft des Gesetzes gehörten ihnen auch die Nachlese und die Ecken eines jeden Feldes, obschon sie weder gepflügt noch gesät hatten. Sie hatten auch die Nutznießung jedes herrenlosen Eigentums, was besagte, daß sie nicht gegen das Gesetz verstießen, wenn sie sich einer Weizengarbe bemächtigten, die ein Schnitter auf dem Weg zur Scheuer oder Tenne zufällig hatte fallen lassen. Denn das Gesetz gestand dem Armen den «vergessenen» Teil einer jeden Ernte zu.

Es kann freilich nicht bestritten werden, daß die Familie kaum besser lebte als die Tiere des Feldes. Nafchi selbst kam hin und wieder heimlich zu Besuch, meist wenn er an einem erfolgreichen Überfall auf eine Kaufmanns-Karawane teilgenommen hatte, und dann brachte er seiner Familie den ihm gehörenden Anteil an der Beute mit. Bei einem dieser Besuche nun waren sich Joseph und er zum ersten Male begegnet. Joseph machte ihm Vorwürfe, daß er seine Familie vernachlässige, wies auf den jämmerlichen Zustand vor allem der Kinder hin, die aufwüchsen wie die Tiere, und redete ihm zu, heimzukehren, und sei es auch als Leibeigener des Talami. Den Spruch bedenkend, mit dem Joseph sein Anliegen bekräftigt hatte – ‚Für jeden Dieb gibt es einen Galgen' –, unterwarf er sich den harten Bedingungen, die ihm die Unterhändler des Geldwucherers stellten. So bestellte er wieder den angestammten Boden, wenn auch nun als Mietling. Das klägliche Einkommen, das ihm das abwarf, besserte er dadurch auf, daß er Joseph beim Anbringen von hölzernen Leisten und Griffen an eisernen Pflugscharen half, die er aus Altmetall auf einem selbst hergestellten Amboß-Ersatz schmiedete.

Aber es gibt ein Sprichwort, das lautet: Den Wolf verlangt es nach dem Wald. Nach nicht sehr langer Zeit juckte es Nafchi, sich wieder zu den Räubern zu gesellen. Diesmal aber zog ihn auch der Glorienschein der Vaterlandsliebe an, der jetzt diese Bünde der in den Bergen hausenden Gesetzlosen umgab.

Der Tyrann Herodes hatte endlich in seinem Palast zu Jericho seinen letzten Seufzer ausgehaucht. In Jerusalem tobte der Aufruhr gegen seinen Nachfolger Archelaos, den sein Vater zum König von Judäa bestimmt hatte. Dreitausend Tote kostete die Unterdrückung des Aufstandes; doch den Archelaos kostete sie den letzten Schein von Einfluß und Ansehen, den er noch bei den Juden gehabt hatte, die ihn fortan mit einem Haß verfolgten, gegen dessen Heftigkeit ihn nur das Schwert Roms schützen und auf dem Thron halten konnte. Augustus selbst entsandte eine römische Legion unter dem rücksichtslosen Sabinus nach Judäa, um die Ordnung herzustellen. Doch den Vaterlandsfreunden gelang es, Sabinus in den Königspalast von Jerusalem – in dem er sein Hauptquartier aufgeschlagen hatte, um dem Mittelpunkt des Aufstands nahe zu sein – zurückzutreiben und dort einzuschließen.

Die Nachricht von dem Aufstand gelangte rasch nach dem freiheitsliebenden Galiläa und fand dort begeisterten Widerhall. Es erstand dort ein Mann, den ein unermüdlicher, unnachgiebiger Rachedurst beseelte, ein Mann, der von frühester Kindheit an getaucht gewesen war in die bitteren Wasser des Aufrührertums, und der nun der Leiter des Aufstands in seiner Heimat wurde. Ein Sohn des sagenumwobenen Hezekia, der einige Jahre zuvor wegen der Anzettelung eines im Keim erstickten Aufstands hingerichtet worden war, erhob der junge Juda nun die Fahne, die seines Vaters Händen entsunken war. Mit dem Schlachtruf: «Herrschaft allein bei Gott!» sammelte er Anhänger um sich, die sich in den Bergen versteckten und jede Landstraße Galiläas überwachten. Seine Werber waren jetzt gerade in Nazareth, um Rekruten für sein Heer zusammenzutrommeln. So gab denn Juda, der Galiläer, beim Festschmaus in Josephs Haus selbstverständlich einen wichtigen Gesprächsstoff ab.

«,Nicht durch Macht noch durch Gewalt, sondern durch Meinen Geist, spricht der Herr der Heerscharen'», sagte Joseph. «Durch das Schwert werden wir nichts erreichen, denn sie sind stärker als wir.»

«Aber wo ist der Geist des HErrn? Sag mir das!», schrie Nafchi, wütend mit den Händen fuchtelnd. Sein gesundes Auge funkelte die Umsitzenden an, während den entzündeten Lidern des andern eine wachsähnliche Flüssigkeit entsickerte. Und seine Hasenscharte entließ einen Strom von Speichel, als er, sich dazu mit den Fingern heftig durch den Bart fahrend, weiterschrie: «Sind wir denn ärger als die sündenbeladenen Geschlechter, die die Propheten züchtigten? Warum steht in unseren Tagen kein Prophet des HErrn auf?»

«Die Propheten unserer Tage, das sind die Gelehrten», sagte Reb Elimelech mit seiner besonnenen, begütigenden Stimme. «Wir wandeln auf ihren Wegen, geleitet von ihrer Weisheit. Sie sind die Augen unserer Seelen, und die Sprache ihrer Lippen ist unser Gesetz, denn ihr Licht ist unsere Leuchte auf den Pfaden der Thora.» Die Augen des Alten erglänzten freudig, da er die Tugenden und die Größe der Weisen Israels aufzählte.

Doch Nafchi fiel ihm mit einem schneidenden Lachen in die Rede und widersprach: «Wenig steht uns zu hoffen von unsern Weisen. Alles, was sie wissen, das ist, das Gesetz Mosis in so viele Knoten und Schlingen zu legen, daß die Hände der Armen und Ungebildeten gefesselt werden. Zeigt ihnen einen hungernden Bettler, und sie werden ihm Regeln und Vorschriften so schwer aufladen, daß er zusammenbricht und nicht weiß, wohin er sich wenden soll. Und dann gehen sie gegen ihn los mit frommer Entrüstung, sprechen den Bannfluch über ihn und werfen ihn zu den Wölfen. O nein, die sind nicht das Mehl, aus dem Gott sein Brot backen wird! Israel braucht einen neuen Propheten, einen Propheten, der das Übel vom Erdboden fegt gleich einem Sturmwind, der den Hochmütigen und Mächtigen die Köpfe zerschlägt und den Armen das Rückgrat stärkt. Was uns nottut, ist ein Jesaia, ein Mann, der uns darüber beruhigt, daß Gott keine andern Opfer fordert als ein reines Herz und zwei schuldlose Hände; einen, der uns daran gemahnt, nicht die Witwen zu berauben und die Waisen zu betrüben. Das ist es, was Gott fordert, nicht, daß wir unsere

Schüsseln und Teller dreimal am Tage waschen. Ich sage, wir bedürfen eines Propheten, eines Trösters, der uns befreit von dem Gesetz, das die Rabbunim in ein Joch verwandelt haben. Und verkünden soll er mit Gottes Vollmacht, daß ganz Israel heilig ist, daß wir alle miteinander das auserwählte Volk bilden.»

«Das war wohl gesprochen, Nafchi», versetzte der Gerber. «Aber wenn dies dein Begehren ist, wie willst du es erfüllen durch bewaffneten Aufstand gegen die Regierung?»

Mit durch die Lippenscharte pfeifendem Atem fuhr Nafchi fort: «Eines nach dem andern. Zunächst müssen wir unser Land reinfegen von frecher Gewaltherrschaft. Damit werden wir gleichzeitig der Greuel ledig, die sich jetzt zutragen unterm Schwert Edoms, ich meine die Blutsauger aus des Herodes' Haus und ihre Speichellecker; dann werden wir mit den Pfaffen abrechnen, die den Tempel zu einem Löwenrachen machen, als ob der Gott Israels nicht ohne Opferblut bestehen könne; und dann kommen die Mammonsanbeter daran und dann die, welche die Lasten der Reichen erleichtern auf Kosten der Armen, und die, die mit den Wucherern unter einer Decke stecken, um den Darbenden das Stück Land ihrer Väter wegzunehmen. Diesmal wird alles Land der Reichen beschlagnahmt werden. Wir werden das Jubeljahr ausrufen, und das Land wird niemand gehören als Gott. Und auch die Herrschaft wird Gott gehören, und nicht den Weisen und den Rabbunim.»

«Doch welche Macht wird all dies vollbringen?», fragte der Gerber wiederum.

Nafchi riß einen kleinen Dolch heraus und rief:

«Diese Macht hier!»

Die Männer blieben eine Weile lang stumm, bis Joseph, der zur Seite stand, schließlich kopfschüttelnd sagte: «Ich sage noch einmal: nicht durch Macht noch durch Gewalt, sondern durch den Geist Gottes. Wo Gott nicht das Haus entworfen hat, bauen die Maurer umsonst.»

Nafchis Gesicht fuhr zu ihm herum. «Und warum soll Gott das Haus nicht entwerfen? Woher weißt du, daß wir nicht mit Seinem Geiste bauen? Für wen ist dieser Aufstand? Nur für unsere Weiber und Kinder? Streiten wir nicht für Gottes Sache? Oder meinst du, der HErr will den Stiefelabsatz Edoms auf dem Heiligen Land sehen?»

«Nicht den Tod der Sünder will Gott, sondern das Ende der

Sünde», erwiderte Joseph. «Ihr Aufrührer, ihr rottet nicht die Sünde aus; ihr erschlagt nur eine Handvoll Missetäter, und solange Missetat auf Erden weiterlebt, wird es immer wieder neue Sünder geben, die die Stelle der alten einnehmen.»

«Was also, meinst du, sollen wir tun?»

«Euch bereiten für den Tag, da die ganze Erde erfüllt sein wird von Gerechtigkeit, für den Tag, von dem der Prophet spricht, da alle Völker nach Zion kommen werden, mit andern Worten, wenn die ganze Menschheit den einzigen lebendigen Gott anerkennt. Bis zur Heraufkunft dieses Tages wird Israel keinen Frieden haben. Israel kann nicht allein leben auf einem Eiland der Rechtschaffenheit, während die Menschheit sich in einem Sumpf von Sünde und Befleckung wälzt. Nie werden wir auf unserer kleinen Insel der Vollkommenheit dem Schimpf und der Besudelung entgehen. Wenn es nicht Edom ist, so wird es eine andere, ebenso heidnische Macht sein. Kein Heil kann kommen für Israel allein; das Heil ist für alle oder für keinen.»

«Du sprichst vom Sohne Davids, der da kommen wird, die Menschheit zu erlösen nach dem Worte der Propheten?» fragte Reb Elimelech.

«Ja», sagte Joseph. «Ich sehe keine Hoffnung für Israel ohne den König-Messias.»

«Darin stimme ich dir bei», sagte Reb Elimelech leise.

«Das ist auch meine Ansicht», rief der Gerber, heftig nickend, und schickte sich an, sich wieder in eine gelehrte Erörterung zu stürzen, die jedoch dadurch verhindert wurde, daß Nafchi ärgerlich auf den Tisch klopfte und sagte:

«Und wo ist er, der Sohn Davids? Worauf wartet er? Geschlecht nach Geschlecht liegt zerschlagen in seinem Blut; all diese Männer warteten auf sein Kommen; sie warteten umsonst und gingen elendiglich zu Grunde. Und unsere eigene Generation, zermahlen zwischen den Mühlsteinen Herodes und Rom, wir haben die Lust verloren an diesem Geduldspiel! Was zögert er so lange? Warum zaudert er, während Menschen sterben mit seinem Namen auf den Lippen?»

«Darauf zu antworten, kommt uns nicht zu», sagte Joseph beschwichtigend. «Wir wissen nur, was unsere Weisen uns sagen: ‚Mag er zögern, er wird kommen.' Und es wird uns gesagt, daß er plötzlich kommen und da sein wird. Wer weiß, ob er nicht schon jetzt vor unserer Tür steht. Vielleicht sitzt er schon unter uns; heute, oder morgen vielleicht, werden wir den Schritt des Elia hören in den Bergen und seine Stimme, die rufet: ‚Bereitet dem HErrn den Weg!' Morgen vielleicht werden wir uns erheben vom Klang der Drommete des Messias. Doch dessen müssen wir harren, an jedem Tage, in jeder Stunde und mit jedem Atemzug unseres Lebens.»

Wieder blieben alle stumm; selbst dem Gerber hatte es die Rede verschlagen. Reb Elimelech grübelte mit geschlossenen Augen über die Worte Josephs nach. Nafchis gedrungener Körper zog sich in sich selbst zurück; seine Ellbogen lagen auf den Knien, und sein Kopf, auf dem eine kahle Stelle sichtbar wurde, lag schwer in seinen Händen, als werde er zu Boden gezogen.

Miriam, die bei den Frauen in der Ecke saß, nahm das Kind auf, das mit den andern Kindern am Boden spielte. Sie setzte es auf ihre Knie und sah ihm mit besorgt forschenden Blicken ins Gesicht. Die Hand des Kindes griff nach ihrer Wange, und die zärtliche Berührung wirkte kühlend auf Miriams Haut. Ihr Gesicht erstrahlte in Jugendschönheit. Ein Lächeln spielte um ihre geöffneten Lippen, und ihre Augen verschleierten sich von Glückstränen.

Sie drückte das Kind an die Brust und flüsterte ihm ins Ohr, so leise, daß niemand im Raum ihre Worte aufzufangen vermochte: «Auf dich warten sie, Tinoki.»

DRITTES KAPITEL

NACHDEM Jeschua entwöhnt war, trat, wie es nicht anders sein konnte, zwischen Miriam und dem Kind eine Trennung ein. Jeschuas Wachstum ging ohne ihr Zutun vor sich, und Miriam sah sich mit einmal aus dem rein geistigen Bereich, in dem sich die Säuglingszeit des Kindes abgespielt hatte, wieder auf den Gemeinplatz des Alltagslebens zurückversetzt. Das Kind war ein seelisch nicht mehr ausschließlich mit ihr verbundenes Leben für sich geworden; die Bindung des Fleisches war unwiderruflich zerrissen; was geblieben war, war nur die ungreifbare, unfaßbare Tatsache der Mutterschaft an sich. Diese genügte jedoch, um eine neue, eine aus dem täglichen Umgang und dem gemeinsamen Erleben sich ergebende Zusammengehörigkeit zu schaffen. Miriam fing an, die Welt in einem neuen Licht zu sehen, im Licht ihres Kindes.

Es wirkte geradezu, als ob dem Kind aus verborgenen Quellen Weisheit zuströme. Alles sah es mit ihm ganz eigenen Augen an, so als ob es beim ersten Anblick eines Dings nicht die Form, in der es sich kundgab, sondern dessen geheimes Wesen erschaue.

Eines Tages stand Jeschua bei seiner Mutter, während diese das Unkraut aus einer Reihe von Erbsgewächsen jätete. Das Kind riß eine Schote von der Ranke und rief, nachdem es sie geöffnet hatte, jubelnd aus:

«Sieh, Emi, sieh!»

«Was hast du denn gefunden, Tinoki?», fragte Miriam aufblickend, als sie sah, wie die Augen des Kindes vor Erregung sich weiteten.

«Schau, Emi, jede Erbse hat ihre eigene Wiege zum Schlafen! Wer hat das gemacht?»

«Ei, das hat Gott gemacht; unser Vater im Himmel, der sie alle geschaffen hat.»

«Gott muß viele Helfer haben, Emi, um jede Erbse in ihr eigenes Bettchen zu legen, wenn niemand dabei ist.»

«Ja, mein Kind, Gott hat viele Helfer, und die nennt man Engel.»

Nach einer Weile kam das Kind wieder mit einer Mohnblume angelaufen.

«Emi, sieh doch, wieviel Röcke die Blume anhat. Wer hat die gewoben, Emi?»

«Gott läßt sie von seinen Engeln weben, Kind.»

«Gott muß aber viele Engel haben, um so viele Blumen in so viele Röcke zu kleiden. Wenn einer abfällt, tritt ein anderer an die Stelle. Gott läßt sie immerzu ihre Röcke wechseln. Da ist ein einfacher Werktagskittel, und hier ist ein bunter Kittel für den Sabbath, so wie Jakob ihn machte für Joseph.»

«Wer hat dir denn von Josephs buntem Rock erzählt?», fragte Miriam verwundert.

«Du, Emi, hast mir davon erzählt. Erinnerst du dich nicht, als du mir meinen Sabbathkittel anzogst?»

Miriam konnte sich nicht entsinnen, daß sie dem Kinde von

Jakob und Joseph erzählt hatte. Nichtsdestoweniger nickte sie bejahend, nahm den Knaben in die Arme, drückte ihn an sich und seufzte leicht auf.

«Mein liebes, geliebtes Kind, Tinoki.»

Miriam gab dem Knaben viele Kosenamen. Vor Fremden nannte sie ihn mit dem hebräischen «*jeled*» oder dem aramäischen «*riba*», Kind. Wenn sie allein mit ihm war, sagte sie «*tinoki*» – Kindlein – oder «*chawiwi*», mein Geliebtes. Jeschua nannte Miriam mit dem hebräischen Wort für Mutter, «*emi*» oder manchmal in der aramäischen Form, «*ema*», angeglichen an den Namen, mit dem er Joseph nannte, «*abba*», Vater.

Es verging kein Tag, an dem das Kind nicht irgend etwas Neues entdeckte an einer Pflanze oder einem Vogel, was es in Staunen und Begeisterung versetzte. Als es beobachtet hatte, wie die Schwalbenmutter ihre Jungen im Nest unterm Palmdach des Stalles fütterte, ruhte es nicht, bis es Miriam seine Entdeckung gezeigt hatte. Unaufhörlich, vom Morgengrauen bis zur Nacht, erfüllte Flügelschwirren und Gezwitscher den Stall. Die Schwalbenmutter schoß in den Stall herein, flog unbeirrt an ein paar Dutzend anderer Nester vorbei, fand mit untrüglicher Sicherheit das ihre, wo sie ein Würmchen oder ein Käferchen bei ihrer unersättlichen Brut ablud, um sofort wieder von neuem auf die Reise zu gehen. Dieses Schauspiel begeisterte das Kind so, daß es fröhlich in die Hände klatschte.

«Wer hat sie das gelehrt, Emi?», fragte es.

«Wer sie was gelehrt hat, mein Kind?»

«Ihre Kleinen zu füttern?»

Miriam deutete empor zum wolkenlosen Himmel. «Unser Vater im Himmel», antwortete sie.

«Unser Vater im Himmel nähret sie alle», sagte Jeschua leise vor sich hin, als spreche er zu sich selbst.

«Wo hast du diesen Vers gehört, Tinoki?», fragte Miriam.

«Nirgends. Ich weiß nicht... Aber ist es nicht so, Emi?»

«Ja, Tinoki, so ist es. Unser Vater im Himmel nähret sie alle. Er weiß um den kleinsten Wurm unter einem großen Stein, mag er noch so gut versteckt sein, und Er schickt ihm Nahrung zu rechter Zeit.»

«Ich möchte das sehen», sagte das Kind.

«Was möchtest du sehen, Tinoki?»

«Wie unser Vater im Himmel dem kleinen Wurm unterm großen Stein zu essen schickt.»

«Dann komm mit», sagte Miriam.

Sie nahm Jeschua bei der Hand und fing an, im Garten nach Würmchen zu suchen. Alsbald erblickten sie einen Zug Ameisen, der unter einem Stein hervorgekrabbelt kam und sich geradenwegs auf die Stengel der blauen Winden zu bewegte, die sich um die Latten der Schafhürde rankten. Bienen umschwärmten die Blüten und schlürften unter emsigem Summen den Seim heraus. Die Ameisen aber kletterten in wohlgeordnetem Zug die Stengel hinauf, verschwanden im Gerank und erschienen wieder, noch immer in Reih und Glied, auf einer Zaunlatte; jetzt waren sie mit Blattfasern, Staubfäden, Sand beladen und marschierten geschlossen zu ihrem Heimatstein.

«Siehst du, Tinoki, unser Vater im Himmel sorgt für Seine kleinsten Geschöpfe, auch wenn sie sich unterm Stein verbergen.»

Lang sah das Kind zu, dann sagte es nachdenklich: «Wie mannigfalt sind Deine Werke, Vater im Himmel.»

Miriams Herz stand still, als sie das Kind diese Worte sprechen hörte. Drei Jahre war es her, daß sie sie geäußert hatte, hier an derselben Stelle im Garten, – und da war der Engel erschienen, um ihr des Kindes Geburt zu verkündigen.

«Wer hat dich diesen Satz gelehrt?», fragte sie stockend.

«Niemand. Ich habe ihn eben gerade gedacht. Ist es denn nicht so, Emi?»

«Ja, Tinoki, Gottes Werke sind wunderbar und mannigfaltig, so wie du gesagt hast.»

Jeschua bemerkte die Erregung der Mutter nicht. Er klatschte wieder in die Händchen, und sein Gesicht leuchtete vor Freude, als er den genauen Wortlaut des Psalmverses wiederholte:

«‚Wie wundersam sind Deine Werke, o HErr.'»

Der kleine Jeschua hatte bereits seine besonderen Freunde unter den Schafen. Ein kleines weißes Lämmchen zumal vom Wurf des letzten Winters lief ihm überallhin nach. Jeschua nannte es «Mond», weil sein Fell so silbrig weiß war, und er liebte das Tierchen noch mehr als dieses ihn. Er gab ihm Futter und Wasser und wollte es immer bei sich haben, so daß das Lämmchen bei Nacht ins Haus genommen und ihm neben der Wiege des Kindes ein Strohlager gemacht werden mußte. Daß das Lamm immer hinter ihm dreinlief, das war an sich nicht so auffallend; viele Kinder in seinem Alter hatten ein Lämmchen oder Zicklein als Schoßtier. Doch dieses unterschied sich von andern derartigen Kindergespielen durch sein makelloses, schneeweißes Vlies. Alle Widder und Mutterschafe in der Umgegend waren mehr oder minder gefleckt und gesprenkelt; auch die Wolle der vollkommen weiß geborenen nahm, wenn sie erst ein paar Monate dem vom Wind umgetriebenen Sand und Schmutz ausgesetzt gewesen war, eine trübe Staubfarbe an, die bis zur Schurzeit noch nachdunkelte. Nur «Mond», zwar so zottig wie alle Lämmer der Gegend, blieb rein weiß, sah daher immer wie frisch gewaschen aus, als trage es kein Haarfell, sondern Federn, die stets im Himmelsglanz badeten. Wenn der kleine Jeschua mit «Mond» an seiner Seite über Land ging, so blieben alle Vorbeikommenden an den beiden stehen und starrten sie an.

Denn auch das Kind war, wie das Lamm, nie anders als in reinsten weißen Kleidchen zu sehen, die Miriam unaufhörlich wusch. Trotz ihren vielen Obliegenheiten im Hause fand sie auch stets Zeit, Gewänder aus dem feinsten Faden, den sie auf ihrer Spindel zu drehen vermochte, zu weben; und im Garten hatte sie immer den zartesten Flachs angesät, um Material für ihr Spinnrad zu haben. Das Kind trug ein über die Knie reichendes Hemdchen aus so feinem Faden, wie er in diesem Landesteil so gut wie unbekannt war, und es gab Leute, die sich hinter Miriams Rücken zuflüsterten, die Mutter vergeude das Familienvermögen für die Wäsche ihres Kleinen. Einige wollten sogar wissen, diese schneeweißen Gewebe seien, gleich den Gewändern des Hohepriesters, aus reinem Byssus angefertigt, und behaupteten, man könne das ganze Kleidchen, wenn man es zusammenknülle, gut in einer Nußschale unterbringen.

Über dem Hemdchen trug Jeschua eine ärmellose Tunika je nach der Jahreszeit aus Baumwolle oder Wolle, von deren vier Ecken hyazinthblaue Quasten, wie es die rituelle Vorschrift wollte, herunterhingen. Für Sabbath- und Festtage hatte er noch Kittelchen aus Seide oder judäischem Musselin mit mehrfarbigen Streifenmustern – eben die «bunten Röcke».

Im Sommer ging der Knabe barfuß wie seine Mutter; bald gewöhnten sich seine Sohlen daran, über sonnenheißen Sand und Steine zu gehen.

Sein Haar war seit der Geburt nicht geschnitten worden. Glänzende schwarze Locken umringelten den Kopf des Knaben, und Miriam hütete sich wohl, sie ihm zu schneiden, bevor er mit dem fünften oder sechsten Lebensjahr zur Schule kam. Dann wurde nach altem Brauch ein Fest zum «Scheren des Sohnes» veranstaltet. Bis dahin mochten sich Jeschuas Locken üppiger Freiheit erfreuen, sie, die immer zuerst die Wallungen des Kindes wiedergaben und seine kindlichen Freudenausbrüche sie vervielfachend begleiteten.

Die Stirn und die Augen des Kindes glichen auffallend denen der Mutter; jene war hoch und wohlgewölbt, diese waren groß und schwarz und zeigten einen Schimmer wie das Glitzern von Tränen. Die langen Korkzieherlocken hingen über den eingetieften Schläfen, an denen die Haut so zart war, daß es Herzweh verursachte, sie anzuschauen. Seine Gesichtsfarbe war ebenfalls dunkel wie die der Mutter und machte den Anschein, als ob die Brauen und die langen tiefschwarzen Wimpern auf eine wundersame Weise ihren Schatten über das ganze Gesicht würfen.

Am frühen Morgen nahm Miriam ihr Söhnchen oftmals zum Brunnen mit. Wenn die andern Frauen Jeschua in seinem weißen Kleidchen, von dem Lamm «Mond» gefolgt, herankommen sahen, sagten sie:

«Da kommt der Vielgeliebte!»

Denn sie konnten sich nicht satt sehen und hören an dem Lachen und der Begeisterungsfähigkeit des Knaben. Schwangere Mütter herzten und küßten ihn und murmelten das Stoßgebet: «Möge Gott die Frucht meines Schoßes einen Knaben werden lassen gleich diesem hier.» Und auch andere Frauen umringten Jeschua und sagten zu seiner Mutter:

«Ganz gewiß ist des HErrn Gnade über ihm.»

Es dauerte nicht lang, bis das Kind sowohl die Süßigkeit wie die Bitterkeit des Lebens erfuhr. Aufgeweckt für alles, was in seinem Gesichtskreis vor sich ging, erregte jeder Eindruck ihn heftig, ja mit krankhafter Empfindsamkeit. Mit kindlichem Kummer bemerkte er, daß das Dasein der Frauen um ihn aus unablässiger Arbeit bestand, und daß seine Mutter keine Ausnahme darin machte. Vom frühen Morgen bis in die späte Nacht hinein sah er sie mit Haushaltungspflichten beschwert. Die Witwe Hanna war recht alt und schwach geworden; sie konnte nicht mehr viel mithelfen, und so lastete eine doppelte Bürde auf Miriams Schultern. Vor allen Dingen gab die Wasserversorgung des Hauses ständig zu schaffen. Es gab zwei Arten Wasser: das «lebende» und das «tote» Wasser, will sagen: das Wasser, das Miriam frisch aus dem Brunnen holte und in zwei großen schweren Krügen heimtrug, und das Regenwasser, das in der Zisterne angesammelt lag und zum Körperwaschen und zum Tränken des Viehs benutzt wurde.

Doch das Zisternenwasser trübte sich rasch; eine Staubschicht sowie eine Decke von Käfern und Würmern überzog es, so daß es übel zu riechen anfing. Dann wollten die Haustiere es nicht mehr trinken und es wurde nur zur Bodenbewässerung benutzt. Und Miriam mußte dann nicht nur für die Menschen zum Trinken und Kochen, sondern auch für den Durst der Tiere Wasser besorgen. Joseph half ihr dadurch, daß er zwei große Lederschläuche am Sattel des Esels befestigte. Miriam selbst trug den Krug, in dem sie das Wasser heraufzog. Der Brunnen lag gar nicht weit vom Hause entfernt; aber sie blieb doch immer eine Stunde aus, denn in den frühen Morgenstunden war der Brunnen von zwei langen Reihen dort anstehender Frauen belagert. Einige von diesen brachten zur Zeitersparnis gleich ihre Schafe mit, um sie an dem danebenliegenden Trog zu tränken. Dadurch wurde das Gedränge noch dichter; es war schwer, durch das Gewimmel von Frauen und Tieren durchzukommen, so daß wieder Zeitverlust entstand.

Während Miriam am Brunnen war, bereitete Joseph das Kind für das Morgengebet vor, denn es war die geheiligte Aufgabe des Vaters, seine Söhne von frühester Kindheit an in ihren Pflichten gegen Gott zu unterweisen, mit ihnen die Heilige Schrift zu lesen und sie das Hersagen von «Höre, Israel» zu lehren. Joseph half also dem kleinen Jeschua, sich anzukleiden und sich zu reinigen für die fromme Stunde, zu der er mit ihm zusammen das Gebet sprach.

Als Jeschua älter geworden war, fügte Joseph dem Gebet noch Verse aus den Propheten und den Psalmen hinzu; oder er ging mit ihm die Zehn Gebote durch, die, auf eigenen Pergamentrollen geschrieben, zur Unterrichtung der jüdischen Kinder dienten. Diese Rollen wurden den Eltern vom Vorbeter der Synagoge besorgt; manchmal stellte auch ein besonders frommer Mann einen Schreiber an, der den Dekalog auf Pergament schreiben mußte, und diese Abschriften wurden dann an die Kinder der Armen verteilt.

Joseph breitete die Rolle auf die Knie Jeschuas und ließ ihn seine Lektion aufsagen, bis er sie auswendig konnte.

Darauf ging er mit Jeschua zur Schafhürde und füllte die Raufen mit Futter, um bis zu Miriams Rückkehr damit fertig zu sein. Das Kind sollte lernen, daß der Mensch seinen Tieren zu fressen geben muß, bevor er sich selbst zur Morgenmahlzeit setzt. Wenn dann Miriam heimkam, half Joseph ihr, die gefüllten Wasserschläuche abladen, schüttete den Trog für die Tiere voll und goß den Rest in den großen irdenen Krug, der im Hausgang zum Gebrauch der Familie stand.

Nachdem sie sich die Hände gewaschen hatten, setzten sich Joseph und Jeschua zum ersten Mahl des Tages nieder. Miriam tischte ihnen hartgebackene Weizenbrotlaibe auf, dazu frische Gemüse wie Zwiebeln, Radieschen und Gurken je nach der Jahreszeit, außerdem ein Schüsselchen Oliven und Datteln. Joseph spülte das Essen gern mit einem Trunk frischen Wassers oder hausgemachten Bieres aus Gerstengraupen hinunter. Für Jeschua stand immer eine Schale mit Honig gesüßter Milch und eine Schnitte Feigengebäck bereit, das auf dem offenen Dach an der Sonne getrocknet war. Danach brachte Miriam eine Schale Molke und den Rest der Brote ans Bett der Mutter, wo sie selbst sich endlich auf eine Bambusmatte auf den Boden setzte und ihr Frühstück mit der alten Hanna zusammen verzehrte. Die Alte tauchte ihr Brot in Essig und führte es erst zum Munde, wenn es wohl durchweicht war, um es mit ihren zahnlosen Kiefern kauen zu können. Der Essig belebte ihren geschwächten Körper etwas und verlieh ihrer Kraft einen trügerischen Aufschwung. Sie spürte, wie die scharfe Säure ihr durch Schlund und Rumpf rann, und ihre trüben, tief zwischen die vorspringenden Stirnknochen eingesunkenen Augen gewannen für ein paar Augenblicke einen Anschein der alten Lebhaftigkeit. Mit dem Greisinnenmund an den weichen, schwammartigen Bissen saugend horchte sie angespannt zu dem Enkel hinüber, der Joseph den Segensspruch nachsagte: «Wenn du gegessen hast und satt bist, so sollst du Gott dem HErrn danken.» Dann bewegten sich wohl ihre vertrockneten Lippen, und Miriam vernahm manchmal, den Kopf dicht an Hannas Mund haltend, wie die Alte fast unhörbar murmelte:

«Ich danke Dir, Vater im Himmel, daß Du mir noch vergönnt

hast, Deinen Preis zu hören aus dem Mund meines Enkels, bevor ich die Augen schließe.»

Und dann flüsterte Miriam der Mutter ins Ohr:

«Du wirst auch noch deinen Enkel sehen als Lehrer und Rabbi in Israel.»

«Ja, Miriam», sagte dann Hanna. «Des HErrn Gnade waltet gewiß über ihm. Möge er nie das böse Auge der Neider auf sich lenken.»

Nach dem Morgenessen schüttelte Miriam das Lager der Mutter auf, machte auch die andern Betten, räumte die Teller ab, fegte und reinigte das Zimmer. Und dann begann erst der eigentliche Arbeitstag für sie.

Joseph war mittlerweile in seiner Werkstatt verschwunden. Er arbeitete schwer, aber doch blieben seine Einkünfte kaum nennenswert. Mit der größten Schwierigkeit nur konnte er sich das nötige Holz zur Verarbeitung beschaffen, denn Israel als Ganzes hatte nur einen geringen Waldbestand, und das Holz aus den galiläischen Bergen war für diese Zwecke der Schreinerei zu weich. Es kam fast ausschließlich von Zypressen, Johannisbrotbäumen und Oliven oder auch von alten, verfallenen Weinstöcken. Holz vom Libanon kommen zu lassen, war schon wegen der Transportkosten nicht möglich, denn niemals hätten Josephs Kunden die dadurch verteuerten Preise zahlen können. Das einzige Holz, das Joseph nutzbringend verwenden konnte, bestand in den Wurzelstümpfen gefällter Sykomoren. Dieses verarbeitete er zu Pflügen, und er bemühte sich, ihm durch sorgfältigste, sachkundigste Behandlung einen möglichst großen Härtegrad zu verleihen, um dem Mangel an Eisen abzuhelfen, das ebenfalls nur zu teurem Preis aus den phönizischen Schmelzwerkstätten beziehbar war. Nur die reichsten Bauern konnten sich Pflüge mit Eisenteilen leisten. Aus diesem Grund wurden Sykomoren sehr hoch geschätzt, und beim Verkauf eines Stückes Land, das solche Bäume aufwies, diese ausdrücklich vom Kaufvertrag ausgenommen. Aber auch Sykomoren wuchsen nur in warmen Gegenden, so daß Joseph gezwungen war, sich im Tal Jesreel, ja in der entfernteren Jordanebene, danach umzusehen. Er mußte die Stümpfe selbst ausgraben, jeden einzelnen dem armen Eselein aufladen und dann den Heimweg zu Fuß nebenhergehen. Manche der aus seiner Werkstatt hervorgehenden Geräte und Gefäße verkaufte er an kleine Bauern und

Ausgestoßene in den Bergen, die ebenso arm waren wie er selber. Manche bezahlten mit Getreide oder andern Bodenfrüchten. Josephs Einkommen reichte daher kaum aus, die vielen Steuern und Abgaben zu bezahlen, die die Regierung des Herodes oder deren römische Oberherren dem Volk auferlegten: Kopfsteuer, Weg- und Brückenzölle, Verkaufsabgaben, die auf den Märkten und in den Bazaren erhoben wurden. Dazu kamen die unumgänglichen Pilgerfahrten nach Jerusalem mit Opfergaben, Geschenken und Leistungen für den Tempel, ganz zu schweigen von der pflichtgemäßen Tempelsteuer. Es kamen die ständigen Ausgaben für allerhand kleine Genußmittel hinzu: Salz, Saffran, Weihrauch und Gewürze wie Ingwer und Zimmet, die ebenfalls nur in wärmeren Landstrichen als Galiläa gediehen. Und da eine Familie ja nicht von Brot allein lebt, so bedurfte es des Geldes auch, um den Schreiber für eine neue Schriftrolle der Thora zu bezahlen, insonderheit wenn in der Familie ein Sohn war, der unterrichtet werden mußte. Und was Miriam anging, so war es allgemein bekannt, daß sie kostbares sidonisches Linnen, ja sogar Stränge persischer Wolle anschaffte, um daraus Gewänder für ihren Sohn zu weben. Dies war eine Ausgabe, die hoch ins Geld ging, doch Joseph verwehrte es ihr nicht.

Den größeren Teil der Familiennahrung stellte das Weizenfeld des seligen Hanan, der Gemüse- und der Obstgarten sowie die kleine Schafherde. Das Feld lag nahe beim Hause an der Lehne eines der Hügel, die auf Nazareth hinabblicken. Als Erbteil von Seiten Reb Hanans gehörte es der ganzen Familie; die beiden Miriam und nun deren Gatten waren also gemeinsame Eigentümer. Das Gesetz verbot Aufteilung des Familienguts, und selbst wenn es im Ganzen verkauft wurde, so fiel es im Jubeljahr, also alle Halbjahrhundert, an den ursprünglichen Besitzer zurück.

Wie jede Familie in Israel war auch die Reb Hanans eine festverwobene Sippe. Das Eigentum eines jeden Angehörigen war gemeinsamer Besitz aller. Vettern und Basen betrachteten sich wie Brüder und Schwestern, mochten sie auch verschiedene Eltern gehabt haben. Es darf wohl gesagt werden, daß die Juden einen übertriebenen Sinn für Verwandtschaft und Abkunft hatten. Stieß einem von ihnen ein Glücksfall zu, so wurde daraus sofort ein Anlaß zur Freude für die ganze Familie; erlitt einer ein Ungemach, so beklagte die ganze Familie ihr Mißgeschick. Widerfuhr einem von ihnen eine Beleidigung oder Kränkung, so ächzte die ganze Familie unter dem Schlag. Hatte andererseits ein Familienmitglied, Gott behüte, eine Verfehlung begangen, so machte sich die ganze Familie Gewissensbisse.

Als Gatten der beiden Schwestern, die den seligen Hanan beerbt hatten, waren Joseph und Kleophas die Häupter der Familie. Bei Eintritt des Frühjahrs, sobald die letzten Regengüsse niedergegangen waren, bestellten die beiden Schwäger das Feld. Sie brachten jeder seinen Esel hinaus, schirrten die beiden zusammen an den Pflug und umbrachen es zur zweiten Aussaat. Das Feld machte jedoch noch andere Arbeit erforderlich als bloß Pflügen und Säen; da das Feld am Hang lag, so war es eine ständige schwere Aufgabe, die obere Bodenschicht zu festigen. Joseph und Kleophas verbrachten manchen arbeitsamen Tag damit, den unteren Rand des Ackers mit aufgeschichteten Steinmäuerchen zu umgeben und Terrassen anzulegen, aber die Gewalt des Frühlings- und Herbstregens war oft so groß, daß doch wieder Schicht nach Schicht der fruchtbaren roten Krume zu Tal geschwemmt wurde. Jedes Frühjahr verteilten sie den Dung von Josephs Misthaufen auf dem Feld; und jedes Frühjahr beteten sie wieder, daß der Himmel zwar Regen, aber keinen Sturm schicke, damit der Dünger in die Erde gedrückt und nicht weggetragen werde.

Immerhin lieferte das Feld eine mäßige Ernte. Um die verwickelten Vorschriften hinsichtlich gemischter Saaten nicht zu verletzen, säten Joseph und Kleophas nur die einzige Feldfrucht an, die ihnen die lebenswichtigste dünkte, nämlich Weizen für das Brot, das ihr Hauptnahrungsmittel bildete. Und in guten Jahren ergab sich auch ein Ertrag, der für die Brotbedürfnisse der beiden Familien ausreichte, so daß kein Körnchen hinzugekauft werden mußte.

Das Jäten besorgten die beiden Schwestern. In Zeiten außergewöhnlicher Dürre, wenn – was häufig in den Frühlingsmonaten geschah – der Samum über der Landschaft wütete, gruben die beiden Schwäger über das ganze Feld hin Bewässerungsgräben, und Josephs Eselein trottete geduldig mit zwei immer wieder gefüllten Wasserschläuchen zwischen dem Brunnen und dem Acker am Hang hin und her. Wenn die Erntezeit nahte, schliefen die beiden Männer auf dem Grundstück, um sowohl die gefiederten Räuber wie die menschlichen Diebe abzuwehren, die die Gewohnheit hatten, im Schutze der Nacht anderer Leute Korn zu schneiden. Ja ja, auf diesem kleinen Acker mußte mancher Schweißtropfen vergossen werden, bevor die Ähren mit ihren Grannen sich auf den schwanken Stengeln wiegten und sich schließlich unter ihrer reifen Bürde zu Boden beugten! Wenn dann aber endlich der Erntetag da war – und er stellte sich immer kurz nach dem Passahfest ein, um dem Bauern Zeit zu lassen, die Erstlingsfrucht vor dem Wochenfest zum Tempel zu bringen –, dann kamen die Männer mit Frauen und Kindern aus den Häusern und sammelten mit Liedern auf den Lippen, was sie in Tränen gesät hatten.

Doch wenn die Ernte auch mit Gesang und Gelächter begangen wurde, so doch nicht unter Vernachlässigung des Gesetzes. An diesem Freudentag wurde der Armen gedacht; der sechste Teil der Ernte wurde nicht geschnitten; die liegen gelassenen Ähren wurden nicht gesammelt, eine Nachlese fand nicht statt; denn die Ecken der Felder, die Nachlese und die verstreuten Ähren gehörten nach Recht und Gesetz den Witwen und Waisen sowie dem Fremdling, der innerhalb des Tores wohnte.

Die Zeit des Erntens, Dreschens und Worfelns des Getreides, das waren festliche Wochen für die Familie. Kleophas und seine Frau zogen zu Joseph; alle hausten und schafften zusammen, bis die enthülsten Körner zwischen den beiden Familien geteilt waren. Fast die ganze Zeit brachte man auf dem Felde zu. Die Männer droschen mit den Dreschbrettern, welche die Esel über das geschnittene Getreide schleiften. Gemäß dem jüdischen Gesetz und entgegen dem heidnischen Brauch wurden den Tieren die Mäuler nicht verbunden, so daß sie von dem Korn, welches sie mit ihrer Arbeit aus den Hülsen schlugen, so viel fressen konnten, wie sie wollten. Hinter ihnen drein gingen die Frauen, die das ausgedroschene Korn mit Schaufeln hochwarfen, damit die Spreu weggeweht werde; das Korn wurde auf der einen Seite zusammengehäuft und auf der andern die Strohgarben zum Trocknen an der Sonne geschichtet.

Zur Mittagszeit, wenn die Sonne am wolkenlosen Himmel am wütendsten brannte, suchten die Schnitter und Schnitterinnen Schutz im Schatten eines breiten Ölbaums, wo dann über einem rasch angezündeten Feuer Weizenkörner zum Imbiß geröstet wurden. Joseph war sich bewußt, daß er sich dabei eine Freiheit herausnahm entgegen dem Wort der Rabbunim, das vorschrieb, daß nichts von dem geernteten Getreide genossen werden dürfe, ehe der Leviten-Zehnte abgezogen war. Doch er beschwichtigte seines Schwagers Bedenken in dieser Hinsicht mit der Erklärung, gegen deren Folgerichtigkeit sich kaum etwas einwenden ließ:

«Wenn das Gesetz Mosis lehrt, daß dem Esel, der da drischt, nicht das Maul verbunden werden darf auf dem Feld, auf dem er sich müht, so folgt daraus, daß auch der Mensch von der Frucht seiner Mühe essen darf während der Arbeit.» Und als unwiderleglichen Beweis führte er an, daß von Boas in der Bibel berichtet wird, wie er mit seinen jungen Männern geröstetes Korn von dem Felde aß, das sie abgeerntet hatten. Doch weiter ging auch Joseph nicht; es konnte keine Rede sein, auch nur den kleinsten Teil des Ertrags ins Haus mitzunehmen, ehe der Priester nicht die Zuteilung des Zehnten für die Leviten und Priester angeordnet hatte, sowie die eines zweiten Zehntteils zur Verwendung durch die Familie als Nahrung in Jerusalem, wenn sie zum Tempel wallfahrtete. Sobald diese Abzüge gemacht waren, keine Minute vorher, teilten sich die beiden Schwäger hälftig in den Ernteertrag; ein jeder brachte den ihm zukommenden Haufen in sein Haus und schüttete ihn in die Kornkiste, die der vornehmlichste Schatz der Familie, die Quelle ihres Lebensunterhalts für das ganze kommende Jahr war.

So aßen sie denn ihr Mittagsmahl aus geröstetem Korn und tranken Gerstenbier aus kühlen Krügen dazu. Miriam hatte auch Feigenschnitten und ein Schüsselchen Dickmilch mitgebracht für ihren kleinen Sohn, der, den ganzen Tag, mit «Mond» spielend, auf dem Stoppelfeld herumsprang. Dann streckten sie sich im Schatten aus; die Männer schliefen ein, und die Frauen neckten sich mit dem kleinen Jeschua herum, dessen Geplapper sie unterhielt. Wenn die Sonne niederzugehen anfing, erhoben sich wieder alle, um das Tagewerk zu beenden, und überließen Jeschua wieder seinen fröhlichen Spielen mit dem Lämmchen.

Obschon Miriam ebenso schwer arbeitete wie alle ihre Gefährten, ließ sie das Kind doch nie lange aus den Augen. Und da fielen ihr auf einmal die Hände herunter, wie versteinert blieb sie, von hilflosem Entsetzen auf die Stelle gebannt, stehen. Nicht einmal einen Schrei vermochte sie auszustoßen. Ein furchtbarer Anblick bot sich ihr dar: in halber Länge vor dem Kind aufgerichtet, den Kopf wie zum Zustoßen steif vorgespannt, eine große Schlange.

Miriam konnte sogar die schwarzgetüpfelten Augen und die zitternde grüne Flamme der Zunge erkennen.

Vor Grauen waren ihre Glieder wie zu Eis geronnen; sie rief nicht um Hilfe, noch tat sie einen Schritt auf das Kind zu. Da sah sie das Kind, Jeschua, in seinem fleckenlosen Kittelchen vom Boden aufstehen und die Hand ausstrecken, als wolle es den Kopf der Schlange streicheln. Halt, hör auf, Tinoki, nicht!, wollte sie rufen; doch die Worte erstarben ihr in der Kehle, und von ihrer gelähmten Zunge rang sich nur ein unhörbares Stöhnen los. Das Kind aber trat, von seinem getreuen Lämmchen gefolgt, einen Schritt vor auf die Schlange zu. Miriam schlug das Herz in den Hals hinauf; noch immer vermochte sie keinen Warnruf auszustoßen, selbst als sie nun sah, wie die Hand ihres Söhnchens tatsächlich sich auf den Kopf der Schlange legte. Tief in ihrem Innern schrie es auf: Vater im Himmel! –, da sah sie, wie die Schlange zusammenfiel gleich einer aufgestochenen Blase.

Da fühlte sich Miriam im Nu von dem Bann erlöst und sie sprang, ohne um Hilfe zu rufen, auf das Kind zu. Dort sah sie das Schlangenhaupt, noch immer von des Kindes Hand berührt, zwischen Jeschuas Füßen liegen. Und die Worte Jesaias kamen ihr in den Sinn: «Und ein Säugling wird seine Lust haben am Loch der Otter, und ein Entwöhnter wird seine Hand stecken in die Höhle des Basilisken.»

Das Erlebnis aber verschloß sie in ihrem Herzen und sprach zu keinem Menschen davon.

VIERTES KAPITEL

NICHT lange nach der Entwöhnung ihres Erstgeborenen ward Miriam wiederum schwanger. Und als Jeschua drei Jahre alt war, gebar sie ihrem Gatten einen Sohn, der nach Josephs Vater, Jakob genannt wurde. Bei dieser Geburt blieb ihr nichts erspart, als wenn Gott gewollt habe, daß sie jeden Schmerz und jede Pein der Mutterschaft kennen lerne.

Daß Miriam Söhne gebar, erhöhte ihr Ansehen in der Gemeinde von Nazareth; denn war dies nicht ein untrügliches Zeichen von Gottes Gnade? Auch Josephs guter Name war wieder hergestellt.

Man begann über seinen kleinen Fehltritt vor der Hochzeit milder zu denken. Selbstverständlich galt Jeschua als Josephs Sohn, da man zwischen ihm und seinem Brüderchen keinen Unterschied wahrzunehmen vermochte.

Doch dies war bei den Eltern selbst nicht der Fall; sie blieben der Umstände von Jeschuas Geburt stets eingedenk; sie selbst zogen in ihren Gedanken einen klaren Trennungsstrich zwischen dem älteren und dem jüngeren Knaben. Gerade die natürliche Geburt des zweiten Sohnes diente zumal Miriam auf Grund der Gegensätzlichkeit nur zur Unterstreichung des geheimnisvoll-unergründlichen Charakters von Jeschuas Erschaffung, bei der sie von höheren Mächten als Werkzeug benutzt worden war.

Der Erstgeborene war das Kind ihrer Jungfrauenträume, das Kind ihres Sabbaths und ihres Festtags, das Kind ihres Gebets. Von Ehrfurcht vor der unbegreiflichen Bestimmung dieses Kindes und der Rätselhaftigkeit seiner Geburt überwältigt, sank sie oft an seinem Bettchen in die Knie und faltete die Hände zu ihm empor, wie ein frommer Pilger, dem am Wege eine himmlische Erscheinung begegnet. Und häufig auch, wenn sie das Kind in einem Winkel spielen sah oder hörte, wie es die Bibelverse auswendig lernte, die ihm so mühelos von den Lippen flossen, oder auch, wenn sie an dem Holzbettchen kniete, das Joseph ihm geschnitzt hatte, sprach sie leise aus angstvoll bewegtem Herzen: «Wer bist du, du, der du auf solch wundersame Weise zu mir gekommen bist? Wer hat dich gesandt in meiner Not? Welche Welten hast du hinter dir gelassen, um zu mir zu kommen? Und was ist dir bestimmt, wie wird dein Schicksal sein, du Frucht meines Schoßes?»

Doch solche Aufschwünge erlebte sie nur ausnahmsweise in Augenblicken, wenn sie sich ihrer eigenen Auserwähltheit bewußt wurde. Sonst behandelte sie Jeschua nicht anders wie Jakob, und sie bemühte sich mit aller ihrer Kraft, beiden Kindern zu geben, wessen sie bedurften.

Auch bei Joseph hatte die Geburt seines eigenen Sohnes den Sinn der Verantwortlichkeit für das heilige Unterpfand, das seiner Obhut anvertraut war, bestärkt. Er fürchtete stets, er könne irgendeine Pflicht vernachlässigen, die ihm diesem Kind gegenüber obliege, das die Hoffnung Israels trug, wie ihm durch das seinerzeitige Traumgesicht verkündet worden war. Er wußte, daß er außerhalb des heiligen Geheimnisses stehe und daß er nicht hoffen könne, jemals Zutritt dazu zu erlangen, er, der gewöhnliche Sterbliche, in dessen Hände ein heiliger Auftrag gelegt war, für den er mit Leib und Seele haftete. Er wachte über Jeschuas Sicherheit, er führte ihn ein in die Wege der Welt und er nahm vor der Öffentlichkeit die Rolle des Vaters auf sich, bis daß die Zeit Jeschuas gekommen sei.

In guten Jahren, wenn die Regenfälle zeitig einsetzten und nicht so heftig niedergingen, daß sie alles wegschwemmten, vermochte Joseph aus dem kleinen Familiengrundstück genügend Lebensmittel für den ganzen Haushalt zu ziehen. Doch jeder unvorhergesehene Witterungszwischenfall – Dürre, Sturm oder gar Sandsturm – konnte die Ernte verderben und die Familie in bittere Not stürzen. Kurz nach der Geburt seines eigenen Kindes ging in diesem Frühling ein heftiger Hagelschlag nieder und beugte die Weizenhalme so tief, daß sie sich wochenlang nicht mehr von der schlammigen Erde zu erheben vermochten. Als die Sonne wieder herauskam und die Halme, von der neuen Wärme belebt, sich wieder aufrichteten, erkannte Joseph, daß die diesjährige Ernte nur leere Ähren und Stroh erbringen werde.

Seine Befürchtung erwies sich als nur zu gerechtfertigt. Der Winter war noch nicht zur Hälfte um, da wurde in der kleinen Kiste, die den Körnervorrat enthielt, der Boden sichtbar, und Miriams Herz wurde jedes Mal kummervoller, sobald sie wieder eine Handvoll Korn herausnahm, um es zu mahlen.

Wenn der Acker nichts hergab, dann mußte der Gemüsegarten einspringen, um die Speisekammer zu füllen. Dies aber bedeutete mehr Arbeit für Miriam; so fing sie denn an, die Beete in diesem Jahr zeitig zu bestellen, als der Boden noch vollkommen aufgeweicht war. Bei Sonnenaufgang erhob sie sich vom Lager, stapfte barfuß in den Schlamm hinaus, pflanzte Rüben, Bohnen, Randen und Zwiebeln. Stundenlang stand sie über die Gewächse gebeugt, befreite sie von Unkraut, umbrach neue Saatbeete und grub Löcher, um das überschüssige Wasser abzuleiten.

Zum Weben neuer Gewänder für den Ältesten blieb ihr keine Zeit. Die «bunten Röcklein», denen Jeschua entwachsen war, wurden an Sabbath- und Festtagen jetzt von dem jüngeren Brüderchen getragen. Einige dieser Gewändlein jedoch schloß sie weg, diejenigen die sie in einsamen Nachtstunden gewebt, während überirdische Gesichte vor sie getreten waren. Sie hielt sie in einem

Schrein verborgen mit den Windeln Jeschuas, den Gedenkstücken an den kurzen Aufenthalt in Bethlehem. Denn jetzt war ihr ältester Sohn, gleich den andern Kindern der Nachbarschaft, in das übliche Gewand der armen Leute gekleidet, einen Kittel aus Sackleinen, der mit einem Strick um die Hüften gegürtet war. Nur zu festlichen Gelegenheiten noch trug er eines von den Hemden und eine der mit Quasten gezierten Tuniken, die Miriam aus feinster Baumwolle gewebt hatte.

Für die Kinder der armen Leute verging die Jugendzeit rasch. Auch der kleine Jeschua wurde bald vom Spiel hinweggerufen, um an seinem Teil zum Haushalt beizutragen. Es wurde ihm die kleine Schafherde anvertraut, die er auf die Weide und dann wieder heimtreiben mußte, wenn die Stunde des Melkens gekommen war. Vom Gemüsegarten aus konnte Miriam den zum Hirten gewordenen Sohn am gegenüberliegenden Hang beobachten. Und wenn sie hörte, wie er jedes Schaf bei Namen rief, und sah, wie sich die Tiere zum Schutz um ihn sammelten, so mußte sie denken, wie mühelos ihrem Sohn der Beruf seiner Vorfahren angeflogen war, wie er gleich Abraham, Isaak und Jakob ein Hirte geworden und daß ihn der HErr zweifellos, gleich Moses und David, zu einem Hirten Seines Volkes bestimmt habe.

Doch nicht nur die Haustiere waren seiner Obhut anvertraut; von früh an hatte er auch über sein Brüderchen zu wachen. Und der kleine Jakob rührte sich nicht von Jeschuas Seite, wenn sie Hand in Hand zur Schafweide hinausgingen.

Als die beiden Kinder eines Morgens wieder mit der Herde im Freien waren, erschien ein harmlos aussehendes, bläuliches Wölkchen am Horizont. Dort schwebte es, anscheinend regungslos, eine Zeitlang, plötzlich aber hing es in nächster Nähe am Himmel, barst mit einmal auseinander wie eine zur Faust geballte Hand und entließ schwarze Wolkenmassen. Doch ehe noch der Himmel ganz davon verhüllt war, brach eine Regenflut hernieder, und Wasser entströmte der Erde, als ob sich ein Abgrund aufgetan habe, um sich dem vom Himmel kommenden Guß entgegenzuwerfen. Dies alles begab sich im Nu, mit der charakteristischen Unvermitteltheit der Frühlingsregen in Galiläa. Nun aber waren Miriams Kinder mit der Herde draußen vom Haus abgeschnitten durch reißende Sturzbäche, die durch die Senke zwischen den Hügeln tobten. Jeschua sank bis über die Knöchel, ja bis zu den

Knien in die immer weicher werdende Erde ein, während er nach allen Richtungen rannte, um die kleine Herde zusammenzutreiben. Joseph war inzwischen aus seiner Werkstatt herausgeeilt, dichtauf gefolgt von Miriam. Doch statt in die ausgestreckten Arme der Mutter zu stürzen, statt Josephs Zuruf, so rasch wie möglich ins Haus zu flüchten, zu gehorchen, stapfte Jeschua weiter bis zu den Hüften in Schlamm und Wasser, um ein Lamm zu retten, das in den Gießbach geraten war und nun in rasender Fahrt bergab gerissen wurde.

Der kaum zweijährige Jakob tat es seinem Bruder nach und suchte auch das Lamm zu retten. Doch er glitt aus, fiel ins Wasser und wurde auch bereits von der Strömung abwärts getragen. Wie eine Blase sich aufblähend hielt ihn sein Kittelchen noch an der Oberfläche schwimmend. Jeschua sah, wie der Bruder vorübergetrieben wurde, packte ihn mit einer Hand und hielt ihn fest, doch gab er deshalb die Rettung des Lammes nicht auf, nach dem er seine freie Hand ausstreckte, in der Hoffnung, es noch fassen zu können, ehe es wider einen vorspringenden Stein getrieben und verletzt oder unrettbar in die Talsenke hinuntergerissen würde.

Hilflos blieb Miriam stehen; je näher die Flut der Senke kam, desto mehr nahm sie an Umfang und Wildheit zu, und Miriam sah alle drei, ihre beiden Kinder und das Lamm, zu einem unentwirrbaren Knäuel geballt, bachab treiben. «Der HErr wird helfen», murmelte sie immer vor sich hin aus zugeschnürter Kehle, die Hände über die Lippen pressend. Im nächsten Augenblick jedoch sah sie, wie die drei schwimmenden Leiber plötzlich Halt fanden: Jeschua richtete sich im Wasser auf, doch nur Kopf und Schultern daraus hervorragend; mit der einen Hand hielt er Jakob hoch, mit der andern das leblose Lämmchen; um sein Gesicht brach sich und strudelte der Gießbach. Welle nach Welle bäumte sich auf an ihm, schlug über ihm zusammen, ihn den Blicken verbergend, so daß es jeden Augenblick schien, er werde nicht mehr emportauchen; doch Jeschua hatte festen Fuß gefaßt wie ein wohlverwurzelter Ölbaumschößling. Die wenigen Sekunden, in denen er sich aufrecht hielt, genügten, daß Joseph, der, vom Strömen des Wassers behindert und aufgehalten, nachgestapft war, die Kinder gerade am Rand des Absturzes noch packen und sie in Sicherheit bringen konnte.

Jeschua war bis auf die Haut durchnäßt, das Wasser rann ihm

aus den Haaren und den Ohren, aber er lachte laut und jubelte über das Erlebnis, das ihm das vergnüglichste seines bisherigen Lebens dünkte.

Als Miriam ihm beim Kleiderwechseln half, fragte sie ihn: «Hattest du keine Angst, als dich das Wasser mitriß?»

«Wovor sollte ich Angst gehabt haben?», fragte er zurück. «Wußte ich denn nicht, daß der Vater im Himmel mich vor allem Übel bewahren würde?»

«Wieso wußtest du das?», fragte Miriam gespannt.

«Ich verrichtete doch Sein Werk! Wollte unser Vater im Himmel nicht das Lamm retten? Wollte Er, daß es ertränke?»

Miriam staunte ob dieser Antwort des Knaben; mehr noch als über die Worte, über die Art und Weise, mit der sein Wille und seine bewußte Weisheit die natürliche Angstempfindung ausgeschaltet hatten.

«Wer hat dir das gesagt, Tinoki?», fragte sie.

«Niemand, Emi; der Gedanke kam mir, als ich sah, wie das Lamm vom Wasser mitgerissen wurde.»

Der dabeisitzende Joseph warf ein: «Dein Sohn, Miriam, spricht mit dem Munde der Weisen, denn die Weisen haben gelehrt: ‚Die Mein Werk tun, sollen keine Unbill erleiden.'»

Doch dieser Zwischenfall blieb nicht ohne Folgen. Während der Nacht wälzte sich der kleine Jakob schlaflos in seinem Bettchen und rief mit schwacher Stimme nach der Mutter. Als Miriam zu ihm kam, merkte sie, daß er starkes Fieber hatte. Von diesem Augenblick an wich sie nicht mehr vom Bett des Kindes.

Drei Tage und drei Nächte sah sie zu, wie ihr Kind mit dem Tode rang.

Josephs Sohn war ihr nicht weniger teuer als das Kind ihrer Erwählung. Der Kleine beanspruchte und gewann ihre ganze Liebe nicht durch die überirdische Freude, mit der der Erstgeborene jede Berührung vergalt, sondern durch seine bemitleidenswerte tödliche Hilflosigkeit und ihren Kummer als Mutter. Denn er war in Wehen und Schmerzen geboren. Bei seiner Geburt hatte die Pein des Kreißens sich so lang hingezogen, hatte sie ihre Glieder so bis zum Zerreißen angespannt, daß Miriam selbst daran zweifelte, ob sie es überstehen, ob ihr nicht, gleich Rahel, das Kindbett zum Totenbett werden würde.

Und dann war das Kind schwach und kränklich zur Welt gekommen, die Beute heftiger Krämpfe, als ob böse Geister in ihm hausten. Nicht selten fand sie den kleinen Jakob mit aschfahler Haut und schaumbedeckten Lippen. Und mehr als einmal war Miriams Schwester schon bereit gewesen, das Gesichtchen des Kindes, auf dem sich der Tod abzeichnete, mit einem schwarzen Schleier zu bedecken.

«Siehst du denn nicht, Miriam, daß es ausgelitten hat?», pflegte Mariama in solchen Augenblicken zu sagen.

Doch immer wieder fiel Miriam ihr in den Arm. Sie wurde nicht müde, den Unterleib des Kindes mit heißem Olivenöl einzureiben und sich an jeden Strohhalm der Hoffnung zu klammern. Wenn der Engel des Todes schon sichtbar die Wiege zu überragen schien, wehrte Miriam ihn immer wieder mit so brünstigen Gebeten ab, daß jede irdische und himmlische Macht sich davor erschüttert abwenden mußte. Mehrere Male schon hatte sie so den kleinen Jakob schwerem Fieberzustand entrissen; und wenn sie dann sah, wie seine Augen sich wieder auftaten, und hörte, wie er, die Stimme wiederfindend, in klägliches Weinen ausbrach, so floß ihr Herz über vor Mitleid und Gram um dieses jammervollste von Gottes Geschöpfen, dem sie doch das Leben gegeben hatte und für das sie ihr eigenes mit Freuden hingegeben haben würde. Und dann fiel sie vor dem Bettchen auf die Knie und rief weinend zu Gott, bis das Kind genesen war.

So also pflegte Miriam Josephs Sohn und rettete ihn vom sicheren Tode. Mit Stolz und Freude nahm sie wahr, wie er sich mit dem zweiten Lebensjahr immer mehr zu einem gesunden, normalen Kind entwickelte, bis zu dem Schicksalstag, da der Wolkenbruch ihre beiden Söhne auf offenem Feld überraschte.

Jeschua hatte das Ganze mit einem leichten Achselzucken als einen alltäglichen Zwischenfall abgetan; doch für seinen kleinen Bruder wurde dieser zu einer tödlichen Gefährdung. Selbst Joseph zweifelte an dem Aufkommen des jüngeren Sohnes. Er beugte sich zu der Mutter hinab und bat sie, sich in das Unvermeidliche zu schicken.

«Ruhe dich aus, Miriam. Gott nimmt ihn von uns; Sein Wille ist unabwendbar, auch wenn Sein Ratschluß für uns unerforschlich bleibt. Er hat ihn gegeben und hat ihn genommen. Der Name des HErrn sei gelobet.»

«Joseph, was sprichst du da?! Das Kind atmet noch; es ist noch Leben in ihm. Sollen wir die Zuversicht auf den HErrn aufgeben, bei dem kein Ding unmöglich ist? Ich gebe das Kind nicht verloren.»

Und sie blieb weiter am Krankenbett des Kindes. Seit drei Tagen hatte sie keine Speise zu sich genommen, keine Ruhe genossen. Grau und verhärmt sah ihr Gesicht aus; ihre Augen, rot und entzündet von der Schlaflosigkeit, starrten immerzu hinab auf den reglosen Körper des Kindes, alle paar Minuten beugte sie sich darüber, um den Todesschweiß von dem Gesichtchen abzuwischen. Durch die dünne Decke vermochte sie den Herzschlag zu verfolgen, das Heben und Senken des Brustkastens zu gewahren, und sie sah die glasige Starre der weitgeöffneten Augen, die wie die eines Vögleins waren, das geschlachtet wird. Regungslos, mit einer Gebärde vollständigen Sichselbstaufgebens, lag das Köpfchen nach hinten gefallen. Miriams Herz zog sich vor Gram zusammen. Die Lippen aufeinandergebissen, die Finger ineinanderverkrampft und die Augen fest geschlossen, um jeden Reiz des lebendigen Alls abzuwehren, versuchte sie, sich in die Schmerzen ihres Kindes zu versenken, seinen Lebenskampf auf sich zu nehmen, durch nichts als tiefste Einfühlung das Ringen mit dem Tod zu bestehen. Ihr tapferes Ausharren und Hoffen aber machte sich Luft in den Worten:

«Vater im Himmel, Du bist ein Gott des Erbarmens. Kannst Du den Todeskampf meines Kindes mitansehen? Wenn ich es bin, die Du strafen willst, so strafe mich und verschone mein Kind, das ohne Falsch ist. Nimm mein Leben hin, nimm es hin für das seine. Habe Erbarmen, Vater im Himmel!»

Und wo alles vorher dunkel gewesen, da entzündete sich in ihrer leidzerrissenen Seele mit einmal ein lichter Glanz des Verstehens. Es war nicht das Kind gemeint; sie war es, die Mutter, um die es ging. Ihre Mutterschaft sollte in all ihrer Fülle und Gänze bewahrt bleiben, auf daß sie Gottes Erwählten, den Messias, aufziehe; sie sollte nicht leichthin vergeudet werden, denn sie war der göttlichen Sendung ihres Erstgeborenen geweiht, so wie der Engel ihr im Gemach verkündet hatte. Nur einmal durfte sie Mutter sein. Ein eifersüchtiger Gott hatte sie vor allen Menschentöchtern auserkoren, die Mutter der Heilshoffnung der Welt zu werden.

Miriam schrak zurück, verkroch sich in sich selbst vor diesem Gedanken; dieser Gedanke, diese ihre letzte Erkenntnis, hatte den Urteilsspruch über ihr Kind besiegelt; ihre Heiligung war seine Verdammung. Und ihr leidenschaftliches Muttergefühl für dieses Kind des Fleisches wallte in ihr auf, strömte über und wuchs hinaus über die Liebe zu dem Kind, das ihr nur die Gnade geschenkt. Dieses Kind, er, Jeschua, er stand heil und sicher im Schatten Gottes; einen jeden seiner Schritte bewachten Engel, ihm konnte kein Leid geschehen. Die göttliche Vorsehung hatte ihm eine große Straße gebahnt um seiner Sendung willen, und bis diese nicht erfüllt war, vermochte keine Kraft zum Guten oder zum Bösen seinem Schreiten etwas anzuhaben. Doch dieses Kindlein hier, dessen Lebenslichtlein am Verlöschen war, ein freundloses Bündel sterblichen Wesens, der Verwundbarkeit durch jeden verderblichen Teufel und Dämon ausgesetzt, es war ohne Verdienst, kein selbsterworbenes und kein ihm bestimmtes Verdienst war sein eigen, und zwischen ihm und der Welt stand nur eine Mutter. Der kleine Jakob war kein Erwählter Gottes, keine Ausnahme bildete er selbst unter den Kindern seines Alters. Er war ein Menschenkind, ein Jedermannskind. Wenn sie ihn ihrer eigenen Heiligung opferte, so opferte sie alle Menschenkinder auf. Und durfte ihre Heiligung, die ihr unverdient und unerstrebt verliehen worden war, um sie unversehrt zu erhalten, durfte sie, Miriam, darum eine einzige Menschenseele dem Tode überantworten?

«Vater der Welten», flüsterte sie, angstvoll die Hände zusammenschlagend, «Heiliger Gott Israels, nimm meine Erwähltheit von mir. Verleihe sie einer Andern, die würdiger ist als ich, denn, siehe, ich kann die Bürde nicht tragen. Auch ich bin aus Fleisch und Blut wie dieses Kind, zu dessen Mutter Du mich gemacht hast in Deiner Güte. Siehe, ich liebe Josephs Sohn, wie ich Jeschua liebe, den Du in meine Obhut gegeben, um der Errettung der Welt willen. Doch wenn ich gesündigt vor Deinem Angesicht, so ist die Sünde mein, doch dieses Kind ist makellos. Strafe mich und nimm mein Leben zur Buße anstelle meines Kindes.»

Es war tiefe Nacht, da Miriam, einsam am Lager ihres todkranken Kindes wachend, Gott ihr Herz ausschüttete. Erschöpft an Leib und Seele ließ sie den Kopf auf dem Rand der Wiege ruhen und sank in schweren Schlaf.

Als sie einige Stunden später erwachte, zeigte Jakobs Gesichtchen, vom kalten Todesschweiß erlöst, den zarten rosigen Schimmer schlafender Kinder, und Miriam hob ihr tränenüberströmtes Antlitz zum Himmel empor und dankte Gott.

FÜNFTES KAPITEL

NACHDEM ihr Gebet den kleinen Jakob den Armen des Todes entrissen hatte, empfing und gebar Miriam ein drittes Kind, das Joses genannt wurde. Im gleichen Jahr starb die alte Hanna.

Miriams Ansehen innerhalb der Verwandtschaft wuchs immer mehr, auch bei ihrem Schwager Kleophas; und im Städtchen hieß es, sie sei von Gott gesegnet, um Häuser in Israel zu bauen, was als das höchste Lob galt, das einer Frau zuteil werden konnte.

Seit seinem Traumgesicht von dem Engel, der ihm Miriams göttliche Sendung verkündet hatte, betrachtete Joseph seine Frau als heilig und unantastbar. Keinen Augenblick lang hegte er Zweifel daran, daß sie auserwählt worden sei, den Messias zur Welt zu bringen. Doch als das Kind geboren war, erfuhr seine Haltung ihr gegenüber, obschon sie für ihn geheiligt blieb, eine Wandlung, da ihre Heiligkeit von ihrem Körper getrennt war. Für den Juden war Mutterschaft heilig, nicht unfruchtbare Reinheit. Rahel war zu Recht eifersüchtig gewesen auf ihre fruchtbare Schwester; ihre eigene Unfruchtbarkeit dünkte ihr ein Fluch Gottes, ein Entzug der himmlischen Gnade, die Lea verliehen worden war. So auch Hanna, die Mutter Samuels, und vor ihr Sara, die erste der heiligen Erzmütter, die an Abrahams Bund mit dem HErrn teilhatte, auf daß der erkorene Samen Abrahams nur in ihrem Schoß Frucht tragen konnte. «Seid fruchtbar und vermehret euch», das war Gottes Gebot, das die Zeugungshandlung zu einem geheiligten Tun und Amt, Mann und Weib zu Teilnehmern am allmächtigen Werk der Schöpfung machte. Und wenn Joseph seine Söhne ansah, so sah er in ihnen Zeichen von Gottes Gnade. Er entnahm ihnen den Beweis dafür, daß er sich der Aufgabe gewachsen gezeigt habe, der Hüter von Gottes Unterpfand zu sein, und daß darum ihn die göttliche Gerechtigkeit mit Vaterschaft belohnt habe.

Mehr Kinder, das bedeutete mehr Arbeit für die Eltern. Die Mühen Miriams und Josephs, die täglichen Bedürfnisse der anwachsenden Familie zu befriedigen, waren endlos.

Jeschua lernte die Not kennen, im Vaterhaus wie außerhalb. Allüberall um ihn mühten sich die Menschen schwer um ihr Stück täglich Brot, um ein paar schäbige Kleider, um das armselige Obdach, darin sie nächtigten. Auch wahrhafte Armut sah er in der Gestalt der umherziehenden Bettler, die auf ihrem Weg durch Nazareth an Josephs Tür klopften und von denen keiner hungernd oder dürstend von dannen geschickt wurde.

Je wacher sein Bewußtsein wurde, eine um so schmerzhaftere Empfindsamkeit für Not und Mühsal stellte sich bei Jeschua ein. Er litt schwer darunter, die Eltern von Sabbath zu Sabbath sich überarbeiten zu sehen. Noch als er in der Wiege lag, hatte Miriam bemerkt, daß seine Augen jeder ihrer Bewegungen folgten, daß er besorgt beobachtete, wenn sie die Krüge aus dem Brunnen zog, und seine winzigen Händchen ausgestreckt hatte, wie um ihr zu helfen.

Er beobachtete auch, wenn sie Weizenkörner mahlte, eine Tätigkeit, die ebenso große körperliche Anstrengung wie Geschicklichkeit erforderte. Die Handmühle bestand aus zwei flachen runden Steinscheiben von erklecklichem Gewicht, deren obere, der sogenannte «Reiter», mit einem Handgriff versehen war. Solange die alte Hanna noch lebte, hatten die beiden Frauen die Steine selbander gedreht. Nach der Mutter Tod nun mußte Miriam die Arbeit allein tun.

Sie hockte auf der Türschwelle und setzte mit beiden Händen den Reiter in reibende Drehung. Nach einiger Zeit rann ihr der Schweiß vom Gesicht in den Hals und den Körper hinunter. Die Lippen wie zum Schmollen verzogen, stand der kleine Jeschua dabei und sagte schließlich:

«Emi, warum hat Gott der Erde nicht befohlen, das Mehl so hervorzubringen, daß es zum Backen bereit ist oder gar schon den geformten Brotlaib? Warum muß der Mensch so schwer arbeiten um sein Brot?»

«Das mußte er nicht, Tinoki, bevor er der Sünde verfiel. Damals brachte die Erde den fertigen Laib hervor, und der Mensch wußte nicht, was Arbeit ist. Adam und Eva lebten im Garten Eden, wo eine jegliche Speise reif und bereit sich darbot. Doch nach dem

Sündenfall trieb Gott den Menschen aus diesem Garten und verfluchte ihn, daß er sein Brot im Schweiß seines Angesichts esse.»

Jeschua runzelte die Stirn und fragte: «Was ist Sünde, Emi?»

«Wir sündigen, wenn wir abfallen von unserm Schöpfer und uns gegen Seinen Willen vergehen und Seine Gebote nicht einhalten.»

Das Kind dachte lange nach, dann fragte es wiederum: «Und, Emi, warum sündigen die Menschen? Ist es nicht gut, nach dem Willen Gottes zu tun?»

«Weil ‚das Dichten des menschlichen Herzens böse ist von Jugend auf', wie es in der Heiligen Schrift heißt.»

«Und warum schuf Gott den Menschen nicht gut von Jugend auf?»

«Gott hat ihn gut geschaffen, Tinoki, doch seit er den Sündenfall beging, hat sich sein Dichten und Trachten dem Bösen zugewandt, und nun muß er sich mühen, um gut zu werden und seine Bosheit in bitterem Kampf zu besiegen.»

Nach einer weiteren Pause fragte Jeschua:

«Wird Gott ihm niemals Adams Sünde vergeben und ihn wieder ohne Kampf gut werden lassen?»

«Ja, Jeschua, wenn Er sich unserer erbarmt und uns Seinen Erlöser sendet, dann wird Er den Menschen reinigen von Adams Sünde, und der Mensch wird wieder wandeln in Rechtschaffenheit, so wie er es zu Anbeginn tat.»

«Wann wird das sein, Emi?»

«Wenn der Erlöser kommt.»

«Wer ist das, der Erlöser?»

«Der König-Messias, den Gott senden wird, um Israel zu erlösen, nach der Verheißung an die Väter.»

«Wenn er doch bald käme!»

«Er wird kommen, Tinoki; er wird kommen, wenn die Zeit reif ist.»

«Emi», sagte der Knabe, «laß mich dir helfen.» Und er legte seine kleine Hand auf die der Mutter, die die ganze Zeit über den Handgriff des Mühlsteins nicht losgelassen hatte.

Miriam vermeinte, mochte es Einbildung sein oder nicht, der schwere Reiter bewege sich leichter und geschwinder vom Augenblick an, da des Kindes Hand die ihre berührt hatte.

So sehr der Knabe sich über jedes Anzeichen von Güte und Schönheit zu freuen vermochte, so konnte er sich auch betrüben über jede Ungerechtigkeit, mochte sie nun von Mensch oder Tier begangen werden oder im Laufe der Welt selbst beschlossen liegen. Gleich den Saiten einer Laute, die das zarteste Zupfen in Schwingung versetzt, so lagen seine Empfindungen gewissermaßen offen da. Seine großen schwarzen Augen, die in Augenblicken der Freude so lebhaft sprühen konnten, vermochten zu andern Stunden eine unschuldige Trauer auszudrücken, die niemand ohne Herzweh ansehen konnte.

Eines Morgens ging Miriam einmal kurz nach Sonnenaufgang mit einem Armvoll Heu für die Herde zum Stall. Gleich darauf hörte man sie erschrocken aufschreien; Joseph lief sofort zu ihr und sah sie über den zerrissenen Körper eines kaum zwei Wochen alten Lämmchens gebeugt, das anscheinend in der Nacht von einem Schakal angefallen worden war. Das Mutterschaf mußte versucht haben, das Junge mit seinem eigenen Leib zu decken, unter dem es das Raubtier wohl hervorgezerrt hatte, denn das Fell des Mutterschafs war mit geronnenem Blut befleckt.

Joseph war gerade im Morgengebet begriffen gewesen; noch den Gebetmantel über den Schultern und die Gebetriemen an Stirn und Arm, war er atemlos herzugeeilt. Der kleine Jeschua in seinem Kittelchen mit den Fransen kam ihm nach. Als sie ihn sah, sprang Miriam auf, um ihn wegzuführen und ihm den Anblick des Bluts zu ersparen; aber der Knabe hatte schon gesehen, was sich zugetragen hatte und brach in untröstliches Weinen und Wehklagen aus. Er wollte sich unterm ersten Antrieb über die verstümmelte Leiche werfen, die der Schakal, offensichtlich da er sie durch das kleine Loch im Stall nicht hatte fortschleppen können, liegen gelassen hatte.

«Tinoki!», schrie Miriam auf, riß den Knaben an sich und hielt ihn zwischen ihren Knien fest. Doch das Kind wehklagte immer weiter, während die Mutter ihm den Kopf streichelte und vergebens versuchte, sein Schluchzen zu stillen.

«Warum, Emi, warum, warum nur hat er das getan?»

«Das ist nun einmal die Tiernatur, Jeschua. Gott hat dem Schakal bestimmt, zu töten, um zu fressen», sagte Joseph, den Knaben von der Mutter wegnehmend. «Komm, Jeschua, wir wollen fertig beten. Du mußt auch noch deine Verse aufsagen.»

Der Knabe schlug seine verweinten Augen zu ihm auf und fragte ungläubig:

«Gott will, daß er tötet, um zu fressen?»

«Geh mit dem Vater, Tinoki, er wird es dir erklären», sagte Miriam und schob den Knaben sanft zu Joseph hin.

Als sie wieder im Hause waren und die Aufwallung seines Kummers vorüber war, fragte Jeschua abermals:

«Abba, warum hat Gott das so eingerichtet?»

«Was, Tinoki?»

«Daß Tiere von anderer Tiere Fleisch leben?»

«Um Adams Sünde willen», erklärte Joseph. «Siehst du, Jeschua, vor Adams Sündenfall wohnten alle Geschöpfe Gottes, alle Tiere, Vögel und Fische mit Adam zusammen im Garten Eden, und keines tat dem andern etwas zuleide. Sie nährten sich vom Gras der Wiesen und den Früchten der Bäume, welche Gott für sie wachsen ließ, so wie Er bei der Erschaffung der Welt geboten hatte. Doch als Adam in Sünde gefallen und vertrieben war aus dem Garten, da wurden auch die Tiere mit ihm ausgetrieben, und zu diesen sagte der HErr: ‚Ihr sollt euch fortan voneinander nähren.'»

«Ja, und wird es immer so bleiben, Abba?»

«Nein, Tinoki; wenn der Messias der Gerechtigkeit erscheint, so werden alle Tiere, die wilden wie die zahmen, miteinander grasen und eines dem andern nichts zuleide tun, denn so ist es vorausgesagt durch den Propheten Jesaia. Und diese Verse sollst du heute lernen, Jeschua. Hier ist die Schriftrolle; setze dich hin, Jeschua, dann werden wir lesen vom Gesicht des Propheten, und du wirst erfahren, wie es sein wird am jüngsten Tag.»

Joseph zog den Knaben auf seine Knie, entrollte das Pergament mit dem Buch Jesaia und las Vers nach Vers vor also:

‚Die Wölfe werden bei den Lämmern wohnen
Und die Pardel bei den Böcken liegen
Und die Kälber und jungen Löwen und das Mastvieh
Wird ein kleiner Knabe miteinander treiben.'

«Ein kleiner Knabe», fragte Jeschua, «wie ich?»

«Ja, Tinoki, wie du.»

«Wie ich, wie ich!», rief Jeschua aus, in die Hände klatschend, und in seine Augen kam wieder der ihnen angeborene Glanz.

«Komm, Tinoki, komm mit», sagte Joseph aufstehend. «In der Werkstatt ist viel zu tun, und während du deine Verse lernst, kann ich schon anfangen.»

«Gleich, Abba, gleich, aber ich muß erst Emi davon erzählen», und er lief zum Stall, hell und laut nach der Mutter rufend:

«Emi, hör doch! Ein Wolf und ein Lamm sollen zusammen grasen, und ein kleiner Knabe wird sie treiben.»

Oftmals kehrten Jeschuas Gedanken zurück zur Gewalttätigkeit der Natur; der Tod des Lämmchens ließ ihm keine Ruhe. Einmal, als er mit Joseph die Geschichte von Kain und Abel gelesen hatte, kam er zu der Mutter, um eine Frage zu stellen.

«Warum hat Gott Abels Opfer angenommen und Kains Opfer verworfen?»

«Gott liest die Gedanken im Innern der Menschen», sagte Miriam, «Er weiß, daß die, die Ihm dienen, reinen und demütigen Herzens sind und ihre Opfer in Liebe und guten Willens darbringen. Und Er weiß auch, ob ein Opfer dargebracht wird aus Sucht nach Vorteil oder Hoffnung, sich hervorzutun. Denn es gibt Menschen, auf denen die Gnade Gottes ruht, und andere, die, der Gnade entbehrend, in Finsternis wandeln.»

Der Knabe überlegte die Worte und fragte schließlich: «Und was sollen die beginnen, denen Gottes Gnade nicht zuteil wird? Sind sie nicht zu bemitleiden?»

Und Miriam gab ihm zur Antwort:

«Hast du nicht gelernt, was der HErr sagte zu Kain? ‚Wenn du fromm bist, so bist du angenehm; bist du aber nicht fromm, so ruhet die Sünde vor der Tür. Aber laß du ihr nicht ihren Willen, sondern herrsche über sie.' Gott sagte dies nicht zu Kain allein, Tinoki, sondern zu allen seinen Nachkommen, die ihre Brüder beneiden und ihnen ein grimmiges Gesicht zeigen. Gott sagt zu ihnen: du kannst die Sünde vor deiner Tür besiegen, denn die Wahl ist dein. Du kannst wählen das Gute und das Böse. Unterdrücke also das Böse, das in deinem Herzen liegt, und suche das Gute zu tun.»

Jeschua sann eine Weile lang stumm über dies nach, bis er endlich in bestimmtem Ton sagte: «Emi, weißt du, was ich denke? Ich denke, Gott sollte denen, die nicht in Seiner Gnade sind, einen Helfer senden. Diese Menschen brauchen einen Helfer nötiger als die Gerechten, denn die Gerechten haben Vater und Mutter, um für sie zu sorgen.»

Da traten Tränen in Miriams Augen, und sie sagte: «Tinoki, Tinoki, wenn du groß bist, wirst du ihr Helfer sein.»

«Nein, Emi, nicht ich, sondern du!»

«Wieso ich, Tinoki?»

«Weil du Erbarmen hast mit einem jeden, der an deiner Schwelle steht, und weil niemand ankann gegen deine Tränen. Wenn deine Tränen rinnen, so wird Gott Mitleid mit ihnen haben.»

«Ach, Tinoki, ich kann es nicht mehr ertragen.» Damit wandte sie das Haupt ab, damit der Knabe ihre Tränen nicht sehe.

Trotz seinen sechs Jahren, trotz den tiefsinnigen Aussprüchen, die er in Augenblicken der Entflammtheit äußerte, war Jeschua in mancher Hinsicht der kindlichste von Miriams Söhnen und bedurfte stärkerer Achtsamkeit als die andern. Miriam bemühte sich stets, keine Unterscheidung zu machen zwischen ihren Kindern, damit zwischen Jeschua und seinen Brüdern keine Kluft aufreiße. Doch unwillkürlich nahm das Kind der Verheißung mit seinen aufreizenden Feststellungen, seiner Zärtlichkeit und bei Miriams Gefühl für seine Bestimmung und sein Schicksal, ihre Zeit und Aufmerksamkeit mehr in Anspruch. Jeden Abend, bevor er sich niederlegte, verlangte der Knabe nach einem kurzen Alleinsein mit Miriam.

Diese stillen Stunden, die Miriam mit dem Ältesten vor dem Schlafengehen verbrachte, wurden von den Brüdern bemerkt. Jakob schlief in seiner Wiege unbeirrt ein, beruhigt durch das Gebet, das er mühelos und fragenlos aufsagte. Doch nicht so Joses, der Jüngste, der wach lag und mit großen Augen durch das Halbdunkel hinüberspähte, während die Mutter, die er gern an seiner Seite gehabt hätte, Jeschuas Locken streichelte und so versunken war in das, was Jeschua sagte, daß sie die Sehnsucht in den Augen des Jüngsten nicht bemerkte. So jung er war – erst knapp zwei Jahre – er spürte dunkel, daß der älteste Bruder bevorzugt wurde. Und mit einer Sehnsucht, einer Gier, wie sie nur ein Kind haben kann, verlangte er nach der Mutter und dem Beweis ihrer Liebe. Manchmal schrie das Kind, ohne ersichtlichen Grund, auf, als wenn es gestochen worden sei, und beruhigte sich erst, wenn die Mutter es in die Arme nahm und wiegte. Es drückte sich dann so fest an die Brust der Mutter, als ob es eins mit ihr werden wolle, bis die Angst vorüber war.

Eines Abends saß sie wieder wie stets mit Jeschua vor dem Schlafengehen in einer Ecke; sie fühlte sich wie emporgetragen von seinem Sprechen. Da plötzlich spürte sie, gleich dem kalten durchbohrenden Stich einer blanken Stahlklinge, den Blick des kleinen Joses. Sie drehte sich um und erkannte undeutlich den Kleinen wach im Bett neben seinem schlummernden Bruder Jakob liegen. Miriam sprang sofort auf, ging zur Wiege hin, beugte sich darüber und fragte den Kleinen, warum er nicht schlafe.

«Mutter, ich fürchte mich.»

Miriams Herz zog sich zusammen, als sie das Kind so ausgesprochen seine Furcht kundgeben hörte.

«Wovor fürchtest du dich denn, Tinoki?», fragte sie, das Kind hochnehmend.

«Ich habe Schatten sich bewegen sehen.»

«Schatten?»

«Ja, mit großen Flügeln.»

Jeschua war vergessen. Miriam wurde zur Mutter nur dieses Kindes; im Nu machte sich ihre irdische Mutterschaft als die alles überragende Leidenschaft geltend und drängte geradezu gewaltsam die Schwärmerei der voraufgegangenen Minuten beiseite.

«Fürchte dich nicht, Tinoki,» sagte sie. «Ich bin ja jetzt bei dir», und sie ging, das Kind auf den Armen, im Zimmer auf und ab; der Kleine vergrub sein Köpfchen im Busen der Mutter, während sich seine Händchen krampfhaft an ihre Arme klammerten. Sein heißer Atem streifte ihr über Hals und Kinn, und immer wiederholte das Kind mit vom Schlaf heiserem Stimmchen:

«Ich will bei Ema sein, ich will bei Ema sein.»

«Aber du bist ja bei Ema.»

«Mehr bei Ema, mehr, mehr», wimmerte das Kind schluchzend auf.

Miriams Rückgrat lief ein Frösteln hinunter; sie drückte das zitternde Kind fester an sich. Aus dem kindlichen Weh des kleinen Joses vernahm sie den Sehnsuchtsschrei der ganzen Menschheit nach Mutterliebe. Nicht ihr Söhnchen allein hielt sie in den Armen, es war der Sohn des Menschen, der nach der Mittlerin-Mutter flehend an ihrer Brust lag, die den Heiland der Welt genährt hatte. Was in diesem Kinde wütete, war der Durst des Menschen, so wie dessen Stillung in Jeschua beschlossen war. Und sie, Miriam, die die Mutter des Heils war, sie war auch die Mutter der Not, die Mutter sowohl der Sehnsucht wie der Erfüllung.

Von ihrer frühesten Kindheit an merkten Jakob und Joses, daß der älteste Bruder eine besondere Stellung einnahm, ein eigenes Ansehen genoß. Sie erkannten auch, daß es dabei um mehr ging als um das übliche Vorrecht des Erstgeborenen. Was Andern verboten war, wurde Jeschua erlaubt. Es zeigte sich deutlich, daß die Eltern Jeschua selbst seinen Weg suchen ließen und freudig mit allem einverstanden waren, was er tat. Die beiden jüngeren Knaben wurden der einzigartigen Stellung Jeschuas innerhalb der Familie wohl gewahr, und daß sie dessen ständig inne wurden, nagte an ihren jungen Herzen und rief jene unablässige Erregung hervor, die nicht weit entfernt ist von unverhohlenem Neid.

Auch Mariama hatte die Unterscheidung bemerkt, die die Eltern zwischen Jeschua und seinen Brüdern machten. Obschon sie deren Ursache nicht zu ergründen vermochte, spürte sie, daß Miriams ältester Sohn zu einem besonderen Schicksal bestimmt sei. Und ihr liebendes Herz erkannte die Schwierigkeiten, die sich daraus ergeben mußten. Schon immer eine große Hilfe für Miriam in deren täglichen Obliegenheiten, nahm sie sich mehr und mehr der jüngeren Söhne an. Als sie größer wurden, nahm sie sie zu sich, und die beiden Familien bildeten eine so enge Einheit, daß es nicht darauf ankam, unter wessen Dach die Kinder ihre Tage verbrachten. Kleophas war eigentlich der sozusagen geborene Vater; Anweisung, Anleitung und gute Lehren zu geben, das lag ihm. So kam ihm die Gelegenheit zur Entfaltung seiner patriarchalischen Neigungen sehr zupaß, und er genoß es sehr, wenn die Söhne Josephs in seiner Begleitung zur Synagoge gingen.

Die beiden Knaben ihrerseits schlossen sich so an Mariama an, daß sie sie auf die Dauer nicht mehr Tante, sondern Mutter nannten, eine Bezeichnung, die ihr auch von den Mitbürgern zuteil wurde. Wenn sie, Jakob an ihrer Seite und Joses auf den Armen, durch die Gasse der Sandalenmacher ging, stießen sich die Nachbarn an und sagten:

«Da geht die Mutter von Jakob und Joses.»

SECHSTES KAPITEL

Es kam der Tag, da Jeschua, jetzt sechs Jahre alt, beim Lehrer der Synagoge eingeführt werden mußte, welcher die Oberaufsicht über den gesamten Kinderunterricht hatte.

Kurz vorher, nämlich am dreiunddreißigsten Tag des Omer, waren Jeschua zum ersten Male die Locken geschoren worden, was wieder einmal Anlaß zu einem Familienfest bot. Wie üblich waren die Nachbarskinder eingeladen und mit Nüssen, Honigkuchen und Obst bewirtet worden.

Miriam sah Jeschuas Ringellocken Stück für Stück der Schere zum Opfer fallen. Heimlich sammelte sie sie nachher auf und verschloß sie in den Schrein, der die Kostbarkeiten der Familie enthielt. Nur zwei Locken waren stehen gelassen worden, die Schläfenlocken, die die Frauen späterer Zeiten «Liebeslocken» nannten. Das Gesicht des Knaben umrahmend, betonten sie dessen edle Schlankheit, während die Stirn, zum ersten Male von dem wilden Gelock befreit, jetzt die Höhe und Kraft ihrer Wölbung erkennen ließ.

Die Einführung des Kindes in der Synagoge war überlieferungsgemäß das Vorrecht der Mutter. In der Sabbathfrühe badete Miriam ihren Knaben und zog ihm ein neues Linnengewand an, das sie viele am Webstuhl verbrachte Nachtstunden gekostet hatte. Während Joseph sich Haar und Bart mit Olivenöl salbte, ließ Miriam auch dem Knaben – was eigentlich nicht Brauch war – einige Tropfen der kostbaren Flüssigkeit auf den Kopf träufeln.

Auch die Eltern zogen ihre besten Gewänder an; Joseph warf sich in seinen Sabbathmantel, Miriam legte einen schwarzen Überwurf sowie einen mit Sternen bestickten Gazeschleier an und schlang Josephs Hochzeitsgeschenk, den Gürtel mit der Silberspange, um die Hüften. Dann nahmen sie den Knaben bei der Hand und gingen mit ihm zum Ortstempel, der «kleinen Synagoge».

Sie durchschritten die Straße der Schreiner, das krumme Gäßchen der Sandalenmacher und bogen dann in die Straße der Töpfer ein. Die Feierstille des Sabbaths lag über dem Städtchen. Die Straßen, die die Woche über von Schall und Geschäftigkeit der Werkstätten und Kaufläden angefüllt waren, boten sich jetzt alles Lebens entleert dar; höchstens daß man hier und da ein verlaufenes Schaf oder einen von der Werktagsmühe sich ausruhenden Esel am Eingang eines Stalles sah. Aus den Häusern und Hütten kamen in Abständen kleine Gruppen von Bürgern heraus, die im Sabbathputz und in Begleitung ihrer Kinder dem Gotteshaus zustrebten.

Die Synagoge, ein kleines Bauwerk aus Steinquadern mit einer ionischen Säulenhalle (zu gedrungen für griechische Idealmaßstäbe), welche ein flaches Balkendach stützte, stand viereckig imposant auf dem Marktplatz und ließ die Buden und Läden der Händler klein erscheinen. Sieben Stufenbänder führten zur Fassade hinauf, deren bescheidenes Portal von einem Giebel mit jüdischen Sinnbildern – Weintraube, Urne und siebenarmiger Leuchter – überragt war.

Joseph ließ seine Frau und Jeschua auf der Treppe vorangehen. Im Innern des Tempels wurden sie von einem hochgewachsenen Mann mit schwarzem, an die syrische Mode anklingendem Korkzieherbart in Empfang genommen. Der Mann hatte einen bis zu den Knöcheln reichenden schwarzen Rock an – das Kleid, das den Gelehrten anzeigte – und einen Gebetsmantel wie eine Stola um die Schultern gehängt. Er verneigte sich höflich und fragte nach ihrem Anliegen.

«Meister», sagte Miriam, «ich bringe meinen erstgeborenen Sohn zum Hause Gottes, auf daß er die Thora lerne.»

«Du hast deine Mutterpflicht erfüllt», sagte der Lehrer. «Welchen Namen in Israel trägt das Kind?»

«Jeschua.»

«Jeschua, Sohn des ...?», damit beugte sich der Lehrer vor und hielt das Ohr hin, um die Vervollständigung des Namens zu erwarten.

Miriam blickte ihn offenen Mundes an, als erfasse sie die Frage nicht.

«Jeschua ben ...?», fragte der Mann noch einmal.

Joseph, der hinter Miriam stand, rief mit fester Stimme:

«Jeschua ben Joseph.»

«Gut», sagte der Lehrer, dem Knaben einen wohlwollenden Blick zuwerfend. «Nun, Jeschua ben Joseph, kannst du das ‚Schemah' sagen?»

«Jawohl, Emi hat es mich gelehrt.»

«Das war wohlgetan von Emi», sagte der Mann, Miriam zulächelnd. «Und nun, mein Kind, sag mir deinen Bibelvers auf.»

Ohne Zögern sprach Jeschua seinen Lieblingsvers: ‚Die Wölfe

werden bei den Lämmern wohnen und die Pardel bei den Böcken liegen und die Kälber und jungen Löwen und das Mastvieh wird ein kleiner Knabe miteinander treiben.'

«Das sind ja Verse Jesaias. Ein Kind sollte zuerst den Anfang des Leviticus lernen, wie es die Rabbunim vorgeschrieben haben.»

«Das Kind findet Gefallen an Jesaia», sagte Joseph, wie um Verzeihung bittend. «Es bringt mir immer das Buch und besteht darauf, daß ich es die Worte des Propheten lehre.»

«Ein Kind soll nicht gelehrt werden nach seinem Gefallen und zu seinem Vergnügen, sondern zu seiner Unterweisung, wie vorgeschrieben durch die Rabbunim», erwiderte der Lehrer mit einem tadelnden Kopfschütteln. Dann nahm er Jeschua bei der Hand und sagte: «Komm mit.»

Jeschua ließ ihm seine Hand; er drehte sich jedoch noch einmal um und warf einen forschenden Blick in Miriams Gesicht; Miriam indes winkte ihm zu, er solle tun, wie ihm geheißen...

Später sah sie ihn dann von der Frauenempore aus. Durch deren hölzerne Balustrade lugend, sah sie ihren Sohn in einer Reihe von Kindern, die der Lehrer auf einem niedrigen Podium in der Mitte der Synagoge aufgestellt hatte, dicht hinter der Kanzel, von der aus der Lehrer die Gebete hersagte. Sie standen mit dem Gesicht nach der Apsis zu, wo unter dem Thoraschrein ein steinerner Stuhl eingebaut war, der der Sitz des Moses hieß. Er war dem Ortsrabbiner vorbehalten, dem Manne, der von den Pharisäern zu Jerusalem zur geistlichen Führung der Gemeinde von Nazareth ernannt war. Rechts und links vom Rabbi standen die Ältesten der Stadt, gelehrte Männer in schwarzen Talaren.

Hinter der Kanzel saß das Gemeindevolk auf niedrigen Bänken, die sich kaum über den Boden erhoben, so daß die Männer die Knie bis zu den Schultern hochziehen mußten. In Gruppen nach ihren Gewerben hockten sie zusammen. Joseph saß rückwärts, bei den Zimmerleuten; die vorderen Plätze kamen denen zu, die angesehenere Handwerke betrieben wie Silberschmiedekunst, Sandalennähen und Wohlgeruchmischen. Doch es gab auch noch niedrigere Gewerbe, so das der Weber, der Gerber, der Scherer, der Salbenverkäufer, deren geringes Ansehen wohl ihrem ständigen Umgang zum Vertrieb ihrer Waren mit übelberüchtigten Frauenzimmern zugeschrieben werden muß; auf noch niedrigerer Stufe aber standen die armen Teufel, die sich überhaupt keiner bestimmten Tätigkeit, es sei denn des Almosenbettelns, rühmen konnten, die Eseltreiber und die kunterbunten Armen, die sich von der Nachlese und den liegengelassenen Ähren ernährten und die sich dicht bei der Saaltür aufzustellen hatten; hinter ihnen aber noch Kleinbauern, deren Frömmigkeit angezweifelt wurde, sowie eine Handvoll Heiden, edomitische und moabitische Eingeborene. Diese wohnten gelegentlich dem Gottesdienst bei, da nach der Verlesung des hebräischen Textes der Heiligen Schrift dieser oder ein Teil davon noch einmal in aramäischer Sprache, der «*lingua franca*» des syrischen Ostens, gelesen wurde.

Frauen waren nur wenige vorhanden. Die Synagoge war ein Männerort. Die kleine Empore, ein dreieckiger balkonartiger Vorbau über einer Ecke des Saals, war nur denjenigen Frauen zu betreten gestattet, die aus einem bestimmten Anlaß herkommen mußten, so wie es an diesem Sabbath bei Miriam der Fall war.

Miriam blickte dauernd hinunter durch die Balustrade auf ihren Sohn. Sie sah ihn aufrecht inmitten der Kinder stehen, das Gesicht hochgewandt zu dem Mosaik an der Wand der Synagoge, das unbeholfen die Opferung Isaaks darstellte. Wie verzaubert, ohne zu blinzeln, starrte der Knabe darauf.

Die Kinder hatten unter der Leitung des Lehrers als Chor zu amten. Auf ein Zeichen, das er ihnen mit der Hand gab, sangen sie das «Amen», das sein Gebet beschloß. Außerdem hatten sie das «Höre, Israel» sowie nach dem «*Hallel*» die letzten Verse Wort für Wort dem Vorbeter nachzusprechen.

Die Gebete waren vorüber. Der Rabbi und einer der Ältesten erhoben sich von ihren Sitzen, der Vorbeter gesellte sich zu ihnen, und alle drei stiegen die Stufen zur heiligen Lade hinauf, die in die östliche Mauer eingelassen war. Wie ein Mann sprang auch die Gemeinde auf. Der Vorbeter öffnete die Türflügel der Lade und entnahm ihm mit kosend zugreifenden Fingern die Thorarolle. Dann rollte er sie ein kleines Stück weit auf und hielt sie mit beiden Händen hoch über sein Haupt, worauf er sich zur Gemeinde hinkehrte. Diese aber stimmte, die Gesichter freudeverklärt aufwärts gewandt, an: «‚Und wenn die Lade des Bundes dahinzog, so sprach Moses: ‚Herr stehe auf, laß Deine Feinde zerstreuet und, die Dich hassen, flüchtig werden vor Dir.'»

Und da Miriam den weißgewandeten Vorbeter zwischen den schwarzen Gestalten des Rabbis und des Ältesten stehen und die geöffnete Rolle hoch über den Köpfen der betenden Menge halten sah, deren Werktagsgesichter wie vom Glauben verklärt emporschauten, da schien es ihr, nein, da erblickte sie mit zunehmender Klarheit das Bild ihres zum Manne herangewachsenen Sohnes. Es war nur ein verhuschendes Bild, das mit dem Zucken der Wimper verging; doch es genügte ihr, um sein Antlitz zu sehen, das Gesicht ihres Sohnes, von Bart und Schläfenlocken umrahmt, aus einem langen Gewand aufsteigend, das bleicher war denn Weißglut. Ein Mantel war um ihn gleichsam aus gewobener Luft, und in seinen Händen lag die Rolle des Gesetzes.

Das Bild verschwand. Miriam blickte sich um; drunten im Raum der Synagoge stand der Knabe Jeschua unter den andern Kindern. Seine Augen waren weit geöffnet und auf die Thorarolle geheftet, die der Vorbeter noch immer hoch über sich hinaushielt.

Am Morgen darauf erwachte der Knabe mit seinen Eltern vom Frühschein der Sonne, und Miriam rüstete ihn für seinen ersten Schultag. Ein Schreibgriffel und ein Wachstäfelchen sowie ein paar Schriftrollen, auf denen in klarer Hand Verse aus den Propheten, den Psalmen und dem dritten Buch Mosis geschrieben waren, lagen schon seit langem für Jeschua zu diesem Tag bereit. Nun wusch ihn Miriam und kämmte ihm das Haar, darauf half sie ihm in ein weißes, frischgewaschenes Hemd und einen Kittel mit Fransen, zuletzt hing sie ihm noch ein Paar Sandalen über die Schulter, die jedoch nur angezogen werden sollten, wenn ein Distelfeld oder auch ein schlammiger Wasserlauf zu durchschreiten war, auf dessen unsichtbarem Boden Gott weiß welch gefährliches Gewürm hausen mochte. Dann drückte sie ihm ein Stück Feigengebäck sowie Rosinen, Mandeln und andere Leckerbissen in die Hand.

Stumm und verdrossen beobachtete der kleine Jakob diese Vorbereitungen. In seinem, ihm schlaff von den Schultern hängenden Kittel mit den vier Quasten stand er in einer Ecke und lernte mit unterstrichenem Nachdruck das Alphabet aus einer Schriftrolle. Aber der Eifer, mit dem er sich seinen ABC-Studien hingab, wurde Lügen gestraft durch die mürrisch zusammengekniffenen großen Augen und seine schmollend verzogenen Lippen. Er machte ein Gesicht, als wolle er tatsächlich die nächste Minute in Tränen ausbrechen.

Miriam bemerkte seine Miene; sie ging zu ihm hinüber, nahm seinen Kopf zwischen ihre Hände und sagte tröstend:

«Auch du, mein Kind, wirst bald hingehen mit deinem Bruder, um Gottes Gesetz zu lernen.» Dabei reichte sie ihm ein Stück Feigenkuchen, und Joseph nahm den Kleinen mit in die Werkstatt, um ihn die Bibelverse zu lehren, wie er es früher mit Jeschua getan hatte.

Kurz darauf kam der älteste Sohn des Gerbers daher. Er hieß eigentlich Tayma, wurde aber nur mit seinem Spitznamen Bar Evion – Betteljunge – genannt, den ihm seine Altersgenossen wegen des Vaters Armut angehängt hatten. Tayma bar Evion, so war verabredet worden, sollte Jeschua jeden Tag zur Schule mitnehmen.

Er war ein grobgebauter, kräftiger Bursche, der in Not und Entbehrung aufgewachsen war; er führte den kleinen Jeschua durch Gärten und Felder, sprang mit ihm über Hürden und Zäune, ging über fremde Grundstücke und brachte ihn doch immer pünktlich zur Synagoge.

Die Schulstunden fingen früh an und dauerten fast bis zum Mittag; denn es wurde als ausschlaggebend betrachtet, den Geist der Kinder schon frühzeitig in ihren bildsamsten Jahren auf die Thora einzustellen. Die Rabbunim legten Wert und verwandten ihre ganze Mühe darauf, den Kopf der Kinder mit den Texten der Heiligen Schrift vollzustopfen und ihnen so beizubringen, daß jeder Vers im Gedächtnis haften blieb.

In einem kühlen Nebenraum der Synagoge saßen die Kinder in einer Reihe auf einer am Fußboden hingebreiteten Matte, schauten zum Rabbi, ihrem Lehrer, auf, der selbst über ihnen auf einem hohen Hocker thronte. Endlos ließ er sie einen von Opfern handelnden Vers aus dem Leviticus wiederholen. Vor den Kindern lagen ein paar Schriftrollen, die jedoch nur selten zu Rate gezogen wurden. Im Großen und Ganzen war es ein mündlicher Unterricht, und die Verse mußten auswendig gelernt werden. Sie wurden immer wieder stockend und unterbrochen im Chor aufgesagt; mit je mehr Stimmaufwand ein Schüler sich hervortat, desto größeres Lob erntete er.

Der Lehrer hatte noch einen Gehilfen, welcher mit einer Rute dabeistand, um diese zur Anwendung zu bringen, sobald eines der Kinder Zeichen von nachlassendem Lerneifer gab. Abermals und abermals wiederholte der Lehrer den ersten Vers des dritten Buches Mosis, worin Gott dem Moses befahl, zu den Kindern Israel also zu sprechen: «,Welcher unter euch dem HErrn ein Opfer tun will, der tue es von dem Vieh, von Rindern und Schafen.'» Und dann ging der Lehrer daran, dies auszulegen: «Kommt und sehet», sagte er mit der üblichen Formel, «kommt und sehet, wie Gott den Kindern Israel befiehlt, nur ihre Ochsen und Schafe zu opfern, nicht aber zu tun wie die Heiden, welche ihrem Götzen Moloch Menschenopfer darbringen.» Und daran anschließend erklärte er ihnen, daß der Zweck der Opfer sei, daß der Mensch für seine Sünden Buße tue.

Jeschua hielt seine Augen fest auf den Lehrer gerichtet und schlürfte dessen Worte ein. Doch jede Silbe wurde ihm zum quälenden Rätsel. Warum wollte Gott, daß man ihm Opfer darbringe? Warum mußte ein unschuldiges Lamm das Vergehen eines Menschen mit seinem Leben bezahlen? Wie kamen die Heiden dazu, ihren Göttern Menschenopfer darzubringen? Jeschua stellte dem Lehrer diese Fragen nicht; er wollte warten, bis er heimkam, und dann die Eltern fragen, die ihm all das sicher zu erklären vermochten. Einstweilen wiederholte er die Bibelverse wie seine sämtlichen Altersgenossen.

Mit der Zeit wurde jeder Knabe einmal daran genommen, die Verse allein aufzusagen. Daß er sich darin als geschickt erwies, war von höchster Wichtigkeit. Denn es kam oft vor, daß Erwachsene, die einen Rat brauchten, um einem Lebenszwiespalt zu begegnen, das erstbeste Kind, das ihnen in den Weg lief, anhielten und es veranlaßten, einen Bibelvers, der ihm gerade einfiel, herzusagen. Nach diesem Vers wurde dann gehandelt, denn der Spruch aus Kindermund wurde als so etwas wie ein Orakel angesehen. Daher wurde das Kind, das über das beste Gedächtnis für den Wortlaut der Heiligen Schrift verfügte, als das lobenswerteste und am meisten Achtung verdienende betrachtet.

Wenn die Kinder in der Schulstunde ihre Verse gut auswendig gelernt hatten, wiesen ihnen der Lehrer und sein Gehilfe den geschriebenen Text. Wenn dann jedes Kind den Text zu lesen vermochte, wurden die Schreibtäfelchen hergenommen, und jeder Junge lernte die Verse Buchstaben für Buchstaben mittels seines Griffels einzugraben, indem der Lehrer oder sein Gehilfe ihm die Hand führte. Zuerst kamen die einfacheren Schriftzeichen daran:

das «Jod», ein kleines hängendes Komma, der glatte Abstrich des «Waf» und darauf die aus mehr Strichen zusammengesetzten Zeichen, bis das Kind sämtliche dreiundzwanzig Buchstaben des Alphabets beherrschte. Wenn schließlich alles durchgegangen und eingetrichtert war – wobei das dicke Ende des Schreibgriffels oftmals angewandt wurde, um Fehler durch Glätten des Wachses auszumerzen –, war ein jeder Knabe imstande, die Verse ohne Hilfe abzuschreiben.

Jeschua konnte das Alphabet bereits; Miriam hatte ihn die Buchstaben mit einem Stäbchen auf der Erde zu zeichnen gelehrt. Er erinnerte sich auch an viele Verse aus den Propheten und den Psalmen und noch mehr aus den Büchern Mosis, so daß er von vorneherein unter seinen Altersgenossen als ausgezeichneter Schüler sich hervortat. Es dauerte darum auch nicht lange, bis der Rabbi ihm seine besondere Aufmerksamkeit zuwandte. Es erregte des Rabbis Neugier, wieso Jeschua so viele Verse wisse. In manchen Fällen vermochte er diese Neugier des Rabbis zu stillen: dieses Zitat hatte ihn die Mutter gelehrt, ein anderes wieder hatte er aus dem Munde des Vaters vernommen. Doch hinsichtlich vieler anderer Verse vermochte der Knabe keine Auskunft zu geben; es war, als habe er sie aus der Luft gegriffen, oder, wie Miriam gern annahm, die Engel Gottes hätten sie ihm nächtlicherweile eingesagt. Was aber auch immer die Erklärung für diese auffallende Erscheinung sein mochte, der Lehrer stellte den kleinen Jeschua seinen Mitschülern als Muster hin. Es verging auch kein Tag, da war sein Ruf zu den höheren Klassen gedrungen, und die älteren Knaben kamen, um Jeschua aus der Heiligen Schrift vortragen zu hören. Der Rabbi nannte ihn «das leuchtende Beispiel eines Schülers», was seinen Mitschülern eine mit Neid gemischte Ehrfurcht einflößte.

Der Unterrichtsplan endigte mit der Absingung des «*Hallel*», dem ein zweites Aufsagen des «*Schemah*» folgte. Dann wurde den Kindern eine Erholungspause gegönnt, in der sie verzehren konnten, was sie von daheim mitgebracht hatten, spielen oder auch, wenn sie wollten, nach Hause gehen durften.

Jeschua sah sich alsbald von den Mitschülern seines Jahrgangs wie auch älteren Knaben umdrängt, die «das leuchtende Beispiel» zu einem Kräftemessen veranlassen wollten, bei dem es sich darum handelte, wer die meisten Verse herunterleiern könne. Jeschua, der zwar auf die Aufforderung des Lehrers hin gerne alle möglichen Bibelverse hergesagt hatte, zeigte geringe Neigung dazu, sich mit seinen Mitschülern auf ein Wett-Rezitieren einzulassen. Und den vielen Fragern, die wissen wollten, wer ihn all das gelehrt habe, gab er immer die gleiche einsilbige Antwort: «Mutter», worüber männiglich in Lachen ausbrach, denn wer hatte jemals gehört, daß man von einem Weibe lerne, wo es doch die Aufgabe des Vaters war, seine Kinder zu lehren? Und ein gewisser Matthäus, mit dem Beinamen «der Frechdachs», Sohn eines Kaufmanns und in seiner Altersklasse als der vorlauteste Wichtigtuer bekannt, war nicht faul, Jeschua «das Muttersöhnchen» zu heißen.

Jeschuas Mitschüler stammten aus allen Schichten der Bevölkerung. Es waren Kinder aus reichen Häusern dabei, sogar Söhne von Reb Tudrus, ja selbst von Reb Scheschet bar Kaspi, des reichsten Mannes der Stadt, der seine Sprößlinge ebenfalls in die Synagogenschule des Orts schickte, um die religiösen Anfangsgründe zu lernen. Jeden Morgen kamen diese mit ihren Hauslehrern an, griechischen Sklaven, die vor der Synagoge warteten, bis die Schule zu Ende war; auch die Söhne des Geldverleiheres Talami bar Kazin wurden von griechischen Sklaven begleitet. Die meisten jedoch kamen aus den ärmeren Vierteln, Kinder von Tagelöhnern und Handwerkern, und unter diesen fand Jeschua auch seinen alten Spielgefährten Pezachi, den Sohn des Nachbars Nafchi, wieder. Obschon Nafchi selbst als hoffnungsloser Fall ein für allemal aufgegeben war, hatten die Stadtväter, an ihrer Spitze der Rabbi, es doch auf sich genommen, seinen Kindern Unterricht angedeihen zu lassen, sintemalen es als edelmütiges Werk galt, den Sohn eines Ausgestoßenen in der Thora zu unterweisen.

Jeschua setzte sich mit seinem Freund zusammen und gab ihm von seinem Kuchen und seinen Nüssen ab, die der immer hungrige Pezachi gierig verschlang. Die andern Buben wollten Jeschua in eines ihrer Spiele hineinziehen. Der Anführer und größte Schlingel der zweiten Klasse, der als eine Art Zeremonienmeister amtete, kam angelaufen und drängte:

«Jeschua bar Joseph, wobei willst du mitspielen? Bei der Hochzeit oder bei der Beerdigung? Wir spielen beides!»

«Keines von beiden verstehe ich zu spielen», sagte Jeschua wahrheitsgemäß.

Die Andern starrten ihn offenen Mundes an, so erstaunt waren sie.

«Du kannst nicht?»

«Nein.»

«Also, schau, wenn man Hochzeit spielt, dann tut man dies: man sucht sich zwei Vögel, steckt sie in einen Käfig zusammen und macht eine Feier wie bei einer richtigen Hochzeit, mit Weinbechern und Gesang und allem sonstigen Drum und Dran. Und wenn man Beerdigung spielt, nimmt man einen toten Wurm, dann gräbt man ihn feierlich ein mit Leidtragenden und Klageweibern und Sterbegebeten und was weiß ich noch alles.»

«Ach, laß das sein, Simeon. Jeschua bar Joseph hat für Hochzeiten und Beerdigungen nichts übrig», sagte der Frechdachs Matthäus, sich als Menschenkenner aufspielend. «Ich weiß, was er gerne spielt: Kaufmann und Kunde. Da, da ist schon die Waage», setzte er hinzu und hielt ein aus Nußschalen und Hölzchen zusammengebasteltes Etwas hoch. «Also komm, ich habe eine große Auswahl von Gewürzen und Sämereien aus Persien und Parthien.»

«Warum spielen wir nicht einfach Ball?», meinte Jehuda bar Talbi, der Sohn des Seilers, und zog aus seinem Kittel einen Knäuel hanfenen Garns, den er aus seines Vaters Werkstatt stibitzt hatte und der unbeholfen mit einem Stück Bindfaden zusammengebunden war. «Da hab' ich einen Ball, damit können wir gegen die Nordwand der Synagoge, wo keine Fenster sind, spielen.»

Jeschua machte die große Auswahl an Spielen verlegen. Er beeilte sich, zunächst einmal das Beerdigungsspiel, dann auch das Kaufmannsspiel, das ihm eher noch weniger Vergnügen zu bieten schien, auszuscheiden. Er hätte gern am Hochzeitsspiel mit Singen und Tanzen teilgenommen, und er fühlte sich unaufhaltsam hingezogen zu dem Ballspiel, das er noch nie versucht hatte. Aber da fiel ihm ein, daß er seiner Mutter versprochen hatte, unverzüglich nach Schulschluß heimzukommen. Und Miriam hatte auch Bar Evion das Wort abgenommen, Jeschua gleich heimzubringen.

«Morgen», rief er daher den Buben zu, die ihn umstanden und seine Entscheidung erwarteten. «Ich werde meine Mutter bitten, mich mitspielen zu lassen. Heute kann ich nicht; ich habe versprochen, heimzukommen.»

«Muttersöhnchen, Muttersöhnchen», höhnte der Frechdachs,

und die andern Buben fielen auch ein in den Ruf: «Muttersöhnchen!»

Das schien Jeschua wenig auszumachen; der Spitzname gefiel ihm.

So trat er denn zwischen den Nachbarssöhnen Bar Evion und Pezachi den Heimweg an.

Er hatte ihnen im Synagogenhof gesagt, er müsse unverzüglich zur Mutter heim. Aber jetzt fand er doch, gar so eilig sei es damit wohl nicht. Er war ja auf seinem ersten selbständigen Gang in die Stadt; alle paar Augenblicke blieb er stehen und betrachtete die Dinge, die ihm so neu waren. Alles weckte sein Interesse; jedes neue Erlebnis veranlaßte ihn zu Fragen an die Gefährten. Die Straßen, durch welche sie kamen, waren erfüllt von den Lauten menschlicher Tätigkeit, denn die Häuser und Hütten zu beiden Seiten waren nicht viel mehr als Schlafstellen, und die Alltagsarbeit wie auch aller Handel, Kauf und Verkauf, wurde im Freien vorgenommen.

Unter geflochtenen Baldachinen, die die Dächer der aneinandergedrängten Häuser in der Straße der Weber überspannten, saßen die Männer an ihren Webstühlen und fertigten Linnen für den Markt in Sepphoris an. Die nächste Straße war die der Töpfer, und da saßen die Handwerker rittlings über ihren Drehscheiben oder priesen den Vorbeikommenden ihre schon fertiggestellten Gefäße an, wobei sie sich bemühen mußten, die Gewürzhändler, die ihre Nachbarn waren, zu überschreien. Und dazu kam der wirre Lärm von zornigen, gekränkten, überredenden Stimmen, die ohne Unterlaß von den zu Klumpen um einen Handwerker oder Hausierer geballten Käufern ausgingen.

Immer wieder blieb der Knabe Jeschua stehen und spähte, sich auf die Zehenspitzen stellend, um Ecken oder über die Sicht versperrende Leiber hinweg, um zu erkennen, was da vor sich ging. Er bahnte sich mit den Ellbogen den Weg durch Rudel beladener Esel und deren Treiber, durch Lastträger, Einkäufer und Nichtstuer, bis er die Straße der Sandalenmacher erreichte. Hier fand er seinen Oheim Kleophas, der in seinem offenen Lädchen aus Leibeskräften hämmerte und bastelte; unter seinem zerrissenen Kittel kam sein haariger, schweißüberströmter Brustkasten zum Vorschein. Kleophas erkannte Jeschua, nickte ihm flüchtig zu, ohne den Kopf nach ihm zu wenden, und rief ins Haus hinein:

«Mariama, komm einmal heraus und sieh, wer da ist. Sonne und Mond sind auf einmal aufgegangen, es ist dein Auserwählter, dein Augapfel, dein Ein und Alles.»

Mariama kam spornstreichs herausgestürzt und empfing Jeschua, als wenn es ihr eigenes Kind wäre, das von seinem ersten Schultag heimkomme. Wie gewöhnlich stopfte sie ihm sofort Süßigkeiten und Honigkuchen in den Mund und sagte dabei:

«Da, Jeschua, iß, und möge die Thora dir süß wie Honig schmecken und möge deine Mutter lange leben, um dich, umgeben von Schülern, als Rabbi in Israel zu sehen.»

«Statt daß du um einen eigenen Sohn betest, der Rabbi in Israel würde...», sagte Kleophas und hieb mit unnötiger Heftigkeit auf das Stück, das er bearbeitete.

«Wenn Miriams Sohn zu einem Rabbi heranwächst, dann bin ich genau so stolz, als wenn er mein eigener Sohn wäre. Sind wir nicht von einem Fleisch und Blut? Und ist er nicht für uns so gut wie ein Sohn?»

Kleophas legte seinen Hammer hin und dachte nach.

«Ja und nein», sagte er. «Aber gleichviel, es hätte mir Freude gemacht, meinen eigenen Sohn mit der Schriftrolle unterm Arm aus der Schule kommen zu sehen. Aber was das Bürschlein hier angeht, so wär's gescheiter, du schicktest ihn heim zu Miriam; sie wird schon ungeduldig auf ihn warten.» Und damit begann er wieder mit dem Hammer zuzuschlagen.

Da nahm Mariama Jeschua bei den Schultern und drehte ihn der Richtung nach dem Elternhause zu.

«Lauf zu, Tinoki», sagte sie, «wir kommen nachher zu euch», und dann verteilte sie den Rest der Süßigkeiten unter Jeschuas kleine Freunde.

Sie blieben aber wieder bei einer Schar Taglöhner stehen, die auf Anstellung warteten und von denen einige Tragseile um die Hüften geschlungen, andere Schaufeln über den Schultern trugen. Als sie sich daran sattgesehen hatten, schlenderten sie weiter zum «Blinden Simon», der ebenfalls Taglöhner war und die Mühlen anderer Leute trieb. Dort knüpften sie ein Gespräch mit dem zerlumpten Gassenjungen an, der den Blinden alltäglich dorthin führte. Sie gaben ihm von ihren Leckerbissen ab und gingen dann weiter, kitzelten einen Esel, der gleich in ein wildes J-a ausbrach; darauf scheuchten sie einen Schwarm Vögel von einem angesäten

Acker, folgten dann unter Bar Evions Führung einem Abschneidepfad, der nach Hause lief, ein Weg, der dadurch doppelt anziehend wurde, daß man dabei über Pfützen und Gräben springen und verbotener Weise fremder Leute Felder und Fruchthaine betreten konnte.

Miriam stand an der Tür und schaute nach ihnen aus. Es war das erste Mal, daß sie so viele Stunden von Jeschua getrennt gewesen war. Es war auch Jeschuas erster selbständiger Ausflug in die Welt; denn Joseph hatte darauf bestanden, daß der Knabe nicht in Begleitung der Eltern zur Schule gehe, damit er nicht von seinen Kameraden verlacht werde.

So wartete also Miriam, den Spaten untätig in der Hand, im Gemüsegarten; ihr Herz schlug stark vor Aufregung und Besorgnis.

Schließlich sah sie ihn doch die Lehne heraufspringen, daß die Quasten des Kittels hinter ihm drein wehten. In der einen Hand hielt er seine Schriftrolle und in der andern das Wachstäfelchen. Geradenwegs lief er in die ausgebreiteten Arme der Mutter.

Des Vaters Vorrecht war es, seinen Kindern zu essen zu geben, wenn sie von der Schule kamen. Joseph legte daher seine Arbeit beiseite und wusch sich die Hände. Dann zog er Jeschua auf seine Knie und gab ihm aus der Schale, die er ihm geschnitzt hatte, warme Gerstensuppe mit Brotstücken darin. Miriam aber hatte sich, zur Feier des ersten Schultags des neuen Thoraschülers, noch den unerhörten Luxus geleistet, ein Ei für Jeschua zu kochen und seine Milch mit einem Schuß Honig zu süßen. Sie setzte sich ein paar Schritte weit von Vater und Sohn hin, sah zu, wie der Kleine aß und lauschte dem, was er zu erzählen hatte.

Auch der kleine Jakob war höchst neugierig auf Jeschuas Bericht. In einem von Jeschuas Kittelchen, das ihm wohl noch für zwei Jahre Wachstum ausreichte, strich er, ein wenig scheu und auch ein klein wenig neidisch, um den großen Bruder herum und fragte schließlich, was er auf das Wachstäfelchen eingeritzt habe. Jeschua bedurfte keiner großen Ermunterung, um stolz den heutigen Vers vorzulesen, worüber der kleine Jakob unverweilt in großen Jubel ausbrach.

«Und das hast du selbst geschrieben?», fragte er glückselig.

«Ja, der Rabbi hat mir es gezeigt, und da schrieb ich es auf das Wachs. Es ist gar nicht schwer. Emi hat's mich ja schon im Sand gelehrt.»

«Emi wird's dich auch lehren», sagte Joseph und zog den kleinen Jakob auf sein noch unbesetztes Knie. «Und jetzt wollen wir mal hören, was Jeschua heute gelernt hat.»

Noch einmal sagte Jeschua also die Verse von Gottes Gebot über die Ihm darzubringenden Opfer auf, daß Er sie von den Schafen und den Böcken wolle, aber keine Menschenopfer, wie es bei den Heiden Brauch ist.

«Abba, ist das war, daß die Heiden Menschen töten, um sie ihren Göttern darzubringen?»

«Es gibt noch solche, Tinoki», erwiderte Joseph, «zum Beispiel unsere Nachbarn, die Söhne von Tyrus und Sidon, welche am Meer wohnen. Sie opfern ihrem Gott Moloch Kinder.»

«Warum tun sie denn das, Abba?»

«Weil es ihrem Gott wohlgefällig ist.»

«Aber Gott will doch das nicht, gelt, Emi?», wandte sich Jeschua gewohnheitsmäßig an die Mutter. Miriam bejahte, Gott wolle es nicht.

«Und Er will doch auch nicht, daß Rinder und Schafe um Seinetwillen getötet werden?»

«Habe ich dir nicht gezeigt, was Jesaia sagte?», fragte Joseph.

«Ja, ich erinnere mich: ‚Was soll mir die Menge eurer Opfer?, spricht der HErr.' Warum hat Moses dann Opfer geboten?»

«Weil die Menschen sündig sind.»

«Was ist denn das: Sünde?» Es war das die Frage, auf die der kleine Jeschua immer wieder zurückkam, als ob die Antworten, mit denen er sich früher begnügt hatte, nach reiflicher Überlegung ihre Überzeugungskraft eingebüßt hätten.

«Das ist, wenn Menschen böse sind», erklärte Joseph. «Wenn sie gegen Gottes Willen aufstehen, lehrt Moses, müssen sie ihre Vergehungen durch Opfer büßen, welche Sinnbilder ihrer Reue sind.»

«Aber welche Schuld trägt das Lamm, daß wir es um unserer Sünden willen aufopfern? Und außerdem: vermag dann nicht ein Reicher viele Sünden zu begehen, weil er genug Ochsen und Schafe zum Opfern hat, indes der Arme, der kein Vieh besitzt, für seine Sünde nicht büßen kann?»

Auf Miriams Gesicht zeigte sich ein Lächeln; auch Joseph war hocherfreut, und er warf Miriam einen Blick zu, der von Genugtuung strahlte.

«Du hast mich überwunden, Tinoki», sagte er fast lustig. «Es ist so, wie du sagst: der Reiche kann viele Sünden begehen, weil er Schafe und Rinder genug hat, um alle möglichen Opfer darzubringen, wie unser Reb Tudrus zum Beispiel oder der Wucherer Bar Kazin, von dem es heißt, wenn er einen küsse, müsse man dann die Zähne nachzählen...»

«Joseph!», fiel ihm Miriam mit mildem Vorwurf ins Wort, doch ohne sich zu bemühen, ihr Lächeln zu unterdrücken.

«Warum soll ich denn nicht, Miriam? Die Kinder dürfen das wissen.»

«Es hat damit noch Zeit, bis sie älter sind», sagte Miriam. Und, sich wieder ihrem Ältesten zuwendend, fragte sie: «Du erinnerst dich an das, Tinoki, was Abba und ich dir von Adams Sündenfall erzählt haben, als das wilde Tier unser Lämmchen zerriß!»

«Ja, daran erinnere ich mich», sagte Jeschua eifrig, «auch an das vom Zusammenwohnen des Wolfs und des Lamms.»

«Nun», sagte Miriam, «bis dieser Tag kommt, der Tag, da der heilige Messias die Sünde Adams vergeben wird –, bis dahin müssen die Menschen von ihrem Vieh Opfer darbringen.» Dann nahm sie das Kind von Joseph weg zu sich und sagte noch: «Jetzt komm mit, Tinoki, daß wir sehen, wie der Weizen steht. Abba muß wieder an die Arbeit.»

Nicht alle Tage kam Jeschua von der Schule mit so schwerwiegenden Fragen im Sinn heim. Denn die Einleitungsverse des Leviticus wurden bloß zur allgemeinen Einführung in die Thora gelehrt. Nachdem den Kindern einmal das Opfergebot vorgetragen und zu deren Befriedigung erläutert war – was im Ganzen nicht so schwer war –, wickelte sich der Lehrplan mit einem eingehenden Studium der mosaischen Gesetze in der gehörigen Reihenfolge ab. Einige Tage später kam Jeschua darum mit einer genauen Kenntnis der Umstände bei der Erschaffung der Welt nach Hause. Dies war neu für ihn gewesen, während er die Geschichte vom Sündenfall des Menschen daheim oft gehört hatte. Eines Tages verdunkelte sich der Himmel, und es kam die Sintflut, die so viele Menschen dahinraffte, bald darauf erhellte er sich aber wieder und erstrahlte vom Glanz und der Größe Erzvater Abrahams. Dann kamen die Geschichten, die Jeschua schon kannte – von Isaak, von den Söhnen Jakobs und dem Hervortreten

Josephs aus deren Reihe – und noch viele Verse, Verse ohne Zahl, die ihm schon lange vertraut waren, obschon niemand sich erklären konnte, woher diese Kenntnis dem Kind zugekommen war.

SIEBENTES KAPITEL

ALS Jakob alt genug war, um mit Jeschua zur Schule zu gehen, hatte sich Josephs Familie wiederum bedeutend vergrößert. Zwei weitere Söhne, Simon und Juda, waren geboren worden; ihnen war die kleine Schoschanna gefolgt, die jetzt noch von der Mutter genährt wurde. Mariamas Stolz auf den Nachwuchs der Schwester schwang sich zu neuen Höhen auf, und mit verdoppelter Tatkraft übernahm sie einen großen Teil der so sehr vermehrten Hausfrauenpflichten Miriams.

Je älter die beiden Brüder wurden, um so deutlicher zeigte sich die Grundverschiedenheit zwischen Jeschua und Jakob. Während der Älteste lebhaft, sprunghaft, immer neu- und wißbegierig war, war Jakob gesetzt und nüchtern und betrug sich fast wie ein Erwachsener. Jeschua kannte alle Nachbarn im Umkreis von Meilen und war auch allen bekannt. Überall fühlte er sich zu Hause, wollte über jede Tätigkeit und Beschäftigung der Menschen Bescheid wissen. Außerdem kannte er jedes Haustier in der nächsten Umgebung beim Namen, den er ihm übrigens meistens selbst beigelegt hatte. Immer kroch er durch Hecken durch, lief über fremder Leute Felder, um gute Freunde zu besuchen, ob es nun Menschen oder Tiere waren. Stundenlang konnte er im Geäst eines Baumes sitzen, um zu beobachten, was in einem Vogelnest vor sich ging. Oftmals mußte Miriam lange nach ihm suchen, und dann entdeckte sie ihn in einer Baumkrone, wo er mit verhaltenem Atem zusah, wie ein Vogel sein Gefieder putzte oder seine Jungen fütterte.

Jakob andererseits tat keinen Schritt, den er nicht vorher sorgfältig überlegt hatte. Er kannte nur einen einzigen Weg in die Stadt, den, auf dem er ohne Aufenthalt und Getrödel zur Synagoge ging. Er blieb unterwegs an keiner Marktbude stehen, streichelte kein Tier, ließ sich mit niemanden in eine Unterhaltung ein. Von der Schule aus trottete er wieder brav heim, immer die Augen auf den Weg gerichtet und endlos den Bibelvers des Tages wiederholend.

Doch der ausgesprochenste Unterschied zwischen den beiden Brüdern war dieser: während der ältere sich nicht genug tun konnte mit Fragen, hatte der jüngere überhaupt nichts zu fragen. Er nahm einfach an, was ihm in der Schule beigebracht wurde; das mosaische Gesetz war für ihn unanfechtbar, keiner Frage und keinem Zweifel Raum gebend. Ebenso war das Wort des Rabbi für ihn unfehlbar; ihm, Jakob, kam nur zu, die Thora auswendig zu lernen, die Verse in seinem Gedächtnis zu verstauen und darauf zu achten, daß daraus nichts entweiche.

Dieser Unterschied in den Charakteren der beiden Knaben verfehlte denn auch nicht, auf die Haltung der Leute, die sie kannten, abzufärben. Jakob wurde bald der Liebling seiner Lehrer. Für den Rabbi war er der Musterschüler, der niemals beim «Amen» nachklappte und der hungrig verschlang, was ihm aus der Thora aufgetischt wurde; ganz anders wie sein Bruder Jeschua, der immer fragte, Haare spaltete und bei allem in eine Tiefe dringen wollte, die seinem Alter nicht angemessen war. Vor allem Kleophas hörte nie auf, Jakobs Lob zu singen und seine überragenden Verdienste zu rühmen. Jakob war sein Lieblingsneffe, der ihm uneingeschränkte Anhänglichkeit für Josephs Familie abnötigte. Kleophas gewann den Knaben auf die Dauer lieb wie einen eigenen Sohn und stellte ihn Jeschua gegenüber oft als leuchtendes Beispiel des Wohlverhaltens hin.

«Siehst du jetzt», pflegte er zu sagen, «wie dein kleiner Bruder in der Synagoge seine Gebete spricht? Seine Augen sind niedergeschlagen, und er paßt so scharf auf, daß er jedes ‚Amen' an der richtigen Stelle bringt, nicht wie du, der du immer herumguckst, als ob du Erde und Himmel nicht auseinanderhalten könntest.»

«Richtig, Gevatter Kleophas», warf dann Miriam ein, «so ist es, mein Sohn Jeschua kann Himmel und Erde nicht auseinanderhalten, wenn er betet.»

«Was soll das heißen, Miriam? Siehst du ihm das nach? Gott hat uns hier auf die Erde versetzt und will, daß wir wissen, wohin wir als Seine Geschöpfe gehören. Steht nicht geschrieben: ‚Der Himmel allenthalben ist des HErrn, aber die Erde hat Er den Menschenkindern gegeben?'»

«Das kommt auf den Betenden an», sagte Joseph aus seiner Ecke.

Kleophas wandte sich ihm mit dem Ausdruck schmerzlicher Überraschung zu und sagte:

«Ich hätte gedacht, die Rute des Vaters würde die Nachsicht der Mutter berichtigen.»

«Steht nicht auch geschrieben von einem Vater, der Mitleid hat mit seinen Kindern?»

Immerhin war der kleine Jakob kein Stubenhocker. Er begleitete Jeschua oft bei dessen langen Spaziergängen über die Felder oder bei seinen Besuchen im Haus des Gerbers – der sie in den Geheimnissen seines Handwerks unterwies, wobei er allerhand Schriftweisheit einstreute –, ja sogar manchmal auch zu dem edomitischen Weihrauchzüchter. Dessen Schwelle überschritten die beiden Knaben zwar nie, aber sie trieben sich zwischen den Pflanz- und Kräuterbeeten herum und lernten die giftigen von den heilsamen Gewächsen unterscheiden.

Hin und wieder gerieten sie auch in die Weinberge des reichen Talami bar Kazin und hörten dort die Klagen der Männer, die bei dem Wucherer ihre Schulden abarbeiten mußten, und was für Kränkungen von Seiten des Talami sie ausgesetzt waren. Die Knaben wußten längst Bescheid über die ruchlose Ausbeutung, denen die Armen durch Verpfändung ihres Besitztums an ihre reichen Gläubiger unterworfen waren. Joseph hatte sie darüber genau aufgeklärt. Wenn die Kinder mit Begeisterung von der üppigen Ernte erzählten, die auf den Weinbergen des reichen Talami eingeheimst wurde durch die Scharen von Tagelöhnern, die unter der Last dieser Fülle ächzten, konnte Joseph sich der bitteren Bemerkung nicht enthalten:

«Ja ja, sie beackern den Boden, der ihnen gehört, und auch der Schweiß ist der ihre, aber die Frucht wird von Andern verzehrt.»

Josephs Haß gegen die Reichen übertrug sich so auf die Kinder, und zumal bei Jakob fiel er auf fruchtbaren Boden. Jakob vermochte sich niemals von diesen Jugendeindrücken des menschlichen Elends zu befreien und konnte keinen Tag lang vergessen, was Joseph ihm darüber beigebracht hatte.

Nazareth war eine Handwerkerstadt; seine Bewohnerschaft bestand zum größten Teil aus Handwerkern, die ihre fertiggestellten Waren über die Berge im Nordwesten in die Bazare von Sepphoris brachten. Doch bevor sie genügend Fertigware angesammelt hatten, damit sich die Reise lohne, waren sie meistenteils gezwungen, sich für die Barmittel zur Anschaffung von Rohstoffen, zur Erhaltung ihrer Familie oder zur Zahlung der königlichen Steuern an Geldverleiher zu wenden. Und es kam recht häufig vor, daß sie, um des täglichen Lebensunterhalts willen, ihre fertigen Waren verpfändeten, die sie dann später nicht mehr einlösen konnten. So wanderten Haufen von Sandalen, Töpfereien aller Art, Ballen von Stoffen in die Lagerräume der Geldverleiher. Dort wurden die Gefäße angestoßen oder zerbrochen und die Holzgeräte von Würmern zerfressen. Die Stadt brauchte Waren, ihre Männer und Frauen mußten hungern und zur Winterszeit barfuß laufen; aber das Werk ihrer Hände, das zum menschlichen Gebrauch bestimmt war, verfaulte in den Kammern der Wucherer.

Die Hauptstadt von Galiläa, Sepphoris, lag eine halbe Tagereise zu Esel von Nazareth. Fast an jedem zweiten Tag war dort Markt, wohin die nazarenischen Handwerker ihre Waren brachten. Auch Joseph wanderte dorthin mit seinen Jochen, Pflügen, Haushaltgeräten, denn die Stadt zog aus der ganzen weiten Umgegend, vom Meer bis nach Genezareth hin, Kunden an.

Zu Lebzeiten von Miriams Mutter hatte die Familie ihren Überschuß an Bodenfrüchten ebenfalls zu Markte gebracht. Jetzt aber hatte sich der Haushalt – Gott sei gepriesen – fast um das Doppelte vermehrt, so daß kein eßbares Krümchen zum Verkauf übrig blieb und Josephs Esel nur die Erzeugnisse der Werkstatt aufgeladen bekam.

Es war aber Brauch in Israel, daß der Sohn an den Reisen des Vaters teilnahm, so daß das Kind Einblick gewann, wie es die Vorfahren in allen Lebenslagen gehalten hatten. Joseph nahm also Jeschua jetzt mit nach Sepphoris, indem er gegen die Einwände Miriams – die ihren Ältesten lieber in der Schule gesehen hätte – vorbrachte, das Leben sei der beste Lehrmeister.

Auf diesen Marktplätzen, wo er mit Joseph bei den zum Verkauf ausgebreiteten Geräten stand, wurde Jeschua vertraut mit Menschen aus allen möglichen Kreisen und Gegenden. Bei diesen Gelegenheiten, wenn Joseph den Esel durch die Zollschranken am Stadttor führen mußte, machte Jeschua auch die erste Bekanntschaft und Erfahrung mit habgierigen Zöllnern. Er lernte Benehmen und Verfahren der vielen Aufseher, Gerichtsvollzieher,

Wächter und Spürhunde kennen, die durch die offenen Märkte und Bazare strichen und nach unversteuerten Waren schnüffelten oder zwischen Käufer und Verkäufer Frieden stifteten. Er erfuhr, wie die Zehnten auferlegt, herausgepreßt und bezahlt wurden, wie es Bauern gab, deren Waren als steuerfrei und rechtmäßig erklärt wurden, während andere zusehen mußten, wie ihre Erzeugnisse verworfen oder als verdächtig bezeichnet wurden. Er nahm auch wahr, wie die vielfachen Sekten in Israel sich voneinander fernhielten, wie einige von ihnen in Bausch und Bogen verdammt wurden, um die übrigen vor Unreinheit zu bewahren.

Denn Sepphoris war eine Großstadt. Schärfer als vorher und anderwärts erkannte er hier die unermeßliche Kluft, die die Reichen von den Armen schied. Er betrachtete die protzigen, schmucküberladenen Paläste, aus deren schützendem Schatten die Bettler von riesenhaften äthiopischen Sklaven weggetrieben wurden. Er staunte die undurchdringlichen Mauern von Zypressen an, die wie Palisaden um riesige Privatparks gepflanzt waren, die üppige Kleidung reicher Bummler und Gecken mit klirrenden Goldketten um den Hals und einem Gefolge von Speichelleckern im Kielwasser.

Daheim hatte der Knabe nur einen einzigen Heiden gekannt: den Weihrauchzüchter, in dessen Garten er viele Stunden verbracht hatte. In Sepphoris machte er die Erfahrung, daß der Nachbar in Nazareth nicht der einzige Heide auf dieser Erde war. Hier sah er die römischen Legionäre; die Rümpfe von blanken Metallrüstungen und die Köpfe von Helmen bedeckt, zogen sie in strammer Haltung quer über den Marktplatz. Die Menge wich angstvoll vor ihnen auseinander, um ihnen eine Gasse zu lassen; die Soldaten schritten mit festem, dumpfem Tritt, die geballten Fäuste schwingend, die Blicke so unablenkbar wie fliegende Pfeile, dahin, alles beiseitestoßend oder zertretend, was ihnen im Wege stand, mochten es Töpfereien oder Feldfrüchte sein, ohne daß sich aus dem Menschengedränge auch nur ein Gemurmel dagegen zu erheben wagte.

Mit der übrigen Menge sah Jeschua diesem Schauspiel zu. Er wußte: das waren Caesars Kohorten, die Israel unterm Stiefelabsatz Edoms hielten. Er hatte schon allerhand römische Truppenabteilungen durch Nazareth marschieren sehen, und er wußte, daß sie, wohin sie kamen, Furcht und Entsetzen verbreiteten.

«Abba, sieh!»

«Was, Tinoki?»

«Dort die Leute, wer sind die?»

Joseph schaute in der Richtung, in die des Knaben Finger wies, und sah einen Zug angeketteter kanaanitischer Sklaven, die von Männern mit Geißeln dahingetrieben wurden. Vor ihnen her zog eine stattliche Gruppe sidonischer Kaufleute, reich in Purpur gekleidet und die Bärte mit glänzendem Öl gesalbt. Die Sklaven schleppten gleich Saumtieren auf ihren nackten Rücken riesige Ballen mit roher Wolle. Von Zeit zu Zeit ließen die Wachen die in Bleikugeln endenden Geißelschnüre über ihnen tanzen, gar nicht um den einen oder andern zu strafen, sondern einfach aus Gewohnheit, um den Zug in regelmäßigem Gang zu halten.

«Ja...», sagte Joseph und er zog das Wort in die Länge, «dies, mein Sohn, sind sidonische Sklaven. Denn die Sidonier sind gerissene, knauserige Menschen; sie verwenden Sklaven, um die Wolle, die sie auf dem Markt hier erstanden haben, in ihre Heimatstadt zu schleppen. Esel oder Maultiere benutzen sie dazu nicht gleich uns, denn die menschlichen Sklaven kommen sie billiger zu stehen, schon weil man ihnen weniger zu essen gibt als den Lasttieren.»

Mitleidig betrachtete der Knabe die schmutzige Karawane, die da vorbeizog. Dergleichen hatte er in Nazareth nicht kennen gelernt. Die Männer, die daheim auf den Feldern schafften, waren gemietete Hilfskräfte oder auch säumige Schuldner, die ihre Verpflichtungen an die Gläubiger abarbeiten mußten. Wenn sich reiche Bürger einen Sklaven hielten, dann war das ein Hofmeister für die Söhne oder ein besonderer Bediensteter, etwa ein Rechnungsführer und Buchhalter, ein Flötenspieler für die Tafelmusik oder ein Hans-in-allen-Gassen, der alle laufenden Geschäfte erledigte. Jüdische Sklaven gab es in Nazareth überhaupt nicht, und zwar vornehmlich darum, weil ein solcher den Besitzer mit endlosen rechtlichen Verpflichtungen und Scherereien belastete. So gewann Jeschua in Sepphoris den ersten Einblick in den menschenunwürdigen Zustand, zu dem sich Menschen selbst als Sklavenhalter und andere Menschen als Sklaven erniedrigten.

«Wer sind diese Menschen?», fragte er Joseph nach längerer Zeit.

«Du meinst die Sklaven da? Ich sagte dir ja schon: die Sidonier kaufen sie auf den Sklavenmärkten, um sie als Lasttiere zu benutzen.»

«Aber wie kommen sie dazu, diese Menschen zu Sklaven zu machen?»

Da erzählte ihm Joseph, daß sie geliefert wurden von den siegreichen Heeren Roms, die so viele Völker unterjocht hatten. Wenn ein Volk, eine Provinz oder eine Stadt aufsässig werde, so erklärte Joseph, dann schickte Rom seine Legionen hin, um den Aufstand in Blut zu ersticken, die Schwachen zu töten und die Kräftigen mit Nutzen zu verkaufen. Es sei so weit gekommen, daß die Sidonier den römischen Heerlagern folgten, um die Sklaven frisch vom Fleck weg zu kaufen. Dieser Bericht gab Jeschua wieder einige Minuten zu denken. Dann fragte er abermals:

«Abba, tun sie das, weil das menschliche Herz böse ist und sie es nicht besser wissen?»

Joseph nickte und ließ den Knaben weitersprechen.

«Abba, wird Gott niemals die Herzen der Menschen wandeln?»

«Sicher wird Er das, mein Sohn. Hat Er nicht durch des Propheten Mund gesagt: ‚Einen neuen Geist will ich euch geben und will das steinerne Herz wegnehmen aus eurem Leibe.'?»

«Und wann wird das sein?»

«Wenn der Messias-König in unserer Mitte erscheint. Denn dies ist der Tag unserer Hoffnung, wie auch der Prophet gesagt hat: ‚Die Heiden werden wandeln in Deinem Licht.'»

Mit dem Heraufdämmern des Bewußtseins hatte der Knabe Jeschua die Nähe Gottes zu empfinden begonnen. Daran hatte zweifellos seine Mutter großen Anteil; sie hatte ihm so oft gesagt, daß Gott seine Gebete erhöre, daß er in einem besonderen Verhältnis stehe zum himmlischen Vater, wie das keinem andern Kind zuteil geworden sei. Auch Joseph machte hin und wieder derlei Andeutungen. Zwar von dem Wunder seiner Zeugung wurde ihm nichts Ausgesprochenes mitgeteilt, und er sah auch weiterhin Joseph als seinen natürlichen Vater an: wurde er denn nicht allerwärts Jeschua ben Joseph genannt? Doch hatte er eine dunkle Vorstellung davon, daß Joseph nicht in der gleichen Weise sein Vater sei, wie er der Vater Jakobs und der andern Geschwister war. Etwas davon verriet sich in Josephs Verhalten zu ihm, das nie ganz frei war von einer gewissen Zurückhaltung. Dann hatte

Jeschua auch allerhand raunen gehört über seine vorzeitige Empfängnis, obschon er sich nicht ganz klar darüber war, ob man ihm gegenüber dies als Tatsache behauptet oder ob er es irgendwie aus den Blicken der älteren Leute erahnt habe. Es war ihm auch aufgefallen, daß die Tante Mariama ihn immer Miriams Sohn nannte, als wolle sie seinen Vater irgendwie ausschließen. Niemals wurden seine Brüder auf diese Weise bezeichnet.

Auch hatte er oft aus dem Munde der Mutter gehört von einem Knaben, der zur selben Zeit wie er geboren war, einem gewissen Jochanaan, dessen Geburt zwar in einem entfernten Ort erfolgt war, aber doch in einem dunklen Zusammenhang mit seiner Geburt stehe. Jeschuas Mutter bezeigte starke Anteilnahme am Schicksal dieses Kindes; und ebenso der Vater.

In den letzten Tagen war es Joseph kund geworden, daß sowohl der Priester Zacharia wie dessen Frau Elischewa hochbetagt gestorben seien. Alsogleich beschlossen Joseph und Miriam, in die Wüste Juda hinauf zu wandern, um das verwaiste Kind zu holen und mit den eigenen Kindern aufzuziehen. Doch noch bevor sie die Reise antreten konnten, stellte sich an Miriams Tür ein herumziehender Bettler ein und rief den Knaben Jeschua heraus. Er führte ihn aufs offene Feld und sprach dort also zu Jeschua:

«Gehe hin und sage deiner Mutter, sie soll sich nicht Sorge machen um das Waisenkind. Zacharias Sohn ist mitgenommen worden von denen, die zu seinen Hütern bestimmt wurden; er haust bei ihnen in der Wüste, wo er sich bereitet zu der Aufgabe, die ihm auferlegt ist.»

Als Jeschua diese Worte der Mutter berichtete, rief Miriam aus:

«Es kann nur der Prophet Elia gewesen sein, welcher diese Kunde gebracht hat.»

Kurze Zeit darauf erhielten sie die Bestätigung dafür, daß der Waisenknabe von den Essenern aufgenommen worden sei. Da verstand Miriam, daß Gottes Ratschluß erfüllt würde.

Der Knabe Jeschua war nicht erstaunt gewesen über das plötzliche Erscheinen des Bettlers. Er war in dem Glauben aufgezogen, daß Gottes Geist niedrigen Fremdlingen innewohne, und daß man, wenn man sich solchen Leuten gastfreundlich erweise, sich zum Gastgeber Gottes selbst mache. Er suchte daher die Gesellschaft solcher Leute, kam ihnen höflich entgegen und lauschte begierig ihren Reden. Sie erzählten von fernen Ländern, durch die sie gewandert waren, von fremden Völkern und ausländischen Sitten. Manche dieser Wanderer, mager und zerlumpt, wie sie waren, saßen zu Füßen der Rabbunim und führten mit ihnen gelehrte Gespräche über das Gesetz. Von ihnen auch lernte Jeschua Auslegungen der Schrift sowie viele Verse aus den Propheten und den Psalmen. Gleich seiner Mutter bewirtete er sie und pflegte ihrer Notdurft mit freudigem Herzen und als tue er einen frommen Dienst.

Es kam ein außergewöhnlicher Sommer. Jedes Jahr, wenn der Chamsin, der glühende Wüstenwind, von Ägypten heraufblies und die Trockenheit mitbrachte, stellte sich eine merkliche Knappheit an Wasser ein, wenn diese auch selten so schlimm wurde, um das Leben der Tiere und Pflanzen zu gefährden. Denn die letzten Regenfälle, die zwischen Winter und Vorfrühling in Abständen niedergingen, waren für gewöhnlich ausreichend, um die Zisternen zu füllen und den Boden mit lange ausreichender Feuchtigkeit zu durchtränken, die bis zur Ernte vorhielt. Doch dieses Jahr war der Regen karg gewesen. Die Nässe war nicht tief über die oberste Bodenschicht gelangt; sie sickerte nicht zu den Wurzeln der Rebstöcke und der Obstbäume durch; sie besprengte kaum richtig die Furchen an der Oberfläche der Felder und ließ die Wasserbehälter leer. Der Zustand verschlimerte sich noch dadurch, daß der Chamsin früher, als allgemein erwartet, gekommen war. Es war zwar im Frühling wie stets Gewölk heraufgezogen, aber statt des frischen Wassers brachte es einen Schauer von heißem dörrendem Wüstensand, dessen winzige Körner in die Poren eindrangen, sich an den Wimpern und Lidern festsetzten, Zunge und Schlund belegten. Menschen und Tiere vermochten nur mühsam Atem zu holen, und die frühen Schößlinge der Pflanzen hingen welk über ausgedörrten, erstickenden Wurzeln. Und zu allem Übel kam noch hinzu, daß in diesem Jahr der Tau, der sonst im Sommer das Pflanzenleben aufrechterhielt, ausblieb. Die kurzen Nächte waren so trocken wie die Tage. Über allem aber hing der unerbittliche Himmel, bleiern in unbeflecktem Blau, sengende Hitze und Dürre ausströmend.

Schon von den ersten Frühlingstagen an mußte Miriam ihren Mann veranlassen, ihr beim Wasserholen vom Brunnen zu helfen. Ihre kleine Schafherde verweigerte das schlammige Wasser der Zisterne. Und selbst dieses mit Staub und Käferleichen verunreinigte Naß versiegte bald, so daß es nicht einmal mehr zur Bewässerung des Küchengartens, auf den die Familie zu ihrem Unterhalt angewiesen war, in Frage kam. Miriam brauchte so nicht nur für die Familie und die Herde Wasser, sondern auch für ihre verdorrenden Pflanzen.

Bald jedoch wurde das Gedränge der Wasserholerinnen am Brunnen so dicht, daß man stundenlang in der glühenden Sonne warten mußte, bis man seinen Vorrat für Mensch und Tier zuhause schöpfen konnte, von dem kaum etwas übrig blieb, um die versengte Erde zu netzen. Weit und breit lagen die Tiere der armen Leute verdurstend herum, wo sie gerade niedergebrochen waren, und streckten die Zungen lang heraus nach einem Tropfen Wasser.

Lange vor der sonstigen Zeit wurden die Trauben zur Lese reif. Wieder zogen Kleophas und Mariama zu Miriam, um einen Teil der Arbeit zu übernehmen. Kleophas gebärdete sich ganz verzweifelt, denn die Trauben, die er vom Stock abschnitt, waren von Sonne und Staub gedörrt und sahen aus, als wenn sie schon einen Monat lang geerntet und getrocknet worden wären. Ihre Kerne waren voll und dick, aber ihre Haut war schrumplig und ihr Saft armselig.

Doch an Wein tat es dringend not, da er zu jedem Mahl getrunken wurde, schon um mit dem kostbaren Wasser hauszuhalten. Aber die Trauben gaben nichts her als Essig und waren nur als Rosinen zu verwenden, die denn auch, in Teig gebacken, die Hauptnahrung in diesem ganzen Jahr bildeten.

Den dicken schweren Kopf zu Boden gesenkt, daß man seine beginnende rötliche Glatze sah, bewahrte Kleophas stundenlang ein verdrossenes Schweigen, während er Joseph dabei behilflich war, die Zisterne von dem schlammigen Bodensatz zu säubern, die das bis zur Neige ausgeschöpfte Wasser zurückgelassen hatte. Als der Behälter gereinigt war, legten die beiden Männer die geernteten Trauben hinein, wuschen sich gut die Füße und stiegen dann in die Tiefe, um durch Stampfen den Saft herauszukeltern.

Von ferne schauten ihnen die beiden Schwestern zu. Sie hockten mit den Kindern in der Haustür, sprachen von dem, was alle Gemüter beschäftigte, alles Fleisch und alles Kraut in der ganzen Gegend bedrängte: der Trockenheit. Miriams paar Schafe und ihr einziges Eselchen lagen ebenso leblos vor den Ställen herum wie die Blätter an den umstehenden Feigenbäumen herunterhingen, zu müde, um aufzustehen, ja, sich auch nur aus der Sonne in den Schatten zu wälzen.

«Die Feigen werden dies Jahr so dürr und schwach werden wie die Weintrauben», sagte Mariama nach einem Blick auf die Bäume. «Es wird sich kaum lohnen, sie zu pflücken.»

Miriam nickte und sagte: «Und schau die Tiere an; sie blöken nicht einmal mehr nach Wasser. Heute habe ich ihnen alles Wasser gegeben, das ich am Brunnen kriegen konnte. Sie wollten es nicht trinken, so dick und schmutzig war es.»

«In der Nacht heute hat unser Esel so geschrien, daß alle Nachbarn aufgewacht sind.»

«Das war wohl ein Gebet auf seine Weise», sagte Miriam mit bitterem Lächeln. «Hast du etwas darüber gehört, ob die Ältesten etwas tun wollen?»

Mariama zuckte die Achseln.

«Sie haben einen allgemeinen Fasttag ausgeschrieben.»

«Aber das hat auch nichts geholfen. Und sonst?»

«Sie haben einen Eilboten an einen Rabbiner nach Sepphoris geschickt und ihn angefleht, er solle auch um Regen bitten. Der Rabbiner, sagen sie, sei ein Gerechter und großer Wundertäter. Er hat gebetet, aber was ist dabei herausgekommen? Nun, sagt der Rabbiner, ohne ein Wunder kann kein Regen kommen, da wir ja mitten in der trockenen Jahreszeit sind; aber, sagt er weiter, unser Geschlecht sei keines Wunders würdig.»

«Heiliger Gott», sagte Miriam, «und bis zu den Frühherbstregen ist noch lange her. Ich bin überzeugt, der Rabbiner hat recht: wir in dieser Zeit sind eines Wunders nicht würdig, aber wenn die Großen gesündigt haben, warum müssen die Tiere und die Kinder so leiden?»

Jeschua hatte gespannt zugehört. Er war ebenfalls der Dürrequal um ihn wohl inne, hatte er doch den peinigenden Durst von Mensch und Tier wie des Erdreichs unter seinen Füßen mitempfunden. Er hatte gesehen, wie seine Mutter – beim Sonnenuntergang und wieder in der Morgendämmerung – die Hände emporgestreckt hatte zu Gott und Ihn angefleht hatte, Seinen Geschöpfen Regen zu senden. Und dabei hatte er auch den vor Durst krankhaften Blick in ihren Augen wahrgenommen, so wie er ihm aus den Augen eines jeden Lammes der kleinen Herde entgegengetreten war. Doch noch immer blieb der Himmel verschlossen wie mit Siegeln, und der HErr hatte kein Ohr weder für die Gebete der Menschen und die Schreie der Tiere, weder für das Ächzen der Erde noch für die Tränen seiner Mutter. All dies aber, weil die Menschen sündhaft waren. Und der kleine Jeschua brach in Weinen aus.

Miriam fand ihn später allein auf dem Feld. Er lag schluchzend, die Hände vors Gesicht geschlagen, auf den Knien.

«Warum weinst du, Tinoki?», fragte Miriam beunruhigt.

«Weil Gott nicht die Sünden der Menschen vergeben will und Seinen Geschöpfen den Regen vorenthält.»

«Warum betest du nicht zu Ihm?»

«Wie denn, Emi?»

«Komm, ich werde es dir zeigen, Tinoki.» Und Miriam nahm das Kind bei der Hand und führte es zur Hügelkuppe hinauf. «Sage deinem Vater im Himmel, was du auf dem Herzen hast, was deine Augen gesehen, deine Ohren gehört haben. Dein Gebet wird Gott erhören.»

Als Jeschua niederkniete und seine Hände zum Himmel aufhob, wandte sich Miriam rasch ab. Doch als sie den Hügel hinunterzusteigen sich anschickte, vernahm sie die ersten Worte des Gebets.

Miriam war noch nicht bis zu ihrer Tür gekommen, als sie ein leises Donnerrollen in der Ferne hörte. Wolkenbällchen begannen mit einmal den Himmel zu sprenkeln. Sie lösten sich auf, reckten und streckten sich gleich erwachenden Menschen, rannen zu schwarzen Wolkenmassen zusammen, bis sie nach kurzer Zeit gleich zum Platzen geschwollenen Schläuchen voll farblosen Wassers herabhingen. Und dann, plötzlich, als habe eine unsichtbare Hand die Schläuche aufgeschlitzt, fing es an zu triefen, zu strömen und – Wasser, Wasser stürzte vom Himmel hernieder.

«Der Himmel sei gepriesen! Wasser im Monat Tammuz! Herbstregen im Hochsommer! Regen! Regen!», schrien Joseph und Kleophas auf und kletterten aus der Weinkelter heraus, um, schon vollkommen durchnäßt, unter Dach zu gelangen.

Drinnen im Hause wurden sie mit strahlenden Gesichtern von den Frauen empfangen, und Mariama rief aus:

«So hat denn doch der HErr sein Ohr geliehen dem Rabbiner von Sepphoris und seiner Fürbitte!»

Jeschua aber kam atemlos durch die Tür gestürzt und warf sich in die Arme seiner Mutter:

«Emi, Emi», schrie er, «Gott hat Regen geschickt!»

Kleophas jedoch setzte sich schwer in eine Ecke, biß sich auf die Lippen und sagte, er fürchte, der Wein werde verwässert.

«Was das angeht», sagte Joseph, «so sei nur ohne Furcht. Der Regen wird bloß die Trauben waschen. Der Saft ist ja noch nicht heraus.»

ACHTES KAPITEL

UND es kam ein Tag, da Jeschua der Sünde Aug' in Auge gegenüberstand. Ein kräftiger Junge von elf Jahren, war er zu den höheren Lehrstufen aufgerückt und lernte das Gesetz der vielfachen rabbinischen Überlieferungen auszulegen, will sagen: das mündliche Gesetz, die zahllosen ungeschriebenen Zusätze zum mosaischen Gesetzbuch, die von Generation zu Generation mündlich weitergegeben wurden.

Kurz nach dem Morgengrauen befand er sich mit seinem Bruder Jakob auf dem Weg zur Synagoge. Da erhob sich vor ihm ein Getümmel, und er sah eine Horde Legionäre in die Straße hereinstürmen; ihre Kurzschwerter blitzten in der Morgensonne, ihr Kriegsgeschrei vermischte sich mit dem wehklagenden Aufheulen der entsetzten Volksmenge. Töpfe und Krüge wurden umgestoßen und zertreten, Wein und Öl auf die Straße gegossen, Haustüren mit eisenbeschlagenen Stiefelsohlen aufgesprengt, und Männer und Frauen hasteten in hellem Entsetzen durch die Stadt über Leichen hinweg, die da und dort im Weg lagen.

Jeschua und sein Bruder drückten sich gegen eine Mauer, wurden jedoch von einem Wüstenaraber in römischem Harnisch erspäht. Dem stumpfen Blick seiner Augen folgte das scharfe Schwert. Die Klinge erhoben, stand er vor den beiden Kindern aufgerichtet, als mit einmal, den allgemeinen Lärm übergellend, das durchdringende Aufheulen eines Weibes an sein Ohr schlug; er ließ von den Kindern ab und stürzte weiter, um sich der wilden Verfolgung der Menge anzuschließen. Ein paar Sekunden später befanden sich Jeschua und Jakob atemlos und verschreckt im Hof des Hauses ihrer Tante Mariama. Sofort nahmen sie und Kleophas die Kinder, packten schleunigst ein paar Bündel mit Lebensmitteln und Habseligkeiten zusammen und eilten durch Hintergassen zum Stadtrand, von wo aus sie zusammen mit Joseph und Miriam dem Gemetzel entkommen zu können hofften.

Hier, am Außenrand der Ortschaft, war die räuberische Soldateska noch nicht vorbeigekommen, wenn es auch durchaus nicht sicher war, daß die von allen Seiten heranströmenden Legionäre nicht auch noch hierher gelangen würden. Die beiden Schwestern liefen daher mit den Kindern aufs offene Feld hinaus, wo die vielen Gräben und Bachbetten halbwegs geschützten Unterschlupf boten. Joseph und Kleophas blieben vor dem Hause stehen, um von dort aus zu beobachten.

Gegen Abend legte sich der Lärm und das Geschrei in Nazareth. Nafchis ältester Junge, der einen verwegenen Kundschaftergang unternommen hatte, brachte die Nachricht, daß die Römer in nordwestlicher Richtung, auf Sepphoris zu, abgezogen seien.

Die beiden Schwestern schlichen sich also mit den Kindern wieder ins Haus, und die ganze Familie blieb ungewisser Erwartung voll im Dunkel sitzen, da man kein Licht anzuzünden wagte. Als sie dann einen Blick in die Nacht hinaus warfen, sahen sie über der Stadt Sepphoris glutroten Feuerschein zum Himmel aufzüngeln.

«Sepphoris steht in Flammen», sagte jemand.

«Und ebenso alle Nachbardörfer.»

«Eine Stadt, eine Mutter in Israel, geht in Flammen auf», sagte Joseph.

Miriam rief die Kinder zusammen und steckte sie in die Kammer, deren Fenster verhangen waren, um ihnen den Anblick der Schreckenstat zu ersparen. Nur Jeschua weigerte sich, die Augen zu schließen; stumm blieb er an der Haustür sitzen, den Kopf flach auf die hochgezogenen Knie gelegt und nach dem Feuerschein hinblickend.

Der Tod des verruchten Herodes hatte ganz Israel in hochgradige Erregung und Wirrnis versetzt. Das Volk wollte das abscheuliche Regiment der herodischen Dynastie nicht weiter dulden, ob es nun von Archelaos, dem vom verstorbenen König zum Thronfolger bestimmten Sohn des Herodes, oder von dessen Bruder Antipas, dem jungen Prätendenten, dem Herodes' Schwester Sulamith den verwaisten Thron zuschanzen wollte, ausgeübt wurde. Die beiden Thronanwärter befanden sich zur Stunde noch in Rom, wo sie mit ihrem Gefolge von Schranzen und Fürsprechern darauf warteten, beim Caesar Augustus ihre Ansprüche verfechten zu können.

Archelaos hatte seines Vaters Befehl zur Hinrichtung aller hervorragenden Rabbunim und Schriftgelehrten am Tag seines Todes nicht zur Ausführung gebracht. Er hatte sich den Plänen seiner Tante Sulamith, die die betreffenden Männer sofort hatte verhaften lassen, offen widersetzt. Trotzdem gelang es ihm nicht, das Vertrauen des Volkes zu gewinnen, da er sich weigerte, dem allgemeinen Ruf nach Bestrafung der Ratgeber und Helfershelfer des Herodes zu willfahren. Die Erbitterung des Volkes über die grausame Hinmordung der Männer, die mitgeholfen hatten, den römischen Adler vom Tempelportal herunterzureißen, nicht zuletzt auch die Verbrennung der beiden berühmten Rabbunim Juda ben Sarifai und Mattathias ben Margalot, der unerschrockenen Anführer des schweren Aufruhrs, diese Verbitterung fraß sich so tief in die Herzen, daß in Jerusalem nach kurzer Zeit abermals ein Aufstand ausbrach gegen den Erben des früheren Königs und dessen Beschützer, die verhaßte römische Besatzung der Feste Antonia.

Während Archelaos und sein Vorkämpfer, der Rechtsgelehrte Nikolaus, auf der einen Seite, und sein Bruder Antipas mit seinen Anhängern auf der andern, in Rom um die Männer von Einfluß scharwenzelten, um sie ihrem Anliegen geneigt und zu Fürsprechern zu machen, wurde Judäa von einer Folge unbotmäßiger Ausbrüche erschüttert. Auch in Transjordanien gärte es. Im Norden rief der Galiläer Juda zum offenen Krieg gegen die Römer auf. Jerusalem selbst war von Aufständischen besetzt; Caesars Procurator Sabinus, der in der Hauptstadt Judäas eingezogen war, um den Aufstand zu unterdrücken, saß mit seiner Legion in der Feste Antonia wie in einer Falle gefangen. In Jericho legte sich ein Freigelassener der königlichen Hofhaltung, ein gewisser Simeon, den Königsmantel um und rief sich selbst unterm Beifall des Volkes zum König aus. Seine erste Herrschertat war, daß er den Palast des Herodes plündern und anzünden ließ.

Wenige Städte und Städtchen nur gab es noch, die die Fahne

des Aufruhrs nicht entfalteten. Die Landstraßen waren nicht mehr sicher für friedliche Reisende, und die Reichen zitterten für Land und Vieh.

Galiläa machte keine Ausnahme; es schloß sich dem übrigen Israel an. Unruhige Elemente unter der galiläischen Bevölkerung machten sich nach Jerusalem auf, um den Judäern bei der Belagerung des Landpflegers Sabinus in seiner römischen Zitadelle zu helfen. In Galiläa selbst hatte der gefürchtete Juda schon die ganze Zeit über alle Verbitterten und Mißvergnügten um sich geschart, die Opfer der Bedrückung, der Ausraubung, die mit dem Schwert in der Hand den Tag der Rache erwarteten. Seit Jahren hatte Juda in den Bergen versteckt gelegen, hatte all diese Menschen zum Kampf ausgerüstet und ausgebildet. Als er sich schließlich stark genug dazu fühlte, stieg er von den Bergen herab in die Ebene, rückte vor Sepphoris, überwältigte die Besatzung, nahm den Palast in Besitz, überfiel das Zeughaus und das Schatzhaus und machte sich vollständig zum Herrn der Stadt.

Diese Besitzergreifung von Sepphoris durch Juda fand Nachahmer; jeder Rebellenführer im galiläischen Land draußen suchte es ihm gleichzutun. Bald stiegen von jeder Königsresidenz Rauchsäulen empor, die von der Vernichtungswut der sengenden und brennenden Heerhaufen kündeten.

Schließlich bot Quintilius Varus, der grausame Statthalter von Syrien, die zwei in Antiochia liegenden Legionen auf, zog auch alles, was an Truppen in den angrenzenden Ländern verfügbar war, heran und marschierte nach Süden, um die Feste Antonia zu entsetzen. Bei ihm befand sich auch noch eine Manipel germanischer Reiterei, die aus Beyruth kam, sowie eine Schar arabischer Raubgesellen, die ihm der König Aretas von Arabien zur Verfügung und unter römischen Befehl gestellt hatte. Als Aufmarschplatz wählte Varus die Stadt Akkon, welche die Galiläa zunächst gelegene Zwingburg der Römer war. Von hier aus nun setzte er seine Kohorten gegen Sepphoris in Marsch.

Aretas von Arabien und der verstorbene Herodes waren lange Zeit Nebenbuhler um die Gunst des Caesar gewesen, da jeder die Hoffnung gehegt hatte, sein Gebiet mit römischer Hilfe auf Kosten des Andern vergrößern zu können. Der Araberkönig war von bitterem Haß erfüllt gegen seinen idumäischen Rivalen und übertrug grundloser- und ungerechtfertigterweise diesen Haß auf das Reich und Volk des Herodes. Seine Streitkräfte, wenn man ihnen überhaupt diesen Namen beilegen darf, bestanden lediglich aus einem Gesindel von Wüstenräubern ohne Mannszucht und Kriegskenntnis, wie sie die römischen Legionen auszeichnete. Ihrer angeborenen Roheit waren niemals Zügel angelegt worden, da sie von den Römern niemals etwas anderes gesehen hatten als das schlechte Beispiel, das die verderbte und verderbliche Beamtenschaft der römischen Verwaltung bot. Dieses wilde Gelichter nun wurde von den Römern auf die galiläischen Städtchen und Dörfer losgelassen; außerdem die berittenen germanischen Hilfstruppen, die besonders für Strafzüge ausgebildet waren, will sagen: für Sengen und Brennen, Metzelei und Notzucht, und die jeden Ort, den sie auf ihrem Wege berührten, in Brand steckten und einäscherten.

So geschah es nun, daß ein kleiner Haufe arabischer Fußsoldaten und teutonischer Reiter sich von der Heerstraße zwischen Akkon und Sepphoris verirrte und für ein paar Stunden wie eine Windsbraut durch das stille Nazareth wüteten und daß der Knabe Jeschua an diesem denkwürdigen Tage auf seinem Schulweg ihrer ansichtig wurde.

Nach Einbruch der Nacht schlichen sich die Nazarener wieder in den Ort; die Toten wurden aufgesammelt und stillschweigend beerdigt, ohne Begleitung von Pfeifern und Klageweibern, ja ohne Totengebete, denn die Gefahr war noch keineswegs vorüber, und jeden Augenblick konnte ein neuer Überfall erfolgen, der Nazareth das gleiche Schicksal bereitete, das andern Landstädtchen in der Umgebung der Hauptstadt zuteil geworden war. Den ganzen folgenden Tag über saßen die Einwohner angstvoll brütend in ihren Häusern oder sammelten sie sich in der Synagoge, wo der Rabbi und die Ältesten der Stadt das Volk zu Gebet, Reue und rechtem Tun ermahnten. Die Handwerker stellten ihr Gerät beiseite, die Kaufleute ihren Handel ein; die Kinder blieben von der Schule weg und die Frauen vom Markt. Und als die Sonne wieder unterging, erklommen die Nazarener ihre Hausdächer, um Wache zu halten über die eigene Heimstatt. Der nördliche Himmel war noch gerötet von höllischem Feuerschein und blieb so noch acht Tage lang.

Nach und nach kamen die Nazarener wieder zu sich. Es wurden Späher in der Richtung nach Sepphoris hin ausgeschickt, um das

Schicksal der so hart mitgenommenen Brüder in Israel zu erkunden. Die Kundschafter brachten Hiobsbotschaften zurück; die Straße nach Sepphoris sei gesäumt mit verlassenen, niedergelegten Ortschaften; nur Nazareth und ein paar kleine Weiler waren anscheinend der Vernichtung entgangen. Die Bewohner, soweit sie dem Gemetzel entkommen waren, berichteten die Kundschafter, verbargen sich in Höhlen und Winkeln, in schroffen, wasserlosen Schluchten und Abgründen des Gebirgs, in denen nichts wuchs; einige seien bereits vor Hunger und Durst gestorben, andere lägen im Sterben. Die Leichen böten den Raubvögeln willkommenes Futter. Wahrlich, der Zorn Gottes sei niedergegangen über Sepphoris, das ausgelöscht war unter den Städten Israels. Eine riesige Rauchsäule stehe über der toten Stätte, wo einst stattliche Paläste und Wohnbauten, Schul- und Gotteshäuser sich erhoben hatten. Alles sei bis zum Letzten ausgeplündert worden. Was an Waren und Gütern nicht weggeschleppt sei, liege verkohlt und zerstückt, zu schwelenden Aschenhaufen zusammengeworfen. Die Bevölkerung von Sepphoris sei insgesamt abgeurteilt und danach bestimmt worden, wer von ihnen durch das Schwert sterben und wer am Galgen enden, wer in die Sklaverei verkauft und wer freigelassen werden solle. In den brandzerstörten Straßen lägen Leichen junger und alter Leute herum, die niemand bestatte. Scharen von Geiern kämen von weit und breit nach Sepphoris geflogen, um sich gütlich zu tun. Außerhalb der Stadt aber stehe ein Wald von Kreuzen, daran für immer verstummte Menschen angenagelt hingen; einige davon hätten vorher noch das Crurifragium, das Brechen der Glieder, durchmachen müssen, die Herzen anderer hätten schon vor der letzten Folterpein unter einem gnädigen Schlag stillgestanden. Die übrige Bewohnerschaft, die Gesunden und Kräftigen, die schönsten Frauen und die Kinder, die keinen Leibesschaden hatten, seien alle aneinandergefesselt und auf die Sklavenmärkte von Sidon und Tyrus getrieben worden.

So berichteten die Kundschafter. Ganz Nazareth war vereinigt zu einem einzigen Wehklagen. Denn es war kaum eine Seele in Nazareth, die keinen Verwandten in der Provinzhauptstadt gehabt hatte. Jedermann machte sich auf, um den so Schweres leidenden Überlebenden von Sepphoris Nahrungsmittel und sonstige Hilfe zu bringen. Jeder Esel wurde mit Kornsäcken und Weinschläuchen, Krügen voll Öl und Töpfen voll Honig beladen. Andere brachten Bündel mit Kleidern, Heilkräutern und Salben zur Pflege der Kranken und Verwundeten hinaus.

Auch Joseph und Kleophas beluden ihren Esel mit allem, was ihnen nur in die Hand fiel, um sich ihren Mitbürgern bei dem Zug zur Rettung der Flüchtlinge aus Sepphoris anzuschließen. Nur die Frauen sollten zurückbleiben, um nach Haus und Kindern zu sehen, denn die Reise war auch nicht ungefährlich. Die Möglichkeit war nicht von der Hand zu weisen, daß die Rettungskarawanen in die Hände herumstreifender Soldaten fielen.

Jeschua bat seinen Vater, mitgehen zu dürfen. Er sei alt genug, die Gefahr der Männer zu teilen, brachte er vor. Joseph, der stets geneigt war, für die Selbständigkeit des Knaben einzutreten, sagte zu, trotz der Gefährlichkeit der Unternehmung, ihn mitzunehmen. Auch meinte er, Jeschua sei jetzt erwachsen genug, um das Leid Israels und die Niedertracht der Menschen kennen zu lernen. Doch Miriam erklärte, sie lasse den Knaben nur gehen, wenn sie selbst mitkomme. «Wo mein Kind in Gefahr ist, will ich auch in Gefahr sein», sagte sie. Und so zog denn auch sie mit hinaus.

Sie kamen zunächst nicht an größeren Ansiedlungen vorbei; nur die Trümmer kleiner Dörfer bezeichneten den Weg der Zerstörung. Fast alle lagen in Asche und waren dauernd umkreist von Scharen schwarzer Geier. Juden aus Nazareth, die dem Hauptzug voraufgezogen waren, waren schon eifrig mit der hastigen Bestattung der Leichen beschäftigt, zu denen ihnen die Geier den Weg wiesen.

Je näher sie der früheren Großstadt kamen, um so schärfer machte sich der Brandgeruch bemerkbar und um so dichter wurden die vom Wind ihnen entgegengewehten Ascheschwaden, die ihnen Schlund und Nase verstopften. Immer weiterziehend kamen sie an einer von römischen Soldaten bewachten und zur Verschiffung ins Heidenland nach den Sklavenhäfen getriebenen langen Reihe gefesselter Gefangener vorbei. Joseph und die Seinen sowie andere Nazarener machten am Wegrand Halt und reichten den jammervollen Gestalten Obst und Brot aus den Körben, die sie am Arm trugen. Die Gefangenen waren lauter gesunde Leute, kräftige Männer, Frauen mit kleinen Kindern sowie junge Mädchen. Die Männer waren in reiferen Jahren; ihre starken Rücken waren mehr oder minder, je nach der Länge der Ketten, die vom Hals bis zu den Fußknöcheln hingen, gekrümmt. Einige trugen vollkommen zerfetzte Kleider, so daß Jeschua unwillkürlich verfolgte, wie der Schweiß an ihren nackten Rümpfen herunterrann. Andere trugen kostbare, aber unpassend zusammengestellte Gewänder, wie sie sie gerade in ihrer Kopflosigkeit zusammengerafft hatten. Einige hatten Sandalen an, andere gingen barfuß. Es war kein Kranker, Verwundeter oder Alter dabei; alle waren mit dem Blick der gewiegten Sklavenhändler ausgesucht. Mit auf dem gebeugten Rücken gefesselten Händen, jeder an seinen Nachbarn oder Vordermann gekettet, gingen sie dahin, so daß ihnen Speise und Trank an den Mund gehalten werden mußte. Der Centurio, der die Führung hatte, hinderte die Mitleidigen nicht daran; es war ja wünschenswert, daß die Sklaven bei guter Gesundheit und ohne sichtbare Anzeichen von Unterernährtheit abgeliefert wurden.

Den Frauen war etwas mehr Freiheit gelassen. Sie konnten die Arme frei bewegen, damit sie die Kinder darin zu halten und die schreienden Säuglinge mit den Händen zu beschwichtigen vermochten. Nur ihre Fußknöchel waren gefesselt. Auch sie stellten die Auslese der weiblichen Bevölkerung von Sepphoris dar; sie waren durchwegs gesund und jung und zeigten das feste Fleisch, das in Tyrus und Sidon hohe Preise erzielte. Ein Schwarm von Kindern, teils getragen, teils zu Fuß laufend, umdrängte fast eine jede von ihnen. Hie und da war auch eine Schwangere darunter. Alle trugen ihr langes schwarzes Haar aufgelöst, um damit, soweit sie konnten, ihre Blößen zu bedecken.

Junge Burschen und Mädchen bildeten den Nachtrab; es waren Kinder von sieben, acht Jahren darunter, die, alt genug, um sich selbst durchzuschlagen, unverletzt und unbeschädigt der Feuersbrunst entgangen waren. Sie waren nicht gefesselt; die Legionäre hielten sie beim Marsch in dichtgedrängten Haufen zusammen.

Mit ihrem Sohn neben sich stand Miriam am Straßenrand und sah mit den andern Nazarenern schweigend die Gefangenen vorbeiziehen. Was sie an Essen und Getränken mitgebracht hatten, war längst aufgezehrt. Joseph und Kleophas waren dem Zug vorangelaufen, wo Gefangene von einem andern Transport lagen, die niedergebrochen und einfach liegen gelassen worden waren. Einige von ihnen lebten noch, und die beiden Schwäger verbrachten sie eiligst auf das Feld neben der Straße, damit sie von dem herannahenden Zug nicht zertreten wurden.

Stumm hielten sich Mutter und Sohn bei der Hand. Miriam

mußte an Rahel denken, zu deren Grab sie gewallfahrtet war auf dem Wege nach Bethlehem. So hatte auch Nebukadnezar die Juden ins babylonische Exil getrieben. Und wie sie jetzt weinte, so hatte Rahel geweint über ihre Kinder. Miriam fühlte es den Müttern nach, wie sich deren Herz zusammenzog, jeder Mutter, die ihr Kind, manchmal mit Gewalt, dahinschleppte, um es den hungrigen Raubvögeln nicht zum Fraß zu lassen, die dem Zug krächzend folgten. Den Schmerz einer jeden Mutter fühlte sie mit, die zusammenfuhr, wenn die Peitsche eines Soldaten auf den Kopf ihres Kindes niedersauste. Und plötzlich wurde sie auch ihres eigenen Kindes inne; sie fühlte, wie der Schmerz gleich kochender Lava aus Jeschuas Herz stürzte. Jeschua weinte nicht; er stellte keine Frage; er stand nur da und beobachtete. Seine Augen waren entzündet und blutunterlaufen gleich offenen Wunden. Er sagte kein Wort, doch seine Augen tranken tief die Not in sich hinein, die sich seinen Blicken enthüllte.

Endlich war der Zug vorüber. Müde und zerschlagen, die Gesichter verdunkelt von Pein und hilflosem Zorn, kamen Joseph und Kleophas zurück. Auch sie hielten ihre Zunge im Zaum wie alle ihre Gefährten. Die Einwohner von Nazareth hatten sich schon auf den Heimweg gemacht; Joseph mahnte nun auch dazu. Es lasse sich nichts mehr tun, murmelte er fast unhörbar, ihr kleiner Vorrat an Proviant und Salböl sei längst weggegeben. Doch Miriam wollte davon nichts hören. Sie müßten zumindest den Versuch machen, in die Stadt zu gelangen; dort könnten noch Menschen sein, die Hilfe brauchten. Verdrossen gab Joseph ihr nach, packte das Halfterband des Esels und schlug mit ihnen den Weg zu der rauchenden Trümmerstätte von Sepphoris ein.

Bald kamen sie denn auch in die Nähe des Außentors, wo die Straße eine Biegung machte. Als sie darum herumgebogen waren, bot sich ihnen ein grauenhafter Anblick: rechts und links der Straße je eine Reihe Kreuze aus übereinandergelegten Holzstämmen, denen man ansah, daß sie frisch gefällt waren. An jedem dieser Balkenkreuze hing der bleiche Körper eines sterbenden Menschen; der Bauch war eingefallen und verkrümmt, die Adern traten geschwollen hervor und platzten fast unter dem Fieber des Durstes, die Wunden eiterten unter der stechenden Sonne. Joseph und Miriam gingen rascher, um an den Kreuzen vorbeizukommen, doch diese säumten in endloser Reihe den Weg bis hinein ins

Innere der ehemaligen Stadt. Und Jeschua ließ sich nicht zur Eile treiben. Er blieb vor jedem Kreuz stehen und betrachtete den daran genagelten Menschen. Joseph rief ihn wieder und wieder, aber das half nichts, und schließlich blieb der Knabe vor einem der Kreuze stehen und weigerte sich überhaupt, weiterzugehen; denn es schien ihm, er habe eine ihm bekannte Gestalt erkannt. Der mächtige Kopf mit der Glatze war nach vorn übergefallen auf die behaarte Brust. Der massige Körper lastete so schwer an dem Balken des Kreuzes, daß es aussah, als müsse dieses jeden Augenblick zusammenstürzen.

«Emi, Emi, das ist unser Nafchi», schrie Jeschua plötzlich auf.

Miriam warf einen flüchtigen Blick auf den verkrampften Körper, nahm dann sofort den Kopf des Knaben in die Arme und drückte ihn an ihre Brust, um ihn vor dem qualvollen Anblick zu bewahren.

«Laß es ihn sehen, Miriam», sagte Joseph leise. «Er muß alles sehen und kennen.»

«Nein, nein, dazu ist noch Zeit! Er ist zu jung, um dies zu sehen!» Miriam erschauerte und barg den Kopf ihres Sohnes noch fester an ihrer Brust.

Es war keine Rede mehr davon, die Stadt zu betreten. Jeder Zugang war versperrt durch einen immer dichter werdenden Wald von Kreuzen, von immer höheren Geröllhalden, die schwelten wie riesige Scheiterhaufen aus lebendem Fleisch, denn obenauf lagen Schichten von verkohlten Menschen- und Tierleibern. Und mitten in all diesem Jammer und Elend gruben römische und arabische Leichenfledderer die Asche nach kostbarem Gestein und goldenem Geschmeide um.

Miriam wandte der Stadt den Rücken, noch immer Jeschuas Kopf an ihren Busen drückend. Joseph und Kleophas folgen ihr wortlos.

NEUNTES KAPITEL

NIEMAND hatte Jeschua zur Liebe Gottes angehalten; sie entsprang seinem innersten Wesen. Gott konnte an keinem Unrecht die Schuld tragen. Er war die letzte Erfüllung und die höchste Vollendung. Sobald Jeschua ein Unrecht verüben sah, verspürte er den Schmerz in seiner Seele. Denn er empfand es nicht nur als ein Verbrechen gegen die Mitmenschen, sondern als ein Vergehen gegen seinen himmlischen Vater. Ihm schien, daß unter jedem dem Menschen von sündiger Hand zugefügten Weh Gott noch unendlich stärker leide; und so grämte er sich über die Sünde wie ein Sohn sich grämt über die seinem Vater zugefügte Kränkung. Und wenn er in solchen Stunden das Gefühl hatte, es stehe etwas zwischen ihm und dem Vater im Himmel, dann weinte er die ganze Nacht wie ein Kind, das verwaist zurückgelassen worden ist.

Seit der Heimkehr von Sepphoris blieb er ganz in sich gekehrt, als lebe er nur im dunklen Bereich seines Gemüts. Es entwickelte sich bei ihm eine vergrübelte Schweigsamkeit, die in deutlichem Gegensatz zu seinem bisherigen Wesen stand. Vergebens suchten die Eltern ihn zu trösten. Ihren Bitten und Mühen, ihn aufzuheitern, setzte er ein unnachgiebiges Schweigen entgegen. Es vergingen viele Wochen, ehe es Joseph gelang, die Düsterkeit zu beheben, die das Gemüt des Knaben befallen hatte.

Er ging eines Tages mit Jeschua in die Felder hinaus, und als sie einen der Hügel hinangestiegen waren, von dem man das Städtchen überblickt, sagte Joseph:

«Komm doch, Jeschua, sieh, wie groß Gottes Welt ist. Die dunkle Masse da drüben im Osten ist der Berg Tabor, auf dessen anderer Seite die Städte der Heiden liegen. Und dort nach Süden zu breiten sich andere Landstrecken hin, wo die dunklen Söhne Hams hausen. Und wiederum im Norden verläuft die große Kette der Schneeberge des Hermon, und jenseits davon breiten sich die Länder der Syrer. Nach Sonnenuntergang zu aber fallen unsere Berge ab zum großen Meer, an dessen Küste jenseits des Berges Karmel wieder andere Heiden, die von Sidon und Tyrus, sitzen. Doch auf der andern Seite des Meers liegt Rom und sein Reich. So sind die Völker verteilt auf Gottes Erde, und wir bilden nur ein kleines Eiland inmitten einer See von Heiden.

Wohin du dich auch wendest, wirst du Heiden finden, die das

Werk ihrer Hände anbeten, denn sie machen Götzenbilder aus Silber und Blei, schnitzen Fetische aus Holz oder metzen sie in Stein, ja, einige bringen ihre Säuglinge dem Abgott Moloch zum Brandopfer und treiben so viehischen Mißbrauch mit ihrem eigenen Leib, daß man nicht ohne Scham darüber zu sprechen vermag. Sie beschmutzten sich mit allen möglichen unsauberen Dingen, und haben nicht Gott im Herzen, der sie lehren und leiten könne zu unterscheiden das Gute und das Böse; sie haben keine Thora, die sie unterweist, was sie tun dürfen und was sie nicht tun dürfen; noch haben sie, gleich uns, das Beispiel der Erzväter, mit denen Gott einen ewigen Bund geschlossen hat; sie haben keinen Messias, denn sie erharren, keinen Erlöser, der die Weltordnung wandelt und allen Menschen Frieden bringt.

Und da sie nichts wissen von einer Vergeltung in der künftigen Welt, warum sollen sie da nicht morden und brennen, die Alten erschlagen und die Jungen als Sklaven verkaufen? Hat man sie anders zu tun gelehrt? War ihnen eine Thora gegeben gleich Israel? Ihre Götter gebieten ihnen, Böses zu tun; ihre Missetaten führen sie aus, als sei es ihnen befohlen. Und dabei, Jeschua, sind sie besser als ihre Götter, denn ihre Götter verlangen von ihnen, daß sie ihnen ihre Kinder am Altar opfern, daß sie ihre Weiber schändlich mißbrauchen, doch es gibt deren immerhin manche, die solches nicht tun.»

«Und warum erbarmt sich Gott nicht ihrer?», fragte Jeschua. «Sind sie nicht alle Seine Geschöpfe?»

«Ja, mein Sohn, deine Frage ist wohlgestellt. Gewiß sind sie Gottes Geschöpfe. Sagt Gott nicht, die Erde und alles Leben darin sei Sein? Und breitete Gott nicht den Himmel aus über den Köpfen der Menschen? Und da Gott Erbarmen hat mit dem letzten Seiner Geschöpfe, soll Er es nicht haben mit dem Menschen, dem erlesensten Werk Seiner Schöpfung? Doch Gott will, daß der Mensch sich zurückwende zu Ihm, und Er wartet darauf, daß die ganze Welt komme zum Berg Zion, um Seinen Wegen zu folgen, so wie der herrliche Sänger Israels gesungen: ‚Der HErr schauet vom Himmel auf der Menschen Kinder, daß Er sehe, ob jemand klug sei und Gott frage.' Wohlgemerkt, Jeschua, Gott schauet hernieder vom Himmel auf der Menschen Kinder, nicht bloß auf die Kinder Israel. Israel ist nur Sein erstgeborener Sohn, dem Er die Thora anvertraut hat. Er hat Israel erwählt zu Seiner heiligen Gemeinde, auf daß es bei sich hege und pflege den Willen Gottes, sintemal die Väter Israels die Ersten waren, welche ihren Schöpfer erkannten und sich Seinem Ratschluß unterwarfen. Israel ward erkoren unter allen Völkern, das Licht Gottes entfacht zu halten bis zum Tag der Erfüllung. Doch sobald Sein auserwähltes Volk, Seine fromme Gemeinde, das Volk, das das Licht der Völker sein sollte, abfällt von seinem Schöpfer und den verderbten Wegen der Heiden folgt, dann sendet der HErr eine Geißel, um es zu züchtigen. Und Er überantwortet es den Händen der Heiden, um es zu gemahnen an Abrahams Bund. Denn der HErr fürchtet, daß Sein Weinberg, den Er gepflanzt in der Wüstenei der Welt, zerstört und verweht werde von dem Sandsturm der Sünde.»

«Sind denn die Juden allein der Sünde schuldig?», fragte Jeschua. «Sind die Heiden nicht noch weit sündhafter?»

«Die Juden haben auf sich genommen das Joch des Himmelreichs; von ihnen wird mehr gefordert, da sie im Besitz der Thora und des Bundes Abrahams sind. Die Heiden haben solche Verpflichtung nicht übernommen. Und bei ihnen ist größere Macht; die Anzahl ihrer Schwerter ist größer. Die aber, die sich der Macht bedienen, werden gerichtet werden gemäß ihrer Macht, denn so spricht der HErr: ‚Nicht durch Macht und Gewalt, sondern allein durch Meinen Geist.' Wir werden die Heiden nicht mit Gewalt unterwerfen. Noch sollen wir hoffen auf den Tod ihrer Missetäter, wie die Sepphoriten aus Irrtum getan, sondern auf ihre Erleuchtung, auf daß das Volk, welches in der Finsternis wandelt, das Licht des HErrn zu erkennen vermöge. Unsere Hoffnung soll sein, daß Gott Seinen Messias sendet zu unsern Lebzeiten, auf daß alle Welt sich sammle um den Berg Zion, so wie du es im Buch des Propheten gelernt hast.»

Jeschua nickte und fing langsam an, die Sätze des Jesaia zu sagen: «‚Man wird nirgend verletzen noch verderben auf meinem heiligen Berge; denn das Land ist voll Erkenntnis des HErrn. Und wird geschehen zu der Zeit, daß die Wurzel Isais, die da steht zum Panier den Völkern, nach der werden die Heiden fragen ...'»

«Ja, Jeschua», unterbrach ihn Joseph wieder, «erst dann wird Israel in Sicherheit sein. Nicht wenn die Heiden vernichtet werden, sondern wenn sie bereit sind, das Licht zu empfangen, welches Israel brennend erhält für sie die lange Nacht hindurch. Denn durch die Ungerechtigkeit der Welt leiden alle Völker, und Israel mit ihnen. Und vergiß nie, Jeschua, der Scherge verdient ebenso viel Mitleid wie sein Opfer. Meinst du, der Heide ist glücklich und zufrieden mit seinem Amt als Geißel Israels? Nein, auch er ersehnt im innersten Herzen die Erlösung.»

Jeschua blickte in Josephs Gesicht, und zum ersten Male seit langem lächelte er. Und er sagte:

«Abba, du hast mir Trost gegeben.»

Sowohl in der Schule wie zu Hause beherrschte der Knabe Jeschua nach und nach unwillkürlich seine Umgebung. Auf seine Mitschüler wirkte seine unbedingte, unanzweifelbare Aufrichtigkeit zwingend. Jeschua aber führte seine Herrschaft mit leichter Hand wie ein geborener Fürst; nicht indem er überlegenes Wissen zur Schau stellte, sondern durch eine natürliche Überlegenheit seines Charakters, die von seinem kleinsten Tun oder Wort ausstrahlte.

Die Mitschüler schlossen sich ihm ganz selbstverständlich an, und wenn Jeschua mit seinen Anhängern über den Marktplatz heimging, schauten die Krämer und Handwerker ihm nach und äußerten, keineswegs unfreundlich: «Da seht den Rabbi mit seinen getreuen Jüngern!»

Jeschua war ein guter Schüler. Doch wenn ihn dies gewiß seinen Lehrern wert machte, so würde er dadurch doch wohl nicht das Ansehen unter seinen Altersgenossen gefunden haben. Denn, was das anging, so hatte die Schule verschiedene Schüler aufzuweisen, auch solche im gleichen Alter wie er, denen noch mehr Wissen und vor allem mehr Spitzfindigkeit als ihm zugeschrieben wurde. Unter diesen wäre beispielsweise nur zu nennen der junge Sakkai bar Zadok, der Sohn eines Färbers, dessen behender Verstand allseitig bewundert wurde und der bei den von den Schülern hin und wieder veranstalteten fingierten Gerichtssitzungen stets als Sieger hervorging.

Denn über die Hochzeits- und Beerdigungsspiele waren die älteren Knaben längst hinausgewachsen. Die Schüler der oberen Klassen, alle eifrige Lerner und Ausleger des mündlichen Gesetzes, vergnügten sich mit gespielten Gerichtsverhandlungen, bei denen sie alle die scharfsinnige Spitzfindigkeit zur Anwendung brachten, die sie aus dem im Unterricht geübten scholastischen «*Pilpul*» mitbrachten. Einer von ihnen wurde zum Richter gewählt und ließ nach Anhörung des Falles – der in der Regel von unwahrscheinlicher Verzwicktheit war –, einen im Stil der Schriftgelehrten und Pharisäer abgefaßten Urteilsspruch ergehen. Nicht selten war dieser Spruch so scharfsinnig, daß er dem Rabbi vorgelegt und von diesem hin und wieder sogar nach Jerusalem berichtet wurde. Auf diese Weise ermunterten die Ältesten die Knaben zu diesem Spiel, das von ihnen als ein willkommenes Mittel zur Schärfung des Verstands und Stärkung der Gesetzeskenntnis der jungen Menschen erachtet wurde.

Jeschua bewies keinen Ehrgeiz, sich bei diesem Spiel hervorzutun. Im Grunde fand er wenig Genuß an dem mündlichen Gesetz mit seinen formalistischen Verwickeltheiten. Wenn seine Freunde ihn aufforderten, sich doch an dem Gerichtsspiel zu beteiligen, pflegte er bestimmt zu sagen: «Ich fälle nicht gern Urteile über Menschen.»

Ein anderes Spiel war das Rätselaufgeben, bei dem ein Vers unverständlich oder doppeldeutig abgefaßt war, der dann aufgelöst werden mußte. Dieses Spiel galt als Prüfstein des Wissens, wie das Gerichtsspiel als solches des Verstandes angesehen wurde. Wer sich in diesem auszeichnete, wurde «scharfsinnig» genannt, während die Rätsellöser als «gelehrt» gerühmt wurden.

Jeschua erwies sich weder als dies noch als jenes. Seine Stärke war das Erfinden von Geschichten und Gleichnissen. Wenn er irgend etwas erklären wollte, dann hatte er alsbald eine aus dem Stegreif verfaßte Fabel zur Hand, weshalb ihn seine Kameraden den «Gleichnismacher» nannten.

Den Knaben machten seine erfundenen Geschichten Spaß, die es ihm ermöglichten, gegen «Scharfsinnige» wie Sakkai ben Zadok aufzukommen, von dem man rühmte, er habe einem Verbrecher durch eine so schlaue List ein Geständnis entlockt, daß der Rabbi, als er den Fall kennen lernte, dem Jüngling eine glänzende Zukunft als öffentlicher Ankläger vorausgesagt habe. Tatsächlich hatten die Knaben Jeschuas Gleichnisse lieber als die Gerissenheit anderer Schüler beim Rätsellösen oder beim Herausbringen von Gleichungen der Ziffernwerte des Alphabets, in dem Aleph eins ist und den Herrn der Schöpfung bedeutet, Beth zwei und die Gesetzestafeln, Gimel drei und die drei Erzväter, Daleth vier und die vier Erzmütter und so weiter.

Jeschua lebte in der Welt der Propheten. In den andern Lehrstoffen zeichnete er sich nicht sehr aus, zumal nicht in solchen, die Spitzfindigkeit in Worten oder Rechenkunst mit Zahlen erforderten. Auch machte er sich nicht viel aus dem Auslegen des Gesetzes, ob dergleichen auch von Andern noch so geistreich veranstaltet wurde. Ihm standen die Propheten am nächsten, mit ihnen gab er sich am meisten ab und ihnen gab er eine Auslegung nach seinem Sinn.

In Jeschuas Klasse wurde das Buch Jeremia durchgenommen. Man war zu der Stelle gelangt, wo der Prophet sein Volk tröstet und ihm in höchster Not und Gefahr eine glanz- und freudenvolle Zukunft verkündet. Keiner vermochte sein Volk grausamer zu verdammen und zu schmähen, keiner auch aber verstand, es besser zu trösten. Der erhabene Sänger der Klagelieder, er war auch Israels sanftester Tröster. Eben hatte er noch die Flammengeißel auf die gekrümmten Rücken niedergehen lassen, zum Hieb des feindlichen Schwerts noch den des prophetischen Worts fügend, als jauchze er über die dem Volk geschlagenen Wunden und habe geschworen, seine Schwären noch mehr aufzureißen, auf daß sie nimmer heilen mochten, da, im nächsten Augenblick schlug er einen ganz andern Ton an und sang von Vergebung, daß das Herz schier barst vor strahlender Hoffnung. Keiner fand einen tiefern, einen zu Herzen gehenderen Ausdruck für seine Gottesnähe denn dieser Prophet des Zorns und der Klage. Niemals erhub er einen Wehschrei um seiner eigenen Qualen willen, die der Lohn seiner Ermahnungen waren. Kein Tropfen von der Bitterkeit des eigenen Herzens fiel in den Becher des Trostes, den er seinem Volk darreichte. Der auf sein Gesicht gesprühte Speichel war vergessen, sein zerschlagener Leib verhüllt, seines Verließes gedachte er nicht mehr. Aus Rahels Mund ließ er nichtendenwollende Klage um sein Volk strömen, die Klage einer Mutter um ihre Söhne. Und Gottes Stimme selbst rief er herab, daß Rahels Tränen gestillt würden mit den Worten der Liebe und der Vergebung. Und schließlich erregte er in seinem Volk tiefste Sehnsucht nach dem jüngsten Tag, da er, einem Liebeswerber gleich, das Mysterium verkündete von Israels Vermählung mit dem HErrn: ‚Siehe, es kommt die Zeit, spricht der HErr, da will Ich mit dem Hause Israel und dem Hause Juda einen neuen Bund machen. Nicht wie der Bund gewesen ist, den Ich mit ihren Vätern machte, da Ich sie bei der Hand nahm, daß Ich sie aus dem Lande Ägypten führte; welchen

Bund sie nicht gehalten haben, und Ich sie zwingen mußte. Sondern das soll der Bund sein, den Ich mit dem Hause Israel machen will nach dieser Zeit, spricht der HErr: Ich will Mein Gesetz in ihr Herz geben und in ihren Sinn schreiben; und sie sollen Mein Volk sein, so will Ich ihr Herr sein. Und wird keinen den Andern, noch ein Bruder den andern lehren und sagen: erkenne den HErrn; sondern sie sollen Mich alle kennen beide klein und groß, spricht der HErr. Denn Ich will ihnen ihre Missetat vergeben und ihrer Sünde nicht mehr gedenken.'

Diese Worte wühlten Jeschua so tief auf, daß er, als er sie in der Schule hersagte, die Tränen nicht zurückhalten konnte. Ein paar der Schüler lachten; doch andere weinten mit ihm. Alle fühlten sich bewegt vom Erbarmen des Propheten, und selbst die, die taten, als ob sie lachten, wollten bloß mit künstlicher Forschheit ihre männliche Selbstbeherrschung beweisen.

Nach der Schule setzte sich Jeschua im Kreise seiner Freunde auf dem Synagogenhof hin und legte ihnen die Worte des Propheten aus:

«Kommt und sehet», begann er mit der Ermahnungsformel der Prediger, «womit ist dieses vergleichbar? Es ist zu vergleichen einem Rosenbusch in meiner Mutter Garten. Dieser Rosenstrauch steht schon lange bei uns, denn er ist sehr alt. Mein Großvater hat ihn mitgebracht aus der Ebene Scharon und ihn in unsern Garten eingepflanzt. Nun, meine Mutter hat diesen Rosenstrauch sehr lieb, denn sie entsinnt sich noch, wie er blühte und schöne Knospen trug, da sie ein Kind war und am Tag ihres Verlöbnisses, als sie einen Kranz von seinen Rosen im Haar trug. Seit vielen Jahren pflegte ihn meine Mutter und sagte zu ihren Freundinnen: ‚Dies ist mein Rosenbusch aus der Ebene Scharon.' Nun aber ist dieser Rosenstrauch verwildert und zu gemeinem Gesträuch geworden. Sein Stamm ist verdorrt, und seine Äste tragen viele Dornen, doch nur wenige Blüten. Und jedes Mal, wenn meine Mutter seine Wurzelerde auflockert oder ihm Wasser gibt, oder auch seine dürren Zweige abschneidet, stechen die Dornen ihr in die Finger. Wenn ihre Freunde und Verwandten dies sehen, dann sagen sie: ‚Laß ihn doch, dieser Rosenstrauch ist zu wild ausgeschlagen, es läßt sich nichts mehr von ihm erhoffen. Nie wieder wird er blühen und nur noch mehr Dornen bringen, die dir die Hände verwunden.' Doch dann sagt meine Mutter zu ihnen:

‚Warum soll ich ihn jetzt lassen? Stand er nicht immer vor meiner Tür zu jeglichem Fest? Und habe ich ihn nicht genutzt, um damit die andern Rosensträucher in meinem Garten zu veredeln? Seine Dornen sind mir lieber als die Blüten anderer Büsche.' Und so fährt meine Mutter fort, den Rosenstrauch zu pflegen. Sie verbirgt die Wunden, die er ihr in die Haut ritzt, und sagt immer wieder: ‚Morgen wird er vielleicht blühen; warum soll ich ihn ausreißen und ihn wegwerfen?' Und so auch ist es mit dem Volk Israels. Denn Israel ist Gottes Rosenstrauch, der von Gott gepflanzt ist, um seine wilderen Vettern zu veredeln. Nun da Israel zum gemeinen Gesträuch geworden ist, sendet Gott Seine Propheten, um seine Verwilderung zu verschneiden, auch wenn sie verletzte Hände davontragen und meinen, es sei nichts mehr zu erhoffen von ihm. Gott aber denkt in Seinem Herzen: ‚Dieser Rosenstrauch ist das kostbarste Meiner Gewächse, denn durch ihn gedenke Ich alle Rosen in Meinem Garten zu veredeln. Und mag er jetzt auch verwildert sein, Ich denke an die Tage seiner Jugend, da er herrliche Blüten trug zur Bekränzung Meines Hauptes ...'»

Als die Knaben dem Rabbi Jeschuas Gleichnis erzählten, gefiel es ihm wohl und er sagte:

«Bestimmt wird dieser einmal ein großer Erzähler von Gleichnissen werden in Israel.»

Am Abend dann gab der kleine Jakob den Eltern all dies wieder und fragte zum Schluß:

«Abba, wo hat Jeschua gelernt, solche Gleichnisse zu erzählen?»

«Das wissen wir nicht, mein Sohn», erwiderte Joseph. «Das ist Gottes Gabe und – Gottes Geheimnis.»

Jakob dachte eine Weile lang nach, dann sagte er:

«Weißt du, Abba, daß ich gern alles vergessen würde für eines von Jeschuas Gleichnissen? Manchmal kommt es mir vor, die ganze Thora sei beschlossen in seinen Erzählungen.»

Da ging Miriam auf ihren kleinen Sohn zu und küßte ihn sanft auf das Haar.

Je älter Jakob wurde, desto mehr geriet er unter den Einfluß des älteren Bruders. Jeschua war für ihn ein und alles. Jeschua brauchte bloß den Mund aufzutun, um seinen Freunden eine schwierige Stelle der Heiligen Schrift zu erklären – immer nach seiner Weise durch eine sinnbildliche Erzählung –, so saß der kleine Jakob auch schon zu seinen Füßen und zitterte, daß ihm keine Silbe entgehe. Mehr noch als alle andern Knaben stand Jakob im Bann von Jeschuas rätselhafter Überlegenheit. So peinlich er dem Gesetze anhing, so sehr er zu Selbstzerknirschung neigte, so genau er es mit seiner Reinhaltung hielt und so unermüdlich er lernte und betete, er war sich bewußt, daß er niemals seinem Bruder gleichkommen, daß er niemals seinesgleichen werden könne; daß Jeschua Zugang hatte zu Quellen des Wissens und der Kraft, die ihm für immer verschlossen waren. Er ahnte, daß Jeschua Gott nicht diente in der Stunde des Gebets, noch während der frommen Lehrstunden, noch auch durch das Vollbringen guter Taten, sondern durch jedes beiläufige Wort, das aus seinem Munde kam, wenn er etwa auf einen blühenden Busch wies oder auf einen fliegenden Vogel oder wenn er bei einem Streitgespräch auf einen Taglöhner zu sprechen kam, den er bei seinem Tun beobachtet hatte. Es schien Jakob, als ob die unbedeutendste Handlung, das kleinste Wort des Bruders von göttlicher Begnadung eingegeben sei.

Sein Oheim Kleophas war nicht dieser Meinung. Er beharrte dabei, der Frömmigkeit des jüngeren Bruders den Vorzug zu geben vor der, wie er es nannte, Oberflächlichkeit des älteren. Am liebsten hätte er, um seine Sehnsucht nach einem eigenen Sohn zu stillen, Jakob an Kindesstatt angenommen. Manchmal behielt er Jakob tage- und nächtelang bei sich im Hause, ging mit ihm durch die Straßen und zur Synagoge, prahlte mit ihm vor den Mitbürgern und rühmte ihn als Miriams vortrefflichstes Kind.

«Dies ist der Sohn meiner Wahl», pflegte er zu sagen, «Jakob, aus dessen Mund die Worte der Heiligen Schrift sprudeln gleich lebendigem Wasser aus einem Bergquell. Und du mußt nur sehen, Miriam, so viel er schon weiß, er lernt immer weiter, um alles zu wissen; nicht wie dein Ältester, der immer das eine Ohr bloß in der Schule hat und mit dem andern auf der Straße draußen ist.»

Wenn er solche Herabsetzung Jeschuas vernahm, warf sich Jakob sofort zum Verteidiger seines Bruders auf. Einmal sagte er:

«Mein Bruder hat nicht nötig zu lernen gleich mir. Denn er weiß jeden Vers auswendig, ehe der Rabbi ihn noch ausspricht. Man könnte meinen, er habe sein Wissen von einem Schutzengel.»

Oder er sagte:

«Mein Bruder braucht nicht so viel zu beten wie ich; denn alles, was er sagt und tut, ist wie ein Gebet.»

Solcherlei klang dem Oheim peinlich in den Ohren.

«Was meinst du damit, mein Kind?», pflegte er mit einem verstimmten Stirnrunzeln zu fragen.

«Über meinem Bruder waltet Gottes Gnade bei all seinem Tun.»

«Wenn du so von deinem Bruder denkst», fragte Kleophas dann, «hegst du keinen Neid auf ihn?»

«Neid auf Jeschua? Wie könnte man das? Wo er ist, da ist für keinen Andern Raum. Denn er steht unter Gottes Gnade, und ich stehe unter dem Gesetz.»

ZEHNTES KAPITEL

IN Nazareth gab es einen verwahrlosten Knaben, etwa in Jeschuas Alter, den die Stadt den «Bankert» nannte. Er war zwar bekanntermaßen jüdischer Abkunft, aber er war ein Kind der Liebe, da ihn seine Mutter außerehelich zur Welt gebracht hatte. Die Frau war aus der Stadt geflüchtet, zweifellos, um nicht nach Jerusalem verbracht und dort gezwungen zu werden, den bitteren Kelch zu leeren, den das Gesetz für ihr Vergehen vorschrieb. Was aus ihr geworden war, wußte niemand; nur eben, daß sie, unter Zurücklassung des Kindes, das Weite gesucht hatte. Die Ältesten von Nazareth hätten gern gehabt, daß auch das Kind verschwinde, damit dieser Schandfleck von der Stadt getilgt werde. Doch das Kind blieb am Leben. Zuerst wurde es von einer armen Bauernfamilie aufgenommen, die es mit ihren eigenen Kindern und dem Vieh aufwachsen ließ. Schließlich erbarmte sich seiner ein Eseltreiber, der den Jungen am Tag überall mit sich herumziehen und in der Nacht im Stall schlafen ließ.

Doch als er noch kaum kriechen konnte, mußte der Kleine schon selbst für seinen Unterhalt sorgen. So kroch er einmal unter eine Kuh, um aus ihren Eutern zu trinken, stibitzte ein ander Mal von einem Bäcker einen Wecken oder schlich sich ein drittes Mal in einen Obstgarten, um eine Handvoll Trauben, einen Granatapfel oder ein Büschel Feigen zu stehlen. Auch von seinem verbrieften Recht auf herrenloses Gut machte er ausgiebigen Gebrauch und erntete zur Schnittzeit wie die andern Armen die Ecken und Ränder der Felder ab.

Er wuchs zu einem großen, kräftigen Buben heran, dem sowohl die Nöte wie die Schliche seiner Pflegeeltern nichts Fremdes waren. Seine Bekleidung bestand aus einem durchlöcherten Sackleinenfetzen, von dem ihm nur einzelne Teile bis zum Knie reichten, wo die erdfarbene Haut zum Vorschein kam. Sein Gesicht war mit Narben bedeckt; sein Haar niemals mit Wasser in Berührung gekommen. Jeden Sabbath stellte er sich vor der Synagoge auf, wagte jedoch nicht, die Stufen zum Eingang hinaufzugehen, da er wußte, er werde auf keinen Fall das Gotteshaus betreten dürfen. Aber trotzdem kam er regelmäßig, anscheinend um zuzusehen, wie die andern Kinder hineingingen. Sobald er sich auf dem Marktplatz auf der Seite der Synagoge blicken ließ, fand sich alsbald irgend jemand, der ihn wegwies, sei es ein zur Andacht Gehender, sei es auch bloß ein Gassenbummler oder gar einer der Heiden, die kamen, um der aramäischen Vorlesung der Propheten zuzuhören, und ihn anherrschte:

«Marsch, weg mit dir! Du hast nichts bei der Gemeinde verloren!»

Ebenso geschah ihm auch, wenn er am Werktag am Eingang der Schule sich aufhielt; aber so oft er fortgejagt wurde, er kam immer wieder. Wie eine Schildwache blieb er an der Tür stehen und wartete, bis die Schulkinder lärmend herauskamen, obschon er aus der Erfahrung wußte, daß er sich einem Steinhagel aussetzte.

«Ei, da ist ja der Bankert schon wieder! Weg mit dir! Du weißt, du darfst nicht herein!!»

Jeschua war er schon seit einiger Zeit aufgefallen. Es erzürnte ihn, wie man mit dem Knaben umsprang; er wußte natürlich über dessen Abstammung Bescheid, aber er sah nicht ein, daß die uneheliche Geburt dem Knaben als persönliche Schuld zur Last gelegt werden müsse. Schon einige Male hatte sich Jeschua ihm nähern wollen, war aber immer wieder durch die Warnrufe seiner Freunde zurückgehalten worden. Einmal entsprang der Knabe selbst wie ein erschrockener Hase, als Jeschua an ihn herantreten wollte.

Jeschua ließ es keine Ruhe. Er befragte seine Eltern, weshalb dem Knaben diese allgemeine Ächtung widerfahre, erhielt aber von ihnen auch keine andere Antwort als: «Seine Mutter hat gesündigt, und Moses lehrt, daß ein Kind der Sünde aus Israel ausgestoßen ist.»

Jeschua wandte ein:

«Es kann doch nicht sein, daß Gott gebietet, ein Kind um der Sünde der Eltern willen zu strafen. Der HErr ist ein gerechter Gott.»

Etwas verlegen sagte Miriam:

«Sage dergleichen nie vor andern Leuten, Tinoki. Ich bitte dich darum, laß solches niemanden hören.»

«Warum denn nicht?»

«Weil man nicht wider Gott sprechen darf.»

«Ich sprach nicht wider Gott, ich sprach für ihn.» Darauf wußte Miriam nichts zu entgegnen.

Hinfort unternahm Jeschua mit hartnäckiger Entschlossenheit immer wieder, sich mit dem verwahrlosten Waisenknaben anzufreunden. Auf dem Weg zur Schule in Gesellschaft Jakobs sah er den Knaben einmal nicht weit von ihnen. Sofort gab Jeschua seine Absicht kund, zu dem Knaben hinzugehen. Jakob blieb mitten auf der Straße stehen; er war sprachlos vor Entsetzen, als sehe er den Bruder mit geschlossenen Augen dem Rand eines Abgrunds zuschreiten.

«Jeschua, was tust du? Das ist doch der Ausgestoßene!», schrie er verzweifelt.

«Ja, und ...? Er hat nichts Böses getan», rief Jeschua, ohne anzuhalten, über die Schulter zurück.

«Jeschua, du brichst das Gesetz! Du vergehst dich gegen Gott!»

«Man vergeht sich nicht gegen Gott, wenn man sich eines Seiner Geschöpfe annimmt.»

Der kleine Strolch hatte diesen Wortwechsel nicht verstanden; er sah nur, daß jemand auf ihn zukam, hob aus alter Gewohnheit einen Stein vom Wege auf und warf ihn auf Jeschua. Der Stein verfehlte sein Ziel, ohne daß Jeschua versucht hatte, dem Wurf zu entgehen. Jeschua lächelte, nahm sein Frühstücksbündel und warf es dem Knaben dagegen hin. Dieser meinte, Jeschua wolle ihm Gleiches mit Gleichem vergelten und ergriff eiligst die Flucht.

«Es ist doch was zu essen!», rief ihm Jeschua nach. «Heb's doch auf; es ist Honigbrot drin und Nüsse.»

Der Junge blieb stehen. Er drehte sich um; argwöhnisch kniff er die Augen in seinem dunklen, schmutzigen Gesicht zusammen, während er langsam Fuß für Fuß rückwärtssetzte. Immer blickte er dabei, von dessen ruhigem Lächeln gebannt, aber immer noch mißtrauisch, Jeschua ins Gesicht.

«Geh doch, heb' es auf», wiederholte Jeschua, als der Knabe das Bündel erreicht hatte. «Es ist etwas zu essen: Honigbrot und Nüsse.»

Der Junge streckte die Hand zum Boden hinunter und tastete nach dem Bündel, denn er traute Jeschua noch immer nicht genügend, um den Blick von ihm abzuwenden. Schließlich packte er zu und riß das Bündel an sich; als er es tatsächlich mit Speisen angefüllt fand, lief er schleunigst nach dem nächsten dunklen Winkel und schlang den Inhalt hastig hinunter.

Von diesem Tag an verging kein Morgen, daß der Waisenknabe nicht auf Jeschua wartete, wenn dieser zur Schule ging. Er schien verständig genug zu sein, ihm nicht vor der Tür der Synagoge aufzulauern, wo es Jeschua wohl peinlich gewesen wäre, mit ihm gesehen zu werden. Er erwartete seinen Wohltäter in einer schmalen Seitengasse. Jeschua merkte, daß der Knabe sich stets dort in den Hinterhalt legte, und ging daher allmorgendlich mit einem eigenen Bündel voller Lebensmittel, das ihm Miriam auf seine Bitte gegeben hatte, durch das Gäßchen.

Wenn Jeschua jetzt herankam, blieb der Junge stehen. Nur wenn Jeschua ganz nahe kam, sprang der Knabe weg, so daß Jeschua ihm immer aus mehreren Schritten Entfernung zurufen mußte.

«Wie heißt du?», fragte er ihn.

«Bankert», sagte der Waisenknabe mit einer sonderbar durch die Nase schnaubenden Stimme.

«Das ist kein Name. Ich meine, wie dein Name ist in Israel.»

«Ich habe keinen Namen in Israel. Ich habe keinen Vater.»

«Jeder Mensch hat einen Vater. Dein Vater ist Gott, und so werde ich dich Adam nennen.»

«Warum Adam?»

«Weil Adam der Vater aller Menschen ist. Du bist darum Adam ben Adam.»

Der Knabe starrte Jeschua an; das Weiße seiner Augen blitzte auf und – zum ersten Mal – verzog sich seine dunkle, schmutzverkrustete Gesichtshaut zu einem Lächeln.

«Also, soll ich dich Adam ben Adam nennen?»

Der Andere nickte heftig, als fürchte er, das Angebot könne zurückgezogen werden, wenn er es nicht gleich annehme.

«Also werde ich dich von jetzt ab so nennen. Kannst du das «*Schemah*» aufsagen, Adam ben Adam?»

«Nein.»

«Soll ich es dich lehren?»

«Ich darf es ja nicht sagen.»

«Warum nicht?»

«Gott will es nicht.»

»Du irrst dich. Gott will dein «*Schemah*» hören. Er hat dich geschaffen, und Er liebt alles, was Er geschaffen hat. Und alle Seine Geschöpfe lobpreisen Ihn, und so will Er auch dein Gebet hören.»

«Ich darf nicht in die Synagoge gehen.»

«Wer sagt das?»

«Alle.»

«Willst du mit mir heimkommen zu meinen Eltern?»

«Deine Mutter wird mich mit einem Fußtritt von der Schwelle weisen, da ich kein jüdisches Haus betreten darf.»

«Meine Mutter wird dich nicht hinausweisen», sagte Jeschua.

«Die Andern tun das immer.»

«Aber nicht meine Mutter; das verspreche ich dir, noch mein Vater. Willst du mich im Haus meiner Mutter besuchen?»

«Aber ich darf doch in kein jüdisches Haus...»

«In das meiner Mutter darfst du. Erwarte mich hier. Wenn ich von der Schule komme, gehen wir zusammen heim, und du wirst mein Freund werden. Ist dir das recht?»

Nach der Schule machte sich Jeschua von seinen Freunden los, wich selbst seinem Bruder Jakob aus, mit dem er sonst meistens durch die Stadt nach Hause schlenderte. Er lief geradenwegs zu dem Gäßchen, wo er den Waisenknaben wartend fand.

«Komm», sagte Jeschua und reichte dem Knaben die Hand. Aber da bekam es der Junge im letzten Augenblick mit der Angst und riß aus. Jeschua rief ihm nach:

«Adam, lauf doch nicht weg! Du wirst sehen, niemand tut dir etwas zuleide.»

Es bedurfte mehrerer Tage geduldigen Zuredens, ehe der Ausgestoßene sich getraute, Jeschuas Einladung anzunehmen. Auch dann ging er nicht neben Jeschua her, sondern ließ seinen Wohltäter vorangehen und folgte ihm in dem Abstand, der ihm für einen Paria geboten schien.

Er war noch kaum einige Minuten in Jeschuas Elternhaus, als es scheinen wollte, daß ihn seine bösen Vorahnungen nicht getrogen hatten. Miriam warf einen einzigen Blick auf ihn und machte sich dann sofort daran, ihm seinen schwarzen zerrissenen Kittel auszuziehen. Als dies geschehen war, steckte sie ihn in einen Bottich, worin sie sonst ihre kleinen Kinder badete, und begann, ohne sich an sein Gezeter zu kehren, die seit Jahren angesammelte Schmutzkruste herunterzubürsten. Doch Adam war immer noch nicht ganz beruhigt, als sie ihm schließlich ein Hemd, einen Kittel und eine Hose von Jeschua sowie eine Schale voll Honigmilch mit Brot darin brachte. Er zog sich schweigend die Sachen an, dabei immer verstohlen Miriam im Auge behaltend. Als sie ihm einen Wink gab, daß er essen solle, beachtete er ihn nicht, sondern warf plötzlich die Hände vors Gesicht, stieß ein langes Ächzen und brach schließlich in Tränen aus.

«Warum weinst du denn jetzt?», fragte Miriam und legte ihm die Hand auf den Kopf.

«Ich weiß nicht.»

Miriam streichelte ihm das Haar und wartete, bis sich sein krampfhaftes Weinen legte. Joseph hatte den ganzen Auftritt von einer Ecke aus beobachtet und fragte jetzt Jeschua:

«Wie heißt er denn?»

«Ich nenne ihn Ben Adam.»

«Ben Adam, so? Der Menschensohn... Ein großer Name, Jeschua, ein ehrenvoller Name. So nennt der HErr Seinen Propheten. Doch es gibt keinen Menschen, der nicht ein Recht darauf hätte. Du hast ihn richtig benannt, Jeschua.»

Durfte sich Jeschua dem Willen Gottes widersetzen? Dieser Gedanke ließ Jakob vor Schreck erbeben. Zu lange hatte er in seinem Bruder das Bild der Vollkommenheit erblickt. Die Achtung, die in jedem jüdischen Hause der Älteste, der Stellvertreter des Vaters, genoß, hatte sich bei Jakob durch Liebe und Verehrung vervielfacht gehabt. Er erkannte deutlich, daß Jeschua auf Grund des heiligen Geistes, der über seinem Haupte ruhte, mancherlei, was sonst verboten war, zu tun gestattet sei. Trotzdem war Jakob tief verstört, als Jeschua mit dem unehelichen Waisenknaben

Freundschaft schloß. Und als er sah, daß die Mutter Jeschuas Beispiel nachahmte, und daß der Vater dem Eindringen der Unreinheit, welche das Gesetz auf Armeslänge von sich abzuwehren vorschrieb, zustimmte, war ihm, als wiche jeder feste Grund unter seinen Füßen.

Er war überzeugt davon, daß seine Eltern nichts Unrechtes tun könnten. Sie waren heute, was sie immer gewesen: Vorbilder der Rechtschaffenheit; er liebte und ehrte sie ohne Rückhalt. Die Herzensgüte seiner Mutter gehörte zu seinen ersten Kindheitseindrücken. Er hatte gesehen, wie sie ohne Zaudern die zerlumptesten Bettler an ihrer Tür aufnahm, ihre Schwären wusch und salbte, ihnen zu essen und zu trinken gab und wenn es der letzte Bissen und der letzte Schluck im Hause war. Und er erlebte alltäglich Beweise ihrer Frömmigkeit und Gesetzestreue. War es denn denkbar, daß sie, was der Himmel verhüte, vor Gottes Augen und Seinem Gesetz Unrecht tat?

Jakob vermochte es nicht über sich zu gewinnen, den Eltern eine Frage zu stellen; auch nur der Schatten eines Verdachts dünkte ihn eine Verletzung des Vierten Gebots. Er hatte als recht und richtig anzunehmen, was immer die Eltern taten.

Er beschloß, Taddi zu fragen; denn gleich seinem älteren Bruder hatte er früh den Wert des biederen Gerbers erkannt. Die beiden Knaben legten Taddi oft Fragen vor, die sie den Eltern nicht vorzulegen Lust oder Mut hatten. Taddi war nie um eine Antwort verlegen, die er stets in eine Geschichte oder ein Gleichnis einkleidete.

Jakob traf ihn bei der Arbeit; mit den nackten Füßen trampelte er auf den triefenden Tierhäuten herum, die er eingeweicht hatte. Der Knabe verbeugte sich höflich und sagte feierlich:

«Belehre mich, Meister, darf man eine Sünde begehen, um eine gerechte Tat zu tun?»

Der Gerber hörte mit dem Häutestampfen auf und blickte den kleinen Frager scharf an:

«Ein schwieriges Problem, mein Sohn», sagte er, «das nicht ohne Weiteres mit Ja oder Nein beantwortet werden kann. Es kommt darauf an, wie die Absicht gerichtet ist und um wessentwillen die Sünde begangen wird. Denn, sieh, oftmals kann eine Sünde sich wandeln zu einer edlen Tat, vorausgesetzt, daß sie nicht gegen einen Andern begangen wird, sondern zur Ehre Gottes.

Manchmal dient das, was man Sünde heißt, Gott besser denn eine fromme Handlung. Der springende Punkt ist die Absicht. Denn wenn das Herz mit Gott ist, so kann es keine Sünde sein; sagen doch unsere Weisen: ‚Gott will nichts als das Herz des Menschen.'»

«Aber, Meister, wenn dem so ist, wo ist dann die Grenze? Kann dann nicht jedermann das Gesetz brechen und sagen: ‚Ich tat es im Hinblick auf Gott.'? Und wäre das nicht das Ende der Thora? Ich meinte, wir werden beurteilt nach unsern Taten, nicht nach unsern Absichten.»

«Jaja, doch das kommt auf den Täter an», sagte Taddi. «Nun, du und ich dürfen das Gesetz nicht brechen. Wir sind kleine Leute, die bei ihrem Leisten bleiben müssen. Aber andere Menschen gibt es, weißt du, Menschen, die nicht nur das Gesetz lieben, so wie du und ich, sondern die Gott lieben. Und um dieser ihrer Liebe willen sind sie bereit, eine Sünde zu begehen entgegen der Lehre Gottes, nur um Seinen Willen auszuführen. Denke an die Worte des Psalmisten: ‚Deinen Willen, mein Gott, tue ich gerne.' Solche Menschen streben nicht nach guten Taten, sondern danach, Gottes Willen zu tun.»

«Wer aber darf sagen, er kenne den Willen Gottes?»

«Du und ich nicht, das verhüte der Himmel! Aber zum Beispiel dein Bruder ... er kennt ihn.»

Taddi machte sich wieder an seine Arbeit, und dabei sagte er, da er unschwer erriet, welche Verwirrung den Knaben befallen hatte:

«Was er tut, ist recht in Gottes Augen.»

Jakob blickte eine Weile stumm vor sich hin, dann sagte er:

«Manchmal meine auch ich, daß alles, was Jeschua tut, getan ist nach Gottes Weise. Ich danke dir, Meister, denn du hast mich sehr getröstet.»

Die Sache blieb jedoch nicht unbemerkt und unbekrittelt. Das war ja wahrhaftig etwas ganz Neues: daß ein Schüler der Synagoge mit einem Bankert herumzog, Arm in Arm mit ihm sich auf offener Straße zeigte, ihn zu seiner Mutter mit heimnahm, sich für ihn bei der kleinsten Anrempelung in die Schanze schlug, ja sich am Abend mit ihm hinsetzte, um ihn in den heiligen Vorschriften zu unterweisen, ihn Gebete und Gesänge zu lehren! Dieser Jeschua ben Joseph mußte beizeiten zur Ordnung gerufen werden, sonst war er imstande und entweihte die Synagoge, indem er den Bankert mitbrachte!

Schließlich hielt es der Lehrer für richtig, sein Eingreifen nicht länger hinauszuschieben. Eines Morgens, als die Schüler vor ihm auf dem mattenbelegten Fußboden Platz genommen hatten, blieb er, statt wie üblich mit dem Tagespensum zu beginnen, längere Zeit stumm und ließ, sich den schwarzen Bart streichend, seine Blicke vom einen zum andern Knaben wandern. Endlich begann er:

«Unsere Weisen sagen, daß der, der die Thora lehrt, für seine Schüler gleich ist einem Vater. Und ebenso wie es einem Vater geziemt, seine Söhne zu schelten, wenn es die Gelegenheit erfordert, und sie zu strafen, wenn es sich als notwendig erweist, so vermag sich auch der Lehrer dieser väterlichen Pflicht nicht zu entziehen. Denn Lehrer und Schüler bilden eine Einheit, eine einzige Wesenheit, und der Lehrer trägt die Verantwortung für das Verhalten seine Pfleglinge. Wenn also eines Schülers Verhalten zu wünschen übrig läßt, so trifft den Rabbi nicht geringerer Tadel als den Schüler. Nun sind mir gewisse Gerüchte zu Ohren gekommen, welche mein Gemüt verwirren und in mir ein Gefühl erregen, als sei ich einer der Sünder, welche das goldene Kalb umtanzten. Denn es geht die Rede, daß einer meiner Schüler in der jüngsten Zeit einem Betragen frönt, dem sich nicht mit Nachsicht begegnen läßt. Ich frage darum meine Schüler, ob sie auf einen unter ihnen zu verweisen vermögen, dessen Verhalten in der Öffentlichkeit während der letzten Zeit zu wünschen übrig gelassen hat. Es mögen also die, die etwas darüber wissen, aufstehen und ihn bezeichnen.»

Als Erster stand Matthäus, der «Frechdachs», auf, als Zweiter Sakkai bar Zadok; jeder dieser beiden trug Jeschua etwas nach: jener weil Jeschua es noch immer verschmähte, mit ihm «Kaufmann» zu spielen, der andere, weil Jeschuas Ansehen unter den Knaben der Beachtung Sakkai ben Zadoks, des «Gelehrten», Einbuße tat. Die beiden Knaben wiesen also mit den Fingern auf Jeschua und sagten:

«Dies ist der Schüler, dessen Betragen unrichtig ist.»

«Wessen klagt ihr ihn an?», fragte der Rabbi.

«Wir haben ihn herumspazieren sehen mit dem Bankert, welcher in der Stadt lebt; er hat sich mit ihm angefreundet und lehrt ihn, das ‚*Schemah*' zu sagen.»

«Hat jeder von euch dies mehrfach gesehen? Hast du, Matthäus ben Hanan, dies mit eigenen Augen beobachtet?»

«Ich habe es mit eigenen Augen gesehen.»

«Und hast du, Sakkai ben Zadok, den Schüler Jeschua ben Joseph umhergehen sehen mit dem Stadtbankert?»

«Ich habe Jeschua ben Joseph mit dem Bankert spazieren gehen und Umgang pflegen gesehen unter Verletzung des von unserm Lehrer Moses gegebenen Gebots: ‚Es soll kein Hurenkind in die Gemeinde des HErrn kommen, auch nach dem zehnten Glied, sondern sie sollen nimmermehr hineinkommen.'» Und nachdem der «gelehrte» Sakkai den ganzen Wortlaut der Bibelstelle aufgesagt hatte, schlug er fromm die Augen nieder.

«Du bist nicht danach gefragt worden, welches Gebot er verletzt hat. Du kannst nicht Zeuge und Richter in einem sein. Überlasse das Urteil dem Rabbi. Ich habe dich nur aufgerufen, daß du sagest, was du mit eigenen Augen gesehen hast.»

«Ich habe Jeschua ben Joseph mit dem in hiesiger Stadt lebenden Bankert gesehen, in freundschaftlichem Umgang und ihn lehrend, das *‚Schemah'* zu sagen», äußerte Sakkai nun, sich genau an den Wortlaut des ersten Zeugen haltend, damit die Aussagen möglichst übereinstimmten.

«Jeschua bar Joseph, du hast die Anklage deiner Mitschüler vernommen. Gestehst du ein, mit dem Bankert Umgang gepflogen zu haben?»

Jeschua erhob sich und antwortete:

«Ich gebe zu, daß ich mich mit ihm angefreundet habe. Aber ich vermag darin nichts Böses zu sehen.»

«Ist es dir unbekannt, daß Moses in der Thora uns geboten hat, den Bankert von der Gemeinde des HErrn fernzuhalten bis ins zehnte Glied, wie dein Mitschüler zitiert hat?»

«Wenn die Eltern sündigen, welcher Tadel trifft den Sohn? Haben wir nicht erst vor einigen Tagen gelernt, was der Prophet Jeremia sagt: ‚Ein Jeglicher soll sterben um des eigenen Unrechts willen.'?»

Jeschuas Worte verhallten in einem dumpfen Schweigen. Es schien, keiner der Anwesenden hatte erwartet, er werde sein Verhalten verteidigen. Schließlich sagte der Rabbi, etwas kleinlaut geworden, in versöhnlichem Ton:

«Die Worte des Propheten beziehen sich nicht auf die von

Moses gegebenen Gebote. Die Thora stellt ausdrücklich auf: ‚Es soll kein Hurenkind kommen in die Gemeinde des HErrn.' Da sei Gott vor, daß du gegen die Heilige Schrift sprechest.»

«Amen», sagte Jeschua. «Aber hat nicht Moses selbst im Fünften Buch gesagt: ‚Die Väter sollen nicht für die Kinder, noch die Kinder für die Väter sterben; sondern ein jeglicher soll für seine Sünde sterben.'?»

Der Rabbi nickte zufrieden mit dem Kopf und erwiderte:

«Du zitierest wohl, Jeschua ben Joseph; dies hat Moses gesagt. Doch dieser Vers – ‚Die Kinder sollen nicht sterben für die Väter' – gilt für die Todesurteile, welche von Gerichtshöfen gefällt werden. Der Sinn ist klar: sie sollen nicht zum Tode verurteilt werden. Doch hier, in diesem Fall mit dem Bankert handelt es sich nicht um ein Todesurteil. Moses hat ja nicht gesagt, daß der Bankert zum Tode verurteilt werden solle um der Sünde seiner Eltern willen; er hat gesagt, er solle nicht in die Gemeinde des HErrn kommen.»

Der Rabbi hatte diese Worte nach und nach mit der scharfen, unterstrichenen Betonung eines Sprechenden gesagt, der aufkommenden Unmut zu bemeistern versucht, denn Jeschua hatte schon bei den ersten Worten heftig den Kopf geschüttelt. Jetzt rief er:

«Ist es weniger grausam, ihn aus des HErrn Gemeinde auszuschließen, denn ihm das Leben zu nehmen? Und weswegen? Weil seine Eltern eine Sünde begangen haben? Er ist ein Geschöpf Gottes gleich uns allen. Hat nicht Gott durch den Mund des Propheten Hesekiel gesagt: ‚Denn siehe, alle Seelen sind Mein; des Vaters Seele ist sowohl Mein als des Sohnes Seele?' Und ferner, wenn er Gottes Geschöpf ist, so ist uns geboten, uns seiner zu erbarmen, so wie sich Gott unserer erbarmt.»

Der Rabbi runzelte die Stirn, und sein Mund unter dem dichten Bart verzog sich. Es war zu sehen, daß er die Geduld verlor und sich Mühe geben mußte, seinen Zorn zu beherrschen. Ein schneidender Beiklang war in seinem Ton, als er fragte:

«Woher hast du diesen Vers? Wir haben den Propheten Hesekiel noch nicht durchgenommen.»

«Ich habe ihn von meinen Eltern gehört.»

«So so ... in der Tat? Von deinen Eltern hast du ihn gehört? Dann, hast du, nehme ich an, auch seine Auslegung gehört, in welchem Fall du kaum noch dessen bedarfst, was diese Schule dir bieten kann; denn es ist ja wohl bekannt, daß zwei Lehrer so gut wie gar keiner sind, zumal wenn ihre Unterweisungen einander widersprechen. Deine Eltern legen offenbar den Vers: ‚Siehe, alle Seelen sind Mein' dahin aus, daß wir uns eines Bankerts oder eines Ammoniters oder gar eines Amalekiters erbarmen sollen, denn siehe, sie sind alle Gottes Geschöpfe; und doch sagt Gott von den Amalekitern: ‚Nicht eine Seele von ihnen soll am Leben bleiben' und das ungeachtet der Worte Hesekiels: ‚Alle Seelen sind Mein'. Und denke auch daran, Jeschua bar Joseph, daß der selbe Prophet Hesekiel ein Wort gesagt hat über Todesurteile: ‚Welche Seele, die sündigt, soll sterben'; so sagt er, genau wie Moses. Aber wie gesagt, keine Todesurteile für Hurenkinder, sondern nur deren Ausschließung aus der Gemeinde des HErrn; und dieses soll gehalten und durchgeführt werden.»

«Ich habe die Worte des Propheten gehört», erwiderte Jeschua flammend. ‚Der Sohn soll nicht büßen für das Unrecht des Vaters', und dieser Vorschrift werde ich nachleben. Ich werde meine Freundschaft mit dem Unehelichen nicht aufgeben, denn nie werde ich glauben, daß Gott eine Seele von sich weist, die schuldlos ist an einem Vergehen, daran sie keinen Teil hat. ‚Gott', sagt die Schrift, ‚ist gerecht allerwegen.'»

Rot vor Wut hatte der Rabbi zugehört. Er wußte nichts mehr zu antworten; eine solche Frechheit war ihm noch nicht vorgekommen. Ein Wort schwebte ihm auf der Zunge; aber er unterdrückte es rechtzeitig und sagte nur mit fester, ruhiger Stimme:

«Jeschua bar Joseph, du hast deine Stimme erhoben wider deinen Rabbi und die Thora verworfen, welche unser Lehrer Moses uns übergeben am Berge Sinai. Du hast dir eine andere Thora zu eigen gemacht, welche unsere Weisen nicht lehren. Darum sollst du ausgestoßen werden mit Unehre aus dieser Schule. Hinfort bist du mein Schüler nicht mehr, und ich verbiete meinen Schülern den ferneren Umgang mit dir, bis daß du das Gesagte bereuest und, von Gewissensbissen gequält, in Gehorsam und Demut um Wiederaufnahme ersuchst.»

So endeten Jeschuas Schuljahre.

MEIN Sohn», sagte Joseph, «denke an König Davids Wort: ‚Von allen meinen Lehrern habe ich Weisheit gelernt.' Der Lehrer, Jeschua, sind viele, und das Leben ist der größte Lehrmeister. Du bist nun zwölf Jahre alt, und es ist Zeit, daß du das Handwerk deines Vaters erlernst.»

Und er führte den Knaben in seine Werkstatt, wo er ihm ein Stück Holz gab und ihm zeigte, wie er es biegen und schnitzen müsse zu einem Joch, das sich auf den Rücken des Tieres füge und gut aufsitze, wie die Kanten richtig abgeschrägt würden, um nicht auf dem Fell des Tieres zu scheuern und die Haut aufzureiben. Er lehrte ihn Holzstücke spleißen, die Bretter für eine Tischplatte fugen und einen Trog auszuhöhlen. Noch vielerlei vom Schreinerhandwerk zeigte er ihm; brachte ihm bei, welche Überbleibsel vom Holz, das der Kunde für die Arbeit geliefert hatte, die Schnitzel und Späne, dem Kunden wieder zugestellt werden mußten und auf welche der Handwerker ein Anrecht hatte.

Auch die Thora wurde nicht vernachlässigt. Nach Feierabend, sobald Joseph und Jeschua sich die Hände für die Abendmahlzeit gewaschen hatten, holte Miriam die Schriftrollen aus der Familientruhe, den Psalter und die Bücher Jesaia und Daniel sowie einige der kleineren Propheten. Joseph selbst besaß außerdem noch einige Bruchstücke der apokalyptischen Literatur, die nicht zum eigentlichen Bibelkanon gehört: das Buch Henoch, das Buch der Jubiläen und die Himmelfahrt Mosis, welche, gleich ähnlichen apokryphen Schriften, unter den Frommen, die den Messias erwarteten, stark verbreitet waren. Joseph machte Jeschua bekannt mit den Umständen der Versetzung Henochs in den Himmel, seiner Fahrt durch die sieben Himmel und seine Vision der Hölle.

Die Psalmen las Jeschua mit der Mutter, die deren noch viele von ihrer Mädchenzeit in Jerusalem her wußte, da sie im Haus ihres Vetters, des Priesters, gewohnt und zu dem Kreis der frommen Frauen um Elischewa gehört hatte.

Von Hillel, dem berühmten Rabbi, der zu Jerusalem lehrte, berichtete ihm zuerst der Gerber Taddi. Oft ging Jeschua zu ihm in seine dampfige, feuchte Grube unterm Brunnenhaus, wo Taddi sein Handwerk betrieb. Mit den bloßen Füßen die Häute knetend und von Kopf bis Fuß bespritzt mit der blauschwarzen Lauge, in der sie gebeizt wurden, lehrte Taddi den jungen Jeschua die Aussprüche der Weisen, ihre Anmerkungen und Zusätze zum Gesetz. Das Wissen des Gerbers schien unerschöpflich. Er hatte nichts vergessen, was er in seinen jungen Jahren aufgenommen, da er in der Hauptstadt zu Füßen der größten Rabbunim in Israel gesessen hatte. Doch Taddi hatte für sich selbst abgelehnt, Rabbi zu werden und dafür das niedrige Gewerbe eines Gerbers ergriffen, da er, der Überlieferung vieler jüdischer Gelehrter entsprechend, seinen Lebensunterhalt nicht mittels der Thora hatte erwerben wollen.

Taddi erzählte Jeschua die viel wiedergegebene Geschichte von dem unverschämten Heiden, der zu Reb Hillel gekommen war und sich zum Übertritt zum Judentum bereit erklärt hatte unter der Bedingung, daß Reb Hillel ihm die gesamte Thora beibringe in der Zeitspanne, da er auf einem Bein zu stehen vermöge; und der große Rabbi, weit davon entfernt, den Spötter von seiner Tür zu weisen, hatte in den Handel eingewilligt und gesagt: «Füge Andern nicht zu, was du selbst nicht erleiden möchtest» –, das ist die ganze Thora, alles andere ist nur Beiwerk. Und Taddi zitierte andere Spruchweisheiten des alten Rabbi; so etwa: «Wenn ich nicht für mich selbst bin, wer wird für mich sein? Aber wenn ich bloß für mich selbst bin, was bin ich dann? Und wenn nicht jetzt, bitte, wann denn?» Oder: «Sei deiner nicht sicher bis zum Tag deines Todes; noch urteile über deinen Nachbarn, ehe du nicht an seiner Stelle gewesen bist.»

Taddi wurde niemals müde, von seinem geliebten Rabbi zu sprechen. Er erzählte Jeschua, wie sich Hillel in seinen jungen Jahren als Holzfäller fortgebracht hatte. Reb Hillel war es, der lehrte, kein Gewerbe, das der menschlichen Notdurft diene, sei verächtlich. Und der Gerber erzählte weiter, wie der junge Hillel seinen Holzfällerverdienst in zwei gleiche Teile geteilt hatte: die eine Hälfte zum Lebensunterhalt und die andere als Eintrittsgeld in die Schule. Und einmal, erzählte Taddi, als Hillel kein Schulgeld mehr hatte, kletterte er aufs Dach und horchte während der Schulstunden durch den Rauchfang hinunter. Es war zur Winterszeit, und der Schnee fiel auf den Schüler, der dort oben lag und beim Zuhören alles um sich herum vergaß. Zum Glück wurde er rechtzeitig entdeckt, sonst wäre er erfroren.

Doch Taddi hatte noch mehr zu bieten als Kenntnis des Gesetzes und einen Schatz von Geschichten über dessen Ausdeuter. Auf den Hochschulen von Jerusalem, in denen er ständig herumgelaufen war, hatte er unzählige Sagen und Mären gehört – denn es wimmelte in Jerusalem von alten Geschichtenerzählern –, Legenden, die auf unvordenkliche Überlieferungen zurückgingen, von jeder Generation mit Zufügungen und Ausschmückungen weitergegeben worden waren, Legenden, die die schriftlich niedergelegten Lebensgeschichten der Erzväter Israels weiterspannen. Denn ebenso wie Jakob die geschälten Zweige von Pappeln, Nuß- und Kastanienbäumen an die Wasserstellen seiner Herden gesetzt hatte – damit die weiblichen Tiere vor diesen bunten Stangen empfingen und nur geflecktes Vieh zur Welt brachten –, so malte die Überlieferung das Leben der Erzväter mit vielen Farben aus, damit sie Israel immer vor Augen blieben als Beispiel zur Nacheiferung und als Ansporn zu rechtem Tun.

Taddi teilte dem Knaben die uralten Volksüberlieferungen mit: über das Geheimnis des Himmelswagens, der Schöpfung, über die Urschlange, Satan, der zugleich mit Eva geboren wurde, Adams Sündenfall, die davon sich herschreibende Erniedrigung des Menschengeschlechts, da ein Restchen Sünde noch in uns allen zurückgeblieben ist; er berichtete ihm davon, wie die Erzväter gestrebt hatten, den Menschen von seiner Sünde loszukaufen und wie ihr Streben sie zu Höhen emporgeführt hatte, die die Menschheit nie wieder erreichte. Er erzählte ihm von Isaaks Fesselung und Opferung mit vielen legendären Ausschmückungen; davon, wie Satan sich bemüht hatte, Abraham nicht durchzulassen zum Berg Moria, wohin ihm der HErr geboten, seinen Erstgeborenen als Brandopfer zu bringen; wie Satan versucht hatte, Abraham in seinem Vorsatz wankend zu machen, die mannigfaltigen Versuchungen, die er ihm in den Weg gelegt, um Abrahams Vorsatz zu erschüttern, unter Hingabe alles dessen, was ihm lieb und teuer war, dem Gebot des HErrn nachzukommen. Und wie der Versucher nicht nur Abraham selbst zugesetzt hatte, sondern auch dem Knaben Isaak, der seines Vaters Anliegen erriet; doch auch er entging den Fallstricken, die der Böse ihm gelegt, und brachte sein Leben freudig zum Opfer.

«Du siehst, mein Sohn», sagte der Gerber, «Isaak wußte wohl, was sein Vater im Sinne hatte im Augenblick, da Abraham das Reisig zum Brandopfer auf seine Schultern gelegt, denn dies ist, wie wenn man einem zur Kreuzigung Verurteilten das Kreuz auflastet, um es zur eigenen Richtstätte zu schleppen. Und als Isaak sah, daß sein Vater kein Lamm mitnahm zum Brandopfer, sondern nur Holz, Feuer und ein Messer, da fragte er den Vater, wo das Lamm für das Opfer sei. «Dich, mein Sohn, hat sich der HErr ausersehen zum Opfer», antwortete der Vater. Und Isaak erwiderte: «So sei es denn, sintemalen Er mich ausersehen hat, denn mein Leben gehört Ihm; doch mein Herz tut mir weh um die Mutter.» Und so schritten sie selbander fürbaß. Und als die Stunde des Opfers gekommen war, da sagte Isaak: «Abba, binde mich an Händen und Füßen, denn siehe, das Fleisch ist aufsässig, und wenn du dein Messer ansetzest, so könnte ich Widerstand leisten wollen, und dein Messer würde mich nur streifen und verstümmeln, und ich wäre kein würdiges, makelloses Opfer mehr für Gott. Beeile dich, Abba, und wenn du es vollbracht hast, dann nimm meine Asche und bringe sie der Mutter, doch trage Sorge, daß du ihr die Nachricht nicht bringst, wenn sie an einer Grube oder auf dem Dache steht, denn der Schreck könnte sie zu Fall bringen. Und tröste meine Mutter und sage ihr, daß du nach dem Willen Gottes getan hast.»

Am Abend, nachdem er von dem Gerber diese Legende gehört hatte, lag der Knabe Jeschua auf dem Dach des Hauses, das Gesicht zum Himmel emporgekehrt und mit den Augen in die glitzernden Sterne blickend. Jenseits ihres Glanzes war der Himmel erfüllt mit seinem Leben. Dort waren die Erzväter, war König David mit Krone und Leier. Jeschua schloß die Augen, um sie besser zu sehen, sie alle und den Himmelswagen, welcher den Strahlenthron trug, und die Seraphim; er vernahm den Gesang der Erde, der aufstieg, um, schwächer und schwächer werdend, zu verhallen in den fernsten Räumen des Himmelsgewölbes, mischend in den Sang der Erde die Tränen und Bitten der Menschen und anlangend an den Toren des Himmels. Und wieder kehrten Jeschuas Gedanken zurück zu Isaaks Opferung. Er dachte darüber nach, was er tun würde, wenn er an Isaaks Stelle wäre. Er versuchte, sich vorzustellen, wie er selbst das Holz trug, auf dem er zum Brandopfer dargebracht werden sollte. Wäre er dann willig, so wie Isaak gewesen, in Demut hinzugehen zur Schlachtstätte? Würde er auch bedürfen, an Händen und Füßen gebunden zu werden, damit er nicht dem Opfermesser widerstehe? ... Eines jedoch verstörte ihn: eine einzige Prüfung gab es, von der er nicht wußte, ob er sie bestehen könne. Konnte er wissentlich seiner Mutter diesen Kummer bereiten? Wie, wenn sein Mitleid mit ihr ihn von der Willigkeit, für Gott zu sterben, ablenkte?

«Ema», rief er leise aus.

Er stand auf und blickte um sich: da sah er die Gestalt der Mutter auf der andern Seite des Daches knien. Er hielt den Atem an, um ihr Gebet nicht zu stören. Wie lange er gewartet, bis er die Mutter sich erheben hörte, wußte er nicht. Doch dann rief er noch einmal:

«Ema!»

«Was ist, Tinoki?», fragte Miriam.

«Emi, sage mir, muß jeder, der zum Kreuzestod verurteilt wird, sein Kreuz selbst zur Richtstätte schleppen?»

Miriam war es, als griffe eine kalte Faust an ihr Herz. Sie starrte Jeschua an und sagte:

«Warum fragst du das, Tinoki? Beim heiligen Gott, wie kommst du auf solche Gedanken?»

«Ich war heute bei Taddi und hörte von ihm über die Opferung Isaaks. Er sagte, als Abraham dem Isaak das Holz auf den Rücken legte, sei es gewesen, wie wenn ein Kreuz auf die Schultern des zur Kreuzigung Verurteilten gelegt wird.»

«Taddi hat mit dir über die Opferung Isaaks gesprochen?»

«Ja, unter anderm. Er sagte auch, daß Isaak, als Abraham sich zum Opfern anschickte, gebeten habe, ihn zu binden, aus Angst, er könne im letzten Augenblick sich wehren. Ich habe darüber nachgedacht und ich glaube, ich wäre ebenso willig, mich opfern zu lassen wie Isaak. Und du, Emi? Würdest du mich hingehen lassen gleich der Mutter Sara, wenn Gott vom Vater verlangte, er solle mich zum Opfer darbringen?»

«Tinoki, ich bitte dich, stelle mir keine solche Frage. Wie kann ich mich mit Sara vergleichen? Werde ruhig, Tinoki, sei ruhig, und denke an anderes. Sieh die Sterne und wie Gottes Gnade über alles sich ergießt.»

Miriam nahm des Knaben Haupt und bettete es in ihren Schoß. Beide blickten sie empor zum Himmel.

Doch Nazareth hatte ein gutes Gedächtnis und rechnete auf seine Weise. Obschon Joseph, um weitere Ärgernis zu vermeiden,

den Adam ben Adam, Jeschuas unehelichen Freund, nach Kana gebracht hatte, wo er, ohne daß man über seine Herkunft Bescheid wußte, bei Bar Levi, dem Gerstenmüller, einem Verwandten Miriams, bleiben und helfen konnte, das Mühlrad zu drehen, um seinen Unterhalt zu verdienen, wurde der Vorfall von Nazareth nicht vergessen. Die Kinder brachten die Geschichte mit nach Hause, die Eltern verbreiteten sie auf dem Markt, und es dauerte nicht lange, da wußte männiglich in der Stadt davon, daß Josephs Ältester sich ungebührlich gegen den Rabbi benommen, vor der ganzen Schule gegen das Gesetz Mosis angekämpft habe und deswegen mit Unehre aus der Schule entlassen worden sei.

Die Stadtbevölkerung zerfiel in eine Reihe von Familien, von denen viele untereinander verfeindet waren. Am bittersten war der Zwist zwischen den Söhnen Pinchas und den Söhnen Isaschar. Jene gehörten dem Priesterstand an, der Priester des Orts war ihr Oberhaupt. Die meisten von ihnen – namentlich solche, die verwitwete oder geschiedene Frauen geheiratet hatten – waren längst des Priesteramts für unwürdig erklärt worden, denn die Rabbunim wachten strengstens über die Versippung aller priesterlichen Familien Israels. Trotzdem aber brüsteten sie sich mit ihrem hochmögenden Stammbaum und sorgten dafür, daß er nicht in Vergessenheit geriet.

Wenn die Söhne Isaschars auf der andern Seite nicht so reich waren wie ihre Nebenbuhler, so rühmten sie sich der Verbindung mit dem Hause Davids; zu ihrem Lager gehörte auch Reb Hanan, der verstorbene Vater der beiden Miriam.

Der Hader war ebenso alteingefressen wie langlebig. Durch Miriams Ehe war er nur noch erbitterter geworden. Hanans Witwe hatte, statt einen der Söhne Hanina ben Safras, des Spiritus rector der Pinchaskinder, zum Eidam zu nehmen, ihre Tochter dem fremden Außenseiter Joseph gegeben. Die Söhne Pinchas zahlten das heim, indem sie den Söhnen Isaschar verwehrten, ihre Ländereien und Höfe zu betreten, ja auch nur sich ihren Wohnhäusern zu nähern. Und die Söhne Isaschar antworteten mit ähnlichen Maßnahmen.

Trotz seinem nun schon langjährigen Aufenthalt in Nazareth immer noch etwas als Fremder unter der Bevölkerung geltend, nahm Joseph wenig Anteil an den öffentlichen Angelegenheiten der Stadt und noch weniger an ihren Familienfesten. Er hatte, sagte er, alle Hände voll damit zu tun, für die eigene Familie und sein bißchen Land zu sorgen. Er ging jeden Sabbath und an jedem Neumondtag zur Synagoge, und da er dafür bekannt war, daß er freundschaftlichen Umgang mit Ungebildeten, ja sogar mit Unreinen, pflegte, so schenkte man ihm wenig Beachtung. Was Joseph an Bürgergeist mangelte, das ersetzte vollauf der andere Schwiegersohn des Hauses Hanans, Kleophas, der ja auch gebürtiger Nazarener war. Er war ein stark sich hervortuender Sprecher der Söhne Isaschar, und da er sich selbst als das Oberhaupt des Hauses Hanans betrachtete, so wurde alles, was die Familie anging, vor ihn, als die verantwortliche Instanz, gebracht.

Nun, da das Ärgernis von Jeschuas vertrautem Umgang mit dem Bankert sowie der Schulentlassung von Miriams Sohn zum öffentlichen Gesprächsstoff wurde, glaubten die Söhne Pinchas die beste Gelegenheit gefunden zu haben, ihre Rechnungen mit den Söhnen Isaschars zu begleichen.

Am Vorabend des Sabbath fiel Kleophas schon auf, daß sie sich verständnisinnige Blicke zuwarfen, daß sie über ihn in sonderbarer Weise die Köpfe schüttelten, daß sie seinen Blicken auswichen und sich allerhand zuflüsterten. Aber erst am nächsten Werktag wurde ihm die ganze Sache brühwarm aufgetischt.

Er saß in seiner zur Straße der Sandalenmacher hinausgehenden Werkstatt. Gegenüber stand Hanan ben Tekufi, der Vater des «Frechdachs» Matthäus, der seine Verkaufsbude in der selben Straße hatte.

«Wie soll man bessere Früchte erwarten von einem solchen Baum?», murmelte der Ladenbesitzer mit einem verächtlichen Achselzucken, als sei es ihm gleich, wer ihn höre.

Kleophas wollte es seinem Nachbarn an Unbekümmertheit gleichtun, legte deshalb eine Sandale auf die Leiste und fragte:

«Was ist denn dir über die Leber gelaufen?»

«Ich muß nur an deinen Brudersohn denken und wie fein der sich in der Schule benommen hat. Mein Sohn Matthäus hat mir alles erzählt.»

«Du meinst, dein Sohn Frechdachs; möge es in Israel nicht viele seinesgleichen geben! Dem spritzt ja das Gift schön vom Maul. Was für eine üble Nachrede hat er jetzt wieder heimgebracht?»

«Bloß daß dein großartiger Neffe dem Rabbi getrotzt und ihm ein Licht aufgesteckt hat über das Gesetz.»

«Wohl, wohl... Der Apfel fällt nicht weit vom Stamm. Dein Sprößling ist ein genau so unverschämter wie unwissender Bengel.»

Hanah gehörte selbst zu den Söhnen Pinchas. Bei der Fehde mit den Söhnen Isaschar aber hoffte er die kluge Neutralität des guten Kaufmanns aufrechterhalten zu können, dem es zuwider ist, sich mit Leuten, die Kunden werden können, zu überwerfen. Da er sich aber seinem Charakter nach nicht enthalten konnte, die Nase in anderer Leute Angelegenheiten zu stecken, so machte er sich zum allgemeinen Schürhaken, stocherte in jedem Feuerchen herum, das die Möglichkeit zu einem großen Brand in sich trug, und hetzte immer eine Familie gegen die andere auf. Für dieses Spiel war sein Laden ausgezeichnet gelegen, denn die Männer der Pinchas-Sippe, zum Teil Sandalenmacher wie Kleophas, zum Teil Ladenbesitzer wie er selber, wohnten alle in der nächsten Umgebung.

«Du glaubst mir also nicht, hä?», sagte er. «Dann frag' doch den Zadok bar Levi, den Vater vom ‚scharfsinnigen' Sakkai, der war dabei.» Und damit deutete er zum Nachbarladen, der Bar Levi gehörte.

«Auch ein Zeuge, der Zadok von den Söhnen Pinchas! Wie sagt das Sprüchwort? ‚Lügner haben immer Zeugen'», erwiderte Kleophas, um sich gleich von vornherein zu wappnen gegen alles, was irgendein Zeuge vorbringen mochte.

«Es gibt noch ein anderes Sprüchwort: ‚Gleich und Gleich gesellt sich gern'», ließ sich eine Stimme von nebenan vernehmen.

Kleophas wurde hitzig, drehte sich nach dem unsichtbaren Sprecher um und sagte:

«‚Was ich nicht weiß, macht mich nicht heiß!' Da hast du noch ein Sprüchwort!»

Es kamen noch weitere Männer hinzu, mischten sich in den Streit, und einer rief zornig:

«Fluch über alle, die Schmach bringen über ein Haus in Israel. Kleophas kann dich vor Gericht ziehen für das, was du gesagt hast!»

Aus einer Fensterlücke tauchte ein grauer Haarschopf auf:

«Was hab' ich denn gesagt? Gar nichts! Ich hab' bloß ein harmloses Sprüchlein von Gleich und Gleich erwähnt.»

«Und er hat sich zu dem Bankert hingezogen gefühlt, weil er auch nicht ganz ladenrein ist.»

«Was willst du damit sagen?», schrie Kleophas, sich jetzt nicht mehr bemühend, seine Wut zu bemeistern.

«Na, wir sind doch darüber im Bild, daß sein Vater die Trauben noch sauer gegessen hat...»

«Nattern und Vipern sollen dir den Mund stopfen für deine gemeine Verleumdung einer Tochter Israels! Ich warne dich noch einmal, dafür kann er dich vor Gericht bringen.»

«Was hab' ich denn gesagt? Bloß daß sein Vater saure Trauben gegessen hat... Das weiß doch jeder ganz genau. Unsere Kinder erinnern sich daran; dafür war ja gesorgt; denn sie bekamen doch Nüsse zu essen, damit es ihnen im Gedächtnis bleibt, wenn sie erwachsen sind.»

Da vermochte Kleophas nicht mehr an sich zu halten. Mit dem Hammer in der Hand sprang er von seinem Bänkchen auf.

«Ich schlage einem jeden den Schädel entzwei, der meine Familie zu beschimpfen wagt. Jedermann weiß, daß mein Schwager im Einklang mit dem Gesetz Mosis und Israels geheiratet hat. Sein Heiratsvertrag ist vom Rabbiner unterzeichnet, und sein Sohn ist in heiliger Reinheit geboren! Ich bringe euch alle vor Gericht wegen niederträchtiger Verleumdung!» Damit stieß er die Tür auf und sprang, den Hammer in der erhobenen Faust, aus der Werkstatt heraus.

In diesem Augenblick trat zum Glück der Agoranomos Ben Clinumus dazwischen, sonst wäre es wohl zu einer schlimmen Schlägerei gekommen. Er hatte seit ein paar Minuten dem Wortwechsel zugehört; nun hielt er mit seinen beiden Hilfsbeamten den rasenden Sandalenmacher zurück und schrie:

«Wer hat diesen Streit vom Zaun gebrochen?»

«Die hier haben meine Familie beschimpft. Ich schleife sie vor den Richter dafür!», schrie Kleophas.

«Das ist dein gutes Recht, Kleophas», sagte der Marktaufseher, ihm weiter den Weg versperrend. «Aber du kannst nicht alles auf einmal sein: Kläger, Zeuge, Richter und Henker. Wer sind diese Leute, die du so beschuldigst? Gib mir ihre Namen an, und ich werde sie vorladen lassen.»

«Niemand hat seine Familie beschimpft, kein Mensch! Wir haben von keiner bestimmten Person gesprochen», schrie einer von den Söhnen Pinchas. «Haben wir jemand bei Namen genannt? Haben wir auf jemand mit Fingern gewiesen? Es sind ja Zeugen genug da, weiß Gott, laßt die doch aussagen!»

«Ja, das stimmt», wurde aus der Menge gerufen. «Es sind keine Namen gefallen...»

«Nun, dann hört auf mit dem Zank», sagte der Agoranomos. «Unsere Weisen sagen: ‚Wer Streit anfängt, zerstört die Welt.'»

Und ein gelehrter Jude aus der Menge schrie den Söhnen Pinchas zu:

«Ihr Priester solltet euch an eurem Ahnherrn ein Beispiel nehmen. Die Weisen sagen uns, wir sollten sein gleich Aaron, der ein Friedensstifter war; ihr aber sät Zwietracht in Israel.»

«Wir säen Zwietracht? Da sei Gott vor! Was haben wir anders gesagt, als daß seines Bruders Sohn aus der Schule ausgestoßen wurde in Unehren und er nicht wieder eintreten darf, ehe er nicht reuig vor den Rabbi getreten ist? Das haben unsere Kinder erzählt, und das haben wir gesagt und sonst kein Wort.»

Damit ließ der Streit nach, und die Menge verlief sich.

Am Abend aber saß Kleophas im Hause Josephs und berichtete ihm und Miriam von dem, was in der Stadt erzählt wurde. Er verlangte im Namen der Familienehre, daß Joseph seinen Sohn Jeschua zum Rabbi schicke, barfuß, in schwarzem Gewand, das Haupt mit Asche bestreut, wie es das Gesetz vorschrieb, und sich vor dem beleidigten Lehrer niederwerfe. Kleophas gab Joseph zu bedenken, daß die Geschichte seiner, Josephs, Eheschließung infolge Jeschuas Fehltritt wieder in die Mäuler der Leute komme.

Joseph antwortete nicht sofort, sondern wartete darauf, daß Miriam Stellung nehme, die denn auch sagte:

«Welche Schande mein Sohn auch über mich bringen möge, ich werde sie tragen wie eine Krone. Er soll um meinetwillen nichts Unwahres sagen müssen.»

Kleophas sagte mit einem halb ernsthaften, halb spöttischen Lächeln:

«Frauen haben leichte Ansichten und sollen auch nicht schwer genommen werden. Wir wissen, wie blind Mütter ihren Söhnen gegenüber sind und sie verwöhnen durch Nachsicht. Nicht so der Vater: während er mit der einen Hand streichelt, züchtigt er mit der andern. Ich warte darauf, was du zu sagen hast, Joseph.»

«Mein Sohn hat mir den Vorfall berichtet», sagte Joseph. «Ich hatte an seinem Betragen nichts auszusetzen. Jeschua belegte seinen

Standpunkt aus Mosis Gesetz und den Propheten, und da wir freie Söhne der Thora sind, so steht es jedem von uns frei, das Gesetz auf seine Weise auszulegen, falls die Thora auf seiner Seite ist.»

«Aber nicht der Schüler vor seinem Rabbi», wandte Kleophas ein. «Auch wenn der Rabbi im Unrecht ist, so steht es dem Schüler nicht zu, ihn vor aller Ohren zu berichtigen, was die Würde des Rabbis antastet, welcher nicht weniger hoch steht als sein Vater. Und dein Sohn hat ihm vor den andern Schülern getrotzt und es verschmäht, des Rabbis Urteil anzunehmen. Diese Sache berührt unser aller guten Ruf und die Würde unseres Hauses, denn, wie ich schon sagte, Joseph, die Leute in der Stadt haben bereits wieder angefangen, hämisch über dich zu sprechen.»

«Keine Angst, Bruder», erwiderte Joseph. «Meine Ehre und die meiner Familie steht fest wie ein Felsen. Und wenn die losen Zungen uns Ungemach bereiten, je nun, meine Frau hat dir schon geantwortet, daß wir willig jedwede Schmach ertragen werden, die sie uns antun wollen; doch das Kind wird zu nichts veranlaßt werden, was gegen seinen Gerechtigkeitssinn geht. Ich werde den Knaben jetzt rufen und ihn in deinem Beisein befragen, ob er den Rabbi herabgesetzt hat. Wenn der Knabe bereit ist, aus freien Stücken Abbitte zu leisten, so hindere ich ihn daran nicht; aber ich werde ihn davor bewahren, irgend etwas zu tun, was gegen sein Gewissen geht.»

Jeschua wurde aus der Werkstatt gerufen, und als er des Vaters Frage gehört hatte, sagte er:

«Es war nicht meine Absicht, den Rabbi herabzusetzen, das verhüte Gott. Was ich tat und sagte, stand im Einklang mit den Worten der Thora und der Propheten. Aber wenn der Rabbi die Empfindung hat, ich hätte ihn beleidigt, so werde ich nicht verfehlen, mich in Demut jeder Buße, die er verlangt, zu unterwerfen. Ich will nicht, daß er gegen mich Groll im Herzen hegt, denn es ist besser, über Nacht einen Dorn im Fleisch eines Menschen zu lassen denn einen Groll in seinem Herzen.»

Diese Worte machten einen tiefen Eindruck auf alle. Selbst Kleophas war so gerührt, daß er aufsprang und Jeschua einen Kuß auf die Stirn drückte.

«Jeschua, mein Kind, du bist ein wahrer Sohn Abrahams; möge es deinesgleichen viele geben in Israel.»

Doch Miriam warf mit einer leidenschaftlichen Bewegung ein

Tuch über den Kopf des Knaben, wie um ihn zu beschützen, und sie sagte:

«Nein, mein Sohn, von dir wird keine Buße verlangt, denn du hast niemanden beleidigt noch gekränkt.» Und, zu den Männern gewandt, setzte sie hinzu: «Was er getan, geschah um des Himmels willen. Er ist aufgestanden zur Ehre Gottes. Soll mein Sohn die Ehre Gottes besudeln, um Geschöpfe aus Fleisch und Blut zu erweichen, ob es nun sein Rabbi sei oder seine Eltern?»

Joseph verneigte sich leicht vor seiner Frau.

«Wohlgesprochen, Miriam», sagte er. «Es bedurfte eines Weibes, um uns die Augen zu öffnen, denn es war Gottes Ruhm, den wir verschütten wollten, um der Ehre eines Menschen willen. Hör mich an, Bruder Kleophas. Wir sind bereit, auch das Schlimmste zu ertragen, das man uns antut. Dies ist unsere Antwort an dich und an die ganze Stadt.»

Verdrossen erhob sich Kleophas.

«Mit gutem Grund sagen unsere Weisen: ‚Lieber einem Löwen folgen als einem Weibe'», sagte er und ging ohne Abschiedsgruß.

Die Folgen von Josephs und Miriams Verhalten ließen nicht lange auf sich warten. Als Jeschua einmal durch die Straße der Sandalenmacher ging, wo Kleophas' Werkstatt war, hörte er aufreizende Stimmen hinter sich herrufen:

«Da geht der Sprößling des Mannes, der die Trauben ißt, bevor sie reif sind.»

«Geschrieben steht: ‚Die Väter haben saure Trauben gegessen, aber die Zähne der Kinder sind stumpf geworden.'»

Jeschua verstand noch immer nicht, was die wiederholten Andeutungen auf unreife Früchte bedeuteten oder was sie mit ihm zu tun hatten. Aber daß sie irgendein Licht auf seine Abkunft warfen, das war ihm schon vor längerer Zeit klar geworden, als der freche Matthäus eine ähnliche Bemerkung gemacht hatte. Der hatte ihn ein Kind unreifer Trauben genannt, und Jeschua hatte beabsichtigt gehabt, seine Eltern deswegen zu befragen. Aber Matthäus war damals sofort von den Mitschülern zum Schweigen gebracht worden, die ihm vorwarfen, er beschäme seinen Nächsten, was die Rabbunim als gleich verwerflich erachteten wie das Blut eines Menschen zu vergießen. So war die Sache einstweilen aus der Welt geschafft worden.

Nun aber konnte Jeschua nicht mehr durch die Straße der Weinhändler gehen, wo die Söhne Pinchas ihre Verkaufsstände hatten, ohne daß er durch einen Schauer von widerwärtigen Zurufen Spießruten laufen mußte, die ihm von Jung und Alt entgegengeschleudert wurden. So wandte er sich denn doch schließlich an die Eltern um Aufklärung.

Joseph ließ ihn aussprechen und warf dann einen schweren Blick auf Miriam. Es war klar, daß er wollte, Miriam solle den Knaben in das Geheimnis seiner Zeugung einweihen. Jeschua war alt genug, es zu erfahren, und niemand anders als Miriam konnte es ihm mitteilen.

Miriam ging zu der Familientruhe, wo die heiligen Schriftrollen in Tücher eingewickelt lagen. Sie nahm das Pergament des Buchs Jesaia heraus und sagte leise:

«Komm mit, Tinoki!»

Darauf ging sie Jeschua voraus und stieg zum Dach hinauf.

«Mein Kind, laß uns zusammen beten, auf daß dir Gott das enthülle, was du wissen mußt.»

Jeschua neigte den Kopf und blieb lange in stummem Gebet stehen. Plötzlich aber hob er den Kopf wieder, blickte seine Mutter an und flüsterte:

«Heilig, heilig, heilig...»

«Tinoki, was sagst du da?»

«Ema», sagte Jeschua, «ich weiß, was ich weiß.»

Der Knabe entrollte das Pergament und las mit bebender Stimme:

«‚Siehe, eine Jungfrau ist schwanger und wird einen Sohn gebären, den wird sie heißen Emanu-el...'»

In dieser Nacht wurde zwischen Mutter und Sohn kein Wort mehr gewechselt. Doch Jeschua ging hinunter ins Dunkel des Hauses, wo Joseph saß, und trat vor ihn hin. Er verneigte sich tief und sagte:

«Du bist mein Vater auf Erden. Aller Tage meines Lebens will ich deinem Wort gehorchen.»

ZWÖLFTES KAPITEL

NACHDEM der erste Zehnte von der Ernte den Leviten und Priestern abgegeben war, mußte ein zweiter nach Jerusalem gebracht werden, um dort von dem wallfahrenden Bauern und seiner Familie verzehrt zu werden. Er durfte nicht durch eine Mittelsperson hingebracht werden; und es durfte nur so viel davon verkauft werden, wie unbedingt dem Verderben ausgesetzt war; aber der Erlös dafür mußte, gleich dem zweiten Zehnten an sich, in der Heiligen Stadt ausgegeben werden. Er wurde jährlich erhoben; außer zweimal in sieben Jahren; zweimal trat im Sabbathkreislauf der Armenzehnte dafür ein, wenn der zehnte Teil des Ernteertrags dem Armen und dem Fremden «im Tor» überlassen wurde.

Diese Vorkehrungen des Gesetzes ermöglichten es den Bauern der entlegensten Landbezirke, häufige Wallfahrten zu unternehmen. Selbst der Ärmste machte sich, ohne Rücksicht auf Geld- und Zeitverlust, auf die Reise. Jedenfalls war jede Familie, wie auch immer ihre Verhältnisse sein mochten, gehalten, zumindest zweimal im Jahre diese festliche Pilgerschaft anzutreten. So tat denn auch Joseph regelmäßig.

Die ganze Familie konnte er nicht gut mitnehmen, denn die jüngeren Kinder waren noch zu klein. Auch konnte der Haushalt nicht gänzlich im Stich gelassen werden: es mußte jemand für das Vieh sorgen, Garten und Feld mußten gepflegt und gegen plündernd herumstreifende Heiden geschützt werden, denn nur zu oft wurden die Heimstätten der auf der Wallfahrt befindlichen Juden von den räuberischen Heiden der Umgegend überfallen. Darum bezogen Kleophas und Mariama stets das Haus, wenn Joseph nach Jerusalem hinaufpilgerte.

Es war höchste Zeit, daß Jeschua, der Erstgeborene, endlich mit eigenen Augen den Tempel zu Gesicht bekomme. Er hatte jetzt sein zwölftes Lebensjahr vollendet; bald wurde er persönlich vor dem Gesetz für sich verantwortlich und würde seinem Vater die Haftbarkeit für ihn abgenommen werden.

Dies war ein großes Ereignis im Leben eines Knaben, die erste Wanderung nach Jerusalem, der Heiligen Stadt. Schon monatelang vorher wurden die Zurüstungen dazu getroffen. Miriam webte ein neues Gewand für Jeschua, das über Hemd und Hosen zu tragen war, einen eines jungen Gelehrten würdigen Überwurf, nur daß er noch nicht sandfarben gefärbt werden durfte, wie es lediglich den Männern der Wissenschaft zustand. Denn Miriam brachte es nicht über sich, ihren Sohn in Schwarz zu kleiden. Sie verwandte daher die weißeste Wolle, obschon sie wußte, daß diese auffällig wirkte und dem Knaben das Aussehen eines jungen Priesters gab.

Auch einen Gürtel, wie ihn die Erwachsenen trugen, webte sie für ihn. Es war eine fünf Finger breite weiße Schärpe, worein mit blauem Faden Trauben und Granatäpfel gestickt waren; sie war so lang, daß sie mehrfach um die Hüfte geschlungen werden konnte. Denn der Gürtel war von besonderer Bedeutung bei der Männerkleidung. Er bildete das äußere Zeichen der Reife. Ohne den Gürtel fühlte sich ein jüdischer Mann wie entkleidet, denn ohne ihn durfte er sich nicht zu Tisch setzen und nicht das «*Schemah*» sagen.

Der Gürtel hatte auch seine praktischen Zwecke. Er konnte bei Nacht wenigstens zum teilweisen Schutz gegen Kälte und Nässe benutzt werden. Man konnte ihn über einen vorspringenden Ast werfen und sich daran über Gräben und Pfützen oder sumpfige Stellen hinwegschwingen. Ja, er wurde sogar als Tragband benutzt, um Lasten auf dem Rücken zu schleppen oder auch als Seil zum Hinunterlassen schwerer Gegenstände von einem Dach. Es gab Leute, die an ihren Gürteln kleine Taschen zum Aufbewahren von Geldmünzen oder Schmuckstücken anbrachten, alle aber trugen am Gürtel ihre Beutel. Ein solcher Gürtel diente seinem Besitzer oft zeit seines Lebens und wurde nicht selten, wie ein Familienring, vom Vater auf den ältesten Sohn vererbt. Und da der Gürtel also auch ihrem Sohn fürs ganze Leben bleiben sollte, verwandte Miriam besondere Mühe darauf, damit er das Prachtstück seiner Gewandung bildete, wenn Jeschua ihn, zum Zeichen der erreichten Mannheit, zum ersten Male um die Hüfte schlang.

Dann tauschte sie noch beim Gerber Taddi ein Maß Mehl und Honig gegen das nötige Leder ein, aus dem der Schwager Kleophas zwei Paar Sandalen mit währschaften Riemen herzustellen hatte, ein Paar für Jeschua und eines für Jakob, dem es das Herz brach, daß er nicht mitziehen durfte, weil er bei den jüngeren Kindern bleiben mußte.

In einer eigens dafür vorbehaltenen Ecke des Hauses standen die Krüge, mit der darauf gemalten Bezeichnung «Die Stadt» oder «Jerusalem», welche den zum Festmahl im Tempelbezirk abgezweigten Zehnten an Mehl, Öl und Wein enthielten. Frisch genähte Säckchen waren mit Feigen und Datteln angefüllt; das aus dem Verkauf der verderblichen Feldfrüchte gelöste Geld war beiseitegelegt, denn es durfte bis zur Ankunft in Jerusalem nicht angerührt werden. Hinzukam noch die Wegzehrung: geröstetes Korn, Säcke voll Nüssen und Mandeln, die das Brot zu ersetzen hatten, Körbe mit Früchten und Gemüsen, Lederflaschen mit frischem Wasser, Töpfe mit Honig und ein oder zwei Hörner mit duftendem Heilöl zum Einreiben für Unfälle oder Krankheit. Auch Steppdecken und Wolldecken zum Schutz gegen den Tau für allfälliges Übernachten unter freiem Himmel wurden bereitgelegt.

All dies wurde Josephs altem Esel aufgepackt, und obschon sich die Last hoch auf seinem Rücken türmte, mußten Vater und Sohn, die neben ihm schritten, noch manchen Packen selbst tragen.

Zum Passahopfer wurde kein Lamm oder Zicklein von der eigenen Herde mitgenommen. Denn selbst wenn ein solches die Reise lebend überstanden haben würde, so war immer damit zu rechnen, daß ihm auf dem Wege irgend etwas zustieß, wodurch es verletzt oder verstümmelt wurde, so daß es kein makelloses Opfer mehr darstellte. Es gab dafür einen einfachen und nicht mit großen Kosten verbundenen Ausweg. Eine ganze Familie, manchmal sogar eine ganze Gesellschaft von Bürgern, warf ihre Ersparnisse zusammen und erstand von der Tempelverwaltung zu Jerusalem einen Gutschein, der sie berechtigte, ein Lamm aus der Tempelherde zu erwerben. Denn es genügte, daß man ein winziges, kaum olivengroßes Stückchen von dem Fleisch verzehrte, um das vorgeschriebene Mindestmaß genossen zu haben, immer vorausgesetzt allerdings, daß dies seitens eines Mannes geschah, der zu der gemeinsam das Opfer darbringenden Familie oder Gruppe gehörte.

Wenn der Monat Adar herankam und das letzte Lamm geworfen war, entsandte die Tempelbehörde von Jerusalem Scharen von Arbeitern, um die Anmarschstraßen der Pilger auszubessern, Gräben und Bachbetten auszufüllen, Sümpfe am Weg zu entwässern und die Stege wiederherzustellen, die die Stürme der Frühjahrsregenzeit beschädigt oder weggerissen hatten. In geringerem Umfang beteiligten sich auch die Bürgermeister der galiläischen Stadtgemeinden an diesem Werk.

Mitte des Monats, ein paar Wochen vor Passah, versammelten sich, ihre Maultiere und Esel am Halfter führend, selbst mit Packen und Bündeln beladen, die Stecken in den Händen, von Weib und Kind sowie ihren Weggenossen umgeben, die Wallfahrer von Nazareth auf dem Marktplatz. Die ganze Stadt mit den sieben Ältesten an der Spitze kamen zur frohen, feierlichen Abschiedszeremonie und gaben dem Zug dann das Ehrengeleit einige Meilen weit vor die Stadt hinaus, und es erklang über die blühenden Felder hin der Pilgergesang: «Ich jauchzete, als zu mir gesagt wurde: ‚Lasset uns zum Hause des HErrn gehen'.»

Es gab zwei verschiedene Wege, die zur Hauptstadt führten. Der längere folgte dem Lauf des Jordan bis Jericho und lief dann quer durch die judäischen Berge auf Jerusalem zu. Dieser Weg bot den Vorteil, daß er stets durch jüdisches Gebiet führte, so daß ihn vor allem die allein Wandernden vorzogen. Die andere Straße ging durch das Tal Jesreel, dann über Sichem und die niedern Berge von Ephraim stracks auf Jerusalem zu. Sie war zwar bequemer, war aber, außer für größere Karawanen, gefährlich, da die Samariter, die links und rechts von der Straße saßen, die darauf mit unzulänglichem Geleit entlangziehenden Reisenden auszurauben und umzubringen pflegten.

Die nazarenische Reisegesellschaft wählte den kürzeren Weg. Von den Heimatbergen herabsteigend betrat sie die weite Flur der Ebene Jesreel, die jetzt, in der ersten Frühlingspracht der blühenden Mandel- und Ölbäume, einem Garten Gottes glich. Links vom Wege lag, von Grün umhegt, die schöne Stadt Na'in, deren Marktplatz Raum genug zum Nachtquartier bot.

Na'in war der erste Halt. Hier traf die Reisegesellschaft aus Nazareth auf Pilgerzüge vom See Genezareth, von Bethsaida, von K'far Nahum und Magdala, die durch gefährliches Heidengebiet und über den Berg Tabor hinweg Na'in zugestrebt waren, um sich mit den galiläischen Brüdern zu vereinigen. Hier in Na'in wählten sie dann alle zusammen aus ihrer Mitte einen Anführer, der für den Rest der Reise die Oberleitung über den Pilgerharst hatte.

Hier auch traf Joseph seinen Verwandten Zebedäus, der am Seeufer wohnte. Zebedäus, ein wettergebräunter Mann in den besten Jahren, war Fischer. Er wohnte am Strand von Bethsaida, das für seine Fischgründe berühmt war. Von dort aus wurde der Fang nach K'far Nahum hinübergebracht, wo die Fische gesalzen, geräuchert und verpackt wurden zum Versand an den großen Markt am Fischtor zu Jerusalem.

Zebedäus war von seinen zwei Söhnen Jakob und Jochanaan, die ungefähr in Jeschuas Alter standen, begleitet. Ihre Mutter Schoschanna war eine breite, vollbusige Frau, ein grundgütiger, immer hilfsbereiter und jederzeit zum Lachen aufgelegter Mensch. Ihre Säcke waren vollgestopft bis zum Rand mit Süßigkeiten, Backwerk und Nüssen, die sie mit freigebiger Hand an die ganze Jugend austeilte. Denn sie liebte Kinder abgöttisch, die fremder Leute nicht minder als die eigenen; alle wurden von ihr übermäßig gepriesen; jedem Dreikäsehoch, der kaum watscheln konnte, sagte sie eine glänzende, herrliche Zukunft voraus.

«Also das ist dein Ältester», sagte sie zu Miriam und drückte ihr einen schmatzenden Kuß auf die Wange. «Wie ein Prinz sieht er aus, wahrhaftig!», und damit stürzte sie sich auf Jeschua, um ihm übers Haar zu streicheln.

«Schau», sagte sie, während sie in ihrem Sack mit den Leckerbissen herumkramte, «das sind deine Brüder Jakob und Jochanaan. Möge Gott mich segnen, daß ich euch drei als große Männer in Israel sehe, die sitzen am Tisch des Königs.»

Ihre Söhne waren wohlgewachsene Knaben. Jochanaan, der älteste, sah älter aus als seine Jahre. Von flinkem Witz, schlagfertig und geradezu, hatte er eine sonderbare Art, beim Sprechen immer die Arme in die Höhe zu schleudern, als wolle er stets einen Schlag abwehren. Seit mehreren Jahren half er schon seinem Vater beim Familienhandwerk, was man seinen rauhen, roten Händen und seinem dunklen, wettergebräunten Gesicht ansah. Wie sein Vater roch er nach Fischen, Tauen und Seewasser.

Der jüngere Bruder Jakob, dessen schmales Gesicht die schweren Korkzieherlocken einrahmten und dessen Augen immer einen zerstreuten Blick hatten, war zarter gebaut. Er hing stets seinen Gedanken nach und blickte, sobald er angeredet wurde, mit einem erschrockenen, schüchternen Lächeln auf.

Jakob war Miriams Liebling; sie hatte ihn wie einen eigenen Sohn ins Herz geschlossen. Wenn in früheren Jahren die Base Schoschanna nach Nazareth gekommen war – wie sie öfter tat, wenn sie vom Markt des einstigen Sepphoris zurückkam, wo sie den Fang ihres Mannes verkauft hatte – und den kleinen Jakob auf den Armen getragen hatte, dann hatte Miriam dem Kleinen, das Herz erwärmt von der Zuneigung, die er ihr bezeigte, die Brust gegeben. Auch jetzt wieder, nach so vielen Jahren, gewann die Weltfremdheit und der zarte, zerbrechliche Zauber seines Wesens Miriams ganze Liebe.

Sie umarmte die beiden Knaben und rühmte sie der Mutter; darauf stellte sie ihnen ihren eigenen Sohn vor und sagte, die Arme um alle drei gelegt:

«Wie David und Jonathan sollt ihr einander sein.»

In der Tat wurden die Knaben auch bald enge Freunde, denn Jeschuas Gespräch schlug die Söhne des Zebedäus unverzüglich nicht weniger in Bann, als das bei seinen Schulkameraden der Fall gewesen war. Als sich am Tage darauf der Pilgerzug von Na'in aus zum Gebirge Gilboa in Marsch setzte, bildeten die Knaben bereits ein unzertrennliches Dreigespann, dessen unbestrittener Anführer Jeschua war.

Die beiden Söhne des Zebedäus erzählten Jeschua von Bethsaida und von den beiden Fischerbooten, mit denen sie den See Genezareth befuhren. Jeschua hatte nie einen See gesehen, ja nicht einmal einen Fluß, und er war beeifert, alles über diesen Binnensee und über die Fischerei, die sie darauf betrieben, zu erfahren. Und seine neuen Freunde, insonderheit Jochanaan, erzählten ihm mit Stolz von den vielen Städten, die um den See herumlagen, von der größten darunter, K'far Nahum, wohin sie manchmal ihr Gevatter Simeon mitnahm und wo sie zusahen, wie die Fische zum Versand in ferne Länder gesalzen und verpackt wurden.

Mittlerweile fragte Schoschanna Miriam über ihren ältesten Sohn aus.

«Der Ruhm deines Erstgeborenen ist bis an unsern See gedrungen», sagte sie. «Eure Handwerker, die nach K'far Nahum kommen, sprechen in den höchsten Tönen von seiner Klugheit und seiner Begabung für Gleichnisse. Mütter in der Hoffnung, sagen sie, beten um Leibesfrüchte seinesgleichen. Ich verstehe das jetzt auch; Gottes Gnade leuchtet über ihm, das sieht man auf den ersten Blick. Schau nur, wie meine Buben ihm anhängen; man meint, sie wären seine Schüler und er ein berühmter Rabbi.»

«Auch meine andern Kinder sind, Gott sei gelobt, wohlgeraten», sagte Miriam. «Der Zweite, Jakob, saugt wie ein Schwamm alles Wissen auf. Er wird einmal ein großer Rabbi in Israel werden, heißt es...»

Der Pilgertrupp, der von Na'in aus in die Ebene Jesreel hinabstieg, war kein kleines Häuflein, sondern eine große, aus allen Ecken und Enden Galiläas zusammengeströmte Heerschar von Jung und Alt, Arm und Reich. Manche trotteten in elenden, verfaulten Sacklumpen dahin, die kaum einen Lendenschurz zur Verhüllung ihrer Blößen bildeten, und trugen auch nicht das kleinste Bündel auf dem Rücken. Es waren Tagelöhner, fast Sklaven, die ihren Herren heimlich davongelaufen waren, um an den Tempelfestlichkeiten teilnehmen zu können. Denn das Passahfest war alljährlich die einzige Lebensfreude der Armen; dann war Jerusalem ihr Grundbesitz und der Tempel ihre Schatzkammer.

Andere in dem Pilgerzug trugen feinstes Linnen, waren behangen mit bunten Schnüren, hatten gestickte Sandalen an den Füßen, Ringe an den Fingern und die Haare mit wohlriechendem Öl gesalbt. In eleganten Sänften ließen sie sich von Sklaven und Dienern über die Berge tragen, gefolgt von Mauleseln mit Lebensmitteln, weichem Bettzeug und buntgefärbten Wolldecken.

Doch während der Wallfahrt wurde der Unterschied von Reich und Arm nicht beachtet oder doch übersehen. Sämtliche Pilger, einer wie der andere, fühlten sich als Teilnehmer des Auszugs aus Ägypten, die dem Land der Verheißung zustrebten. Der Gott Israels, dessen Strahlenglanz herwinkte vom Tempel, vereinigte sie alle zu einer einzigen Sippe, einer einzigen Gemeinde, und keiner fragte: «Wer bist du eigentlich?» oder «Gehörst du an meine Seite?» Wenn die Schar Rast machte, dann streckte sich jedermann aus, wo er gerade ging und stand, und letzte sich an den Erfrischungen, die am nächsten bei der Hand waren. Ebenso war es, wenn sie sich zur Nacht niederlegten; auf offenem Feld lagen einander wildfremde Menschen unter einer Decke. Die Kinder, die sich tagsüber bei andern Familien oder Gruppen herumgetrieben hatten, blieben bei diesen die Nacht über, wurden von unbekannten Frauen in mütterliche Obhut genommen, als seien sie deren eigene Kinder.

Die zweite Nacht lagerten sie beim Brunnen Gilead, denn es war geboten, in kurzen leichten Etappen voranzukommen, um die vielen mitwandernden Kinder zu schonen. Der Boden war das Eigentum eines reichen jüdischen Grundbesitzers, der, ob ihm das recht war oder nicht, die Pilger auf seine Felder lassen und ihnen frisches Wasser und geröstete Weizenkörner liefern mußte.

Als die drei Knaben zur Nacht, in Miriams Decken eingemummelt, unterm freien Himmel lagen, unterhielten sie sich von den sagenberühmten Stätten, an denen sie vorbeigezogen waren. Deren geschichtliche, erinnerungsschwere Namen waren ihnen seit langem vertraut. Der Berg Gilboa, der ihnen zu Häupten aufragte, gemahnte sie an die unglückliche Schlacht gegen die Philister, die das Leben von Saul und Jonathan gefordert hatte. Davids zorniger Fluch lag noch über der kahlen Kuppe des Bergs. Und dann kamen die Knaben auf den Brunnen Gilead zu sprechen, vor dessen Wasser Gideon seine Heerschar auf die Probe gestellt hatte; wie er mit dieser kleinen Schar von dreimal hundert währschafter Männer – denjenigen, die nicht wie die Hunde mit den Zungen das Wasser aufgeleckt, sondern es in ihren Händen geschöpft hatten – die Erzfeinde Israels, die Midianiter und Amalekiter, besiegt hatte, ob sie gleich das Tal erfüllten zahlreich wie Heuschrecken.

Die Knaben verstummten und blickten schlaflosen Auges zum Nachthimmel empor. Schließlich sagte Jeschua leise:

«Ich kann jedes Ding wachsen hören...»

Schweigen legte sich auf das Land. Die Stimme der Schöpfung sang ein gedämpftes Schlaflied, zu einer einzigen Melodie vereinigt das Summen der Käfer, das Rauschen der Halme, das Flüstern des Laubs, das ferne Heulen wilden Nachtgetiers in vielfachem Widerhall unterm Wandern der Gestirne. Ihre schimmernde Musik ward Jeschua vernehmlich. So groß, so zahlreich waren sie und so dicht standen sie, daß Jeschua vermeinte, einen von ihrem Zusammenprall am Himmel aufsprühenden Funkenregen zu gewahren.

«Ich höre auch den Donner», sagte er, «und ich sehe den Blitz. Und ich sehe, wie die ganze Schöpfung leuchtet.»

«Die Rabbunim sagen, hinter einem jeden Grashalm steht ein Engel und drängt ihn, dem Gesetz Gottes gehorchend, zu wachsen», sagte Jakob, der auf der einen Seite neben Jeschua lag.

«Nicht nach Seinem Gesetz, sondern aus Seiner Gnade», sagte

Jeschua. «Es ist Gottes Gnade, die alle Dinge, ohne Ausnahme, wachsen läßt. Seine Liebe ist aller Kleid ...»

In jeder Stadt und in jedem Dorf schlossen sich der Pilgerschar Zuzügler aus den umliegenden Landgegenden an. Und als sie den Boden der Samariter, will sagen: Sichem, betraten, waren ihrer unzählige gleich einem Schwarm von Wanderheuschrecken. Sie mieden die königliche Heerstraße, die von Beth-Schean nach Süden lief, um sich mit der Straße von Caesarea nach dem Königspalast von Sebaste zu vereinigen. Dies war die verhaßte Straße, die Herodes hatte bauen lassen, um seine Residenz mit den Zentren der Römer zu verbinden. Diese Straße war den Römern wie den einheimischen Blutsaugern sehr gelegen gekommen; denn sie ermöglichte nicht nur das rasche Hin- und Herwerfen von Truppen, sondern auch die Errichtung von neuen Zollschranken und Brücken zur Aussaugung sowohl der Fußwanderer wie der berittenen Reisenden. Die Wallfahrer wählten Feldwege und kleine Seitenpfade, bemühten sich auch, zur Rast am Tage oder zum Verbringen der Nacht möglichst jüdische Güter zu finden. Denn sie waren auf fremdem Hoheitsgebiet, das dicht mit Samaritern, Tyrern und Griechen besiedelt war. Auch in Herodes Residenz, die zur Ehre Caesars errichtet war, lag eine Besatzung von römischen Legionären.

Zehn Jahre nach dem Tod des Herodes hatte Caesar Augustus schließlich des Herodes Nachfolger Archelaos von Jerusalem verbannt und das Verlangen der Juden bewilligt, durch einen römischen Landpfleger von Caesarea aus regiert zu werden. Doch der Kaiser hatte das Land Israel unter den übrigen Erben des Herodes aufgeteilt, die der Politik ihres Vaters nacheiferten, indem sie Luxuspaläste und Heidentempel aufrichteten, um Caesar zu vergöttern und römischen Patriziern gottlose, verschwenderische Feste in den zahlreichen Palästen des Herodes zu geben, die das Heilige Land besudelten.

Der Palast des Herodes rühmte sich einer Riesenarena für Wagenrennen, die an Größe nur noch ihrem Vorbild zu Alexandria nachstand. Säulenhallen aus Marmor umgaben sie und führten zu ihr heran; ganz in der Nähe lag noch ein Zirkus für athletische Spiele und Gladiatorenkämpfe. Und für all diese Vergnügungsstätten begann jetzt die Zeit des Hochbetriebs.

Denn die Passahwoche bezeichnete in ganz Palästina allgemeine Tage der Feste und des Feierns, nicht bloß für die Juden, sondern auch für ihre fremden Beherrscher. Im Frühjahr veranstalteten die Tetrarchen der aufgeteilten Provinzen, Antipas von Galiläa, Philippos und die übrigen Kleinfürsten der Herodessippe, rauschende Festlichkeiten für die römischen Würdenträger an ihren Höfen: Wagenrennen und Gladiatorengemetzel, um dem Caesar zu beweisen, daß sie, die Erben des großen Herodes auf den asiatischen Vorwerken des Reichs, die römische Zivilisation nicht weniger hegten und pflegten als ihr königlicher Vater.

Die Pilgerschar lagerte auf den Höhen über Sebaste, und Jeschua sah zum ersten Male, wie die Heiden und die Großen dieser Welt sich die Zeit vertrieben. Er sah, wie die unbarmherzige Peitsche der Wagenlenker auf das schweißüberschäumte Fell der dahinrasenden Rosse niederging. Er erhaschte einen Blick auf die schwertbewaffneten Gladiatoren, die, bis auf einen kleinen ledernen Lendenschurz und die kunstvoll ausgeführten Helme nackt, in geschlossenen Reihen den Weg zur Arena entlangzogen.

Von ihrer hohen, vortretenden Felsklippe aus erschauten die jüdischen Pilger die Vergnügungen der Römer und wiesen zornerfüllt auf das heidnische Wesen Roms, die fremdländische Nesselpflanze, die von Herodes und den Seinen auf dem Boden der Ahnen angesetzt war.

«Da gehen die Gladiatoren», sagte ein Mann bitter. «Schaut, wie sie ihrem sinnlosen Tod entgegenstolzieren.»

«Wir sind jetzt in Sichem», sagte sein Nachbar. «Hier ist das Land des Jerobeam, des Götzendieners, des Ahab und der höllischen Hexe Jesebel, der Schoßkinder Baals; denn dies ist Baals und Astartes Gebiet. Aber in Jerusalem, im Angesicht des Tempels, einen Zirkus zu errichten und Gladiatorenkämpfe zu veranstalten ...!»

«In Jerusalem ist ein Zirkus?», fragte einer der Umstehenden.

«Du wirst ja sehen, wenn du hinkommst. Unter der Sextusbrücke, gleich gegenüber dem Sanhedrin am Platz der glatten Steine.»

Jeschua, der in der Nähe stand und zugehört hatte, wollte gern mehr erfahren über die nackten Männer dort unten, die singend in den todbringenden Kampf gingen; er fragte die Mutter:

«Ema, sind die Männer, die wir da mit Schwertern in den Händen gehen gesehen haben, Soldaten Caesars, die in den Krieg ziehen?»

«Nein, Tinoki; die kämpfen gegeneinander. Es ist ihr Handwerk, zu kämpfen, bis sie tot umfallen.»

«Warum das?»

«Um andere Menschen zu ergötzen und zu zerstreuen, die ihrer Fechtkunst zusehen.»

«Ema, warum tun sie das?»

«Weil Adams Sünde schwer auf uns allen lastet. Unser Leben wird beherrscht von der Sünde. Deshalb ergötzen sich Menschen am Anblick des Bösen mehr denn beim Anblick des Guten. Und darum schreit die Erde auf zu Gott, daß Er so schnell wie möglich einen Erlöser sende, der die Sünde von ihrem Antlitz tilge.»

Am Abend spät, bevor sie einschliefen, sprachen die Knaben noch von der Roheit Sichems. Sichem und Jerusalem lagen in ewigem Widerstreit, das Reine gegen den Unflat, Jerobeams wüste Altäre mit den goldenen Kälbern gegen den Berg Zion und sein Heiligtum; der Prophet Elia gegen Jesebel, Ahabs verworfenes Weib, die Mutter der Huren, die Lagergenossin des Bösen, die Priesterin des Baal und des Moloch, die weibliche Verkörperung der Gemeinheit. Sie bekämpfte die Propheten und vergoß ihr Blut. Elia und die blutrünstige Königin, sie waren verkettet in nie endendem Kampf. Der Kampf hörte niemals auf, selbst als die Baalspriester hingerichtet waren auf dem Berge Karmel. Elia von Tischbi flüchtete noch immer vor der falschen Königin und wurde von Raben gefüttert am Bache Cherith. Jesebel war noch immer die Herrscherin, die Priesterin und Prophetin des Baal. Noch immer warf sie Säuglinge in den unersättlichen Mordrachen des Moloch. Wie eine Harpye ungeheuerlich flatterte sie hin über die Menschheit, Zwietracht in die Herzen der Menschen säend und sich weidend an der Flut der Tränen und des Bluts, die die Schreie der Erde erstickte. Und solcher Weise streite sie noch immer gegen Elia, bis daß des Propheten Schritt widerhallt in den Bergen und sein Hornstoß die Stunde des Sieges, die Heraufkunft des Messias verkündet. Der Messias aber werde die Erde reinwaschen von Untat und Unrecht gleich wie Noahs Flut. Dann würden alle Heiden untergehen in der Sintflut, und Noah-Israel allein würde gerettet werden in der Arche.

«Nicht also», verbesserte Jeschua seine Gefährten, «denn Gott hat uns durch seinen Propheten gesagt: ‚Meinest du, daß Ich Gefallen habe am Tode des Gottlosen, spricht der HErr, und nicht vielmehr, daß er sich bekehre von seinem Wesen und lebe?', und so sage ich euch, der Messias wird die heidnischen Völker nicht austilgen, sondern das Böse, das im Menschen lebt.»

«Woher weißt du all das?», fragten ihn die Freunde.

«Ich weiß es», erwiderte Jeschua.

Jakob und Jochanaan flüsterten eine Weile miteinander.

«Er spricht, als habe er eine Offenbarung gehabt», sagte Jakob zu seinem Bruder.

«Das kann schon sein, daß ihm eine geworden ist», sagte Jochanaan. «Ich habe dies schon früher gedacht, da alles, was er tut und spricht, bei ihm gerechtfertigt erscheint.»

Da ertönte über die Hügel hin ein Trompetenstoß, und in wenigen Minuten war das ganze Lager auf den Beinen. Die Knaben schüttelten den Schlaf ab und erblickten den Morgenstern über den Höhen von Ephraim.

«Laßt uns aufstehen und gehen zum Heiligen Berg», erschallte der Gesang der Pilger. Sie beeilten sich, aus dem Gebiet der Heiden zu kommen, die Berge Ephraims emporzuklimmen dorthin, wo Israels Bereich winkte.

DREIZEHNTES KAPITEL

SIEH, Emi, sieh, Jerusalem ist wie ein Hirsch, der die Berge hinanspringt!»

Sie und die ganze Pilgerschar blickten vom Berge Scopus auf Jerusalem hinab. Vor ihnen lag, sich hebend und senkend, König Davids Stadt. Auf der einen Seite klommen Türme und Paläste bis zu einer Hügelkuppe hinauf, wo sie von Ölhainen gleichsam aufgeschluckt wurden. Auf der andern Seite tauchte ein Hang mit kalkweißen Dächern in eine Talsenke hinunter, einem lichtüberglitzerten, silbernen Wasserfall gleich. Da und dort breitete sich die Stadt auf ebenen Flächen hin, um dann noch erhabener aufzusteigen, bekrönt auf dem Berg Moria vom Tempel oder auf dem Hügel Zion sich auftürmend im Herodes-Palast.

Das Weichbild der Stadt betraten sie durch die zweite Mauer

und dann zunächst durch das neue Viertel Bezetha in das Tal hinein, wo die Abgesandten des Tempels alles zum feierlichen Willkomm vorbereitet hatten und die Pilgerschar sich schließlich auflöste, um sich in der Stadt zu zerstreuen. Jede der einzelnen Familien schlug sich nun auf eigene Faust durch, suchte Verwandte oder Bekannte auf, bei denen sie die Festzeit über wohnen sollten. Es waren aber ihrer zu viele, als daß sie alle in Privathäusern hätten unterkommen können. Und da es den Einwohnern von Jerusalem gesetzlich verboten war, für die Aufnahme von Pilgern Geld zu nehmen, so war es für die, die keine Freunde in der Stadt hatten, sehr schwierig, überhaupt eine Unterkunft zu finden. So machten sie es sich denn unter freiem Himmel oder im Schutz der Hügel und Täler um Jerusalem herum so bequem es ging. Die Reisegesellschaften aus den einzelnen Städten hatten hier ihre bestimmten Vorrechte, die sich auf die langjährige Übung bei früheren Pilgerfahrten gründeten; da schlugen sie ihre Zelte auf oder breiteten ihre geflochtenen Matten aus, die einen am Bach Kidron, die andern im Tal Hinnom oder – und das waren die Bevorzugten – in der Unterstadt und an den Stadtmauern. Noch andere lagerten sich mit ihren Bündeln unter der Säulenvorhalle eines reich ausgestatteten Herrschaftshauses, weil sie es vorzogen, die ganze Zeit ihres Aufenthalts über nahe beim Tempel zu sein. Denn während der Passahwoche gehörte Jerusalem nicht mehr ausschließlich seinen ansässigen Einwohnern, sondern ward zur wahrhaften Königin von ganz Israel, des Gesamtvolks, das in hellen Haufen sich einfand, um der Heiligen Stadt seine Huldigung darzubringen. Ob Einer aus der Nähe oder aus weiter Ferne kam, wenn er Jerusalem betrat, so war dies für ihn eine Heimkehr. Israel anzugehören, das bedeutete, Teil zu haben an Jerusalem; für diese eine Festwoche machten die Wallfahrer sich die Stadt zu eigen. Alle privaten Gerechtsame der Landbesitzer waren für diese Zeit aufgehoben; die Pilger breiteten sich aus, wo irgend sie Platz fanden.

Dabei war es trotzdem keineswegs leicht, ein Plätzchen zu finden, denn Jerusalem war buchstäblich überschwemmt von den Scharen dieser Gäste. Jedes Haus, jedes Wohngebäude war angefüllt mit Menschen so dicht wie Trauben am herbstlichen Rebstock. Durch jede Straße und jede Gasse strömten sie, ergossen sich auf jeden Marktplatz, wo sie sich wieder in andere sich stauende Menschenwogen mischten.

Joseph und seine Familie schlugen sich mit großer Mühe zur König-David-Mauer in der Unterstadt, nicht weit vom Teich Siloah, durch. Sie wählten dazu die wenigst benutzten Seitengassen, doch auch in diesen war ein Auf- und Niederwogen von Menschenmengen, und es bedurfte rücksichtsloser und kräftiger Ellbogen, um sich durch das Gedränge Weg zu bahnen. Niemals hatte Jeschua so viele, noch so verschiedenartige Menschen auf einer Stelle beisammen gesehen: Juden aus allen Provinzen Syriens, deren Kleidung und Haartracht ihre vielfältige Herkunft verriet; noch andere von jenseits der Grenzen Syriens: Babylonier mit langen schwarzen Mänteln, die am Hals durch Spangen zusammengehalten waren; Juden von den phönizischen Küstenstrichen in bunten, bildergeschmückten Überwürfen und Hosen und verschiedenartig geflochtenen Bärten; Familien aus Kleinasien, aus Antiochia, aus Philippi, aus Ephesus, alle in ihrer Landestracht, vom Bettlerkittel aus Ziegenhaar bis zu den buntschillernden persischen Seidengewändern der Reichen; nicht zuletzt auch Juden aus den italischen Provinzen, die die am Tiberufer getragenen letzten Moden zur Schau stellten oder würdig in der Toga einherstolzierten, die verkündete, daß sie Vollbürger der Hauptstadt des Weltreichs seien; dazwischen wanden sich halbnackte Anachoreten, Einsiedler aus der Wüste in Säcken oder ungegerbten Tierfellen, durch das Gedränge.

Durch die dichte Menge suchten sich auch die Familien Josephs und des Zebedäus, von einigen ihrer engeren Landsleute gefolgt, mühsam den Weg an offenen Werkstätten und Krämerständen vorbei, über Haufen von Töpfen und Krügen hinweg, die auf der Straße lagen. Sie überquerten das Tal am Fuß des Tempelbergs, gingen über die hohen Bogen des einen Endes der Brücke, die die Oberstadt mit dem Tempelberg verband, und kamen schließlich in das Tal der Käsehändler oder wie es auf griechisch hieß, das Tyropoion.

Hier im Tal sahen sie starke Streifwachen römischer Legionäre in voller Rüstung sowie auch berittene germanische Hilfstruppen, die vor dem großen Gymnasium unter der Brücke Wache hielten. Das römische Gymnasium, den Augen der frommen Pilger anzusehen wie eine eiternde Schwäre, war in den Festtagen mit einer verstärkten Wachttruppe belegt, um jede Zusammenrottung zu zerstreuen und jeden Aufruhr im Keim zu ersticken.

Als sie schließlich auf der andern Seite des Tals waren, gelangten sie zunächst auf den Markt der Unterstadt.

Sich hier durch das Gedränge von Käufern und Verkäufern durchzuschlagen, dauerte wieder geraume Zeit. Denn hier liefen die Straßen sämtlicher Gewerbe der Unterstadt zusammen. Und obschon die hier hausenden Kaufleute und Handwerker vornehmlich auf die Kundschaft der Pilger und der ärmeren Schichten der Bevölkerung angewiesen waren – in der Oberstadt befand sich noch ein anderer Markt für die Reichen –, wurden die Buden und Stände der Unterstadt doch von Hoch und Niedrig aufgesucht, weil hier von altersher der Mittelpunkt des Öl-, Gewürz- und Weihrauchhandels war.

Keine Stadt der Welt konnte es mit Jerusalem hinsichtlich des Verbrauchs von Salbölen und Wohlgerüchen aufnehmen. Ein Scherzwort behauptete, die Damen von Jerusalem hätten eigentlich gar keine Wohlgerüche nötig, da ihre ganze Stadt von den Tempelaltären her schon dauernd mit duftenden Schwaden durchzogen werde. Doch die Damen verließen sich nicht darauf. Sie ahmten getreulich das Beispiel ihrer Großmütter nach, die Jesaia Anlaß gegeben hatten zu dem Scheltwort, daß «sie gehen mit aufgerichtetem Halse, mit geschminkten Angesichtern, treten einher und schwänzeln und haben köstliche Schuhe an den Füßen». In diesen Schuhen verbargen die Enkelinnen jetzt sogar Duftzerstäuber. Wenn sie einem hübschen jungen Mann begegneten, so genügte ein Druck der Zehe, um ihre Gestalt mit berauschendem Wohlgeruch zu umhüllen, der das Begehren des Jünglings entflammte und seine Sinne benebelte. Und nur die in Jerusalem beheimateten Töchter Israels genossen das Vorrecht, den zehnten Teil ihrer Mitgift für Essenzen und Salben auszugeben.

Der Markt überbordete von Käufern männlichen und weiblichen Geschlechts, einheimischen wie zugereisten, die sich beeiferten, ihre Vorräte an Wohlgerüchen für die hohen Festtage zu ergänzen. Hier hatten sie die Qual der Wahl zwischen allen möglichen exotischen Gewürzen, aromatischen Ölen und Harzen, und sie kauften sich arm daran, denn kaum etwas wurde in einem Haushalt mehr gehegt und geschätzt als ausreichender Vorrat an Duftstoffen.

Langsam gelang es Josephs Familie, sich durch die feilschende

Menge durch- und sich aus ihr herauszuwinden und schließlich bei der Davidsmauer nächst dem Teich Siloah anzukommen.

Wie die Pilger Besitz ergriffen hatten von den Bazaren, Höfen und Säulenvorhallen der Stadt, so bemächtigten sie sich auch ihrer geräumigen Mauern. Die uralten Mauern Jerusalems mit ihren Grotten, Höhlungen, Nischen, Scharten und Kasematten, wo Tausende nächtigen konnten, wimmelten von Menschen, sowohl fremden wie einheimischen Mittellosen.

Miriam hatte einen alten Bekannten, der in der Stadtmauer nahe beim Hinnom-Tal hauste. Er hieß Hillel, Hillel der Wasserträger; denn seine Tätigkeit bestand darin, daß er aus dem Teich Siloah Wasser schöpfte, es die steile schmale Treppe zur Oberstadt hinaufschleppte und dort damit von Haus zu Haus ging. Er war ein kleines Männchen mit unterwürfigem, um Nachsicht bittendem Lächeln; er gehörte der Bruderschaft der Essener an. Miriams Vater war als junger Mann ebenfalls Angehöriger dieser Sekte gewesen, und die beiden Männer hatten, dem Brauch der Essener gemäß, all ihr Hab und Gut miteinander geteilt. Selbst nun, so viele Jahre nach Reb Hanans Tod, betrachtete Miriam Hillels Behausung als ihr Heim in Jerusalem.

Der Wasserträger hatte sie erwartet. Das Erste, was er zum Empfang der Familie tat, war, daß er einen großen Krug kühlen Wassers herbeibrachte und allen Hände und Füße wusch. Dann küßte er feierlich die Wangen aller und führte sie ins Haus – das nur ein Unterschlupf in der Stadtmauer war –, wo Kissen aus Stroh auf dem Fußboden bereitet waren sowie Brot und Salz auf dem Tische stand. Die beiden Familien setzten sich denn auch alsbald zum Essen nieder, und Hillel bediente sie selbst; denn als361 strenggläubiger Essener lebte er ledig und allein.

In einer Ecke der Kammer befand sich eine Leiter, welche zu einer Zelle ohne Dach führte, einem früheren Auslugturm auf der Mauer. Der Wasserträger zog sich dorthin gewöhnlich zurück, um dem Gebet zu obliegen. Miriam richtete es jetzt für die Kinder her, indem sie Strohmatten auf dem Boden ausbreitete für Jeschua und seine beiden Gefährten, die denn auch alle drei bald einschlummerten.

Dann packte sie die mitgebrachten Bündel aus und machte sich daran, die Wohnung des Wasserträgers zum Aufenthalt der Familie herzurichten.

Als der Tag gekommen war, um Jeschua zum Tempel zu bringen, rüstete Joseph eifrig das Opfer. Mit Zebedäus und dessen Söhnen war er hingegangen und hatte einen Gutschein erstanden, der sie zum Bezug eines Lammes als Passahopfer berechtigte. Er überließ es Miriam, mit Jeschua allein ihre Geschenke an den Tempelschatz abzuliefern, denn es steht geschrieben: «Du sollst nicht mit leeren Händen vor den HErrn treten.»

Miriam kleidete den Sohn in das neue weiße Gewand mit dem Gürtel, dann nahm sie ihn bei der Hand und brach mit ihm auf zum Berg Moria. Sie stiegen die steilen, in den Fels gehauenen Stufen zur Oberstadt hinauf, die im Schatten der gewaltigen drei Herodestürme lagen; Jeschua zog, voll ungeduldiger Erwartung der Herrlichkeiten des Tempels, seine Mutter eilig hinter sich her. Sie durchschritten den Oberen Markt mit seinen großartigen Bazaren und prunkvollen Palästen sowie der alten Burg der Hasmonäer gegenüber dem Berg Moria. Dann gingen sie über die Sextus-Brücke, die das Tyropoion überspannte und die Oberstadt mit dem Tempelberg verband, und kamen schließlich zum äußersten Tor des Heiligtums, vor dem römische Schildwachen standen. Sie erstiegen darauf die weiten Treppen, die zum umschlossenen Außenhof, dem sogenannten «Hof der Heiden» führten. Zu dessen beiden Seiten liefen säulengetragene Bogengänge, unter denen, sowie in den Galerien darüber, unzählige Kammern, Verkaufsläden und Händlerstände sich befanden, die von Pilgermassen belagert waren.

Viele von diesen waren gleich Miriam gekommen, um Geschenke abzuliefern oder sich einen Gutschein für ein Schaf, ein Pärchen Turteltauben, ein paar Zweige Weihrauch, Zedernholz oder was sonst sich zum Opfer eignete, zu besorgen. In einem Mischmasch von einheimischen und fremdländischen Trachten standen sie aufgereiht vor den Kassenschaltern, hinter denen Tempelbeamte – jeder mit einem Schild auf der Brust, das seinen Rang in der Tempelbureaukratie anzeigte – in kleinen geschlossenen Buden saßen und die Abgaben für den Tempel einsammelten.

Der Abgaben waren mannigfaltige, und für jede war ein bestimmter Schalter da; an dem einen wurde der vorgeschriebene «Halb-Schekel des Heiligtums» angenommen, an einem andern die freiwilligen Geldspenden und -stiftungen, an einem dritten Treuhandbeträge für Waisenkinder, wofür die Beamten Quittungen ausstellten. An verschiedenen andern Ständen wurden die Gutscheine für Opfer ausgegeben. Auch zwei geschlossene Buden, hinter deren Schranken keine Beamten saßen, waren vorhanden; in ihre Öffnungen wurden Geldmünzen und alle möglichen Wertgegenstände geworfen. Die erste dieser hieß «die Bude der stillen Wohltätigkeit», die zur Aufnahme von Spenden und Gaben ungenannter Stifter diente. Das daraus gelöste Geld wurde von der Tempelbehörde zur Unterstützung würdiger Bedürftiger verwandt. Die andere «blinde» Bude war eine Art Rumpelkammer für diejenigen Gaben, die als nicht geeignet für den Tempel zurückgewiesen worden waren.

Miriams Gaben bestanden in einem Krüglein gereinigten Öls, das sie aus Blumen und Kräutern des eigenen Gartens gepreßt hatte, sowie einer Elle feingesponnenen Linnens. Hiervon verbrauchte der Tempel Unmengen, denn die Priestergewänder durften nicht gewaschen werden, sondern wurden, sobald sie auch nur den kleinsten Schmutzflecken aufwiesen, abgelegt, gesammelt und dann am Fest des Wasserschöpfens auf einem großen Scheiterhaufen verbrannt, ein verschwenderischer Brauch, der Linnen zu einer im Tempel stets willkommenen Gabe machte.

Miriam ging an dem Schalter, wo der Ḥalb-Schekel eingezogen wurde, vorbei, denn sie hatte diese Abgabe schon in Nazareth am ersten Adartag an die damit beauftragten, herumziehenden Sendlinge des Tempels gezahlt. Sie ging mit Jeschua geradenwegs zur Bude der Spenden und stellte sich am Ende der Reihe auf. Viele Leute standen vor ihnen, einige davon waren reiche Männer in bunten Gewändern mit großen Ringen an den Händen, die kostbare Geschenke brachten, andere hatten Beutel mit Gold oder goldene Gefäße, wieder andere Ballen persischer Seide und sidonischen, mit Gold- und Purpurfäden bestickten Linnens; auch schön gestaltete Urnen mit den seltensten Ölen und Essenzen wurden dargebracht. Die Beamten machten großes Aufhebens von diesen wohlhabenden Spendern, widmeten ihnen viel Zeit, empfingen sie mit besonderer Höflichkeit und riefen den Ober-Schatzmeister herbei, sie zu begrüßen und nach ihrem Wohlbefinden zu befragen. Mit den ärmeren Spendern wurde weniger Federlesens gemacht; ein ums andere Mal wurde irgendein armseliges Weiblein kurzerhand fortgeschickt, weil seine Gabe nicht für den Tempel in Frage kam, und angewiesen, das Mitgebrachte in die «blinde» Bude der «stillen Wohltätigkeit» zu werfen, von wo es dann mit den übrigen ausgeschiedenen Geschenken zum Verkauf gestellt wurde.

Auch Miriam stieß dies zu. Als sie ihr Krüglein dem Beamten hinreichte, warf dieser einen mißtrauischen Blick darauf und fragte, ohne die Hand danach auszustrecken, was darin sei. Miriam erklärte ihm, daß sie das Öl selbst gepreßt und von Nazareth hergebracht habe zur Speisung des großen Leuchters.

«Du hast doch sicher kein Galbanum in deinem Garten», sagte der Beamte mit einem schwachen Lächeln unter den öligen Ringellocken seines Barts. «Narden und Myrrhen hast du vermutlich auch nicht dahergebracht. Auch das Krügelchen sieht mir nicht aus, als sei es das, mit dem Samuel David gesalbt hat. Das da ist ganz gewöhnliches Öl; nein, nein, gute Frau, dafür haben wir keine Verwendung. Geh und wirf es in die Bude für die stille Wohltätigkeit. Das klare Öl für den Tempelleuchter wird in unserer eigenen Presse hergestellt, und zwar von Leuten, die Meister in ihrem Fach sind und dessen Berufsgeheimnisse sie aus unvordenklichen Zeiten überkommen haben... Und was hast du noch da?»

«Ein Stück Linnen... das ich gewoben habe.»

«Das ist schon besser», sagte der Beamte freundlicher. «Das können wir für Priestergewänder benutzen», und damit nahm er den Stoff Miriam aus der Hand und warf ihn zu einem hochaufgeschichteten Leinenhaufen hinter sich. «Nun geh, gute Frau, der HErr wird's dir lohnen.»

Miriam nahm ihren Sohn wieder bei der Hand und führte ihn fort. Sie ging an der Bude der «blinden» Wohltätigkeit vorbei; aber statt das Ölkrüglein hineinzuwerfen, verbarg sie es unter ihrem Überwurf. Dann ging sie mit Jeschua durch das Nikanortor in den Vorhof der Weiber. Bevor sie jedoch dort angelangt waren, blieb Jeschua, plötzlich stockend, stehen und rief aus:

«Sieh, Emi, die Rabbunim und ihre Schüler!»

Mit sehnsüchtigen Blicken schaute er auf die Ansammlungen von Lernbeflissenen, die auf niederen Bänken in dem offenen Hof saßen. In der Mitte einer jeden Gruppe saß auf einem hohen Katheder jeweils der leitende Rabbi. Jeschua konnte sich von dem Anblick nicht losreißen. Er starrte auf die Lehrer, die alten wie die jungen, die Schüler, die allen Altersstufen angehörten, wobei die jüngeren in den vorderen und die älteren in den hinteren Reihen saßen. Umschichtig standen sie auf und stellten ihre wohlerwogenen Fragen, auf die die Rabbunim Antwort erteilten.

Jeschua hatte auch viele schwerwiegende Fragen auf dem Herzen, von denen gewisse seit Jahren ihm keine Ruhe ließen, während andere jetzt während seines kurzen Aufenthalts im Tempelbezirk in ihm aufgestiegen waren. Denn er empfand das Gotteshaus als sein Eigen, wie es jedem Juden zu eigen war, und jeder Verstoß im Umkreis seiner Mauern berührte ihn wie eine ihm zugefügte Kränkung. Seine ersten Eindrücke vom Tempel hatten sich nicht im Einklang befunden mit seinen Erwartungen und hatten seinen Zweifeln eine neue Enttäuschung hinzugefügt, so daß ihn Ungeduld befiel, sein Gemüt davon zu befreien vor den Rabbunim, von denen ihm Taddi, der Gerber, wie auch Joseph und die Lehrer in Nazareth so viele Wunderdinge erzählt hatten.

«Sind das die Rabbinen, Emi, die Gottes Wort auslegen?»

«Jawohl, Tinoki, dies sind die Weisen Israels. Und wenn du erst groß bist, wirst du, so Gott will, unter ihnen sitzen. Und wer weiß, ob nicht ...» Sie ließ den Satz unvollendet. «Komm, Tinoki», sagte sie.

«Ach, Emi, warte doch», sagte der Knabe, «ich möchte mich zu den Schülern hinsetzen und hören, was die Weisen sagen.»

«Jetzt nicht, mein Kind. Deine ersten Schritte in Gottes Haus sollst du zu Gott tun und nicht zu den Rabbunim. Komm, wir wollen in den Vorhof gehen und beten.»

Als sie den Frauenhof betraten, wurde das Bild auf einmal ganz anders. Das Geviert war angefüllt mit Weibern, von denen viele, die Augen zum weit aufgetanen Nikanorportal hingewandt, das sich fünfzehn Stufenbänder darüber erhob, auf den Knien lagen. Hier begann der eigentliche Tempel. Hier standen die Leviten auf den Stufen gereiht; in weiße lange Mäntel gewandet, zupften sie zum Gesang der Psalmen die Saiten ihrer Harfen. Hinter ihnen erglänzten die Türflügel des Portals im Sonnenlicht blendend von Gold. Und noch weiter vorne, im Vorhof der Israeliten, konnte Jeschua die Gestalten von Betern sehen, die im Gebet versunken, die Stirnen auf den Boden gedrückt, dalagen. In der Ferne aber waren noch weitere Treppen zu sehen, die immer höher hinanstiegen bis zum Allerheiligsten, weiße Treppenstufen, so weit Jeschuas Blicke reichten, und Marmorfassaden, die mit Teppichen und Schleiern, funkelnd in tausend Farben, behangen waren. Ganz tief innen aber, im Hof der Priester, erbrannte der grelle Schein von glänzendem Kupfer, der ausging vom großen Opferaltar. Reihen von Priestern in weißen Mitren bewegten sich unaufhörlich über die Stufen, die zu seinem Fundament führten; einige von ihnen trugen goldene Becken, andere schwangen Weihrauchpfannen oder verbrannten Stäbe mit wohlriechenden Harzen. Ein nicht endenwollender Zug von Ochsen und Schafen wurde zum Schlachthause geführt. Rauchwolken vermengt mit den Weihrauchdämpfen, heißem Blutgeruch und beizendem Dunst von röstendem Fett, drangen aus den verhangenen Portalen heraus, Jeschua mit Unmut erfüllend und ihm die Freude am Gebet verleidend. Er wußte ja, daß dieser Geruch von Blut und verbranntem Fleisch von den Tieren ausging, welche die Priester dort drinnen zum Opfer schlachteten. Hatte Gott denn Gefallen am Geruch des Bluts? Hatte der Prophet nicht gesagt, der HErr sei müde des Bluts der Stiere und Lämmer, daß Er nichts fordere als ein geläutertes Herz und Hände, die sich des Bösen enthielten?

Trauer und Verstörtheit waren in ihm. Er wußte wohl, dies Bild da vor seinen Augen, es war in jeglicher rituellen Handlung den Geboten gemäß, die Gott Moses gegeben hatte, und doch begehrte sein Herz dagegen auf. O, daß doch ein Prophet käme und das Haus des HErrn reinfege von röstendem Fleisch, die Vorhänge herabreiße, den aufgestauten Blutdunst entweichen lasse und Gott zurückführe in das Herz der Menschen, nicht durch die Asche der Brandopfer, sondern durch Rechtschaffenheit und Gebet!

Jeschua wunderte sich darüber, daß er angesichts dieser seiner Gedanken nicht das Bewußtsein unrechten Tuns hatte. Im Gegenteil: er fühlte sich vom Atem der Propheten umwittert, die Gottes Willen besser kannten als diese Tempelpriester. Die Propheten hatten Gottes Willen den Menschen offenbart. Warum wurde ihr Wort nicht beachtet?

Jeschua gedachte, diese Frage den Rabbunim auf den Stühlen Mosis vorzulegen, den Männern, die berufen waren, Zweifel zu lösen. Sie bestimmt mußten wissen, wie lange noch die Priester ihre Tieropfer darbringen und wann endlich mit den wahrhaften Opfern der Anfang gemacht würde, von denen Jesaia gesprochen hatte.

Während Jeschua in diesen Gedanken versunken war, lag

Miriam neben ihm auf den Knien, die Augen geschlossen, die Lippen schwach bewegt zu dem lautlosen Gebet:

«Vater im Himmel, ihn, der Dein der Welt gegebenes Unterpfand ist, habe ich heil zu Deinem Hause gebracht. Siehe, er ist zur Mannheit herangewachsen, doch sein Sehen und sein Hören ist nicht gleich denen anderer Männer. Denn sein junges Herz ist verwundet durch unser sündiges Leben und sein Geist verstört durch das Unrecht, das er so früh bereits gefunden hat an seinem Wege. Auch jetzt, da er neben mir steht, flammt in ihm heilige Empörung auf, wie sie gelodert in Deinen Propheten. Voll Verachtung blickt er das Fleisch und das Fett an, das man Dir auf dem Altar verbrennt, und gleich Jesaia fordert er, daß allein das Herz Dir dargeboten werde.

Ich weiß nicht, welchen Weg er geführet wird, noch welche Straße Du geebnet hast für ihn. Doch ich erschaue ihn, ein von der Sehne geschnellter Pfeil, zueilend dem Ziel, das Du ihm gesetzt, und mein Herz bebt zwischen Freude und Furcht. Vater, ich fürchte für ihn, denn ich sehe feurige Mauern sich erheben auf seinem Pfade. Er ist zu jung, Vater im Himmel; der Faden seines Lebens ist zu fein. Für eine Weile noch laß ihn die Blumen sehen, nicht die Dornen. Laß ihn mir noch eine kleine Weile. Und lehre mich, was ich tun soll, Vater im Himmel, denn Ehrfurcht ist in mir vor der Kraft seines Geistes, und ich fühle mich zu schwach, seine Mutter zu sein.»

Die Leidenschaft ihres Gebets machte Miriam ihrer selbst vergessen. Fest geschlossen waren ihre Augen, und sie wähnte sich in einer Landschaft begrünter Hügel, darin ein jugendlicher Hirte seine Herde hütete. Ein alter Mann mit langfließendem weißem Bart stand auf der Hügelkuppe über dem Tal. In einer Hand hielt er ein Ölkrüglein und mit der andern winkte er dem jungen Hirten zu. Miriam kannte den Hügel und das Tal: es war eine Gegend bei Bethlehem, und der Mann war der Prophet Samuel, welcher den jungen David berief, um ihn zum König zu salben über Israel.

Und nun wußte Miriam auch, was ihr oblag. Mit der einen Hand winkte sie ihrem Sohn, so wie Samuel den David gerufen hatte, und als Jeschua ganz nahe zu ihr herangetreten war, nahm sie das Ölkrüglein unter ihrem Brusttuch hervor und goß es aus über Jeschuas Haupt.

«Emi, das war doch das Öl, das du für den Tempel hergebracht hast!», rief Jeschua aus.

«Es ist der Krug, aus dem Samuel das Öl geträufelt hat, um deinen Vater David zu salben.»

VIERZEHNTES KAPITEL

JESCHUA sah seine Eltern nicht mehr oft; auch seine Freunde nicht häufiger. Für sich allein schlenderte er durch die Tempelhöfe und besah sich alles: jedes kleine Ritual wie alles, was zur Verwaltung gehörte. Vieles sah er, was ihm mißfiel, so zum Beispiel die Unmenge von Aufsehern, Wächtern und Beamten, die dauernd in den Höfen herumliefen, einige sogar mit Knütteln bewaffnet, um die Ordnung aufrechtzuerhalten. Denn was brauchte Gott so viele Wachen, so viele Priester aller möglichen Rangstufen, die da in Gruppen ab- und zugingen gleich Soldaten bei einer Truppenschau? Und wozu dienten die unzähligen Widder und Stiere, die da ständig in das Heiligtum hineingetrieben wurden, als sei es ein Schlachthaus und nicht ein Gotteshaus?

Immerzu mußte er an die Propheten denken, an Jesaia, an Jeremia und an Hesekiel, die gegen den Tempel und seine blutigen Opfer gewettert, deren der HErr längst satt war.

«Vater im Himmel», schrie es auf in Jeschua, «merken die denn nicht, daß Du müde bist ihres Tuns?»

Die Einzigen, denen er seine Anfechtungen vortragen konnte, das waren die Rabbunim, die im Schatten des Tempels lehrten. Sie waren die bestallten Vorkämpfer des Gesetzes, die Gottes Willen besser verstanden als die Priester. Zu ihnen wollte er gehen, um sich Antwort zu holen.

Er fing an, sich nach dem großen Rabbi Hillel umzusehen, von dem der Gerber Taddi so viel erzählt hatte. Doch er vermochte ihn im Tempelbezirk nicht zu finden; schließlich erfuhr er vom Namensvetter des Rabbis, dem Wasserträger Hillel, daß Rabbi Hillel vor einigen Jahren verschieden sei. Der Lehrer, der jetzt seine Stelle einnahm, war sein jüngster Schüler, ein allseitig weit über seine Jahre hinaus geachteter und verehrter Mann. Im

Tempelhof drängten sich die Schüler zu seinen Füßen, so wie sie es vor dem alten ehrwürdigen Weisen getan hatten.

Ja, es war ein sehr junger Mann; er hatte sanfte Augen und eine schlanke Gestalt, wie sie erst einem angehenden Dreißiger gehören mochten. Sein schmales Gesicht verjüngte sich zum spitzzulaufenden Kinn unter einer breiten Stirn, deren hohes Aufsteigen vom Rand seiner schwarzen, seine Würde anzeigenden Kappe unterbrochen wurde. Sein weicher schwarzer Bart verdeckte die Höhlungen seiner Wangen und verlief, einen einzigen schwarzen Streifen bildend, mit seinem Talar. Er hatte eine eigene Art, beim Sprechen mit seinen langen schönen Händen in die Luft zu greifen und sie gleichsam zu formen, den Blick dabei emporgewandt wie zum Urquell aller Weisheit.

Der junge Rabbi setzte seinen Hörern – unter denen sich Männer mit grauen Bärten und andere Rabbunim befanden – die Vorschriften des Passahopfers auseinander; bei seiner Auslegung berief er sich in bescheidener Weise auf den Namen seines großen Lehrers Hillel. Denn der junge Jochanaan ben Zakkai war bekannt als eifriger Verfechter der Lehren seines Meisters, der zu seinen Lebzeiten als höchste Instanz für die mündliche Überlieferung Israels gegolten hatte. Überdies trug er nicht nur die Gesetzesauslegung des Altmeisters vor, sondern lebte getreulich seinen Sittenvorschriften nach. Seinem Meister gleich war er ein leidenschaftlicher Liebhaber des Seelenfriedens und ein Mann, der sich kaum je aus der guten Laune bringen ließ. Es hieß von ihm, niemand sei ihm je mit dem Gruß zuvorgekommen, kein Mann und kein Kind, kein Heide und kein Jude.

Jeschua blieb bei dem Kreis stehen, der den Rabbi umgab. Er bemerkte einige Hörer, die in Sackleinenkittel gekleidet und deren Lenden mit Stricken gegürtet waren. Ein anderer gar, dessen staubiges Gewand ihn als just von der Arbeit gekommenen Steinmetzen auswies, trug noch den Schlägel an der Seite. Jeschuas Nachbar hingen Seile um die nackten Schultern, wie sie die Lastträger mit sich führten; andere hielten Spaten oder Sägen zwischen den Knien. Jeschua beobachtete auch, daß diese gewöhnlichen Handwerker unter den Hörern des Rabbi nicht geringere Achtung genossen als die schwarzgewandeten Lehrschüler und die Männer, die durch kostbare Ringe und verzierte Gürtel mit ihrem Reichtum protzten.

Mitten in seinen Ausführungen traf Jochanaan ben Zakkais Blick plötzlich den Knaben, der im weißen Kittel nicht weit von ihm stand. Etwas an der völlig selbstvergessenen Versunkenheit des Knaben mußte ihn betroffen gemacht haben, denn er stockte mitten im Satz und lächelte. Darauf winkte er Jeschua zu sich heran.

Die Hörer schauten sich um, um zu sehen, wen der Rabbi zu sich gerufen habe. Sie wußten, der große Lehrer Jochanaan unterbreche seine Rede nur mit gutem Grund, und so warteten sie begierig, was der Rabbi den Knaben fragen würde.

«Sage mir deinen Vers, mein Kind», sprach der Rabbi mit der üblichen Einleitungsformel. Worauf Jeschua ohne Zaudern die Psalmenverse sprach:

«‚HErr, tue meine Lippen auf, daß mein Mund Deinen Ruhm verkündige. Denn Du hast nicht Lust zum Opfer, ich wollte Dirs sonst wohl geben, und Brandopfer gefallen Dir nicht. Die Opfer, die Gott gefallen, sind ein geängsteter Geist; ein geängstetes und zerschlagenes Herz wirst Du, Gott, nicht verachten.'»

Das Gesicht des Rabbi erglänzte in Wohlgefallen, und er streckte die Hand aus, um Jeschua über die Locken zu streichen; dabei sagte er:

«Du hast wohlgesprochen, mein Kind, du bist ein getreuer Sohn Abrahams.» Und zu den Hörern gewandt sprach er: «Lernet aus dem Munde der Kinder. Dieser Knabe hat uns mit seinem Vers enthüllt, worin der geheime Sinn des Opfers liegt. Denn zum Opfer taugt nichts als das Herz, das zerknirschte Gemüt. Ein gutes Herz, darin liegt eine jegliche Tugend des Menschen beschlossen, und wenn ein Mensch Gott sein Herz darbringt, so kann er Ihm nichts weiter mehr darbringen, denn er gibt Gott das Beste zurück, was er von Ihm empfangen hat, nämlich die Gnade, das Erbarmen. Denn Gottes Namen ist der All-Erbarmer, so wie unsere Weisen gelehrt: ‚Der All-Erbarmer will nichts weiter als das Herz.'»

«Heißt Gott der All-Erbarmer?», fragte Jeschua eifrig.

«Ja, mein Sohn, er ist der König des Erbarmens, und Er fordert nichts, denn daß wir Ihm unser Herz darbringen, welches der Sitz der Gnade ist.»

«Warum opfert man dann Lämmer und Stiere? Will Gott ihr Blut? Unterweise mich, Rabbi, warum wird das Wort des Psalmisten nicht beachtet? Warum geht es weiter, das Schlachten schuldloser Tiere?»

Unter den Schülern machte sich eine Bewegung des Staunens bemerkbar, denn solche Aufrichtigkeit eines Fragers war ungewöhnlich; sie waren darauf gefaßt, der Rabbi werde den Knaben mit der kurzen Antwort abspeisen und wegschicken, die er so oft den Leuten gab, welche an den Regeln der Reinigung mäkelten. Solchen pflegte der Rabbi zu antworten: «Siehe zu, wie du damit fertig wirst. Es ist nicht das Unreine, welches beschmutzt, noch das Wasser, welches reinigt, denn der HErr sagt: ‚So habe Ich es geboten, und es steht dir nicht zu, an Meinen Geboten zu deuteln.'» Statt auch jetzt, unter Hinweis auf die Unfehlbarkeit des göttlichen Gesetzes, der Frage auszuweichen, blickte Jochanaan ben Zakkai den Knaben Jeschua scharf an und nahm dessen Hände in die seinen, während er sprach:

«Dies ist eine gewaltige Frage, Kind, welche du gestellt hast.» Er seufzte tief auf und wandte sich der Hörerschaft zu, um seinen Vortrag wieder aufzunehmen, indem er nun die Frage des Knaben zum Ausgangspunkt nahm: «Nein, das verhüte der Himmel, Gott braucht keine Opfer, denn es steht geschrieben: ‚Euren Vätern habe Ich nicht gesprochen von Brandopfern und andern Opfern am Tage, da Ich sie aus dem Lande Ägypten führte.' Und zu Moses sprach Gott: ‚Wer ein Opfer bringen will dem HErrn, der soll es bringen von freiem Willen.' Aus freiem Willen, wohlgemerkt, nicht aus dem Willen des HErrn. Denn die Seele des Menschen dürstet nach Gott, wie David gesagt. Merket wohl: die Seele des Menschen, sein Herz, welches der göttliche Funke ist, sie sehnt sich nach Gott, sie lechzt nach Seiner Nähe. Das Opfer ist es, womit er sich Gott naht; der Rauch des Brandopfers ist die Leiter, auf der das Geschöpf emporklimmt zu seinem Schöpfer.

Aber, so werdet ihr fragen, wie kann ein einfacher Mensch sich Gott verbinden, er, der doch nur ein Bündel Fleisch und Blut ist, ein verwesendes Klümpchen, das heute lebendig ist und morgen krankt und hinstirbt? Darum gab uns Gott die Opfer? Denn vermittels der Opfer binden wir uns an Gott. Was ist denn ein Opfer in Tat und Wahrheit? Ist es das Lamm? Nein; denn es ist die Seele des Menschen. Wenn die Seele in Sünde fällt, so fällt sie ab von ihrem Schöpfer. Wenn sie durch Reue zu Ihm zurückkehren will, so opfert sie eine Sünde. Was aber ist dieses Sühnopfer? Eine

Buße, um den HErrn zu entschädigen? Nein, das verhüte der Himmel! Das Sühnopfer, das ist das vom Sünder geopferte Lamm, dem er das Bekenntnis eines zerknirschten Herzens einbrennt. Und des Sünders Herz geht ein in das Opfer, und das stumme Lamm, welches den Mund nicht auftun kann, welches nie gesündigt seit seiner Geburt, welches makellos und frei von aller Schuld ist, dieses Lamm nimmt auf sich die Schuld des Sünders und wird so wahrhaft den Seelen der Gerechten gleich, die leiden für die Sünden der Vielen und büßen für die ganze Menschheit.»

Jeschua hörte gespannt zu. Die Worte des Rabbi wühlten ihn tief auf, und seine Augen füllten sich mit Tränen.

«Das unschuldige Lamm wird also verwandelt in die Seele des Menschen, der das Opfer darbringt?», fragte er.

Der Rabbi nickte.

«Und durch das Lamm bindet sich der Mensch an seinen Schöpfer?»

«Es ist so, wie du sagst, mein Sohn.»

«Dann ist es so, wie der Prophet von dem sagt, der unserer aller Sünden auf sich nimmt: ‚Er wird hingeführt wie ein Lamm zur Schlachtbank'?»

«Was die Worte des Propheten bedeuten, das geht über unsere sichere Erkenntnis, mein Sohn. Klar wird es nur denen, denen die Gnade widerfährt, mit eigenen Augen Zeugen zu sein. Einstweilen jedoch, mein Sohn, gehorche den Worten des weisen Sirach: ‚Trachte nicht aufzudecken, was euch verhüllt ist.'»

Jeschua verneigte sich tief und gab die übliche Antwort: «Ich hänge an deinen Worten; von deinem Munde gewinne ich neues Leben.»

«Mögest du ein Rabbi werden in Israel, der das Wort Gottes verbreitet», sagte Jochanaan ben Zakkai.

Jeschua zögerte noch einen Augenblick, dann sagte er:

«Darf ich wiederkommen, um dich zu hören?»

Der Rabbi breitete seine langen, blassen Hände aus und sagte:

«An meiner Schule sind keine Türen. Komme, wann immer du kannst, und laß uns deine Verse hören.»

Keinen freien Augenblick hatten Joseph und Miriam während des ganzen Aufenthalts in Jerusalem. Jede Pilgergesellschaft, die gewöhnlich aus engeren Landsleuten zusammengesetzt war, brachte ihr Opfer gemeinsam dar. Die Mehrzahl der Nazarener hatte die Zelte im Tal Hinnom nächst der Davidsmauer aufgeschlagen, wo auch Jakob und Zebedäus bei dem Wasserträger wohnten. Hier denn rüsteten sich alle Nazarener auch zur Begehung des Passahfestes.

Die Frauen holten ihre Säcke mit dem Mehl hervor, das sie vom zweiten Zehnten abgezweigt hatten, und buken zusammen die Fladen aus ungesäuertem Teig. Auch Wein und Grünzeug stellten sie bereit zum gemeinsamen Passahmahl. Die Männer indes hoben in einem Hof an der Mauer eine Grube aus und füllten sie mit Reisig an für das Feuer zum Braten des Passahlamms.

Dann aber kam der große Augenblick des Opfers selbst. Die Gesellschaft der Nazarener, darunter auch die Familie des Zebedäus sowie Joseph und Jeschua, begab sich zum Hof der Israeliten, den nur einige Stufen und ein Vorhang vom Allerheiligsten trennten. Der Vorhof war gedrängt voll mit Pilgern, die zu dem gleichen Zweck gekommen waren.

An den Mauern liefen Gossen herum, in denen sich das Blut der geopferten Lämmer sammelte und zum Schlachthaus abfloß, das im innersten Priesterhof lag. Joseph hielt das Joch auf den Schultern, darauf das makellose weiße Lämmchen angebracht war, dessen Kopf schlaff über die Gosse hinabbaumelte. Neben ihm stand, das Messer in der Hand, Zebedäus und wartete, bis er an die Reihe kam; denn es standen viele Männer mit Lämmern über den Schultern vor ihnen.

Barfuß, die Feiergewänder von Mitren gekrönt, bildeten zwei Reihen Priester eine Gasse, die sich vom Innern des Allerheiligsten durch dessen vorhangverhüllte Pforte bis zu den des Schlachtopfers Gewärtigen hinzog. Sie gaben einen goldenen Kelch von Hand zu Hand weiter, und als dieser den Priester erreicht hatte, der dicht bei Josephs Lamm stand, schlitzte Zebedäus mit einem raschen Schnitt die Kehle des Tieres auf. Der Priester fing einen Blutstropfen in dem Becher auf und reichte diesen seinem Nebenmann. Dann wanderte der Kelch wieder von Hand zu Hand, bis er, zum Rand gefüllt mit blasigem Blut, im Allerheiligsten anlangte, wo der dort amtende Priester ihn über dem großen Altar ausgoß.

Jeschua stand neben Joseph und blickte gespannt auf das Lamm, «das den Mund nicht auftat», indes es um anderer Geschöpfe willen sein Leben ließ. Er grübelte nach über die Worte Jochanaan ben Zakkais und war so versunken in seine Gedanken, daß er taub schien für den Gesang, den die Leviten auf den nach oben führenden Stufen zum Klang der Trompeten, der Leiern und Zimbeln vortrugen. Er versuchte, dem Geschick des Lamms zu folgen, das sein Lebensblut vergoß, um die Last der menschlichen Seele auf sich zu nehmen, ihrer aller Last, denn es steht geschrieben: ‚Das Blut ist die Versöhnung des Lebens.' Und durch dieses Tier, das stumm und wehrlos unterging, wurden die Seelen Israels mit Gott verschmolzen. An seinem Altar trafen sie zusammen. Im vermengten Blut der vielen Opfer, das in den einen Goldkelch sich ergoß, waren die Seelen der Judenheit unauflöslich vermischt und vereinigt mit Gott.

Ein plötzlich erbrennendes Licht ließ Jeschua emporfahren; nun erkannte er, was der Prophet gemeint hatte, wenn er sprach von dem Mann der Not, der alle unsere Leiden auf sich nehmen und Wunden erdulden werde um unserer Vergehen willen und hingeführt würde gleich dem Lamme zur Schlachtbank. Der Rabbi hatte ihn ermahnt, nicht nach Aufdeckung des Geheimnisses des Propheten zu trachten; doch das Geheimnis hatte sich ihm in einem Augenblick der Offenbarung selbst enthüllt wie die aufgeschlagene Seite eines von klarer Hand geschriebenen Buches.

Jetzt wußte er, daß der Messias das Lamm Gottes war. Sein wunder Leib trug die Seelen aller, und durch sein Leben, das er Gott mit seinem Blut am Altar darbrachte, nahm er alle Sünden hinweg von Israel und band dessen gemeinsame Seele an den Vater im Himmel ...

Das geschächtete Schaf wurde zur Davidsmauer zurückgebracht. In der Grube wurde das Feuer entzündet, das Lamm an einen Spieß gesteckt und über den Flammen gebraten. Die Nazarener setzten sich im Kreis drum herum und aßen von dem Fleisch ein Teilchen, das nicht kleiner war denn die Frucht des Ölbaums. Jeschua aber dachte, während er das Stückchen Fleisch schluckte, seine Seele sei nun verbunden mit dem Vater im Himmel dank dem Lamm, das um seines Heiles willen den Tod erlitten hatte.

Es vergingen wenige Tage, und schon war Jeschua der Liebling der Rabbunim im Tempelvorhof geworden. Alle kannten den Knaben im weißen, gegürteten Gewand mit seinen schwarzen Locken, die ihm auf den Nacken fielen. Bald wurde ihnen der Anblick vertraut, wie er vor einem berühmten Rabbi stand und einen Vers aus den Propheten zitierte. Denn seine Zitate waren stets durchaus sachgerecht und boten Gelegenheit zur Aufwerfung eines Gebirges von Auslegungen, das von Lehrern und Schülern über sie gewälzt wurde; und seine Fragen waren durchwegs so treffend, daß sie den Gesetzesauslegern Gelegenheit gaben, sich in den längsten Exegesen zu ergehen, oder auch den Geschichtenerzählern, Fäden dunkelster Legenden zu spinnen. Von einem Rabbi wurde er zum andern gerufen, um seine Verse vorzubringen, als ob er sie unter einer prophetischen Eingebung auswählte.

Jeschua selbst war gern bei den Rabbunim. Sie hörten geduldig seine Fragen an und erteilten ihm aus dem reichen Schatz ihres Wissens Antworten, die viele ihm quälend auf der Seele liegende Probleme in glücklicher Weise lösten.

Eines dieser Probleme, das für ihn seit längerer Zeit eine Quelle der Beunruhigung bildete, betraf die Reinlichkeitsgesetze, welche solch scharfe Trennungslinien zogen nicht nur zwischen Juden und Griechen, sondern auch zwischen dem einen und dem andern Juden, zwischen dem Gebildeten und dem Ungebildeten. Jeschua hielt mit den Zweifeln nicht zurück, die er in dieser Hinsicht hegte, und trug sie den Rabbunim vor.

«Sagte Gott nicht», fragte er, «,In dir sollen gesegnet werden alle Geschlechter auf Erden'?»

Da erklärten ihm die Rabbunim, daß es auch den Heiden freistehe, dem HErrn in Seinem Tempel Opfer darzubringen, und daß die gerechten unter den Völkern teilhaben würden an der künftigen Welt. Aber all dies vermochte den Knaben nicht zu überzeugen, bis er durch einen von Jochanaan ben Zakkais Schülern volle Aufklärung darüber erhielt, weshalb das Gesetz auf Reinhaltung und Absonderung solchen Wert lege.

Als er eines Tages diese Frage aufgeworfen hatte, trat hinterher ein gutausehender Jüngling mit auffallend glänzenden Augen an ihn heran und sagte, nachdem er Jeschua mit einem herzlichen Lächeln auf dem Gesicht begrüßt hatte:

«Ich habe deine Frage, ob die Heiden nicht auch Söhne Abrahams seien, gehört; und mir machte das Wort der Schrift, das du zur Unterstützung deiner Behauptung heranzogst, Freude: ‚In dir sollen gesegnet werden alle Völker auf Erden.' Dies war treffend zitiert, mein Junge. Es bedeutet, daß alle Völker der Welt, wenn sie den Wunsch dazu hegen, auf den Segen, den Gott auf Abraham legte, Anspruch machen und daß sie alle durch den Glauben Söhne des Bundes, will sagen: Kinder Israels, werden können.»

«Wenn dem so ist», sagte Jeschua, «warum halten wir dann die Heiden ‚auf Armeslänge' von uns fern? Warum machen wir sie zu Trägern der Ansteckung gleich Aussätzigen?»

«Aber erkennst du nicht, mein Junge, daß Israel sich gesondert halten muß? Schau dich doch um: wir sind umringt von Unreinheit. Niemand außer Israel will sich zur Thora bekennen. Darum werden wir gehaßt und geschmäht von den Völkern. Und wenn wir uns nicht einspannten in die Banden des Gesetzes, wie lange würde unser Eifer für die Sache des HErrn vorhalten? Unser Lehrer Moses hat sich bemüht, uns zum heiligen Volk zu machen, nicht um unserer selbst willen, sondern um als Fackel zu dienen den andern Völkern, als Beispiel der Reinheit und Gerechtigkeit, auf daß sie von uns lernen und sich ihrem Schöpfer nähern. Doch wenn Israel die Schranken überspringt und die Reinheitsgesetze abschafft, ja, dann würden die Heiden nicht zu uns kommen, sondern wir würden zu ihnen hinuntersteigen. Unsere Frauen würden wohl noch opfern, aber dem Moloch und der Astarte, nicht dem lebendigen Gott. Du siehst also, Israel muß das Joch des Himmels weiter auf seinem Rücken tragen, um die ganze Welt vorzubereiten auf die Heraufkunft des Himmelreichs.»

Dies brachte das Gespräch auf den Messias, und der Jüngling und der Knabe fühlten sich alsbald zueinander hingezogen. Wie viele seinesgleichen in Israel erharrte der Jüngling mit brünstiger Sehnsucht den Messias; die Zeit sei reif, erklärte er. Und dabei erglänzten seine Augen noch mehr als vorher vor Liebe und Verlangen nach dem Erlöser; er glich einem Menschen, der aus dem Traum sprach.

Zwischen ihm und Jeschua entwickelte sich rasch große Freundschaft.

Bei den Juden blickte man nicht auf die Kinder als minderwertig herab. Im Gegenteil: man stand ihnen mit einer gewissen Verehrung gegenüber, galten sie doch ob ihrer Freiheit von Sünde als Gott näherstehend. Ihre Aussprüche wurden mit Achtung angehört und als verborgene Hinweisungen vielleicht orakelhaften Charakters gedeutet. Die Freundschaft zwischen einem erwachsenen Mann und einem Kind war keine Seltenheit, eine Beziehung, der jede gönnerhafte Herablassung des Älteren zu dem Jüngeren fehlte. Eine solche Beziehung entwickelte sich denn auch zwischen Jeschua und Nikodemos, dem Schüler Jochanaan ben Zakkais. Nikodemos war sofort eingenommen von dem hohen Verstand des Knaben, und einmal, als sie noch bei Einbruch der Dunkelheit zusammen waren, nahm er ihn in sein Haus mit.

Nikodemos war ledig; er wohnte nicht weit vom Tempel im unteren Teil des Tyropoions; dort hatte er eine Olivenpresse und übte das Gewerbe des Herstellers und Händlers von Ölen aus.

Seine Hütte war übersät mit Bündeln trockener Weihrauchpflanzen, doch in einer Ecke stand auch eine Truhe, die wertvolle Schriftrollen enthielt. Jeschua fand hier die apokalyptischen Schriften, die sich mit der messianischen Zukunft befaßten. Die in ihnen enthaltene Botschaft sog er mit vollen Zügen ein; die Nacht schritt vor, und er vergaß, sich auf den Heimweg zu machen. So verbrachte er auch weiterhin die Tagesstunden bei den Rabbunim und den Schülern im Tempel, die Nachtstunden aber bei seinem Freund Nikodemos, der ihm in seinen Büchern alle auf den Messias bezüglichen Stellen wies. Mehrere Tage gingen so hin, an denen Jeschua, völlig vergraben in die neugefundenen Schätze, ganz vergaß, zu seiner Familie an der Davidsmauer zurückzugehen.

Joseph und Miriam wie die ganze Schar der Pilger aus Galiläa rüsteten sich mittlerweile zur Rückkehr in die Heimat. Zumal diejenigen, die einen Haushalt und eine Herde daheim hatten, konnten es sich nicht leisten, die ganzen Festwochen über in Jerusalem zu bleiben. Sobald sie ihr Opfer dargebracht und die ersten Feiertage gehalten hatten, wurden sie ungeduldig und drängten, daß man sich auf den Heimweg mache.

Miriam hatte keine Ahnung vom Verbleib ihres Sohnes. Ein paar Tage lang nahm sie an und fand sie sich damit ab, daß Jeschua mit den Söhnen des Zebedäus Spaziergänge durch die Stadt mache. Daß Kinder einige Tage hintereinander von den Eltern wegblieben, war nichts Ungewöhnliches, solange sie sich zu ihren Landsleuten hielten. Zumal größere Knaben taten sich oft zusammen und machten Ausflüge auf eigene Faust. Es bot auch keinen Anlaß zu Beunruhigung, wenn sie einmal über Nacht fortblieben; man nahm an, sie seien unversehens von der Nacht überrascht worden und irgendwo zum Schlafen eingekehrt, bei Verwandten oder Freunden, oder nächtigten unter der Säulenvorhalle eines großen Wohngebäudes oder in den geräumigen «Stallungen König Salomos», wo so viele Pilger für eine oder mehrere Nächte Quartier bezogen. Miriam war daher überzeugt, Jeschua sei mit den galiläischen Gefährten zusammen, und erst als sie bereits eine Tagereise von Jerusalem aus zurückgelegt hatten und sie Jeschuas Nachtlager bereitete, wurde sie von Besorgnis über sein Ausbleiben erfaßt.

«Wo ist denn Jeschua?», fragte sie.

Die wenigen bei ihr befindlichen Frauen wußten nichts darüber zu sagen; keine hatte ihn zu Gesicht bekommen.

«Wo hast du ihn denn zum letzten Male gesehen? War er denn beim Aufbruch nicht mir dir zusammen?»

«Nein, er war ein paar Tage lang nicht bei uns; wir meinten, er sei bei den Benai Jakob.»

Miriam lief zu den Benai Jakob und von da zu den Benai Hanina.

«Ist mein Sohn bei euch?»

«Nein, wir haben ihn lange nicht gesehen.»

Die ganze Nacht liefen Miriam und Joseph von Familie zu Familie und stellten jeder die gleiche Frage. In jedem Zelt wollten Leute ihn in einem andern Zelt gesehen haben.

Joseph bemühte sich vergebens, Miriam zu trösten.

«Er ist ja ein erwachsener Knabe; er ist wahrscheinlich bei einer andern Gruppe aus Galiläa», sagte er.

Angstvoll wachten sie den Morgen heran. Dann sattelte Joseph den Esel und geleitete Miriam nach Jerusalem zurück.

Auch Hillel der Wasserträger hatte Jeschua ein paar Tage lang nicht gesehen; zu ihm nach Hause sei er nicht gekommen.

So suchten sie die ganze Davidsmauer entlang ab, fragten bei jeder bekannten und unbekannten Familie. Niemand hatte den Knaben gesehen.

Erst am dritten Tag, da sie schon wund an den Füßen, müde und von Angst um Jeschua verzehrt war, fiel Miriam etwas ein. Sie entsann sich des ersten Besuchs im Tempel, als Jeschua bei den Rabbunim stehen geblieben und nur mit Mühe fortzubringen gewesen war. Sie eilte also mit Joseph zum Tempel und lief durch den Weiberhof, bis zum großen Portal, durch das es in den Vorhof der Israeliten ging. Von dort aus konnte man die Lehrstätte der Rabbunim überblicken.

Sofort fiel ihnen die schmale weiße Gestalt unter den schwarzen Talaren der anderen Hörer ins Auge. In ihrer Mitte stand Jeschua, die Stirn vor geistiger Sammlung gerunzelt, Vers auf Vers heranziehend zur Unterstützung seiner Behauptung, während erwachsene Männer mit wohlgepflegten langen Bärten ihm andächtig zuhörten und Jünglinge mit gestutzten Bärtchen staunend dasaßen. Bei Jeschua stand ein gutaussehender Jüngling, der ihm mit vor Stolz und Freude glänzenden blauen Augen lauschte.

«Höret aber, was der Prophet Israels sagt: ‚Sage mir, o Mensch, was Gott anderes von dir will, als daß du in Gerechtigkeit wandelst?'»

«Jeschua!»

Joseph schlug sich bis zu dem Knaben durch und führte ihn dann zu seiner Mutter, deren Gesicht zuckte von Lachen und Schluchzen zugleich.

«Tinoki, warum hast du uns das angetan? Dein Vater und ich, wir suchen dich überall voll Angst und Sorge.»

Jeschua blickte sie erstaunt an:

«Warum habt ihr denn nach mir gesucht? Wußtet ihr nicht, daß ich in meines Vaters Hause sei?»

Ob dieser Antwort erbleichte Miriam, und sie sagte nichts dawider. Joseph aber nahm den Knaben bei der einen Hand und Miriam bei der andern, und so verließen sie selbander den Tempel.

FÜNFZEHNTES KAPITEL

HINGERISSEN und wie verzaubert vernahmen die Brüder Jeschuas dessen Erzählungen von Jerusalem. Und als sie erfuhren, wie die Rabbunim und Schüler im Tempel seinen Gleichnissen und Schriftversen gelauscht hatten, da schwang sich ihre Bewunderung hoch auf, und Jakob sagte zu seinem Vater, Engel im Himmel müßten Jeschua die Thora gelehrt haben, so daß er keinen Rabbi brauche.

«Wer weiß, mein Sohn», sagte Joseph zu ihm. «Gott führt deinen Bruder auf seltsamen, unbekannten Wegen.»

Gevatter Kleophas war anderer Ansicht. Als er von den Erlebnissen Jeschuas in Jerusalem vernahm, sagte er:

«Mir ist doch der ausgetretene Eselpfad von Jakob lieber als die Abkürzungswege, auf denen euer Ältester dahinspringt. Denn seht ihr, ein Esel geht dahin, wohin sein Herr und Meister ihn führt; aber wenn man den Weg abkürzen will, dann kann man sich leicht verirren.»

Als man in der Stadt erfuhr, wie Jeschua sich vor den gelehrten Rabbunim im Tempel bewährt, wie diese seine Worte genossen und ihm eine glänzende Zukunft in Israel vorausgesagt hatten, wurde allerseits angenommen, der aufsässige Jüngling werde jetzt zur städtischen Schule zurückkehren, um seinen unterbrochenen Bildungsgang wieder aufzunehmen. Es erregte daher allerhand Verwunderung und Kopfschütteln, als sich herausstellte, Jeschua habe keineswegs die Absicht dazu, sondern ziehe vor, seine Schreinerlehre in des Vaters Werkstatt fortzusetzen.

Ein paar Monate nach der Rückkehr von Jerusalem erwies sich der Knabe denn auch bereits als so vorgeschritten und tüchtig in diesem Handwerk, daß er ohne Hilfe eine Rebwurzel zu einem Joch verarbeiten konnte. Joseph zeigte dieses Gesellenstück stolz der Mutter; bald brachte er es auch zum Markt in die Stadt, um es mit seinen eigenen Erzeugnissen an den Mann zu bringen.

Er hatte all seine Waren zum Verkauf ausgelegt und wartete auf Kunden. Da kam ein Greis quer über den Platz und blieb vor Josephs Waren stehen. Joseph war der Alte nicht unbekannt; er war einer von den verdrehten armen Schluckern, die immer unter den Kindern der Gegend nach dem erwarteten Erlöser suchten. Wie stets trug er auch heute seinen mit einem Strick gegürteten Sackleinenkittel, der stark verstaubt war, als habe der Mann eine lange Wanderschaft hinter sich. Eine Zeitlang betrachtete er aufmerksam Josephs bescheidene Auslage, dann deutete er mit einmal auf das von Jeschua angefertigte Stück.

«Meister Drechsler», sagte er, «hast du dieses Joch hergestellt?»

«Nein, Fremdling», antwortete Joseph, «das hat mein Sohn gemacht; es ist sein allererstes.»

«Sag ihm, das habe er schön gemacht, Meister. Wenn er so klug für den Rücken eines Tieres zu arbeiten vermag, so ist er auch imstande, der Menschheit das Joch des Himmels aufzuerlegen.»

Joseph, dessen Blicke mit Stolz auf dem Stück Arbeit Jeschuas verweilt hatten, sah sich jetzt den Fremden genauer an. Er erblickte ein merkwürdiges, verwittertes Greisenantlitz, zerraufte

Haare und einen langen wirren Bart; die ganze Gestalt trug den Stempel eines Einsiedlerdaseins.

«Was meinst du damit?», fragte er ein wenig stockend.

«Erkennst du denn nicht, Meister, welch gottähnliches Mitgefühl die Rundung und Glättung des Jochbogens beweist, wie er geformt ist, daß das Holz so wenig wie möglich den Rücken des Tieres scheuert? Ich wiederhole: wer mit so viel Liebe dieses Joch gestaltet hat, das nur für ein Tier bestimmt ist, der ist imstande, das Joch des Himmelreichs den Menschen aufzuerlegen. Sage deinem Sohn, die Welt sei gewärtig seines Jochs.»

Damit bezahlte der Fremdling den verlangten Preis, nahm das Joch auf die Schulter und ging von dannen.

In seinem vierzehnten Lebensjahr erlangte Jeschua die Reife sowohl in Hinsicht auf seine Charakterstärke wie seiner körperlichen Erscheinung. Die Feldarbeit wie die Zimmermannstätigkeit hatten ihn gestählt. Er war groß von Wuchs, leichtfüßig wie ein Hirsch, und sein Antlitz war gebräunt von der Sonne Galiläas. Er konnte über breite Gräben und Bäche setzen und sicheren Fußes die nazarenischen Hügelhänge hinunterspringen, wenn sein Werk ihn ins Tal rief. Seine Hände waren kräftig und sehnig, fest umklammerten sie den Pfluggriff und zogen gerade Furchen.

Die kohlschwarzen Locken fielen ihm über Gesicht und Hals und gaben, wenn der Wind sie auseinanderwehte, eine hohe, kühne Stirn frei. Seine großen, glänzenden braunen Augen – deren Winkel immer bereit schienen, sich zu einem Lächeln in Fältchen zu legen – sprachen von Frohmut wie von immer wacher Neugier. Sein voller jugendlicher Mund, dessen Lippen doch den schmaleren seiner Mutter ähnelten, wurde umspielt von freundlich huschendem Lächeln, das jedermann veranlaßte, ihm mit Vertrauen und Wohlwollen entgegenzukommen. Der bezeichnendste Zug an ihm war eine nie versagende geistige Beschwingtheit, die jede Regung seines Gesichts und Körpers belebte und erleuchtete.

Miriam hatte sich nicht so merklich verändert. Trotz den schweren Mühen der Alltagsarbeit und der Sorge für sechs Kinder hatte sie in ihrem Gehaben wie in ihrer Erscheinung noch viel von der ihr angeborenen Mädchenhaftigkeit bewahrt. Es war, als sei die Zeit spurlos an ihr vorübergegangen und als habe ihr das Naturgesetz des Verfalls nichts anhaben können. Der Übergang von der Magdschaft zur Mutterschaft hatte bei ihr kaum ein sichtbares äußeres Zeichen hinterlassen. Die heiter in sich beruhende Kraft ihres Leibes schien durch die Mutterschaft nicht geschwächt, sondern eher gestärkt, indem sie ihr nur die Empfindung der Erfüllung und gereiften Selbstvertrauens hinzugegeben hatte. Sie war noch immer von schlanker Gestalt, obschon sie ein wenig an Wuchs und an Kraft zugenommen zu haben schien durch die von der Mutterschaft gestellten Anforderungen. Und obschon auch ihre feinen Züge der Zeit widerstanden und sich nicht verändert hatten, so sprachen sie doch nicht mehr wie in ihren Mädchenjahren von nachgiebiger, scheuer Zartheit, sondern von gereifter weiblicher Kraft.

Mit Josephs Erscheinung verhielt es sich anders.

Gleich den Pflanzen, deren unterirdisches Wurzelwerk andern Gewächsen Kraft abgibt, war seine an sich schmale Gestalt mit den Jahren hagerer geworden. Trocken und sehnig überzog das Fleisch die Knochen; er war leicht wie eine Feder. Seine Gliedmaßen schienen in ihrer knochigen Länge kaum mehr die eines Menschen zu sein; wie ein einsam stehendes Schilfrohr schien seine Gestalt im Winde zu schwanken.

Sein Gesicht war stark abgemagert. Die langgezogenen Wangen umhing der wirre, vorzeitig ergraute Bart, und das schüttere Haar vermochte jetzt nicht mehr die spitz zulaufende Schädeldecke zu verhüllen. Die noch in ihm vorhandene Lebenskraft sammelte sich in den Augen, die wie zwei glimmende Kohlen waren, deren Feuer auf Kosten des verlöschenden Körpers in Brand blieb.

So tief seine alten Augen in den knochigen Höhlen lagen, in seinen Blicken war nichts von Trauer. Sein altes, gütiges, stillzufriedenes Lächeln umspielte noch die Lippen, und wenn er Mutter und Sohn, die beiden Gestalten von kraftvoller Gesundheit erfüllt und die Gesichter erleuchtet von der ihnen gemeinsamen geistigen Beschwingtheit, nebeneinander sah, so nickte er glücklich und dankte Gott, daß er ihm erlaubt hatte, die ihm zugewiesene Aufgabe zu erfüllen.

Eines Tages erstand Joseph in einem Sykomorenwäldchen, das von seinem Eigentümer gerodet wurde, um in Weizenboden verwandelt zu werden, ein paar Wurzelstöcke. Am nächsten Morgen zog er den Esel aus dem Stall und brach mit Jeschua zum

Tal Jesreel auf, wo die Baumstümpfe standen. Jeschua sollte ihm beim Ausgraben behilflich sein; dann sollte der Esel das Holz heimschleppen, das ihnen Material für mehrere Wochen Arbeit lieferte.

Die Witterung war dem Vorhaben günstig. Die ersten winterlichen Regenschauer waren niedergegangen und hatten den Boden aufgeweicht; in der Luft lag jene beißende Schärfe, die körperliche Anstrengung erleichtert, ja fast zu einer vergnüglichen Leibesübung macht. Sehr weit hatten sie nicht zu gehen; die Rodung lag am Nordrand der Ebene am Fuß der nazarenischen Berge beim Dörfchen Chaloth. Es war auch nicht anzunehmen, daß sie vom Regen überrascht würden, denn auf jene ersten Winterschauer folgte meist eine Reihe von trockenen, kalten Tagen bei einem vom Wind reingefegten Himmel. Trotzdem hatte Miriam dem alten Eselein zum Gerät und Proviant noch ein paar dicke rauhe Leinwandmäntel aufgepackt.

Jeschua hatte den Vater bisher noch nie auf einer solchen Wanderung begleitet. Doch Joseph war der Meinung, Jeschua sei jetzt erwachsen genug, um eine jede Verrichtung seines Handwerks kennen zu lernen.

Der Weg führte ständig bergab über feuchten, weichen Boden, was Joseph erhoffen ließ, das beabsichtigte Ausgraben der Baumstümpfe werde keine übermäßige Mühe machen. Sie erreichten denn auch bald das Sykomorenwäldchen, fanden die beiden Wurzelstöcke und machten sich an die Arbeit. Den ganzen Morgen über schafften sie unter den Strahlen einer starken, trockenen Sonne; gegen Mittag hatten sie den einen der Stümpfe so weit von den Wurzeln freigelegt, daß er mit wenig Nachhilfe umstürzen konnte.

Sie verzehrten hastig ihren Mittagsimbiß, denn sie wollten mit der Arbeit fertig werden, bevor das Licht des kurzen Tages schwand. Rasch aßen sie also Brot und Zwiebeln, spülten das Essen mit einem Trunk Bier und frischem Wasser hinunter und nahmen die Arbeit wieder auf, ehe noch der Schweiß auf ihren Stirnen getrocknet war. Vater und Sohn schafften aus Leibeskräften, und Joseph kam nicht aus dem Staunen heraus über den Knaben, der das volle Tagewerk eines Mannes verrichtete, ohne daß sich ein Zeichen der Schwäche bei ihm bemerkbar machte. Jeschuas Spaten stach tief ins Erdreich ein, und seine Axt fuhr scharf in das harte, zähe Wurzelwerk hinein. Unaufhörlich rieselte der Schweiß ihm über Gesicht und Hals, durchnäßte seine schwarzen Locken und klebte ihm den Kittel an den Körper. Doch keinen Augenblick lang blieb er hinter Joseph zurück. Es war noch eine gute Stunde hin bis zum Sonnenuntergang, als sie beide Stümpfe freigelegt hatten. Sie umwanden sie mit starken Stricken, seilten sie an die Flanken des Esels an, schulterten ihr Werkzeug und machten sich, die kostbare Last im Schlepptau, auf den Heimweg.

«Heute haben wir aber das Gebot erfüllt, unser Brot im Schweiß unseres Angesichts zu essen», sagte Jeschua lächelnd.

«Das Gebot?», fragte Joseph, der noch nie dieses Wort auf den von Gott ausgesprochenen Fluch angewandt gehört hatte.

«Ja, Abba; was auch Gott dem Menschen auferlegt, ist ein Gebot zu seinem Besten und muß als Segen erachtet werden.»

Joseph überlegte einen Augenblick, dann erwiderte er mit einem Aufatmen: «Du hast mich aus dem Felde geschlagen, mein Sohn. Ich erkenne es jetzt. Jedes Gotteswort an den Menschen ist eine Segnung, niemals ein Fluch. Im Schweiß der Stirn liegt eine große Befriedigung.»

Sie stiegen weiter bergan und hofften, noch bevor die Nacht ihr Dunkel über den Weg warf, heimzukommen. Doch als sie gerade sich anschickten, den Fußpfad hinanzuklimmen, der über die kahlen Hänge nach Nazareth führte, bemerkten sie auf einmal am klaren Himmel eine kleine, aschgraue Gewitterwolke. Sie wußten wohl, was das bedeutete: einen Wolkenbruch, unter dem das Land im Nu stark überschwemmt wurde. Die Wolkenballung barst denn auch alsbald und stieß sich bauschende Massen aus, die sich wie eine schmutzig-fahle Decke zwischen Himmel und Erde ausbreiteten. Dann setzte der Regen ein, nicht in Tropfen, sondern in strömenden Güssen, die schräg auf den Erdgrund aufschlugen und ihn zu einem klebrig-zähen Brei verwandelten. In der unversehens hereingebrochenen Sintflut von Wasser und Finsternis wich der Boden unter ihren Füßen. Sie wateten in rinnendem Schlamm, als ob eine zweite Flut aus plötzlich entsprungenen unterirdischen Quellen emporbreche, als ob die Erdkruste, eine dünne Schicht fester Oberfläche, unter der Gewalt des Wassers berste.

Des Esels Halfter umkrampfend, mühte sich Jeschua ab, wenigstens einen Baum zu erreichen, der ein wenig Schutz bot. Aber die Finsternis war so undurchdringlich geworden, daß er jeglichen

Richtungssinn verlor. Er blieb stehen; da merkte er zu seinem Schreck, daß Joseph nicht mehr neben ihm war.

«Abba, wo bist du?», rief er.

Dreimal stieß er den Ruf aus; schließlich vernahm er ein unterdrücktes Stöhnen. Er ließ den Esel los und stapfte in der Richtung, aus der der Laut gekommen war, durch den Schlamm. Joseph war mit den Beinen in eine schmale Rinne geraten; bis zur Hüfte stand er in dem reißenden Wildbach, der sich abwärts ergoß, und war nah am Umsinken.

«Abba, Abba», schrie der Knabe und streckte dem Vater die Hände hin.

«Geh weiter, Jeschua, ich kann nicht mehr.»

«Nein, Abba, nein!»

«Laß mich, Tinoki», flüsterte Joseph, und Jeschua spürte, wie der Körper des Vaters untersank. Da aber raffte sich Jeschua empor, hob das Gesicht, das der Regen peitschte, und schrie zum Himmel:

«Vater, Vater, von wannen soll mir Hilfe kommen?»

Da erblickte er, dunkel wie durch einen Schleier, einen Ölbaumhain kaum ein paar Schritte von ihm entfernt.

«Abba, ermanne dich, ich bringe dich zu dem Hain; dort stehen die Stämme dicht und bieten uns Schutz.»

«Was für ein Hain?», fragte Joseph wie aus dem Traum sprechend.

«Dort der Olivenhain, gerade vor deinen Augen.»

«Du täuschst dich, Tinoki, auf dem Hügel hier stand nie ein Hain.»

«Aber, Abba, er ist da, siehst du ihn denn nicht? Ich bringe dich hin.»

Jeschua zog den Vater aus dem Bachbett heraus und stützte ihn, während sie miteinander dem Schutz der Bäume zustolperten und Joseph immer vor sich hinmurmelte: «Nie sah ich hier auf dem Hügel bisher je einen Hain.»

Sie betraten das Wäldchen, dessen Boden zu ihrem Staunen trocken war; kein Regentropfen war durch das Laub gerieselt, das Erdreich zwischen den Bäumen war von weichem Moos bedeckt. Joseph sank sofort zu Boden, denn seine Füße schmolzen unter seinem Rumpf hinweg wie Wachs.

Während der Vater sich ausruhte, lief Jeschua wieder in den

Regen hinaus, um das Eselein zu suchen; bald brachte er es denn auch geführt. Der Vater war unter einem Ölbaum fast eingeschlummert; jetzt ging ein schwaches Lächeln über sein Gesicht, das die Furchen um den Mund vertiefte.

Sich an dem völlig durchnäßten Tier festhaltend, stand Jeschua über den Vater gebeugt. In dem Hain war es dunkel, und kein Laut war zu hören außer dem Geräusch der Regentropfen, die auf die Blätter aufschlugen.

Joseph ward es leicht und wohl. Er sah einen schmalen Fußpfad, der sich durch das Wäldchen wand und zu einem kleinen Häuschen hinlief. Dessen Vorderwand war von Strahlenglanz überflossen wie an einem sonnenhellen Morgen. An der Tür saß sein junges Weib Miriam zwischen blauen und weißen Malven. In ihren Armen hielt sie den Säugling Jeschua, dessen Händchen ihr Hals und Gesicht streichelten, und seine kleinen Lippen plapperten immerzu, als habe er ihr etwas zu erzählen. Und die Mutter lauschte dem Schwall der kindlichen Laute, als ob sie ein zauberhaftes Märchen vernehme, so wie Joseph es oft erlebt hatte, wenn er in lange vergangener Zeit von einem Winkel der Werkstatt her die beiden beobachtet hatte.

«Abba, Abba», sagte Jeschua, «das Wetter ist vorbei; es wird Zeit, heimzugehen.»

«Wohin zu gehen, mein Kind?»

«Heim zu Emi. Sieh doch, der Regen hat aufgehört.»

Matt schlug Joseph die Lider auf.

«Ja, Tinoki, bring mich heim zu Emi.»

Jeschua mühte sich ab, dem Vater aufstehen zu helfen, doch die Beine gehorchten Joseph nicht mehr. Da machte sich Jeschua entschlossen daran, die Wurzelstöcke von dem Esel loszubinden; er versteckte sie dann in einem nahegelegenen Graben und hob Joseph auf den Rücken des Esels. Er deckte ihn mit den ihnen von Miriam mitgegebenen Mänteln zu und seilte ihn so fest an, wie er konnte, damit er nicht herunterfalle. Darauf nahm er die beiden Spaten und die Axt auf und führte den Esel zurück zum Weg nach Nazareth. Der Regen hatte tatsächlich aufgehört; sanftes Zwielicht lag über Gras und Laub, das die Nässe von sich schüttelte.

Schon war die Nacht über Nazareth herabgesunken, als Jeschua zur Mutter heimkam. Miriam stand mit einer Lampe in der Tür.

Sie sprach kein Wort, während sie Jeschua half, den schwachen, zusammenfallenden Körper Josephs loszubinden. Sie trugen ihn dann ins Haus und betteten ihn auf sein Lager, wo Miriam ihm die durchnäßten Kleider auszog und ihn mit Kampferöl einrieb.

Doch Joseph war noch immer im Olivenhain im Tal. Miriam, die sein Haupt hochhielt, sah, wie seine Lippen sich leicht bewegten. Sie beugte sich über ihn und brachte ihr Ohr seinem Mund nahe.

Schwer ging Josephs Atem; mit einer letzten Anstrengung hauchte er: «In Deine Hände, Vater im Himmel, nimm zurück das Pfand, das Du mir zu hüten gabst. Mein Werk ist getan.»

«Joseph, Joseph», flüsterte Miriam dem Sterbenden ins Ohr. «Du warst uns der treueste Hüter und ihm der beste aller Väter, als wäre er dein eigenes Kind gewesen.»

Danach küßte sie des Toten Stirn und deckte ihren Schleier über sein Antlitz.

Jeschua aber war vierzehn Jahre alt, da sein irdischer Vater von hinnen schied. Und er nahm auf sich die Bürde des Ältesten in dem verwaisten Hause.

DRITTER TEIL

ERSTES KAPITEL

FÜNFZEHN Jahre waren vergangen seit Josephs Tod. Vor fünfzehn Jahren hatte Jeschua als ältester Sohn die Aufgabe der Erhaltung der Familie übernommen. In der Werkstatt und im Beruf hatte er Josephs Nachfolge angetreten, und in seinen Mußestunden hatte er mitgeholfen, seine Brüder aufzuziehen zu «Wissen, Ehe und gutem Tun», wie der Spruch heißt.

Miriams jüngere Kinder waren alle verheiratet und wohnten mit ihren Gattinnen oder Gatten zusammen, da das der verwitweten Mutter gehörende Stück Land zu klein war, um alle zu ernähren. Nur Miriam und ihr ältester Sohn waren in dem Häuschen am Hügel über der Stadt verblieben.

Jakob, der «Jünger», wie er genannt wurde, stand zu Nazareth in großem Ansehen wegen seiner Gottesfürchtigkeit. Die Gebildeten achteten seine Frömmigkeit und peinliche Gesetzestreue hoch, das einfache Volk betrachtete ihn als einen Heiligen, ja traute ihm zu, er vermöge Wunder zu wirken.

Jakobs Gottesfurcht sprach sich schon in seiner Erscheinung aus. Er war großgewachsen, mager, ohne eine Unze losen, lockeren Fleisches auf den Knochen. Wenn er betete, so schwang sein Körper vor- und rückwärts wie ein Schilfrohr. Er verheiratete sich früh mit der Tochter eines armen Mannes, die er zuvor nie gesehen hatte, lediglich um die Vorschrift des Gesetzes, sich zu vermehren, zu erfüllen. Sehr bald ließ er sein junges Weib im Stich und zog sich in die graue, halmlose Wüstenei am Toten Meer zurück, wo er sich einer Siedlung von Essenern anschloß, die dort ein Leben der Frömmigkeit, Armut und Entsagung führten. Als er einige Jahre später zurückkehrte, war sein Körper ausgemergelt und verfallen. Seine schwarzen Augen, noch größer erscheinend denn früher, blickten wie versunken aus tiefen Höhlen heraus. Wild umwucherte ihn Kopf- und Barthaar; er ging barfuß und trug nur einen Sack auf dem Leib und einen Strick um die Hüften gleich den Ärmsten.

Seine Sorge um Reinlichkeit war zu einer Besessenheit geworden; dauernd wusch er sich die Hände, und er ging an keinem Bach vorbei, ohne daß er seinen spindeldürren Körper hineintauchte, so daß niemand mehr darüber erstaunte, ihn mit triefenden Schläfenlocken und Barthaaren zu sehen.

Er hatte ein großes Wissen in der Heilkunde erworben, hatte die Eigenschaften einer jeden Pflanze und Rinde erlernt und verstand, aus ihren Säften Tränklein für Kranke herzustellen. Von seinem Vater Joseph hatte er eine tiefe, unausrottbare Verachtung für die Reichen geerbt; und als Reiche galten bei ihm alle, die den Boden nicht mit eigenen Händen bestellten. Er ließ sich jedoch nie zu einem Wort geschweige einer Handlung gegen sie hinreißen; er mied nur den Umgang mit ihnen und machte einen weiten Bogen um alle Geldverleiher und Geschäftemacher sowie um die Ausbeuter, die sich Arbeiter für ihre Weinberge anstellten. Er gesellte sich zu Bettlern, Landstreichern und Tagelöhnern und stand bei diesen an der Tür der Synagoge. Man nahm in Nazareth an, daß er diesen Platz aus Demut sich aussuche, und ließ ihn wortlos gewähren.

Jakob hatte die Überzeugung nicht verloren, daß sein ältester Bruder einer besonderen Begnadung teilhaftig sei. Er hielt Jeschua für einen Bevorzugten des Himmels, eine Auszeichnung, die ihm gewisse Freiheiten erlaubte. Trotzdem konnte er sich nicht abfinden mit Jeschuas Laxheit hinsichtlich der rabbinischen Lehren, die für ihn den göttlichen Willen darstellten. Und so betete er alle Tage zu Gott, Er möge ihm die Augen öffnen, auf daß er die Wege des Bruders in ihrem wahren Licht erblicke.

Daß der Bruder seine eigenen Wege ging, das stand außer Frage. Jakob achtete und ehrte ihn darum, doch gleichzeitig hielt er sich fern von dem Bruder, damit seine eigene Seele nicht in Fährnis gerate.

Von ganz anderm Schlag waren die jüngeren Brüder. Joses und Simon waren zwei grobkörnige Gesellen mit riesenhaften Fäusten und starken Nacken, die Gesichter von lockigen dunklen Bärten umrahmt, die Nasen in kühnen Bogen daraus vorspringend. Auch sie heirateten früh, und Miriam erlebte, daß sie mit Söhnen gesegnet wurden. Sie waren beide bei ihrem Onkel in die Lehre gegangen, Sandalenmacher geworden und arbeiteten in der Werkstatt des Kleophas neben dem Markt. Sie waren der Schrecken der Söhne Pinchas; denn die alte Familienfehde war weder vergessen noch vergeben.

Gleich ihrem Oheim und Lehrmeister Kleophas waren Joses und Simon fleißige Schaffer und redliche Handwerker. Gleich ihm waren auch sie keine Muster an Gelehrsamkeit, einen Mangel, den sie wettmachten durch ihre Anhänglichkeit an die Rabbunim, die das Licht ihrer Augen waren. Da sie das Gesetz bis in seine vielfachen Verästelungen aufs getreulichste befolgten, so waren sie ebenfalls nicht erbaut über Jeschuas Lässigkeit in dieser Hinsicht und ebensowenig über seinen ihnen verkehrt erscheinenden Hang, die Gesellschaft von Gelehrten zu verschmähen und sich statt dessen mit ungebildeten und allerhand sonstigen fragwürdigen Menschen abzugeben. Was sie aber besonders verletzte, das war Jeschuas Spötteln über die heiligen Stätten. Denn Jeschua ging nur selten hinauf nach Jerusalem, und wenn man ihn deswegen zur Rede stellte, so antwortete er mit Worten wie diesen:

«Was ist Jerusalem? Jerusalem ist die Stadt des Großen Königs. Es ist auch eine aus Stein erbaute Stadt. Braucht Gott Steine, um darin zu wohnen? Ist uns nicht gesagt, daß die Erde voll ist Seiner Herrlichkeit? Und hat Er nicht gesagt: ‚Wo immer du Meinen Namen anrufst, da werde Ich kommen und dich segnen'? Gott will nichts als ein reines Herz und Hände, die kein Böses tun. Und ich sage euch: wenn Sodom und Gomorrha Buße tun und Gerechtigkeit üben, dann taugen sie mehr zum Hause Gottes denn ein sündiges Jerusalem.»

Es war immerhin gut, daß dieser Ausspruch nur im Familienkreise fiel. Wie immer die Gesinnung der Brüder sein mochte, man durfte ihnen vertrauen, daß sie dergleichen nicht weitererzählten.

Der jüngste von Josephs Söhnen war Juda. Er war der Stolz seines Oheims, denn er vereinigte in sich die Tugenden der Gelehrsamkeit und Gesetzestreue mit gesundem Menschenverstand. Juda hatte länger in Jerusalem verweilt als der älteste Bruder und kam als ausgewachsener Schriftgelehrter zurück. Außerdem war er in seinem ganzen Gehaben besonnen und achtsam; alle religiösen Vorschriften hielt er pünktlich und genau ein und befleißigte sich einer gleichmäßigen Höflichkeit zu jedermann. Er war daher in Nazareth allgemein beliebt, und man darf sogar sagen, daß es in der Hauptsache auf ihn zurückging, wenn Jeschuas Mutter bei den Nachbarn wieder wohlgelitten wurde.

Juda hatte seine Ausbildung bei den Pharisäern genossen; mit den Essenern war er in keinerlei Berührung gekommen. Deren Absonderungsbedürfnis und vornehmliche Besorgnis um Reinlichkeit stieß ihn als im Widerspruch stehend mit den Lehren der

Rabbunim ab. Seine Kleidung war stets fleckenlos und sein Haar tadellos geölt; überhaupt trug und betrug er sich in allem, wie es einem Gelehrten geziemte. Es konnte daher nicht Wunder nehmen, daß der ins Auge fallende Unterschied zwischen ihm und seinem Bruder Jakob den Leuten mancherlei Gesprächsstoff gab. Jakobs Hang zur Einsamkeit stand Judas Freude an Geselligkeit gegenüber; während Jakob schweigsam war – die Sprache, sagte er, sei die einzige Eigenschaft, die der Mensch vor den Tieren voraushabe und solle dem Gebet und dem Segensspruch vorbehalten bleiben –, war Juda, sowohl daheim wie in der Öffentlichkeit, gesprächig. Er sprach auch gut, vermochte seine Gedanken in wohlgefügte Sätze und hübsche Bilder zu kleiden, und man merkte dem glatten Redefluß, mit dem er dies alles vorbrachte, die jahrelange Schulung durch die scharfen Auseinandersetzungen in Jerusalem an.

Mit dem dem guten Sprecher eigenen Selbstvertrauen scheute sich Juda nicht, seiner Meinung jederzeit Ausdruck zu geben, und er machte gern und oft Gebrauch von seiner Geschicklichkeit darin, Gegner mit einem wohlgezielten Stich zu erledigen. Während der ältere Bruder Jakob, wie die Weisen es ausdrückten, «schwer zu erzürnen und leicht zu versöhnen» war, war der jüngere, Juda, nachtragend und behielt jede ihm zugefügte Kränkung wie ein Schwamm das Wasser bei sich behält.

Juda bildete somit eine willkommene Verstärkung des gelehrten Kreises von Nazareth. Binnen kurzer Zeit wurde er das Sprachrohr der Pharisäer und Schriftgelehrten des Orts.

Von vier solchen Neffen umgeben, konnte Kleophas es sich leisten, den Kopf hoch zu tragen. Der einzige von den Söhnen des verstorbenen Joseph, der den Glanz seines guten Namens in der Stadt trübte, war der älteste, Jeschua.

«Sieh her, Weib», ließ er sich eines Tages zu Miriam vernehmen, «was ist aus Jeschua, dem Eckstein deines Hauses, geworden? Irre ich mich nicht, so habt ihr alle gesagt, er sei dazu bestimmt, einmal ein Rabbi zu werden in Israel. Nun, wo sind seine Schüler? Wo ist der große Name und Ruf, den du ihm so feurig prophezeit hast? Noch immer kleidest du ihn in Weiß wie einen Bräutigam, aber an Stelle einer Braut, was hat er anders als die dumpfe Mühsal eines Zimmermannsdaseins, und an Stelle von Schülern, wer ist um ihn als ein Haufe Gesindel? Er ist die Zielscheibe des Spotts für ganz Nazareth. Nein, meine gute Miriam, Gottes Weg ist gepflastert mit Gesetz und Frömmigkeit, mit Ehrfurcht und guten Werken, so wie die Rabbunim uns beweisen. Wie du siehst, haben deine andern Söhne diesen Weg erwählt und haben Ehre gehäuft auf ihr Haupt und das Haupt ihrer Mutter.»

«Der Wege zu Gott sind viele, Kleophas. Ich weiß wohl den Segen zu würdigen, den meine jüngeren Kinder mir gebracht haben; denn das Lob ihrer Kinder ist der schönste Schmuck der Mutter. Aber meinem Ältesten hat Gott einen andern Weg bestimmt. Da wo er schreitet, kann kein anderer Mensch gehen.»

«Miriam, Miriam, laß ab von deinem Traum», sagte Kleophas, unvermittelt in einen andern Ton verfallend. «Schau, eher wächst Haar auf meinem Handteller, als daß dein Traum sich erfüllt.»

«Welcher Traum, Schwager Kleophas?»

«Der Traum, den du während deiner Schwangerschaft hattest. Alle wissen darum. Doch wenn du dir einbildest, du seiest die einzige Mutter in Israel, die einen solchen Traum hatte, so irrst du dich, Miriam.»

Miriams Gesicht wurde bleich.

«Welche Träume haben denn die jüdischen Mütter?»

«Das weißt du so gut wie ich. Jede Mutter in Israel träumt davon, den Messias zu gebären.»

Da Miriam schwieg, fuhr Kleophas fort:

«Es war dein Traum, Miriam, der deinen Sohn in die Irre leitete. Es ist jetzt an der Zeit, daß er ein Weib nimmt, ein Haus baut in Israel und wird, was seine Brüder längst sind: einer, der seiner Mutter und seines Vaters Haus Ehre macht.»

Also war es nur ein Traum gewesen, die Einbildung eines jungen Mädchens, hervorgerufen durch ihren brennenden Wunsch, die Mutter des Messias zu werden? Und diesen Wunsch teilte sie mit allen Töchtern Israels? Nein, nein, – das, was sie erlebt hatte, das war kein Traum gewesen! Von Angesicht zu Angesicht hatte sie dem Engel gegenübergestanden, und Jeschua war jungfräulicher Geburt entsprungen, so wie der Engel es verkündigt hatte. Er war kein gewöhnlicher Sterblicher, wenn er gleich vom Weibe geboren war. Der Himmel hatte ihm die Bestimmung gegeben, nicht die Gebote der Menschen zu halten, sondern den Willen Gottes zu erfüllen. Und sie war das Gefäß, das Gottes Unterpfand an die Erzväter getragen, und Jeschua, das Kind der Heilshoffnung, war ihrer Obhut anvertraut worden. Mochte es auch lange Zeit gehen, mochte kein bestätigendes Zeichen vom Himmel gesandt worden sein, sie wußte dessenungeachtet, daß Israels Hirt sie nicht verleugnen werde.

Einstweilen gab Jeschuas Verhalten keinen Anlaß, die Ältesten der Stadt ernstlich gegen ihn in Harnisch zu bringen. Er kümmerte sich um seine eigenen Angelegenheiten, arbeitete lange in seiner Werkstatt, beobachtete die rabbinischen Vorschriften in Bezug auf Aussaat und Ernte wie auf seinen Beruf. Er hielt den Sabbath und die Festtage nach den pharisäischen Regeln ein, gab weit über seine Mittel hinaus wohltätige Spenden, verdiente seinen Lebensunterhalt durch seiner Hände Arbeit, sprach von sich selbst mit Bescheidenheit und kam jedem Menschen mit Güte und Freundlichkeit entgegen.

Die Schriftgelehrten freilich waren nicht ohne Mißtrauen gegen ihn und sahen ihn scheel an, so wie sie auch Joseph scheel angesehen hatten wegen seines Umgangs mit unreinen Parias. Doch das gemeine Volk, seine Berufsgenossen und die Feldarbeiter, mit denen er täglich in Berührung kam, achteten ihn hoch und hielten ihn wert. Denn Jeschua lehrte sie die Thora auf seine eigene Weise, nicht auf Grund spitzfindiger «*pilpulim*», sondern indem er ihnen wies, wie man leben mußte, um sich dem Schöpfer nahe zu fühlen; stets aber führte er seinen Beweis mit einer neuen Geschichte oder einem schönen Gleichnis und belegte ihn abschließend mit einem Vers aus den Psalmen.

Was aber auch die Gutheißung der Weisen der Stadt fand, das war Jeschuas Liebe zu Kindern. Immer wieder sah man ihn von einer Kinderschar umgeben, die er ergötzte mit Geschichten und zu der er sprach wie zu Erwachsenen. Selbst während des Gottesdienstes in der Synagoge schien er sich in ihrer Mitte am glücklichsten zu fühlen, und, als ob er selbst nur ein Kind sei, stimmte er ein mit ihnen, wenn sie das «Amen» im Chor sagten.

Wenn man ihn wegen dieses Verhaltens zur Rede stellte, so sagte Jeschua, Gott liebe die Stimmen der Kinder, die sich zum «Schemah» erhoben, und das Gebet eines jeden dringe leichter zum Strahlenthron des HErrn, wenn es vermischt sei mit dem der Kinder. Es gab Gelehrte in Nazareth, denen diese Erklärung sehr wohl gefiel. Es sei das nun einmal Jeschuas Eigenheit, an der nichts Unrechtes sei und die keinen Schaden stifte. Andere nahmen die

Angelegenheit schwerer und äußerten sich, dieser Jeschua ben Joseph sei selbst nie über das Kindesalter hinausgekommen. Denn die allgemeine Ansicht ging dahin, daß er sich nicht wie ein Erwachsener benehme, wofür der beste Beweis seine Unbeweibtheit bildete.

Die Rabbinen rieten, mit achtzehn Jahren zu heiraten. Und da Fortpflanzung ein göttliches Gebot war, mißbilligten sie den ledigen Stand. Trotzdem hatte in der letzten Zeit unter den Juden die Ehelosigkeit merklich zugenommen. Männer, die alle persönlichen Interessen aufopferten, um ihr ganzes Leben dem Studium der Thora zu widmen, waren jetzt häufig sogar unter den Rabbinen anzutreffen. Ja, diese Tendenz beschränkte sich nicht nur auf die Männer; freiwillig auf sich genommene Ehelosigkeit wurde geradezu etwas wie ein Kult unter den frömmsten Frauen. In diesem Irrglauben wurden sie bestärkt durch die «Psalmen Salomos», ein bedauerlicherweise im Volk stark kursierendes Plagiat, worin «die Jungfrau, die keine Erniedrigung kennet und nicht lieget auf dem Pfühl der Sünde» gepriesen wurde. Immer mehr Frauen in Israel gelobten Jungfräulichkeit und widmeten ihr Leben wohltätiger Barmherzigkeit. Die hellenisierten Juden nannten sie «die ewigen Jungfrauen». Gar so weit verbreitet war der Brauch, außer in den Kreisen der Essener, allerdings auch nicht. Die große Masse Israels hielt sich an die Vorschrift der Rabbinen: «unter die Haube mit achtzehn Jahren». Fruchtbar zu sein und sich zu vermehren, dies lag in Gottes Schöpfungsabsicht, und wer von diesem Gebot abwich, störte die Ordnung der Welt.

Jeschuas Ledigbleiben wurde daher von seinen Landsleuten mit immerhin mäßigem Staunen betrachtet und erregte nur milde Mißbilligung. Sie bot keinen hinreichenden Grund zur Bitterkeit oder ernstlicher Unzufriedenheit, es sei denn bei seinen nächsten Anverwandten, vornehmlich bei Kleophas, der Miriam ständig in den Ohren lag, sie solle ihren Sohn zur Verheiratung und Gründung einer Familie gleich seinen Brüdern anhalten. Der alte Reb Elimelech, der sich deswegen wohl auch aufgeregt haben würde, weilte nicht mehr unter den Lebenden.

So lebte Jeschua denn weiter allein mit seiner Mutter zusammen. Wenn er in der Abenddämmerung von der Arbeit auf dem Feld oder in der Werkstatt kam, trat Miriam manchmal zu ihm und wischte ihm den Schweiß von der Stirn oder wusch ihm die Hände mit wohlriechendem Wasser. Häufig auch wusch sie ihm, sein Widerstreben dagegen besiegend, die Füße. Für sie waren diese kleinen Dienste, die sie ihm tat, etwas wie eine fromme Pflicht.

Niemals, die ganzen Jahre über, hatte sie aufgehört, mit Sehnsucht an Jeschuas Kindheit zurückzudenken, da er ständig auf ihre Hilfe angewiesen gewesen war. Nun, da er erwachsen war, suchte sie ihm, soweit es irgend ging, jeden Wunsch vom Auge abzulesen, für seine Kleidung und seine Ernährung zu sorgen. Und wenn er von der Arbeit heimkam, bestand sie darauf, daß er sich von ihr das Haar salben lasse.

Jeschua hatte lange dem Willen der Mutter nachgegeben; daß es Miriam so große Freude bereitete, für alles, dessen er bedurfte, Sorge zu tragen, entwaffnete ihn und veranlaßte ihn, seine Einwände zurückzuhalten. Ja, es war eigentlich mehr als Freude, was Miriam dabei beseelte. Der kleinste Dienst, den sie dem Sohn tun konnte, wurde von ihr mit grenzenloser Hingabe ausgeführt, als widme sie sich dabei einer heiligen Pflicht. Seine Kleider hielt sie so makellos rein wie die des Hohepriesters im Allerheiligsten, und Jeschua erschien daher, der Mühsal seines Arbeitstages zum Trotz, in der Öffentlichkeit stets in feinstes, fleckenloses Linnen gewandet. Es konnte nicht ausbleiben, daß der eine und andere Stadtbewohner nichts Besseres zu tun hatte, als seiner Verwunderung darüber Ausdruck zu geben, wie Miriams Sohn, der Zimmermann, zu solch feinem Gewebe komme, das bestimmt kostspieliger sei als das, welches der mit funkelnden Ringen und Ketten protzende Sohn des Geldverleihers Talami trug. Die großartigen weißen Tuniken und Talare Jeschuas erregten auch den Neid Minderbemittelter, die den Schreiner eines ihm nicht anstehenden, auffälligen Gepränges ziehen. Sie ergingen sich in Andeutungen darüber, daß Jeschuas Aufzug nicht nur seinen niederen Beruf und die Armut seines Hauses Lügen strafe, sondern ihn geradezu als einen Königssohn erscheinen lasse. Hatte man ihn je, wurde gefragt, wie seinen Bruder Jakob in einem sackleinenen Büßergewand gesehen? Oder auch nur in einem Werktagskittel, wie Joses und Simon ihn trugen?

Nicht weniger Mühe als mit seiner Bekleidung gab sich Miriam mit Jeschuas Ernährung; jedes Mahl, das sie ihm herrichtete, kam ihr wie ein Sakrament vor. Das irdene Geschirr, in dem sie ihre bescheidenen Mahlzeiten anrichtete, glänzte von ständigem Putzen und Scheuern. Der niedrige Tisch war stets mit frischem, schneeweißem Linnen gedeckt, mochte es Sabbath oder Werktag sein. Und wenn Jeschua zum Tische trat, unterließ es die Mutter, stets einer Priesterin gleich in ihr bestes Gewand gekleidet, niemals, sich zu erheben. Und ehe er noch Zeit fand, den Kopf zum üblichen Gruß zu neigen, trat Miriam auf ihn zu, um in Demut ihres Sohnes Schulter zu küssen.

«Ema, was tust du denn?», fragte Jeschua einmal mit leichtem Vorwurf im Ton. «Warum hinderst du mich daran, meine Mutter zu ehren, wie es das Gesetz allen Menschen gebietet?»

«Bist du wie alle Menschen, Jeschua?», frug Miriam dagegen.

Es wurde nicht mehr darüber gesprochen, und Jeschua duldete fortan, daß die Mutter sich als seine Dienerin betrug.

Ihr ganzes Verhalten war eine ständige Mahnung an seine Sendung. Mit jedem Male, da er seine Mutter ihm Dienst und Gehorsam zollen sah gleich einem Fürsten, ward er sich seiner göttlichen Erwähltheit sicherer und erlebte er deren neuerliche Bekräftigung. Es hätte ihn kaum unwiderstehlicher aufzurühren vermocht, wenn eine himmlische Stimme ihm zugerufen haben würde, hinzugehen und sein messianisches Königreich zu fordern. Und da Jahr um Jahr verging, ohne daß sich ein Zeichen oder ein Vorzeichen dafür begab, daß die Zeit gekommen sei, hielt Miriam das Feuer seines Glaubens in Brand gleich der ewigen Flamme im Tempel.

So lebten sie, ihr gemeinsames Geheimnis bewahrend, zusammen dahin. Und beide hörten nicht auf zu harren auf ein Zeichen, das ihnen verkündete, die Zeit zur Enthüllung des Geheimnisses sei reif.

Miriam wurde oftmals des Geisteskampfs gewahr, der in ihrem Sohn sich abspielte. An solchen Tagen fand sie kein Wort zu seiner Tröstung. Sie mußte es ihm überlassen, das Ringen mit Teufeln und Engeln zu bestehen. Gleich Jakob bei seinem einsamen Kampf mit dem Engel mußte ihr Sohn sich auf die eigenen Kräfte verlassen. Doch im Geist konnte sie sein Fieber und seine Pein miterleben. Sie erkannte, wie er Wehr und Schutz suchte in den Büchern der Propheten. Ganze Tage lang konnte er über den Schriftrollen des Buches Jesaia, der Propheten oder des Henoch sitzen, die Joseph ihm hinterlassen hatte.

Manchmal war sein Sinn heiter gleich dem blauen Himmel, wenn ein Gewitter vorüber ist. Da wußte Miriam, daß er sich gestärkt hatte an den Worten Davids oder Jesaias. Zu andern Zeiten war er, nachdem er lange in den Propheten gelesen hatte, tief aufgewühlt. Sein Antlitz war wie von Wolken beschattet, und er sah Miriam mit trauervoll forschendem Blick an.

Dann bewegten Miriams Lippen sich hilflos, und sie vermochte kein Wort herauszubringen. Sie hätte ihn fragen mögen, was ihm so den Sinn verstört habe, doch stets versagte ihr Mut, ihre Lippen vermochten nur zu beben und ihre Augen flehentlich auf ihn zu blicken, indes ihr Herz von Liebe und Mitleid überströmte.

Manchmal auch verschwand Jeschua ohne vorherige Ankündigung für mehrere Tage, meist in Gesellschaft des Gerbers Taddi. Miriam wußte, daß sie über die geheimen Grenzen seines Wesens nicht hinüberspähen durfte. An ihr war es, jede seiner Handlungen hinzunehmen als ein Schritt auf dem Wege, den Gott ihm vorgesetzt. Doch trotz dem Wissen darum zerriß die Angst vor dem wundersamen Ereignis, das zu jeder Stunde eintreten konnte, ihr Herz. Wenn Jeschua ohne Erklärung ausblieb, so lag sie lange Stunden in einem Winkel ihrer Stube auf den Knien und suchte sich von ihrer Angst zu befreien durch das Gebet:

«Es steht mir nicht zu, o Gott, seinen Wegen zu folgen. Ich weiß, daß all sein Tun Deinem Worte gemäß und um der Aufgabe willen geschieht, die Du ihm bestimmt hast. Der Himmel verhüte, daß ich den Schleier zu lüften trachte, den Du zwischen ihn und all Deine Geschöpfe gesenkt hast. Aus meinem Schoß hast Du dieses Kind hervorgehen lassen und hast ihn meiner Erkenntnis entzogen; und doch hast Du in mein Herz eine Liebe zu ihm gepflanzt größer, denn ich tragen kann. Laß mich also mit ihm bis zum Ende seiner Erdentage gehen und nimm nicht von mir meine Angst und meinen Gram um ihn, denn siehe, meiner Seele Pflicht ist dies.»

ZWEITES KAPITEL

AUSSER seiner Mutter war es von den Familienangehörigen nur seine Tante Mariama, die frühzeitig Jeschuas hohe Berufung erkannt hatte und diesem Glauben die ganzen Jahre hindurch treu geblieben war. Diese Überzeugung hatte von ihr nicht mit der zwingenden Gewalt Besitz ergriffen, wie es bei Miriam der Fall war; doch unwillkürlich sah sie in ihrem ältesten Neffen mehr, als andere Männer oder Frauen in ihm sahen, mochten diese auch gebildeter und klüger sein als sie.

Und einmal erblickte sie ihren Schwestersohn in der ganzen Fülle seiner Begnadung, und fortan wußte sie, daß Jeschua nicht mit der Elle menschlicher Schwachheit und menschlichen Vollbringens gemessen werden dürfe.

Der Vorfall an sich hatte nichts Außergewöhnliches; ein ganz alltägliches Vorkommnis war es, das Mariama die Augen öffnete.

Es war zur Zeit der Aussaat im Spätfrühling. Jeschua säte auf dem abfallenden Acker, der ihnen gehörte, Gerste an. Mariama selbst arbeitete emsig mit Spaten und Schaufel, um rund um den Rand des Saatgeländes, wo das Feld steil in eine felsige Senke abstürzte, die früher ein Bachbett gewesen war, einen Graben zu ziehen. Als sie den Kopf hob, sah sie ihren Neffen mit großen Schritten zwischen den Furchen den Hang herunterkommen. Ein über den Kopf gelegtes Tuch schützte ihn gegen die stechende Sonne; die Schöße seines weiten weißen Kittels waren in den Gürtel gesteckt, und aus einem gefalteten Schurz griff er mit der Hand das Saatkorn und streute es aus. Es war ein Mariama wohlvertrauter Anblick, von dem keines andern Sämanns unterschieden, und doch war sie mit einmal betroffen durch die leuchtende Weiße seines Gewands und das Licht, das seinem Gesicht entstrahlte.

Ihr kräftiger, dunkelhäutiger Hals wurde plötzlich steif. Dann war es ihr, als ob alles Blut aus ihrem Körper wiche; ihre Beine gaben nach, und sie sank zu Boden. Ihr Herz schlug hochauf, und der Angstschweiß brach aus ihrer Stirn.

Es war ihr, als ob die Sonne nur über Jeschua scheine, während die ganze Welt zu einem einzigen Nebel wandernder Stoffstäubchen zerfließe. Sie sah sein weißes Gewand leuchten gleich einer silbernen Rüstung, und er schien ihr ein Erzengel, der hinschritt auf der kleinen Erde und mit offener Hand das Korn ausstreute. Die Bewegung seines Arms war wie das Wehen eines Sturms, denn einige der ausgesäten Körner sanken gleich Regentropfen tief in die Furchenrinnen ein, indes andere, vom Winde erfaßt, an Mariamas Kopf vorbeiwirbelten, um auf das tote Gestein des Bachbetts zu fallen. Und Mariama sah andere Samenkörner aus Jeschuas Hand weit in die Runde fliegen, als würden sie von unsichtbaren Schwingen mitgeführt, denn sie wurden zu fernen Feldern weit außerhalb ihres Gesichtskreises hingetragen. Sie staunte ob der Vielzahl der Körner, die Jeschua in seiner Hand faßte; es war, als ob sie in unerschöpflicher Fülle seinen Fingern entströmten. Mit gewaltigem Schritt kam Jeschua heran, und Mariama, am Boden hingestreckt, verbarg ihr Gesicht vor seinem Anblick, als ob sie das Nahen eines Engels gewahre. Als sie wieder aufblickte, war Jeschua, ohne etwas zu bemerken, vorübergegangen.

Mariama raffte sich rasch auf und rannte, ohne sich umzublicken oder stehen zu bleiben, heimwärts. Eine heilige Scheu war über sie gekommen; sie fürchtete sich, mit Jeschua allein zu bleiben; denn es war ihr, als müsse sie zugrundegehen, weil sie erblickt, was nicht für ihre Augen bestimmt war.

Erhitzt und atemlos, die Augen vor Grauen geweitet, langte sie an ihrer Haustür an.

«Was ist denn, Mariama?», fragte ihr Mann nicht ohne Erregung, «warum zitterst du denn so?»

«Ich war draußen auf Miriams Acker...» Sie stockte.

«Nun, was hat sich da zugetragen?», fragte Kleophas, während die beiden bei ihm arbeitenden Neffen herzutraten.

«Ich... ich habe Miriams Sohn beim Säen gesehen...»

«Nun, das hat dich so erschreckt?»

«Ja... Denn ich sah etwas, was nicht für meine Augen bestimmt war.»

Die Männer starrten sie verständnislos an.

«Also, Weib, sag uns, was du gesehen hast», drängte Kleophas.

«Er kam das Feld heruntergeschritten und säte Gerste an. Doch plötzlich war er verwandelt und sah aus wie ein Erzengel in silberner Rüstung, der vom Himmel herabkam. Und er säte wohl, doch ich konnte nicht erkennen, was es für ein Saatkorn war, das seiner Hand entflog; es schien überhaupt kein Korn zu sein, sondern etwas anderes. Denn einige der Körner sanken in den Boden, doch andere wurden abgetrieben, um zwischen die Steine und die Dornen zu fallen, und noch andere wurden weit querfeldein getragen, weiter, als ich zu sehen vermochte. Ich sah die Samenkörner seiner Hand entfliegen, allein ich kannte sie nicht; denn es war kein menschlicher Sämann, der sie ausstreute in die Runde.»

Sie sprach in einer Art und Weise, wie nie einer bisher Mariama hatte sprechen hören. Ihre Augen hatten einen glasigen Blick, und ihr dunkles Gesicht war rot angelaufen, daß es schien, als ob eine Seherin aus weissagender Verzückung heraus spreche.

«Du hast jetzt anscheinend auch Gesichte; wie deine Schwester Miriam redest du daher ohne Sinn», sagte Kleophas. «Erst sagst du, du hast gesehen, daß Jeschua Gerste gesät hat, und dann weißt du auf einmal nicht mehr, was er eigentlich gesät hat. Nun, ich werde dir sagen, was er gesät hat; er hat das Saatgut vom letzten Jahr gesät, das zurückbehalten wurde für die diesjährige Aussaat.»

«Nein, Kleophas, das war kein irdisches Gewächs, was er gesät hat. Es waren Samen, die nur im Himmel sprossen. Und die, die in die Furchen gefallen sind, aus diesen wird das Brot der Erlösung keimen. Andere aber fielen auf steinigen Grund.»

Kleophas wußte nicht mehr, was er sagen sollte. Das kannte er nicht an Mariama, daß sie so sicher von Dingen sprach, die über ihr Verständnis hinausgingen. Zum ersten Mal, seit er verheiratet war, überkam ihn etwas wie Ehrfurcht vor seiner Frau.

Das Gesicht, das die Tante Mariama auf dem Acker gehabt, wurde bald Gegenstand hitziger Erörterungen unter den männlichen Mitgliedern der Familie. Als Jakob den Bericht darüber hörte, sagte er nur kurz:

«Ich wußte immer, daß Jeschua zu Großem erkoren sei. Wer weiß, was unser Bruder ausgesät hat.»

«Warten wir es ab, was für eine Frucht daraus entsteht», sagte der jüngere Juda. «Dann werden wir erkennen, ob unseres Bruders Korn von der Erde war oder vom Himmel.» Und mit einer liebenswürdigen Verneigung, die anzeigen sollte, daß er geendet habe, setzte er hinzu: «Am Brot erkennt man den Samen.»

Der in ihn vernarrte Oheim Kleophas aber zwinkerte ihm zu und sagte schmunzelnd:

«Endlich das Wort eines wahrhaft Weisen, keine Einbildung und kein Weibergeschwätz, sondern gesunder Menschenverstand.»

In Nazareth war noch ein anderer Mann, der die ganzen Jahre über den unerschütterlichen Glauben an Jeschua beibehalten hatte: Taddi der Gerber.

In früheren Jahren, als Jeschua noch ein Knabe war, hatte Taddi ihn die Thora und die Legenden gelehrt. Jetzt war der Gerber ein alter Mann, der gierig der Rede seines einstigen Schülers lauschte.

Taddi war innerlich der Gleiche geblieben, die genügsame und selbstzufriedene Seele, die er immer gewesen, obschon er jetzt verwitwet und so arm wie immer war. Von seiner Frau hatte er nichts geerbt als das schwere Gichtleiden, und die Knöchel seiner Füße, die jahrelang in der Gerbsäure gestanden hatten, waren angeschwollen wie Kürbisse. Trotzdem hatte der Gerber kaum etwas von seiner Lebhaftigkeit und Beweglichkeit verloren. Die Füße rührend von alten Lumpen umwickelt, humpelte er von Dorf zu Dorf, um zu verkünden, ein neues Licht sei aufgegangen in Israel. Denn er hatte oft gehört, wie Jeschua den Armen tröstliche Worte spendete, und gesehen, wie sein Wesen ihre Gemüter aufrichtete. Jeschua war für ihn ein Bote Gottes, der ausgesandt war, die Finsternis zu erhellen durch das Wort seines Mundes.

Taddis Kinder waren jetzt auch erwachsen. Von seinen Söhnen waren einige Tagelöhner geworden, die bei irgend einem reichen Gutsbesitzer an der Ölpresse oder im Weinberg arbeiteten, Brunnen gruben oder Wasser trugen. Andere von ihnen hatten Nazareth verlassen, um außerhalb ihr Glück zu suchen. Zum ersten Mal im Leben verfügte der alte Taddi jetzt über freie Zeit. Er brauchte keine Familie mehr zu ernähren, und er selbst war ein wohlgeübter, gewohnheitsmäßiger Hungerleider; ihm machte es nichts aus, wenn er einen Tag lang von ein paar aufgelesenen unreifen Datteln und einem Schöpflöffel Brunnenwasser leben mußte.

In einen groben alten Leinenkittel gekleidet, humpelte er auf den Weinberg irgend eines reichen Gutsbesitzers hinaus und erzählte den Tagelöhnern von dem neuen Tröster, der in Israel aufgestanden sei; oder er zog umher und betrat als Fremder die Synagoge eines kleinen Städtchens, wo er sich zu den Feldarbeitern und Handwerkern stellte, um ihnen, vor Begeisterung glühend, zu verkünden: «Sehet, der Lohn für eure Mühen soll euch werden, wenn die Niederen aus dem Staub gehoben werden, denn der HErr hat einen Tröster gesandt, um die Armen zu trösten!»

Taddi war ja einer ihresgleichen, ein Schwerarbeiter wie sie alle, der wohl wußte, wie es den Armen und Bedrückten zumute war. Er kannte die Ausgestoßenen und Geächteten, die ungebildeten Parias, die kein Erbteil hatten in Israel und die auch keinen Anteil hatten an dieser oder der künftigen Welt, sintemal ihre Armut sie ausschloß von der Lust des Lebens, während ihre Gesetzesunkenntnis sie verbannte aus dem Paradies. Das waren die

Leute, zu denen Taddi sprach, die Menschen, die sich selbst wertloser dünkten als der Staub unter ihren Füßen. Manchmal brachte er auch Jeschua selbst zu ihnen oder ließ sie zu ihm ins Haus kommen.

Südlich Nazareth, dort wo die Hügel Galiläas in die Ebene Jesreel übergehen, lag der große Weinberg von Reb Scheschet bar Kaspi. Meilenweit dehnte er sich am sonnigen Südhang des Höhenzugs hin. Im ganzen Land waren seine Trauben ob ihrer Süße berühmt. Dank dem kühlenden Tau, der in den Nächten reichlich fiel, gewann der aus ihnen gekelterte Wein Fülle und Blume, so daß er in Jerusalem stark gefragt wurde. Es kam auch hinzu, daß der fette rote Boden dieser Höhen eine frühe Reife herbeiführte, so daß Bar Kaspi erfolgreich mit den Weinen des Jordantals den Wettbewerb aufnehmen konnte.

Es hatte einmal eine Zeit gegeben, da der Weinberg unter eine Anzahl kleiner Winzer aufgeteilt war. Allmählich aber hatte sich Scheschet bar Kaspi durch Aufkauf der mit Schuldverschreibungen belasteten kleinen Grundstücke des ganzen Bodens bemächtigt und ihn an seinen Grundbesitz angegliedert. So war jetzt der ganze Südhang des nazarenischen Höhenzugs in seinem Besitz; eine Unmenge angeworbener Hilfskräfte bearbeiteten ihn. Freilich mußte der einstmals in viele kleine Stücke aufgesplitterte Boden nach einem halben Jahrhundert gelegentlich des Jubeljahrs den ursprünglichen Eigentümern zurückerstattet werden; aber bis dahin war es noch lang, und außerdem gab es Mittel und Wege, um das Gesetz zu umgehen. Einstweilen blieb Scheschet bar Kaspi der Midas von Nazareth. Sein Reichtum, den das Gerücht allerdings übertrieb, war immerhin groß genug, um Scheschet bar Kaspi zu einem würdigen Genossen der edlen Herren von Jerusalem zu machen. Außerdem genoß er allgemeine Achtung als wohltätiger Mann; denn daß er seine früheren Schuldner auf seinem Grundbesitz arbeiten ließ, das wurde ihm als reine Menschenliebe angerechnet.

Jeschua, dem jedes Eckchen und Winkelchen der Gegend auf Meilen in der Runde vertraut war, kannte auch diesen Weinberg wohl. Er hatte seit Jahren ein Augenmerk darauf gehabt, wie Bar Kaspi seine Wucherfäden gleich einem Spinnennetz über die kleinen Stücke Land der Armen ausbreitete. Er hatte auch beobachtet, wie die früheren Besitzer nun zur Erntezeit, statt zu singen und fröhlich zu sein, in mürrischem Schweigen, nicht selten Verwünschungen auf den Lippen oder gar in finsterer Verzweiflung verbissen, ihre Arbeit verrichteten. Er hatte gesehen, wie die nackten Rücken der Männer vor Schweiß glänzten, während sie über ihre Schaufeln gekrümmt schafften oder schwere Wasserkufen von der Zisterne heranschleppten, um die Rebstöcke zu netzen. Diese knechtisch gebeugten Rücken waren ihm ein gräßlicher, widerwärtiger Anblick. Mit der Verpfändung und dem Verlust ihres Bodens hatten diese Menschen ihre Unabhängigkeit und ihre Selbstachtung eingebüßt. Sie waren auch abgeirrt von der hellen, freien Straße der Thora, um in die Grube der Unwissenheit und Sündhaftigkeit zu fallen.

Oftmals war Jeschua hingegangen zu den Männern in Bar Kaspis Weinberg. Er hatte nicht zu ihnen gesprochen; denn ihre Arbeitsstunden gehörten ihrem Arbeitgeber, und die Aufseher wachten scharf darüber, daß jede Unterbrechung vermieden wurde. Nach Sonnenuntergang aber, wenn das Tagewerk getan war, waren die Männer so stumpf vor Übermüdung, daß sie wie die Tiere auf dem Fleck zusammenfielen, wo sie gerade waren. Während der Woche nächtigten die Winzer so auf ihrem Arbeitsplatz selbst.

Jeschua hatte noch nicht begonnen, seine Lehren über Nazareth hinauszutragen, sondern hatte sich darauf beschränkt, zu den Armen in der Stadt und den gelegentlichen Besuchern zu sprechen, die Taddi hin und wieder in Miriams Garten mitnahm. Jetzt aber bat ihn der Gerber, zu den Tagelöhnern auf Bar Kaspis Weinberg zu sprechen.

Kurz vor dem Einnachten traten sie zu den Arbeitern heran, die in Gruppen auf dem feuchten, von ihnen noch nicht lange bewässerten Boden herumsaßen. Von den niederen, vielfach verkrümmten Rebstöcken hingen die Traubenbüschel herunter wie strotzende Euter. Der Tagelöhner waren sehr viele und jeglichen Alters, manche waren schon Greise und hatten bleiche, bartüberwucherte Gesichter, andere standen noch in der Blüte der Jugend; selbst Kinder waren darunter, die die Schulden des Vaters abarbeiten mußten.

Rasch sank die Nacht herab auf die nazarenischen Höhen; die Tageshitze wich der kühlenden Brise. Die Arbeiter zündeten Bündel trockener Weinranken an und hockten sich um die Feuer zu ihrem Abendessen nieder.

Jeschua trat zu einer der Gruppen; hell hob sich seine Gestalt in dem langen weißen Gewand von der immer dichter werdenden Dunkelheit ab. Er setzte sich zu den Männern ans Feuer und sagte:

«Schalom alechem ... Friede sei mit euch.»

«Alechem schalom», erwiderten sie, «möge dein Kommen gesegnet sein.»

Jeschua blieb eine Weile sitzen, ohne zu sprechen. Auch die Arbeiter kauten stumm auf ihren trockenen Brotkanten herum. Sie waren zum Teil verlegen durch die Anwesenheit eines Gebildeten und Schriftgelehrten; zweifellos hielten sie ihn für einen der Prediger, die Scheschet bar Kaspi ihnen von Zeit zu Zeit auf den Hals schickte, um sie zur Gesetzestreue zu ermahnen. Jetzt mußte der Rabbi gleich den Mund auftun, um Feuer und Schwefel auf sie herabzubeschwören, weil sie es unterlassen hatten, sich die Hände zu waschen, bevor sie aßen, und weil sie ihr Essen ohne Hülle mitgebracht hatten. Dann würde er ihnen auch den Umgang mit Leuten vorwerfen, die seit langem als unrein erklärt worden waren, mit denen gemeinsam sie ihr Brot in die gleiche Schüssel tauchten und mit denen sie aus der gleichen reihum gehenden Lederflasche ihren Schluck Gerstenbier tranken.

Doch als der junge Mann dann den Mund auftat, war es nur, um mit einem freundlichen Heben der Handflächen zu sagen:

«Gesegnet sei das Brot des Werktätigen, denn es ist das Brot der Rechtschaffenheit. Sein Tisch ist Gottes Altar, sein Mahl des HErrn erwünschtestes Opfer. Ich würde gern mit euch teilhaben an diesem Opfer, das ihr Gott darbringt.»

Alle hörten zu kauen auf und hielten den Atem an; ungläubig blickten sie auf den Sprecher. Dann begannen sie einander Blicke zuzuwerfen, Blicke der Ungewißheit, ob sie den Sinn dessen, was der Rabbi gesagt, richtig erfaßt hätten.

«Der Rabbi fragt euch, ob er das Brot mit euch brechen darf», erklärte ihnen der Gerber.

«Das Brot? Mit uns?», ließen sich mehrere Stimmen vernehmen.

«Unsere Hände sind schmutzig; unser Brot ist unrein», sagte ein dunkler Mann mit kurzem Borstenhaar.

«Brüder in Israel, ich bitte euch, mich an eurem Mahle teilnehmen zu lassen», sagte Jeschua, die Arme ausstreckend. Und dann nahm er mit ungewaschenen Händen eine Brotkruste, die ihm ein Mann hinreichte. Er brach das Brot in zwei Stücke, so daß er es mit dem ihm Zunächstsitzenden teilen konnte, sprach den Segensspruch, tauchte es gleich den Andern in das gemeinsame Essiggefäß und aß es. Es war ein vorsätzliches Vergehen gegen das Gesetz.

Inzwischen waren Arbeiter von andern Teilen des Weinbergs aufgestanden und hatten sich von ihren Feuern weg zu dem Kreis begeben, in dessen Mitte Jeschua saß; denn es war bekannt geworden, daß ein Rabbi anwesend sei.

Der dunkle Mann, der vorher das Wort ergriffen hatte, wartete ab, bis die Neuankömmlinge sich niedergesetzt hatten, dann sagte er in herausforderndem Ton:

«Kläre uns auf, Rabbi: haben nicht die Weisen gelehrt, alles Brot, welches von unreinen Händen berührt würde, werde selbst unrein? Wie darfst du also unser Brot essen, da du unsere beschmutzten Hände siehst?» Aus der Sprechweise des Mannes ging hervor, daß er selbst einmal ein Schriftgelehrter gewesen und in den Pariastand hinabgesunken war, denn in seiner Stimme machte sich etwas wie verhaltene Verbitterung geltend.

«Nicht die Hand ist es, sondern das Herz allein, welches rein und unrein macht. Wenn euer Herz rein ist, so werden es auch eure Hände sein, mögt ihr sie gleich nicht mit Wasser waschen. Doch wenn euer Herz unrein ist, so sind auch eure Hände unrein, mögt ihr auch alle Reinigungsvorschriften beobachten. Womit läßt sich dies vergleichen? Kommet und sehet, meine Brüder:

Es war einmal ein reicher Geldverleiher, der auf Wucherzinsen lieh und sich das Land seiner Gläubiger als Sicherheit verpfänden ließ. Der Geldverleiher war ein gesetzestreuer Mann. Er vernachlässigte keine Reinigungsvorschrift, wusch sich mehrere Male am Tag, fegte und scheuerte sein Geschirr, daß es stets makellos war, und spülte sich die Hände ab, sobald er mit einem zweifelhaften Gegenstand oder Menschen in Berührung gekommen war. Nun geschah es aber, daß dieser Geldverleiher einem frommen Nachbarn, dessen Weinberg an sein Haus grenzte, ein Darlehen gab. Mit der Zeit jedoch vermochte der fromme Nachbar die Wucherzinsen nicht mehr aufzubringen. Immer tiefer sank er in Schulden, bis schließlich der Geldverleiher sich seines Weinbergs bemächtigte und den früheren Besitzer anhielt, darauf die fälligen Zinsen abzuarbeiten. Der arme Schuldner brach fast zusammen unter den langen schweren Arbeitsstunden. Es blieb ihm keine Zeit mehr, die Thora zu lesen noch die von den Rabbunim festgesetzten Vorschriften einzuhalten, und so kam es, daß er schließlich sogar vergaß, vor dem Essen seine Hände zu waschen, und das Brot mit schmutzigen Fingern brach.

Es vergingen einige Jahre, in deren Verlauf beide, sowohl der Geldverleiher wie der Nachbar, starben. Als sie in die obere Welt kamen, da wurden sie vor den hohen Saal geführt, wo Erzvater Abraham saß, um seine Söhne an den Busen zu nehmen. Und es ward eine Stimme vernehmlich:

‚Nur die, deren Hände rein sind, dürfen den hohen Saal betreten. Sie allein sind die wahrhaften Söhne Abrahams.'

Da dachte der Wucherer bei sich: ‚Welch ein Glück, daß ich niemals verabsäumt habe, meine Hände vor dem ‚Schemah' zu waschen; daß ich meine Hände reinigte vor jedem Mahl und nie etwas Unreines berührt habe! Wer soll wohl ein wahrhafter Sohn Abrahams sein, wenn nicht ich?!'

Und da er zum Türhüter kam, sagte er:

‚Tu weit auf das Tor, daß ich zu meinem Vater komme.'

Doch der Türhüter entgegnete:

‚Mache dich von hinnen, Mensch, denn deiner Seele entsteigt ein widriger Gestank. Dein Herz ist ein Pfuhl von Gewürm und Ungeziefer, und deine Hände sind befleckt. Der Saal Abrahams ist nicht für deinesgleichen.'

Da winselte der Wucherer und wehrte sich: ‚Siehe', sagte er, ‚du tust mir großes Unrecht. Ich kann Zeugen in Hülle und Fülle beibringen, daß ich all meiner Lebtage lang getreulich das Händewaschen geübt habe.'

Und der Türhüter erwiderte:

‚Ja, wohl hast du deine Haut mit Wasser gewaschen, doch du hast den Schmutz nisten lassen in deinem Herzen. Raub und Diebstahl, Grausamkeit und Übeltat können nicht abgewaschen werden vom Wasser, sondern nur durch Reue und Streben nach Rechtlichkeit. Mache dich von hinnen, denn deine Hände riechen nach deines Bruders Blut.'

Als nun der Arme, welcher des Wucherers Knecht geworden war, sah, wie es seinem Herrn und Meister bei dem Türhüter ergangen war, da sagte er zu sich selbst:

‚Wenn dies meines Herrn und Meisters Los war, wie soll ich

da Eingang finden in den hohen Saal, ich, der ich gesündigt habe, indem ich mich nicht rein hielt und mein Brot aß mit ungewaschenen Händen?' Und er wandte sich, um hinwegzugehen von Abrahams Saal.

Doch der Pförtner riß das Tor weit auf und rief ihm nach:

,Komme, Sohn des Abraham! Denn siehe, dein Vater erwartet, daß du eintretest!'

Da erwiderte der Arme:

,Du irrst. Denn ich habe das Gesetz nicht gehalten, und meine Hände sind unrein.'

,Doch dein Herz ist rein', sagte der Türhüter, ,es erfüllet unsere Hallen mit Wohlgeruch. Kurzer Atem und deiner Arbeit Mühsal hinderten dich daran, deine Hände zu waschen, denn die dir zum Mahle zugemessene Stunde war knapp, mochte auch deine Speise nur kärglich sein. Doch du hast deine Hände gewaschen mit deinen Tränen, dein Herz war unterwürfig dem Einen Gott und dein Gemüt demütig. Gott aber belobet die, die zerknirschten Herzens und demütigen Geistes sind. Darum, tritt ein ins Haus deines Vaters.'»

Da er diese Gleichnisrede geendet, blieb Jeschua einen Augenblick lang stumm, indes die Arbeiter ihn dicht umdrängten und einige von ihnen die Hände ausstreckten, um sein Gewand zu berühren, gleich Kindern, die nach der Mutter Rock greifen beim Rollen des Donners.

«Seid wohlgemut», schloß Jeschua. «Ihr waret hungrig, doch ihr sollt gesättigt werden mit dem Brot des Lebens. Ihr waret erniedrigt, doch ihr sollt erhöhet werden in Ewigkeit. Euer Vater im Himmel kennet eure Herzen, und Er hat euch gesehen geläutert und gereinigt durch Rechtschaffenheit, durch schwere Mühsal und lebenslanges Leiden. Und Er wird euch belohnen, denn in Ihm kann einem Menschen sein Lohn werden.»

Schwer lag die Nacht ob dem Weinberg, als Jeschua zu sprechen aufgehört hatte. Und er streckte seine Hände aus und ließ sie einen Augenblick lang über den gebeugten Köpfen seiner Zuhörer schweben. Da wurden alle einer tiefen Stille inne, der Ruhe und des Einklangs vollkommener Stille, die alle Bitternis und Sorge hinwegnimmt wie eine begütigende Hand; einer Stille, welche einzog in ihr Herz und die Seele läuterte vom Bösen und den Leib von Müdigkeit. In der Finsternis aber, die die Funken des verglimmenden Feuers nur noch tiefer machte, stand die weißgewandete Gestalt des Rabbi da gleich einem ruhevollen Bild, das Stille und Frieden ausstrahlte. Und der Laut männlichen Schluchzens ward hörbar in der Nacht.

Jeschua blieb bei den Tagelöhnern und schlief mit ihnen zusammen auf dem Weinberg. Am Morgen schritt er, den getreuen Gerber an seiner Seite, heimwärts, und als Taddi Miriam auf der Schwelle erkannte, blieb er in ehrfürchtigem Abstand vor ihr stehen und sagte zur Mutter Jeschuas:

«Ich habe gesehen, wie dein Sohn das Brot des Himmelreichs austeilte.»

DRITTES KAPITEL

DER Sabbath ist der heiligste Tag des jüdischen Jahres, der Tag von Gottes Reich auf Erden. Wie du den Sabbath begehst, so werden deine Tage in der künftigen Welt sein.

Der Sabbath ist Gottes Geschenk an die Menschheit. Doch nicht nur an sie; er ward gewährt, sagen die Weisen, ebenso den zahmen wie den wilden Tieren, ja, der ganzen Schöpfung. Die Dichter haben ihn verglichen einer Königin, einer Mutter, einer Braut. Und wahrlich, der Sabbath ist eine Mutter, die Frömmigkeit schenkt aus nährender Brust; er ist eine Braut, denn eine Braut bringt Freude dem Geliebten, so wie der Sabbath Israel Freude gewährt. Und darum geziemt es sich, daß jedermann den Sabbath begeht im besten Anzug, so wie er einer Braut entgegengehen würde, und ihn bewillkommnet mit dem fröhlichsten Sang der Liebe, dem Lied der Lieder, dem Hohen Lied Salomonis.

In keinem jüdischen Heim wurde der Sabbath festlicher begangen als im Hause der Witwe Miriam und ihres Sohnes Jeschua. Wenn am Freitag die Sonne im Zenith stand, legte Jeschua sein Werkzeug beiseite und ging zur Mutter, um ihr bei den Vorbereitungen zum Sabbath-Vorabend zu helfen. Da traf er sie wohl mit den beiden schweren Krügen, worin sie an der Zisterne oder am Stadtbrunnen Wasser geholt hatte, um die große irdene Bütte zum Bade zu füllen.

Jeschua beeilte sich, der Mutter die schwere Last abzunehmen. Er goß das kalte Wasser in die Bütte, und Miriam schüttete heißgemachtes hinzu und warf dann, um dem Bad Wohlgeruch zu verleihen, einige Zweiglein wilden Thymians hinein. Und während Jeschua sich wusch und die ihm von der Mutter zurechtgelegten frischen weißen Kleidungsstücke anzog, rüstete Miriam das Sabbathmahl: in der Sonne getrocknete, gesalzene Fischlein aus K'far Nahum und aus gesäuertem Teig gebackene Brote, dies bildete den Sabbathschmaus der Armen; ein paar geflochtene Laibe auch zur Erinnerung an die Schaubrote, die im Tempel vor dem HErrn gelegen hatten.

Es war für einen Mann ein Ehrenvorrecht, an den Zurüstungen des Sabbath teilzunehmen. So half denn auch Jeschua mit, wo er konnte, holte die schönsten Gemüse aus dem Garten, pflückte die größten Granatäpfel, Datteln und Feigen und goß den Wein zum Segensspruch in die Becher. Miriam versorgte die Lampen, was überlieferungsgemäß Aufgabe der Hausfrau war. Für den Vorabend des Sabbath hatte sie ein Krüglein fast wasserhellen Öls, das sie nun in die Schalen verteilte, aus denen sich ein mildes Licht über den Tisch ergoß.

Dem Sabbath zu Ehren hatte sie auch das ganze Haus aufgeräumt und geschmückt. Die Bänke waren mit purpurngefärbten Tüchern bedeckt; der Fußboden war naß aufgezogen und zum Teil mit Bambusmatten und Palmzweigen belegt. Die Ecken waren mit Sträußen hochroter Rosen vom schönsten Strauch in ihrem Garten und der Tisch mit frischen, heiteren Öl- und Myrtenzweigen geziert.

Als alles hergerichtet war, zog sich Jeschua in seine Kammer zurück, um sich selbst vorzubereiten, indem er wieder in den Propheten las über den Empfang der bräutlichen Prinzessin Sabbath; oder auch machte er einen Spaziergang in die Felder hinaus. In solch einsamer Zwielichtstunde überkam ihn seltsame Erhebung; die Sehnsucht, das Himmelreich zu erblicken, durchpulste ihn. Und wenn er dann die Sonne sich neigen sah, wie um den Horizont zu küssen, der in scharlachfarbenen Schleiern schwamm, so war es ihm, als höre er, durch die Schatten sich nahend, den Schritt der Königin, die gekommen war, um ihren Mantel der Frömmigkeit und des Friedens über die Erde zu breiten. Gottes Reich würde alles Krumme gerade richten, alle Ketten und Fesseln lösen, die Bedrückten trösten, alles Böse wenden, Friede und Wohlgefallen bringen ohn' Ende. Einen solchen Sabbath erharrte er, einen Sabbath, der nimmer schwand.

Ein Hornstoß im Tal ließ ihn aus seinen Träumen aufschrecken; es war das «Schofar», das Widderhorn, das Nazareth den Beginn des Sabbaths verkündete. Jeschua wandte sich heimwärts.

Miriam stand am Tisch und entzündete die Sabbathlampen. Ihr schwarzes Haar war am Scheitel geteilt und glatt rückwärts gestrichen, zusammengefaßt im Beutel ihres Kopftuchs. Schwarz war ihr Gewand, schwarz gleich der Nacht vor dem Hause, und ein Schimmer lag darüber wie von Sternenschein. Und Jeschua vermeinte die Königin zu sehen, die Sabbath hieß, strahlenden Antlitzes und bekrönten Hauptes. Hoch und aufrecht stand sie da, eine Priesterin bereit zum Weihedienst; die liebevollen Hände erhebend, sprach sie den Segensspruch über die Sabbathlichter.

Jeschua stand beiseite, während die Mutter das Gebet zu Ende sprach. In seinem Herzen dankte er Gott, daß Er ihm erlaubte, die zu sehen, die ihn getragen.

Sanft trat er dann zu ihr heran, verneigte sich in Demut und sagte:

«Der Friede des Sabbaths sei mit dir, Mutter.»

«Und mit dir auch, Tinoki», gab Miriam zurück und drückte einen Kuß auf seine Schulter.

Darauf nahm Jeschua den Becher zur Hand, hob ihn hoch und sprach an der Spitze des Tisches die Einsegnungsworte zum Sabbath:

«,So waren Himmel und Erde vollendet und alles was in ihnen lebte. Und am siebenten Tag vollendete Gott Sein Werk, welches Er gemacht. Und Er ruhete am siebenten Tag von Seinem Werk, welches Er gemacht. Und Gott segnete den siebenten Tag und heiligte ihn, weil Er an ihm geruhet von all Seinem Werk, welches Gott geschaffen hatte.'»

So aber ließ der Sabbath sich nieder unter Miriams bescheidenem Dach. Und ein großes Schweigen fiel über die Welt gleich dem Schweigen bei der Erschaffung der Welt, als ob die Schöpfung des HErrn nun ihre endgültige Gestalt annehme, die vollkommene Gestalt, welche Gottes Absicht ausdrückt ohne Fehle, Makel oder Entstellung, wie sie sein würde am Tag des Gottesreiches, da alles Krumme gerade gerichtet wird.

Jeschua wusch darauf seine Hände nach dem Gebot des Gesetzes, nahm die Brotlaibe auf, sprach den Segensspruch über das Brot und brach es.

Mutter und Sohn saßen auf kissenbelegten Bänkchen einander am Tische gegenüber. Vor ihnen standen die Sabbathschüsseln: das Brot, die gebackenen Fische, Gemüse und Früchte, die Lederflasche mit dem Wein und das aus einem Horn geschnitzte Trinkgefäß. Und in der Sabbathstille, in der Stunde der Gnade, sprach die Mutter dem Sohn davon, wie sie die Weihe empfangen:

«Im Frauenvorhof des heiligen Tempels war ich im Gebet versunken. Mein Herz war zum Überfließen erfüllt, denn tiefe Gottesfurcht hatte mich ergriffen, und ich betete aus vollem Herzen, nicht für mich, nicht für meines Vaters Haus, ja, nicht einmal für Israel. Ich betete zu Gott, Seinen Strahlenglanz leuchten zu lassen der ganzen Welt. Ich weiß nicht, wie ich dazu kam, so zu beten. Ich wollte nur, daß Sein Name allen Menschen geoffenbart werde, auf daß ein jedes Knie sich beuge vor Ihm und Er sich herablasse, den Messias zu senden um der Erlösung der Menschheit willen.

Und da ich betete, war es mir, als ob mein Gemüt sich dahinbewege wie auf Wasserwogen, und meine Liebe und mein Verlangen nach Gott stieg empor in mir, und ich weinte und rief Seinen Namen an, bis mir dünkte, ich vermöge zu fliegen mit mir zugewachsenen Schwingen.

So sehr war ich erfüllt von Hunger und Durst nach dem HErrn, daß ich nicht mehr wußte, wo ich war. Da fühlte ich, wie jemand meine Hand ergriff, und ich hörte, wie eine süßere Stimme, als ich je gehört, zu mir sagte: ‚Komm mit, Mägdlein.' Und ich stand auf und folgte.

Es muß, so dachte ich, die Base Elischewa sein, denn die Gestalt, die mir voranschritt, war hochgewachsen und völlig in Schwarz gewandet; auch das Gesicht war verschleiert. Doch dann merkte ich an der Stimme, daß es jemand anders sei, und ich schritt hinter ihr her. Die Gestalt aber führte mich durch das Gedränge der Pilger hindurch und darauf durch das offene Tor.

Ich befand mich in einem Palastsaal, darin viele Lichter flammten. Und es standen darin drei lange Tafeln. An der ersten saßen nur drei Männer, an der zweiten deren mehrere, und sie hatten aufgeschlagene Thorarollen vor sich, viele, viele Rollen. Einige der Männer waren alt, trugen königliche Bärte, und ihre Gesichter waren schöner als die von Königen; andere jedoch prangten in Jugend und Kraft. An der dritten Tafel aber saß ein König mit einer Harfe an der Seite. Er saß auf einem Thron; sein Haupt trug eine Krone. Auf einem andern Thron, zu seiner Linken, saß sein Sohn. Doch zu seiner Rechten stand ein dritter Thron, der höchste und vornehmste von allen, darüber eine edelsteinbesetzte Krone hing, die heller funkelte denn alle andern – und dieser Thron war leer.

Ich wurde zunächst zur ersten Tafel geführt, an der die drei Männer saßen, deren einer, ein uralter Greis, ein erhabenes Antlitz hatte, deren zweiter ein Jüngling mit dunklem Lockenhaar und gedankenvollen Zügen, der dritte aber ein Mann in reifem Alter mit dichten Brauen und rauher, wie wettergebräunter Haut war. Sie alle blickten mich an, sprachen aber kein Wort. Dann ward ich dem König vorgeführt, und ich beugte mein Knie vor ihm. Auch er blickte mich wortlos an. Zuletzt aber wurde ich zu der dritten Tafel geleitet, wo die ehrwürdige Schar über die Schriftrollen gebeugt saß; sie schauten auf, warfen mir Blicke zu und deuteten mit den Fingern auf die Rollen, sagten jedoch ebenfalls kein Wort.

Darauf brachte mich meine Führerin wieder aus dem Saal und zu meinem Platz im Frauenhof zurück. Doch als sie sich anschickte, meine Hand loszulassen, drückte ich die ihre fest und sagte mit einer Kühnheit, daß ich vor meiner eigenen Stimme erschrak: ‚Du darfst nicht gehen, ehe du mir nicht gesagt, wer du bist und wo ich gewesen bin.' Da hob die Frau den Schleier empor, und ich sah ihre Augen von Tränen getrübt und ihr Gesicht, das zwar von Gram erfüllt war, aber herrlicher, denn ich je ein Antlitz gesehen hatte. ‚Ich bin Rahel, die Mutter', sagte sie, ‚und der Saal, worin du gewesen, war das Allerheiligste, die Stätte der Erzväter, der Propheten, König Davids und König Salomos. Der Thron aber, der leerstand rechter Hand von David, – er wartet auf den König-Messias.' Damit legte die Frau einen Finger auf meine Lippen und schwand mir aus den Augen.»

Als Miriam ihre Erzählung beendet hatte, blickte sie schweigend zu Boden. Jeschua erhob sich, schaute die Mutter an und sprach festen Tones:

«Wahrlich, Weib, es ist ein höherer Platz noch, denn du gesehen; an diesem höheren Platz aber wartet ein Thron auf den Sohn des Menschen.»

Taddi hatte begonnen, am Sabbath die ihm bekannten Handwerker in Miriams Garten mitzunehmen: es waren Spinner und Weber, Färber und Töpfer, Schuhflicker und Schreiner, auch solche, die zu arm waren, um überhaupt ein Gewerbe betreiben zu können. Dort, vor seinem eigenen Haus, sprach Jeschua zu ihnen. Er scheute es noch immer, in der Synagoge zu predigen, da er nicht mit den Ältesten in Widerstreit geraten wollte, die seine Ansprachen hätten gutheißen müssen.

In der Haustür stehend, hörte Miriam zu, wie ihr Sohn «das Brot des Himmelreichs austeilte», wie der Gerber es nannte. Auch Jeschuas Brüder kamen, um seinen Gleichnissen zu lauschen. Zumal Jakob und Juda waren, jeder auf seine Weise, neugierig zu hören, wie Jeschua den Armen Trost spendete, denn der alte Gerber hatte davon in der Synagoge von Nazareth Wunderdinge erzählt.

Nachdem sie ihn mehrfach gehört hatten, sahen sie sich gezwungen, zuzugeben, Jeschuas Gleichnisse seien sittlich erhebend und geeignet, den Glauben der Menschen an den Gott Israels zu stärken, wenn sie auch in mancher Hinsicht von den Auslegungen der anerkannten rabbinischen Lehrer abwichen. Freilich erzürnte es die Brüder auch, wenn sie hörten, wie leicht Jeschua es mit dem Gesetz nahm, wie er geheiligte Überlieferungen, etwa das Waschen der Hände, als gleichgültig behandelte, und dies auch noch vor dem leichtgläubigen gemeinen Volk, dessen Lässigkeit wahrlich keiner Ermunterung bedurfte. Die Brüder wandten ein, Jeschua tue besser daran, seine von den Rabbinen abweichenden Ansichten den Gelehrten der Stadt vorzutragen.

In jeder größeren Ortschaft gab es einen Platz, wo die Gelehrten zur Aussprache zusammenkamen, gewöhnlich in einem Hain oder einem Laubengang, der einem reichen Angehörigen der Bruderschaft gehörte. In Nazareth trafen sich die Gelehrten in einem Obstgarten; es waren darunter auch frühere Schulkameraden Jeschuas, so Simeon bar Talami, der hochgebildete Sakkai bar Zadok und sogar Matthäus ben Hanah (in seinen Jugendjahren Matthäus der Frechdachs geheißen). Hier war der noch jugendliche Juda ein angesehener Sprecher, der unter den Pharisäern Nazareths als großes Licht galt. Juda war es denn auch, der schließlich die allgemeinen Beschwerden dem ältesten Bruder vortrug.

«Jeschua, der du an Jahren mir voraus bist, kläre mich auf», sagte er eines Abends im Haus der Mutter. «Ich beuge mich in Verehrung vor dir als meinem älteren Bruder wie auch vor der Weisheit, die Gott dir hat zuteil werden lassen; doch ich begreife nicht, weshalb du es verschmähst, deine Worte vor den Weisen der Stadt laut werden zu lassen. Wenn du gewisse Neuerungen auf dem Gebiete des Gesetzes oder des Sittengleichnisses verbreitet sehen willst, auf welch letztem Gebiet zumal du besonders dich auszeichnest, wie wir alle aus deiner weisen Rede entnehmen, nun so will es mich bedünken, sollten deine Vorschläge den Rabbunim und Schriftgelehrten unterbreitet werden. Doch wenn du wider die Rabbunim streitest vor den Ohren der Ungebildeten, so kann es wohl sein, daß du, was der Himmel verhüten möge, die Zäune niederreißest an Gottes Garten, auf daß die Schweine eindringen und darin wühlen.»

«Bruder Juda», erwiderte Jeschua, «meinst du, ich bin gekommen, um den Satten Leckerbissen zu reichen? Ich bin gekommen, um denen das Brot des ewigen Lebens zu bringen, die Not leiden.»

Die Brüder konnten oder wollten den Sinn dieser Worte nicht verstehen, und so riß zwischen ihnen und Jeschua die Kluft mit jedem Tag weiter auf.

Im Schatten des Ölbaums vor Miriams Schwelle saß Jeschua in seinem weißen Sabbathmantel von einer Schar einheimischer Handwerker umgeben. Die einen hockten auf der Erde, andere standen, darunter auch Jeschuas vier Brüder Jakob, Joses, Simon und Juda, die wie an jedem Sabbath gekommen waren, um der Mutter ihre Ehrerbietung zu erweisen.

Jeschua sprach vom ewigen, nie endenden Sabbath, den der HErr auf die Welt herniedersenken werde:

«Er, den ihr erharret, er wird diesen Sabbath mit sich bringen. Und dieser Sabbath soll euch nichts Äußerliches sein, sondern im Innern eines jeden Menschen, auf daß niemand ihn euch wegnehmen kann, komme er auch im Gewand des Gesetzes. Denn dieser Sabbath ist der neue Atem des Lebens, den Gott euch einhauchen wird. Ein neuer Geist wird es sein für den Menschen, und an diesem Geist wird man ihn erkennen. Er wird die Waage sein, die in eure Hände gelegt ist, darauf zu wägen das Gute und das Böse. Dann werdet ihr Söhne eines andern Adam sein, denn der neue Geist wird euch läutern von euren Sünden, und ihr werdet den ewigen Sabbath empfangen, welcher der durch Adams Sündenfall zerstörte Frieden Gottes ist... Alle Menschen werden teilhaben an diesem neuen Geist, denn an diesem Sabbath wird alle Ungleichheit ausgeglichen sein. Täler werden erhoben und Berge erniedert sein. Und der Geist Gottes wird über allen schweben, so wie es geweissagt ist vom Propheten Joel: ‚Ich will ausgießen meinen Geist über alles Fleisch, und auch zu derselben Zeit über Knechte und Mägde meinen Geist ausgießen.'»

Dies war ein harter Bissen, den Jeschua den Brüdern zu schlucken gab. Jakob war zutiefst erschüttert, und seine langen dürren Hände begannen zu zittern. Zu wiederholten Malen war er schon früher verstört worden durch gewisse Aussprüche Jeschuas, doch diese Worte nun, die jeden Zaun einrissen, den die Rabbunim zum Schutze um Israels Garten gezogen, bereitete ihm schier leibliches Entsetzen. Doch die Achtung, die er für seinen Bruder hegte, gebot ihm noch immer Schweigen; er unterdrückte seine Empfindungen und hoffte auf eine dazu geeignete Stunde des Alleinseins mit Jeschua. Joses und Simon ihrerseits waren zu ungelehrt, um einem ihrer Brüder über einen Gesetzes- oder Glaubensartikel widersprechen zu können. Nur der jüngste der Brüder, Juda, dessen Geist gestählt war durch die rabbinischen Streitgespräche und dessen Mut seinem Eifer nichts nachgab, er allein wagte es, dem Bruder ins Wort zu fallen.

«Möge es meinem Bruder und Rabbi gefallen, mich aufzuklären», sagte er, «welch ein Geist ist es, der inskünftig den Pfad des Menschen erleuchten wird? Wird es die Thora sein, welche, wie uns gesagt, das Licht unserer Augen ist?»

«Ja, die Thora», erwiderte Jeschua ruhig, «doch nicht die Thora, die von Menschen gelehrt, auf Tafeln geschrieben und auf Pergament abgeschrieben und in die Tasche gesteckt wird. Es wird die Thora sein, die gegründet ist in der Menschen Herz, der Geist Gottes, welchen der HErr ausgießen wird über alle Menschen.»

«Wir haben nur eine einzige Thora», widersprach Juda mit wachsender Heftigkeit. «Es ist das Gesetz, welches Gott am Berge Sinai Moses übergeben hat. Und Moses gab es weiter an die Propheten und diese an die Ältesten und die Ältesten an die Rabbunim unserer Tage. Die Thora weilt nicht im Himmel, sie wohnt unter uns auf Erden! Sie lebt in jeder Schule und Lehrstätte und auf den Lippen der Rabbunim. Sie kommt nicht durch Träumen, sondern durch ernste Mühe und Prüfung, durch Schlaf auf harten Bänken, durch Genuß trockenen Brotes, durch den Trank der Worte der Weisen. Nimm diese unsere Thora hinweg, und du nimmst das Wissen um Gut und Böse von uns, denn sie allein ist der Stab unseres Maßes. Wo die Thora verbannt ist, da wird man nicht den Geist Gottes finden, so wie der große Rabbi Hillel gesagt hat: ‚Ein leerer Kopf kann die Sünde nicht scheuen noch ein Unwissender ein Frommer sein.'»

«Höre mich an, mein Bruder», sagte Jeschua. «Die Thora, von der du sprichst, erweist ihre Kraft nur, wenn sie eingesenkt ist in den Geist Gottes. Denn wenn ein Mensch eingepflanzt ist auf einer guten Wurzel, so bedarf er nicht der Thora aus eines andern Menschen Munde. Dann hat er eine Thora gegründet ins Inwendige seines Herzens, welche ihm bessere Lehren gibt. Komm, Bruder, daß ich dir die inwendige, die innerste Thora des Geistes weise.» Er stand auf, ebenso taten seine Zuhörer, und er führte sie zum Weingarten am Ende des Grundstücks der Mutter; es war dies aber ein großer, starker Rebstock, auf welchen Miriam mehrere wilde Schößlinge gepfropft hatte. «Seht ihr diese Schößlinge?», fragte Jeschua. «Solange sie auf ihren wilden Wurzeln wuchsen, trugen sie nur wilde Trauben. Sie wurden genährt vom Tau der Nacht und gewärmt von der Sonne am Tage. Sie hatten ihr Gesetz des Wachstums, ihre Thora, welche Gott allen seinen Geschöpfen verliehen hat, und doch trugen sie nur Wildes. Denn ihre Natur war wild, dem vermochte weder Gesetz noch Thora abzuhelfen. Nun aber hat die Hand meiner Mutter sie aufgepfropft auf diesen guten Rebstock und, siehe, sie tragen schöne Früchte. Keine andere Thora, kein anderes Gesetz haben sie nunmehr, denn keines von ihnen ist die Ursache ihrer guten Frucht, sondern die Wurzel nur, aus der sie den Saft ziehen.

Und ebenso ist es mit dem Menschen. Wer immer gepfropft ist auf einen guten Stamm, der trägt gute Früchte, denn mein Vater ist sein Winzer. Wer aber keine guten Früchte trägt, der soll abgeschnitten werden.»

Bei diesen Worten vermochte sich Jakob nicht länger zurückzuhalten.

«Lehre mich, Rabbi», sagte er, «wer soll gepfropft werden auf diesen guten Stamm, der Reine allein oder, was Gott verhüte, auch der Unreine?»

«Es wird keine Unreinen geben», entgegnete ihm Jeschua. «Denn sie alle werden gereinigt sein durch die Pfropfung.»

«Auch die Heiden, obschon sie ohne Thora und Gebote dahinlebten?»

«Sie alle sollen ein Teil des Weinstocks werden.»

Das war mehr, als die Brüder zu ertragen vermochten. Juda, alle Höflichkeitsformen beiseite werfend, rief Jeschua in scharfem Ton zu:

«Sage uns, Bruder, sage uns ohne Zweideutigkeit, wen du im Sinne hast, wenn du sprichst vom guten Rebstock, an dem die Unreinen rein gemacht werden sollen ohne Thora und Gebote?»

Jeschua antwortete nicht. Sein vom schwindenden Tageslicht beschienenes Gesicht zeigte düstere Entschiedenheit, und seine Lippen waren fest aufeinandergepreßt. Juda aber drängte:

«Warum willst du uns dies vorenthalten und uns in Unwissenheit lassen? Bringe uns die Botschaft, Jeschua ... wer ist der gute Weinstock?»

«Ihr werdet es erfahren, wenn die Zeit gekommen ist», sagte Jeschua ruhig, mit einem abschließenden Ton in der Stimme. Ein tiefes Schweigen legte sich über die Schar, und einen Augenblick lang wagte keiner sich zu rühren. Wie gebannt standen die Brüder da und starrten angstvoll auf die weißgekleidete Gestalt Jeschuas. Ein Gedanke war plötzlich in ihren Köpfen aufgeblitzt: ihr eigener Bruder könne der sein, den Israel erhoffte, den sie in ihrer Torheit nicht erkannt hatten, dem sie mit spitzfindiger Krittelei und höhnender Rede entgegengetreten waren. Diese blitzartige Einsicht war es, die ihnen Augen und Zungen lähmte und sie mit Entsetzen erfüllte.

Juda war der Erste, der sich wieder ermannte. Von den Lehren der Rabbunim in seinem Glauben bestärkt, sagte er wiederum demütig geworden:

«Jeschua, mein Bruder und Rabbi, du hast zu uns gesprochen, daß unsere Seelen erzitterten, als seien sie angerührt vom Finger Gottes. Wer sind wir, daß wir urteilen dürften über Dinge, um die ganz Israel Sorge trägt und deren Betrachtung die allerhöchste Weisheit erfordert? Wir sind in Wahrheit die Geringsten in unseres Vaters Hause. Doch nun, mein Bruder und Rabbi, der festliche Tag von Israels Erlösung naht sich heran. Komm also mit uns. Laß uns, deine Brüder, mit dir gemeinsam hinaufziehen gen Jerusalem, auf daß wir dort deine Worte vor diejenigen bringen, die eingesetzt sind, über sie ein Urteil zu fällen. Bringe deine Botschaft ganz Israel, nicht nur uns, die wir die im Winkel zu Nazareth Sitzenden sind, denn niemand macht aus seinem Herzen ein Geheimnis, als wer das Licht scheut.»

Judas Worte gaben den älteren Brüdern den Mut, sich ebenfalls kühn an Jeschua zu wenden:

«Bruder, warum lässest du uns in Finsternis wandeln? Offenbare dich der Welt!»

Jeschua antwortete nicht sofort. Seine Züge waren umwölkt; von Trauer und Mitleid erfüllt blickte er auf seine Brüder.

«Dieses Jahr müßt ihr allein hinaufziehen, das Laubhüttenfest zu feiern; meine Zeit ist noch nicht gekommen.»

Darauf winkte er seinem alten Anhänger Taddi, und sie gingen selbander dem freien Feld zu.

Während des ganzen Wortwechsels zwischen Jeschua und seinen Brüdern hatte Miriam auf der Schwelle gesessen und ihre Söhne von ferne beobachtet. Die Worte, die sie gesprochen hatten, waren ihr nicht vernehmlich geworden, aber sie wußte, worum der Streit ging. Mit angstvollem Herzen wartete sie seit langem auf den Tag, da ihre jüngeren Söhne den Ältesten anerkennen und sich zu ihm bekehren würden. Nun war der Tag vorübergegangen, und das Wunder hatte sich nicht begeben. Sie sah Jeschua nach, wie er allein mit Taddi davonging, ohne seine Brüder, die in Unwissenheit verharrend, hitzig die Arme bewegend, weiter untereinander sich ereiferten.

Miriam wußte wohl um den Widerstreit in ihren Herzen. Sie kannte ihre Gedanken, denn sie waren ihr teuer und nahe wie das eigene Leben. Sie freute sich an ihrem Wissen, ihrer Rechtschaffenheit und ihrem guten Ruf bei den Bewohnern von Nazareth. Doch sie hätte gewollt, daß ihre Söhne gleich den vielen Kerzen an einem einzigen Leuchter, zusammen erglänzten, daß ihr Licht sich vermische und zusammenrinne mit einer einzigen Flamme, der Flamme, die Gott der HErr in ihrem Ältesten entzündet. Sie wünschte sie zu Jeschuas Füßen sitzen zu sehen, gleichwie zu Füßen eines großen Rabbi, und aus dem Quell seiner Weisheit trinken. Doch nun war es klar, daß ihre jüngeren Söhne nicht taugten zur Teilhabe an Jeschuas Heiligung. Nicht Wissen, nicht einmal Frömmigkeit konnte eines Menschen Herz der Lehre Jeschuas auftun. Ein eigener Gnadenstrahl ging aus von den Herzen dieser armen Werkleute, die ihm zuhörten und mit ihm verschmolzen, wie Licht mit Licht verschmilzt. Wildfremde Menschen, die ihn nie gesehen hatten, erkannten in Jeschua eine rätselhafte verborgene Wesenheit, die seinem eigenen Fleisch und Blut verhüllt blieb.

Jakob, der Zweitälteste, schritt über den Gartenpfad langsam auf die Mutter zu. Seine Füße schleppten sich schwer dahin, als seien sie vor kurzem erst verkrüppelt worden.

«Ich weiß nicht, wer mein Bruder ist», sagte er, als er bei ihr war, «und ich kann nicht beurteilen, wie weit sich seine Rechte erstrecken. Ich weiß nur, daß Gott ihn rechtfertigen wird in dem, was er tut. Wir jedoch, wir haben nichts in den Händen als das Leitseil des Gesetzes. Und der, der dieses Seil durchschneidet, schneidet uns ab vom Wege Gottes.»

«Mein Sohn, mein Sohn», rief Miriam leidenschaftlich aus, «bitte Gott, daß Er dir einen neuen Geist einpflanze, daß du den neuen Pfad zum HErrn erkennest, den dein Bruder den Armen und Einfältigen weist. Ohne Gottes Hilfe wirst du nimmermehr deines Bruders Licht erkennen, denn was er tut, ist nicht getan nach den Gesetzen der Menschen, sondern im Einklang mit dem Willen Gottes.»

Jakobs tief in den Höhlen liegende Augen blickten weit aufgerissen die Mutter an. Beschämt ließ er den Kopf sinken und stammelte aus geschnürter Kehle:

«Ema, Mutter, wer ist Jeschua?»

Miriam legte ihre Hand auf seinen Arm.

«Nicht mir steht es zu, die Geheimnisse Gottes zu offenbaren. Wenn die Zeit reif ist, wirst du dessen inne werden, mein Sohn.»

VIERTES KAPITEL

Zu denen, die Jeschua frühzeitig in seinen Kreis zog, gehörten die beiden Söhne des Zebedäus aus dem Fischerdorf Bethsaida. Jakob und Jochanaan erinnerten sich wohl der Wanderung nach Jerusalem in ihrer Knabenzeit und auch an Jeschuas Umgang mit den Rabbunim im Tempel. Sie hatten erkannt, daß ihr Vetter aus Nazareth zu etwas Großem auserkoren sei und erwarteten, gleich den andern Verwandten, daß er ein Rabbi in Israel werde. Sie verloren diesen Glauben auch nicht, als ihre Hoffnungen vorerst unerfüllt blieben; sie verharrten bei ihrer Überzeugung, daß Gott Jeschua zu Großem bestimmt habe.

Ihre Erziehung wie ihre Umgebung waren sehr verschieden gewesen von denen, in denen Jeschua aufgewachsen war. Das Städtchen Bethsaida – oder Julias, wie es später nach Caesars Tochter benannt wurde – lag an der Küste des Sees Genezareth, ein paar Meilen entfernt nur von der großen Handelsstadt K'far Nahum. Es stand unter der Herrschaft des Herodes Philippos, eines Bruders von Herodes Antipas, des Tetrarchen von Galiläa. Die Bevölkerung von Bethsaida war großenteils griechischer Abkunft und Zunge wie die meisten Untertanen des Philippos in seinem wenig umfangreichen Gebiet. Immerhin war Bethsaida groß genug, um sich zweier Steuereinnehmer und einer kleinen römischen Besatzungstruppe rühmen zu können. Und es unterhielt, fast mehr sogar als K'far Nahum, einen ständigen Verkehr mit der griechischen Bevölkerung der Dekapolis, den zehn hellenischen Städten auf dem andern Seeufer.

Da somit seine Untertanenschaft vorwiegend aus Heiden bestand, sah sich Herodes Philippos – selbst nur Halbjude – nicht veranlaßt zu dem kitzligen Spiel, das sein Bruder trieb, der den Pharisäern schmeicheln und schöntun mußte. Allen Hellenisierungsbestrebungen leistete er von ganzem Herzen Vorschub. Er machte sich kein Gewissen daraus, unter glatter Verletzung des mosaischen Gebots, das Bild des Caesars auf die Landesmünzen prägen zu lassen; er führte römische Einrichtungen in den Städten ein, erbaute Gymnasien zur Ergötzung und Ertüchtigung der Jugend, auch öffentliche Bäder und gar Tempel zur Verehrung heidnischer Götter. Mit der damit einhergehenden Sinnenlust und

Ausschweifung bot Bethsaida den Anblick eines heidnischen, hellenistisch-asiatischen Gemeinwesens.

Der griechische Charakter des Orts schrieb sich nicht nur von diesen Anstalten der Volksbelustigung her. Auch in einem weiteren kulturellen Sinn war Bethsaida ein Vorort der Dekapolis. Seine reichen Gutsbesitzer, Schafzüchter und Fischhändler hielten sich griechische Hofmeister, die auf dem Sklavenmarkt gekauft waren, zur Erziehung ihrer Kinder. Die stoische Schule war hier durch einen Zirkel einheimischer Philosophen vertreten, der in einem Obstgarten öffentliche Streitgespräche abhielt – so wie die Pharisäer in Nazareth taten –, bei denen die Lehren des Plato, Epikur und Aristoteles erörtert und vor allem die Weltanschauung ihres Lehrers Zeno auseinandergesetzt wurde. Diese Diskussionen im Garten der Philosophen in Bethsaida gingen nicht weniger hitzig vor sich als die über die Thora im Wäldchen von Nazareth, denn in beiden Fällen waren die Streiter Juden.

Wenn unter diesen Umständen die Söhne des Zebedäus sich doch ein beträchtliches jüdisches Wissen angeeignet hatten – sei es auch in griechischer Übersetzung –, so standen sie unter den jungen Juden der Stadt ziemlich vereinzelt da.

Ihr Vater hatte sein Leben lang einen lebhaften Fischhandel betrieben und mehrere kleine Boote zum Fang auf dem See in seinen Besitz gebracht. Diese waren jetzt an die Söhne übergegangen und wurden von ihnen mit Hilfe angeworbener Mannschaften ausgenutzt. Ihre Mutter, die Witwe des Zebedäus, hatte ihr Haus, das dicht am Seeufer lag, in gastlicher Weise den Freunden ihrer Söhne geöffnet, die sich hier oft an einem ruhigen Nachmittag, am Sabbath oder einem Feiertag versammelten. Einer dieser jungen Leute, des Namens Philippos, genoß große Achtung als Anhänger und Kenner der griechischen Philosophie. Es gehörte zu dem Kreis auch der junge Nathanael aus der galiläischen Stadt Kana; und nicht weit von der Familie des Zebedäus wohnte Andreas, dessen Bruder Simon häufig von K'far Nahum, wo er mit seiner Frau hauste, herüberkam, um mit den Fischern von Bethsaida auszufahren.

Schoschanna hatte ihre Söhne gut und reichlich ernähren können, und so waren sie zu herkulischen, muskulösen Männern herangewachsen, die dazu noch von Wind und Wasser in jeder Weise abgehärtet waren. Ihre mächtigen Arme, die mit baumstammschweren Rudern vom Sturm aufgewühlte Wogen bezwangen, wurden nicht selten von ihren Glaubensgenossen zur Verteidigung gegen Angriffe der Griechen des Orts herangezogen. Die Söhne des Zebedäus genossen den Ruf, daß sie den Heiden beibrachten, wie sie sich gegen ihre jüdischen Nachbarn zu benehmen hätten.

Wunderlich genug, daß ihrem Körperbau und ihrer Muskelkraft zum Trotz die beiden Brüder in geistiger Hinsicht Visionäre waren, die dauernd von Israels Erlösung träumten und eigentlich für nichts anderes wirklich Sinn hatten. Die Sinnenfreude und Lebenslust ihrer griechischen Altersgenossen stießen sie ab. Kampfspiel und Schönheit körperlichen Ringens erschien ihnen schal, und das tobende Geheul des Pöbels bei den Wagenrennen war ihnen zuwider. Auch für den Reiz der klaren, regelmäßigen griechischen Tempelbaukunst hatten sie nichts übrig, wiewohl mehrere von Herodes Philippos errichtete Bauten, die irgend eine von Menschenhand geschaffene nackte Gottheit beherbergten, mit ihrem reichen Marmorgetäfel und schlanken Säulenwerk einen künstlerisch vollendeten Anblick boten.

Für die beiden Brüder bedeutete Schönheit, die keiner Heilswahrheit diente, nichts als leerer Prunk und öde Spielerei. So wurde ihre große Liebesfähigkeit, die weder vor der Natur noch durch Schönheit noch auch in Frauenliebe Erfüllung fand, der Gottheit dargebracht, ihrem notleidenden Volk zugewandt und ergoß sich in ihre schwärmerische Sehnsucht nach der Heraufkunft des Messias.

Fern von den jüdischen Zentren und dem schädlichen Einfluß des sie rings umgebenden Phönizien ausgesetzt, empfing die Stadt Bethsaida wenig Besuche von umherziehenden Rabbunim oder Abgesandten der Pharisäer von Jerusalem, die allein bei ihnen für die tiefere Verwurzelung und liebevolle Pflege der Thora hätten Sorge tragen können. Neue Vorschriften und rabbinische Erlasse drangen selten bis zu ihnen, und so wurde die kleine Gemeinde allmählich dem rabbinischen Geist, der Israel als Ganzes durchtränkte, entfremdet. Zum Ersatz gleichsam aber eröffneten sich ihnen stärkere Quellen auf einem andern Gebiet des jüdischen Geisteslebens, nämlich im Ideal der Propheten, der Heilshoffnung Israels, der Erwartung der Erlösung.

Das Verlangen nach dem Messias hatte in den hellenistischjüdischen Schriften neue Kanäle zu seiner Auswirkung gefunden. Die mystischen «Pseudoepigraphata», die von den Rabbunim aus dem Kanon der heiligen Schriften ausgeschlossen worden waren, wurden zur vornehmlichsten Quelle der Tröstung für die entfremdeten, über die Achsel angesehenen hellenisierten Juden. In diesen Schriften war die alte Verheißung der Propheten in neuer Sprache wiederzufinden. Hier war auch eine Brücke zu finden, welche sich zu den Heiden spannte, in deren Mitte man lebte, eine heroische Bemühung, einer Synthese des jüdischen Geistes mit dem «Logos» der Griechen dichterische Gestalt zu verleihen. In diesen Büchern wurde die Rolle des Messias so dargestellt, daß er es sei, der den Mantel Gottes über alle Völker der Erde ausbreiten werde.

Auch in der kleinen jüdischen Gemeinde Bethsaida herrschte der Geist des hellenisierten Judentums vor. Ihre geistige Nahrung bezog sie aus der griechisch-jüdischen Literatur, wodurch ihre Lebensweise wie ihre Einstellung zu Welt und Menschheit stark beeinflußt wurde.

Auch die Söhne des Zebedäus hatten die Botschaft dieser Schriften tief in sich eingesogen, und zumal der älteste der Brüder, Jochanaan, stand ganz unter ihrem Bann. Im Gegensatz zu seinem Bruder Jakob, der hochgewachsen und sehnig war, war Jochanaan in die Breite gegangen und von einer Gedrungenheit, die wirkte, als sei sein Körper aus einem viereckigen Steinblock herausgehauen. Auf seinen ausladenden Schultern saß ein massiger Kopf, bedeckt von einem dichten Schwall nie gestutzter schwarzer Locken, die bei jeder Bewegung herumflogen. Und Jochanaan war trotz seinem stiermäßigen Körperbau dauernd in Bewegung. Als ob er einen Überschuß an Lebenskraft loswerden müsse, schwang er noch immer, wie als Knabe, die Arme beim Gehen zur Seite gleich Flügeln. Und wenn er mit jemandem sprach, so bedurfte es nur eines kleinen Anstoßes, daß er in schwärmerische Selbstgespräche verfiel, als habe man plötzlich den Stopfen aus einer Flasche mit gärender Flüssigkeit herausgezogen. Mit drängenden, sich überstürzenden Worten sprach er von Israels nahender Erlösung, der Erlöser poche bereits an die Tür, und seine Schritte seien schon vernehmlich –, und dabei bediente er sich keineswegs seiner alltäglichen Fischersprache, sondern des gotterfüllten Bibelstils. Er kam den Leuten wie ein vom Geiste Gottes Besessener oder wie ein von einem Engel mit Peitschenhieben zu seiner Aufgabe Dahingetriebener vor. Denn wenn er vom Messias sprach, dann griff er über alle Grenzen des Wirklichen hinaus, vermengte sich ihm Wachen und Traum, begann er Reden zu führen gleich seinen Lieblingspropheten Daniel und Hesekiel. Mit der Propheten Augen erblickte er die feurigen Räder des Himmelswagens und hörte mit ihren Ohren das Rauschen von Seraphsfittichen «gleich dem Lärm der großen Wasser».

Die Gewalt seiner Beredsamkeit verfehlte ihren Eindruck auf seine Freunde nicht; seit langem übte er einen starken Einfluß auf sie aus. Wie gebannt hörten sie ihm zu, wenn er ihnen die Auferstehung, den jüngsten Tag und das Königreich des Messias schilderte.

In früheren Jahren hatten ihn sein Gottsuchertum und seine Heilssehnsucht so umgetrieben, daß er oft auf lange von der Heimat abwesend war. Er war zu den Essenern in die Wildnis gezogen, um mit ihnen zu hausen; lebte jahrelang in ihrer Mitte, wurde dort bekannt mit ihrem mystischen Wissen um die Wege des Himmels. Er bildete sich ein, Stimmen zu hören, der Kraft der Engel der himmlischen Heerscharen innezuwerden, er vermochte durch die Anrufung der gewaltigen Namen Michaels, Gabriels, Uriels und Mitrons den bösen Blick zu besprechen, böse Geister in die Hölle zu scheuchen und kreißende Weiber aus den Klauen Liliths zu befreien. Von Hause aus mit einem Hang zur Mystik begabt, ward er durch all dies so sehr in Erlebnisse von Gesichten und Verzückungen hineingesteigert, daß er in einem dauernden Zustand gespannter Erwartung der Heraufkunft des Erlösers herumging, eine Geistes- und Leibesverfassung, zu deren Verlautbarung ihm die Bücher Daniel und Henoch genügenden Text lieferten.

Und dann kam der Tag, da Jochanaan den erblickte, dessen «Antlitz war gleich dem Gesicht des Menschen und dessen Antlitz doch dem der heiligen Seraphim glich». Eines Tages besuchte Jeschua Schoschanna in ihrem Haus zu Bethsaida, wo ihm gesagt wurde, die jungen Männer seien auf dem See, auf dem sie ihre Netze ausgeworfen hätten. Jeschua wartete bis kurz vor der Abenddämmerung, dann trat er ins Freie, um am Seeufer die Rückkehr der Fischer zu erwarten.

Als die kleine Flotte mit dem Fang des Tages auf den Strand zuruderte, ward Jochanaan aus ziemlicher Ferne schon der weißen

Gestalt Jeschuas gewahr. Und er sagte zu Simon, der an diesem Tag mithalf:

«Siehe, des Menschen Sohn!»

Simon war ein Mann von kleinem Wuchs, aber gewaltiger Körperkraft und einfältigen Sinnes. Wie jeder Jude kannte er die Heilige Schrift etwas, konnte das «Schemah» und auch ein paar Psalmen aufsagen. Aber das Gesetz war nicht gerade seine Stärke, und mit seinem Verzeichnis an guten Taten war, wie er selbst wußte, wenig Staat zu machen. Doch sein Herz war von Gottesfurcht erfüllt, und den Schriftgelehrten und Rabbunim seines Volkes erwies er große Ehrerbietung. In der Synagoge saß er nahe bei der Tür zwischen andern Leuten, die ebenso unwissend waren wie er, sagte seine Gebete, so gut er es verstand, und folgte der Vorlesung des Thoraabschnitts mit Aufmerksamkeit, wenn auch nicht immer mit Verständnis. Gleich den Söhnen des Zebedäus war auch er von der Hoffnung auf den Messias erfüllt, und sein Herz war bereit, ihn zu empfangen. Denn er war ein Mann aus dem niederen Volk, dem dessen Not vertraut war, und er wußte, daß der Messias die einzige Hoffnung und Tröstung der Armen sei. Nun, da er sich mit Jochanaan und Jakob zusammengetan und den älteren Bruder so oft von der bevorstehenden Heraufkunft des Messias sprechen gehört hatte, war auch seine Einbildungskraft entflammt worden, so daß er ständig an das Nahen des Erlösers denken mußte und ihn allstündlich erwartete.

Als er jetzt Jochanaans Worte gehört hatte, fuhr er so heftig hoch, daß er das Boot fast zum Kentern gebracht hätte. Sein dunkles, gefurchtes Gesicht wurde plötzlich bleich, und es war ihm, als steige ihm das Haar zu Berge. Es hätte nicht viel gefehlt, so wäre das Netz seinen Händen entglitten. Ohne die Augen zu erheben, flüsterte er:

«Wo denn?»

«Am Strand ... im weißen Mantel», sagte Jochanaan. «Jeschua von Nazareth.»

Simon hatte Jochanaan schon öfter von dem Nazarener sprechen gehört. Auch hatten Landsleute Jeschuas, die in Bethsaida Fische einkauften, einen jungen Rabbi erwähnt, der nicht mit den Schriftgelehrten umging, sondern sich zu den Armen hielt. Von Wundertaten hatte er in Verbindung mit diesem Namen nichts vernommen; er hatte nur gehört, daß dieser Rabbi den Sündigen und

Unwissenden, die nicht besser waren als Simon selbst, Tröstung und Erhebung bringe.

Einem Rabbi oder einem Schriftgelehrten war er noch nie Auge in Auge gegenübergestanden. Denn in Bethsaida, wo er früher gewohnt, hatte sich dazu wegen der Seltenheit von Besuchen umherziehender Rabbunim bisher so gut wie keine Gelegenheit geboten. In K'far Nahum, wo er jetzt lebte, hätte er zwar mit Gelehrten zusammenkommen können, aber Simon war viel zu bescheiden, um es zu wagen, sich ihnen aufzudrängen. Seiner Unwissenheit, ja womöglich Unreinheit bewußt, hielt er sich in achtungsvoller Entfernung von ihnen, schon aus Furcht, er könne einen heiligen Ort, wo Gottes Wort gelehrt und gepredigt wurde, mit seiner Gegenwart beflecken.

Jetzt gar, hier im Boot, getraute er sich nicht einmal, die Blicke zu erheben, denn der Mann, der sie an der Lände erwartete, war nicht bloß ein Rabbi, es war der, den Jochanaan, der es wissen mußte, des Menschen Sohn genannt hatte. So hielt Simon denn seine Augen niedergeschlagen und vermied es, nach dem weißen Fleck von des Nazareners Mantel auszuschauen, der blaß in der untergehenden Sonne herüberschimmerte. Mit hochklopfendem Herzen steuerte er das Boot an Land.

Sie entstiegen ihm nicht weit von der Stelle, wo der Nazarener stand. Die Söhne des Zebedäus begrüßten ihn, indem sie «Friede sei mit dir» sagten. Jeschua ließ kein Anzeichen erkennen, als habe er den Gruß gehört. Er betrachtete den in sich gekrümmten Simon, als wolle er ihn mit dem Blick durchbohren. Simon war es, als ob des Rabbis Blick, gleich einem Blitzstrahl, die Leibeshülle durchschlug und sein Herz erleuchtete, es heilend und läuternd von allem Makel. Mit des Rabbis Blick fühlte er sich durchronnen von einem neuen Geist, denn ein heiliges Beben erschütterte den tiefsten Kern seines Wesens. Mit einem Male fühlte Simon sich aller Sorgen und Sünden ledig wie ein neugeborenes Kind. Mit noch immer unter des Rabbis Blick gesenktem Kopf blieb er einige Sekunden lang stehen, und es war ihm, als spüre er – obschon keiner von ihnen eine Regung gemacht hatte – den Druck einer Hand, die sich auf seine Schulter legte, und er hörte in seinem Herzen das Erzittern einer Stimme, welche sprach: «Dich will ich.»

Es dauerte mehrere Minuten, bis der Rabbi den Blick aufhob von dem Fischer, indes die beiden Söhne des Zebedäus hilflos und unentschlossen danebenstanden. Mittlerweile waren auch Simons Brüder Andreas und Philippos aus einem andern Boot an Land gestiegen; doch da sie den Rabbi reglos dastehen sahen, hielten sie den Atem an, bis sie den Nazarener mit klarer Stimme sagen hörten:

«Friede sei mit dir, Simon bar Jona!»

Da hob Simon zum ersten Mal die Augen zu dem Rabbi auf und streckte schüchtern seine Hand aus, um den Ärmel von dessen weißem Mantel zu berühren.

«Ein Gleiches dir, Meister», sagte er.

Für einen winzigen, verhuschenden Sekundenteil trafen sich ihre Blicke und ketteten sich ineinander; Simons Augen aber, da sie in Jeschuas Antlitz blickten, waren unbedingter Hingabe voll, bedingungsloser Unterwerfung eines Dienstbereiten vor seinem Herrn.

Langsam wandte sich Jeschua von ihm ab und begrüßte die Andern.

Am Abend stellte Schoschanna, da es eine milde Nacht war, vor dem Hause, von wo aus man den See überblickte, auf Holzböcken einen Tisch auf. Sie deckte ihn mit weißem Linnen, stellte Lampen darauf und trug das Essen auf, das sie den Tag über mit Hilfe von ein paar benachbarten Fischerfrauen bereitet hatte. Denn das Gerücht war umgelaufen, ein des Weges vorbeiwandernder Rabbi sei abgestiegen im Hause des Zebedäus, wo er mit den Fischern das Abendmahl einnehmen und ihnen Belehrung erteilen werde.

Jeschua setzte sich mit den beiden Hausherren zu Tisch; bald vergrößerte sich die Zahl der Gäste durch Nachbarn, welche aus ihren Häusern oder geradenwegs vom See gekommen waren, um ja kein Wort des Predigers zu versäumen, dessen Anwesenheit ein so seltenes Ereignis war.

Um Jeschua saßen die Söhne des Zebedäus und ihre Freunde Philippos und Nathanael. Doch am nächsten zu ihm saß rechter Hand Simon bar Jona, der einfache Fischer, der weder so viel Wissen besaß wie die Söhne des Zebedäus noch so philosophisch gebildet war wie Philippos, oder auch nur wie sein Bruder Andreas. Und zum Erstaunen aller Anwesenden behandelte der Rabbi den Simon mit sichtlicher Achtung, obschon er niemals höher geschätzt worden war als sein Bruder. Die Fischer waren erfreut, einen ihresgleichen so geehrt zu sehen. Denn die vor Zebedäus' Haus gekommen waren, waren selbst niedriger Herkunft, zum größten Teil Tagelöhner, denen nicht einmal das Gerät gehörte, mit dem sie ihre Arbeit verrichteten. Viele von ihnen waren auch in des Zebedäus Diensten gewesen, und so rechneten sie es Jeschua um so höher an, daß er einen von ihnen ausgewählt hatte, um ihm besondere Ehre zu erweisen.

Überdies lag es ja auch am Tage, daß der seltsame Nazarener sich nicht gleich andern Rabbunim betrug, die früher durch den Ort gekommen waren. Er war nicht im Hause eines angesehenen Pharisäers abgestiegen, noch versteifte er sich darauf, an deren wohlberufenem Tische zu essen. Nein, er hatte Unterkunft genommen im Hause einfacher Leute und scheute sich nicht, in Gesellschaft von werktätigem Fischervolk zu speisen, ohne sich auch nur Gedanken zu machen über dessen Reinlichkeit. Die Kunde von diesem ungewöhnlichen Rabbi verbreitete sich rasch am Seeufer, und es kamen in Scharen Männer daher, die einen mit dankerfülltem Gemüt, die andern aus reiner Neugierde, was er zu sagen habe.

Sie betrachteten ihn genau, und als sie sahen, daß er den Segensspruch über das Brot sagte und die gesegneten Stücke unter Gelehrten wie Ungelehrten ohne Unterschied austeilte, darauf sein Brot in die gemeinsame Schale mit dem Weinessig tauchte, da fühlten sie sich in Liebe und Dankbarkeit zu ihm hingezogen und warteten mit offenem Ohr auf seine Belehrung.

Jeschua begann damit, daß er von der Liebe zum Nächsten sprach und dann in die Zuhörer drang, sogar ihre Feinde zu lieben und für diejenigen zu beten, die ihnen Kränkung widerfahren ließen. Dann kam er auf die Vergebung zu sprechen, indem er sagte: «Wenn du deine Gabe auf dem Altar opferst, und wirst allda gedenken, daß dein Bruder etwas wider dich habe, dann gehe zuvor hin und versöhne dich mit deinem Bruder.» Zuletzt sprach er davon, daß der Tag der Heraufkunft des Himmelreichs nahe sei. Aber die Tür zum Himmelreich sei eng, und nur die Würdigen und Erprobten würden eingelassen. Herkunft, Wissen und Reichtum, sie gälten dann nichts. Die Niedrigen würden erhöhet und die Hungrigen zum Tische geführt, die Reichen aber leer ausgehen. Denn wer vor Menschen etwas gelte, der gelte noch nicht vor Gott. Gott prüfe die Herzen und Er kenne, die Ihm dienen. Er wisse, welcher Mensch vor Ihn trete in Demut und Zerknirschung und wer nur, um wohlfeilen Trost zu suchen und laue Geborgenheit. Der Sohn des Menschen aber, dessen Kommen nahe sei, er werde kommen als ein Tröster und Helfer denen, die demütigen Geistes und reinen Herzens seien, und ihrer sei das Himmelreich.

Als Jeschua innehielt, ließ sich durch die Finsternis die rauhe Stimme eines Fischers vernehmen, der laut rief:

«Sage uns, Meister, wer du bist. Denn du sprichst wie ein Beauftragter des HErrn.»

Da rief Jochanaan mit starker Stimme:

«Seht ihr denn nicht? Dies ist der, den Henoch geweissagt hat. Er ist der Sohn des Menschen, der einhergeht mit dem Alten der Tage.»

Jochanaans Worte verhallten in der tiefen Stille. Alle hielten den Atem an und horchten, schweigend und schaudernd, auf den Schlag des eigenen Herzens. Manche traten von Schreck erfaßt zurück, denn sie waren gewärtig, daß aus Jeschuas weißem Mantel mit einmal Flammen schlagen und sie alle verzehrt würden vom Feuer seines heiligen Wesens. Andere streckten die Hände aus und riefen:

«Gesegneter des HErrn, lasse deine Hand auf unsern Kindern ruhen und segne sie um deiner Herrlichkeit willen!» und führten Jeschua ihre Kinder zu. Und während Jeschua jedes einzelne segnete, hörte er den starken, breiten Mann neben sich schluchzen wie ein Kind.

«Was ist dir, Simon?», fragte er.

«Meister, mein Herz ist zerschmolzen vor Furcht. Denn meine Augen sehen den Geheiligten Israels, und ich bin ein Mensch mit unreinen Händen.»

«Sei getrosten Herzens, Simon», sagte Jeschua. «Denn ich habe dich gesehen und erkannt, daß du die Reinheit eines Kindes hast und die Weisheit einer Mutter.»

Simon verbeugte sich in Demut und sagte leise:

«Rabbi, ich bin nicht wert, solche Worte zu vernehmen.»

«Deine Demut soll deine Erhöhung sein, denn nur die sollen erhoben werden, die von sich selbst gering denken.»

Schoschanna, die etwas abseits stand, beobachtete alles, was um sie vorging. Und als sie die Helle sah, die von des Rabbis Antlitz ausstrahlte und die Gesichter der Männer vor Glück leuchten ließ, da dachte sie bei sich: «Nur ein gottähnlicher Mann kann das sein, der mein Haus betreten hat, und mir widerfährt Gnade, zu sehen, daß meine Söhne an seiner Seite sitzen.»

Erst spät in der Nacht ging die Versammlung auseinander. Denn noch viele Stunden lang lauschten sie der Rede des Rabbis und sangen Lieder zum Preise des HErrn; laut ließen sie ihren Gesang erschallen durch die leuchtende Nacht, daß ihre Stimmen hingen über der silbernen Fläche des Wassers. Der Seelenfrieden des Rabbis war in sie alle eingezogen, und sie gingen getröstet von hinnen, ein jeglicher nach seinem Hause.

Am nächsten Morgen verließ Jeschua das Haus der Söhne des Zebedäus. Seine Gastgeber wunderten sich darüber, daß er nur so kurz verweilte; denn in früherer Zeit war Jeschua manchmal eine ganze Woche bei ihnen geblieben.

Doch Jeschua hatte Eile. Sein Besuch in Bethsaida hatte einen bestimmten Zweck verfolgt, den er niemandem mitteilte. Nur Simon bar Jona erfuhr etwas darüber. Als Jeschua von ihm Abschied nahm, fragte Simon, das Haupt gebeugt, wie es seine Gewohnheit war:

«Meister, darf ich mit dir gehen?»

Und Jeschua sagte zu ihm:

«Nein, Simon, meine Stunde ist noch nicht gekommen. Doch es wird dir ein Zeichen werden.»

Da fragte Jochanaan:

«Wann wirst du kommen, Meister?»

Und Jeschua sagte:

«Dir steht nicht zu, die Stunde zu wissen, die mein Vater mir bestimmt hat. Wartet und wachet, denn der Sohn wird mit einmal kommen in sein Königreich.»

Und er ging allein von dannen.

Den ganzen Morgen wanderte er der Küste des Sees Genezareth entlang, und gegen Mittag gelangte er in eine Stadt, die da hieß Magdala. Ihre Märkte waren voll von Kaufleuten aus Tyrus und den umliegenden Provinzen, denn die Stadt war berühmt ob der Kunst ihrer Färber, die Wolle und Linnen jede nur erdenkliche Färbung zu geben wußten. Um den heidnischen Handeltreibenden den Platz anziehend zu machen, hatte Magdala für deren gute Unterbringung in zahlreichen Gasthäusern und Herbergen ausgiebig vorgesorgt. Auch viele übelberüchtigte Frauenzimmer, die Troßweiber des Handelsverkehrs, schwärmten in ihrem Weichbild umher gleich Bienen um eine Schale Honig.

Jeschua von Nazareth befand sich auf dem Marktplatz der Stadt, als er sah, wie eine Sänfte aus einem Hause herausgetragen wurde. Darin lag lässig in weiche Kissen gebettet ein Weib. Flötenspieler und Tänzerinnen leiteten das Gefolge ein, das aus Männern in bunten Gewändern mit kostbaren Ringen und Ketten bestand. Denn dieses Weib, schön anzusehen, wie es war, war sehr begehrt von den Reichen und begab sich niemals aus dem Hause, ohne daß ihm eine Schar von Verehrern und Bewunderern folgte.

Als die Sänfte über den Marktplatz kam, wo Jeschua zum Volke sprach, wandte das Weib den Kopf, und da sie einen jungen Rabbi in weißem Gewande erblickte, der dem gewöhnlichen Volke predigte, gab sie den Trägern einen Wink, stillzustehen, von Neugier erfüllt, was ein solcher Mann zu sagen haben möge.

Doch der Rabbi hob seine Augen und schaute sie, die um einer Laune willen vor ihm haltgemacht hatte, mit festem Blick an. Und er rief ihr zu:

«Weib, Weib, weshalb verschwendest du das Öl in deiner Lampe? Wo wird dein Licht sein, wenn dein Bräutigam kommt?»

Als die Frau in der Sänfte dies hörte, schrak sie zusammen und mit einer unsichtbaren Gebärde plötzlicher Scham raffte sie ihre langen Haarflechten und deckte sie über die Brüste. Denn sie war nackt bis zur Hüfte und nur von einem hauchdünnen Schleier bedeckt sowie einer Menge von Schmuck in Form von Reifen und Spangen sowie von Amuletten und Silbermünzen überladen.

«Ich verstehe dich nicht, Rabbi», sagte sie. «Erkläre mir den Sinn deiner Worte.»

«Der HErr hat einen reinen Born in dir aufgetan, welcher ein Born der Liebe ist. Doch du hast des HErrn Geschenk beschmutzt. Und doch ist dein Vermögen noch groß, Weib, denn tief ist der Quell der Liebe, den Gott dir gegeben hat, und sein Grund ist noch rein. Warum willst du ihn nicht bewahren für den Bräutigam, der seiner würdig ist, und lässest deinen Schatz zerrinnen in verschmutzte Gossen?»

Die Frau schlug die Augen nieder und wagte nicht, den Rabbi anzublicken. Doch plötzlich erhob sie sich, glitt von den Kissen herunter, warf sich ihm zu Füßen und rief mit brechender Stimme:

«Sage mir, heiliger Mann, was ich tun soll?»

«Laß ab von der Sünde», sagte der Rabbi, «läutere dich für den Tag des Himmelreichs, dessen Anbruch nahe ist.»

«Gibt es auch Hoffnung für meinesgleichen?»

«Auch dir wird das Tor aufgetan werden. Poche an in Furcht und Zerknirschung, und dein Vater wird dich aufnehmen in das Himmelreich als eine Tochter Israels. Deine Stunde wird kommen, Weib; halte dich bereit. Denn die werden gut fahren, die den Tag Gottes erharren.»

Damit wandte sich der Rabbi zum Gehen; das Weib aber haschte nach dem Saum seines Gewandes und drückte die Lippen darauf.

Und am selbigen Tag noch schwor sie der Schar ihrer Liebhaber ab, entließ ihre Flötenspieler und Tänzerinnen und verkaufte ihr Haus mit all den kostbaren Möbeln samt dem Geschmeide, das sie von ihren Verehrern erhalten hatte, und verteilte das Geld an die Armen.

Die ganze Stadt zerbrach sich den Kopf über die Bekehrung dieser Frau, denn sie war wegen ihrer Schönheit berühmt gewesen und zählte viele reiche und einflußreiche Männer zu ihren Freunden.

Der Rabbi aber verließ die Stadt und ging ins freie Feld hinaus. Es war noch früh am Nachmittag; doch Jeschua war müde und setzte sich im Schatten eines hohen Ölbaums nieder.

Unweit von ihm schnitten ein junger Mann und eine junge Frau die Ähren; in weiße Linnenwindeln gewickelt lag ihr Kindchen schlafend auf einer Hängematte, die zum Schutze gegen Schlangen und Gewürm von Zweig zu Zweig über dem Boden ausgespannt war. Da die Mittagssonne immer heißer brannte, kam das junge Paar vom Feld herüber zu dem Baum, um dort Schatten zu suchen. Der Mann streckte sich lang aus, die junge Frau nahm das Kind aus der Hängematte und legte es, sich selbst neben ihren Mann hinstreckend, zwischen sich und ihn.

Da kam der Geist über Jeschua, und sein Herz ward erfüllt von Erbarmen mit der Menschheit, weinend hob er die Hände zum Himmel empor und sprach:

«Vater im Himmel, Du hast Mann und Weib gemacht, daß sie eine einzige Seele seien, mache Du auch Himmel und Erde zu einer einzigen Seele, auf daß sie sich vereinigen zu einem einzigen Reich, zu Deinem Reich, dem Reich Gottes.»

Dann erhob er sich, trat zu dem Paar hin und sagte:

«Da ihr verbunden seid in dem HErrn, mag euch die Gnade werden, Himmel und Erde geeinigt zu sehen zum Bund im Reiche Gottes.»

Danach segnete er sie und ging von dannen.

FÜNFTES KAPITEL

DUNKEL sind Sonne und Mond, und die Sterne verhalten ihr Licht.»

Ganz Juda, Jerusalem und Galiläa sowie alle Gerechten in der weiten Zerstreuung lauschten vergebens auf den Schritt in den Bergen und auf die Stimme in der Wüste. Kein Zeichen ward Israel gegeben; stumm blieb der Prophet, von Schatten überhangen die Erde.

Die Not der Heiligen Stadt, wie die Judas und des ganzen Landes Israel war mit jedem Jahr bitterer geworden. Dermaleinst waren es Löwen und Pardel gewesen, die ihre Mitgeschöpfe zerrissen; nun waren es die kleinen Füchse, die Gottes Weinberg verwüsteten.

Caesar Augustus war gestorben, der große Kaiser, der gleich Apollo aus bewölktem Himmel erschienen war, um Rom in der Stunde der Not, als Mark Anton von Ägyptens Königin umgarnt war, vor der Zerstörung zu bewahren. Augustus hatte Rom wieder aufgerichtet, die alte Mannszucht wiederhergestellt, die Lebenskraft des Volkes verjüngt, das verweichlichte Weiberwesen und die orientalische Sinnenlust verbannt, darin Roms Tatkraft verdarb durch Kleopatras Herrschaft über Antonius. Er hatte den Glauben des Volks an die Götter neu abgestützt, hatte das Recht wieder eingesetzt in die römischen Gerichte und Keuschheit wieder eingeführt in das Heim der römischen Familie. Unter seiner väterlichen Hand waren die abhängigen Völker des weitgespannten Reichs mit Gerechtigkeit und Verständnis regiert worden von Statthaltern, die das Gemeinwohl pflegten und die «Pax Romana» des Preises der Unabhängigkeit wert machten. Ja, genug Grund war vorhanden, den großen Augustus zu beweinen, da nun Rom und die eroberten Gebiete seufzten unter der Herrschaft seines Schwieger- und Adoptivsohns Tiberius.

Während seiner ersten Regierungsjahre hatte Tiberius sich täppisch bemüht, im ganzen Reich die Gerechtigkeit und Rechtlichkeit der Verwaltung seines hochverehrten Vorgängers aufrechtzubehalten. Doch während Augustus die Verkörperung aller edlen Eigenschaften des römischen Charakters gewesen war, war Tiberius verschlagen, habgierig, kleinlich, der Sklave oberflächlicher Vergnügungen und persönlichen Ehrgeizes, deren Mittel Verrat und niedrige List waren. Wie hätte Rom ihm vergessen sollen, daß er aus jämmerlicher Eifersucht den ruhmreichen, allbeliebten Germanicus durch Bestechung einer Handvoll von dessen Soldaten ermorden ließ!

Auch des Kaisers Privatleben, das davon zeugte, daß in einem kränklichen Körper ein verschrobener Geist wohnte, war nicht dazu angetan, ihm die Achtung der Senatoren und Tribunen zu gewinnen, die unter den sittlichen Maßstäben des Augustus groß geworden waren. Ihrer Macht beraubt und ihrer Ämter entsetzt, zogen sich diese Männer von den öffentlichen Angelegenheiten zurück auf ihre Landgüter und vertauschten die Politik mit der trostreichen Philosophie. Diejenigen, die am kaiserlichen Hof blieben, gaben sich dazu her, ihre Laufbahn durch niedrige Schmeichel- und Verleumdungskünste zu betreiben; sie nahmen teil an den Ränken des Kaisers, verleugneten und entehrten die großen Traditionen des Augustus, verrieten ihren großen Heerführer Germanicus, unter dessen Feldzeichen sie Rom Sieg auf Sieg erstritten hatten, und ergingen sich Tag und Nacht vor Tiberius in kriecherischen Schmeicheleien, indem sie seine Eitelkeit mit hochtrabenden Titeln kitzelten und ihn als Gott erklärten. Die Lauterkeit der Verwaltung unter Augustus wich einem üblen Ämterschacher, einer Jagd auf die Posten, mit denen Tiberius seine Speichellecker belohnte. Er ernannte sie zu Prokuratoren von Provinzen und Völkern, nicht ohne ihnen die Weisung zu geben, zu verfahren gleich den Mücken im Sprüchwort, die ruhig bleiben, wenn sie sich mit Blut vollgesogen haben, weil sie zu schwerfällig geworden sind zu abenteuerlichem Flug.

Einen dieser Schranzen hatte er zum Landpfleger von Judäa gemacht, Pontius Pilatus.

Pontius Pilatus besaß weder die Bildung noch die Charakterstärke, noch auch den römischen Sinn für Ordnung und Selbstzucht, die ihn überhaupt zur Herrschaft über ein fremdes Volk hätten befähigen können. Jedenfalls ging ihm die Klugheit und das Fingerspitzengefühl ab, die zur Behandlung eines so eigenartigen Volks wie das jüdische erforderlich gewesen wären. Er brachte kein Verständnis und keine Duldsamkeit auf für die Gesetze und Gebräuche eines fremden Glaubens, obschon jegliche Art der Gottesverehrung durch kaiserliche Verfügung als anerkannt und berechtigt galt.

Schon sein erstes Vorgehen in Jerusalem verursachte Blutvergießen. Zwar waren die Feldzeichen der römischen Legionen – die ehernen Adler und Rutenbündel – keine religiösen, sondern kaiserliche und militärische Symbole, trotzdem hatte sich die Übung herausgebildet und war von den römischen Landpflegern in Judäa stets beachtet worden, die Feldzeichen zu verhüllen, sobald die Legionen vor der jüdischen Hauptstadt anlangten.

Pilatus aber zog mit unverhüllten, hoch über die Köpfe seiner Truppen geschwenkten Feldzeichen durch die Tore Jerusalems ein. Und um Hohn und Schimpf auf die Spitze zu treiben, ließ er auch noch den Adler und das Liktorenbündel auf der Zinne der Feste Antonia, der römischen Zwingburg, welche das Tempelgebiet im Nordwesten überhöhte, aufstellen.

Diese erste Amtshandlung riß eine unüberbrückbare Kluft zwischen dem Prokurator und dem Volk auf. Das Mißtrauen gegen die Beweggründe zu jedem seiner Schritte wurde so tief, daß nicht ohne eine gewisse Berechtigung selbst hinter Maßnahmen zur Besserung der gesundheitlichen Verhältnisse der Provinz irgendwelche bösartigen Absichten vermutet wurden.

Pilatus wandte sich denn auch, als er die Erbauung eines Aquädukts für Jerusalem plante, wegen der nötigen Gelder nicht an die Tempelverwaltung, noch zog er sie bei dem Projekt zu Rate, sondern bemächtigte sich mit bewaffneter Hand des gesamten Tempelschatzes, obschon er genau wußte, daß dazu auch zahlreiche private Sparguthaben und viele Stiftungen für unmündige Waisen gehörten. Die Nachricht von dieser tempelschänderischen Ausplünderung verbreitete sich rasch durch ganz Judäa und Galiläa. Kein Mensch wollte etwas davon hören, daß der Prokurator sich den Tempelschatz immerhin zu einem gemeinnützigen Zweck angeeignet hatte. Wie es sich damit auch verhalten mochte, es war eine Tempelschändung, ein roher Übergriff gegen das Heiligtum des HErrn begangen worden. Als eine unerträgliche Kränkung wurde es nun betrachtet, daß die heiligen Gewänder des Hohepriesters in der Feste Antonia im Gewahrsam des Pilatus gehalten wurden, denn sie waren geweihte Dinge, über deren Herstellung, laut Überlieferung, Gott selbst Moses am Berge Sinai die Anweisungen erteilt hatte. Tausende von Malen am Tag blickten die Pilger hinauf zu der Lampe, die auf der höchsten Spitze des Festungsturms brannte als Zeichen für die Juden, daß die heiligen Gewänder unversehrt und unentweiht von heidnischen Händen waren. Es war bitter genug gewesen, daß sie diese Demütigung in der Vergangenheit hatten hinunterschlucken müssen; nun, da die Nachricht von dem durch Pilatus begangenen Raub ins Land hinausgedrungen war, entfachte der Gedanke an die in der Hand des Pilatus befindlichen Priestergewänder neuerlich den Groll des Volkes. Aus jedem Haus in Judäa und Galiläa brachen Männer auf zur Wallfahrt nach dem Tempel.

Pilatus merkte wohl, daß sich Ruhestörungen zusammenbrauten, doch er enthielt sich sorgfältig aller Maßnahmen zu deren Verhinderung. Mit Genugtuung sah er hier die Gelegenheit kommen, um sein Mütchen zu kühlen an den Juden, die er als Feinde betrachtete, und er griff, um seinen Zweck zu erreichen, zu einem Mittel, dessen sich bisher noch kein römischer Landpfleger zu bedienen gewagt hatte. Er ordnete Legionäre, die in bürgerliche Tracht gekleidet waren und Waffen unter ihren Kitteln trugen, ab mit dem Befehl, sich unter die Pilgerscharen im Tempel zu mischen, dann, auf ein verabredetes Zeichen, mit dem Volk Streit anzufangen, mit Knütteln, Messern und eisenbewehrten Stöcken dreinzuhauen und in den Tempelhöfen ein Blutbad anzurichten.

Das Regiment des Pilatus wurde immer mehr zu einer Schrekkensherrschaft. Kein Festtag ging mehr in Jerusalem vorbei ohne einen blutigen Zusammenstoß zwischen Pilgern und Legionären, die auf Befehl des Pilatus in der Antonia an jedem Feiertag vollzählig in Bereitschaft anzutreten hatten. In die meisten dieser Wirren waren vornehmlich die Galiläer verwickelt, die, an sich fanatischeren Charakters, noch eifersüchtiger über die Heiligkeit des Tempels wachten als ihre judäischen Brüder.

In Pilatus schwelte brennender Haß gegen diese Eiferer aus dem Norden, die seinen Nadelstichen gegen den Tempel mit solch wilder Aufsässigkeit begegneten. Während seiner ganzen Regierungszeit verlief nicht ein einziger Feiertag, ohne daß mit dem Blut der Opfer vor dem Altar auch das von galiläischen Pilgern vergossen wurde.

Seit der Zeit Esras war das Amt des Hohepriesters von den Juden immer als das der höchsten Autorität, das sogar die der Krone überragte, in Ehren gehalten worden. Für das Volk war der Hohepriester nicht nur der geweihte Nachkomme Aarons, nicht nur der Mittler zwischen Gott und Israel, sondern auch das Sinnbild der irdischen Gewalt. Unter der Herrschaft der Makkabäer waren die beiden Ämter, Königtum und Hohepriestertum, nach und nach auf Angehörige einer und derselben Familie, der hasmonäischen Dynastie, übergegangen. Doch diese wurden von dem Idumäer Herodes entsetzt, und als er sich selbst zum König gemacht hatte, erachtete er das Hohepriestertum als einen gefährlichen Rivalen für seine absolute Herrschaft. Unfähig, auch nur den Schatten einer mit der seinen wetteifernden Macht in seinem Umkreis zu dulden, würdigte er das höchste religiöse Amt herab, wie er nur konnte, und nahm ihm den Glanz der Geweihtheit. Zunächst entzog er es der hasmonäischen Heldendynastie, die er bis zum letzten Mann ausrotttete. An ihre Stelle setzte er seine Günstlinge und Lieblinge; einmal machte er sogar einen untergeordneten Priester als Belohnung dafür, daß der ihm seine Tochter zugeführt hatte, zum Hohepriester. Außerdem sorgte er dafür, daß sich kein Hohepriester lange auf seinem Sitz hielt, um keinerlei dynastische Prätentionen bei einem von ihnen aufkommen zu lassen, die seine eigenen hätten gefährden können.

Nach dem Tode des Herodes setzte noch eine weitere Herabwürdigung des geheiligten Amtes ein. Die danach von Rom ernannten Landpfleger verschacherten die Hohepriesterwürde an den Meistbietenden aus den vier dazu berechtigten Familien. Alle paar Jahre – manchmal sogar alle Jahre, je nach dem Angebot – wurde der Hohepriester durch einen neuen ersetzt. Diese schamlose Schacherei um das heilige Amt, der Umstand, daß es unabänderlich in den Händen der aristokratischen Partei der Sadduzäer blieb, die sich von den Pharisäern in grundlegenden Punkten unterschieden, und nicht zuletzt das allgemeine Wissen darum, daß diese emporgekommenen kleinen Priester die willigen Helfershelfer der römischen Schutzmacht waren, die ihnen in den Sattel geholfen hatte,

– all dies führte dazu, daß die Person des Hohepriesters, wenn nicht gar das Hohepriestertum an sich, als unwürdig und verächtlich betrachtet wurde.

Während der Statthalterschaft des Pilatus befand sich das Hohepriesteramt in den Händen von Angehörigen des Hauses Hanan, einer Familie, der es gelungen war, das Amt länger zu halten, als das in der letzten Zeit üblich gewesen war. Hanan war selbst Hohepriester gewesen, dann nach ihm seine Söhne, und schließlich war jetzt seinem Schwiegersohn Kaiphas das Amt zugefallen.

Eine sehr volkstümlich gewordene Schmähschrift zieh das Haus des Hanan glattweg des Hochverrats, nämlich darum, weil es mit den Römern zur Unterdrückung des Volks unter einer Decke stecke. Oder wie es wörtlich in dem Pasquill hieß, die Familie «macht Schatzmeister aus ihren Söhnen und Steuereintreiber aus ihren Schwiegersöhnen und sendet ihre Knechte aus, um uns zu schlagen mit bleiernen Geißeln».

Es ging somit nicht mehr an, im Hohepriestertum einen Abglanz messianischer Herrlichkeit oder allerhöchster Autorität zu erblikken, wie dies in den ersten Zeiten nach der Befreiung durch die Makkabäer der Fall gewesen war. Die Nation wandte sich von dem heiligen Amt ab und suchte Führung bei den Weisen und Rabbunim, den Schriftgelehrten der Pharisäerpartei.

Die wirtschaftlichen Verhältnisse des Volks hatten inzwischen eine einschneidende Verschlimmerung erlitten, die zumal die ärmeren Bauern im galiläischen Nordgebiet betraf. Mit ihrer Hände Arbeit mußten sie einen üppigen orientalischen Hof erhalten, der von überflüssigen Bediensteten, römischen Beamten, kunterbunten Militärpersonen und einem Heer von Schmarotzern wimmelte, deren ausschweifendes Leben eine kostspielige Angelegenheit war.

Wenn das Land für die verschwenderische Bauwut des Herodes, dessen Herrschgewalt sich immerhin über ein weitgespanntes Gebiet erstreckte, kaum die Mittel hatte aufbringen können, so vermochte es mit noch so großer Mühe nicht die Kosten der wahnsinnigen Hofhaltung dieses unbedeutenden Antipas zu bestreiten, dessen Tetrarchie überhaupt nur die paar Provinzen Galiläas umfaßte. Der große Herodes hatte über große Hilfsquellen verfügt, die er für seine Ausgaben heranziehen konnte, ein großes Steuergebiet, Anlagen im Ausland, weitschichtige Handelsunternehmungen und vor allem einen Tempel, dem die Beiträge der ganzen über die Erde zerstreuten Judenheit zuflossen. Der kleine Herodes Antipas aber konnte nur noch aus dem Bauernland Galiläa und den paar Fischereien am See Genezareth Steuern bis zum Weißbluten erpressen. Doch seine Ansprüche wurden nachgerade ebenso unmäßig, wie die seines Vaters gewesen waren, insbesondere nach seiner zweiten Heirat. Denn er hatte seine arabische Ehefrau wieder zu ihrem königlichen Vater heimgeschickt und seine in Rom erzogene Schwägerin geheiratet, nachdem er sie von seinem Bruder, einem andern unbedeutenden Herodessprossen, weggelockt hatte, um sie, unter Verletzung des jüdischen Gesetzes, zu seinem Weibe zu machen. Dieser Wechsel der Frauen führte einen Wechsel auch in seiner ganzen Lebensweise herbei. Als kleiner orientalischer Potentat in einer Burg der Wüste Sodom jenseits des Toten Meeres aufgewachsen, wollte er jetzt die Rolle eines zeitgemäßen Monarchen spielen und setzte seinen Stolz darein, mit andern dem Römischen Reich untertanen Fürsten, wenn nicht gar mit den Königinnen des von Reichtum strotzenden Ägypten, zu wetteifern.

Wie sein Vater so war auch Herodes Antipas von Bauwut ergriffen. Immer neue Paläste und Städte plante er. Sein erstes Unternehmen als Tetrarch von Galiläa war der Wiederaufbau des in Trümmern liegenden, von Quintilius Varus und seinen Unterführern gebrandschatzten Sepphoris. Doch er schlug dort keineswegs seine Residenz auf, sondern gründete zu diesem Zweck eine ganz neue Stadt am See Genezareth unweit des Fischerorts K'far Nahum. Nach dem römischen Kaiser nannte er sie Tiberias. Sie wurde auf dem Grund einer alten jüdischen Begräbnisstätte erbaut, ein Frevel, der es für Juden unmöglich machte, dort zu wohnen. Deshalb siedelte er Griechen dort an sowie allerhand Angehörige wilder Stämme der Umgegend, die er durch freigebige Landschenkungen zur Niederlassung verlockte. Den Seestrand verwandelte er in einen herrlichen Garten, der mit Palästen und Türmen sowie mit festen Burgen zu seinem und seiner zahlreichen Höflinge Schutz bebaut wurde.

In den Adern des Herodes Antipas rann nicht ein Tropfen jüdischen Bluts. Von der Vaterseite her Ausländer, stammte er dazu von einer Mutter aus dem die Juden hassenden Stamm der Samariter. Trotzdem trug der kleine Herodes den geheimen Ehrgeiz mit sich herum, seine Herrschaft über ganz Israel innerhalb der Grenzen von seines Vaters Reich, ja womöglich darüber hinaus, auszudehnen. Sein Plan ging dahin, mit Hilfe Roms die Königswürde zu erlangen oder, wenn dies nicht gelang, einen Bund kleiner Königreiche gegen Rom zusammenzuschmieden.

Und so merkwürdig es klingt, wie fremd immer sie der Nation gegenüberstanden, über die sie herrschten, und wie sehr sie von eben dieser Nation verabscheut wurden, die Söhne des Herodes ließen nicht ab von ihrem Traum, eines Tages doch noch in den jüdischen Herzen den Platz einzunehmen, den Salomo darin gehabt hatte, und die Hoffnungen und Erwartungen, die die Judenheit an den Messias knüpfte, auf sich zu vereinigen. Ja, diese Duodezfürsten wiegten sich in messianischen Vorstellungen, zu deren Verfolgung sie widersinnigerweise bestrebt waren, sich mit beiden Seiten gutzustellen: mit den Römern, ohne deren Hilfe sie nicht an der Macht bleiben konnten, und mit den Juden andererseits. Sie spielten ein Doppelspiel und lebten ein Doppelleben.

Zuhause in ihren Palästen und ihren Residenzen, die kaum ein Jude jemals betrat, führten sie das Leben von römischen Patriziern, von Vorkämpfern der römischen Kultur auf asiatischen Außenposten. Sie umgaben sich mit römischen Soldaten, römischen Ministern und Beratern, nahmen nur griechische oder hellenisierte Philosophen, Historiker und Grammatiker in ihren Dienst und hielten enge Beziehungen mit Rom aufrecht. Sie übersäten ihre Paläste mit den Marmorstatuen griechischer Götter, errichteten in ihren Hauptstädten Gymnasien, Hippodrome und Theater, bauten dem Caesar Augustus Tempel und hielten sich einen Riesenhofstaat von Freigelassenen und Sklaven.

Doch vor den Juden benahmen sie sich scheinheilig, stellten sie sich höchst besorgt um genaue Einhaltung des pharisäischen Ritus. Da sie wußten, wie beliebt die Pharisäer beim Volk waren, wollten sie sich deren Wohlwollen nicht verscherzen und handelten, sobald sie sich unter der Beobachtung der Juden befanden, nach deren Gesetzesvorschriften. Herodes Antipas enthielt sich sogar, den Kopf des Kaisers oder eines andern Menschen auf seine Münzen prägen zu lassen, und benutzte dafür überkommene jüdische Symbole wie die Weintraube und die Kornähre. Er versäumte auch in keinem Jahr, ebensowenig wie seine Brüder, einmal mit überreichen und auffallend prunkvollen Geschenken für den Tempel nach Jerusalem zu wallfahren. Dann trugen sie auf ihren königlichen Schultern gleich dem übrigen Volk in goldenen Gefäßen die

Erstlingsfrüchte ihrer Ländereien und ließen ganze Herden von Schafen und viele Stiere für den Opferaltar hinter sich hertreiben. Zeitweise traten sie auch für das Volk ein, sandten Abordnungen zu Antiochus oder führten in Rom Beschwerde über den Despotismus des amtenden Prokurators. Mit diesen Mitteln gelang es ihnen, manchen Pharisäer für sich zu gewinnen, ja sie riefen sogar eine Partei, die Herodisten genannt, ins Leben, die sich in ihren Reden darüber verbreitete, wie sehr zu begrüßen es sei, daß das herodische Königtum erhalten bleibe.

Die Seele aller ehrgeizigen Bestrebungen des Herodes Antipas aber war dessen zweite Frau, Herodias. Sowohl sie wie ihr Bruder Agrippus waren am Kaiserhof aufgewachsen, wo sie von Augustus als Fürstenkinder behandelt worden waren. Herodias war sogar mit Agrippina, der Tochter des großen Germanicus, zusammen erzogen worden.

Am Hof des Herodes Antipas nun stürzte sich Herodias in eine heftige politische Tätigkeit. Sie knüpfte in Rom wertvolle Verbindungen an und sicherte sich Freunde unter den dortigen einflußreichen Leuten, indem sie sie mit verschwenderischen Geschenken überhäufte. Unter ihren Händen erblühte Tiberias zu einem Rom im Kleinen, einer Hochburg der lateinischen Kultur inmitten des wilden, aufsäßigen Galiläa. Wenn römische Standespersonen in Amtsgeschäften nach Jerusalem mußten, so machten sie noch zum eigenen Vergnügen einen Abstecher nach Tiberias, wo die Frau des Tetrarchen persönlich für ihre Unterhaltung sorgte; dann wurden Wagenrennen mit den besten Lenkern des Orients veranstaltet, Bankette von erlesenen syrischen Köchen ausgeführt, bei denen ägyptische Harfenspielerinnen und syrische Tänzerinnen auftraten.

All dies aber wurde bezahlt mit dem Schweiß der Bauern von Galiläa. Das trockene Brot wurde ihnen für Steuern vom Munde genommen, und sie rackerten sich nur ab, um immer höhere Abgaben zu zahlen. Zoll- und Steuereinnehmer, zur Sicherheit unter militärischer Bedeckung, überfluteten das Land. Das Volk stöhnte unter der schweren Last der Besteuerung, unter der übermäßigen Arbeit, deren Ertrag es nicht genießen durfte. Mit müden, stumpfen Augen schauten sie nach einem Retter, nach einem Anzeichen des Heils, nach einem Zeichen des Himmels aus, das ihnen sagte, daß jemand ihre Not sehe, ihre Tränen zähle und ihrem Leid ein Ende setze.

Aber schrie denn Israel allein nach Erlösung?

Israel hatte es noch gut; es hatte seine Rabbunim und seine Gesetze, die es vor Unreinheit bewahrten, gegen Liederlichkeit und Ausschweifung schützten. Israel hatte eine einzigartige Nähe zu Gott errungen, zu Gott, der es emporgezogen aus dem Morast heidnischer Vertiertheit, es auf eine höhere Stufe im Bau der Schöpfung gehoben, es zum Kinde Gottes gemacht, dem durch das Gebet das besondere Anrecht auf den Zugang zum himmlischen Vater gewährt war. Israel hatte die Psalmen und die Thora, um ihm zu leuchten in tiefer Nacht; es hatte den mit den Erzvätern gemachten Bund und die Verheißung der Propheten, daß dereinst der Erlöser kommen werde, um alles Unrecht gutzumachen und das Himmelreich auf Erden aufzurichten. Israel hatte die messianische Hoffnung, die es reinigte und heiligte und bereitete für den Tag Gottes. Welchen Trost aber, welche Hoffnung hatten die Heiden im Vergleich mit Israels Glauben?

Wehe den Völkern, deren Götter nicht Schritt halten mit der Geschichte! Wehe den Göttern, die hinter ihren Gläubigen zurückbleiben!

Die Götter Griechenlands und Roms waren aufgestiegen gleich Seifenblasen, Spielereien arkadischer Schäfer entstanden unter den Klängen der Pansflöte. Welche geistigen und religiösen Werte verkörperten ihre herrlichen Gestalten? Was bedeuteten sie dem modernen Griechen und Römer noch, der nicht nur die physische Welt beherrschte, sondern auch seine Götter bei seiner Suche nach sittlichen Werten längst hinter sich gelassen hatte? Wie armselig nahmen sie sich aus vor den geistigen Riesen einer Welt, die sie noch mit den Lippen anbetete, vor Männern, die, wie Plato, in die Tiefen der Seele gelotet oder, wie die Stoiker, zu den höchsten sittlichen Vorstellungen gelangt waren?

Wenn die Römer ihre Götter beibehielten, so geschah das aus nationaler Disziplin, aus patriotischem Pflichtgefühl, den überkommenen Charakter der griechisch-römischen Kultur hochzuhalten. Ihre Scheingottheiten waren äußerliche Ornamente ihrer Gesellschaft ohne auch nur einen Schatten von religiösem, ethischem oder mystischem Gehalt. Die Gebildeteren unter ihnen suchten Zuflucht bei den verschiedenartigsten Moralphilosophien, die, so hochfliegend ihre Gedankengänge sein mochten, keinen Rückhalt hatten an einer göttlichen Autorität, die sie verbindlich machte. Die Systeme, die diese von den besten Absichten geleiteten Männer sich zu eigen machten, waren zweifellos nützliche Hilfsmittel zur Charakterbildung; und der hohe erzieherische Wert der stoischen Schule kann von niemand geleugnet werden. Doch sie verpflichteten den Menschen zu nichts. Es ermangelte ihnen die Autorität, die vollständige Unterwerfung unter ein sittliches Joch zu erzwingen, so wie es das himmlische Königreich der Juden bildete. Sie blieben, als ein intellektuelles Privileg, auf die Gelehrten und die Moralisten beschränkt. Das übrige Volk, der gemeine Haufe, blieb dem Schein und Trug seines heidnischen Glaubens überantwortet, der an dem ihm entgegengebrachten Unglauben schal geworden war.

Kein Wunder, daß diese Heidenvölker mit angstvollen wie verzauberten Blicken auf die Juden sahen, wenn sie auch deren Glauben verspotteten und ihre fremdartigen Gebräuche verlachten. Wo in den römischen Schutzgebieten sich eine Synagoge erhob, kamen am Sabbath Heiden zu ihrer Tür, gleich Bettlern, die um Worte der Hoffnung flehten, um diese Worte der Weissagung und Tröstung, die so ausgiebig in der Heiligen Schrift der Juden zu finden waren.

Mochten die Satiriker mit all ihrem Witz und Hohn den jüdischen Sabbath ins Lächerliche ziehen, mochte es ihnen Stoff zu unzähligen Scherzen bieten, wie der Jude einen ganzen Tag der Woche mit Daumendrehen hinbringe, eine beunruhigende Anzahl angesehener Römer ließ sich doch anstecken von diesem barbarischen Beispiel auf göttlichem Gebot beruhenden und mit Riten zelebrierten Müßiggangs. Mancher Römer, der durch die jüdischen Straßen am Tiberufer schlenderte und sah, wie die Sabbathlichter in den Fenstern erglänzten, machte sich Gedanken über diesen siebenten Tag, der, ob ein Mensch reich oder arm war, nur ihm und seinem Gott gehörte. Und mochten Komödianten und Mimen in Theatern und Arenen ihre Landsleute karikieren, die jüdische Bräuche annahmen, das Bekenntnis des Juden begann in die römische Seele einzusickern und sie mit einem Hunger nach Glauben zu erfüllen. Es gab viele römische Standespersonen, die heimlich Geldbeträge spendeten zum Bau einer Synagoge in Palästina oder in der Diaspora, und die dann auch selbst kamen, um

Gott zu suchen inmitten des verlästerten Volks, als ob sich auf einmal die Worte von Zacharia erfüllt hätten: «In jenen Tagen wird es geschehen, daß zehn Männer den Rock dessen ergreifen werden, welcher ein Jude ist, und sprechen: ‚Wir wollen mit dir gehen, denn wir haben vernommen, daß Gott mit dir ist.'»

Es war, als ob die Erde selbst den Schrei der Menschheit nach dem Heil zum Himmel schicke; als wenn der Mensch, einem Blinden gleich umhertastend, das Tor des Himmels gefunden habe und daran poche und Gott in Seiner Barmherzigkeit ihm antworte.

Denn es erhob sich eine Stimme in der Wüste.

SECHSTES KAPITEL

WER brachte die Kunde von Jochanaan ben Zacharia nach Nazareth? Niemand und jedermann. Vom Winde dahergetragen ward seine Stimme, widerhallend sogleich in Nazareth und K'far Nahum, in Sepphoris wie in Jerusalem.

Jeschua vernahm davon, als er mit seiner Mutter vom Markt in Sepphoris zurückkehrte. Auf dem Heimweg holte sie ein Mann ein, der ein Ochsenjoch auf den Schultern trug. Und der Mann sagte zu Jeschua:

«Sieh, ist das nicht das Joch, das du geschnitzt hast?»

«Ja», sagte Jeschua. «Ich habe es mit meinen Händen gemacht.»

«Und aus deines Vaters Händen habe ich es gekauft», sagte der Fremde. «Und ich habe es seit jenem Tage getragen, denn es vertritt das Joch des Himmelreichs. Nun aber ist die Zeit gekommen. Die Welt harrt deines Joches, durch das du die Menschheit ihrem Vater unterwerfen sollst.»

«Woraus schließest du, daß die Zeit gekommen ist?», fragte Jeschua.

«Hast du nicht die Stimme des Rufers in der Wüste gehört: ‚Bereitet dem HErrn den Weg?'»

«Eine Stimme in der Wüste?», fragte Miriam, und ihr Atem setzte aus.

Der Mann aber wandte sich nicht zu ihr hin, sondern antwortete fest und streng zu Jeschua sprechend:

«Jochanaan ben Zacharia ist hervorgekommen aus der Wüste, aufzurufen zu Taufe und Buße, um bereit zu sein für den Tag Gottes.»

«Wohin ruft er zur Taufe?»

«Zum Jordan, zu der Stelle, von der aus Elia im Sturm zum Himmel auffuhr.»

«Und du, Fremdling, woher weißt du dies?»

«Ich bin erst jüngst von ihm gekommen und habe gehört, wie er sagte: ‚Ich taufe euch mit Wasser; der aber nach mir kommet, ist stärker denn ich, dem ich nicht wert bin, die Riemen seiner Schuhe zu lösen. Der wird euch mit dem Heiligen Geist und mit Feuer taufen!'» Und dann, die Stimme mit einmal begeistert erhebend, fügte der Fremde hinzu: «Er sprach von dir!»

Ein paar Tage darauf erreichte die Kunde von dem Täufer auch Nazareth. Es war Stadtgespräch, daß ein fremder Wanderer mit einem Joch auf dem Rücken auf dem Marktplatz erschienen sei und gesagt habe, daß der, welcher ihm das Joch auf die Schultern gelegt, das Joch des Himmelreiches auf alle Menschen der Erde legen werde; wer aber mehr darüber zu hören wünsche, solle sich aufmachen und hingehen nach Bethanien am Jordanfluß und der Stimme lauschen, die aufrief, dem HErrn den Weg zu bereiten.

Zuerst erschien es schwierig, zu erkennen, was der Fremde damit meine. Er machte den Eindruck, als sei er von bösen Geistern besessen, als sei er einer von den armen Wichten, die von Stadt zu Stadt zogen und stets von geheimnisvollen Vorzeichen sprachen, ein Gerede, dem Männer mit Selbstbeherrschung wenig Beachtung schenkten. Doch die Bedeutung dessen, was dieser Fremde gesagt, stellte sich bald heraus; denn am nächsten Sabbath wurde in der Synagoge alles, was sich zugetragen hatte, mit nüchternen Worten berichtet:

Es sei ein Mann, gekleidet in ein Gewand aus Kamelhaar und einen Ledergürtel um die Lenden, aus der Wüste gekommen; der habe sich am Jordanufer aufgestellt, dort, von wo Elia in den Himmel gefahren sein solle, und habe zu Buße und Gebet aufgerufen.

Für die Gemeinde von Nazareth waren dies mehr als nüchterne Tatsachen, denn allein der Begriff der Wüste übte auf die Juden etwas wie eine mystische Faszination aus. Sie erweckte in ihnen atavistische Erinnerungen, Träume, die aus bodenloser Vergangenheit aufstiegen, darin Moses Israel zu seiner ersten Begegnung mit Gott geführt hatte. Für das innere Gehör des Juden erklang in jeder Stimme aus der Wüste der Donnerhall vom Sinai. Sie ließ die Stimme des HErrn widerhallen, da Er die Zehn Gebote verkündet, und die Stimmen von Millionen Juden, welche antworteten: «Wir werden also tun und gehorchen.» Es war der schwärmerische Aufschrei junger Liebe, von Israels Vermählung mit dem HErrn. Eine Stimme aus der Wüste versetzte die Seele eines jeden Juden in wundersames Erzittern.

Die Wüste war die Zuflucht all derer, die Loslösung vom Gemeinwesen suchten, die ihr Fleisch kasteien und ihre Seelen läutern wollten durch Gebet und Enthaltsamkeit. Sie wohnten in Höhlen, hüllten ihre Blöße in die Rinde der Palmen und wuschen sich mit dem spärlichen Wasser, das sie fanden, oder wälzten sich im frischen Tau. Sie nährten sich von wilden Heuschrecken, deren Körper sie an der Sonne trockneten, zu Mehlstaub zerrieben wie Korn und sie zu einem Fladenteig zusammenrollten, der von der Sonne gebacken wurde. Oder sie gingen in den frühesten Morgenstunden hinaus, um aus Felsen und Kaktuspflanzen wilden Honig zu sammeln oder die schlüpfrigen Puppen der Raupen aufzulesen, die mit dem Tau auskrochen und süß im Munde zergingen gleich dem Manna der Alten.

Es gab verschiedene Arten solcher Wüstenbewohner. Manche von ihnen gehörten Orden und Sekten an wie die Essener und die Chassidim. Es waren auch einzelne Pharisäer darunter, die sich für eine Zeitlang der Einsiedelei ergaben, um einen höheren Grad von Selbstaufopferung zu erlangen. Manche auch waren einem unbekannten frommen Mann in die Wildnis gefolgt, um von ihm in die Geheimnisse der Zahlenmystik und der Physik eingeweiht zu werden oder sich in den geheimen Künsten der Geisterbeschwörung und der Verständigung mit den Engeln zu vervollkommnen. Schließlich gingen auch sehr viele in die Wüste, um ihre Sünden zu bereuen oder um bestimmte Gelübde zu erfüllen, die sie zum Dank für ein ihnen widerfahrenes Gnadenwunder auf sich genommen hatten.

Doch die Stimme, die nun aus der Wüste erklang, konnte nicht die eines Esseners oder Pharisäers sein. Von den Essenern war bekannt, daß sie nur die nach schweren Prüfungen in ihre Gemeinschaft Neuzugelassenen tauften; ihre Bruderschaft bestand aus streng gesiebten Männern, die in jeder Art körperlicher Widerstandsfähigkeit erprobt waren. Die Pharisäer waren auf ihre Weise nicht weniger exklusiv; sie ließen nur Schriftgelehrte zu, Leute, die «am Tisch der Thora» saßen. Die Stimme des Jochanaan ben Zacharia aber berief alle Menschen zur Taufe, die gelehrten wie die ungelehrten, die Gerechten wie die verachtetsten Missetäter des Volks, die Zöllner und die Steuereinnehmer. Auch rief sie nicht auf zum Anschluß an eine fromme Bruderschaft und zur Abschließung vom übrigen Israel; sie rief zu Buße und Taufe, um bereit zu sein für den, der mit dem Heiligen Geist und mit dem Feuer taufen werde.

Das war das Neue an diesem Aufruf: daß das Tor weit aufgetan wurde, um jedermann einzulassen. Und das war es, was einen so tiefen Eindruck auf das Volk machte. Eine Unmenge von Männern und Frauen machte sich auf zum Jordan, Reiche und Arme, Gelehrte und Dummköpfe, Dirnen und Wucherer, ja sogar Leute, die im Dienst des Herodes standen, also wahrlich keinen Anspruch machen konnten auf das, was Israel erhoffte. Über jede Heerstraße und jeden Feldweg kamen sie dahergezogen, aus jeder Stadt und aus jedem Weiler in Judäa und Galiläa strömten sie hin zum Jordanufer.

Auch von Nazareth brach eine Schar von Bürgern dorthin auf; unter den Ersten waren Jeschuas Bruder Jakob und sein Nachbar Taddi.

Miriam und Jeschua hatten seit vielen Jahren nicht mehr über Elischewas Sohn Jochanaan gesprochen. Doch beide warteten mit Furcht und Hoffnung auf ein Zeichen seines Auftretens. Beiden war es dunkel bewußt, daß ein Zusammenhang zwischen seinem Schicksal und dem ihren bestand, und so hatten sie in all diesen Jahren die Kunde erwartet, er sei aus der Wüste zurückgekommen. Denn vor langer Zeit hatten sie vernommen, daß Jochanaan noch als Wickelkind von den Essenern aufgenommen worden sei, die ihn unwissentlich zu seiner Sendung erzogen. Miriam war überzeugt, Gott wache über diesem Kinde in der Wüste, und Jochanaan werde, sobald Gott die Stunde zum Hervortreten ihres Sohnes bestimmt habe, seine Wüstenhöhle verlassen und seine Stimme in Israel erschallen lassen, wie es vom Propheten geweissagt war.

Nun, da dieses Ereignis der Prophezeiung gemäß eingetroffen

war, erkannten Mutter wie Sohn, daß die Zeit der Vorbereitung und Erwartung vorüber sei.

Jeschua war bereit. Er kannte den Preis, den er für seine Erwählung zu entrichten hatte, und wußte, daß der Weg, den Gott ihm vorgesetzt hatte, ein mit feurigen Dornbüschen bestandener Pfad war. Oft genug hatte er die Propheten der Erlösung gelesen, und wenn er in Tat und Wahrheit der Erlöser war, so mußte er bereit sein zu dem Opfer, das er dem HErrn schuldig war.

Aber war auch seine Mutter bereit?

Seine Mutter mußte auf jeder Strecke seines Weges bei ihm und Zeugin einer jeden Station dieses Leidenswegs sein; Jeschua war sich bewußt, daß eine jede seinem Leib zugefügte Wunde noch einmal bluten würde in der Seele der Mutter. Würde sie die Kraft haben, ihres Sohnes freiwilliges Opfer mitanzusehen? Er entsann sich jedes freudigen Erbebens, welches sein kindliches Tun und Lachen auf ihrem Antlitz hervorgerufen hatte, als er klein war. Wie stolz hatte sie von der Frauenempore herabgeblickt am Tage, da er in der Synagoge vorgestellt wurde! Und heute? Wie würde sie das Leid ertragen, ihn gedemütigt zu sehen und den Schrei zu hören, den die Welt ihm entgegenschleudern mußte? Ema, Ema! Zehnfältige Prüfung würde ich gern auf mich nehmen, wenn dir dies erspart werden könnte! Nicht in lauten Worten äußerte er dies; sagte nur, seine Hand in die ihre legend, mit stockender Stimme:

«Ema, wußtest du, daß meine Stunde nahe ist?»

«Ich weiß es, Tinoki.»

«Bist du bereit, Mutter?»

«Was liegt daran, Tinoki? Gottes Wille wird geschehen.»

«Aber, Ema, Gottes Wille ist meine einzige Krücke auf diesem Wege. Er sollte auch deine Krücke sein.»

«Jeschua, ich bin ein schwaches Weib.»

«Die Schwäche einer Mutter ist ihre Stärke. Deine Schwäche, Ema, wird Israel läutern gleich dem Blut eines Sühnopfers.»

Mit Tränen in den Augen blickte Miriam zu dem Sohne auf und sagte:

«Du bist mein Trost, Jeschua, mein Sohn.»

Und da er sich neben ihr niederwarf, nahm sie sein Haupt in ihre beiden Hände und schmiegte es auf ihre Knie, wie sie getan hatte, als er ein Kind war.

Taddi und Jakob kehrten, beide tief erregt, doch mit einander widersprechenden Anschauungen von der Taufe heim. Die schwarzen Zähne unter dem struppigen Bart entblößend, ereiferte sich der alte Gerber hitzig über das wunderbare Erlebnis. Der Sohn des Zacharia, erzählte er Jeschua, habe bis zu den Knien im Wasser des Jordan gestanden, unweit Bethaniens, den Rumpf gewandet in ein Hemd aus Kamelhaar, und habe die vielen Menschen getauft, die alltäglich aus allen Himmelsrichtungen herzugeströmt waren. Und Jochanaan, berichtete Taddi vor Begeisterung glühend, taufe nicht im Namen einer Bruderschaft oder sonstigen Gemeinschaft, sondern im Namen des Himmelreichs, welches in Bälde auf Erden einziehen werde. Im Namen dieses Schreckenstags rief er zu Reue und Buße auf, denn dann, so sagte er, werde das große Gericht beginnen. Und gleich einem Propheten schwang er die Geißel seiner Worte über allem Volk, hieß sie alle ein Natterngezücht, das sich leichtfertig dem auf sie niedergehenden Zorn entziehen wolle. Und ferner sagte er, die Taufe des Leibes genüge nicht, wenn sie nicht auch ihre Herzen tauften mit den Wassern der Bußfertigkeit. Und er warnte sie, dies nicht leicht zu nehmen, weil sie meinten, daß Abraham ihr Vater sei. Auf die Steine am Uferrand weisend, habe Jochanaan gerufen: «Ich sage euch, Gott vermag dem Abraham aus diesen Steinen Kinder zu wecken.» Diese Worte des Täufers, erzählte Taddi, hätten gewaltige Furcht in die Herzen des Volks gesenkt, so daß es dem Propheten zu Füßen fiel und ihn anflehte, ihm zu sagen, was es beginnen solle. Worauf Jochanaan geantwortet habe: «Wer zwei Röcke hat, der teile mit dem, der keinen hat.» Und Viele, die ihn gehört hatten, taten nach seinem Wort aus Furcht vor Gott, die alle ergriffen hatte, die seine Worte gehört.

Schweigend hörte Jeschua den Bericht des Gerbers an. Doch als Taddi innehielt, um Atem zu schöpfen, fragte er, was der Täufer damit gemeint habe, als er sagte, Gott vermöge dem Abraham Kinder zu erwecken aus den Steinen.

«Damit hat er gemeint», sagte Taddi, der mit Freude die Gelegenheit ergriff, sich über eines seiner Lieblingsthemata zu verbreiten, «daß die Gnade der Erzväter nichts nütze sei, sondern daß nur das Verdienst eines jeglichen Menschen angesehen werde am Tag des Gerichts.»

Doch es waren gerade diese Worte des Täufers, welche den alten

Gerber so begeisterten, die Jeschuas Bruder bekümmerten und seinen Glauben an den Täufer untergruben.

«Was soll dies bedeuten?», fragte er, «daß Gott aus den Steinen dem Abraham Kinder zu erwecken vermöge? Wie können solche Worte über die Lippen eines Juden kommen? Lagen wir nicht alle, die wir Juden sind, in Abrahams Samen beschlossen, da Gott ihm Nachkommenschaft gab in Isaak? Und gleich wie Isaak zum Opfer gebunden dalag, sind wir nicht alle gebunden auf Gottes Altar, weil wir die Söhne Abrahams geblieben sind und uns weigerten, uns zu vermischen mit den Heiden und Unzucht zu treiben mit ihren Göttern? Wer trägt Gottes Thora durch eine Welt der Götzendienerei, des Blutvergießens und des Raubs, durch Schmutz und Hurerei, wer hegt und hält das Wort des HErrn hoch, uns zu reinigen und zu heiligen für den Vater im Himmel? Und wenn uns die Verheißung des Heils gegeben wurde, aus welch anderem Grunde, als weil wir die Söhne Abrahams sind? Und sind wir unserer Abkunft von Abraham nicht gerecht geworden, der als Erster seinen Schöpfer erkannte, durch unseren steten Glauben an Gott und auch durch unser Tun? Ich sage euch, nur wer das Joch des Himmelreichs trägt, kann eingehen in das Reich.»

«Waren auch Zöllner und Soldaten bei der Taufe?», fragte Jeschua, «und nahm Jochanaan auch sie auf in den Bund?»

«Jawohl», antwortete Taddi, «viele Steuereinnehmer aus den umliegenden Orten kamen zur Taufe, und auch die sie geleitenden Soldaten waren dabei, die Kriegsleute des Herodes. Ob sie Juden oder Griechen waren, weiß ich nicht; sie standen etwas abseits, doch hörten sie den Donnerworten Jochanaans zu. Und als Jochanaan über den Tag von Gottes Zorn, vom Nahen des Gerichtstags sprach, da packte auch die Zöllner große Furcht, und sie fielen zitternd und winselnd auf die Knie und streckten die Hände empor zu dem Propheten und schrien: ‚Wir wissen, daß wir Missetäter sind und Gottes Züchtigung verdienen. Sage uns, Rabbi, ist auch für uns Platz im Himmelreich?‘ Und als Jochanaan ihrer Tränen und ihrer gebrochenen Herzen gewahr wurde, da sagte er zu ihnen: ‚Keiner ist ausgenommen von Gottes Barmherzigkeit.‘ Und als sie fragten: ‚Was sollen wir tun?‘, da sagte Jochanaan: ‚Fordert nicht mehr, denn gesetzt ist.‘ Und da die Kriegsleute sahen, daß der Täufer den Zöllnern Rede und Antwort stand, so faßten sie sich ein Herz, traten zu ihm heran mit geneigten

Köpfen und fragten ebenfalls, was sie tun sollten. Und Jochanaan sagte zu ihnen: ‚Tut niemand Gewalt an und begnüget euch mit eurem Solde.' Und er taufte sie alle und nahm sie auf in den Bund.»

Tief erregt fiel ihm Jakob ins Wort:

«Wie kann es sein, daß Zöllner und Gesetzesfremde durch die Taufe Eingang finden ins Gottesreich?»

Da antwortete ihm Jeschua:

«Was ist das Reich Gottes? Ist es der Palast des Reichen, der bewacht wird von seinen Schergen? Das Reich Gottes kommet nicht aus der Wahrnehmung. Und es soll nicht gesagt werden: Sehet, hier ist es! oder: sehet dort ist es!, denn, wahrlich, das Reich Gottes ist in euch. Und alle Propheten und das Gesetz haben es geweissagt bis auf Jochanaan. Und wenn ihr es empfanget, so ist es, wie Elia verkündet, die Stimme des Rufers in der Wüste. Bereitet den Weg des HErrn und machet Seine Steige richtig. Alle Täler sollen voll werden, und alle Berge und Hügel sollen erniedrigt werden, und was uneben ist, soll ebner Weg werden. Und die Herrlichkeit des HErrn wird sich offenbaren, und alles Fleisch wird den Heiland des HErrn sehen.'»

Bei der Erwähnung des Elia sprangen Taddi und Jakob von ihren Sitzen auf und starrten Jeschua mit entsetzten Augen an. Denn aus seiner Stimme hatten sie mit einmal einen unbekannten, erschreckenden Klang vernommen, als ob ein Erzengel zu ihnen gesprochen habe mit mächtiger Stimme.

SIEBENTES KAPITEL

DAS Zeichen war nun endlich eingetroffen. Jeder bettelnde Landstreicher bestätigte die Wahrheit der Nachricht, daß Jochanaan, der Sohn des Priesters Zacharia, aus der Wüste aufgetaucht sei.

Doch es ereignete sich nichts. Viele Male, bei Tag und bei Nacht, lag Miriam auf dem offenen Dach ihres Hauses und betete um eine kurze Gnadenfrist. Sie fühlte sich nicht gerüstet dazu, die Drangsal mitanzusehen, die ihres Sohnes wartete. Wenn die verheißene Erlösung erkauft werden mußte mit dem Leben ihres Kindes, so wünschte Miriam nun, daß sie noch hinausgeschoben würde, sei es auch nur um einen Tag, und koste es ihr eigenes Seelenheil.

Es war ihr, als spüre sie eine Unruhe und Ungeduld, die die Welt ergriffen hatte. Bäume, Tiere, Sterne, sie schienen auf den großen Gnadenakt zu warten, sie zur Preisgabe ihres Sohnes zu drängen. Wenn sie in der Morgenfrühe hinausging, um im Garten oder Feld zu arbeiten, fühlte sie sich bestürmt von jedem Baum und jeder Blume, die sich ihr mit stummem Flehen zuwandten, die Schöpfungsordnung wieder herzustellen, aus der der Sündenfall Adams sie alle gerissen. Und zur Nacht auf dem Söller meinte sie im matten Flackerlicht der Sterne einen Vorwurf und die Bitte lesen zu können, ihnen ihren ursprünglichen Glanz zurückzugeben. Die Tiere schienen sie mit einem flehentlich in sie dringenden Blick anzusehen, und einmal überraschte ihre heidnische Nachbarin Adamia sie, wie sie sich über die Küchengewächse im Garten beugte, und sagte in bittendem Ton:

«Mutter, sage mir, wird es uns erlaubt sein, die Krumen aufzulesen, die vom Tische deiner Kinder fallen?»

«Was meinst du damit, Adamia?», fragte Miriam.

«Der Aufruf Jochanaans zur Taufe ist auch zu uns gedrungen», sagte Adamia. «Wann wird dein Sohn seine Königsherrschaft antreten?»

«Wer hat dir davon gesprochen, Adamia? Was hat mein Sohn mit dem Aufruf des Täufers zu tun?»

«Ich wußte es schon, da er noch als Säugling in deinen Armen lag. Auch wir warten auf ihn mit ganz Israel.»

Als Jeschua am selben Abend aus der Werkstatt kam, fand er seine Mutter tränenüberströmt in einer Ecke sitzen.

«Ema, warum weinst du?», fragte er.

Miriam schüttelte den Kopf und brachte mühsam heraus:

«Die ganze Welt ist von Leid erfüllt. Wann wirst du dich offenbaren, Tinoki?»

Und Jeschua sagte schwer:

«Ich warte auf dich, Ema. Bist du dazu willens?»

Miriam antwortete nicht.

«Deine Tränen, Ema, stürmen an gegen das Tor des Erbarmens, doch die Liebe zu deinem Kind hält es geschlossen vor der Welt.»

In dieser Nacht konnte Miriam wieder kein Auge zutun. Sie stand von ihrem Lager auf und ging ins Feld hinaus. Warm lag die Frühlingsnacht über dem Hause, in dem ihr Sohn schlief. Miriam blickte zu den Sternen empor und murmelte immer wieder:

«HErr der Welt, mache mich würdig, seine Mutter zu sein.»

Doch als wenn er sie auf die Probe stellen wolle, hatte Gott in ihr die leidenschaftlichen Gefühle der Mutterliebe nur noch verstärkt. Miriam wußte, daß sie diese Gefühle unterdrücken, daß sie sich Gottes Willen zu eigen machen müsse. Wollte Gott denn, daß ihr erdgebundenes Wesen ebenfalls emporschwebe zu den gleichen Höhen der Aufopferung wie das ihres gottentsprossenen Sohnes? Mußte sie ohne Gottes Hilfe Mittel und Wege finden, ihrer Mutterliebe Schranken aufzuerlegen, und aus eigenem Antrieb, gleich Abraham, ihren Sohn auf Gottes Altar opfern? Doch Jeschua hatte ja gesagt, ehe sie nicht bereit sei, könne die Erlösung nicht vollzogen werden. Vor langer Zeit schon hatte er ihr gesagt, auch die Erwählten müßten ankämpfen gegen die Macht des Bösen. War die Liebe, die sie zu ihrem Kinde hegte, die Versuchung des Bösen, die Gott in ihren Weg gelegt hatte?

Nein, das verhüte der Himmel!, schrie es in ihrem Herzen. Ihre Mutterschaft, ihre Mutterliebe, sie war ihr doch gewiß auch von Gott eingeflößt. Es war ihr geheiligter Anteil an der Heiligung ihres Kindes, an seiner göttlichen Berufung. Diese Liebe war es, die ihrem Wesen Kraft gab. Die einfältige Liebe, die sie für ihr Kind hegte, diese Schwachheit einer Menschenmutter, sei ihre Stärke, hatte Jeschua gesagt. Und nun wurde diese Liebe von ihr gefordert zur Erlösung der Welt, als ob sie ein unumgänglich notwendiger Bestandteil der Erlösung, ihr Anteil, ihr Beitrag zu Gottes Plan sei.

Da ward Miriam auf einmal inne, was von ihr verlangt wurde, und sie warf sich auf die Knie und schrie auf:

«Mein Gott, mein Gott, ich besitze nicht mehr, als Du einer jeden Mutter gegeben hast, die Liebe zu meinem Kind. Nimm denn diese Liebe hin als meine Opfergabe. Willigen Herzens bringe ich sie Dir dar. Es ist das Heiligste, das Kostbarste, was Du mir geschenkt hast; nimm es hin als gebührendes Opfer.»

Grauer Morgennebel begann den Horizont zu überziehen und sich langsam über das dunkle Antlitz des Himmels auszubreiten. Helle Strahlenkeile der noch verborgenen Sonne schossen plötzlich durch die Dunkelheit, und am erblassenden Himmel verblichen die Sterne. Die ersten Sonnenstrahlen fielen auf Miriams tränenüberströmtes Gesicht. Ihre Augen waren geschlossen. Unter ihrem Kopftuch kamen ein paar Haarsträhnen zum Vorschein und zitterten von Tau flimmernd um ihre Schläfen. Als sie die Augen öffnete, war der Himmel ein weißes Laken von Licht, der Garten und die Schafhürde waren in nebligen Dunst gehüllt, der emporstieg vom Grund. Und Miriam lächelte.

Im Hause fand sie ihren Sohn noch schlafend auf der Bank im großen Wohnzimmer. Leise trat sie zu ihm hin und wartete. Jeschua schlief fest. Seine Lider lagen weich und glatt über seinen Augen; er atmete regelmäßig wie ein Kind. Wenn er schläft, dachte Miriam, sieht sein bärtiges Gesicht ernster aus als im Wachen; doch auch nun sänftigte der Anflug eines Lächelns um den Mund seine Züge.

Sie mußte an seine Kinderjahre denken, und es war ihr, als ob sie ihr lächelndes Gesicht über die geschlossenen Augen des Kindes herabsenke. Jeschua mußte den warmen Blick der Mutter gefühlt haben, denn sein Lächeln vertiefte sich vor dem Erwachen. Dann tat er die Augen auf:

«Emi!»

«Ja, Tinoki?»

Langsam sagte er, den Blick auf die Mutter gerichtet:

«Es ist gut zu beten mit denen, die nicht zu sprechen vermögen und nur ihre Werke haben, die für sie sprechen.»

«Was meinst du damit, Jeschua?»

«Ich meine die Bäume und die Gräser, unter denen du gebetet hast. Ihr Wachstum ist ihr Lobgesang. Gleich ihnen müssen wir alle sein, ein jeder von uns, wir müssen Gott dienen mit dem, wozu wir erschaffen sind.»

Miriam blieb stumm. Sie ging zu ihrer Kammer und nahm Jeschuas Wandersack vom Holzpflock, an dem er hing. Sie tat seinen Gebetsmantel und seine Gebetsriemen sowie ein Hemd und etwas Wegzehrung hinein. Dann band sie das Bündel an seinen Wanderstab, ging zum Wohnzimmer zurück und lehnte den Stab an seine Bank.

«Du hast recht, Jeschua. Unter den Büschen und Bäumen ist mir Gottes Gnade geworden, daß ich Seinen Willen erkenne.»

Am selbigen Tage verließ Jeschua Nazareth. Er schlug die Straße nach Jericho ein, die am Jordanufer entlangführt, daran Jochanaan die Taufe vollzog.

Kaum war es Taddi zu Ohren gekommen, daß Jeschua nach Bethanien aufgebrochen sei, als er sich eilends auf den Weg hinter dem Rabbi hermachte, um unbedingt Zeuge von dessen Taufe und Offenbarung zu sein.

Ein paar Tage später kam er fiebernd vor Eifer, die Kunde zu verbreiten, zurück, die Kunde, daß Jochanaan der Täufer Jeschua bar Joseph als denjenigen bezeichnet habe, den er erharrt.

Am gleichen Tag berichtete er in der Synagoge nach dem Verlesen der Thora, was er gesehen und gehört, der Gemeinde, unter der sich auch die Söhne des Pinchas befanden, die geschworenen Feinde von Hanans Haus, an ihrer Spitze Matthäus ben Hanah und Sakkai bar Zadok, die einstigen Schulkameraden Jeschuas. Der gelehrte Sakkai war jetzt der Führer der ansässigen Pharisäer, nachdem er eingehende Studien an der Hochschule von Jerusalem getrieben hatte. Nach seiner Heimkehr war er der Schwiegersohn des schwerreichen Scheschet bar Kaspi, des Gutsherrn der Weinberge südlich der Stadt, geworden. Matthäus hatte einen einträglichen Posten bei dem wohlhabenden Reb Tudrus, für den er auf dem städtischen Markt die Steuern und Abgaben einzog, die Tudrus von der Regierung gepachtet hatte.

Auch der hochbetagte Priester Hanina ben Safra, der mehr als einmal Joseph das Leben sauer gemacht hatte, sowie Gevatter Kleophas mit seinen vier Neffen Jakob, Simon, Joses und dem hochbegabten jungen Pharisäer Juda, waren in der Synagoge anwesend.

In ihrer Mitte also stand, das zerfetzte Gewand, durch dessen Löcher die nackte Haut zu sehen war, um die kleine Gestalt hängend, der alte Gerber. Seit er sich Jeschua angeschlossen hatte, hatte er seine frühere Beleibtheit eingebüßt; er war magerer und seine Hautfarbe war noch dunkler geworden. Aber an jugendlichem Feuer hatte er noch zugenommen, und wenn er redete, so flog das graue Haarkränzlein um seinen kahlen Schädel herum und seine Augen sprühten Feuer wie glimmende schwarze Kohlen. Er sprach, ohne Atem zu holen, verstümmelte die Worte und ersetzte durch wildes Händefuchteln die ihm fehlenden. Aber was er zu sagen hatte, dessen vermochte er sich doch zu entledigen, und das war nicht mehr und nicht minder, als daß Jeschua bar Joseph, der Sohn der Witwe Miriam, der allen Anwesenden wohlbekannt war, kein Anderer sei als der, den sie alle erharrt. Er sprach den Namen nicht aus, doch seine zur Decke gerichteten Augäpfel und seine erhobenen Hände zeigten deutlich, von wem er sprach. Es sei das keineswegs seine alleinige Ansicht; sie sei bestätigt worden durch den Täufer Jochanaan selbst im gleichen Augenblick, als Jeschua vor ihn getreten sei, um die Taufe zu empfangen. Und die vielen Menschen, die dem Vorgang beigewohnt hätten, vermöchten dies ebenfalls zu bezeugen.

«Seht ihr diese Augen hier?», rief Taddi, auf seine Augen deutend. «Diese Augen haben gesehen, wie unser Jeschua getauft wurde, wie er bis zur Brust im Wasser stand, den Kopf zum Gebet gesenkt. Und alsbald kam eine Taube herabgeflogen vom Himmel und hielt sich schwebend über seinem Haupt, und Jochanaan sagte, das sei der Heilige Geist in der leiblichen Gestalt einer Taube, der sich herabgesenkt habe auf Jeschua. Und sehet ihr diese Ohren hier? Diese Ohren haben eine Stimme vom Himmel gehört, welche sagte: ‚Dies ist Mein geliebter Sohn, an welchem Ich Wohlgefallen habe'.»

«Diese Stimme hast du wirklich mit deinen eigenen Ohren gehört?», fragte Sakkai bar Zadok, sein lockiges Bärtchen zupfend.

«Nein ... nein, ich selbst habe sie nicht gehört. Aber der Täufer hat sie gehört, und er sagte dies vor allem Volk. Denn als Jeschuas Taufe vollzogen wurde, da sahen wir alle die weiße Taube – eine sehr große Taube, eine Taube von der Größe eines Adlers – vom Himmel herabstoßen gleich einem von der Sehne geschnellten Pfeil, und da warf Jochanaan seine Arme empor und brüllte mit Donnerstimme: ‚Ich höre eine Stimme vom Himmel schallen: ‚Dies ist Mein geliebter Sohn, an dem Ich Wohlgefallen habe'. Und», fügte der Gerber heftig hinzu, «ich glaube jegliches Wort, das aus dem heiligen Mund des Propheten Jochanaan kommt.»

Ein paar Minuten lang blieben alle stumm; schließlich sagte Juda laut:

«Es besteht Grund zu glauben, daß die von dir wiedergegebenen Worte sich beziehen auf den König-Messias.»

Und Sakkai bar Zadok sagte langsam und die Worte reiflich wägend:

«König Davids Worte beziehen sich bestimmt auf den König-Messias, und wer sie freventlich auf einen sterblichen Menschen aus unserer Mitte, einen Zimmermannssohn, den Jeschua bar Joseph, anwendet, dem soll der Mund gestopft werden mit Ottern und Nattern.»

Ein allgemeiner Aufruhr folgte diesen Worten.

«Taddi ist hinter seinem Vorteil her», schrie Matthäus ben Hanah. «Los, heraus mit der Sprache, Gerber! Was für ein Pöstchen in seinem himmlischen Königreich hat dir der Zimmermannssohn dafür versprochen, daß du seine Lügen aussprengst?»

«Wahrscheinlich das Amt eines Steuereintreibers», schrie Kleophas dem Matthäus ins Gesicht; denn wenn Miriams Schwager auch von ihrem ältesten Sohn nicht allzuhoch dachte und dem Bericht Taddis keine ernsthafte Beachtung beilegte, schon weil er den Gerber für einen unzuverlässigen Schwätzer hielt, so stand er doch jederzeit für die Familienehre ein.

«Schuft!», wurde eine Stimme hörbar.

«Wer nennt unsern Oheim einen Schuft?», schrien Jeschuas Brüder wütend, und Simon und Joses sprangen mit geballten Fäusten vor. Es wäre wohl zu einem Handgemenge gekommen, hätten die beiden Gelehrten der Versammlung, Sakkai und Juda, sich nicht bemüht, ihre Anverwandten zurückzuhalten. Und ein paar über den Parteien stehende Hasenherzen sagten:

«Wir wissen ja alle, daß der alte Taddi ein Phantast ist, der Dinge sieht, die sich nie begeben haben. Was sollen wir uns herumschlagen wegen solcher Hirngespinste? Wenn an der Geschichte etwas Wahres ist, dann werden wir es schon früh genug erfahren.»

Doch trotz allen Bemühungen, Taddis Bericht als eine schwärmerische Einbildung abzutun, blieben die Worte des Gerbers nicht ohne Wirkung auf die Gemüter der Nazarener. Es konnte nicht abgeleugnet werden, daß einer aus ihrem Ort der Gegenstand von Gerüchten geworden war, daß er die Blicke von ganz Israel auf sich zog; und daß er nur ein Zimmermann und ein Zimmermannssohn war, gerade das verfehlte nicht, einen gewissen Eindruck zu machen. Die Haltung von Jeschuas engeren Landsleuten nahm eine Färbung von Ehrfurcht an, ja, einen Anflug von geheimem Stolz sowohl bei den Freunden wie bei den Feinden. Man redete leise darüber, als ob jedes Wort geheim bleiben müsse. Arme Leute, die immer gierig nach jedem Strohhalm griffen, waren bereit zu glauben, daß an der Erzählung des Gerbers etwas Wahres sein könne. Die Gebildeten ihrerseits zeigten sich mehr und mehr beunruhigt durch die nicht aufhörenden Gerüchte, die vom Jordan her umliefen, Gerüchte, die das Herz eines jeden Juden erbeben ließen. Alle aber warteten mit Erregung auf Jeschuas Heimkommen. Skeptiker wie Enthusiasten wurden von Tag zu Tag ungeduldiger und wandten sich, um ihren Hunger nach sicheren Nachrichten zu stillen, an die nächsten Angehörigen Jeschuas, um deren Wohlwollen sie zu buhlen anfingen. Nicht nur Jeschuas Mutter wurde von jedermann auf einmal in einem höheren Lichte erblickt, auch seine Brüder gewannen in der allgemeinen Schätzung einen blassen Ruhmesglanz. Jeschua selbst jedoch schien spurlos verschwunden; Tage und Wochen vergingen, während derer ganz Nazareth, Jeschuas Mutter eingeschlossen, in gespannter Erwartung verharrte.

Es bedarf nicht der Erwähnung, daß die Klatschmäuler der Stadt kaum mehr von etwas anderem sprachen. Vom Schriftgelehrten bis zum Tagelöhner zerbrach sich jedermann den Kopf darüber, weshalb Jeschua nach der Taufe durch Jochanaan so plötzlich verschwunden sei, und jeder stellte darüber seine eigenen Vermutungen an.

Der alte Gerber nahm die Leute beim Gottesdienst in der Synagoge am Rockzipfel und versicherte ihnen, Jeschua sei für vierzig Tage in den Himmel entrückt worden, um dort die neue Thora zu empfangen, so wie Moses die Gesetzestafeln am Sinai erhalten hatte. Seine unerbetenen Mitteilungen wurden immer übler aufgenommen, und Taddi kam selten ohne böse Scheltworte, wenn nicht gar unsanfte Rippenstöße, davon. Es wurde ihm bedeutet, er könne wegen Gotteslästerung ins Gefängnis gesteckt werden, aber der alte Starrkopf ließ sich nicht einschüchtern. Nichts vermochte Taddis Glaubenseifer Einhalt zu tun.

Jeschuas Mutter wurde, so viel Sorge sie sich auch um ihren Sohn machte, von ihrem festen Glauben daran aufrechtgehalten, daß Gott ihrem Sohn beistehe; aber die übrigen Familienmitglieder kamen jeden Tag zu ihr, um nach Neuigkeiten zu fragen. Niemand konnte sich jedenfalls das Verschwinden Jeschuas zur Zufriedenheit erklären, und seine Angehörigen schwankten zwischen Hoffnung und Furcht, zwischen Erwartung und Enttäuschung.

Kleophas hielt es für seine Pflicht als Familienoberhaupt, diese Aufregung zu beschwichtigen. Er erklärte, Jeschua habe sich vermutlich einem berühmten Rabbi angeschlossen und sitze zu dessen

Füßen, um sich in das Gesetz zu versenken, und Jeschua werde schon zur gegebenen Zeit heimkehren, um dann seine Laufbahn als Weiser aus eigenem Recht, als von seinen Schülern umgebener großer Rabbi in Israel anzutreten. Juda hielt dies für eine zwar nicht über jeden Zweifel erhabene, aber immerhin noch für die wahrscheinlichste Erklärung. Und so wurde sie allen Fragern angegeben.

Von den Brüdern blieb einzig Jakob auch weiterhin verwirrten Gemüts. Er betete viel in diesen Tagen und legte sich unerbittliches Fasten auf, denn sein Geist war hin- und hergerissen zwischen Glauben und Zweifel. Konnte denn das sein, daß sein älterer Bruder, seiner Mutter Sohn, den er von Kindsbeinen an gekannt hatte, daß Jeschua der seit Menschengedenken Erharrte war? Warum geschah dann kein Zeichen, kein Wunder, warum taten sich die Pforten des Himmel nicht auf? Warum wurden die Missetäter nicht vom Erdboden verschlungen? Jakob machten diese Gedanken erzittern; doch bei ihm blieben sie immer noch Gedanken, während sie von Andern schon in lauten Worten geäußert worden waren. Wenn sie wahr wären? Vielleicht war in Tat und Wahrheit die Zeit gekommen, und Jeschua befand sich eben zu dieser Stunde im Himmel, saß zwischen den Erzvätern und offenbarte sich, vielleicht noch an diesem Tage, inmitten der Patriarchen und Propheten, hingetragen über die Wolken auf den Fittichen der heiligen Seraphim. Heiliger Gott im Himmel, konnte es so sein? Gefoltert von seinen Überlegungen sonderte sich Jakob von allen ab, saß mit geschlossenen Augen in einem Winkel der Synagoge und murmelte immer die gleichen Worte vor sich hin:

«HErr der Welt, öffne Du unsere Augen und erleuchte unsere Herzen. Meine Seele ist in den Staub gebeugt, erquicke Du mich nach Deinem Wort. Laß mich erkennen den Weg Deines Vorsatzes. Ich habe den Weg Deiner Wahrheit erwählt. O HErr, beschäme mich nicht. Ich will gehen den Weg Deiner Gebote, wenn Du mein Herz weit machen willst. Laß Deine Gnade auch auf mich strömen, o HErr, gleichwie Dein Heil nach Deinem Wort, auf daß ich mich dem verantworten kann, der mich tadelt, denn ich glaube an Dein Wort.»

In der Abenddämmerung des vierzigsten Tags sah Miriam den, auf den sie vor der Schwelle ihres Hauses wartete, in der Ferne herankommen. Sie sprang auf und lief ihm entgegen; unverzüglich merkte sie, daß er sich verändert hatte. Sein Gesicht wirkte seltsam abgespannt und eingefallen; seine Gestalt war größer als Miriam sie in der Erinnerung hatte. Auch waren Haar und Bart, die er früher stets so wohlgepflegt trug, verwildert. Doch was Miriam am stärksten betroffen machte, das war der ungewohnte Ausdruck seines Gesichts. Die jugendliche Heiterkeit und Freundlichkeit, die ehedem seine Züge erhellt hatten, waren zu Strenge und Entschlossenheit gewandelt, und seine Augen, die Miriam größer als je erschienen, blickten mit einer unauslöschlichen Schwermut drein, als hätten sie zu lange Leid und Pein angeschaut. Mit einer stummen Verhaltenheit, die ganz neu an ihm war, begrüßte er die Mutter und betrat dann wortlos das Haus.

Miriam folgte ihm schweigend, wie freudig auch ihr Herz ob seiner Heimkunft schlug. Sie beeilte sich, ein Gefäß mit frischem Quellwasser zu füllen und wusch ihm dann die Füße, was Jeschua zerstreut geschehen ließ. Während er sich danach Hände und Gesicht wusch und die Kleider wechselte, zündete Miriam die irdenen Lampen an und deckte den Tisch zum Willkommensmahl.

Sie blieben ungestört. Niemand hatte Jeschua kommen sehen, denn er war auf Seitenwegen zum Haus der Mutter gekommen, um dem Gaffen und Schwatzen der Neugierigen auszuweichen. Es war klar, daß er in dieser Nacht mit der Mutter allein sein wollte.

Miriam stellte keine Fragen. Stumm bediente sie ihn, nur jede seiner Regungen beobachtend und getröstet durch seine Gegenwart. Als sie fertig gegessen hatten, begann Jeschua unaufgefordert zu sprechen:

«Was auch der HErr gibt, das gibt Er aus freien Stücken; doch der, der Seine Gabe empfangen will, muß sie verdienen. Nichts wird von Gott erkauft, es sei denn um den Preis der Würdigkeit. Und Gott stellt auch Seine Auserwählten auf die Probe, um ihr Verdienst zu prüfen. Und weshalb prüft Gott Seine Auserwählten? Weil Er will, daß sie teilhaben mit Ihm am immerwährenden Werk der Schöpfung.

Kein Geschöpf kann sich der Probe entziehen, nicht einmal des Menschen Sohn. Darum, da ich mich von Jochanaan zu gehen wandte, erfüllt vom Heiligen Geist, wurde ich vom Geist geführt in die Wüste. Vierzig Tage und vierzig Nächte weilte ich dort ohne Speise und Trank. Dann aber schrie aus mir die Schwachheit des Fleisches, und mich hungerte. Doch plötzlich stand ein Mann vor mir, der sagte: ‚Bist du Gottes Sohn, so sprich, daß diese Steine Brot werden.' Und er zog einen Vorhang zur Seite, daß ich die Welt sah vom einen Ende bis zum andern, und sie war bevölkert mit allen Geschlechtern der Menschen, von Kain und Abel bis zum letzten Geschlecht, das da sein wird. Und ich sah, wie der Mensch den Menschen bekriegt, so wie die wilden Tiere einander bekriegen; wie der Starke Gewalt antut dem Schwachen und ihn seiner Ernte beraubt, die er mit seinen Händen erarbeitet hat. Ich sah, wie die Einen vorgehen mit Schwert und Eisen und die Andern mit List und Kunst, denn es ist nicht auszudenken, welcher Niedertracht sich Menschen bedienen, um einander um ein Stück Brot zu betrügen. Und sie schonen weder Alt noch Jung; Väter verkaufen ihre Kinder und Kinder ihre Väter und alle wegen eines Bissens, um ihren Magen zu füllen. Ich sah solche, die sich selbst in die Sklaverei verkaufen, die ihre Leiber verstümmeln und sich zu Mißgeburten und Hanswürsten machen und das Ebenbild des Schöpfers entstellen. Mutter, es läßt sich nicht aufzählen, was der Mensch zu tun imstande ist, um sein täglich Brot zu gewinnen.

Doch nicht nur Menschen zeigte er mir, sondern auch Tiere in den Wäldern, die ihre schwächeren Mitgeschöpfe überfallen und ihrer Beute die Fänge in die Kehlen schlagen, daß das Blut hervorspritzt. Und in den Gewässern wies er mir, wie dort auch die großen Fische die kleinen verschlingen. ‚Siehe', sagte jener zu mir, ‚Mensch und Tier sind von der gleichen Natur; fülle ihre Mägen, und sie werden deine dankbaren Sklaven sein. Wirf ihnen ihr kümmerliches Stück Brot hin, und sie werden dir als ihrem Herrn und Heiland zujauchzen. Gebiete also diesen Steinen der Ödnis, zu Brot zu werden, denn nur das Essen erhält die Welt.'

Ich aber erwiderte ihm: ‚Es steht geschrieben, daß der Mensch nicht vom Brot allein lebt.'

Da führte er mich weiter und schlug einen andern Schleier zurück, und in einem Nu gewahrte ich alle Reiche der Welt und die Macht, mit der sie die Menschheit beherrschen, ihre bewaffneten Heerhaufen und die Werkzeuge der Vernichtung, derer sie sich zum Blutvergießen bedienen, die zerreißen und aufspießen und Feuer speien gleich den Teufeln der Hölle. Und jener sagte zu mir: ‚Alle diese Macht will ich dir geben, ihre Herrschaft und ihre Herrlichkeit, denn ihr Eisen und ihr Feuer ist mir übergeben. Dies alles will ich dir geben, so du vor mir niederfällst und mich anbetest.' Da antwortete ich ihm: ‚Hebe dich hinweg von mir, Satan! Es stehet geschrieben: ‚Du sollst Gott, deinen HErrn, anbeten und Ihm allein dienen'.'

Da nahm er mich wiederum hinweg, und in der Zeit eines Augenblinzelns hatte er mich auf die Zinne des Tempels zu Jerusalem gebracht und deutete mit seinem Finger auf das versengte Tal Gehenna, welches schwarz unterhalb des Tempels liegt, und sagte: ‚Wenn du Augen hast, zu sehen, so schaue hin!'

Und ich erblickte die Abgötterei und Scheusäligkeit, die seit unvordenklichen Zeiten in diesem Pfuhl der Schmach sich begibt. Eine riesige Menge von Männern und Weibern, alten wie jungen, kam in langem Zug daher mit Zweigen in den Händen, mißleitet von ihren Priestern. Und ich sah sie niederfallen vor ihrem Götzen Baal, indes Mütter ihre schreienden Säuglinge in den brennenden Rachen des Moloch warfen. Und das Volk erhob ein großes Schreien und Jauchzen, um das Wimmern der Kinder zu übertäuben, die in den Flammen umkamen. Und Andere sah ich Weihrauch verbrennen vor Astarte und unzüchtige Bräuche verrichten vor ihrem unreinen Altar und viel widerliches und schmachvolles Tun, dessen sich das Auge schämt, das es erblickt. Die Götzenbilder und Fetische aller Länder und Völker sah ich in diesem Tal Gehenna versammelt, denn in diesem Tal, darin Israel sich beschmutzte mit Götzendienerei, hat der Teufel seinen Herrscherthron. Seit Jeremias Zeiten liegen die Teufel hier mit nackten Klauen, dicht vor der Schwelle des Tempels, um Israel vom Wege des Heils wegzulocken. Hier stellt Satan seine kunterbunte Heerschar zur Schau; unzählbare, tausenderlei Götzen sah ich, mißgestaltet gleich Tieren oder gleich krebsigem Geziefer, Beelzebub den Gott der Fliegen, die Mäuse der Philister, die Katzen und Krokodile der Ägypter, auch Götzenbilder, die erst kommen werden, vor denen die Menschen in kommenden Jahrhunderten auf die Knie fallen und in deren Namen man die Menschen ausschicken wird, sich gegenseitig niederzumetzeln. Dazu Asmodi, Samael und Lilith und ein Gezücht schwarzbeschwingter Dämonen, die dieses ganze Heer umschwirrten, und da ich aufblickte von all den Greueln, da kehrte sich Satan zu mir hin und sagte:

‚Diene mir, und ich werde dich zum König machen über all diese Götzen, durch deren Macht du die Menschen beherrschen wirst.' Doch ich antwortete: ‚Es steht geschrieben: ‚Du sollst keine andern Götter haben neben Mir'.'

Satan aber sagte: ‚So du Gottes Sohn bist, so laß dich hinab von hinnen und kämpfe wider sie. Du brauchst dich nicht zu fürchten, denn es stehet geschrieben: ‚Er wird befehlen seinen Engeln von dir, daß sie dich bewahren und auf den Händen tragen, damit du nicht etwa einen Fuß an einen Stein stoßest'.'

Ich aber antwortete ihm: ‚Es steht geschrieben: ‚Du sollst den HErrn, deinen Gott, nicht versuchen.' Und weiterhin: ‚Nicht durch Macht noch durch Gewalt, sondern durch den Geist Gottes. Der Geist Gottes wird streiten wider sie und sie hinwegblasen vom Angesicht der Erde'.'

Und da der Teufel seine Versuchung geendet, verließ er mich, und Engel traten zu mir und dieneten mir.»

Damit schloß Jeschua seine Erzählung von seiner Prüfung in der Wüste.

Miriam blieb eine Weile lang stumm sitzen, dann sagte sie leise:

«Es steht mir nicht an, zu wissen, was Gott im Himmel dir bestimmt hat; doch sage mir dieses, Jeschua: Warum war mein Herz so weh und wirr in der Stunde deiner Prüfung? Wußte ich nicht, daß du den Engeln des HErrn anbefohlen warst? Es ist gewiß meine Kleingläubigkeit, die meine Seele verwirrt hat.»

«Nicht deine Kleingläubigkeit, sondern die Größe deiner Mutterliebe und die Sorge um dein Kind. Ich sage dir, Weib, nur die Leitung des Vaters und die Liebe der Mutter, dies allein ist die Kraft des Sohnes. Und mit dieser Kraft bewehrt, will ich meines Weges gehen.»

«So bald schon, Jeschua? Du bist erst heute zurückgekommen!»

«In der Morgenfrühe muß ich dich verlassen. Ich bin nur um deines Segens willen gekommen, Ema.»

«So laß mich mit dir gehen, Tinoki! Ich werde dir dienen, wie ich dir in vergangener Zeit gedient habe, nur laß mich auf deinem Wege mit dir gehen!»

«Du wirst immer bei mir sein, Ema. Doch den Weg, den ich gehe, den muß ich allein wandern. Er ist nur dem Sohne bereitet. Für dich aber hat der Vater einen Kelch bereitet, wie keine Frau ihn vor dir getrunken hat.»

Miriam schüttelte den Kopf und sagte:

«Ich verstehe dich nicht, Jeschua.»

«Ich sage, daß mir schwere Prüfungen bevorstehen. Vom heutigen Tag an wird Herzeleid dein Brot sein und Tränen dein Trank. Schimpf und Schmach wirst du erdulden deines Kindes wegen. Man wird den Kopf schütteln über dich um der Frucht deines Leibes willen. Grauenvolle Gerüchte werden zu dir dringen, die dein Herz durchbohren gleich Pfeilen und dein Blut aufwallen lassen werden in Schande, und die, die sich zu ihren Boten machen, werden noch glauben, sie seien Gott wohlgefällig. Bete zu Gott, Weib, daß er dir Kraft gibt für die Stunde, die da kommen wird, wenn du den Gram in deinem Herzen trägst, so wie du dein Kind im Schoß getragen, denn von heute an wird dein Kind und dein Gram eines sein.»

Miriam senkte den Kopf auf die Brust und antwortete nicht. Doch nach längerem Schweigen fragte sie:

«Glaubst du, ich werde imstande sein, es zu bestehen? Meine Kraft ist gering.»

«Und ich sage dir, Weib, deine Stärke wird die Menschen in die Knie zwingen und die Engel im Himmel erzittern machen. Deine Macht wird besungen werden im Himmel und auf Erden bis zum Ende der Tage.»

«Was also soll ich tun, mein Sohn?», fragte Miriam.

«Nur den Willen Gottes, Mutter. Warte hier auf die dir bestimmte Stunde... und bete, denn dein Gebet ist mein Schild.»

«Wie lange werde ich warten müssen?»

«So lange, bis du ein Zeichen erhältst. Doch zuletzt wird dir ein Zeichen gegeben werden, und an diesem Tage werden sich die Wege von Mutter und Sohn wieder vereinigen, um sich nie mehr zu trennen.»

Da der Morgen gekommen war, brach Miriam mit ihrem Sohne auf und begleitete ihn bis zur Straße nach K'far Nahum, und an der Wegscheide senkte Jeschua das Haupt, um den Segen von seiner Mutter Händen zu empfangen.

«Der Gott Abrahams, Isaaks und Jakobs sei mit dir, so wie Er gewesen ist mit unseren Vätern», sagte Miriam.

ACHTES KAPITEL

UND es geschah, daß, nachdem Jeschua von der Mutter geschieden war, zu Kana die Hochzeit einer Verwandten von ihr bevorstand. Peniel und sein Weib Schifra, die in jenem kleinen Städtchen Galiläas wohnten, waren die ärmsten aller Anverwandten von Hanans Sippe. Miriam unterstützte sie seit langem in ihrer Not, so wie ihre Mutter vor ihr getan hatte, indem sie die schmalen Mittel ihres Haushalts ihnen zuliebe streckte. Peniel aber hatte eine Tochter, um welche Miriam besonders besorgt war, denn das Mädchen, mit Namen Hanna, war im heiratsfähigen Alter, doch noch unvermählt. In solchen Fällen, wo die Gefahr bestand, daß ein Mädchen eine alte Jungfer werde, war es üblich, daß fromme Frauen das mittellose Mädchen mit einer Aussteuer versahen, um seine Heiratsaussichten zu verbessern.

Als Miriam erfuhr, daß die arme Hanna schließlich doch einen Bräutigam in einem Handwerker des Orts gefunden habe, beschloß sie, ihr Äußerstes zu tun, um dem Mädchen zu einer denkwürdigen Hochzeit zu verhelfen.

Woche um Woche trieb sie ihr Eselchen, mit allem Zubehör zum Hochzeitsschmaus beladen, nach Kana. Das Städtchen lag über Sepphoris hinaus eine ganze Tagereise von Nazareth entfernt, und für den kleinen Esel, der jetzt – da der Hochzeitstag herangekommen war – eine doppelt schwere Last zu tragen hatte, keine leichte Strecke. Zwei Säcke Mehl waren ihm aufgepackt zum Herstellen des süßen Gebäcks für die Kinder, mehrere Schläuche Wein und Öl sowie ein Krüglein Weihrauchöl zum Salben der Braut, und aus den Weidenkörben, die an den Seiten des Esels herunterhingen, blickten die Köpfe von zwei neugeborenen Lämmern hervor, welche Miriams Beisteuer zu dem zu gründenden Haushalt darstellten.

Eine Hochzeit war in Israel eine kostspielige Angelegenheit. Man kannte Familien, welche sich zugrunde gerichtet hatten durch den Aufwand bei solchem Anlaß, der Prachtentfaltung und Feierlichkeit erforderte. Denn eine Hochzeit war ein bedeutsames religiöses Ereignis, und zwar nicht nur für Bräutigam und Braut, die zusammengegeben wurden, um eine einzige Seele zu werden, sondern auch für alle, die an der Feier teilnahmen. Der Bräutigam, «der Vollkommene» genannt, ward an diesem Tag behandelt wie ein König, die Braut, «die Kranzträgerin» geheißen, wie eine Königin. Die Hochzeitsgäste hießen «die Kinder des Brautgemachs oder des Baldachins». Die Trauzeugen, deren Zahl so groß war, wie der Bräutigam über Freunde verfügte, wurden «die Gefährten» genannt. Die ganze Feier versinnbildlichte für alle Teilnehmer die Vermählung Gottes mit Israel: Gott war der himmlische Bräutigam, der für alle Zeiten der geheiligten Gemeinde der Juden sich verband.

Ein Mann, der an einer Hochzeit teilnahm, wurde daher als einer erachtet, dem eine vornehme Aufgabe zufiel. Und in einem kleinen Gemeinwesen wie Kana hatte es nichts Überraschendes, daß der ganze Ort an den Festlichkeiten teilnahm. Bauern ließen ihre Feldarbeit im Stich, Handwerker ihre Werkzeuge liegen, um den Freudentag mit dem jungen Paar zu begehen, zu essen, zu trinken, soviel Lieder zu singen, wie sie nur kannten, die Schönheit der Braut zu preisen und sie mit Tänzen und Späßen zu ergötzen. Mehrere Tage hintereinander ging das manchmal so. Auch war kein Mann zu reich oder zu arm, um an der Lustbarkeit nicht teilzunehmen.

Die Hochzeitsfeierlichkeiten in Kana hatten, dem jüdischen Brauch gemäß, am vorangehenden Sabbath begonnen, an dem der Bräutigam in der Synagoge zur Verlesung der Thora aufgerufen worden war, worauf er von der ganzen Gemeinde, mit den sieben Stadtältesten an der Spitze, das Ehrengeleit zu seinem Hause erhielt.

Am Hochzeitstag selbst kamen dann die älteren Frauen, die zur nächsten Blutsverwandtschaft der Braut gehörten, zu früher Stunde schon in deren Vaterhaus. Zunächst machten sie sich daran, das in einem großen Bottich vor der Haustür aufgefangene und angesammelte Regenwasser zu wärmen. Dann badeten sie die Braut, salbten ihren Körper und kleideten sie in den Hochzeitsstaat, zu dem vierundzwanzig genau bezeichnete Kleidungs- und Schmuckstücke gehörten.

Miriam nahm es mit jeder Einzelheit der Feier sehr genau. Sie wollte, daß diese Hochzeit so vollkommen wie möglich hergerichtet und begangen werde – als ob sie die eines ihrer Kinder wäre –, weil sie wußte, daß ihr Sohn versprochen hatte, daran teilzunehmen. Dies gab dem Ereignis in ihren Augen eine tiefe Bedeutung, ein Gefühl, das sie, um eine Erklärung befragt, nicht zu begründen vermocht hätte. Sie hatte sich deshalb dafür entschieden, allein nach Kana zu kommen, ohne einen ihrer jüngeren Söhne mitzunehmen, die vielleicht gefragt haben würden, warum ihre Teilnahme überhaupt notwendig sei.

Bald nachdem die Braut fertig geschmückt war, stellten sich die sieben Stadtältesten ein. Ihnen auf dem Fuße folgte eine Schar von Bürgern, die durch einen eigens bestallten Ausrufer zum Fest zusammengetrommelt worden waren. Die Braut saß auf einer Sänfte, und die jungen Leute, die die «Gefährten» des Bräutigams bildeten, trugen sie auf den Schultern zum Haus der Feste nächst der Synagoge, wo der Hochzeitsbaldachin bereitstand. Und alles Volk ging in langem Zuge hinterdrein.

An der Spitze des Festzugs schritt ein junges Mädchen mit einem Krug aus Alabaster, der mit duftender Essenz gefüllt war. Danach kam eine Gruppe von Weibeln mit Lorbeerzweigen in den Händen, um der Braut, wie es einer Königin gebührt, den Weg freizumachen, die unablässig leierten: «Macht Platz, macht Platz für die Braut!» Jedermann mußte zur Seite treten, mochte er ein Fürst oder ein Bettler sein. Dann kamen Musikanten mit Pfeifen, Tamburinen und Zimbeln sowie eine kleine Schar angesehener Bürger, die zur Ergötzung der Braut Tanzschritte machten.

Sieben Jungfrauen mit brennenden Lampen in den Händen schritten der Sänfte der Braut unmittelbar vorauf, welche von ihren Blutsverwandten und den Würdenträgern der Stadt umgeben war. Gleich dem Hofstaat einer Königin sangen sie dabei schallend das Lob der Braut:

«Keine Schminke, kein Puder,
keine Salbe, kein Öl,
eine Braut ohne Kunst,
so schön wie ein Reh.»

Zuletzt dann, hinter der Sänfte, kam die Volksmenge: Männer, Weiber und vor allem Kinder, denen auf dem ganzen Weg zur Synagoge Süßigkeiten zugeworfen wurden; und ganz hinterdrein als Beschluß des Zugs ein Mann mit einem Hahn und einer Henne als Sinnbild von Glück und Fruchtbarkeit.

Das Brautbett, frisch hergestellt aus einer jungen Zeder, die am Tag der Geburt des Bräutigams gepflanzt war, harrte inzwischen des Beilagers im Haus des Bräutigams.

So also wand sich der Hochzeitszug Hannas durch die engen

Gassen von Kana. Mit ihm schritt auch Miriam in der Nähe der Sänfte. Ihren Witwenschleier hatte sie mit einem hellblauen, mit Sternen bestickten Umhangtuch vertauscht. Gleich allen ging auch sie, in die Hände klatschend zum Takt der Tamburine, dahin und stimmte ein in den Gesang:

«Keine Schminke, kein Puder,
keine Salbe, kein Öl,
eine Braut ohne Kunst,
schön wie ein Reh.»

So langte die Braut denn schließlich im «Haus des Baldachins» an, wo, dem Brauch entsprechend, alle «Kinder des Baldachins» zum Hochzeitsschmaus geladen waren und von wo am Abend die Braut mit dem gleichen Gepränge zum Haus des Gatten getragen werden sollte.

Beim Baldachin im Saal wartete der Festleiter, auch der «Speisemeister» genannt, der Hochzeit. Es war einer der Vorbeter der Synagoge, ein großer Mann mit weichem weißem Bart und einem sonoren Heroldsbariton, der ihm die Stellung eines Zeremonienmeisters bei allen öffentlichen Veranstaltungen verschafft hatte. Er war in ein langes weißes Gewand gekleidet, und das Abzeichen seiner Amtswürde prangte auf seinem Brustkasten.

Der Festleiter führte Hanna zu dem für sie gerüsteten Thron unter dem lorbeergeschmückten Baldachin. Dann lösten ihr die Frauen der Familie das Haar auf und ließen es als Zeichen ihrer Jungfernschaft lang über die Schultern fallen.

Nun übernahm der Festleiter die Führung bei allen weiteren Zeremonien: zunächst ordnete er die Trauzeugen des Bräutigams ab, den Helden des Tages herbeizuholen und unter den Baldachin zu verbringen.

Der Zug des Bräutigams war nicht so lärmend und auffällig wie der der Braut, wenn er auch ebenfalls mit großem Gefolge einherschritt. Während er noch auf dem Wege war, begaben sich die sieben Mädchen, die die Freundinnen der Braut waren, hinaus auf die Straße; sie hielten ihre Lampen hoch «auf der Suche nach dem Bräutigam», wie es geschrieben steht im Hohelied Salomonis: ‚Ich will aufstehen und umgehen in der Stadt auf den Gassen und Straßen, und suchen den, den meine Seele liebt.' Denn der Bräutigam war nicht allein der Erwählte der Braut; er war auch das

Sinnbild des Geliebten überhaupt, des Erwählten, des Bräutigams aller liebenden Mädchen. Nach der alten Überlieferung mußte er von den Mägdlein «gefunden» werden unweit des Hauses seiner Eltern, das er erst vor wenigen Augenblicken mit seinen Freunden und Zeugen verlassen hatte. Die Mädchen schlossen sich seinem Zuge an und leuchteten ihm auf dem Wege zum «Haus des Baldachins», wo alsbald allen Gästen das große Mahl aufgetischt werden sollte.

Als die sieben weißgekleideten Mädchen, mit dem verschüchterten, lorbeerbekränzten Bräutigam im Schlepptau, wieder im Saale erschienen, erkannte Miriam ihren Sohn unter den Trauzeugen. Gleich den andern war er in weißem Gewand und hielt einen Lorbeerzweig in der Hand. Miriam schien es, als sei er nicht allein; als sei er von einer kleinen Schar Männer begleitet, die sich jedoch etwas abseits hielten.

Zwei von ihnen waren Miriam bekannt; aber sie hatte sie seit langem nicht gesehen. Es waren die Söhne des Zebedäus aus Bethsaida. Wie mächtig die Gestalt des Jochanaan emporgewachsen war, seit sie ihn das letzte Mal gesehen hatte! Gleich einem Granitblock stand er da, mit gewaltigen viereckigen Schultern, das massige Haupt bedeckt von einem wirren Wust kohlschwarzen Haares. Neben ihm stand Miriams Liebling, Jakob, groß und schlank, aber fast zart erscheinend neben dem Bruder, den feinen Kopf umhangen von schwarzen Ringellocken. Auch er war zum Mann herangewachsen, doch der staunende, lebhafte Blick seiner Augen verriet die noch in ihm säumende Jugend.

Ein anderer Mann noch, der sich bei Jeschua befand, weckte die besondere Beachtung Miriams. Es war ein breiter, gedrungener, schwergebauter Mann in mittleren Jahren, der, wie Miriam bemerkte, die Augen nicht von ihrem Sohne ließ. Für das Brautpaar schien er überhaupt keinen Blick zu haben. Mit lächelndem Gesicht schaute er immer Jeschua an, und Miriam verstand auf den ersten Blick, daß es für diesen Mann die höchste Seligkeit bedeutete, in der Nähe ihres Sohnes zu sein. Ein Schauer des Glücks durchrann sie, doch gleich darauf schrak sie zusammen unter der plötzlichen Erkenntnis, daß ihr Kind ihrer nicht mehr bedürfe.

In dem Kreise um Jeschua befand sich noch ein anderer, jüngerer Mann. Miriam schloß, es müsse Nathanael sein, ein aus Kana gebürtiger Blutsverwandter des Bräutigams, denn alle Anwesenden begrüßten ihn mit fröhlichen, vertraulichen Zurufen. Jeschua hatte Miriam vor seinem Abschied von ihr erzählt, daß er zur Hochzeit eingeladen sei, was sicher von Nathanael ausging. Hatte Nathanael sie alle versammelt? Auch er ließ, wie Miriam wahrnahm, kein Auge von ihrem Sohn; seine Blicke waren wie die eines Dieners, der seinem angebeteten Herrn den Befehl von den Augen ablesen will, auf Jeschua gerichtet.

Ihre Gedanken wurden jäh unterbrochen durch ein Kreischen, das wie der Aufschrei eines stummen Tiers war. Da sah sie, wie Ben Adam, der frühere verwahrloste Gassenjunge von Nazareth, jetzt ein großer vierschrötiger Mann, sich vor Jeschua, der, von seinen Gefährten gefolgt, durch den Saal schritt, auf die Knie warf.

Der einstige Ausgestoßene küßte den Saum von Jeschuas Mantel und schrie immer wieder: «Mein Heiland, mein Heiland, mein Heiland!»

Seine Gefährten versuchten Jeschua von diesem störenden Auftritt zu befreien, doch Jeschua gab ihnen einen Wink, beiseite zu treten. Dann legte er die Hand auf Adams Kopf und sprach:

«Gesegnet sind die Armen im Geiste, denn ihrer ist das Himmelreich.»

Darauf trat er zu Miriam heran, verneigte sich vor ihr und sagte:

«Friede sei mit dir, Emi.»

«Und ebenso mit dir, mein Kind», sagte Miriam und küßte ihn auf die Wange.

«Ist das die Mutter unseres Herrn?», fragte der ihr unbekannte untersetzte Mann, der unverzüglich vor ihr in die Knie sank und rief:

«Gesegnet sei der Schoß, der die Hoffnung Israels getragen.»

«Emi, Emi!», rief nun auch der schlanke Jakob aus und warf sich vor ihr auf die Knie. Miriam streichelte sanft seine Locken und sagte:

«Auch du bist mein Sohn, Tinoki.»

Und sein Bruder Jochanaan richtete seinen leidenschaftlichen Blick fest auf Miriam und sagte ruhig mit volltönender, getragener Stimme:

«Du bist die Mutter des Anbeginns. Nein, nicht des Anbeginns, sondern von dessen Quelle.»

«Ist denn ein Rabbi mit seinen Jüngern unter uns, der unerkannt zu uns gekommen ist, um unsere Hochzeit zu erleuchten?», fingen die Gäste sich untereinander zu fragen an.

«Ein Rabbi? Mehr denn ein Rabbi!», rief der ungestüme Nathanael und wies auf Jeschua.

«Was soll das heißen: mehr denn ein Rabbi?»

«Das, was ich sage!», antwortete Nathanael, der in der Stadt großes Ansehen genoß, und er war sich wohlbewußt, welches Staunen er mit seinen Worten hervorgerufen hatte.

Doch mitten in seinem Satz traf sein Auge das Jeschuas; er erbleichte plötzlich, stammelte etwas Unverständliches zur Entschuldigung und verstummte. Seine Mitbürger aber ließen nicht locker:

«Wer ist dieser Mann, der mit seinen Schülern gekommen ist?»

«Wer er ist? Kennt ihr ihn denn nicht? Jeschua von Nazareth, der Sohn der Miriam, ein Blutsverwandter des Peniel. Sie sind zur Hochzeit ihrer Base gekommen.»

«Und wer sind die Männer bei ihm?»

«Wie du selbst gesagt hast: seine Schüler.»

«Ei, dann ist Jeschua ein Rabbi, und wir müssen ihm Ehre erweisen», sagte Peniel aufgeregt. «Gehe doch jemand zum Speisemeister und sage ihm, daß er Jeschua den Ehrenplatz zur Rechten des Bräutigams anweise. Ein Rabbi mit seinen Schülern ist gekommen, unser Fest zu erleuchten; laßt uns zeigen, daß wir in Kana das Gesetz zu ehren wissen.»

«Und wer ist die Frau, vor der sie sich verneigen und die Knie beugen?»

«Ei, das ist die Mutter des Rabbi, und für die Schüler eines Rabbi ist dessen Mutter geheiligt wie ihre eigene.»

«So sagt dem Speisemeister, daß die Mutter des Rabbi auch gekommen ist, und daß man ihr den Ehrenplatz zur Rechten der Braut anweisen muß.»

Es war nicht häufig, daß sich ein Rabbi nach Kana verirrte, denn Kana war nur ein kleines Städtchen im hohen Norden des Landes, das weit entfernt lag von den Zentren der Gelehrsamkeit und dessen Bevölkerung größtenteils ungebildete Hirten und Bauern waren. Die unverhoffte Ankunft eines Rabbi in ihrer Mitte war ein großes Ereignis, und es war daher nur natürlich, daß Jeschua und seine Jünger so sehr zum Mittelpunkt der ganzen Aufmerksamkeit wurden, daß darüber das Brautpaar fast in Vergessenheit geriet.

Nichtsdestoweniger ging die Trauung glatt vonstatten, und bald war das Brautpaar gemäß dem Gesetze Mosis Mann und Frau. Dann wurde der Heiratsvertrag vorgelesen – worin dem Ehemann die Zahlung von zweihundert Denaren auferlegt war für den Fall der Scheidung –, und dann wies der Festleiter den Gästen ihre Plätze an den Tischen an, einem jedem nach seinem Rang und Stand.

Die Speisenfolge war, die Wahrheit zu sagen, nicht allzu reichhaltig. Der Bräutigam hatte nach bestem Können alles beigestellt: einige Schläuche Wein, eine große Menge Gemüse und Eier und sogar einige Hühner. Gebäck und Honigkuchen für die Kinder hatte die Familie der Braut geliefert. Alles Weitere bestand aus dem, was die Hochzeitsgäste selbst mitgebracht hatten, vornehmlich Wein, von dem bei einer Hochzeit nie genug vorhanden sein konnte.

Denn eine solche war ein Anlaß, bei dem Fröhlichkeit eine freundschaftliche Pflicht war. Um die Gäste und die Neuvermählten zu erfreuen, war es recht und billig, fest zu trinken, ob man sich auch einen kleinen Rausch antrank. Und von dieser Regel machten auch die gelehrten und würdigen Herren keine Ausnahme. So wurde denn zeitig mit dem Trinken begonnen; kaum hatten die Gäste die stark gepfefferten Gemüse und Eier gegessen, so klopften sie vernehmlich auf die Tische nach Wein. Es dauerte nicht lange, so sprühte es im ganzen Hause von Lustigkeit. Tänzer bildeten Kreise um die Braut; die noch halbwegs nüchternen unter den Männern faßten sich bei den Händen und stampften mit den Absätzen. Die Pfeifer bliesen, bis sie blaue Backen bekamen, die Trommler schlugen Wirbel, daß es an den Wänden widerhallte und das niedrige Dach im Takt mitzitterte. Die barfüßigen oder mit Sandalen bekleideten Männer sprangen, sich um sich selbst drehend, rings um den Saal; mit flatternden Kopftüchern und, die Kleider mit hellfunkelndem Zierat behangen, schlossen sich die Frauen an, dabei Verse der Liebe aus dem Hohelied singend, alles zum Preis und Ergötzen der Braut.

Während des Festmahls wurde nichts aus der Thora vorgelesen; nur einige Belesenere konnten es sich nicht versagen, am Tisch des Bräutigams allerhand Geistesblitze über den Ehestand aus den rabbinischen Schriften zum Besten zu geben. Einer der Männer verbreitete sich auch über den Unterschied in den Auffassungen der Schule des Hillel und der des Schammai hinsichtlich der Grenzen, bis zu denen man mit den Lobpreisungen der Braut gehen dürfe. Die Ansicht des strengen Schammai, sagte er, sei, daß man immer nur die Wahrheit äußern dürfe – soweit sie schmeichelhaft war –, andernfalls solle man den Mund halten. Der gutmütige Rabbi Hillel aber, der ständige Widersacher Schammais, sei der Meinung gewesen, keine Lobrede sei zu ausschweifend, wenn sie dazu diene, die Liebe des Bräutigams zur Braut zu erhöhen, und er habe deshalb seinen Anhängern nahegelegt, mit der Wahrheit, wenn nötig, lieber etwas frei umzuspringen, als sich an Lobesverschwendung übertreffen zu lassen. Worauf ein anderer Gast hinzusetzte, die Ansicht der Rabbunim gehe dahin, daß man die Augen der Braut ansehen solle und, wenn diese schön seien, auf jeden weiteren Beweis verzichten könne, denn wohlgefällige Augen vermöchten jeden andern Mangel aufzuwiegen.

Doch wenn die Bauern und Handwerker von Kana nicht allzu gelehrt über die Thora zu sprechen wußten, zu essen verstanden sie bestimmt. Die Haufen der Kuchen und Früchte schmolzen vor ihnen hinweg wie Butter an der Sonne. Die Eier verschwanden im Handumdrehen, und die Oliven sowie die Hühnerbeine und -brüste waren bald weggefegt, als ob ein Sturmwind über die Tische hingegangen wäre.

Und zu trinken verstanden sie auch, diese kräftigen Galiläer. Die paar Schläuche mit kostbarem Dattelwein, die Miriam mitgebracht hatte, machten ihnen bloß den Mund wässrig. Dann wurde der hausgemachte Landwein mit langen Zügen geschlürft, und schließlich waren die Diener darauf angewiesen, das ebenfalls hausgemachte Bier aus den irdenen Krügen zu schänken, das für den letzten Notfall aufgehoben worden war.

Und noch immer waren die Gäste durstig und wurden immer durstiger, da ihnen der Schweiß von den Stirnen rann und ihnen die Bärte hinuntertriefte. Schon vom Essen war ihnen immer heißer geworden, und jetzt glühten auch ihre Augen vom beginnenden Rausch.

Und lustig zu sein, verstanden sie gleichfalls. Der Frohsinn brach ihnen förmlich aus den erhitzten Gesichtern und den schwankenden Leibern. Ein alter Mann mit einem Bart wie ein Urwald sprang auf einen Stuhl, klatschte in die Hände und schrie:

«Der Wein machet des Menschen Herz fröhlich! Her mit den Trommeln und Pfeifen! Musik herbei, Musik!»

Und sogleich fielen die Musikanten mit verdoppeltem Eifer ein, und alle Männer fingen an, in die Hände zu klatschen, und die Weiber kreischten und lachten, daß sie sich die Seiten hielten. Männer strömten in die freie Saalmitte, legten einander die Arme auf die Schultern und tanzten, mit den Sandalen den Takt schlagend, einen Ringelreihen. Einige von ihnen vergaßen sich so weit, daß sie die Frauen in den Reigen zogen, denn an einer Hochzeit war alles gestattet; wenn es ein Fest galt, drückte man die Augen zu vor einer Verletzung der guten Sitte. Alle hatten nur ein und dasselbe Ziel: das Brautpaar zu feiern und zu erfreuen.

Am Tisch des Bräutigams ging es so hoch her, daß ein Mann in reifen Jahren und Schriftgelehrter überdies, sich plötzlich eines Kunststückchens aus seiner Jugendzeit entsann, das er unbedingt vorführen wollte. Er packte drei Schüsseln und fing an, sie in die Luft zu wirbeln wie ein Gaukler. Und der Festleiter tat ihm keineswegs Einhalt, sondern spornte ihn noch an, weitere Proben seiner immerhin etwas eingerosteten Kunstfertigkeit zum Besten zu geben.

Jeschua saß zur Rechten des Bräutigams und seine Jünger um ihn herum. Er hielt keine Ansprache, was auch keiner der Anwesenden von ihm zu erwarten schien. Auch er wie seine Schüler schienen von der allgemeinen Fröhlichkeit etwas angesteckt zu sein. Sie hatten ihr Teil von Speise und Trank zu sich genommen; Jeschuas Augen glänzten vor Zufriedenheit. Im Saale sprach man davon, wie der Rabbi sich mit dem einfachen Volk mitfreue, denn sein Gehaben unterschied sich in nichts von dem der andern Gäste. Doch der natürliche Ernst, den seine Züge bewahrten, und die demütige Achtung, die ihm seine Schüler entgegenbrachten, verbreiteten um ihn unwillkürlich eine Stimmung der Ehrerbietung, die die vom Wein gelösten Zungen im Zaum hielt.

Jeschuas Mutter saß an dem Tisch der Braut auf dem Ehrenplatz. Hier war die Lustigkeit gedämpfter, um im Einklang zu bleiben mit der Zurückhaltung, die von der Braut und ihrer unmittelbaren Umgebung erwartet wurde. Doch der allgemeine Frohsinn färbte auch etwas auf Miriam ab, und sie freute sich über das Lächeln, das ihres Sohnes Gesicht zeigte. Zum ersten und vielleicht zum letzten Male sah sie ihn in lebensfroher Gesellschaft, inmitten ihm vertrauter Menschen. Es war ihr, als könne sie die Segnungen von seinen geöffneten Lippen ablesen, und sie erkannte das Lächeln gutherziger Geselligkeit in seinen Augen. Und obschon diese Leute nicht wußten, wer hier in ihrer Mitte saß, so mochten sie doch in ihren Herzen etwas fühlen, was ihr Verstand nicht begriff. Eben jetzt schlossen sie einen Kreis um ihn, umtanzten ihn, als sei er der Bräutigam, klatschten in die Hände und sangen zu einer Stegreifmelodie: «Ein Rabbi sitzt in unsrer Mitte. Gesegnet sei dein Verweilen in unserm Hause. Möge deine Lehre dahinfließen wie ein mächtiger Strom, und mögen viele deinesgleichen erstehen in Israel!»

Andere gingen noch weiter, tanzten vor ihm und sangen ihm just das Lied, das sie vorher dem Bräutigam gesungen hatten: «Einem König zu vergleichen ist der Bräutigam», nur daß sie jetzt den Vers geändert hatten in: «Einem König zu vergleichen ist der Rabbi». Da Miriam dies hörte, dachte sie im Stillen: «Ach, wenn sie nur wüßten, daß es Israels Bräutigam ist, der in ihrer Mitte sitzt!»

Inzwischen waren die letzten Weinschläuche geleert, und auch das Bier in den irdenen Krügen ging zur Neige. Leere Becher und Kannen lagen umgeworfen auf den Tischen. Die Augen richteten sich fragend dem Festleiter zu, und dieser rief, sich an den Bräutigam wendend, mit unbekümmerter Lustigkeit:

«Nun denn, da ihr so wacker gezecht habt, werden wir jetzt den geringeren Wein auftragen lassen. Der gute ist ausgetrunken. Bräutigam, wo sind die Kannen mit dem Säuerling? Deine Gäste haben Durst!»

Der Bräutigam erbleichte. Mit einem schwachen Lächeln blinzelte er die Gesellschaft an, wie um sich zu entschuldigen und um Verzeihung zu bitten. «Alles, was... da... war...», fing er zu stottern an, aber dann verloren sich seine Worte in einem unverständlichen Gemurmel.

Es war zu spüren, wie die Fröhlichkeit auf einmal abebbte. Die Tänzerreigen lösten sich auf, die Männer schlichen zu ihren Tischen zurück und nahmen eine Flasche oder einen Becher zur Hand und beschauten mit durstigem Auge die Böden der Gefäße.

«Wein machet des Menschen Herz fröhlich», ließ sich einer vernehmen, «aber was fängt das arme Herz ohne Wein an?»

«Ist kein Fingerhut voll mehr aufzutreiben?», rief ein anderer.

«Her damit, was noch da ist! Wir verkommen vor Durst!», ein dritter.

Und der Festleiter rief aus:

«Hat jemand noch Wein da? Vielleicht hat einer einen überzähligen Krug noch draußen auf seinem Esel?»

Alle schwiegen.

Schlaffheit und Schläfrigkeit überkamen den Saal. Die Zungen waren dick, und die Köpfe wurden schwer. Da und dort nickte einer, den Kopf auf die Brust gesenkt, ein und fing laut zu schnarchen an. Dabei war es noch heller Tag und noch lange hin bis zu der Stunde, da man schicklicherweise das Brautpaar zum Hochzeitsgemach tragen konnte. Noch einmal fragte der Festleiter, neben dem Bräutigam stehend, ob nicht noch ein Schlauch oder eine Kanne vorhanden sei, vielleicht gerade von einem für solchen Notfall zurückgehalten.

Es erfolgte keine Antwort. Da ermannte sich in der betretenen Stille ein tapferes «Kind des Baldachins» zu einem Sololiedchen, um die verglimmende Festesfreude wieder etwas zu entfachen. Aber gleich einer Lampe mit trockenem Docht flackerte dieses Liedflämmchen nur schwach und verlöschte schließlich. Auch andere Gäste bemühten sich nicht erfolgreicher durch allerhand angeknüpfte Gespräche und Erzählungen; ihre Stimmen verhallten ungehört im Leeren.

Verärgert sah der Festleiter dem Bräutigam in das mutlose Gesicht; aber der schlug bloß die Augen nieder und stierte auf seine Füße unterm Tisch.

Miriam entging dies alles nicht. Ihr Herz war voll Mitleid, nicht bloß mit dem Bräutigam, der sein Bestes getan hatte, sondern auch mit diesen braven, einfachen Menschen und ihrem Durst. Sie wußten ja nicht, daß der Born des Heils sich in ihrer Mitte befand, daß die Gegenwart Jeschuas sie mit anderm als leiblichem Durst erfüllte. Miriam wußte, daß nur Jeschua den unglücklichen Bräutigam vor einer Demütigung bewahren konnte. Sie mußte ihn um Hilfe bitten, wie sie vor Jahren getan, als sie ihn gebeten hatte, den Himmel um Regen anzuflehen. Sie mußte ihn nun veranlassen, dem Fest des Armen Wein zu spenden. Aber sie zauderte; stand es ihr zu, ihren Sohn zu Wundertaten zu verlocken?

Doch gleich darauf reifte in ihr die Überzeugung, daß nichts sie daran hindern dürfe. In ihrem Herzen fühlte sie plötzlich einen Strom von Kraft; ein Bewußtsein von Macht, wie sie es verspürt, da sie den Blick des Engels ausgehalten, der ihr die Verkündigung brachte.

Sie allein hatte zu beurteilen, was recht war. Ginge es nur um Brot für die Hungernden, so würde sie es nicht erbeten haben von ihrem Sohn. Den Hungrigen Brot zu spenden, war nur Gerechtigkeit, und über Dinge der Gerechtigkeit hatte sie nicht zu befinden. Doch der Wein des Heils, den nur Jeschua diesem geringen Volk bringen konnte, dies war nicht Sache der Gerechtigkeit, dies war Gnade und Barmherzigkeit. Gerechtigkeit wurde erzwungen; Gnade mußte aus der Tiefe erfleht werden, mußte durch Gebet und Kampf aus den Höhen gerungen werden. So faßte Miriam denn ihren Entschluß.

Jeschua sah sie vom Tische aufstehen und in den Saal der Diener gehen. Er sah auch ihren festen, befehlenden Blick, mit dem sie ihn aufforderte, ihr zu folgen, und er verstand sogleich, daß sie ihn rufe, ihn wohl dringend brauche. Er stand auf und ging der Mutter nach, gefolgt von seinen Jüngern.

Mutter und Sohn blickten einander an, und es war, als ob Jeschua ihr Begehren in ihren Augen lese. Es bedurfte nur weniger Worte, doch hinter diesen wenigen Worten wütete ein zeitloser Kampf, der Kampf zwischen Gerechtigkeit und Barmherzigkeit, des Möglichen gegen das, was nicht sein kann und nicht sein darf, der Kampf des Begrenzten gegen das grenzenlos Unendliche.

«Jeschua, sie haben keinen Wein», sagte Miriam schließlich ohne drängendes Bitten in ihrem Ton.

«Weib, was habe ich mit dir zu schaffen? Meine Stunde ist noch nicht gekommen.»

Miriam hielt seinen Blick fest, sagte aber kein Wort weiter. Dann wandte sie sich mit einem Ruck um, und mit einer Stimme, in der gebietende Sicherheit schwang, sprach sie zu den Dienstboten:

«Was er euch sagt, das tuet.»

Damit ging sie aus dem Raum, ohne noch einen Blick auf den Sohn zu werfen. Jeschua aber verstand, daß diese Worte ein Befehl auch an ihn gleichwie an die Diener gewesen war.

Und so wandte er sich diesen zu, deutete auf ein halb Dutzend steinerne Krüge, die im Hof des Festhauses standen und zur Reinigung nach jüdischem Brauch dienten, und sagte zu den Dienern:

«Füllet diese Krüge mit Wasser.»

Die Diener beeilten sich, Wasser aus der Zisterne zu holen und in die Krüge zu gießen, bis diese voll waren bis zum Rand.

«Gießet nun die Kannen voll und bringt sie dem Speisemeister», sagte er darauf. Und die Diener taten also.

Die ganze Zeit über hatten die Jünger neben Jeschua gestanden. Sie hatten den stummen Kampf zwischen ihm und seiner Mutter wahrgenommen und gesehen, wie die Mutter über den Sohn den Sieg davontrug. Betroffen und verstört warteten sie mit angehaltenem Atem auf das Wunder, das sich vor ihren Augen begeben sollte. Da aber hörten sie ein Gemurmel unterdrückter Erregung im Festsaal, ein leises Raunen der Freude, doch es war so schwach, daß sie vermeinten, den dumpfen Hall der Ehrfurcht zu vernehmen, die sich auf die Festversammlung legte. Denn obschon noch keiner von den Gästen wußte, woher der neue Wein gekommen sei, und obschon der Festleiter sich darüber wunderte, weshalb der Bräutigam den allerbesten Wein bis zuletzt aufgehoben habe, überkam die ganze Gesellschaft plötzlich eine Stimmung heiliger Scheu. Keiner war mehr trunken, sondern alle erfüllt von heiterer Freude, einem Frohmut, dem das Verlangen nach Gott innewohnte. Und als die ersten Becher geschlürft waren, begann einer der Männer leise einen Psalm Davids anzustimmen, in den alle Gäste einfielen:

«‚Wenn der HErr die Gefangenen Zions erlösen wird, so werden wir sein wie die Träumenden. Dann wird unser Mund voll Lachens und unsere Zunge voll Rühmens sein. Da wird man sagen unter den Heiden: der HErr hat Großes an ihnen getan.'»

Und als der Gesang zu Ende war, schrie ein Mann mit brechender Stimme auf: «O Gott, du bist mein Gott. Meine Seele dürstet nach Dir, mein Fleisch verlanget nach Dir, in einem trockenen, durstenden Land, darin kein Wasser ist!»

Und ein Weib erhob die Stimme und sagte zu Jeschua: «Gesegnet der Schoß, der dich geboren, und die Brust, die dich genährt.»

Doch er sagte: «Gesegnet sind die, die da hören Gottes Wort und danach tun.»

Miriam verstand die Mahnung. Doch sie bereute nicht, was sie getan hatte.

NEUNTES KAPITEL

DIE Kunde von dem Wunder zu Kana verbreitete sich rasch bei den Landbewohnern Galiläas und gelangte auch nach Nazareth. Dutzende von Menschen waren Zeugen gewesen, wie der Zimmermann Jeschua Wasser in Wein verwandelt hatte, und zwar in einen Wein, der alle, die ihn tranken, mit einem neuen Geiste erfüllte.

Aus Kana eintreffende Reisende berichteten in Nazareth, Jeschuas Mutter, die Witwe Miriam, habe dem Sohn dieses Wunder abgerungen. Sie habe es bei ihm durchgesetzt, es zu vollbringen; das sei ihnen von rechtschaffenen Männern versichert worden, welche die Schüler Jeschuas seien und jedes Wort gehört hätten, das zwischen Mutter und Sohn gewechselt worden war.

Dieser von so vielen Seiten bestätigte Bericht machte auf die Nazarener einen gewaltigen Eindruck. Wie betäubt liefen sie herum. Großer Gott, wenn dieser Jeschua, der ihnen so wohlbekannte Mitbürger, Wasser in Wein zu verwandeln vermochte, dann mußte er doch auch andere Wundertaten vollbringen können, wie Steine zu Brot machen, und mochte überhaupt imstande sein, die Ordnung der Natur zu verändern? Wer konnte sagen, ob nicht doch etwas Wahres an den vielen Gerüchten sei, die seit einiger Zeit über diesen undurchsichtigen Mann umliefen?

Ein paar Tage lang blickten die Bürger von Nazareth auf Jeschuas Mutter als eine Heilige, einen mit unermeßlichen Kräften begabten Liebling Gottes. Mütter mit kranken Kindern auf den Armen kamen an ihre Tür, beugten die Knie vor ihr und baten sie, ihren Sohn zu veranlassen, daß er die Kleinen heile, denn sie wollten nach K'far Nahum wandern, wo er sich zur Zeit aufhalte und Kranke gesund mache.

Tatsächlich trafen immer mehr Nachrichten über Wundertaten Jeschuas aus K'far Nahum ein, wohin er nach der Hochzeit in Kana mit seinen Jüngern gegangen war. Es wurde erzählt, er vermöge unreine Geister aus Besessenen auszutreiben, könne Blinde sehen und Lahme gehen machen, und es werde eine Unmenge von Krüppeln, Verrückten und Aussätzigen von allen möglichen Orten her zu ihm gebracht, damit er sie heile.

Am meisten bestürzt über diese Nachrichten waren Jeschuas Brüder. Sie vermochten sich des Gedankens nicht zu erwehren,

Jeschua könne vielleicht doch der neue Prophet, die Wiederverkörperung des Elia, sein. Wenn dem so war, so hing von seinem Schicksal viel für sie ab, war auch das ihre unmittelbar mit seinem Geschick verknüpft. Wenn ein Mann ihres Fleischs und Bluts ein Seher, ja obendrein ein Wundertäter war, dann hatten sie, seine leiblichen Brüder, ein Anrecht darauf, an seinem Ruhm und seiner Herrlichkeit am Schauplatz, wo sie in Erscheinung trat, teilzunehmen.

Jakob ging als Erster nach K'far Nahum. Er hatte immer an seinen Bruder geglaubt, und so trug er kein größeres Verlangen, als seine immer noch nicht ganz zerstreuten Zweifel behoben zu sehen. Doch kaum weniger begierig, sich mit eigenen Augen von Jeschuas Wundertaten zu überzeugen, waren die jüngeren Brüder Joses und Simon. Sie waren einfache Leute mit langsamem Verstand und waren daher früh unter den geistigen Einfluß ihres dogmatischen Oheims geraten. Und so hatten sie, ob bewußt oder nicht, sich in nicht geringem Grad die Skepsis des Kleophas über ihren älteren Bruder zu eigen gemacht. Doch da sie nun im Zusammenhang mit ihm von solchen Wundern vernahmen, begannen sie ernstlich an sich selbst zu zweifeln. Jeschua, überlegten sie, konnte es vielleicht weit bringen, mochte womöglich selbst nach Jerusalem hinaufgehen und dort... Nun, es war auf jeden Fall am besten, sich mit eigenen Augen zu überzeugen und sich nicht in wirren Einbildungen zu ergehen. Ohne darum der Warnung des Onkels Beachtung zu schenken, zogen sie Jakob eiligst nach und begaben sich nach K'far Nahum.

Nur Kleophas und Juda blieben in Nazareth. Sie erklärten, sie wollten warten, bis Jeschua sich entschließe, nach Jerusalem zu gehen, und dann sehen, wie die Rabbunim die Sache aufnehmen würden.

Jakob kehrte von höchster Gemütserregung erfüllt aus K'far Nahum zurück. Er sprach kein Wort über das, was er gesehen, verweigerte Essen und Trinken, mied jeden Umgang und brachte seine Tage mit Beten und Fasten hin.

Auch die jüngeren Brüder erwiesen sich nach ihrer Heimkunft kaum mitteilsamer. Sie kamen auch nicht viel anders zurück, als sie fortgegangen waren; sie brachten keine Schätze an Gold und Silber mit, die der neue Prophet nach Meinung eines Nazareners wohl seinen Brüdern hätte verschaffen können. Aber Joses und

Simon – um endlich den habgierigen Neid ihrer Nachbarn zu beschwichtigen – versicherten, Jeschua verfüge über keinerlei irdische Schätze, die er verteilen könne; sein Schatz liege einzig und allein in der künftigen Welt, so daß von unmittelbaren Erträgnissen nicht die Rede sein könne.

Nur im Familienkreis bei der Mutter in Anwesenheit des Oheims Kleophas sprachen die Brüder freimütig über ihre Erlebnisse in K'far Nahum. Sie machten Miriam aufmerksam auf die große Gefahr, der Jeschua sich aussetze, indem er sich die Feindschaft der Rabbinen und Schriftgelehrten zuziehe. Jedenfalls könne man für den Augenblick nichts weiter tun, als abzuwarten, bis die Pharisäer und der Hohepriester zu Jerusalem ihr Wort zu der Angelegenheit gesagt hätten.

Nazareth lag nur anderthalb Tagereisen von K'far Nahum entfernt, das sich am Ufer des Sees Genezareth erhob. Die beiden Städte standen in regem Handelsverkehr miteinander, da K'far Nahum nicht nur ein Fischerort war, wo der Fang vom See gesalzen und gepökelt wurde, um von dort aus in die ganze Provinz zu gehen, sondern auch ein bedeutender Hafenplatz, von wo die überschüssigen Erzeugnisse Galiläas – Korn, Wolle, Öl sowie das hochgeschätzte Obst der fruchtbaren Ebene von Genezareth – nach den griechischen Städten jenseits des Jordans versandt wurden.

Aufkäufer aus K'far Nahum waren daher eine gewöhnliche Erscheinung auf dem Markt von Nazareth, und ebenso begaben sich die nazarenischen Bauern und Schafzüchter häufig nach K'far Nahum, um dort ihre Überschüsse an den Mann zu bringen.

So gelangten die Lehren, die ihr Landsmann unter seinen Anhängern in K'far Nahum verbreitete, bald auf mündlichem Weg zu den Ohren der Nazarener. Und gleich den Gelehrten von K'far Nahum widersetzten sich auch die von Nazareth der neuen Lehre, selbst wenn sie ihnen durch die begeisterten Mahnreden des Gerbers Taddi vorgebracht wurden.

Der Alte lief nun dauernd zwischen den beiden Städten hin und her, da er es kaum erwarten konnte, jedes neue Wort oder Wunder seines Rabbis so rasch als möglich seinen Landsleuten mitzuteilen. Er sei wie ein Wasserträger, sagte man von ihm, der dauernd seine Krüge am Brunnen fülle und damit von Haus zu Haus durchs ganze Land ziehe.

Taddi konnte sich nicht genug tun mit Berichten über Jeschuas Wundertaten; hier hatte er einen unreinen Geist ausgetrieben, dort einen Krüppel geheilt. Er verbreitete auch, daß der Rabbi das Töchterchen eines der Synagogenvorstände vom Tode erweckt habe und daß ihn, wo er ging und stand, die Kranken umdrängten, und zwar nicht bloß Söhne Israels. Er erzählte von dem römischen Centurio, einem Heiden, der in K'far Nahum wohnte und der sich an Jeschua gewandt habe, daß er seinen Diener heile. Die Nazarener blieben zu all diesen Geschichten des Gerbers ungläubig. Doch Taddi beschloß jeden Wunderbericht mit den Worten:

«Die Wunder, die mein Rabbi vollbringt, sind mir gleichgültig; Wundertäter haben wir haufenweise in Israel, Männer, die ebenfalls Kranke zu heilen vermögen und die Besessenen von ihren bösen Geistern zu erlösen verstehen. Aber wer in Israel hat für die Armen und Einfältigen Trostworte gefunden gleich diesen: ‚Bittet, so wird euch gegeben; suchet, so werdet ihr finden; und wer da anklopfet, dem wird aufgetan'?»

«Was soll das heißen?», fragten sie entrüstet, «‚Klopfet, so wird euch aufgetan'? Es kommt doch darauf an, an welche Tür einer klopft, und ob es ein rechtschaffener Mann ist oder ein schlechter Kerl.»

Ein ander Mal berichtete der Gerber von dem Ausspruch Jeschuas:

«Ihr habt gehört, daß gesagt ist: ‚Auge um Auge, Zahn um Zahn'. Ich aber sage euch, daß ihr nicht widerstreben sollt dem Übel; sondern so dir jemand einen Streich gibt auf deinen rechten Backen, dem biete auch den andern dar.»

Taddi, der diese Worte in der Synagoge vorbrachte, schienen sie als von Gott eingegeben; doch die Gelehrten von Nazareth waren anscheinend gegenteiliger Auffassung. Denn sie äußerten dazu:

«Unsere Weisen haben das Wort ‚Auge um Auge, Zahn um Zahn' zur Genüge gedeutet. Es bedeutet nicht, daß wir einen Menschen, der einen andern geblendet hatte, ebenfalls blenden sollen; es gebietet lediglich, daß der Schuldige den seinem Nächsten zugefügten Schaden gutzumachen hat. Aber was sollen wir mit den Worten Jeschuas anfangen? Und wie kommt er dazu, zu sagen: ‚Ich aber sage euch'? Woher die Machtvollkommenheit, die er sich da anmaßt?»

«Es ist eine Schande!», rief Sakkai ben Zadok. «Dieser Jeschua ben Joseph will uns glauben machen, er sei nicht bloß ein Reis vom Baume Israels, sondern dessen Wurzel selbst! So hat unser Lehrer Moses sich ausgedrückt: ‚Ich aber sage euch', er, der im Namen Gottes das Gesetz vom Himmel gebracht hat. Gott saget... nicht ich, Jeschua ben Joseph, der Zimmermannssohn, sage euch...»

Taddi ebenso wie Jakob, der manchmal dem Gerber beim Bericht über Jeschuas Aussprüche beisprang, beide versicherten der Gemeinde, daß ihr Rabbi keineswegs die Absicht habe, das Gesetz Mosis zu untergraben. Jeschua, erklärten sie, habe ausdrücklich gesagt, er sei nicht gekommen, das Gesetz zu zerstören, sondern zu erfüllen. Himmel und Erde würden vergehen, habe Jeschua gesagt, doch vom Gesetz solle kein Jota vergehen, bis daß es erfüllt sei.

«Der Dieb ruft den Galgen zum Zeugen an», mischte sich da Matthäus ben Hanah hinein, dessen Unverschämtheit mit den Jahren nur noch zugenommen hatte, so daß er jetzt ein gefürchteter und mächtiger Mann in der Gemeinde war, der mit seiner Frechheit erlangte, was ihm nicht gleich in die Hände fiel. «Was für ein Verlaß ist auf das Wort Taddis oder Jakobs?», fuhr er fort. «Sie wissen schon, warum sie so reden; sie haben ja selbst die Finger tief im Kuchen des Zimmermanns.»

Der einzige Mensch in Nazareth vielleicht, der es mit dem Mundwerk des Matthäus aufnehmen konnte, war Kleophas. Wie auch seine persönlichen Ansichten über seinen bemühenden Neffen beschaffen sein mochten, hier mußte dem Zusammenhalt der Familie laut und vernehmlich Ausdruck gegeben werden. Er zögerte denn auch nicht, sich mit seinem ganzen hitzigen Temperament für die Familienehre in die Schanze zu schlagen, mochte er auch seinen guten Ruf dabei aufs Spiel setzen:

«Seit wann», schrie er, «wählt Gott Seine Boten unter den großen Tieren der Nation aus? Wenn mein Brudersohn den bescheidenen Beruf seiner Väter ausübt, ist er darum weniger würdig, den Mantel des Propheten zu empfangen? Hat Gott nicht den Amos von seinen Ochsen auf dem Feld weggeholt, auf daß er ein Prophet in Israel würde? Und König David selbst, hat er nicht gesagt: ‚Von meinen Schafen hast Du mich berufen, um zu herrschen über Israel'? Seit wann verachtet Gott die Armen? Gott siehet des Menschen Herz an, nicht seinen Beruf. Und wenn Gottes Geist meinem Brudersohn Sein Licht hat leuchten lassen, so wird kein spöttischer Schelm es ihm nehmen!»

Um eine weitere Verschärfung der Auseinandersetzungen zu verhindern, gebot der Ortsrabbiner, den Wortwechsel einzustellen, und sagte selbst beschwichtigend:

«Wenn Jeschua ben Joseph ein wahrhafter Prophet ist, welcher uns vom HErrn gesandt wurde, so werden wir nicht ermangeln, auf seine Stimme zu hören, nach dem Worte des Propheten: ‚Wenn der Löwe brüllet, wer sollte sich nicht fürchten?' Der HErr wird es uns zu wissen tun, wenn die Zeit gekommen ist. Einstweilen aber lasset uns Frieden halten in Israel. Eure zornigen Stimmen entweihen den Sabbath.»

Damit ging man auseinander, und männiglich begab sich kleinlaut nach seinem Hause.

Doch am Abend machten Kleophas und die jüngeren Söhne Miriams der Mutter Vorstellungen. Jeschua, warnte Kleophas, bringe Ungemach über sich selber, ganz zu schweigen von dem Schimpf und der Schande, in die er die ganze Familie stürze. Gott verhüte, daß sie alle ausgestoßen würden aus Israel! Niemand würde sich mehr herablassen, mit den Söhnen Hanans in Freundschaft zu verkehren, denn man werde sie samt und sonders verächtlich auslachen; Freiwild würden sie werden für alle Zungendrescher und Spottvögel des ganzen Volkes. Nur ein Weg bleibe noch, um die Achtbarkeit der Familie zu bewahren: die ganze Familie, die Brüder, die Schwiegertöchter samt allen Kindern mit Miriam an der Spitze, sie müßten hinziehen nach K'far Nahum und Jeschua heimholen, ehe er die Familie ganz zugrunde richte, denn es liege ja klar am Tage, daß seine Taten und seine Aussprüche sie alle in den Abgrund führten.

Der Oheim ward ungestüm unterstützt von den Neffen. Die Brüder beschwerten sich, sie könnten sich nicht mehr auf dem Marktplatz blicken lassen, ohne daß mit Fingern auf sie gedeutet würde. Bald würden sie alle in schlimmste Not geraten, denn die Nachbarn scheuten vor jedem Handel mit ihnen zurück, und es brauche wohl kaum noch betont zu werden, daß Handwerker auf den guten Willen der Bürgerschaft angewiesen seien.

Auch der gelehrte Juda schloß sich, wenn auch aus mehr theoretischen Beweggründen, eifrig diesen Vorstellungen an. Jeschua, sagte er, greife das Gesetz an und zerre sie alle, ihn, Juda, selbst nicht ausgenommen, in den Pfuhl der Ketzerei.

Selbst Jakob, der dem ältesten Bruder stets am meisten die Treue gehalten hatte, äußerte Besorgnis angesichts der neuerdings von Jeschua aufgestellten Lehrmeinungen, von denen die Rede ging. Für gemeines Unkraut finde sich leicht Boden, um darin zu wurzeln, doch das edle Gewächs, das auf Grund jahrhundertelanger sorgsamer Pflege beruhe, schlage schwer Wurzeln in fremdem Boden. Bei aller Verehrung, die er seinem Bruder entgegenbringe, er wisse nicht, was er von Jeschuas neuesten Lehren halten solle, sagte Jakob.

Jakob befand sich tatsächlich am Scheideweg und wußte nicht, welche Straße er einschlagen sollte. Trotzdem ertrug er es nicht, daß der Name seines Bruders verunglimpft wurde.

«Mein Bruder», so fuhr er daher fort, «der mein Rabbi und mein Leitstern ist, predigt das Gleiche wie unsere Propheten. Wenn er sagt: ‚Selig sind die Armen im Geiste, denn ihrer ist das Himmelreich', so meint er damit nichts anderes, als was König David, Friede sei mit ihm, damit meinte, wenn er sagte: ‚Wohl denen, die ohne Wandel leben, die im Gesetze des HErrn wandeln'.»

«Wenn er nichts anderes lehrt», rief Juda, «warum geht er nicht mit seinen Lehren nach Jerusalem, wo ihn die Weisen des Gesetzes hören können, die auf dem Stuhl Mosis sitzen, um den wahren von dem falschen Propheten zu scheiden? Warum führt er seine Wunder nicht sachverständigen Beurteilern vor? Warum meidet er die Gelehrten und brüstet sich nur vor unwissenden Strohköpfen und Tölpeln?»

Da erhob sich Miriam und sprach strengen Tones:

«Wenn die Zeit gekommen ist, nicht eher, wird mein Sohn hinaufgehen nach Jerusalem; denn alles, was er tut, geschieht nach dem Wort Gottes. Und wer gegen ihn kämpft, der kämpft gegen Gott, und wäre es der eigene Bruder!»

Nicht stets jedoch waren die Nachrichten, die Miriam von K'far Nahum zukamen, beunruhigender Natur. Manchmal erhielt sie auch Botschaft, die ihr Herz mit Hoffnung und Freude erfüllte. Einmal brachte sie ein alter Freund, wie der Nachbar Taddi, mit; zu andern Malen ein ganz Fremder, ein Wanderer oder ein Landstreicher.

Eines Tages fand sie, aus dem Hause tretend, einen armseligen Krüppel auf ihrer Schwelle sitzen. Nie noch hatte Miriam einen so furchtbar vom Schicksal mitgenommenen Menschen erblickt. Sein ganzes Gesicht war mit eitrigen Geschwüren, sein ganzer Körper von Schwären und Beulen bedeckt, die nur mit fauligen Lumpenstreifen und Binden aus Sackleinen verbunden waren. Sein Kopf hing schlaff auf die Brust hinab, und jeder Teil seines Körpers – Kopf, Schultern, Arme und Schenkel – hingen, wie von Gewichten gezerrt, zum Boden herab. Doch da der Bettler die Augen aufschlug, die von einem dunklen Blau waren, überkam Miriam Bestürzung ob ihres vor Seelenfrieden und unsagbarer Seligkeit leuchtenden Glanzes.

Miriam reichte ihm die Hand und half ihm auf die Füße; dann geleitete sie ihn ins Haus. Sie rieb seine Schwären mit Öl ein und verband sie mit frischem Linnen. Nachdem sie ihm dann noch die Hände und Füße gewaschen, auch seine Haare gesalbt hatte, hieß sie ihn, sich am Tische niederzusetzen und brachte ihm Essen und Trinken, denn der Mann war vollständig ausgehungert.

Als der Fremdling sich dann etwas gestärkt hatte, begann sie mit ihm zu sprechen. Sie fragte ihn, woher er komme. Der Krüppel erwiderte, er sei drei Tage lang von K'far Nahum hergewandert. Er habe von einem neuen Heiland gehört, der aufgestanden sei in Israel, und sei eilends nach K'far Nahum aufgebrochen, um von seinen Schwären und Gebrechen geheilt zu werden.

«Und er hat dich nicht geheilt?», fragte Miriam ängstlich.

«Er hat mich besser geheilt, als ich verdiene», erwiderte der Mann. «Denn ich war zu ihm gekommen, um an meinem kranken Leibe geheilt zu werden, doch er heilte meine leidende Seele. Kann ein Leib krank sein? Nein, denn er ist nur ein Klumpen Fäulnis. Er kommt und geht von hinnen gleich einem huschenden Schatten, und wie kann etwas, das nicht von Dauer ist, wund oder krank sein? Es kann nur zerfallen, und das ist das Gesetz seines Wesens. Nur das, was nie zerfällt, da es geschaffen und gestaltet ist zu ewiger Bewährung, vermag entweder krank oder gesund zu sein. Ich aber, Tor, der ich war, ich hielt meinen Leib für zerrüttet. Von ihm, dem Heiland, habe ich erfahren, daß mein Leib gesund ist, daß er keiner Pflege bedarf, denn mir ist wohl in meiner Krankheit. Ich freue mich meiner Schwären, denn sie gemahnen mich daran, daß mein Fleisch nichts ist als ein faulendes Pilzgewächs in Menschengestalt. Es ist mir angenehm, zu wissen, daß mein Kopf vornüberfällt, denn dann kann ich ihn nicht über meine Mitmenschen emportragen. Ich bin reich, ob ich gleich der bedürftigste von allen Menschen bin. Ich bin gesund, ob ich gleich der kränkeste im Fleisch bin. Denn der Heiland hat mir eine neue Seele gegeben in meinen zerbrochenen Körper, die Seele einer andern Welt, die mich heil und reich macht vor allen Menschen.»

«Ich weiß, was du meinst», sagte Miriam. «Hat der Heiland sich geweigert, deinen Leib zu heilen? Ich habe gehört, er habe andere Menschen geheilt, die mit ihren Gebrechen zu ihm gekommen sind.»

«Wer sind die Andern?», fragte der Krüppel. «Kranke Menschen mit wenig Glauben, die daherkommen mit Gebettel und Gewimmer, die ihre bösen Geister ausgetrieben, ihre blinden Augen geöffnet oder ihre Schwären geheilt haben wollen. Er aber, der Beherrscher der Geister, er befiehlt ihnen, vom Quälen ihrer Opfer abzulassen, und so spendet er aus dem unerschöpflichen Schatz seiner Güte den Elenden das Almosen, das sie erflehen. Aber sie sehen nicht und verstehen nicht, daß es nicht ihre Leiber sind, die er heilt, sondern daß die Berührung seiner Hand die gefallene Seele aufrichtet und ihr neue Frist gibt. Er erhebt den Menschen aus dem Wurmzustand und setzt ihn wieder an den Tisch seines Vaters. Denn was sind seine Wunder? Daß er einen Krüppel erlöst von seinem bißchen Elend? Nein, viele gibt es, die dies vermögen. Das Wunder des Heilands aber ist dies, daß er die unveränderliche Natur des Menschen wandelt, daß er zum Gesetz die Barmherzigkeit und die Gnade hinzufügt.

Wenn er die Augen der Blinden auftut, so ist es nicht, um ihnen die Sonnenstrahlen zu weisen, sondern das verborgene Licht des siebenten Himmels, das alle Dinge überstrahlt. In diesem Licht ist die ganze Welt verherrlicht, und dies ist das Wunder, das er wirkt: daß er uns dafür sehend macht. Doch jene Andern, die geringen Glaubens sind, sie jauchzen über das kleine Glück, das ihrem Leib widerfahren ist; sie vermeinen, dies sei des Heilands größtes Geschenk, und in ihrer Verblendung erkennen sie nicht die himmlische Welt, die er allen Menschen auftut. Ich habe nicht die Genesung meiner Seele um das bißchen Genesung meines Leibes dreingegeben, und ich sagte zu ihm: ‚Rabbi', sagte ich, ‚laß mir meine Gebrechen und laß meinen verwüsteten Leib gehen, wie er mag. Doch schenke mir den großen Schatz, die große Gesundheit der Seele, die du zu spenden vermagst.' Und er sagte zu mir: 'Sie soll dein sein; durch die Kraft deines Glaubens hast du sie gewonnen.' Und noch da er sprach, ward ich reich an Gesundheit.»

«Und wo ist nun», so schloß der Krüppel, «wo ist unter den Menschen meinesgleichen? Ich bin der Reichste von allen und der Gesündeste, denn sein Segen ruht in meiner Seele.»

Als er ausgesprochen hatte, blickte er Miriam stolz an.

«Welchen Segen gab er dir?», fragte Miriam.

«Daß er mir einen Teil gab am Vater, indem er mir einen Teil gab an sich selbst. Denn er sagte: ‚Dann wirst du erkennen, daß ich im Vater bin und du in mir und ich in dir.' So wurde ich durch ihn erhoben, um eins zu werden mit meinem Vater im Himmel. Und dies ist der Schatz, den er mir geschenkt hat und den niemand mir wieder wegnehmen kann.»

«Wer bist du?», fragte Miriam. «Bist du einer von seinen Jüngern?»

«Ich bin nur ein Reis vom Stamm, so wie er gesagt hat: ‚Ich bin der Weinstock und ihr seid die Reben. Wer in mir bleibet und ich in ihm, der bringet viele Frucht.'»

Da sagte Miriam:

«Möge der Segen des HErrn allezeit mit dir sein, Fremdling, denn du hast das Herz seiner Mutter froh gemacht.»

Der Krüppel fuhr auf:

«Seine Mutter, sagst du?»

«Ja, Fremdling, du bist im Haus derjenigen, die ihn getragen.»

Der Mann starrte Miriam lange an, dann sagte er:

«Das Haus derjenigen, die ihn getragen? Ist er nicht der Anbeginn? Ist er nicht der Adam, durch dessen Gnade wir alle wiedergeboren werden?»

Und dann hörte ihn Miriam noch murmeln:

«Vater unser, der Du bist im Himmel, geheiliget werde Dein Name. Dein Reich komme. Dein Wille geschehe im Himmel wie auf Erden.»

«Das ist doch das Gebet meines Sohnes!», rief Miriam aus.

«Es ist das Gebet, das er mir auf den Weg mitgegeben hat», sagte der Krüppel.

Da wußte Miriam, daß Jeschuas Worte reiche Ernte reifen lassen würden.

ZEHNTES KAPITEL

GANZ unverhofft kehrte Jeschua mit seinen Jüngern von K'far Nahum zurück, um in Nazareth den Sabbath zu verbringen. Er war abgespannt und erschöpft von den langen Fußwanderungen durch die Städte und Dörfer Galiläas, von dem ständigen Sprechen in den Synagogen und auf den Märkten sowie von dem Ansturm der vielen Menschen, die von Nah und Fern zu ihm kamen, um von ihren Krankheiten geheilt zu werden.

Miriam bemerkte, daß ihr Sohn, seit er sie verlassen hatte, abgemagert war, als ob sein Fleisch von dem heiligen Feuer verzehrt werde, das in seinem Innern loderte. Sie tat mit ihm, wie jede Mutter getan haben würde, wenn ihr Sohn müde von der Arbeit heimkam; sie wusch und salbte ihn, gab ihm frische Kleidung, setzte ihm seine Lieblingsspeisen vor und bereitete ihm sorgfältig das Lager auf der Eckbank, auf der er immer geschlafen hatte.

Nach der Mahlzeit mit den Jüngern am Freitagabend schlief Jeschua wieder einmal unter seiner Mutter Dach. Als er sich zur Ruhe gelegt hatte, ging Miriam in den Garten hinaus, um in Erfahrung zu bringen, welcher Art die Männer seien, die ihr Sohn sich zu seinen Jüngern erwählt hatte. Sie war ihrer schon früher, bei der Hochzeit zu Kana, ansichtig geworden; drei waren unter ihnen, die er sich anscheinend als nächste Vertraute erkoren hatte, denn sie wichen nicht von seiner Seite.

Unter ihnen war der stämmige Fischer mit dem wie Leder gegerbten Gesicht, Simon, der bereits «Kephas», das bedeutet: Fels, genannt wurde. Sein lockiger schwarzer Bart, der mit seinem Haupthaar eine einzige Masse bildete, umrahmte sein ganzes Gesicht. Seine Augen waren überhangen von dicken, buschigen Brauen und waren in den Winkeln von einem Gewebe von Krähenfüßen umgeben; all das hätte nichts weiter als Einfalt und Gutmütigkeit ausgedrückt, wären nicht seine Augen gewesen, deren offener Blick den sachlichen Scharfsinn des Volkes, die angehäufte Lebensweisheit vieler Geschlechter kundtat...

Simon erwies Miriam jede nur mögliche Ehrerbietung, sprach zu ihr mit äußerster Bescheidenheit und las ihr jeden Wunsch von den Augen ab; aus ihm schlug ihr die Liebe und Hingabe entgegen, die der einfache galiläische Jude für ihren Sohn hegte. Sie erkannte auch bald, weswegen Jeschua ihn so hoch achtete. Der Mann war ganz Glaube; und dieser Glaube hatte ihn zu der Überzeugung geführt, daß die Wege des Rabbi die gerechten seien und daß jede seiner Handlungen nach Gottes Wort geschah. Dieser Glaube bestärkte seine Hoffnung und gab ihm die Gewißheit, daß seinem Rabbi kein Leid geschehen könne, daß Jeschua wie einst Elia den Engpaß des Todes nicht werde zu durchschreiten brauchen, sondern, des Sterbens enthoben, zum Himmel auffahren werde, um dort zur Rechten Gottes zu sitzen und die Welt zu richten. Diese Hoffnung verband Miriam mit Simon; gleich als er in ihr Haus gekommen war, hatte er ihr Stärke und Trost gegeben, indem er sagte:

«Sehe ich hier nicht die Engel aus- und eingehen zu dieser Tür gleichwie in Abrahams Haus? Was kann ihm Böses zustoßen, welches Leid kann ihm angetan werden, dem eine Schar von dienenden Engeln zur Rechten und zur Linken steht, die nur auf sein Geheiß warten?»

Diese Hoffnung Simons auf einen glücklichen Ausgang der Sendung seines Rabbis brachte ihn der Mutter nahe und erweckte ihre Liebe zu ihm.

Bei Simon im Garten waren seine Verwandten, die beiden Söhne des Zebedäus. Jochanaan, der ältere der Brüder, fest wie ein Granitblock mit seinem massigen Schädel und seinen mächtigen Schultern, erschien Miriam als der Schutzwall, der ihren Sohn vor jedem Sturm beschirmte.

Und doch beunruhigte gerade er Miriams Herz. Sie wußte, daß er Jeschua am nächsten stand. Mit ihm hatte sich ihr Sohn oft stundenlang eingeschlossen, um ihn einzuweihen in hohe Geheimnisse, die andern Menschen unzugänglich waren. Vor Jeschuas Taufe war Jochanaan oft aus K'far Nahum herübergekommen, um unter vier Augen mit ihrem Sohn zu sprechen.

Schon durch seine äußere Erscheinung hob er sich von den Übrigen ab. Dem Brauch der Essener entsprechend glättete er seine Haare niemals mit Öl, sondern ließ sie wildwuchernd über die Schultern fallen. Er trug einen dicken, rauhen, schwarzen Mantel, der am Hals mit einer Spange zusammengehalten war und ihm bis auf die nackten Fußknöchel reichte. Er erging sich gern in dunklen Aussprüchen, sprach stets in Zahlen und Bildern, die das Verständnis erschwerten. Auch nannte er niemals Gott beim Namen, sondern bezeichnete das Tetragramm mit mystischen Synonymen wie «der Ort», «die Macht», die «All-Gegenwart».

Was Jakobs Hingebung für Jeschua anging, so spürte Miriam, daß sie nicht nur dem Glauben an ihn, sondern einer noch tieferen Quelle entsprang. Dies befähigte ihn, die in Jeschua beschlossene Wahrheit zu erfassen, die Wahrheit, die die Propheten aufgerührt hatte, die Eine Wahrheit für alle Zeiten und alle Menschen.

Miriam war sehr begierig, diese Männer besser kennen zu lernen. Sie wollte von ihnen erfahren, wie ihr Sohn mit dem Volke umging, woher es komme, daß er vom niedern Volk geliebt werde, doch den Gebildeten fremd bleibe, so daß diese keinen Platz in seinem Herzen finden konnten.

Die drei Jünger beantworteten ihre Fragen, wo er wohne und seine Ansprachen halte, auch wie sich seine Zuhörer zu ihm verhielten. Sie saß auf der Schwelle des Hauses und lauschte ihren Erzählungen.

Sie erfuhr daraus, daß ihr Sohn im Hause Simons zu K'far Nahum nächtige. Simons Frau sorgte für ihn und ebenso tat ihre Mutter, die Jeschua nach jahrelanger Bettlägerigkeit von ihrer Krankheit geheilt hatte. Auch die Witwe des Zebedäus, Schoschanna, kam öfter von Bethsaida, um im Haushalt auszuhelfen. Und außerdem kam von Zeit zu Zeit eine der reichsten Frauen von K'far Nahum, eine gewisse Johanna, die Frau eines königlichen Beamten, und unterstützte sie aus ihrer Tasche.

Des Tags über, wurde Miriam berichtet, halte sich Jeschua bei den Männern am Hafen auf. Dort setzte er sich in eines der vor Anker liegenden Boote und sprach zu den Fischpackern, Lastträgern und Schiffsarbeitern, die seiner Rede gern zuhörten, da er ihnen Trost und die Gewißheit spendete, daß es keiner Schriftgelehrtheit bedürfe, sondern nur der Herzensgüte und der Demut, um dem himmlischen Vater wohlgefällig zu sein.

Wenn der Feierabend die Leute von ihrer Mühsal erlöste, dann kamen sie mit ihren unmündigen Kindern zu ihm, daß er sie segne, und mit ihren Kranken und Gebrechlichen. Der Rabbi legte ihnen die Hände auf, heilte sie von bösen Geistern und zerstreute ihren Kummer. Er machte die Aussätzigen rein, die Lahmen wieder gehen und gab den Blinden das Augenlicht zurück. Und wenn das Volk seine Worte hörte und seine barmherzigen Taten sah, so erhob es die Hände zu ihm und nannte ihn «Heiland» und «Tröster» oder «Prophet» oder gar «Elia». Und er segnete sie alle, sprach ihnen freundlich zu und entließ sie frohen und getrösteten Herzens.

Miriam vernahm, wie ihr Sohn mit seinen Freunden in die nahegelegenen Ortschaften wanderte und eine jede Hütte betrat. Kein Türrahmen war ihm zu niedrig, daß er sich nicht bückte, um ihn zu durchschreiten, und kein Mensch ihm zu gering, daß er sich nicht an seinen Tisch setzte, um mit ihm das Brot zu brechen. Er brach es mit den Ungebildeten und mit den Sündigen, machte keinen Unterschied zwischen Hoch und Niedrig, Rein und Unrein. Seinem Blick seien alle Menschen rein, sagten die Jünger. Und wenn Jeschua von einem Schriftgelehrten gefragt wurde, wie er dazu komme, sich mit diesem Auswurf zusammenzusetzen, so gab er jedesmal zur Antwort: «Nicht die Gesunden bedürfen der Heilung, sondern die Kranken.»

Frühzeitig am Sabbathmorgen ging Jeschua mit seinen Jüngern zur Synagoge.

Seine Brüder beeilten sich, ihn willkommen zu heißen und seine Predigt zu hören. Kleophas ging nicht hin; denn er sah einen heftigen Ausbruch gegen Jeschua voraus, dessen Zeuge er nicht sein wollte. Seine Frau Mariama blieb bei Miriam auf der Frauenempore, obschon Kleophas sich geäußert hatte, Jeschua sei bloß nach Nazareth gekommen, um seiner Familie Unannehmlichkeiten zu machen.

Jakob schwankte immer noch. Er betrat die Synagoge mit dumpfen Vorahnungen und nahm nicht in den ersten Reihen bei den Gelehrten seinen Platz ein, sondern stellte sich in einen dunklen Winkel am Seitengang gleich bei der Tür auf; sofort begann er um ein Wunder zu beten, um ein Zeichen, auf welche Seite er sich schlagen solle. Gleich der ganzen Gemeinde hatte auch er die sichere Empfindung, heute werde sich ein für allemal enthüllen, wer sein Bruder sei, und dies werde seine Haltung wie die von ganz Nazareth bestimmend beeinflussen.

Juda saß auf einer der vordersten Bänke bei den übrigen Pharisäern und Schriftgelehrten der Stadt.

Die Andächtigen, die sich in der Synagoge zusammendrängten, waren nicht ausschließlich Nazarener. Viele waren auch von den umliegenden Dörfern und Weilern hergekommen, um dem Sabbath-Gottesdienst beizuwohnen, denn die Rabbunim hatten damals schon die Sabbathbegrenzung dahin erweitert, daß die Leute am Ruhetag längere Strecken zurücklegen durften, als es ursprünglich vom Gesetz vorgeschrieben war. Viele kamen auch, die eigentlich gar nicht am Gottesdienst teilnehmen wollten, sondern nur weil sie gehört hatten, der neue Prophet führe seine Wunder gewöhnlich in der Synagoge vor. Waren doch die meisten seiner berühmten Heilungen im Tempel von K'far Nahum, und zwar trotz Einspruch der Rabbunim am Sabbath, vollbracht worden. Die Synagoge von Nazareth war daher gesteckt voll mit Leuten, die leidende Familienangehörige mitgebracht hatten, darunter auch Besessene und andere Geistesgestörte. Ein braver Sohn schleppte sogar seinen gelähmten Vater auf dem Rücken. Viele andere waren einfach bloß aus Neugierde gekommen, um den Landsmann zu sehen, der sich plötzlich als mit Zauberkräften begabt entpuppt hatte.

Sogar die Frauenempore war diesmal dicht besetzt. Viele dieser Weiber hatten niemals ein Gotteshaus von innen gesehen; da waren Frauen in echten sidonischen Seidengewändern mit geschminkten Gesichtern und gemalten Augen, duftend nach wohlriechenden Essenzen und dauernd die Kinnbacken bewegend beim Kauen duftender Kräuter, um den Atem zu verbessern, eine neue, soeben aus Sidon eingeführte Mode.

Doch die Überzahl der Andächtigen bestand aus den jüdischen Bürgern von Nazareth, die, wie allwöchentlich, zum Sabbath-Gottesdienst gekommen waren. Selbstverständlich waren auch sie höchst neugierig, ihren früheren Mitbürger zu sehen und zu hören, von dem in letzter Zeit so viel geredet worden war. Ihre Einstellung zu ihm war an sich keineswegs feindselig. Im Gegenteil, wenn sich ein bündiges Zeichen ergab, so waren sie durchaus willens, sich überzeugen zu lassen, daß Jeschua ben Joseph in Tat und Wahrheit das sei, was er bereits seinem Ruf nach war: ein Wundertäter und Gottbegnadeter. Wenn sich die Leute von K'far Nahum, Bethsaida und Kana bereits dessen rühmten und sich in seinem Ruhm sonnten, warum sollte Nazareth, wo seine Wiege gestanden hatte und er aufgewachsen war, hinter jenen zurückbleiben, ihm nicht zujubeln und sich selbst den wahrlich verständlichen Stolz darauf gönnen, einen Propheten hervorgebracht zu haben?

Allein unter diesen Nazarenern befanden sich auch die Söhne

des Pinchas, eine geschlossene Schar mit Matthäus ben Hanah an der Spitze, die höchst geneigt war, einen Tumult zu entfesseln, der ewigen Schimpf über das Haus Hanans zu bringen geeignet war.

Natürlich war auch der alte Gerber Taddi zugegen. Obschon er sich selbst als einen Jünger Jeschuas betrachtete, war er zu bescheiden, sich unter die engere Umgebung des Rabbis zu mischen. Diese Ehre überließ er den bevorzugteren Jüngern, Simon und den Söhnen des Zebedäus. Sein Sohn Bar Evion sowie sein Pflegesohn Pezachi, den er seit dem Kreuzestod von dessen Vater Nafchi bei der Brandschatzung von Sepphoris in seine Obhut genommen hatte, standen bei ihm. Pezachi und Bar Evion waren sehr stolz auf ihren einstigen Gespielen Jeschua. Vom ersten Tag an, da sich die Kunde von seinen Wundertaten verbreitet hatte, glaubten sie an ihn, teils weil sie aus alter Liebe an ihn glauben wollten, teils weil ihr Denken vollkommen dem Einfluß des alten Gerbers unterworfen war. Sie warteten bloß darauf, Jeschua zu Hilfe zu kommen und ihn zu beschützen, falls das gegen die Söhne Pinchas notwendig wurde, die, wie sie argwöhnten, irgendeine Bosheit im Schilde führten.

Außer der eigentlichen jüdischen Gemeinde war aber an diesem ungewöhnlichen Sabbathtag auch noch eine erstaunliche Anzahl von Heiden in der Synagoge. Der edomitische Weihrauchzüchter Jekatiel stand in geziemendem Abstand an der Tür, hinter ihm reckte sich seine dunkelhäutige Frau Adamia den Hals aus, um in die Synagoge hineinzusehen. Auch der Edomiter hatte etwas läuten gehört von den Wundertaten seines ehemaligen Nachbarsohns und daß dieser als der von den Juden erwartete Messias gelte, welcher die Welt seiner Herrschaft unterwerfen werde. Er machte sich also jetzt gefaßt auf die Vorführung von Zauberkünsten, die zweifellos die der Baalspriester übertreffen würden. Was seine Frau anging, so war sie zwar längst wieder in ihre frühere Götzendienerei zurückgefallen, aber in ihrer Götterversammlung hatte auch noch Israels Gott Platz. Schandbar bloß, dachte sie bei sich, daß sie kein Bild von Ihm auftreiben konnte, um es zu ihren andern Statuetten auf den Bord zu stellen. Wäre das der Fall gewesen, so hätte sie auch vor dem Gott Israels Weihrauch verbrennen können, um Ihm die Nase zu kitzeln, hätte sie Taubenblut zu Seinen Füßen verspritzen und Seine heilige Gestalt mit ihren feinsten Ölen einschmieren können, wie sie das mit geübten

Händen an Astarte und Moloch zu tun gewohnt war. Die Juden sagten, sie wüßten nicht, wie ihr Gott aussehe, ja, es sei ihnen nicht einmal erlaubt, sich ein Bild von Ihm in Gedanken auszumalen. Aber, sagten die Juden, wenn sie Ihn nicht zu sehen vermöchten, so könnten sie Ihn um so besser hören; an jedem Sabbathvormittag spreche ihr Gott durch den Mund Seiner Propheten in jedem Tempel des Landes, und so auch in Nazareth. Hier nun aber lag der Fall anders. Ihr Nachbarssohn Jeschua, den sie von Kindesbeinen an kannte, war der Messias und der Sohn des Judengottes; seine Gestalt war, dem Himmel sei Dank, jedermann bekannt; Adamia war es, die in ihrem Gatten so etwas wie Glauben und Begeisterung für den Messias der Juden entfacht hatte. So standen die beiden also inmitten einer ganzen Schar weiterer Heiden, ungebildeter und verarmter Juden sowie einer Unmasse von Krüppeln und Kranken an der Synagogentür.

Wenn diese Außenseiter dem erharrten Wunder entgegenfieberten, so war die Spannung im Innern des Hauses selbst nicht weniger groß und deutlich spürbar. Aller Augen waren auf Jeschua gerichtet; selbst die, die in den Reihen vor ihm saßen, drehten sich dauernd um und streiften ihn mit verstohlenen Blikken. Diejenigen jedoch, die ihn seit Jahren genau gekannt hatten, schauten ihn ebenfalls immer wieder an, denn er erschien ihnen völlig verändert. Sie mußten sich Mühe geben, in ihm den bescheidenen, unauffälligen Zimmermann wiederzuerkennen, der ihr Mitbürger gewesen, der Jung und Alt mit Höflichkeit und Heiterkeit entgegengekommen war und eine so große Vorliebe für kleine Kinder gezeigt hatte. Ob dies nun von dem Ruf kam, der ihm voraufging oder nicht, jedermann in der Gemeinde empfand ihn als etwas Besonderes und Unnahbares. Von seiner äußeren Erscheinung allein ging etwas aus, das sie mit Ehrfurcht erfüllte. Die neuerliche Magerkeit schien seine Gestalt erhöht zu haben, und sein ganzes Auftreten war von einer ruhigen Bestimmtheit, die auf die ihn Beobachtenden den Eindruck von Unfehlbarkeit machte. Es war das Benehmen eines Menschen, der sich seiner Macht zu bewußt war, um einer Zurschaustellung oder eines Inszenesetzens seines Wesens zu bedürfen; und diese Haltung verfehlte auch ihren Eindruck auf die Söhne des Pinchas wie auf die Schriftgelehrten nicht, die sich vorgenommen hatten, ihm mit Hohn und Spott entgegenzutreten. Seit Jeschua in der Synagoge erschienen war, hatte sich bei seinen Feinden ein merklicher Stimmungsumschwung vollzogen; sie waren immer noch gewillt, sich mit ihm auseinanderzusetzen, doch lediglich in der Art und Weise, wie gelehrte Leute unter gegenseitiger Achtung ihre Meinungsverschiedenheiten untereinander austragen.

Die Gelehrten verhielten sich also nicht von vorneherein feindselig; die meisten von ihnen befleißigten sich einer abwartenden Unparteilichkeit. Jeschuas Wundertaten und Heilungen erfüllten sie weder mit Mißgunst noch mit Begeisterung. Dergleichen war ihnen schon oftmals zu Ohren gekommen und war nicht geeignet, einen gebildeten Kopf zu überwältigen. Für einen mit Empfindung und Verstand begabten Beobachter war die ganze Schöpfung ein Wunder; gewisse Wunder waren alltägliche, regelmäßige Erscheinungen; andere allerdings, wie die Jeschua zugeschriebenen Heilungen, traten seltener auf. Doch schließlich und endlich waren sie alle gleicherweise ohne Zutun Gottes unerklärlich. Die Gelehrten überließen es daher dem gemeinen Haufen, die Mäuler aufzusperren. Wenn Jeschua ben Joseph Anspruch darauf erhob, ein Prophet zu sein, so mußte er seine göttliche Berufung durch das Wort Gottes aus der Thora nachweisen. Gelang dieser Nachweis, nun, so liehen sie ihm gern und in aller Bescheidenheit als einem neuen Propheten ihr Ohr. Bis dahin aber war Zurückhaltung geboten. Einer aus ihrer Gruppe faßte ihre Einstellung denn auch in einem rabbinischen Spruch zusammen, der hier durchaus angebracht erschien: «Bringt ihm Mißtrauen, doch nicht Mißachtung entgegen.»

Der Gottesdienst nahm seinen üblichen Verlauf. Der Vorbeter stand vor der Bundeslade, sang das «Schemah», nach dem die Kinder im Chor mit dem «Amen» einfielen. Dem Vorbeter gegenüber saß auf der Estrade der Ortsrabbiner, neben ihm auf der einen Seite der reiche Synagogenvorsteher Reb Tudrus und auf der andern der noch reichere Reb Scheschet bar Kaspi. Hinter diesen saßen die sieben Ältesten der Stadt sowie die Pharisäer, hinter diesen dann das nach Berufen angeordnete Volk. Jeschua ben Joseph hatte seinen alten Platz unter den Zimmerleuten eingenommen; zur Rechten und Linken von ihm saßen seine Jünger.

Auf der Frauenempore darüber stand Miriam neben ihrer Schwester und blickte durch das hölzerne Geländer auf ihren Sohn hinunter. Sie mußte an den Tag denken, da sie Jeschua als Knaben hier in der Synagoge eingeführt hatte. Sie entsann sich, wie er in einer Reihe von Kindern gestanden, das «Amen» und die letzten Worte des Lobgesangs unter der Leitung des Lehrers mitgesungen hatte. Nun sah sie den Rabbiner wieder, vom Synagogenvorsteher und dem Gerichtsvorsitzenden gefolgt, zur Bundeslade hintreten. Sie hoben die heilige Rolle der Thora heraus, die ganze Gemeinde stand auf und rief: «Und wenn die Lade zog, so sprach Moses: ‚HErr, stehe auf, laß Deine Feinde zerstreuet und die Dich hassen, flüchtig werden vor Dir.'» Dann begann die Verlesung der Thora.

Einer nach dem andern wurden die Ältesten der Stadt aufgerufen zur Verlesung des Wochenabschnitts, bis jeder Absatz bis zum letzten Wort sowie der Abschnitt aus den Propheten gelesen war. Der letzte Absatz war für gewöhnlich den Ehrengästen vorbehalten, und so wurde nunmehr der Name «Reb Jeschua ben Joseph» aufgerufen, daß der so Aufgerufene vortrete und lese.

Jeschua erhob sich, richtete sich den Gebetsmantel vorschriftsmäßig um die Schultern und stieg zur Estrade hinauf. Er las den Thoraabschnitt mit klarer, im ganzen Hause hörbarer Stimme vor. Als er geendet hatte, überreichte ihm der Vorbeter das Buch Jesaia und deutete mit dem Finger auf Kapitel und Vers dieser Woche. Doch Jeschua ben Joseph wandte sich einer andern Stelle des Buches zu, hob die Schriftrolle hoch und las:

«‚Der Geist des HErrn ist über mir, darum hat mich der HErr gesalbet. Er hat mich gesandt, den Elenden zu predigen, die zerbrochenen Herzen zu verbinden; zu verkünden den Gefangenen eine Erledigung, den Gebundenen eine Öffnung. Zu predigen ein gnädiges Jahr des HErrn ...'»

Mitten im Satz hielt er inne, gab dem Vorbeter die Schriftrolle zurück und setzte sich, der ganzen Gemeinde sichtbar, auf der Estrade nieder.

Alles saß da wie versteinert ob der Kühnheit Jeschuas. Anfänglich hatten einige der Schriftgelehrten, als sie merkten, daß er die falsche Stelle vorlas, ihm zurufen wollen, um ihn zu berichtigen. Aber der Mut dazu war ihnen entfallen, als es ihnen klar wurde, daß Jeschua nicht irrtümlich, sondern vorsätzlich die andere Stelle vorlas. Die Empörung darüber machte sie nun verstummen: mit erregt klopfenden Herzen und bleichen Gesichtern saßen sie da und starrten auf Jeschua, als ob sie erwarteten, daß ihn im nächsten Augenblick ein Blitzschlag treffe.

Als Jeschua aber kein Wort sprach, ebbte allmählich die Bestürzung ab. Der Rabbiner stand rasch auf und versuchte die Gemeinde, so gut es ging, zu beschwichtigen, indem er an Jeschua die Worte richtete:

«Jeschua ben Joseph, dieses Kapitel des Buches Jesaia ist nicht das, welches von den Rabbunim zum Abschnitt des heutigen Tages bestimmt ist. Vorbeter», wandte er sich dann diesem zu, der, die Schriftrolle in den zitternden Händen, neben Jeschua stand, «weise ihm die Stelle für den heutigen Sabbathtag.»

Der Vorbeter hielt Jeschua die Rolle wieder hin und deutete scheu auf die betreffende Stelle. Jeschua nahm die Rolle nicht, sondern rief laut:

«Heute ist diese Schrift erfüllet vor euren Ohren!»

Wie diese Worte von seinen Lippen kamen, das ließ klar erkennen, daß der, der sie gesprochen, zu tief von seiner Berufung überzeugt war, als daß er Stolz darüber oder die Notwendigkeit empfand, sie anders als durch seine Überzeugtheit selbst zu beweisen. Die Armen und Einfältigen unter den Zuhörern, die ein Heilszeichen so sehnlich erwartet hatten, griffen die Worte mit tiefer Gläubigkeit auf. Der, der sie ausgesprochen, hatte sich als Messias der Juden ausgerufen; er konnte kein gewöhnlicher Rabbi sein, ja nicht einmal ein neuerstandener Prophet. Er mußte der Gesalbte sein, den Israel erharrt, um dessentwillen es so lange das Joch Gottes getragen. Er war das Ende der Enden; er war die Hoffnung des Menschen, sein Heil und sein Lohn. Vater im Himmel, konnte es denn sein, daß Gottes Gesalbter da vor ihren Augen stand? Würden sich nun die Himmel auftun, um ihn in seiner Herrlichkeit zu offenbaren? ... Und doch, wer war dieser Mann, der die Schicksalsworte des Jesaia auf sich bezog? Er war ihresgleichen, jawohl, einer, den sie von Kindesbeinen an gekannt hatten, der unter ihnen aufgewachsen war. Und im ersten Augenblick des Staunens und der Bestürzung, schwankend zwischen Hoffnung und Ungläubigkeit, wandte sich ein jeder an seinen Nachbarn mit der Frage:

«Ist das nicht Josephs Sohn?»

Ja, sie waren wohl willens genug zu glauben. Eine lebenslange Sehnsucht nach der Heraufkunft des Erlösers hatte sie reif gemacht zum Glauben; keinen andern Wunsch hatten sie, als Jeschuas Worten beipflichten und glauben zu dürfen, an sie zu glauben mit der gleichen Festigkeit, mit der er sie gesprochen hatte. Die Einen streckten schon, das Hosianna auf den Lippen, die Hände zu ihm empor; die Andern fingen an, nach vorne zur Estrade zu drängen und die Menge mitzureißen. Die Kranken und Gebrechlichen, die an der Tür zusammengeballt gestanden hatten, strömten, wie auf ein gegebenes Zeichen, vorwärts und schrien:

«Liebe Leute, laßt uns durch zu ihm!»

«Meister, heile uns!»

«Führe uns ein Wunder vor, wie du in K'far Nahum getan hast!»

Der alte Rabbiner jedoch, um den sich in großer Aufregung die ortsansässigen Schriftgelehrten scharten, hielt die Menge mit hocherhobenen Händen und aus vollem Halse schreiend zurück:

«Kinder Abrahams, haltet ein! Die Worte, die wir gehört, haben unsere Herzen erschauern gemacht. Solche Worte sind in Israel nicht gesprochen worden, seit Gott das Prophetentum von uns genommen hat. Und wer die Verse Jesaias auf sich bezieht, wie nunmehr Jeschua ben Joseph vor unsern Ohren getan hat, der muß ein Zeichen vorweisen, muß einen Beweis erbringen dafür, daß er die Wahrheit spricht, wie uns Moses gelehrt. Wenn er, was Gott verhüte, ein solches Zeichen nicht erbringen kann, dann waren die Worte, die wir gehört haben, Worte des Frevels und der Lästerung, und der, der sie von sich gegeben, ist ein falscher Prophet.»

Während dieser Ermahnung des Rabbiners waren die Stimmen nach und nach verstummt. Ein schweres, gespanntes Schweigen lag nun über der Menge, und aller Augen hefteten sich auf die weißgewandete Gestalt auf der Estrade, die regungslos auf Mosis Stuhl vor der Bundeslade saß.

Und mit einmal wurde die Stille zerrissen durch einen Schrei, der sofort von hundert Lippen aufgenommen und von hundert Kehlen wiederholt wurde:

«Ein Zeichen! Gib uns ein Zeichen!!»

«Ja, er soll ein Wunder zeigen», riefen die Söhne des Pinchas. «Das hat er in K'far Nahum getan, dann soll er es auch in seiner Vaterstadt tun!»

Den Atem anhaltend, wartete das Volk darauf, was Jeschua tun werde.

Miriams Hände umkrampften das Geländer der Frauenempore, während sie auf ihren Sohn hinabblickte. In einem Moment des Aufschwungs war es ihr, als seien alle Seelen der Judenheit, die lebenden, die toten und die ungeborenen, vom Anbeginn bis zum Ende der Tage, in dieser Synagoge versammelt, so wie sie versammelt gewesen waren am Berge Sinai, als Moses die Gesetzestafeln vom Himmel herabgebracht hatte. Abermals war das Judenvolk versammelt, um zu vernehmen, daß die Verheißung eingelöst, daß der Messias gekommen war, auf daß sie alle in herrlichem Verein die Worte ausriefen, die seit dem Tag am Sinai nicht mehr erklungen waren: «Siehe, wir werden also tun und gehorchen!» Sie merkte, wie ein Beben die ganze Gemeinde durchlief, als sei sie ein einziger Leib, eine einzige Seele. Nun würden sie den Hall von Gottes Donner hören und das Leuchten Seines Blitzes sehen, der die Sonne überstrahlte... Doch unter ihr in dem Hause blieb es still; eine gespannte, gewitterschwüle Stille herrschte, schwer und unheilschwanger zum Zerreißen.

Doch Miriam erkannte, daß kein Donner erkrachen, kein Wunder sich begeben werde. Dem Wunderzeichen mußte das Glaubenszeichen vorangehen; das «Wir werden also tun und gehorchen!» mußte laut werden, ehe die Drommete von Gottes Donner als Antwort erschallen konnte. Gnade senkt sich nicht herab von oben, wenn sie nicht erfleht und ersehnt wird von unten. Doch in dieser Gemeinde hier blieb das Glaubenszeichen aus, und Miriam wußte, Jeschua werde der Versuchung zum Wunder nicht nachgeben.

Sie sah ihn von seinem Sitz sich erheben und hörte ihn schlicht sagen:

«Kein Prophet ist angenehm in seinem Vaterlande. Aber in der Wahrheit sage ich euch: es waren viele Witwen in Israel zu Elias Zeiten, da der Himmel verschlossen war drei Jahre und sechs Monate, da eine große Teuerung war im ganzen Lande. Und zu deren keiner ward Elia gesandt, denn allein gen Sarepta der Sidonier zu einer Witwe. Und viele Aussätzige waren in Israel zu des Propheten Elisa Zeiten. Und deren keiner ward gereiniget als allein Naaman aus Syrien.»

Es dauerte eine Zeitlang, bis die Hörer den Sinn dieser Worte begriffen. Schließlich begann sich eine zornige Erregung der Gemeinde zu bemächtigen:

«Was sind das für Reden? Meint er, wir Nazarener seien der Wunder nicht würdig, wie er sie in K'far Nahum getan hat?», erscholl ein Ruf.

Und ihm antwortete die Stimme des Matthäus mit grellem Hohn:

«Nicht wir Nazarener bloß sind dessen unwürdig, sondern ganz Israel. Ihr habt gehört, wie er Elia und Elisa verleumdet hat, indem er sagte, sie hätten Wunder gewirkt nur an Heiden, an einem syrischen Schmutzfink und einer sidonischen Vettel!»

Die Spießgesellen des Matthäus nahmen das Stichwort auf und schrien:

«Sollen wir demütig zuhören, wenn er uns Beleidigungen ins Gesicht wirft, uns, seinen eigenen Mitbürgern?»

«Er weiß, daß wir in Nazareth uns nicht dumm machen lassen von seinen Zauberkunststücken und scheinheiligen Gaukeleien! Nazarener sind nicht so leicht hinters Licht zu führen wie die Einfaltspinsel von K'far Nahum!»

«Leute, das ist himmelschreiende Gotteslästerung, was wir da gehört haben!»

«Er soll uns ein Wunder zeigen, wir verlangen ein Wunder! Sonst soll er machen, daß er fortkommt!»

«Nicht ehe ihm vierzig Rutenstreiche aufgezählt sind!»

«Was vierzig Streiche, nichts da! Gesteinigt gehört er! Steiniget den falschen Propheten, sagt das Gesetz!»

Und da sah Miriam, wie der unverschämte Matthias sich mit Ellbogen und Fäusten Bahn brach durch die Menge, um zur Estrade zu gelangen. Ein Haufe erbitterter Bürger, lauter Pinchassöhne, folgten ihm auf den Fersen, sich durch das Gedränge durchschlagend, auf Jeschua zu, der regungslos oben vor der Lade stehen blieb. Noch einmal erblickte Miriam ihren Sohn, mit bleichem Antlitz, Auge in Auge mit Matthäus; da war auch schon der Haufe bis zu ihm hingelangt, Arme packten seine Gestalt, hoben sie hoch über Köpfe und Schultern, dann wurde der keine Bewegung des Widerstands machende Jeschua zur Tür der Synagoge geschleppt.

Ein angstvoller Schrei ward auf einmal aus der Gemeinde hörbar:

«Männer von Nazareth, halt! Ihr spielt mit eurem Seelenheil!»

«Verdammnis wird dies über uns bringen!»

«Was tut ihr, Leute, ihr entweiht den Sabbath!»

Doch Matthäus schrie keuchend dawider:

«So einer gehört aufgeschlitzt wie ein Fisch, selbst am Versöhnungstag, wenn er auf einen Sabbath fällt!»

Und Miriam sah, wie ihr Sohn auf den Schultern der wüsten Burschen zur Tür hinausgeschleppt wurde, daß der Gebetsmantel über ihren Köpfen flatterte. Sie faßte Mariamas Hand und lief mit ihr die Treppe der Frauenempore hinunter.

Als sie auf die Straße kam, merkte sie sofort, daß der durch Matthäus aufgehetzte Pöbel nicht gesonnen war, sein Opfer freizugeben. Ihr Sohn wurde so rasch durch die verödeten Gassen der Stadt geschleppt, daß Miriam, die dem Haufen nachlief, die Helfershelfer des Matthäus nicht einzuholen vermochte. Diese hatten einen großen Vorsprung dadurch gewonnen, daß in der ersten Bestürzung und Verwirrung niemand Geistesgegenwart genug aufgebracht hatte, um sie an Gewalttätigkeiten zu hindern. Selbst die Jünger, die dem wüsten Haufen nachrannten, um ihren Rabbi zu retten, waren noch weit hinter ihm. Als sie ihn schließlich einholten, wurde es ihnen unmöglich gemacht, zu Jeschua durchzudringen, und sie verzweifelten an seiner Rettung. Jochanaan, der zuerst an die Menschenmasse herangelangt war, schlug und stieß zwar um sich wie ein rasender Stier, aber die Menge der Leiber war so dicht, daß er nicht vordringen konnte. Dutzende von starken Armen packten ihn und warfen ihn aus dem Weg. Jakob, Jeschuas Bruder, aber lief, von den Fransen des Gebetsmantels umflattert, samt den andern Jüngern hinterdrein und rief immer in verzweifelter Angst:

«Laßt ihn los, Söhne Abrahams! Ihr wißt nicht, was ihr tut!»

Auch viele Schriftgelehrte waren, von Juda angeführt, aus der Synagoge hinausgeeilt, um den Söhnen des Pinchas nachzulaufen und sie, wenn es irgend ging, von einem Verbrechen abzuhalten. Mit ihnen liefen auch der alte Gerber und der Edomiter sowie andere Gemeindemitglieder und zumal Jeschuas frühere Berufsgenossen, die Zimmerleute. Doch die Horde des Matthäus gab ihnen allen das Nachsehen; wie die Wahnsinnigen rannten sie mit der weißgekleideten Gestalt des Rabbi auf den Schultern davon und ließen sich nicht einholen. Miriam war es, als liehen ihnen die Engel des Bösen Flügel oder als habe Satan selbst mit dem Harst seiner Teufel eingegriffen, um an Jeschua sein Mütchen zu kühlen.

Kurz hinter der Stadt fielen die nazarenischen Hügel steil zur Ebene Jesreel ab. An mehreren Stellen erhoben sich schroffe Felsen, die nur mit großer Gefahr zu begehen waren. Eine Stelle besonders stürzte jäh zu einem Abgrund ab, der im Volksmund «der Rachen der Vernichtung» hieß. Die Hochfläche war hier mit dichtem Lorbeergesträuch bedeckt, so daß der Rand des Absturzes kaum zu erkennen war. Viele von der Herde abgeirrte Schafe hatten in diesem «Rachen der Vernichtung» schon den Tod gefunden.

An den Rand dieses Abgrunds wurde nun zum Entsetzen Miriams ihr Sohn geschleppt. Ihre Knie trugen sie nicht mehr; die Augen schließend vor den gräßlichen Bildern von Jeschuas Absturz und Zerschmetterung im Abgrund, sank sie zusammen. Da spürte sie, wie sie jemand aufzurichten versuchte, und hörte eine Stimme an ihrem Ohr flüstern: «Mutter, habe Vertrauen und sei getrost!» Sie meinte, es sei Jochanaans Bruder Jakob und schüttelte die Stimme ab. Sie weigerte sich, an etwas anderes zu denken als an die Vorstellung von Jeschuas blutendem Körper, an den Menschenleib, den sie genährt, mit ihrer Liebe erwärmt und zum erwachsenen Mann herangezogen hatte. Kein Trost kam auf gegen ihren Gram; aus der Tiefe ihres Leids schrie sie auf:

«Verlasse ihn nicht, Vater im Himmel!»

Fieberglühend betete sie; erst nach einigen Minuten wagte sie, wieder die Augen zu öffnen. Sie erwartete ein Getümmel wüster Stimmen zu hören, doch alles war wundersam still.

Und, ruhig, unverletzt, schritt vom Rande des Abgrunds her ihr Sohn auf sie zu. Er war allein; mit sicheren Schritten ging er, als ob er seit Stunden so ohne Unterbrechung und Zwischenfall gegangen wäre. Seine vorherigen Verfolger, die Schar der Pinchassöhne mit dem frechen Matthäus an ihrer Spitze, standen beiseite in einigem Abstand wie gelähmt vor Staunen und Grauen. Und mit vor Angst weit aufgerissenen Augen sahen sie, wie der Mann, der noch einen Augenblick zuvor in ihrer Gewalt gewesen war, unversehrt von ihnen wegschritt.

Jeschua streckte seine Hand aus, um der Mutter aufstehen zu helfen, und sagte mit fester, ruhiger Stimme:

«Mutter, der Friede des Sabbaths ruhe auf dir.»

Dann nahm er sie bei der Hand und führte sie heim, indes die vor Ehrfurcht wie betäubten Jünger in einiger Entfernung ihnen folgten.

Noch befanden sie sich außerhalb der Stadt, als sie auf Kleophas trafen, der ihnen in großer Eile entgegenkam. Gerade hatte er vernommen, wie schändlich die Söhne des Pinchas Jeschua mitgespielt hatten, und sofort hatte der Familiensinn sein hitziges

Blut in Raserei versetzt. Er stellte all seinen Groll und seine Beschwerden beiseite und machte sich sofort auf, um seinem Brudersssohn zu Hilfe zu kommen.

Als er Miriam und Jeschua erkannte, maß er sie mit tief erstaunten Blicken. Er stockte und ließ sie vorbeigehen, dann schloß er sich den Jüngern an, bei denen er auch seine Neffen entdeckte. Mit diesen ging er zu Miriams Haus, wo Jeschua sich damit einverstanden erklärte, den Rest des Sabbathtags in Gesellschaft seiner Jünger und Verwandten zu verbringen.

Seine Brüder waren nun vollkommen davon überzeugt, daß Jeschua unter dem Schutz einer höheren Macht stehe. Zum ersten Male kam sie Furcht an vor dem Bruder, und sogar Kleophas verspürte, als er ihre Erzählung gehört hatte, eine Anwandlung von Ehrfurcht.

Als der Sabbath zu Ende war und der Himmel sich zu bestirnen begann, schickte sich Jeschua zum Abschied an. Er nahm die Mutter beiseite und sagte zu ihr:

«Weib, du wirst deinen Sohn nicht mehr sehen vor dem Tag seiner Herrlichkeit.»

«Dein Wille geschehe, Jeschua», sagte Miriam und ließ den Kopf sinken.

Darauf sagte Jeschua ihr Lebewohl, rief seine Jünger zusammen und ging hinweg vom Haus seiner Mutter.

Miriam aber folgte ihm eine kleine Strecke Weges durch die Nacht.

ELFTES KAPITEL

HERODES Antipas, der Tetrarch von Galiläa, konnte sich nicht entscheiden, ob er den unbändigen Propheten, den er in den Verließen seiner Burg Machaerus in der Wüste am Toten Meer gefangen hielt, leben oder sterben lassen sollte. Jochanaan hatte ihn öffentlich bezichtigt, daß er mit seines Bruders Weib zusammenlebe, hatte seinen Namen bei den Juden angeschwärzt, um deren Gewogenheit sich der Tetrarch so sehr bemüht hatte.

Seine Gattin Herodias, das arglistigste und bösartigste Frauenzimmer im ganzen östlichen Teil des Römerreichs, hatte ihm Tag und Nacht in den Ohren gelegen, den Propheten ergreifen und enthaupten zu lassen. Bisher hatte der Tetrarch erst die eine Hälfte dieser Forderung ausgeführt: er hatte die Gefangennahme des Aufrührers und seine Einsperrung in der Wüstenfeste angeordnet; den Befehl, ihn hinzurichten, hatte er jedoch noch nicht zu geben gewagt, da er wußte, welch eine fanatische Gefolgschaft der Prophet im Judenvolk besaß. Er wußte auch nur zu wohl, daß der Täufer vom Volk verherrlicht, als Seher bezeichnet wurde und auch unter den Pharisäern zahllose Anhänger hatte.

Der Tetrarch war Politiker genug, um sich nicht die Feindschaft der besten Elemente der Nation zuziehen zu wollen, indem er Hand an ihren erwählten Propheten legte. Noch andere Gründe bestimmten ihn zum Aufschub der Hinrichtung. So verschlagen er war, er war ein echter Sohn seines Vaters, was besagen will, daß er außerordentlich abergläubisch war und fest daran glaubte, daß Seher wie dieser Jochanaan übernatürliche Kräfte besäßen. Ja, er fragte sich sogar im stillen Kämmerlein, ob nicht doch vielleicht etwas Wahres an dem Glauben des Volks sein könne, daß der Geist des Propheten Elia in den Täufer gefahren sei und Elia somit wiederum unter den Lebenden wandle. Heute oder morgen konnte der wiedererstandene Prophet die Wundertaten des Elia erneuern und Feuer vom Himmel herabbringen. Durfte er, Herodes Antipas, sich mit einem Mann überwerfen, dem die himmlischen Heerscharen zu Gebote standen?

Immerhin ging es nicht an, den aufsässigen Propheten länger frei gewähren und ihn weiter seine aufrührerischen Reden halten zu lassen. Der Prophet stieß ja ständig Beschimpfungen und Drohungen gegen den Tetrarchen und sein ruchloses Weib aus, die er dem Volk als eine neue Jesebel hinstellte, als ein Frauenzimmer, das wie giftiges Gewürm zertreten werden müsse. Das Ansehen des Tetrarchen, soweit er ein solches überhaupt besaß, fing an, unter den Peitschenhieben des Propheten ins Wanken zu kommen. Doch trotz dem aufreizenden Hohn seiner Frau, obschon diese ihn in Rom lächerlich machte, indem sie ihn dort als jämmerlichen Feigling hinstellte, der den Pöbel wie ein Schreckgespenst fürchte, schonte Herodes den Gefangenen noch immer.

Die Anhänger des Täufers kamen aus allen Schichten; Schriftgelehrte und Strenggläubige wie gewöhnliche Handwerker und Bauern strömten ihm zu. Jochanaan hatte zwar zum Königreich Gottes aufgerufen, aber seine Lehre hielt sich doch in den Grenzen der jüdischen Überlieferung. Er sagte zu den Juden: «Tut Buße, das Himmelreich ist nahe. Kasteiet euer Fleisch durch Fasten und Enthaltsamkeit, reiniget euren Leib und eure Gefäße, berühret nichts, was beschmutzt ist, fliehet die Freuden der Welt und bereitet eure Seelen für das Königreich des Himmels.» Eine Lehre wie diese war leicht zu begreifen und einfach ins tägliche Leben umzusetzen; und so sicherte sie dem Propheten eine begeisterte Gefolgschaft im ganzen Land.

Von dieser erhielt Jochanaan Kunde über den Nazarener, den Mann, von dem Jochanaan selbst gesagt, er, der Täufer, sei nicht wert, ihm die Schuhriemen zu lösen. Jeschua von Nazareth, sagten die Jünger des Jochanaan, nenne sich den Menschensohn und verrichte Wunder. Sein Verhalten in der Öffentlichkeit, sagten sie, sei unerhört. Es stehe durchaus im Widerspruch mit den Lehren Jochanaans, denn es scheine, als ob dieser Jeschua von Nazareth die Askese verwerfe, weder Wein noch Fleisch verschmähe, daß er sich weder in ein härenes Gewand kleide noch seine Lenden mit einem schweren Ledergürtel belaste. Er gehe weißgekleidet und glätte sein Haar mit Öl. Ja, er habe sogar sündigen Frauen erlaubt, seine Füße zu salben, wie auch kein Mensch ihm zu niedrig sei, daß er ihn nicht vor sich lasse und er sich nicht mit ihm an den Tisch setze. Dirnen und Zöllner habe man um ihn gesehen; mit allen sei der Nazarener gut Freund und erwähle seine Jünger aus ihrer Mitte.

Jochanaan entsandte aus seinem Gefängnis seine Anhänger zu dem Nazarener. Diese legten Jeschua die Frage vor: «Wie kommt es, daß wir, die Jünger Jochanaans häufig fasten und beten, während die deinen essen und trinken?» Worauf der Nazarener eine Antwort erteilt hatte, die bei den Sendlingen des Jochanaan Verdutztheit und Verständnislosigkeit hervorrief. Denn er sagte zu ihnen: «Wie können die Hochzeitsleute fasten, dieweil der Bräutigam bei ihnen ist? Es wird aber die Zeit kommen, daß der Bräutigam von ihnen genommen wird; dann werden sie fasten.» Und zum Abschied gab er ihnen noch das Gleichnis mit: «Niemand flickt einen Lappen von neuem Tuch an ein altes Kleid.»

Dieses Gleichnis allerdings war den Jüngern des Täufers durchaus verständlich; der neue Prophet wollte damit andeuten, daß er kein Gefolgsmann, kein Nachfolger eines Andern, kein Flicken auf einem alten Kleid, sondern ein neues Gewand sei, nicht nur Erfüllung, sondern auch Anfang.

Wie in den Kreisen der Schriftgelehrten und Pharisäer war man auch unter der Anhängerschaft des Täufers erstaunt über den Umgang des Nazareners mit Zöllnern und Sündern. Für alle Schichten Israels verkörperten die Steuerpächter und Steuereinnehmer alle Übel der Gottlosigkeit und des Volksbetrugs, trieben sie doch den Tribut ein, der das Zeichen von Roms verruchter Herrschaft über das Judenvolk bedeutete. Mit solchen Verrätern an einem Tische zu sitzen, das war unerhört und unverzeihlich. Doch noch schlimmer war, daß ein Rabbi in seiner Nähe ein öffentliches Freudenmädchen duldete, sich von ihr die Füße salben und sie mit ihren Haaren trocknen ließ, wie es sich vor Zeugen im Hause eines Pharisäers begeben hatte. Daher sagten Jochanaans Jünger, die zu den Frömmsten in Israel gehörten, dem neuen Propheten ab und bemühten sich auch nicht, ihre Mißbilligung zu verheimlichen.

Die rasch in Galiläa umlaufende Kunde davon, daß die Anhänger des Täufers dem Nazarener feindlich gegenüberstanden, trug dazu bei, den Groll von Jeschuas Mitbürgern, ja auch seiner Verwandten, von denen einige zu den Anhängern des gefangenen Täufers gehörten, zu verstärken.

Nie bisher hatte Miriam eine solche Vereinsamung erlebt. Die Nachbarn schüttelten die Köpfe, und ein ums andere Mal ließ sich eine boshafte Stimme mit dem alten Sprüchlein vernehmen: «Wie der Vater, so der Sohn.» Manche Leute brachten ihr echtes Mitleid entgegen, denn sie war ja als eine rechtschaffene Frau bekannt, der man das tadelnswerte Verhalten ihres Sohnes nicht zur Last legen konnte. Außerdem mußte man ihr die Gerechtigkeit widerfahren lassen, daß sie auch die Mutter von Jakob und Juda war, zwei Mustern an Frömmigkeit und Bildung. Die ganze Schwere der Feindschaft in der Stadt lastete auf den Schultern von Jeschuas Brüdern.

Jakob zog sich vor diesem Ansturm in seine Frömmigkeit zurück wie eine Schnecke in ihr Haus. Er bedurfte keiner Gefährten, und auch was er zu seiner leiblichen Erhaltung benötigte, war kaum nennenswert. Er verbrachte ganze Tage in Feldern und Wäldern, wo er Kräuter und Rinden für seine Heiltränke sammelte.

Juda beschränkte sich auf den Umgang mit seinem Gelehrtenklüngel, der unterscheidungsfähig genug war, um ihn nicht für seinen tadelnswerten Bruder verantwortlich zu machen.

Die eigentlichen Leidtragenden der Familie waren die beiden mittleren Brüder Joses und Simon. Ihnen bot weder die Wissenschaft noch die Religion eine sie von der Welt abschließende Zuflucht. Sie und ihr Oheim waren manchmal ganze Tage lang in ihrer Werkstatt an der Straße der Sandalenmacher dem von der Gasse herdringenden Geraun ausgesetzt, aus dem hin und wieder auf sie zielende Kränkungen laut wurden, wie: «Das sind die Brüder von dem, der sich für den Messias hält» oder «Ihr werdet wohl von ihm zu Prinzen in seinem Himmelreich ernannt?» Wenn ihre Kinder von der Schule heimkamen, so klagten sie ebenfalls darüber, daß sie von ihren Kameraden in bitterster Weise gehänselt wurden. Das Schlimmste aber war, daß das alles sie an den Rand des Elends und der Armut brachte. Seit ihr Bruder den furchtbaren Tumult in der Synagoge erregt hatte, wollte niemand mehr mit ihnen zu tun haben. So unerträglich nachgerade ihr Dasein wurde, sie trugen ihr Geschick mit Demut und verloren kaum Worte darüber. Vor allem ließen sie die Mutter niemals eine Klage hören, denn sowohl Joses wie Simon waren der festen Überzeugung, daß ihrem Bruder Großes bevorstehe.

Kleophas sah den vollkommenen Niedergang der Familie mit Riesenschritten näherkommen. Daß Mitbürger ihm die kalte Schulter zeigten oder Fremde ihn ihre Erbitterung fühlen ließen, daraus machte er sich nichts. Keiner von ihnen konnte ihn abwendig machen von dem Glauben an Jeschuas Bestimmung; was ihn zu einem so erbitterten Krittler machte, war die väterliche Sorge und die Liebe zu den Seinen. Wenn er über sein Mißgeschick jammerte, so war es darum, weil ihm der Zusammenbruch der Familie zu Herzen ging. Seit Josephs vorzeitigem Tod war er ja das unbestrittene Oberhaupt des Hauses Hanans, der Erzieher und Pflegevater sämtlicher Brüder Jeschuas gewesen. Joses, Simon und Juda waren ihm wie die eigenen Söhne, und er erachtete sich auch immer noch verantwortlich für seinen ältesten Neffen, und zwar um so mehr, als dieser vom rechten Wege abgewichen war. Nicht daß er etwa Jeschua der Liederlichkeit geziehen hätte, wie das viele Mitbürger taten, die ihn einen ausschweifenden Menschen, einen Fresser und Säufer, einen Gottesleugner, Volksverführer und dergleichen hießen. Kleophas sah in seinem ältesten Neffen einen durch und durch ehrenhaften, aber etwas zurückgebliebenen, verschrobenen jungen Mann, den man, wenn man ihm volle Gerechtigkeit widerfahren ließ, für seine Handlungen und Worte nicht verantwortlich machen könne. Nein, der Fehler lag nicht bei ihm selbst, sondern bei seiner Mutter. Miriams leidenschaftliche, trügerische Träume waren es, die von frühester Jugend an seinen Geist auf Irrwege geführt hatten. In ihrer blinden Liebe zu dem Erstgeborenen hatte sie ihn verlockt, sich nicht für einen gewöhnlichen Sterblichen zu halten, und so war der Jüngling in der Ueberzeugung aufgewachsen, mit übernatürlichen Gaben ausgestattet zu sein.

Und was seine vielbeschrienen Wunder anging, nun, meinte Kleophas, einige waren gelungen, andere waren mißraten. In K'far Nahum – wo man ihn nicht so genau kannte – wurde von ihm gewaltiges Rühmen als Wundertäter gemacht. Doch je mehr Leute an ihn glaubten und je mehr Wunder er vollbrachte, um so bedenklicher wurde das leider alles für sein seelisches Gleichgewicht, gar nicht zu reden von seiner und seiner Familie persönlicher Sicherheit.

«Schöne Geschichten hört man von deinem Sohn, Miriam!», rief er eines Tages in den Garten Miriams tretend aus, wo diese am Unkrautjäten war. «Hast du das Neueste vernommen? Dein Sohn treibt sich nicht nur mit Zöllnern und ausgemachten Verbrechern herum, er läßt sich sogar von einem übelberüchtigten Frauenzimmer die Füße waschen. Sie soll aus Magdala sein, wo sie bekannt war für ihre vielen Liebhaber. Dein Sohn soll sich große Mühe mit ihr gegeben haben, um den bösen Geist auszutreiben, von dem sie angeblich besessen war. Und sie, was meinst du, was sie zum Dank getan hat? Nun, sie hat ihm die Füße gewaschen und mit ihrem Haar getrocknet; und all das auch noch im Hause eines gelehrten Pharisäers. Feines Benehmen, in aller Öffentlichkeit, wie? Und jetzt dient sie ihm als Magd.»

«Den Reinen ist alles rein», sagte Miriam leise, ohne aufzublicken. «Wenn mein Sohn sie vor sich gelassen hat, so kann sie keine Unwürdige sein. Hat er nicht gesagt: ‚Nicht die Gerechten, sondern die Sünder zur Buße zu rufen, bin ich gekommen. Die Gesunden bedürfen keines Arztes, sondern die Kranken'? So hat mein Sohn zu den Pharisäern gesprochen.»

«Weib, Weib», beharrte Kleophas, «ich habe dir schon so oft gesagt, des Vaters Rute muß gutmachen, was die Liebe der Mutter verdorben hat. Dein Sohn ist zu unser aller Leidwesen zu früh der väterlichen Zucht entronnen. Seitdem bildet deine Liebe für ihn den Stein des Anstoßes. Du hast schlechten Samen gelegt, Miriam, nun siehst du die Ernte reifen. Selbst Jochanaans Jünger haben ihn verworfen.»

«Solange Gott mit ihm ist, ist alles mit ihm», sagte Miriam.

«Miriam», bat Kleophas nun dringlich, «laß uns nach K'far Nahum gehen, jetzt gleich, und ihn heimholen, ehe es zu spät ist. Bedenke, du hast noch andere Kinder als Jeschua.»

«Nein, Kleophas, nicht du und nicht ich, niemand darf sich Gottes Vorhaben entgegenstellen. Als der Prophet Jona sich seiner Aufgabe entziehen wollte, stieg eine Springwelle vom Meer empor, die ein Schiff voller Menschen hätte verschlingen können. Wir aber, wir würden vom Antlitz der Erde hinweggefegt, wenn wir uns der Durchkreuzung von Gottes Willen schuldig machen würden.»

Kleophas schüttelte heftig den Kopf.

«Schau, Miriam», sagte er, «hier jätest du das Unkraut aus deinem Garten, und den Wildwuchs in deiner Familie willst du stehen lassen?»

«Ja, denn da bin ich nicht Gärtnerin. Da hat Gott gepflanzt und gepflegt. Und Er wird die Ernte einbringen. Sein Wille geschehe.»

Jeden Sabbath kamen sie, um Miriam die Ehre zu erweisen, denn das Gebot des Gesetzes, die Mutter zu ehren, ward von ihren Söhnen hochgehalten.

So saßen sie denn im großen Raum von ihrer Mutter Haus, der magere, nur aus Haut und Knochen bestehende Jakob, Joses und Simon, sowie der höfliche und selbstsichere Juda in seinem schwarzen Talar. Über Jeschua wurde nicht gesprochen, da sie die Mutter am Sabbath nicht betrüben wollten.

Von den jüngeren Söhnen standen die beiden mittleren Miriams Herz am nächsten. Jakob und Juda waren beschützt vor den Übeln der Welt, jener durch seine einsiedlerische Zurückgezogenheit, dieser durch die Schranken seines genau umzirkten Gelehrtentums. Sie hatten vorgesorgt für ihr Seelenheil; sie schritten sicher auf der großen, breiten, von Millionen Füßen ausgetretenen Heerstraße. Simon und Joses dagegen waren ohne die Vorteile der

Bildung aufgewachsen; doch sie hatten des Vaters gerechten und rechtschaffenen Sinn geerbt. Da sie nicht wußten, was sie von all dem denken sollten, so hielten sie den Mund und murrten nie über die schlechte Behandlung, die ihnen ihre Mitbürger angedeihen ließen. Unter der neuerlichen Vereinsamung und der mit ihr einhergehenden Armut litten sie zwar, trugen sie aber ohne Klage. Miriam wußte jedoch um ihre Not und die daraus entspringende Entbehrung. Von Herzen gern hätte sie ihnen geholfen, doch den Rat des Kleophas, Jeschua heimzuholen, konnte sie sich nicht zu eigen machen. Sich Jeschuas Sendung in den Weg zu stellen, das wäre eine schwere Sünde gewesen, und selbst wenn sie den Versuch dazu machen würde, so würde Jeschua, das wußte sie genau, sie beiseite stoßen und dennoch seinen Weg weitergehen.

Miriam war sich bewußt, warum Gott sie zur Mutter so vieler und so voneinander verschiedener Söhne gemacht hatte. Ihre Unterschiede umspannten die ganze Reichweite menschlicher Eigenschaften; in ihrem vielfältigen Verhalten zu ihrem eigenen Fleisch und Blut erprobte Gott ihr Mitgefühl für die ganze Menschheit.

Jakobs Wesensart war bestimmt von schmerzhafter Lebensverleugnung; er rang sich die Seele wund nach Vereinigung mit der Gottheit; mit durstigen Lippen sog er sich fest am Unendlichen. Miriam war es, als sehe sie ihren Sohn Jakob buchstäblich verzehrt vom Verlangen nach Gott.

Sie verstand auch die Wesensart des dritten Sohnes, Joses, eines rechtschaffenen, unschuldsvollen und doch stets und ständig vor Hunger nach Verständnis verstörten Menschen. Seine Arme waren zu kurz, um die Sprossen der mystischen Leiter des zweiten Sohns emporzuklimmen, und so stand er hilflos da und ließ sich von seinem Herzen den Weg weisen.

Simons Wesensart wiederum bestand in demütiger Gottesfürchtigkeit. Im Gegensatz zu Joses fühlte er sich niemals verlassen in der Welt, aber er zitterte zu jeder Stunde im Bewußtsein der Allgegenwart Gottes. Ein blindes Geschöpf inmitten der Schöpfung, so stand er da allein mit seiner Angst vor Gott.

Judas, des Schriftgelehrten, Wesen und Weg schließlich wies keinerlei Drang nach dem Mystischen auf. Ihm war weder die Treuherzigkeit des wahrhaft Gläubigen noch die Zerknirschtheit des in der Furcht Gottes Lebenden eigen. Seine Straße war gesäumt mit Meilensteinen und Wegweisern, die weite vor ihm liegende Strecken anzeigten, doch jeden Schritt mußte er durch eigene Anstrengung erkaufen. Für ihn gab es keinen Abschneideweg. Und doch, wie sicher fühlte sich Juda seines Pfades! Er wußte, daß er gerade und ohne Hürden des Zweifels vor ihm lag, erhellt auf seiner ganzen Länge vom Lichte der Thora.

Dies waren die vier Richtungen, in denen ihre Söhne dahingingen, die vier auseinanderlaufenden Fährten, die Menschen auf ihrer Suche nach Gott einschlugen, und die alle ihre Grenze und ihren Einhalt fanden an der Kürze des dem Menschen zugemessenen Atems.

Doch sie war auch die Mutter Jeschuas, des dem Wunder entsprungenen Kindes. Durch Jeschua war sie die Mutter eines höheren Wesens. Jeschuas Dasein verlieh ihr eine doppelte Mutterschaft, indem es sie zur Mutter machte im Himmel wie auf dieser Welt. Konnten Frömmigkeit, Rechtschaffenheit, Gottesfurcht und Gelehrsamkeit, jedes ein Mittel zum Ziel, das Ziel selbst aufwiegen?

Und sie sprach zu ihren Söhnen also:

«Eure Eigenschaften, so edel sie sein mögen, sind Eigenschaften des Durstes. Doch euer Bruder ist der Trank. Eure Wege sind Wege der Suche, des Tastens in der Finsternis. Sein Weg ist der des Führers, der nicht irrt. Gehet darum hin, heftet euch an ihn, und dann wird euer Suchen glorreich enden. Denn wie alle Ströme dem Meer zustreben, so muß jeder Weg zu Gott in ihn münden. Er ist das Brot Gottes für die, die es danach hungert.»

In Nazareth traf die furchtbare Kunde von dem Tod des Jochanaan ein. Herodes Antipas hatte endlich dem Drängen seines Weibes nachgegeben und den unbändigen Propheten enthaupten lassen.

Kleophas brachte die Nachricht ins Haus Miriams. Mit seiner Frau, Miriams Schwester, und den Neffen Jakob und Juda kam er, um zu berichten, was er erfahren hatte.

Der von ganz Israel tief beklagte Tod des Täufers brachte seinen Anhängern viel Preis und Ruhm. Seine Jünger wurden jetzt stärker verehrt als zu Lebzeiten ihres Rabbi. Auch das Haus des Hanan hatte etwas wie einen verwandtschaftlichen Anspruch auf die Teilhabe an diesem Ruhm, und Kleophas ließ es sich angelegen sein, der Verwandtschaft seiner Frau mit des Täufers Mutter Elischewa häufig Erwähnung zu tun. Doch der Tod des Jochanaan hatte für die Familie noch eine andere, größere Bedeutung; er betonte die Gefahr, in der Jeschua schwebte.

Kleophas war zartfühlend genug, Miriam nicht auf den Kopf zuzusagen, was er diesbezüglich auf dem Herzen hatte, aber alle Familienangehörigen waren sich der Bedrohung von Jeschuas Leben genau bewußt – und Miriam wußte darüber besser Bescheid als sie alle.

Sie wußte, daß sein Leben auf Erden ein Leben des Leidens war. Jeschuas Abschiedsworte waren ihr noch einmal eine ausgiebige Warnung gewesen. Und wenn ihr Sohn derjenige war, dessen Leben die Propheten vorausgesagt, so bestand keine Hoffnung, daß er um den Weg herumkommen könne, der seiner Prüfung vorgezeichnet war. Die eine Hälfte der alten Weissagung war eingetroffen, die andere Hälfte mußte sich erfüllen.

Aber erfüllte sich denn alles, was geschrieben stand? War der Schöpfer des Himmels und der Erde zur Einhaltung einer einzigen Handlungsweise gezwungen? War nicht Er, der die Schrift gegeben, auch der HErr der Schrift? Mußte die Verherrlichung ihres Sohnes unbedingt um den Preis seines Bluts erkauft werden?

Denn Miriam hatte wiederum begonnen, sich in Hoffnungen zu wiegen, die ihren Wünschen entgegenkamen. Gleichwie bei Isaaks Opferung, so meinte sie, werde sie im letzten Augenblick einen Engel erscheinen sehen, der das Opfermesser zurückhielt.

Nun, nach der Nachricht vom Tode des Jochanaan, versiegte ihre Hoffnung wieder. Das vom Rumpfe getrennte Haupt des Täufers bewies zwingend, daß die Willigkeit zum Opfertod am Tage dieser Erfüllung nicht genügend sein werde. Nicht die rechte Absicht nur, nein, die vollkommene Ausführung des Opfers mußte Jeschuas Sendung krönen. Denn Miriam sah ein, daß Jochanaan der Elia gewesen, der, nach dem Wort der Propheten, gekommen war, um den Messias zu verkündigen. Und konnte der Bote höher stehen als der Meister, der Jünger seinen Rabbi überragen?

All dies war Miriam wohlbewußt, und sie hatte es gewußt von der Stunde an, da sie sein Bündel geschnürt und ihn entlassen, daß er die Taufe von Jochanaans Hand empfange. Sie hatte damals gemeint, alle ihre Ängste seien ein für allemal besiegt, sie habe durch diesen Abschied von ihm ihre Würdigkeit bewiesen. Doch da sie in ihrem Mutterherzen für sein Leben bangte, als die Pinchassöhne Jeschua in den Abgrund stoßen wollten, in dieser Sekunde des Entsetzens hatte sie abermals das Anrecht verspielt, an der Erhöhung ihres Sohnes teilzunehmen. Und abermals empfand sie nichts als die Übergewalt ihrer Liebe. Ihre Liebe beherrschte und schwächte ihren Willen; von Scham und Gram erfüllt, erkannte sie, daß sie nicht mehr bereit sei zur Opferung ihres Sohnes.

Es ward ihr kein Zeichen. Sie hatte keine Gesichte, sie hörte keine Stimmen. Allein, auf sich gestellt, mußte sie ihren Kampf bestehen.

In ihrer Einsamkeit war ihr kaum etwas geblieben als die Psalmen Davids. Zur Nacht erhob sich aus ihrer Kammer das Flehen:

«Ein Gebet des Elenden, so er betrübt ist und seine Klage vor dem HErrn ausschüttet. HErr, höre mein Gebet und laß mein Schreien zu Dir kommen. Verbirg Dein Antlitz nicht vor mir in der Not; neige Deine Ohren zu mir; wenn ich Dich anrufe, erhöre mich bald...»

Jerusalem war Kunde geworden von dem neuen Propheten, der in Galiläa erschienen war. Eine Gruppe von Schriftgelehrten und Pharisäern wurde nach K'far Nahum entsandt, um festzustellen, auf Grund welcher Macht Jeschua von Nazareth seine Heilungen und Wunder vollbringe. Sie kamen darüber zu folgendem Befund: «Beelzebub haust in seinem Gemüt, und es ist die Macht des Fürsten des Bösen, die ihm die bösen Geister zu Willen sein läßt.»

Als Miriam dieser Bericht zu Ohren kam, dachte sie in ihrem Herzen: «Nun ist es geschehen um das Leben meines Kindes; ein jeder darf ihn erschlagen wie ein Tier des Feldes.»

Nächtlicherweile lag sie auf dem Dach des Hauses, wo sie zu beten gewohnt war. Doch sie betete nicht mehr mit den Worten Davids, sondern sie schrie weinend zum Himmel empor:

«Vater im Himmel, mein Kind ist in Lebensgefahr, laß mich bei ihm sein.»

Sie wußte, daß ihr Gebet keine Erhörung finden würde. Beim Abschied hatte Jeschua ja gesagt, sie würde sein Angesicht erst wiedersehen am Tag seiner Herrlichkeit. Diese Worte spürte sie um sich gleich den Mauern eines Kerkers. Um des Heils ihrer Seele willen durften diese Mauern nicht abgetragen werden. Doch sie warf den Gedanken von sich und rief wiederum:

«HErr der Welt, wo immer er ist, laß mich bei ihm sein!»

Eine Stimme in ihr raunte: Gott wird Seine Gnade von mir abziehen, wenn ich Seinen Ratschluß durchkreuze. Und auf einmal sah sie sich aller Hüllen ledig, allein, von Gottes Welt abgeschnitten. Doch keine Angst verspürte sie, sondern nur die freudige Hinnahme ihrer Verstoßung, und abermals schrie sie auf:

«HErr, laß mich tragen das Schicksal meines Kindes!»

Da sah sie plötzlich vor sich den «Rachen der Vernichtung» draußen vor der Stadt. Sie sah die spitzen Zacken, die aus den Felswänden des Abgrunds vorsprangen, die hinabgestürzten Baumstämme, die auf seinem Grunde verfaulten, und die Gerippe der toten Tiere, die dort vermoderten. Weit hinab sah sie vom Rande in die trostlose Tiefe, und sie wußte, dies war nicht das Tal des Todesschattens, darin noch Hoffnung wohnt für die Gläubigen; dies war die bodenlose Grube der Gottlosen, aus der ihr Sohn heil und unversehrt zurückgekehrt war. Für Jeschua hatte der Abgrund seinen Rachen geschlossen; für sie war er weit aufgerissen. Doch noch immer kam Miriam kein Grausen an, sie streckte die Hände zum Himmel empor und schrie:

«Vater, laß mein Gebein hinabgeworfen werden an Stelle meines Kindes!»

In dieser Nacht stieg Jeschuas Mutter hinab in die Grube, um das menschliche Leben ihres Sohnes zu retten. Sie beschloß, nach K'far Nahum zu gehen.

ZWÖLFTES KAPITEL

ÖSTLICH von Nazareth fiel das Land wellig ab von den kühlen, grünen Bergen und ging über in die sonnversengte Ebene, in braunvioletten, von den letzten Frühlingsregen durchrissenen Torfboden. Jenseits davon bildete eine von Städten und Dörfern umsäumte Mulde der See Genezareth, nach der Harfenform genannt, die seine Strandlinie zeigte. Dieser See war Israels Lieblingsgewässer. Den galiläischen Binnensee hatte Gott – sagten die Rabbunim – mit ganz besonderer Liebe geschaffen. Und auch für die Liebe zu ihm gab es gute Gründe. Er nahm den Fluß Israels, den Jordan, auf und entließ ihn wieder nach Süden zu ins Gebiet von Juda; leuchtend blau flossen seine Wellen dahin, bis sie sich verliefen im Toten Meer. Hoch und hell schimmerte ob dem See Genezareth die altersgraue Schneekrone des Berges Hermon und erhoben sich zur Linken die grünen Gipfel des Libanon, die einen Wall bildeten gegen die Heidenstädte Phöniziens.

Der See Genezareth schied Israel von der Heidenwelt. Sein rechtes Ufer stieg auf zu den Höhen der Dekapolis, wo, zahllos wie Heuschrecken, die Heiden hausten. Griechisches Denken blühte hier unter den Säulenhallen der Stoiker, Seite an Seite mit den Ausschweifungen der hellenisierten Eingeborenen. Hier lagen Gergesa und Gadara, Hippos und Sykthopolis und die übrigen «zugewandten» griechischen Städte, die Pompejus der Große von Israel losgetrennt hatte.

Das niedrige Westufer des Genezareth jedoch war dicht übersät mit jüdischen Fischerdörfern und -städten. Dahinter erstreckte sich ein Landstreifen, der trotz der kochenden Hitze, die über ihm lag, ein einziger großer Obstgarten war, welcher die berühmten Früchte des Seelands hervorbrachte. Seine Feigen und Granatäpfel, seine Trauben und Mandeln genossen weit über die Grenzen Israels hinaus großen Ruf. Auf den Märkten von Jerusalem erzielte das Obst vom See Genezareth die höchsten Preise, und kein Wallfahrer, mochte er von woher immer kommen, um seine Erstlingsfrüchte darzubringen, konnte den Obstzüchtern vom See Genezareth zuvorkommen. Die frühesten Granatäpfel, die ersten Datteln und Trauben der Jahreszeit wurden von Obstzüchtern des Seelandes zum Markt gebracht.

Von allen Städten und Gegenden Israels war daher keine für Jeschua geeigneter zur ersten Verkündigung seiner Botschaft als das kleine Handels- und Verkehrszentrum am Seeufer K'far Nahum, das Dorf Nahums, von den Griechen Kapernaum genannt.

K'far Nahum war umkränzt von einer Kette von Fischerdörfern, deren schwer arbeitende Bevölkerung alltäglich ihren Fang zu den Einsalzereien und Lagerhäusern brachte.

Diese Menschen, die aus Bethsaida, Chorazin, K'far Achim, Gergesa und Ain Taana kamen, lauschten begierig den Segen und Hoffnung verheißenden Worten des neuen Propheten. Ihr Herz war jungfräulicher Boden, ihr tägliches Leben war nicht von rituellen Verrichtungen eingenommen; ihr Gemüt war noch nie aufgewühlt gewesen von dem Gedanken, sie seien die Erwählten, die an Gottes Tafel saßen. In ihrer einfältigen Furcht vor Verstößen gegen die vielen Gebote der Rabbunim, gering an Verdienst und Wissen um das Wort Gottes, fielen die Worte des Nazareners in ihre Herzen wie belebender Tau auf die nächtliche Erde. Er sprach zu ihnen in ihrer Sprache. Seine Gleichnisse spiegelten ihr Alltagsdasein wider. Und die einfachen Vorschriften, die er ihnen auferlegte, boten ihren hungrigen Seelen ausgiebige Nahrung.

In diesem Landesteil waren nicht nur die Dörfler, sondern auch die Städter vom gleichen Schlag, einfache, spielerischem Denken und künstlicher Verfeinerung abholde Leute; anders war es nur in der neuen Residenzstadt des Herodes, Tiberias, wo sich Römer und Griechen niedergelassen hatten. In Magdala beschäftigte sich der größte Teil der Einwohnerschaft mit den niederen Gewerben des Webens und Färbens, auch gab es dort viele Taubenzüchter, die ihre Vögel zu Opferzwecken nach Jerusalem lieferten. In K'far Nahum hatte so gut wie die ganze Bevölkerung entweder mit der Obstzucht oder mit dem Fischfang zu tun. Viele arbeiteten in den Einsalzereien, wo die Fische in Lattenkisten zum Versand in die umliegenden Städte und die griechischen Siedlungen überm See verpackt wurden. Viele auch erwarben ihr Brot als Schiffbauer, Lastträger und Steuerleute. Als Hafenstadt war K'far Nahum natürlich von einem Heer von Staatsbeamten und Steuereinnehmern bevölkert sowie mit einer, eine Kohorte starken, römischen Besatzung belegt. Sein Markt wimmelte von fremden Kaufleuten, die Früchte, Getreide, Gemüse und gefärbte Stoffe zu möglichst billigen Preisen zu erstehen suchten. Und Phönizier von Tyrus wie Griechen aus der Dekapolis feilschten um die begehrten, von den jüdischen Kleinbauern nach K'far Nahum gebrachten Erzeugnisse dieses fruchtbaren Landstrichs.

Ein lebhafter Bootsverkehr verband die Stadt mit den andern Seeufern, kurz, K'far Nahum war der Mittelpunkt des Handelsverkehrs zwischen Juden und Heiden. Sein an den See anstoßender Marktplatz, so bescheiden er sich in baulicher Hinsicht darbot, war eine Weltstadt im Kleinen, darin reiche griechische Kaufleute von der andern Seeseite mit einem Hofstaat von Sekretären, Pädagogen und Philosophen, lauter leibeigenen Sklaven, herumstolzierten. Tyrische Schiffbauer kamen mit einem Aufgebot von Holzfällern aus dem Libanongebirge daher; sidonische Großunternehmer kauften Wolle für ihre Webereibetriebe ein. In dichten Haufen schlugen sich jüdische Fischer und Fischpökler, nackt bis zur Hüfte, durch das Gedränge zum Strand durch, um beim Einziehen der schwerbeladenen Netze aus den gelandeten Booten zu helfen; jüdische Frauen, die Haare züchtig von schweren Kopftüchern verhüllt, saßen bei den vor Anker liegenden Schaluppen, flickten die Netze aus oder säumten sie mit Korkstücken und Steinen. In dem ganzen Marktbetrieb aber gingen die schwarzgewandeten Aufseher des rabbinischen Gesetzes auf und ab, die mit scharfen Augen alles überwachten.

Jüdische Bauern kamen von nah und fern daher, die einen mit Eseln, denen Körbe voll Gemüse oder Wein beidseits über den Buckel hingen, andere mit schwer, eben geerntetem Obst voll geladenen Ochsenkarren, neben denen Priester zum Abschätzen des Zehnten hergingen. Hier waren auch die Steuereinnehmer und Zöllner mit Messingschildern auf der Brust, Waagen und Maßen in den Händen und Bewaffneten als Geleit, die ihnen vom Agoranomos, dem Oberaufseher des Marktes, zur Sicherheit und nachdrücklicheren Ausübung ihrer Tätigkeit zugeteilt waren. Römische Legionäre unter dem Befehl eines Centurios hielten Ordnung in dem durcheinanderwogenden Tohuwabohu von Tieren und Menschen. Am dichtesten ballte sich das Gedränge um die Schenken, deren offene Pforten mit vielem Qualm den scharfen, fetten Geruch von am Spieß bratenden Hammeln ausströmten. Trunkenbolde lungerten durstig um die Stände der Weinhändler herum; Dirnen mit lüsternen, ummalten Augen und tropfenden Phiolen voll wohlriechender Essenzen, die ihnen an goldenen Ketten um den Hals hingen, drückten sich zwischen den die Schenken belagernden Männerhaufen herum, bis sie einen Gimpel auf den Leim gelockt hatten; während wählerischere Buhlweiber, die Haare lose herunterhängend, duftende Kräuter und Körner kauend und mit leichten Fingern schön verzierte Harfen zupfend, in eigenen kleinen Buden saßen und zwischen den halb zugezogenen Vorhängen nach Liebhabern Ausschau hielten.

Dies war die Stadt, die Jeschua erwählt hatte, um mit seiner Sendung hervorzutreten.

Miriam und die Ihren, die K'far Nahum zustrebten, ließen die königliche Heerstraße, die Herodes zur Verbindung von Sepphoris, der alten Hauptstadt Galiläas, mit seiner neuen Residenz am See erbaut hatte, links liegen. Es wäre der kürzeste Weg gewesen, doch er führte über Tiberias, die gottlose Stadt, die Herodes auf dem geweihten Grund der Totenstätte errichtet hatte. So gelangten Miriam und die Ihren über eine Reihe von Seitenpfaden in die Ebene Genezareth hinunter, wo sie alsbald in ein Gedränge von Bauernkarren und Eselkarawanen gerieten.

Alle Angehörigen des Hauses Hanan waren mit Miriam nach K'far Nahum gezogen, um den ältesten Bruder heimzuholen und ihn – und damit sich selbst – vor sicherem Verderben zu bewahren. An Miriams Seite ging Mariama; ein paar Schritte vor ihnen ging Kleophas mit Jeschuas Brüdern und seiner Schwester Schoschanna nebst deren Ehemann. Auch ihre Kinder hatten sie mitgenommen, denn es war eine alte Erfahrung, daß die Widerspenstigkeit eines Starrkopfs beim Anblick von Kindern, deren Zukunft auf dem Spiel stand, am ehesten schmolz. Denn er mußte sich doch sagen, daß die unschuldigen Kleinen als Sprößlinge einer Familie, aus der ein von den Rabbunim wegen Zauberei unter Beihilfe unreiner Mächte, ja gar Beelzebubs, des Herrn der Teufel, Verfluchter hervorgegangen war, in der Zukunft zur Zielscheibe von Anwürfen und Angriffen würden.

Auf der Straße wanderten viele Menschen, die einen allein, andere in Gruppen. Junge Männer schleppten schwer an Kranken oder Gelähmten, die auf ihren Schultern und Rücken hingen. Krüppel humpelten an Stöcken und Krücken mit vor Anstrengung rasselndem Atem dahin. Eine Reihe von Blinden, jeder den Rockzipfel des Vordermanns gepackt, wurden von einem Knaben in einem hellen, ihm viel zu langen, im Staub schleifenden Kittel geführt. Zwei Jünglinge mit nackten muskulösen Armen trugen einen alten Mann auf einer Bahre aus Bambus. Eine Mutter hielt ihren blinden Knaben bei der Hand, der, sicheres Zeichen, daß die beiden von der Grenze Sidons stammten, in ein buntes Hemd gekleidet war. Leise sprach die Mutter dem Kind gut zu.

Sie schloß sich der Familie Jeschuas an und begann mit Miriam und deren Schwester zu sprechen. Matt von der Tagereise und dem Kummer, der ihr Gemüt bedrückte, schritt Miriam schwer dahin.

«Seid unbesorgt», sagte die Mutter des blinden Knaben. «Der Prophet, zu dem ihr geht, wird eurem Herzen Erleichterung und Trost spenden, wie er schon so viele getröstet hat.»

Miriam fuhr auf.

«Woher weißt du, daß ich Trost bei ihm suche?»

«Der Kummer sieht dir aus den Augen.»

«Wollt ihr auch nach K'far Nahum, um Heilung bei ihm zu finden?», fragte Mariama.

«Jawohl. Und all die Andern auch, weil wir gehört haben, daß der Gott der Juden einen Erlöser gesandt hat, um die zerbrochenen Herzen zu trösten und unsere Leiber zu heilen. Die Götter haben die Augen meines Kindes von seiner Geburt an verschlossen, doch der Gott der Juden wird sie ihm auftun durch die barmherzigen Hände seines Heilands.»

«Die Götter, sagst du?», fragte Mariama. «Bist du eine Heidin?»

«Ich bin Kanaaniterin von Geburt. Ich komme aus Tyrus, das am großen Meer liegt. Mein Gott war Moloch; ich habe ihm Weihrauchopfer dargebracht, gleichwie Astarte, zu deren Füßen ich auch Tauben opferte. Sie jedoch vermochten die Augen meines Kindes nicht zu öffnen. Der Gott Israels aber wird dies tun, denn ich habe mich zu Ihm bekehrt.»

«Du hast dich zum Gott Israels bekehrt?», fragte Miriam.

«Ja ja, denn ich habe von dem Erlöser vernommen, den Er Seinem Volke schicken wird. Haben die Juden seiner nicht schon immer geharrt? Viele Jahre lang haben wir sie ausgelacht, weil wir meinten, sie warteten vergebens. Doch der Gott Israels hat Sein Versprechen eingelöst und den großen Heiland zu den Juden geschickt. Wir wollen teilhaben an dem Heil, das er spendet. Mein Kind und ich wir wollen geheilt werden, bevor es zu spät ist.»

«Aber ist euch auch gesagt worden», fragte Miriam, «daß dieser Heiland der Erlöser der Juden sei?»

«Muß mir das noch gesagt werden? Der Wind auf den Feldern und die Vögel im Wald tragen die Kunde dahin. Siehst du die vielen Menschen, die ihm zustreben? Meinst du, sie schleppen nur ihre verkrüppelten Leiber zu ihm? Auch ihre kranken Seelen bedürfen der Heilung. Denn die Kunde von diesem Heiland ist in die Breite gedrungen und hat auch uns erreicht, die ihr Heiden nennt, und viel Volk aus unsern Städten hat sich zu ihm aufgemacht, um zu genesen am Leibe, und alle sind geläutert und getröstet zurückgekommen. Denn dieser Mann heilt sowohl Leib wie Seele. Er ist die Tröstung der Zerbrochenen und die Hoffnung der Armen.»

Die Frau verstummte darauf, und alle schritten eine Weile

schweigend ihres Weges. Schließlich sagte Mariama leise zu Miriam:

«Sollen wir wirklich nach K'far Nahum gehen, um die Zerbrochenen ihrer Tröstung und die Armen ihrer Hoffnung zu berauben?»

Simons Haus und Hof, wo er mit seiner Frau und Schwiegermutter wohnte, war das übliche Fischeranwesen; es war eine Strecke weit außerhalb der Stadt an der Straße nach Bethsaida dicht am Seeufer gelegen. Einige kleine Boote, die den beiden Söhnen des Zebedäus gehörten, waren am Strand vertäut. Die Brüder hatten sie von K'far Nahum hierhergebracht, waren samt ihrer Mutter Schoschanna in Simons Haus übergesiedelt, als sie sich entschlossen hatten, dem neuen Rabbi zu folgen.

Über ein paar welke Feigenbäume waren Netze zum Trocknen aufgespannt; andere Fischergerätschaften sowie Ruder, Planken und Fässer lagen unordentlich auf dem Strand herum. Zur Aufbewahrung der Netze und des Geräts hatten die Brüder noch unter einer Palme einen Schopf gebaut. Das Haus selbst lag etwa hundert Schritte landeinwärts außerhalb der Reichweite der Flut, die bei stürmischem Wetter ihre Wellenzungen wütend über den Uferrand warf. Es war keine sehr großartige Wohnstätte; ein mit Bambusgeflecht und Palmmatten bedeckter Holzbau, weiter nichts, und so niedrig, daß er von der andern Seite des Dünenhügels, an dessen Lehne er lag, nicht zu sehen war.

Eine Unmenge von Menschen drängte sich schon im Vorgarten. Es bedurfte langer und geduldiger Anstrengung, bis Jeschuas Angehörige, mit Miriam an der Spitze, sich durchdrücken konnten, denn der Menschenstrom floß über das Pförtchen hinaus und überschwemmte die am Strand entlanglaufende Straße. Schließlich gelangten sie doch in den Innenraum, liefen sich dort aber gleich in einer Ecke fest und konnten keinen weiteren Schritt auf das Haus zu mehr tun. Denn eine Mauer von Leibern umschloß sie dicht; aller Augen waren dem kleinen Haus zugekehrt, das über den Köpfen kaum sichtbar wurde. Hier und da wurde eine Bahre mit einem Kranken darauf von starken haarigen Männerarmen über das Gedränge gehalten und Zoll für Zoll auf das Häuschen am Hang zubewegt. Eine Mutter mit einem kranken Kind rittlings über den Schultern versuchte sich Bahn zu brechen durch die

Menge, kam auch ein Stückchen weit vorwärts, wurde aber dann so eingeklemmt, daß sie es aufgeben mußte.

Auf einmal lief ein erregtes Murmeln durch die Menge. Die geballte Masse löste sich etwas und rührte sich; Rufe wurden laut, Namen wurden in einem Dutzend Sprachen geschrien. Dann legte sich der Lärm wieder, und das Schweigen wurde noch tiefer, als es vorher gewesen war.

Miriam mußte erkannt worden sein; wer das Stichwort ausgegeben hatte, war jedoch nicht herauszufinden. Aber die Neuigkeit, die die Menge so in Bewegung gebracht hatte, war die, daß die Mutter des Propheten mit dessen Brüdern und allen andern Angehörigen in ihrer Mitte eingetroffen sei.

Miriam nahm wahr, wie die geballte Menge von ihr zurückzuweichen sich bemühte; bald war denn auch ein schmaler Streifen bis zum Haus hin freigemacht.

Die Nachricht von Miriams Anwesenheit war ihr jedoch vorausgeeilt und hatte, ehe sie noch mit den Ihren die ersten Schritte nach vorne getan, die Stelle erreicht, nach der all die Menschen hinstrebten, den unsichtbaren Platz unter dem Palmdach des Hauses, wo, wie sie alle wußten, der Prophet sich aufhielt. Miriam, ihre Schwester, ihr Schwager, ihre Kinder und Enkel, sie alle blieben stehen und warteten darauf, daß Jeschua die Nachricht von ihrem Kommen vernehme. Auch die Menge, die um Miriams Grüppchen ein wenig Raum freiließ, wartete gespannt. Bald wandten sich die Augen der Leute ihnen zu, bald dem kleinen Haus, aus dem jeden Augenblick der Prophet hervortreten mußte. Bestimmt werde er doch seine Jünger im Stich lassen und im weißen Gewand herauskommen, um seine Mutter zu begrüßen und hier willkommen zu heißen. Die dem Hause am nächsten standen, ließen eine Gasse für den Rabbi frei, denn sie hatten gehört, wie ihm gesagt worden war: «Deine Mutter und deine Brüder stehen draußen». Die Menge drückte nach rückwärts; es wurden Rufe laut, der Mutter Platz zu machen. Doch die Rufe erstarben, und das Haus strömte neuerlich tiefe Stille aus. Kein weißes Gewand ward sichtbar. Statt dessen sah man plötzlich den alten Gerber Taddi erscheinen, der sich bemühte, zu der Mutter des Propheten hinzugelangen. Dann blieb auch er stehen, und es verbreitete sich wieder vollkommene Stille und Reglosigkeit.

Durch die Menge lief ein Geflüster. Es wurde etwas weitergesagt, das niemand sich laut zu sagen getraute. Doch im Handumdrehen war es allen bekannt, und aller Augen wandten sich mit betrübten und mitleidigen Blicken der Mutter zu. Denn alle wußten jetzt, daß der Rabbi, als man ihm mitgeteilt hatte, seine Mutter und seine Geschwister seien da und warteten auf ihn, keinerlei Bewegung gemacht, sondern nur zu den Jüngern gesagt hatte:

«Wer ist meine Mutter? Und wer sind meine Brüder?»

Und dann habe er mit einer Handbewegung, die alle um ihn Sitzenden einschloß, selbst die Antwort auf seine Frage gegeben: «Wer den Willen tut meines Vaters im Himmel, derselbe ist mein Bruder, meine Schwester und Mutter.»

Bestürzt und ungläubig wiederholte die Menge die Worte des Propheten, erst nur leise, um die Mutter zu schonen. Dann aber wurde das Flüstern immer lauter, und schließlich schrien ein paar Stimmen ganz schamlos heraus:

«Er will seine Mutter nicht sehen!»

«Er verleugnet seine Brüder!»

«Nur die, die nach dem Willen Gottes tun, seien seine Familie, sagt er.»

«Steht denn seine Mutter auf gegen den Willen Gottes?»

Die Menge beobachtete Miriam, um zu erkennen, ob sie die Worte gehört hatte, die sie zurückwiesen. Miriam hatte sie deutlich gehört. Mit gesenktem Kopf stand sie inmitten des Kreises ihrer Familie, von der sich die Leute so viel als möglich zurückgezogen hatten. Kleophas und die Brüder warfen sich hoffnungslose Blicke zu, wie um einer beim andern Rat und Beistand zu finden. Die Augen der Menge blieben weiter auf sie gerichtet, um zu sehen, was sie beginnen würden. Würde die Mutter trotzdem zu dem Sohn hineingehen? Dazu schien sie viel zu still, viel zu erschüttert. Weder sie noch die Söhne äußerten ein Wort. Es sah aus, als glaubten die Brüder, nicht richtig verstanden zu haben. Ihre Ungläubigkeit übertrug sich auf die Volksmenge, die wieder in Bewegung kam, als wenn ein Wind die Oberfläche eines Sees kräuselt, und es wurden Stimmen hörbar:

«Das kann doch nicht sein, daß er seine Mutter vor der Tür stehen läßt!»

Da erkannte Miriam in dem Gedränge von Frauen und Kindern das kanaanitische Weib mit seinem blinden Knaben. Miriam lächelte ihr zu und sagte:

«Warum bist du so bleich, meine Tochter, und warum siehst du so angstvoll drein?»

Und die Fremde sagte:

«Wie soll ich denn nicht ängstlich sein, da der Prophet nicht einmal die eigene Mutter vor sich läßt? Wie kann ich, die Fremde, dann Hilfe für mein Kind erhoffen?»

«Hast du nicht gehört, meine Tochter, was der Rabbi sagte? ‚Alle, die nach dem Willen Gottes tun, sind meine Schwestern.' Geh zu ihm; er wird dein Kind heilen.»

«Ich? Ich soll zu ihm hingehen?», rief die Kanaaniterin, von plötzlichem Entsetzen überfallen, aus.

«Ja, du», sagte Miriam sie beschwichtigend. «Du bist ihm mehr als die eigene Mutter, denn du glaubst an ihn. Geh, geh nur hin; der Rabbi erwartet dich.»

Miriam nahm sie sanft bei den Schultern, drehte sie um und schob sie in die Gasse hinein, die immer noch schmal in dem Gedränge klaffte. Als die Frau ein paar Schritte nach vorwärts getan hatte, kam der alte Gerber, nahm sie bei der Hand und geleitete sie vor den Rabbi.

«Schaut», riefen Stimmen, «er verschmäht seine Mutter und läßt die Fremde zu sich rufen.»

Die mitleidig auf Miriam Blickenden aber sahen die Mutter des Propheten nun plötzlich auf die Knie fallen und mit lauter, freudiger Stimme ausrufen:

«Ehre sei Gott in der Höhe! Denn Er hat mein Leid zu Freude verkehrt und meine Niedrigkeit erhöhet. Er hat mich an den Rand des Abgrunds geführt, auf daß ich um so besser Sein Licht gewahre. HErr, mit diesem Kind meines Schoßes hast Du dem Menschen eine Neugeburt gewährt, um zu Deinem Willen geboren zu werden. In ihm müssen alle neugeboren werden, selbst seine Mutter, seine Brüder und Schwestern. Denn vor Dir sind sie alle gleich, o HErr, und alle, die nach Deinem Willen tun, sind die Blutsverwandten meines Sohnes. Und die Familie meines Sohnes soll auch die meine sein.» Und dann hob sie die Hände dem Haus am Hang entgegen und setzte demütig mit gebrochener Stimme hinzu: «Jeschua, mein Sohn, nimm deine Mutter in deine Familie auf, so wie du alle die Andern aufnimmst.»

Da warf sich auch Miriams Schwester Mariama auf die Knie und rief:

«Auch mich nimm auf, daß ich zu denen gehöre, die nach dem Willen Gottes tun!»

In den Herzen der umstehenden Menge entfachten die Worte Miriams und Mariamas neue Hoffnung. Seine Mutter hatte ja gesagt, jeder Mann und jede Frau könne aufgenommen werden in des Propheten Familie. So mußten sie nur nach dem Willen Gottes tun, um seine Brüder und Schwestern, um mehr zu werden denn sein eigen Fleisch und Blut. Ein großes Verlangen ergriff sie, und die Mütter umdrängten die Mutter des Propheten und führten ihr ihre Kinder zu. Sie vergaßen die Schwären und Gebrechen, um deretwillen sie hierhergekommen waren; sie vergossen Tränen und sahen nichts mehr als das Licht der künftigen Gnade. Sehnsucht erfüllte die Seelen, und die Lippen bebten vor Verlangen nach der neuen Verwandtschaft, die die Mutter des Propheten verkündet hatte.

DREIZEHNTES KAPITEL

JESCHUAS Absage an seine Familie und das Bekenntnis seines Zugehörigkeitsgefühls zur Familie derer, die nach dem Willen Gottes tun, hatte auf seine Brüder großen Eindruck gemacht. Daß er eine unbekannte Kanaaniterin vor sich gelassen hatte und seine geliebte und verehrte Mutter nicht, das war ihnen ein Beweis, daß der neue Prophet die Bande des Bluts nicht mehr gelten ließ, und daß die Botschaft ihres Bruders nichts zu tun hatte mit der altbekannten rabbinischen Lehre, sondern ein neues Bekenntnis war, das ein jeder durch eigenes Verdienst und eigenen Glauben zu erstreben hatte. Jedermann mußte durch die Pforte gehen, die Jeschua zum Himmelreich aufgetan hatte, und an der Schwelle dieser Pforte stand Jeschua selbst, um diejenigen einzulassen, die nach dem Willen Gottes taten. Niemand wurde bevorzugt; vor seinen Augen waren alle Menschen gleich; alle hatten ein Anrecht zum Eintritt, doch nur wenn sie willig das Joch des Himmelreichs auf sich nahmen. Die aber, die dazu nicht willens waren, wurden verworfen, mochten sie auch sein eigen Fleisch und Blut sein.

Mit einem Schlag hatte das unerwartete Verhalten Jeschuas ihn hinausgehoben über den engen Kreis der Familie. Und jetzt wunderten sich die Brüder über sich selbst: daß sie auch nur eine

Minute hatten annehmen können, sie vermöchten ihn irgendwie zu beeinflussen oder ihm gar den Befehl zu erteilen, nach Nazareth zurückzukehren. Es ward ihnen nun klar, daß Jeschuas Machtvollkommenheit aus höheren Quellen erfließe, als aus solchen, über die sich die Herrschaft der Familie erstreckte. Mit von Gott verliehener Gewalt ausgestattet, zu herrschen und zu richten, war er auf die Erde gesandt.

Die Erste aus der Familie, die hinging, sich ihm anzuschließen, war Mariama. Sie hatte eigentlich gleich in K'far Nahum bleiben wollen und kehrte nur nach Nazareth zurück, um ihre Schwester heimzubringen. Sie hatte begriffen, daß Jeschua – oder, wie sie ihn immer noch nannte, Miriams Sohn – aus einem verborgenen Grund der Mutter verwehrt hatte, um ihn zu sein.

Bevor sie wieder nach K'far Nahum aufbrach, kam Mariama noch einmal zu Miriam, um von dieser Abschied zu nehmen. Und Miriam sagte zu ihr:

«Gehe du hin, Mariama, und nimm meinen Platz an seiner Seite ein. Behüte ihn und sorge für ihn, so wie ich es tun gewollt.»

Sie gab Mariama noch den warmen Mantel mit, den Jeschua zurückgelassen hatte, und bat sie, aufzupassen, daß er ihn stets umlege, wenn er unter freiem Himmel schlafe.

«Mariama», sagte sie, «deinen Händen vertraue ich alle Zärtlichkeit an, die mein Herz für ihn hegt. Deine Hände werden die meinen sein bei allem, was sie ihm tun, bis zum Tage, da er seine Mutter zu sich holt.»

Damit küßte sie Mariama, und die beiden Schwestern nahmen Abschied voneinander.

Von den Brüdern war Jakob der Erste, der Mariama folgte. Er hatte nun erkannt und anerkannte, daß Jeschuas Begnadung nicht mit der Elle des Gesetzes gemessen werden konnte. Für ihn war Jeschua nicht mehr einfach der Erstgeborene der Mutter, sondern er war der Meister geworden, dem völlige Unterwerfung gebührte.

Etwas später folgten dann Joses und Simon, die unter den obwaltenden Umständen auch nicht mehr viel in Nazareth zurückhielt. Doch auch Juda, der gelehrte Pharisäer, begann zu schwanken. Denn Jeschuas Ruf breitete sich im ganzen Lande aus, und es war Juda zu Ohren gekommen, daß nicht nur ungebildetes Volk sich ihm angeschlossen hatte, sondern auch eine Menge von Schriftgelehrten und Pharisäern. Seine Lehren, bei den Lehrversammlungen vielfach erörtert, wurden allerwärts mit Staunen, ja mit Ehrfurcht aufgenommen. Niemand vermochte sich zu erklären, woher dem Zimmermannssohn ein so großes Wissen zugekommen sein mochte, wenn man nicht der im Volke umgehenden Mär Glauben schenken wollte, er empfange seine Lehren nächtlicherweile von Moses und Elia, ja von einer Schar Seraphim. Juda sah ein, daß er nicht mehr abseits bleiben konnte. Man mußte einen Standpunkt einnehmen: für oder wider Jeschua. Juda, der Gelehrte der Hanan-Sippe, entschied sich dafür, sich seinem Bruder anzuschließen. Nach langen Stunden des Ringens mit sich selbst hatte er diesen Entschluß gefaßt und nun sogar den alten Oheim Kleophas dazu bestimmt, seine Werkstatt zu schließen und sich auf den Weg zu machen, den seine Frau schon gegangen war, um sich zu der Bruderschaft zu gesellen, die Jeschua gebildet hatte. Er stellte ihm vor, der Familienstolz und die Familieneinigkeit erfordere es. Denn selbst wenn Jeschua sich aller Familienbande entschlagen habe, so könne der neue «Prophet» die jedermann bekannte Tatsache seiner Abstammung vom Hause Hanans nicht aus der Welt schaffen. Mit diesem Appell an die Leidenschaft, die bei Kleophas die erste Stelle einnahm, setzte Juda seinen Willen durch bei dem Alten, und so brachen die beiden zusammen nach K'far Nahum auf.

Jeschuas nächste Verwandte waren nicht die einzigen, die ihre Heimatstadt verließen, um sich der neuen Gemeinde anzuschließen, die sich in K'far Nahum gründete; Nazarener aus allen Schichten und Ständen, ja solche, die früher Jeschuas erbittertste Widersacher gewesen waren, machten sich zu ihm auf. In der Stadt war bekannt geworden, daß Jeschua sich geweigert habe, seine Mutter zu empfangen und daß er alle Verbindung mit seiner Familie abgebrochen habe. Zunächst hatte dies dem Groll gegen ihn neue Nahrung gegeben, hatte jedoch gleichzeitig mit dazu gedient, ihn über den engen Kreis hinauszuheben, in den er nach Meinung der Nazarener bisher eingeschlossen schien. Für das Prophetentum in ihm waren sie blind gewesen, weil sie ihn zu genau als ihresgleichen kannten. Nach der Absage an seine Familie jedoch bot er sich für die Augen derjenigen, die ihn gering geschätzt hatten, weil sie ihn von Kindesbeinen an kannten, in ganz anderer Gestalt dar. Sie sahen in ihm nicht mehr den Sohn des verstorbenen Schreiners. Vielleicht war er wirklich der von der Macht des Allerhöchsten entsandte Prophet, der, wie er ja selbst sagte, beauftragt war, das Himmelreich zu bringen. Er bevorzugte ja auch weder Blutsverwandte noch Landsleute; in seinen Augen waren alle Menschen gleich, war er doch nicht nur nach Nazareth gekommen, sondern zu ganz Israel. Darum strömten ihm von jeder jüdischen Provinz die Massen zu, um bei ihm Heilung und Beistand zu finden. Zudem mußten die Nazarener einräumen, daß die vielfältigen Wunder, deren Zeugen Tausende gewesen waren, nicht mehr mit Zweifel und Spott abgetan werden konnten. Hatte er nicht fünftausend Menschen mit fünf Gerstenbroten und zwei kleinen Fischen gespeist und gesättigt? Nicht nur aus den jüdischen Provinzen, sondern ebenso von Tyrus und Sidon, von Transjordanien und aus den griechischen Städten am andern Ufer des Sees Genezareth strömte ihm das Volk zu, zumal nachdem es bekannt geworden war, daß Jeschua das Kind eines vornehmen Mannes in K'far Nahum vom sicheren Tode gerettet hatte. Und alles dies hatte er zum Ruhme Gottes getan, denn der adlige Vater des Kindes wurde ein großer Judenfreund und ließ aus eigenen Mitteln eine Synagoge erbauen. Es wurde sogar gemunkelt, Pharisäer kämen heimlich zu ihm, um sich mit ihm auseinanderzusetzen, und nicht wenige von ihnen schlössen sich dann meist seiner Gefolgschaft an. Sollte also Nazareth als eine Stadt der Saumseligen verschrien werden und sich als letzter Ort zu dem Propheten bekennen? Jeschua war doch schließlich Nazarener; ihre Stadt war es, die Israels neuen Propheten hervorgebracht und auferzogen hatte.

Selbst die Männer aus dem Hause des Pinchas, die geschworenen Hasser des Hauses Hanans, taten Schritte zu friedlichem Ausgleich. Es waren ihrer manche darunter, die ihr Gewissen beschwert fühlten. Angst vor Gottes Zorn überkam sie, wenn sie sich daran erinnerten, wie sie ihrem Landsmann Jeschua und seiner alten Mutter mitgespielt hatten. Wenn er tatsächlich der wäre, für den das Volk ihn hielt? Dann hatten sie Hand gelegt an den Erwählten Gottes!

Eines Tages, als sie im Gemüsegarten arbeitete, sah Miriam einen Mann, der verlegen um das Haus herumschlich, immer einen Schritt vorwärts und dann wieder einen zurück machte, als getraue er sich nicht näherzutreten. Miriam hielt ihn für einen fremden Wanderer, einen Landstreicher, der etwas zu essen oder ein Nachtquartier suche oder auch bloß einen Trunk Wassers wolle. So trat sie also auf ihn zu, um ihn aufzufordern, ins Haus zu kommen.

Doch als sie an ihn herantrat, fiel der Fremde auf die Knie und hielt dabei die Arme vors Gesicht, als wolle er Miriam abwehren, und sagte mit zitternder Stimme:

«Mutter, habe Erbarmen mit meiner Seele.»

Miriam stutzte. Der starkgebaute Mann bebte wie ein Schilfrohr im Sturmwind. Seine Hände zitterten wie die eines Schlagflüssigen, und auf Wangen und Stirn lag ihm kalter Schweiß.

«Steh auf, mein Sohn», sagte Miriam, «wenn ich kann, helfe ich dir gern. Hast du Hunger?»

«Mich hungert nach Vergebung», schrie der Fremdling. «Ich lechze nach dem Brot der Buße.»

«So teile mir mit, was du von mir willst, mein Sohn. Wie kann ich dir helfen?»

«Ich habe dich gehört, als du in K'far Nahum die neue Verwandtschaft mit deinem Sohne verkündigtest. Bete für mich, Mutter, daß ich auch eingelassen werde.»

«Die Pforte steht allen offen, die da glauben», sagte Miriam.

«Nicht für mich, Mutter!»

«Warum für dich nicht, mein Sohn?»

«Erkennst du mich denn nicht?»

«Ich habe dich wohl schon gesehen», meinte Miriam. «Ich kenne dein Gesicht, doch nicht deinen Namen.»

«Ich bin der, der deinen Sohn zum Abgrund geschleppt hat. Ich bin Matthäus, der Sohn des Hanah.»

«Und du willst der Familie meines Sohnes angehören?»

«Ja, ja! Ich habe doch gesehen, wie Engel ihre Flügel spreiteten, um deinen Sohn aufzufangen, als ich ihn zum Rand des Abgrunds trug! Damals packte mich die Angst vor Gott, und nun sind meine Arme wertlose Klötze, und meine Hände haben ihre Kraft und Geschicklichkeit verloren. Die Furcht Gottes läßt meine Gliedmaßen zu Eis gefrieren. Ich schrecke vor jedem Schatten zusammen, und meine schlaflosen Nächte sind verstört von bösen Heimsuchungen. Ich bin schon nach K'far Nahum gegangen, um mich ihm zu Füßen zu werfen und seine Verzeihung zu erflehen. Tagelang habe ich unter der Menschenmenge dort gestanden, ohne zu ihm gelangen zu können, da die bösen Geister meinen Fuß lähmten. Dann sah ich ihn und hörte ihn sprechen. Mutter, vergib mir und nimm mich auf in die Verwandtschaft deines Sohnes.»

«Dich aufzunehmen, steht mir nicht zu. Gehe zu ihm, dessen Sendung es ist.»

«Aber ich habe Angst vor ihm, Mutter. Wenn ich mich nahe, wird die Pforte zufallen.»

«Er läßt sie offen für jedermann. Deine Furcht vor Gott wischt deine Sünden hinweg, so wie meine Hand nun deine Tränen abwischt.» Sie hatte die Hand auf das Gesicht des Matthäus gelegt, und als sie sie dann wegzog, fügte sie hinzu: «Von diesem Tag an sollst du mir teuer sein wie mein eigener Sohn.»

Denn sie erkannte in diesem Auftreten des Matthäus ein Zeichen Jeschuas, als einen ihr von ihm zum Trost und zur Stärkung in ihrer Not gesandten Boten.

Miriam blieb allein zurück in Nazareth. Sie lebte weiter in ihrem kleinen Haus, brachte ihre Tage im Gebet hin und wartete angstvoll auf ein Zeichen, das ihr gestattete, sich mit ihrem Sohn zu vereinigen.

Gott hatte ihr Gemüt nicht beschwichtigt, noch das Schwert ferngehalten, das jetzt ihre Seele durchbohrte. Ihr Opfer brachte ihr keine Erleichterung, sondern sie durchlitt die ganze Qual der Liebe, die sie an ihren Sohn fesselte. Sie vermochte nicht hinauszukommen über die Ängste, die sie um Jeschuas Leben litt, aber sie begriff nun, daß ihr Absturz in irdische Mutterschaft ihre Erhöhung sei. Nicht die Hand des Satans machte sie zum Stein des Anstoßes im Weg ihres Sohnes, sondern eben dies war die höchste Gnade, mit der Gott sie segnete.

Es kamen keine Boten mehr zu ihr, kein Zeichen erschien all die folgenden Wochen und Monate hindurch. Miriam wußte um die Frauen, die ihrem Sohne dienten. Sie empfand keinen Neid, nicht einmal auf Mariama, die seinem Tische nah war. Sie verstand, daß Jeschua sie allein gelassen hatte, damit sie sich bereite, sich freiwillig in Liebe und Demut Gott zum Opfer darzubringen.

Ihr einziger Besucher war Matthäus ben Hanah. Er, der der hartnäckigste Feind von Hanans Haus gewesen war, der die Mitschüler gegen Jeschua aufgehetzt hatte von ihrem ersten Schultag an, er war jetzt der treueste Freund von Jeschuas einsamer, betagter Mutter geworden. War dies nicht ein Gnadenzeichen, daß Gott zu ihrem Beschützer einen der früheren Widersacher ihres Sohnes erwählt hatte? Matthäus wurde ihr Vorkämpfer und ihr

Vertrauter, während Jeschua sein Messiaswort in den Städten Galiläas verbreitete. Er wurde ihr wie ein Sohn; er half ihr den Acker zu bestellen, die Herde zu warten, er besorgte ihre Marktgeschäfte und las ihr jeden Wunsch von den Augen ab. An jedem Abend stellte er sich unfehlbar ein, um ihr alles an guten Nachrichten über ihren Sohn zu bringen, was er hatte aufschnappen können. Und an jedem Sabbath erzählte er in der Synagoge, ob man ihm gern zuhörte oder nicht, wie er eine Engelschar ihre Fittiche habe spreiten gesehen, um Jeschua aufzufangen, als er, der freche Matthäus, den Messias in den «Rachen der Vernichtung» hatte werfen wollen. Ein besonders gewaltiger Seraph sei dabei gewesen, den die Schwingen wie eine wahre Rüstung umhüllt hätten und der Matthäus angeblickt habe, als wolle er ihm die Seele zerschmettern. War es denn also ein Wunder, daß er Jeschua als Gottes Erwählten anerkannte? Daß er Jeschuas Mutter beschützte und ihr zu Diensten war, ihr, die das Heil der Welt geboren?

Die Mitbürger vermochten es nicht zu begreifen, wie eine solche Wandlung über diesen Menschen gekommen war. Nicht selten, wenn er durch die Straßen der Stadt ging, schüttelten die Nazarener bei seinem Anblick die Köpfe und sagten: «Der arme Matthäus hat den Verstand verloren.»

Seit ihrer Rückkehr von K'far Nahum schon webte Miriam an einem Gewand für Jeschua. Ob sie dabei im Sinn hatte, er solle es bei seinem Einzug in Jerusalem tragen, und es werde das Kleid seiner Herrlichkeit werden, darüber machte sich Miriam keine Gedanken. Für sie war die Arbeit am Webstuhl der Ausdruck ihres Bedürfnisses, mit dem Sohn durch die Tätigkeit ihrer Hände nicht minder als durch Gedanken verbunden zu sein. Die Truhe in der Ecke ihrer Kammer enthielt viele Kleider, die sie ihm in früheren Jahren angefertigt hatte. An ihren einsamen Abenden jetzt hob sie oft den Deckel auf, betrachtete die mannigfachen Gewebe und gedachte dabei der Gesichte und Hoffnungen, die in deren Gespinst eingegangen waren. Sie erinnerte sich eines jeden mit den einzelnen Kleidungsstücken verbundenen Anlasses. Dies war der Kittel, den er am ersten Schultag getragen hatte; dieser andere leuchtend weiße hatte ihn bei seiner ersten Pilgerfahrt mit ihr und Joseph zum Tempel nach Jerusalem umhüllt. Niemals vergaß sie das Bild, wie er unter den Weisen im Tempelvorhof gestanden und mit ihnen über das Gesetz gestritten hatte. Und dies war der «bunte Rock», den sie ihm angelegt, als sie ihn in der Synagoge vorgestellt hatte. Er zeigte noch die Falten und Abdrücke seines Knabenkörpers, und Miriam war es, als höre sie noch die helle Kinderstimme das «Amen» zu den Worten des Lehrers sagen.

Und auch die Gesichte, die sie in jenen Nachtstunden am Webstuhl gehabt hatte, stiegen wieder vor Miriam auf. In den einen Überwurf hatte sie den Traum Jakobs zu Bethel verwebt, und wieder erblickte sie die Leiter, deren Fuß auf der Erde stand und deren Spitze in den Himmel ragte und auf der die Engel auf- und niederstiegen. In ein anderes Gewand hatte sie Rebekkas Liebe zu ihrem Sohn Jakob verwebt und das Bild des jungen David, der die Flöte spielend seines Vaters Isai Schafe hütete.

Und nun stellten sich andere Gedanken und Bilder ein, da sie das letzte Gewand für ihn webte. Dieses Kleid wollte sie mitnehmen zu ihrem Sohn, wenn die Stunde ihrer Wiedervereinigung mit ihm gekommen sein würde. Aus einem einzigen Stück wollte sie es fertigen, ohne Nähte, gleich dem Hemd, das die Mutter Isaaks ihrem Kind anzog, da es hinausging mit seinem Vater, um auf dem Berg Moria geopfert zu werden, und gleich dem bunten Rock, den die Söhne Jakobs dem greisen Vater zerrissen und blutbefleckt heimbrachten. Und zwischen dem Geräusch des Webeschiffchens vernahm sie die Stimme Rahels, die aufstieg vom Grab der Erzmutter.

All diese Bilder hegte sie mit Liebe in ihrem Herzen, und sie verwob sie in Jeschuas Gewand zugleich mit den Psalmen, die sich auf ihre Lippen drängten. Und aus den Psalmen zog sie Stärkung und Hoffnung gleich erfrischendem Wasser aus einem Brunnen.

Am Tage, da Jeschua sich den Toren Jerusalems näherte, erschien plötzlich Jochanaan, der Sohn des Zebedäus, auf ihrer Schwelle.

«Weib, deine Stunde ist gekommen! Erhebe dich und komme mit gen Jerusalem!», rief er.

Miriams Herz hüpfte in der Brust; sie fuhr auf und blickte Jochanaan an. Er war barfuß, sein schwarzer Mantel war von Staub und Schlamm verschmutzt. Pechschwarz war sein Bart, und seine Augen blitzten vor Erregung.

Miriam gehorchte. Sie nahm das Gewand, das sie für den Sohn gewebt, und folgte Jochanaan.

VIERZEHNTES KAPITEL

MIRIAM schien es, als verberge Jochanaan unter seinem schwarzen langen Rock Schwingen und ein Schwert; er kam ihr vor wie der Engel des Gerichts. Warum aber des Gerichts statt des Erbarmens? Weil Miriam etwas verspürte, als erwarte Jochanaan nur den Tag der Verdammnis. Merkwürdig, daß Jochanaan Jeschuas Lieblingsjünger war.

Doch durfte sie sicher sein, daß die Gedanken, die sie sich über Jochanaan machte, nicht ihrer Eifersucht auf Jeschuas Liebe entsprangen? Seit langem wußte sie, daß von allen Jüngern Jochanaan ihrem Sohne am nächsten stand. Daß Jeschua ihn zu der Mutter gesandt statt einen seiner Brüder, daß er auch von den beiden Söhnen des Zebedäus ihn dem friedfertigen Jakob, den Miriam so liebte, vorgezogen hatte, war gewiß ein Beweis dafür, daß Jeschua wollte, die Mutter möge Jochanaan ihre Liebe zuwenden, damit sie lerne, Gericht statt Erbarmen hinzunehmen und das Schwert wertzuhalten, das Jochanaan unter dem Mantel trug.

Miriam schreckte vor diesem Gedanken zusammen, als habe eine Schlange sie gebissen. Mußte es denn so sein? Konnte das, was bevorstand, nicht abgewendet werden?

Warum war Saras Sohn Erbarmen zuteil geworden, da Gott sein Urteil in Begnadigung verwandelte und Abrahams Samen bewahrte vor dem Opfermesser? Warum konnte sich das gleiche Wunder nicht wieder begeben? Daß, wenn sie ihr Opfer zum Altar geleitete, Gott im letzten Augenblick einen Engel sandte, der auf den Widder wies. Tausendmal sagte Miriam sich, Jeschuas Opfer sei unvermeidlich, und tausendmal hoffte sie wieder auf ein Eingreifen, das seinen Tod verhütete.

Jochanaan griff stark aus. Sein massiger Körper warf einen mächtigen Schatten über den Weg. Es fiel Miriam auf, daß er kein Wort sprach, so zuvorkommend er sich in allem erwies. Manchmal hörte sie ihn vor sich hinmurmeln; von Gesichten und rätselhaften Sinnbildern schien er zu sprechen. Miriam wußte, daß er von Kindheit an Wachträume und Erscheinungen gehabt hatte.

Als sie auf den Höhen des Berges Skopus angelangt waren, von dem aus man Jerusalem von fern liegen sehen konnte, machte Jochanaan Halt. Es war früher Morgen und die Sonne eben über der Heiligen Stadt aufgegangen. Weit in der Ferne erschimmerten

Fassaden im ersten Licht, die goldenen und bronzenen Türmchen der Tempeltore erglänzten auf dem Berg Moria. Die beiden betrachteten die Stadt schweigend, bis Jochanaan zu sprechen anhub.

«Weib», sagte er, «siehst auch du, was ich sehe über Jerusalem?»

«Was siehst du, Jochanaan?», fragte Miriam.

«Ich sehe, was Moses erblickte in der Wüste. Doch es ist kein brennender Busch; es ist ein Lamm. Alle Gebirge der Erde wenden sich hin zum Berge Moria. Doch Moria schwebt über ihnen allen, und darauf steht das Haus Gottes, und hoch über seiner Kuppel sehe ich einen flammenden Altar. Und auf dem Altar steht Gottes Opfer, es brennet und brennet von Feuer und wird doch nicht verzehret.»

Miriam erbleichte.

«Welch ein Opfer, Jochanaan?»

«Es ist das Lamm Gottes, das unversehrt brennet in ewigem Feuer.»

Miriam senkte den Kopf, um ihre Tränen zu verbergen, und sagte leise wie zu sich selbst:

«Muß es denn geopfert werden?»

«Das Wort des Propheten muß erfüllet werden: ‚Er wird hingeführt werden wie ein Lamm zur Schlachtbank.' Ehe noch die Welt erschaffen, ehe diese Berge gegründet waren, hat Gott schon das Opfer für die Welt bereitet. Sein Schicksal ward vorgezeichnet von Gottes eigener Hand, ehe noch die Scheide zwischen Himmel und Erde gezogen war. Dies ist des HErrn Ratschluß, und er ist nicht zu ändern.»

«Es sei denn, Gott ändere ihn!», rief Miriam aus. «Denn niemand ist, der Seine Hand zwingen und Seine Gnade begrenzen kann. Wer darf Ihn zur Rechenschaft ziehen? Er rettet den Nestling vor dem Rachen des Löwen; Er beschützt das Kalb vor den Krallen des Adlers; Er entwindet die Kröte den Knäueln der Schlange – wird Er nicht einen Engel senden, der das Schwert aufhält, das erhoben ist zum Opfer? Er weist den Jahreszeiten ihren Lauf und den Sternen ihre Bahn, und Er verändert sie, und niemand darf mit Ihm rechten noch Ihm Entschlüsse befehlen. Er wird meinem Sohn sein Schicksal anweisen. In der Schicksalsstunde wird Er Seine Seraphim entsenden und das Urteil widerrufen, das Er in Urzeiten gesprochen. Er wird meinen Sohn emporheben, zu sitzen zu Seiner Rechten, wie Er es durch König Davids

Mund vorausgekündet hat. Mein Sohn wird auffahren zum Himmel gleich Elia in einer feurigen Wolke.»

«Glaubst du denn, er wird den Tod des Elia sterben, er, von dem der Prophet gesagt hat, daß sein Grab sein werde bei den Gräbern der Gottlosen und daß er verachtet und verworfen sein werde von den Menschen? Um wessen Sünden willen, glaubst du, wird er sterben? Nicht um seiner Sünden willen, sondern um der unsern willen. Und auf daß ein jeder Mensch teilhabe an ihm, und durch ihn am himmlischen Vater, hat er in Liebe und Demut den Tod der Gottlosen erwählt. Wie könnte ein Gottloser auffahren gen Himmel gleich Elia?»

«Hat Gott nicht aus Aarons Stab Mandelblüten sprossen lassen? Der HErr schafft und zerstört das Geschaffene; Er befiehlt und verändert den Lauf der Welt. Soll Er nicht imstande sein, die Sünden der Welt zu tilgen ohne das Blut meines Sohnes?»

«Eher wird Er dem Morgenstern befehlen, in Finsternis zu sinken, wird Er die Bahn der Planeten umkehren, ehe vom Geschick Seines Messias um Haaresbreite hinweggenommen wird. Dein Sohn stirbt, um den Menschen das ewige Leben zu bringen. Dein Sohn stirbt, um den Tod zu vernichten, um dem Todesengel den Stachel aus den Händen zu winden und unserm sterblichen Fleisch das Leben des Geistes zu verleihen.»

«Nun, Jochanaan, erkenne ich deine Liebe zu meinem Sohn», sagte Miriam. «Es ist die Liebe des Geistes, die Liebe der Starken, die, das sehe ich, stärker ist als der Tod. Doch meine Liebe ist die der Mutter zu ihrem Kind. Ich bin nur aus Fleisch und Blut, und niemals werde ich ihn aufgeben. Ich werde um ihn ringen, wie Jakob rang mit dem Engel. Und wenn Gott auf mich herniederstößt wie ein Adler, um ihn aus meinen Armen loszureißen, so soll Er erst mein Herz zerreißen, eh daß Er ihn ergreift, und auch dann noch, wenn mein Herz in Stücken klafft, werde ich ihn noch halten.»

Jochanaan sprang auf und rief:

«Weib, willst du den Willen Gottes durchkreuzen? Weißt du nicht, daß du nur das Gefäß bist, in dem Gott den Erlöser Israels und der Welt erweckte? Weißt du, daß Gott das Gefäß zerbrechen kann nach Seinem Gefallen?»

«So mag Er mich denn zerbrechen! Doch ich weiß auch, daß mein freier Wille ein Teil des Opfers ist. Ohne mich gibt es kein Opfer. Und ich werde mich nur dem Zwang unterwerfen.»

«Willst du dich dem Heil in den Weg stellen? Weißt du nicht, wozu dein Sohn geschaffen wurde?»

«Sohn des Zebedäus», sagte Miriam ernst und streng, «ich bin die Mutter dieses Kindes. Ich trug ihn in meinem Schoß. Ich sah seine Herrlichkeit, ehe sie offenbar war, und ich sehe ihn jetzt; doch nicht als Lamm, das bereitet wird zum Schlachtopfer. Denn mir hat sich der Himmel über dem Tempel ebenfalls aufgetan, und ich sehe meinen Sohn in der Fülle seiner Herrlichkeit dahinfahrend auf den Wolken des Himmels. Sein Kleid ist gleich geschmolzenem Silber, das in der Sonne funkelt. Auf seinem Haupte ist die Krone Davids, der Segen der Erzväter wappnet seinen Leib, und in seiner Hand ist die Herrschgewalt Gottes. Er sammelt die Völker der Welt, doch nicht mit Feuer und Schwert, sondern durch den Heiligen Geist, der auf ihm ruht. Auch für mich, Jochanaan, ballen sich die Wolken über Jerusalem. Ich sehe sie jetzt sich tief zu einem Quell auftun und eine gewaltige Sturzflut entsenden. Diese Wasser aber, sie sind das Heil. Und ich sehe meinen Sohn. In seiner Hand hält er den Becher des Heils, und er gibt den Völkern der Welt zu trinken.»

«Du Gesegnete unter den Weibern!», rief Jochanaan aus. «Der HErr hat dir große Gnade erzeigt, denn auf den Fittichen Seiner Engel hat Er dich hinwegtragen lassen über den Abgrund der Hölle, um dir den Anblick von deines Sohnes Todesqual zu ersparen und dich niedersetzen lassen am Ort der Herrlichkeit, der jenseits des Abgrundes ist.»

Da Miriam dies hörte, wurde sie bleich wie der Sand zu ihren Füßen, und das Herz ward ihr schwer wie ein Stein. Sie sank zu Boden, und weinend, die Hände ausgebreitet, rief sie:

«Nicht dies Vater im Himmel, nicht dies. Habe Erbarmen mit deiner Magd, trenne mich nicht von meinem Kind und erspare mir nicht sein Leid. Laß mich mitgehen hinab in seine Erniedrigung, bevor Du ihn hinwegnimmst von dieser Erde. Und verstoße mich nicht von Deinem Angesicht.»

FÜNFZEHNTES KAPITEL

MIRIAM war eine angehende Fünfzigerin, als sie jetzt nach Jerusalem kam. Während der mit Jeschua in Nazareth verbrachten Jahre hatte Gottes Gnade ihr jugendliche Schönheit und Frische bewahrt. Im letzten Jahr jedoch, nachdem der Sohn sie verlassen hatte, war sie plötzlich stark gealtert.

Es war am Donnerstag vor dem Passah-Anfang, daß die beiden Wanderer die Stadt betraten. Miriam hatte ein kleines Bündel mit Sachen für ihren Sohn bei sich: das nahtlose Gewand, das sie in den letzten Monaten gewebt hatte, sowie ein Krüglein klares Öl für die Haare; in einer Lederflasche, die an dem Bündel hing, war Wein für die Segenssprüche zum Fest.

Die engen Gassen waren mit Pilgern vollgepfropft. Jochanaan mußte mit Rippenstößen jeden Zollbreit zum Vorwärtskommen erkämpfen. Die Menge der zu diesem Fest nach der Heiligen Stadt geströmten Pilger schien größer als je. Auf allen Straßen, in allen Gassen wogten Menschenmassen, auf Mauern und an Fenstern standen sie, hingen von den Altanen und Giebeln. Selbst die flachen Dächer wimmelten von Menschen, die dort auf Matten, ja in Zelten nächtigten; in den Vorhallen an den Häusern der Reichen hatten Hunderte von Familien ihr Lager aufgeschlagen.

Wo man hinkam, traf man auf Galiläer. Ihr Anteil an den Pilgerscharen war in diesem Jahr größer als jemals. Während die Pilger aus Ägypten und Babylonien durch die Farbenpracht ihrer fremdländischen Trachten auffielen, waren die Galiläer sofort zu erkennen an ihren wildwuchernden Bärten und ihren rauhen, grauen Bauernkitteln aus Sackleinen. Die Landleute aus dem Norden unterschieden sich noch dadurch von den übrigen Juden, daß sie mit der Passahfeier einen Tag früher begannen. Der Vortag galt bei ihnen auch als voller Feiertag, und so stieß man schon jetzt allenthalben auf Gruppen und Familien von Galiläern, die erregt und emsig den Zurüstungen zum Fest oblagen.

Miriam, die sich mit Mühe und Not hinter Jochanaan durch die Menschenmassen kämpfte, war es, als sei ihr Sohn die Veranlassung zu dem riesigen Pilgerandrang. Sie meinte, das Volk habe von den großen Ereignissen erfahren, die für diesen Festtag in der Heiligen Stadt bevorstanden, als ob Engelsboten zu ihnen allen gekommen und sie angetrieben hätten, nach Jerusalem zu eilen, um Zeugen der Verherrlichung ihres Sohnes zu werden. Sie glaubte in jedem Gesicht Spannung und Erwartung wahrzunehmen, jede Bewegung und Gebärde schien ihr davon ergriffen zu sein, selbst die der römischen Legionäre, die als Streifwachen durch die Straßen zogen. Durch alle Stadttore strömten Truppen des Prokurators; wie Speere stießen ihre Kolonnen in die Menschenknäuel hinein und drängten sie von den Hauptverkehrsadern in Seitengassen ab, wo sie sich nur noch dichter zusammenballten. Miriam ward auch der berüchtigten Kohorte aus Askalon ansichtig, die Pontius Pilatus zur Verstärkung seiner in der Antonia liegenden ständigen Truppen über die Festwochen hatte kommen lassen.

Der Pilgerandrang, der unablässige Lärm, die über die Soldaten in voller Rüstung beim Volke hervorgerufene Aufregung, – all dies, meinte Miriam, stehe in einem Zusammenhang mit dem Kommen ihres Sohnes, und dieser Gedanke beschleunigte ihren Herzschlag.

So kam sie hocherregt endlich im Haus der Johanna an, der Frau des königlichen Beamten, wo die mit Jeschua gekommenen Galiläerinnen wohnten. Mariama, Schoschanna, die Witwe des Zebedäus, sowie einige andere Frauen empfingen Miriam. Mariama brach bei Miriams Anblick in Tränen aus und küßte der Schwester die Hände. Die andern Frauen sprangen auf, machten sich eifrig daran, ihr die Füße zu waschen und ihr Speise zu bringen. Miriam dankte ihnen, wies jedoch das Essen zurück; sie sei zu begierig, sagte sie entschuldigend, über ihren Sohn zu hören: wo er wohne und wie es ihm bisher in Jerusalem ergangen sei.

Mariama übernahm die Beantwortung ihrer Fragen. Sie erzählte, Jeschua und seine Jünger hätten ihre Tage vornehmlich im Tempel zugebracht, wo Jeschua dem Volke gepredigt, ihm seine Sendung kundgegeben habe. Viele, viele Menschen hätten sich um ihn gesammelt, berichtete sie, um die Botschaft von seinen Lippen zu trinken und hätten jedes Wort als Heilswahrheit in sich aufgenommen. Zur Nacht zögen sich Jeschua und die Jünger auf den Ölberg zurück, wo sie im Hause Simons des Aussätzigen zu Bethanien bis zum Morgen blieben. Dort, in dem kleinen unbedeutenden Weiler, der zwischen den judäischen Bergen am Rand der Wüste lag, hätten sie keine Störung zu befürchten. An diesem abgelegenen Ort seien Überfälle nicht wahrscheinlich, obschon man sich wohl darauf gefaßt machen müsse, denn Jeschua habe der Tempelverwaltung und den Verordnungen der Hohepriester durch seine Austreibung der Händler und Wechsler aus dem Tempelvorhof öffentlich Trotz geboten. Auf eine diesbezügliche Frage Miriams antwortete Mariama, die Frauen bekämen die Männer nicht oft zu Gesicht, obwohl sie von Zeit zu Zeit nach Bethanien hinausgingen, um den Rabbi und seine Schar mit dem Nötigsten zu versehen.

Diesen Bericht ergänzten die andern Frauen, indem sie Miriam davon in Kenntnis setzten, wie Jeschua auf einem reichgeschmückten Esel in Jerusalem eingezogen und vom Volk mit Palmzweigen, Kränzen und Hosiannarufen als «Sohn Davids» begrüßt worden sei. Dann habe er alle Käufer und Verkäufer aus dem Tempel hinausgejagt, habe vor allem Volk die Schriftgelehrten, die Sadduzäer und die Tempelbeamtenschaft ausgescholten, und über den Tempel selbst habe er geäußert, er könne ihn zerstören und binnen drei Tagen wiederaufbauen, eine Lästerung, wegen der ihn die Tempelbehörde eigentlich verhaften lassen und vor Gericht ziehen wolle, dies aber nicht wage aus Angst vor dem Volk, das ihn umdränge, wo immer er sich zeige.

Aus dieser Schilderung der Frauen ging für Miriam deutlich hervor, daß die Stunde der Verherrlichung ihres Sohnes nun endlich nahegerückt sei. Schon morgen oder übermorgen konnte sie eintreten, und Jeschua rüstete sich dazu. Er nahm Abschied von den Jüngern und bereitete sich zum Hingang; auch hatte er den Jüngern zu bedenken gegeben, sie ebenfalls würden seinen Kelch zu leeren haben.

Miriam erblickte nun auch zum ersten Mal das Weib, über das sie so viel gehört hatte, diejenige, deren sieben Teufel Jeschua ausgetrieben, die ihr Vorleben bereut und sich den Frauen angeschlossen hatte, welche dem Rabbi dienten. Man nannte sie Miriam von Magdala. Im Haus des Aussätzigen, wurde Miriam erzählt, habe die Magdalenerin mit der Salbe aus einem kostbaren Gefäß des Meisters Füße gesalbt. Einer der Jünger habe sie eine Verschwenderin geheißen und gesagt, die wertvolle Spezerei hätte um dreihundert Groschen verkauft und das Geld den Armen gegeben werden können. Worauf der Meister ihr beigestanden und gesagt habe: «Laßt sie in Frieden. Sie ist gekommen, um mich zu salben zu meinem Begräbnis.»

Miriam hatte stumm all dies vernommen. Doch unter dem Wort

«Begräbnis» fuhr sie zusammen, als sei ein Dolch ihr durchs Herz gegangen.

Miriam gönnte sich nur kurze Ruhe; dann brach sie zum Tempel auf. Denn ihr Herz war von Angst erfüllt; sie wollte allein stehen vor Gott, so wie sie in ihren jungen Jahren vor ihm gestanden hatte. Ohne Begleitung ging sie von Johannas Haus fort und begab sich zum Tempelvorhof der Frauen, wo sie sich im Angesicht des Allerheiligsten auf die Knie warf.

In ihrer Beschämung und Zerknirschung darüber, daß sie den Willen Gottes durchkreuzen wollte, hatte sie kein Auge für ihre Umgebung. Selbst die erregten Vorbereitungen zum Passahopfer entgingen ihrer Aufmerksamkeit, soviel Priester und Leviten in weißen Gewändern auch umherliefen. Miriam war vollkommen versunken in der Welt ihrer Ängste und sah nichts hinter ihren geschlossenen Lidern als einen rosigen Schein. Ihre Schuld bedrückte sie so tief, daß sie nicht wagte, Gottes Namen anzurufen oder Ihm das Gebet einer Sünderin vorzutragen. Sie verhüllte ihr Haupt und flehte leise, statt mit ihren eigenen, mit den Worten Davids:

«‚Verbirg Dein Antlitz nicht vor mir in der Not, o HErr. Mein Herz ist geschlagen und verdorret wie Gras, daß ich auch vergesse, mein Brot zu essen vor Deinem Drohen und Zorn, daß Du mich aufgehoben und zu Boden gestoßen hast. Meine Tage sind dahin wie ein Schatten, und ich verdorre wie Gras.'»

Doch zugleich mit den Worten des Psalms, die ihre Lippen murmelten, war ihr Herz erfüllt von dem Gebet, das sie nicht laut werden zu lassen wagte:

«Vater im Himmel, lasse mich die Bürde tragen, die Du ihm bestimmt hast. Erspare mir keine Prüfung und trenne mich nicht von meinem Kinde. Siehe, alles ist möglich bei Dir. Du kannst ihn unversehrt über den Abgrund tragen, so wie Du mich getragen, da ich fiel.»

Und sie rief die heilige Stammutter Israels an, sich zu verwenden für sie:

«Habe Mitleid, Rahel, Mutter Israels, Jakobs geliebtes Weib, du, die du weißt um die Schmerzen der Geburt und starbest, da du gebarst, bitte für mich. Und bittet auch ihr, alle Mütter der

Erde. Und ihr Tiere des Feldes, denen Gott die Mutterschaft auferlegt, auch ihr bittet für mich!

Wenn Dein Wille geschehen muß, o HErr, und die Welt nicht erlöst werden kann, es sei denn durch das Blut meines Kindes, so bitte ich Dich, Vater, laß mich stehen an seinem Opferaltar. Deiner Gnade beraubt, laß mich nichts sein als seine Mutter.»

Erschöpft sank sie zu Boden. Der Lärm der vielen Menschen hatte sich gelegt. Einen Augenblick lang staunte sie über die plötzliche Stille. Sie stand auf und blickte um sich: das weite Geviert des Weiberhofs lag verödet da.

Hinter den Bergen Moabs hervor warf die scheidende Sonne noch ihre Strahlen zurück, um die silberfädigen Vorhänge, die die Tempeltreppen umhingen, in weißlichem Feuer erschimmern zu lassen. Eine Schar von Leviten war damit beschäftigt, die schweren Bronzeflügel der Schönen Pforte zuzuschwingen, die in goldenem Gleißen die untergehende Sonne widerstrahlten. Jeden Augenblick konnte das Tor geschlossen und sie eingesperrt werden im Tempelhof. Hatte sie den Wächter übersehen? Kein Mensch war um sie herum zu erblicken. Wie herrlich und heilig war die Stille, die sich auf diesen Ort herabsenkte! Widerstrebenden Schritts schickte sie sich an, das Tor zu durchschreiten, ehe es verriegelt wurde, und da, in diesem Augenblick gewahrte sie in ihrer nächsten Nähe eine in schwarze Schleier gehüllte Frau, deren Gestalt sie sich wohl entsann.

Die Gestalt schien Miriam so vertraut, so viel tiefer und teurer ihrem Herzen angehörig, denn die eigene Mutter ihr in diesem Augenblick der Verzweiflung erschienen wäre, daß sie ohne Rückhalt aufschrie:

«Rahel, Rahel, habe Mitleid mit mir! In der Stunde meiner tiefsten Not bist du gekommen. Bitte für mich, Mutter Rahel!» Und sie bemühte sich nicht, den Strom ihrer Tränen zurückzuhalten, da sie die dunkle Frauengestalt sprechen hörte:

«Sei getrost, mein Kind, denn dir wird große Segnung zuteil werden. Dies ist die Nacht der Versuchung, die letzte Spanne hin zum Moria, wo der Stein Isaaks bereit steht zur Opferung. Für eine kleine Weile werde ich mit dir gehen, denn gleich dir bin ich die Mutter des Kindes. Du und ich, wir wurden erwählt, um Mutterleid auszukosten. Bist du bereit, Kind?»

«Ich habe zu Gott gebetet, mich nur die Mutter meines Sohnes sein zu lassen», sagte Miriam leise.

«Dein Gebet ist erhört worden», sagte die Verschleierte. «Keine Pein wird dir erspart werden. Dein Herz soll der Schwamm sein, der deines Sohnes Todesqual auffängt. Wappne dich zu deinem heiligen Amt, Kind, denn in deiner Mutterschaft wirst du erhöhet werden über alle Himmel und Heerscharen, umflossen von den Gewändern der Gnade. Komm, du sollst die Seelen, die nach Liebe hungern, sehen.»

Und die Frau schritt ihr voran. Miriam folgte ihr, der ersten Priesterwache unsichtbar, die jetzt aus dem Tempel trat mit Widderhörnern und Fackeln in den Händen. Einen Augenblick lang vermeinte Miriam, sie betrete eine der unterirdischen Höhlen des Tempels, von denen die Rede ging. Doch die Mauern des unterirdischen Gemachs schwanden vor ihrem Blick, und Miriam erschaute ein weit sich hinbreitendes Wiesenland.

Zwielicht hing über dem weiten Feld, und Miriam sah es von zahllosen Lichtern funkeln; Irrlichter seien es, so schien ihr, die zum Stillstehen gebracht und verwurzelt waren gleich einer Unendlichkeit leuchtender Blumen. Es war ihr, als spüre sie die Luft sanft gefächelt von der Musik, die mit süßem Hauch von den Blüten aufstieg zum Himmel. Und auch der Himmel war übersät mit singenden Sternen, deren Melodie sich herabsenkte, indes die andere emporschwebte. Und sie vermischten sich, das Licht der Sterne auf der Erde mit dem Licht der Gestirne am Himmel.

Und da Rahel und Miriam den Fuß setzten auf die Aue, da schwoll der Gesang der Erde gewaltig an und erschallte, stürmischer Sehnsucht voll, die das Herz zerriß, gleich dem ungezügelten Jauchzen eines Kindes, das die Mutter wiedersieht, die fern war.

Und die beiden Mütter schritten hin über die Flur, bis sie an den Saum eines Flusses kamen. Seine Wasser rannen klar und durchsichtig dahin, geschmolzenem Bergkristall gleich, ohne das kleinste Wellengekräusel. Ein süßer Duft stieg von ihrer Oberfläche auf, schwängerte den Äther und zog verstohlen in Miriams Herz ein, ihren Grundstoff verwandelnd, so daß sie sich auffliegen fühlte gleich einem, aller Stofflichkeit ledigen, Gebet, das zum Himmel geht.

«Sage mir, Mutter», bat sie, «wo ich bin, was für Lichter es sind, die ich sehe, was der Gesang bedeutet, den ich höre, und welch ein berauschender Duft dies ist, der mein Wesen zu beflügeln scheint, daß ich keinen Grund mehr unter den Füßen fühle?»

Da ward Miriams Hand ergriffen, und sie hörte die Frauenstimme sagen:

«Komm, Kind, wir wollen uns hier am Ufer niedersetzen, und dann sollst du hören:

«Dieser Ort ist genannt die Grüne Aue, von der dein Vater David sang. Hierher geleitet Gott Seine Gerechten und Seine Heiligen. Die Lichter, die du siehst, das sind die Seelen der Gerechten, die ihm zugeführt werden durch mich, wenn ihre Zeit gekommen ist, das Fleisch zu verlassen, dem sie innewohnen während der kurzen Spanne, da sie auf Erden wandeln. Der Gesang, den du hörst, ist die Sehnsucht nach der Heiligkeit des Allerhöchsten, dem anzuhangen es sie verlangt. Das Lied der Sterne in der Höhe ist ebenfalls die Sehnsucht dieser irdischen Seelen, denn die Heiligkeit, die ihrer aller Verlangen ist, ward geteilt zwischen Himmel und Erde und wird erst wieder zum Einklang zusammenfließen, wenn der König-Messias kommt. Bis zu jenem Tage flehen sie zaghaft um die Vereinigung, und der Sang ihrer Sehnsucht, der aufsteigt und niedersteigt, erzeugt jeglichen guten und edlen Gedanken, der den Raum erfüllet zwischen Himmel und Erde. Und diese stillen Wasser zu deinen Füßen das sind die Tränen der unbekannten Frommen, die alle Verlangen tragen nach Gott, während sie leben, alle die Leiden und Nachstellungen erdulden oder die verfolgt und verwundet werden zum Ruhme Gottes. Es sind die Tränen der von ihren Müttern weggerissenen Kinder und der um ihre Kleinen weinenden Mütter. Alle diese Tränen, von Gott gesammelt, fließen in diesen Bach, der die Grüne Aue netzt.

Und der süße Duft dieser Wasser, das ist das Mitleid, das diese Tränen in den Himmelshöhen erwecken. Denn die Wasser dieses Flusses fließen hin in die andere Welt, und wenn sie den Thron der Herrlichkeit erreichen, so rühren sie das Erbarmen des HErrn auf, der darauf mit Seiner Gnade antwortet – dies ist der Wohlgeruch, der die ganze Luft erfüllt. Denn wer immer Atem holt an diesem Tränenfluß, dessen Mitgefühl wird aufgerührt, und Gnade sprießt auf in seinem Herzen.»

Ein kurzes Schweigen blieb, indes Miriam dem stillen Fließen des Baches zusah. Dann sprach ihre Gefährtin wieder:

«Mein Kind, auch ich hatte nichts weiter sein gewollt denn eine Mutter. Doch als Jakob nach Haran gekommen war und den Stein hinwegwälzte von dem Loch des Brunnens, da hob er den Stein auf, der über dem Mund der Zukunft lag, so daß mir enthüllt wurden die Geschicke Israels bis zum Ende der Tage. Und da er meinen Mund küßte und laut weinte, da ließ er in mir entspringen die Quellen des Mitleids. In seinen Tränen ahnte ich das Leid Israels, das zerrissen wurde, wie ein Lamm zerrissen wird von den wilden Tieren des Feldes, und von Land zu Land in die Verbannung geschleppt. Aus seinem Schluchzen vernahm ich den Schritt Israels auf seinem Leidensweg bis zum Tage der Erlösung. Denn Jakob weinte die Tränen eines Vaters und heiligte mich zur Mutter von Israels Gram. Und so ward ich die Mutter der Kinder Israels.

Denn auch dich, Miriam, hat Gott ausersehen zur Mutterschaft von Vielen, denn du sollst die Mutter der Völker der Welt sein, die darauf warten, sich unter den Fittichen des Glaubens zu bergen. Gott hat in Seiner Gnade das Heil auch zu den Heiden kommen lassen, durch die Frucht deines Schoßes, den Lohn deiner Mutterschaft. Und nun, Miriam, sollst du die Seelen sehen, die deiner harren.»

Und im Nu sah Miriam das Wiesenland sich wandeln zu einem tiefen Tal, darin Schwaden schweren Dampfes sich ballten und wälzten. Und als ihr Auge sich an den Dunst gewöhnt hatte, unterschied sie unterhalb einer niedrigen Wolkendecke von Rauch eine Unmenge menschlicher Gesichter; die einen zerrissen und zerfurcht vom Alter und mit rottriefenden Augen, andere jung, doch von Schmerzen verzerrt; Gesichter von Frauen mit Augen, die in tiefen Tränenquellen gehöhlt lagen, und Gesichter von Kindern gleich Bällchen unkenntlichen Fleischs; wohin Miriam auch den Blick wandte, war ein einziger Sumpf, zahllos und unzählbar gesprenkelt mit Menschengesichtern. Die Leiber waren nicht zu sehen; sie waren eingetaucht in einen Morast von Dampf. Doch die Augen starrten empor zu ihr, gleich Brandpfeilen die Blicke auf sie zielend. Gott, mein Gott, wie viele Augen! Als ob die Erde übersät wäre mit Augen! Aufgerissen, roh und wild stierten sie Miriam an, schlugen an ihr Herz wie stumme Schreie.

«Auch sie warten der Rettung», sagte die dunkle Stimme neben ihr. «Ihre Zungen sind stumm, denn sie haben nicht Gottes Wort in ihren Herzen, und auf diesen Fluren wird keine andere Sprache vernehmlich. Ihre Leiber sind verstrickt in die Netze der Heidengötter; sie stecken im dunklen Kot ihrer Abgötterei. Doch der Funke Gottes glimmt in ihren Seelen und spricht aus ihren Augen. Sie harren der Erlösung, die in deinem Sohn Jeschua liegt. Willst du, Tochter, ihnen diese Gnade verweigern?»

«Da sei Gott vor!», und Miriam stürzte aufs Gesicht und schrie: «Vater im Himmel, Dein Wille geschehe!»

Sie wußte nicht, wie lange sie auf dem Boden gelegen hatte. Von der Gefährtin war kein Wort zu hören; schweres Schweigen lastete auf der Erde. Es war Miriam, als ob jeglicher Laut erstorben sei in einer tauben Welt und jede Bewegung aufgehört habe für immerdar. Dann aber erhob sich in der lautlosen Leere eine Stimme zu dem Gebet:

«Mein Vater, ist es möglich, so gehe dieser Kelch von mir...»

«Das ist die Stimme meines Kindes!», schrie Miriam auf. «Mein Kind liegt in Todesqual. Ich muß zu ihm!»

«Du wirst bei ihm sein. Du wirst sehen und hören. Dein Herz wird brechen, und deine Lippen werden verstummen.»

Und als Miriam die Augen aufschlug, fand sie sich unter den Zypressen, die den Garten Gethsemane am Fuß des Ölbergs umsäumen.

Durch ein Spalier von Bäumen schaute Miriam in den Garten hinein. In Sternlicht gebadet lag er friedlich da. In der einen Ecke des Gartens sah Miriam ihren Sohn, gekleidet in das weiße, nahtlose Gewand, das sie für den Tag seiner Herrlichkeit mitgebracht hatte und das nun vom Schweiß der Todesangst durchnäßt war. Jeschua kniete, das Haupt auf die Brust gesenkt. In einiger Entfernung von ihm lagen die Jünger zwischen Gebüsch hingestreckt am Boden; wie es Miriam schien, schliefen sie. Doch nicht die Jünger allein, nein, die ganze Schöpfung schien verstrickt zu liegen in das Netz von Schlaf und Dunkel, das die Nacht über sie breitete. Niemand wachte in dieser Nacht mit ihrem Sohn als das Herz der Mutter. Und durch den Vorhang des Zypressenlaubs, das Miriam von dem Garten trennte, hörte sie, schwach an ihrem Ohr verklingend, Jeschuas Stimme sagen:

«Doch nicht wie ich will, sondern wie Du willst.»

Und Miriam wiederholte leise:

«Nicht wie ich will, sondern wie Du willst.»

Da aber erbebte die Erde unter ihren Füßen, und Miriam hörte den dumpfen Hall von Männerschritten und das Klirren von Speeren sich nahen.

Miriam fuhr herum. Die dunkle Gestalt ihrer Führerin aber zerfloß in die Nacht, und nur ihre Stimme ward noch einmal hörbar:

«Hinfort geh deinen Weg allein, Miriam, Tochter des Hanan. Die Stunde der Prüfung deiner Mutterschaft ist angebrochen.»

SECHZEHNTES KAPITEL

AUF Golgatha war es wieder ruhig geworden. Die Volksmenge, die dem Verurteilten zur Richtstätte gefolgt war, um zu sehen, ob er wirklich der Messias sei, war des Wartens auf ein Wunder müde geworden und hatte sich schließlich verlaufen. Die sechste Tagesstunde kam heran; die Sonne stand im Zenith, und es wurde Zeit zur Darbringung des Passahopfers im Tempel.

Das Kreuz, an das Jeschua genagelt war, war etwas größer als die beiden andern. Von den drei Gekreuzigten gab nur Jeschua noch Lebenszeichen von sich. Der Gewänder beraubt wirkte sein Körper fahl, fast weiß im Sonnenlicht. Eine schlangenartige Bewegung durchlief ihn kurz, als Jeschua versuchte, sich auf seinen angehefteten Füßen aufzurichten. Blut sickerte in Rinnsalen von seiner Schädeldecke, auf deren schwarze Haare ein Kranz von Dornenzweigen gedrückt war, und gerann auf seinen spitz vortretenden Rippen. Seine mageren, am Querbalken befestigten Arme waren vom Gewicht des Körpers, der von dem Kreuz wegstrebte, nach unten gezogen. Als die Soldaten ihm die Kleider vom Leibe gerissen hatten, hatten sie ihm nur den vom Gesetz vorgeschriebenen viereckigen Schurz gelassen, dessen Fransen nun leicht im Wind flatterten.

Alles war still geworden. Die zur Kreuzigung abgestellte Rotte der Legionäre hockte in einiger Entfernung auf dem Boden. Die Soldaten warfen das Los um Jeschuas Gewand, das mit geronnenem Blut befleckt war. Ihr Hauptmann sah hin und wieder nach dem Gekreuzigten hin, als warte er, daß sich noch in letzter Stunde ein Wunder begebe. Der Anblick des weißen Körpers tat seinen Augen weh und erregte ihm Beklemmung; er wandte den Kopf ab und gab sich wieder seinen Grübeleien hin.

Ziemlich weit abseits von dem Richtplatz mit den Kreuzen lag auf der Kuppe des Hügels ein schwarzgekleidets Weib auf dem Gesicht und schluchzte in sich hinein. Unter Jeschuas Kreuz stand der Rabbi Nikodemos, Jeschuas Jugendfreund. Er war vor der Zeit alt und grau geworden. Den Gebetsmantel über den Kopf gezogen, schaukelte er im Gebet vor- und rückwärts. Immer wieder streckte er die Hand aus nach Jeschuas Körper; seine entzündeten, verweinten Augen forschten dauernd in Jeschuas Gesicht, und immerzu murmelten seine Lippen:

«Jeschua, Heiliger Gottes, gib uns ein Zeichen, lasse uns nicht zurück in der Finsternis. Sage uns, wer du bist.»

Bei Nikodemos befand sich noch ein anderer Jude, der reiche Joseph von Arimathia. Sein schöner, von schwarzem Bart umrahmter Kopf war zu Jeschua emporgehoben. Seine Züge waren schwer von Kummer und Verehrung.

«Beim lebendigen Gott», sagte er, «sie haben den ermordet, den wir all unserer Lebtage erharrt haben.»

Und als ob Jeschua die Worte gehört habe, murmelte er mit ersterbender Stimme:

«Vater, vergib ihnen, denn sie wissen nicht, was sie tun.»

Und als Jeschua diese Worte gesprochen, siehe, da ballte sich eine Wolke wie eine Riesenfaust über Jerusalem, und plötzlich breitete sich mitternächtige Finsternis über die ganze Erde, obschon der Tag sich noch nicht zum Niedergang geneigt hatte.

Dann ward eine kleine Gruppe von drei Menschen sichtbar, die den Hang heraufkam. In ihrer Mitte schritt eine alte, gebeugte, schwarzgewandete Frau, die von einer zweiten Frau und von einem großen, starkgebauten Mann in einem Leintuch, das aussah wie ein Sterbehemd, gestützt wurde.

Es war Miriam, die ihren Sohn dahingehen sehen wollte. Seinem Wort gehorchend, hatte sie es vermieden, mit ihm zusammenzukommen, während er seine Sendung auf Erden vollendete. Nun kam sie, geleitet von ihrer Schwester, der getreuen Mariama, die Jeschua bis zum Fuß des Kreuzes gefolgt war, und Jochanaan, seinem geliebtesten Jünger, um das Antlitz ihres Sohnes in der Stunde seiner Verklärung zu sehen, so wie er es vorausgesagt hatte.

Mit stockenden, schleppenden Schritten kamen sie heran, bis Miriam sich ihrem Sohne von Angesicht zu Angesicht gegenüberbefand. Ihre beiden Begleiter zogen sich zurück, doch nur ein kleines Stück weit, damit sie ihr beispringen konnten, wenn sie umsinken sollte.

Miriams Augen waren weit geöffnet. Ohne mit der Wimper zu zucken, schaute sie den sich in Schmerzenskrämpfen krümmenden Leib ihres Sohnes. Dies war der Leib, den sie in ihren Armen gehalten, den sie gebadet und gesalbt so viele, viele Male, seit sie ihm das Leben gegeben hatte. Nun sah sie ihn entstellt von Wunden, von den Striemen der Peitschenhiebe der Soldaten.

Sie blickte auf sein Haupt. Die Haare, die sie so oft mit Öl geglättet, waren besprengt mit seinem Lebensblut. Immerzu sikkerte es von seiner Stirn, und Miriams Augen folgten jedem Rinnsal bis zur Wundöffnung, der es entfloß. Sie schaute auf seine Hände, die so oft in den ihren gelegen, und ihr Blick drang mit den Nägeln durch die Handflächen, auf denen die Wundmale zu schwären begannen.

Sie weinte nicht. Die Linien ihres Gesichts waren hart und straff, als seien die Muskeln ein für allemal in dieser Lage befestigt. Nur ihre Augen waren übermäßig geweitet; das Weiße darin war mit einem roten Netzwerk von Adern über und über bezogen, daß sie anzusehen waren wie offene Wunden.

Zuletzt traf ihr Blick mit dem Jeschuas zusammen; unmerklich begannen ihre Lippen sich zu bewegen, zuerst ganz leicht, dann wie ein huschendes Flattern, und schließlich entrang sich ihnen, kaum hörbar, zitternd mit dem Beben ihres Atems, das Wort:

«Tinoki...» Und noch einmal: «Tinoki, Tinoki...»

Der Körper des Sohnes krümmte sich am Kreuz. Die Rippen bewegten sich unter der Haut; für einen winzigen Augenblick spannten sich die Muskeln des Rumpfes, und Miriam fing ein Wort auf:

«Emi!»

Sie schwankte. Starke Arme griffen von hinten zu und stützten sie; da hörte sie die Stimme ihres Sohnes sagen: «Siehe, das ist deine Mutter!», und sie fiel in Jochanaans Armen zusammen. Doch noch immer hielt sie die Augen offen und ihren Blick gerichtet in den ihres Kindes. Sie fühlte, wie das Leben von ihr glitt gleich einem alten Kleid. Ein neues Leben zog in sie ein. Sie war nicht mehr nur sie selbst; sie war eins mit ihrem Kinde. Durch seinen Blick war sie mit ihm genagelt an das Marterholz. Brennender Schmerz durchrann ihren Leib; auf ihrer Zunge war der bittere Geschmack von Galle und Essig, und während ihr Bewußtsein sich löste zu Dunkel, vernahm sie die Worte:

«In Deine Hände befehle ich meinen Geist.»

Sie wußte nicht, ob er oder sie die Worte gesprochen habe.

SIEBZEHNTES KAPITEL

RASCH sank der Sabbath-Vorabend auf Jerusalem herab, nicht wie an andern Abenden, da die Sonne noch lange zögerte auf den Dächern der Häuser und nur widerstrebend schied von den goldenen Zinnen des Tempels. An diesem Abend verdunkelte sich der Himmel mit einem Schlag; in jeder Ecke und in jedem Winkel der Stadt wurden die Sabbathlichter entzündet. In den Gassen um Golgatha ertönten Hosiannarufe. Die Pilger waren froher Stimmung: alle miteinander fühlten sie sich erhoben von der Heiligkeit dieses Sabbaths, der zusammenfiel mit dem Fest der Befreiung aus der Knechtschaft; in allen Straßen und in allen Häusern, auf jeder Altane und auf jedem Dach waren feiernde Gruppen, Familien oder fromme Bruderschaften, versammelt.

Durch die festfröhlichen Straßen geleiteten die trauernden Frauen Miriam von ihres Sohnes Grab am Fuße Golgathas zum Haus der Johanna, das nicht weit entfernt lag. Es hatte die Frauen beherbergt, die Jeschua gefolgt waren, während dieser selbst mit den Jüngern die Nächte auf dem Ölberg in Verborgenheit zugebracht hatte. Nun wurde seine bejahrte Mutter für den Sabbath hier untergebracht. Hinter den Frauen ging Jochanaan mit Simon bar Jona, der sich in der Umgebung von Golgatha versteckt gehalten hatte. Mariamas Mann Kleophas war nirgends zu sehen, noch war einer von Jeschuas vier Brüdern oder der alte Gerber der Schädelstätte ansichtig geworden, seit Jeschuas Kreuz dort aufgerichtet worden war.

In Johannas Haus angekommen, legte die Mutter den Witwenschleier ab, so daß ihr Gesicht zum Vorschein kam. Die Anwesenden schreckten zusammen, als sie die Veränderung erkannten, die darin vorgegangen war. Sie erblickten ein von Gram fast freies, beinahe heiteres Altfrauengesicht; nur die Augen waren tief in die Höhlen eingesunken. Jede Gebärde Miriams sprach von einer tiefen Ruhe. Leise sagte sie:

«Wascht euch Hände und Gesichter. Entzündet die Lampen, und möge der Sabbath sich auf euch herniedersenken, wie er sich niedersenkt auf die ganze Welt.»

Die Frauen taten, wie ihnen geheißen. Sie wuschen sich und steckten die Lichter an. Darauf deckten sie den Tisch, und Jochanaan sprach den Segensspruch über einem Becher Wein, so wie es sein Herr getan haben würde, wenn er am Leben gewesen wäre. Und alle setzten sich um den Tisch zum Sabbathmahl.

Den ganzen Tag über saß sie regungslos in einer Ecke in Johannas Haus. Ihre schmalen, ausgetrockneten Lippen waren fest aufeinandergepreßt, und ihre Augen starrten blicklos vor sich hin.

Kein Lebenszeichen wurde sichtbar an ihrem Körper. In sich gekrümmt, in sich verschlossen war er gleich einem verschnürten Bündel, gleich dem leblosen Gehäuse eines Daseins, das sie von sich getan hatte. Dennoch erregte ihr Anblick bei ihrer Umgebung weniger Trauer und Mitleid als den Eindruck einer Heiligkeit, die die Frauen mit Scheu erfüllte. Sie wagten nicht, sie anzusprechen; sie fürchteten sich, die Stille, die sie umgab, zu stören; sie gingen auf den Zehenspitzen und flüsterten bloß miteinander, wodurch die Stille sich nur noch tiefer geltend machte.

Von Zeit zu Zeit kehrte Miriams Geist in die Gegenwart zurück; dann warf sie einen Blick auf die Frauen, und ihren Mund umspielte ein mattes Lächeln, als wolle sie um Verzeihung bitten dafür, daß sie sie bisher nicht beachtet habe. Und wortlos forderten ihre Augen die Frauen auf, näherzutreten. Dann scharten sie sich für eine Zeitlang um sie: ihre brave Schwester Mariama, die getreue Schoschanna, die Witwe des Zebedäus, und ihre stattliche Gastgeberin, Johanna, die Gattin des königlichen Beamten. Mit sanftem Lächeln suchte Miriam deren Leid zu lindern; sie streckte die Hände aus, streichelte ihnen die Köpfe und besänftigte ihre Gemüter.

Eine der anwesenden Frauen jedoch hielt sich fern. Seit dem Eintreffen der Mutter in Jerusalem hatte Miriam von Magdala angstvoll vermieden, daß der Schatten von Jeschuas Mutter sie streife. Sie hatte nicht gewagt, sich der Kuppe Golgathas zu nähern, sondern hatte, in sich hineinschluchzend, abseits von den

Andern gelegen. Und nun in Johannas Haus – der einzigen Heimstatt, die sie gehabt, seit sie dem Rabbi gefolgt war – kauerte sie in einem abgelegenen Winkel. Sie war die einzige unter den Frauen, die Miriam nicht zur Hand ging; und auch nun, da die andern Frauen sich Miriam auf deren sanften Wink näherten, blieb sie in ihrer Ecke. Unter ihrem zerrissenen Gewand ward die weiße Haut sichtbar; ihr Gesicht war verhüllt vom Kupferglanz ihrer Haare. Regungslos lag sie da, nur manchmal ging ein krampfartiges Zucken durch ihren Körper, wenn sie ihr Schluchzen zu unterdrücken sich bemühte.

Sie war aufgeschreckt, als sie gehört hatte, wie die andern Frauen durch den Raum gingen, um sich um Jeschuas Mutter zu sammeln. Einen Augenblick lang hob sie den Kopf; in ihren rotränderten Augen lag eine stumme Bitte.

Miriam lächelte ihr zu und lud sie mit einem Kopfnicken ein, ebenfalls näherzutreten; in ungläubigem Entsetzen gab die Magdalenerin den Blick Miriams zurück. Dann aber kroch sie, wie ein auf der nächtigen Straße umherirrendes Tier, das man in ein fremdes Haus gelockt hat, um sich zu wärmen, vorwärts, und als sie an Miriam herangekommen war, verbarg sie ihr Gesicht in den weiten Falten von Miriams Kleid.

«Trockne deine Tränen», sagte Miriam, die Hand leicht auf den Kopf des Mädchens legend, «heute ist Sabbath.» Und sie nahm den Kopf der Magdalenerin, die weinte wie ein Kind, in ihre Hände.

Von allen, die um Jeschua trauerten, ging keinem, außer der Mutter, der Verlust so schmerzhaft nahe wie Miriam von Magdala. Wenn für alle Andern Jeschua Israels und der Welt Messias war, für Miriam von Magdala war er der persönliche Erlöser gewesen.

Alle Übrigen gehörten zur heiligen Gemeinschaft Israels. Wenn ihre auf Jeschua gesetzten Hoffnungen geschwunden waren, so wurzelten sie doch immer noch in dem Boden, dem der messianische Glaube entsproßt war. Es war nicht das erste und würde auch nicht das letzte Mal sein, daß Israel eine Enttäuschung erlitt. Die Judenheit harrte in Liebe dem Messias entgegen, sehnte sich inbrünstig nach seiner Heraufkunft. Ihre Liebe und ihre Sehnsucht hegte und pflegte die messianische Pflanze, die, wenn ihre Zeit gekommen war, neue Frucht tragen mußte. Wenn der Nazarener gescheitert war, so stand ein anderer, der echte Erlöser auf, der die himmlischen Heerscharen um sich sammelte und in der Rüstung der Rache herabstieg.

Doch für Miriam von Magdala war kein anderer als Jeschua der Messias, und mit seinem Tod schwand ihr alle Hoffnung. Welch anderer Messias oder welch anderer Rabbi auch nur würde sich herabbeugen zu ihresgleichen, um sie emporzuheben aus der Gosse, ihren befleckten Leib und ihre bemakelte Seele zu läutern, das Vergangene hinwegzuwischen, wie das Licht des Tages die bösen Träume der Nacht zerstreut, und ihr Gemüt mit einem neuen Geist zu erfüllen, mit dem Durst nach Reinheit und Frömmigkeit? Welch anderer Rabbi würde den Mächtigen, den Gelehrten, den Erlesenen den Rücken kehren, um die Sünder an seine Brust zu nehmen; wer würde sie zu finden wissen unter den Unreinsten, die umstrickt waren von der Sünde wie von einer Riesenschlange, würde den Richtenden zurufen: «Wer unter euch ohne Sünde ist, der werfe den ersten Stein auf sie»? Wo war nun ein Meister, der sie vor sein Angesicht ließ?

Doch wenn Jeschua nicht der Messias war, dann war all ihr Mühen umsonst, war ihre Läuterung im Fegefeuer der Reue vergebens gewesen. Sie würde wieder in die Krallen der Sünde zurückfallen, aus denen er sie erlöst hatte. Trotz all ihrer Sehnsucht und ihrem Hunger nach Reinheit würde sie wieder in die Gosse sinken, die ihre Wiege gewesen war.

Für sie bestand Hoffnung einzig und allein in Jeschua, dem Heiland, der gekommen war, den Segen Gottes in seinen Händen haltend, um den Gefallenen gleich ihr beizustehen und ihnen aufzuhelfen. Mit ihm war alles dahingegangen: die Liebe und der Strahlenglanz Gottes, der Durst und die Sehnsucht, die Hoffnung und die Vergebung der Sünden. Mit ihm war das Leben Seligkeit gewesen, ohne ihn würde es nichts sein als Verderben.

Den ganzen Tag über hatte sie getrachtet, ihr Herzeleid zu unterdrücken, daß es nicht sichtbar werde, daß ihre Seufzer nicht den Sabbathfrieden störten, der um die Mutter war.

Doch von Miriam, der Mutter, fiel mit dem Ende des Sabbaths die Rüstung ab, mit der sie gewappnet gewesen war. Dunkelheit überfiel das Haus gleich der Verdüsterung der Seele. Immer noch regungslos auf der gleichen Stelle sitzend wirkte Miriams Körper nun eingeschrumpft und zusammengefallen, wie zertreten vom harten Tritt des Grams. Ihre Lippen blieben verschlossen, lautlos war ihr Weinen. Nichts regte sich in ihrem Antlitz als die Tränen, die in die Falten der vergilbten Haut rannen. Beim Schein einer einzigen Lampe – der Totenlampe zum Gedenken des Sohnes – nahmen die sie umgebenden Frauen zum ersten Mal wahr, wie tief diese Falten sich eingekerbt hatten. Ihre Herzen taten ihnen weh in der Brust, da sie die Tränen über Miriams stilles, wie vereistes Gesicht rinnen sahen.

Und da sie diese Tränen ohne Unterlaß fließen sahen, machte sich schließlich ihrer aller Leid Luft und brach in lautem Klagen von ihren Lippen. Vor dem Hause, im Garten und auf der Straße war die Totenklage zu vernehmen.

Die Jünger Simon und Jochanaan, die im Vorgarten saßen, hörten sie. Sie weinten nicht; sie saßen niedergeschlagen und verlassen da, wußten nicht, was beginnen und wohin sich wenden, noch was ihnen von ihrem Meister zu tun aufgetragen war.

Im Hause drinnen winkte Miriam von Magdala Mariama zu. Die beiden sprachen oft miteinander. Mariama war die Erste gewesen, die sich mit der Magdalenerin angefreundet hatte, denn sie hatte empfunden, wie ernst es dieser mit ihrer Bekehrung war und mit welcher Hingabe deren Seele an Jeschua hing. Ihre gemeinsame Liebe zu dem gekreuzigten Rabbi hatte sie zu Schwestern werden lassen.

Nun gingen sie mit Laternen in den Händen vom Hause fort. Miriam von Magdala geleitete die Freundin zum Markt in der Unterstadt, wo die Weihrauchhändler ihre Stände hatten. Einer von diesen war der Magdalenerin bekannt, denn sie hatte in früheren Jahren bei ihm Balsam und Salben gekauft. Nun erstanden die beiden Frauen Weihrauch und Gewürze zum Salben von Jeschuas Leib, denn dazu war am Freitag in der Stunde seiner Kreuzabnahme nicht Zeit gewesen. Nur Nikodemos hatte damals ein mitgebrachtes Bündel von Gewürzen in das Grab gelegt; doch auch er hatte nicht die letzte Ölung vorgenommen.

Miriam von Magdala nahm ihren schwarzen Schleier ab und umhüllte damit die gekauften Spezereien. Darauf kehrten sie nach Johannas Haus zurück, wo Miriam von Magdala die ganze Nacht über auf dem Boden saß und die Pflanzen nach ihren einzelnen Arten auswählte und zusammenlegte: die scharlachfarbenen Herzblätter der Rose von Engeddi, die gepreßt einen wundervoll duftenden Balsam gaben; die Beeren der wilden Myrte; Narde und

Bärlappmoos von den Ufern des Roten Meeres; das rätselhafte Gewächs, das den Namen «Mondschein» führte; Cassia, Galbanum und Saffran, Calmus und Castus, deren Rauch den Tempel durchduftet. Leicht ließ sie die Finger streifen über Blatt und Blüte, daran denkend, wie sie des Meisters Füße gesalbt hatte, da er in der Woche seines Todes auf dem Ölberg geweilt, und wie der Meister gesagt hatte: «Sie tut es zu meinem Begräbnis.» Und da sie alles im Mörser zerstampfte, mischten sich ihre Tränen in die Essenz der Gewürzkräuter.

Die Frühlingsnächte in Jerusalem sind kurz. Bevor der Morgenstern in vollem Schein erstrahlt, kündigt der Duft der Blumen, die sich öffnen, um die Sonne zu empfangen, den heraufziehenden Morgen an. Und bald bringt der Wind den rauhen Geruch der Wüste und von Jerichos Dattelhainen. Wellen von Helligkeit durchfluten die Luft; ein süßer Hauch schwebt auf von den Weinbergen Bethlehems, über denen die Sonne den Himmel rötet.

Kaum hatte Miriam von Magdala das erste Vogelzwitschern gehört, als sie die Phiolen und Büchsen, die sie mit dem frischen Salbwerk gefüllt hatte, zusammennahm und sie sorgsam in einem Körbchen unterbrachte. Mariama nahm in einem Bündel die übriggebliebenen Weihrauchzweige und Gewürze mit. Dann gingen die beiden Frauen mit Öllämpchen versehen durch die verschlafenen Straßen der Stadt und stiegen raschen Schritts zu dem Felsengrab hinauf, das sich auf einer der Joseph von Arimathia gehörenden Ländereien befand und in das sie am Freitag Jeschuas Leichnam gelegt hatten.

Miriam, die Mutter, war allein geblieben, um das Lämpchen zu hüten, das auf dem Tisch für die Seele ihres Sohnes brannte. Die andern Frauen waren, von Wachen und Weinen erschöpft, schließlich in Schlaf gefallen.

Zögernd brachen die ersten Lichtkeile der Morgensonne durch die offenen Fenster von Johannas Haus. Von fern drang ein leiser Laut herüber: das Gurren der Turteltauben, die in den Vogelhäusern des Tempels erwachten; dann aber setzte Schmettern von Drommeten ein: die Priester auf der Umwallung des Tempels verkündeten das Ende der Nachtwache.

Das Licht ergoß sich nun kühn durch die Fenster, verscheuchte im Haus die Schatten und brachte tausenderlei Blumendüfte mit sich. Miriam vernahm das lärmende Vogelgeschilp auf dem Dach, das Summen und Brummen von schwirrenden Käfern und Mücken. Dies war der Preisgesang der Schöpfung; Miriams Herz stimmte ein in das Lied. Ihr Schmerz schien ihr sonderbar gesänftigt, sie fühlte ihr Inneres zusammenklingen mit den frohen Lauten, die von draußen heranschwebten. Ihre Lippen taten sich auf, und sie flüsterte vor sich hin:

«,HErr, mein Gott, da ich schrie zu Dir, machtest Du mich gesund. HErr, Du hast meine Seele aus der Höhe geführet; du hast mich lebendig behalten, da die in die Hölle fuhren. Ihr Heiligen, lobsinget dem HErrn, danket und preiset Seine Herrlichkeit. Denn Sein Zorn währet einen Augenblick, und Er hat Lust zum Leben; den Abend lang währet das Weinen, aber des Morgens die Freude.'»

Und wieder den fröhlichen Lauten lauschend, wiederholte sie für sich die letzten Worte des Psalms. Ein jedes Geschöpf ließ sein Morgenlied ertönen, besang die Auferstehung.

Als dieses Wort sich auf ihren Lippen bildete, schreckte sie zusammen. Ihre Hände begannen zu zittern, und Schweiß brach ihr aus den Poren. Doch im gleichen Augenblick fühlte sie auch, wie ihr schwindlig wurde vor Glückseligkeit und wie durch ihre Gliedmaßen neues heißes Leben rann. Eine lang entbehrte Kraft stieg auf in ihrem Körper, eine Stärke, wie sie kaum verspürt hatte seit ihrer ersten Mutterschaft.

Mit einmal tasteten ihre Hände um sich herum und berührten lebendiges Fleisch: die Haut eines Körpers, des Körpers eines Kindes, ihres Kindes. Sie spürte die täppische Liebkosung seiner Händchen über Hals und Wange, die Wärme und das Gewicht, da sie es auf den Knien wiegte. Wieder lag das Kind in ihren Armen, wieder drückte sie seine kleine Gestalt an die Brust, verschmolz seine Seele mit der ihren, so daß sie sich mischten und zusammenflossen wie zwei ineinanderlodernde Flammen.

Lauter ward die Musik, die von draußen hereindrang; Miriam erkannte den Gesang der Leviten auf den Stufen des Tempels. Mit dem grellen Sonnenlicht und dem Sang der Vögel und Käfer flutete das Lied der Leviten um sie. Sie unterschied jedes Wort, jeden Vers und stimmte mit ein in den Gesang:

«,Lobet ihr Knechte den HErrn, lobet den Namen des HErrn. Gelobet sei des HErrn Name, von nun an bis in Ewigkeit. Vom Aufgang der Sonne bis zu ihrem Niedergang, sei gelobet der Name des HErrn.

Der HErr ist hoch über alle Heiden; seine Ehre geht, so weit der Himmel ist.
Wer ist der HErr unser Gott? Der sich so hoch gesetzet hat,
Und auf das Niedrige siehet im Himmel und auf Erden;
Der den Geringen aufrichtet aus dem Staube und erhöhet den Armen aus dem Kot,
Daß Er ihn setze neben die Fürsten, neben die Fürsten seines Volks.
Der die Unfruchtbare im Hause wohnen macht, daß sie eine fröhliche Kindermutter wird.
Halleluja!'»

Dann sah sie Jeschua vor sich als kleinen Knaben im weißen Hemd, das sie selbst gewebt. Draußen auf dem grünen Hügel war er gegenüber ihrem Hause in Nazareth, umgeben von der kleinen Herde. «Mondschein», sein Lieblingslämmchen mit dem makellosen weißen Vlies, ein in der Sonne schimmernder Schneefleck, schmiegte sich an ihn. Und ihre Hände streckten sich aus nach dem Kinde: «Tinoki!»

Der Knabe hörte sie, er warf den Kopf hoch, daß die dunklen Locken flogen und flatterten. Er sprang den Hügel hinauf, rannte, warf die Händchen empor und rief:

«Emi!»

Der Ruf hallte wider, schwoll an, ward zu einem Schrei, der ihr Ohr betäubte. Schritte erklangen im Vorgarten, Miriam wandte sich um und sah die Tür auffliegen. Und die Magdalenerin stürzte mit aufgelöstem Haar herein, Mariama folgte ihr auf dem Fuße, hinter dieser Simon und Jochanaan. Alle machten sie einen wirren, schreckverstörten Eindruck.

«Mutter, man hat unsern Herrn weggeholt!»

«Wer?»

«Das wissen wir nicht; das Grab war leer, als wir hinkamen», schluchzte Mariama auf.

Die Mutter senkte schweigend das Haupt. Doch Simon bar Jona sprang zur Tür und rief zurück:

«Komm mit, Jochanaan, wir wollen sehen, was sich zugetragen hat!»

Jochanaan zauderte und sah die Mutter an. Er war der Erste, der die Veränderung in ihrem Gesicht wahrnahm, er staunte ob der Verwandlung ihrer Züge. Er wollte den Mund zum Sprechen öffnen, doch dann machte er kehrt und folgte Simon. Die Magdalenerin lief ihm nach.

«Miriam, was mag das bedeuten?», fragte Mariama, die Hand der Schwester ergreifend.

«Gott wird es uns kundtun, sobald die Stunde gekommen ist», sagte die Mutter, und ihren Mund umspielte ein schwaches Lächeln.

Johannas Haus lag am äußersten Stadtrand, und es war nur eine kurze Strecke Wegs zum Hügel von Golgatha, der dicht hinter der Außenmauer anstieg. Es dauerte daher nicht lang, bis Jochanaan und Simon zurückkamen.

Jochanaans Gesicht war verdunkelt von Wut. Seine Stirn war von schweren Falten zerrissen, und sein schwarzer Haarwust flog bei jeder Bewegung wild umher. Er warf sich in eine Ecke und sprach kein Wort.

Ihm nach kam Simon. Sein gefurchtes Altmännergesicht war naß von Tränen; in seinen Händen hielt er ein weißes Kopftuch, das er der Mutter hinreichte, während er mit gebrochener Stimme sagte:

«Das ist alles, was wir am Grab gefunden haben. Sieh, ob es deinem Sohne gehörte.»

Miriam nahm das Tuch und sagte:

«Es ist das Kopftuch, das ich ihm gewebt, ehe er daheim fortging.»

Mittlerweile waren von der im Hause herrschenden Erregung auch die andern Frauen geweckt worden; verschlafen tauchten sie aus den inneren Gemächern auf und umringten Miriam und Mariama.

«Was ist geschehen?», fragten sie angstvoll. Da erzählte ihnen Mariama davon, wie sie und die Magdalenerin mit Gewürzen und Weihrauch zum Grabe des Rabbi gegangen und als sie herangekommen seien, den Eingang der Grabstätte erbrochen und das Grab leer gefunden hätten. Und nun seien die Jünger Simon und Jochanaan, die dort gewesen, zurückgekommen und bestätigten die Hiobsbotschaft, da sie im Grabmal nur das Leichentuch und davor Jeschuas Kopftuch gefunden hätten. Als Johanna und Schoschanna erfuhren, was sich ereignet hatte, rangen sie die Hände und brachen in lautes Wehklagen aus.

Die Tageshitze begann zuzunehmen. In vollem Glanz stand die Sonne am weitgespannten Himmel. Mit Sonnenstäubchen beladene Strahlen brachen, Wärme, Helligkeit und Festlichkeit verbreitend, durch die Fenster. Die lichte, luftige Fröhlichkeit, die in den Raum hereinströmte, stand in scharfem Gegensatz zu der Düsterkeit der darin befindlichen Menschen. Nur Miriam, die Mutter, die sich etwas abseits von den Andern hielt, schien eins zu sein mit der frohen Morgenstimmung. Ihr Gesicht zeigte einen Ausdruck seliger Heiterkeit; aufrecht saß sie da, in majestätischer, fast jugendlicher Haltung.

Plötzlich ward von draußen eine Stimme hörbar, eine wie in der Ferne singende Stimme. Alle hielten den Atem an und lauschten; ein zartes, wie erschauerndes Zittern war in der Stimme, so daß sich nicht sagen ließ, ob sie von Jubel oder Klage tönte. Und da sie näherkam, erhoben sich alle in Johannas Hause gleichzeitig, denn etwas Drängendes, Verkündendes, gleich dem Schall einer Glocke, war in der Stimme. Da tat sich die Tür auf, und Miriam von Magdala stand auf der Schwelle.

Alle schauten auf sie mit Staunen über die Wandlung, die mit ihr, die weinend das Haus verlassen hatte, vorgegangen war; hochaufgerichtet stand sie da, größer und stolzer als vorher, das Haupt gleich einer Fackel vom kupferfarbigen Haar umflammt, das Gesicht von einem Glanz überstrahlt, der alle, die ihr entgegenblickten, überwältigte und tröstete.

«Ich habe meinen Herrn gesehen», sagte sie in triumphierendem Ton.

Niemand antwortete darauf. Es war, als ob ein Engel zu ihnen gesprochen habe, denn die Furcht Gottes kam über sie, und ihre Herzen erbebten vor Schreck. Die Frauen und die Jünger blickten einander an; ihre Zungen schienen wie gelähmt. Schließlich brach Jochanaan das Schweigen. Mit harter, dröhnender Stimme fragte er:

«Wann hast du ihn gesehen, und wo?»

«Als du fortgegangen warst von des Meisters Grab. Ich blieb noch etwas zurück, um meinen Herrn zu beweinen: ich beugte mich vor und schaute hinein in die Grabstätte. Und da sah ich zwei weißgekleidete Engel sitzen, den einen zu Häupten, den andern zu Füßen, dort, wo der Leichnam gelegen hatte. Und sie sagten zu mir: ‚Weib, was weinest du?' Und da ich ihnen geantwortet hatte, daß mein Herr verschwunden sei, wandte ich mich zum

Gehen, und siehe, Jeschua stand hinter mir! Und er sagte: ‚Gehe hin zu meinen Brüdern und sage ihnen: Ich fahre auf zu meinem Vater und zu eurem Vater, zu meinem Gott und zu eurem Gott.'»

«Sie sieht Gespenster!», schrie Jochanaan von Zorn übermannt. «Wir waren mit ihr am Grab, und uns beiden, den Jüngern, ist er nicht erschienen. Sollen wir glauben, daß er sich einem Weibe offenbart hat?»

«Ich habe meinen Herrn gesehen», sprach die Magdalenerin fest, Jochanaans erbosten Blick aushaltend. «Von Angesicht zu Angesicht sprach er mit mir, und er nannte mich Miriam. Ich erkannte ihn an der Stimme und sagte: ‚Rabbuni, mein Rabbi'.»

«Wie Schafe stehen wir da, die ihren Hirten verloren haben», sagte Simon kläglichen Tones, «und wir waren nicht würdig, daß er uns sich zeigte. Wir sahen ihn nicht, doch ein Weib sah ihn.»

«Ich habe meinen Herrn gesehen», wiederholte Miriam von Magdala. «Mein Herr lebt; er ist auferstanden von den Toten, um zu seinem Vater und zu unserem Vater aufzufahren.»

«Ich glaube dir, mein Kind.» Und die Mutter erhob sich, ging zu Maria von Magdala und schloß sie in die Arme.

Nun erst gewahrten die andern Frauen des Hauses die große Wandlung, die über die Mutter gekommen war, daß sie gekräftigt und verjüngt schien, wie sie sie seit vielen Tagen nicht gesehen hatten. Und sie nahmen es als Beweis dafür, daß ihr Sohn nicht mehr im Reich der Toten weile und sprachen zueinander:

«Sehet, die Mutter ist ebenfalls erstanden von den Toten.»

Doch die Männer wollten nicht daran glauben.

ACHTZEHNTES KAPITEL

FÜR alle Insassen von Johannas Haus folgte ein Tag äußerster Spannung und Gemütsverwirrung. Sollten sie wirklich an die Auferstehung des Messias glauben? Wo blieb dann der Schall der Engelsposaunen, die die Frohe Botschaft der Erlösung verkündeten?

Die Mutter nahm den schwarzen Witwenschleier ab, den sie nach Sabbath wieder angelegt hatte. Und sie ließ sich ihren purpurnen Gürtel bringen, der von einer silbergetriebenen Spange mit dem Löwen Judas geschlossen wurde, Josephs Brautgeschenk, das sie die ganzen Jahre über als Gedenkzeichen seiner Treue gehütet hatte. Zuletzt bat sie, daß man sie auf das Dach führe, um dort, allen sichtbar, in der Sonne zu sitzen.

Über dieses Dach ergoß die Sonne ein neuartiges Licht, als ob wirklich die Seraphim aus der Himmelshelle Gottes Botschaft erschallen ließen. Von allen Dächern Jerusalems blitzte es silberweiß. So verbrachten sie denn die Mutter auf den Söller, wo sie im Angesicht aller saß, und der Geist Gottes senkte sich auf sie herab.

Den Frauen, die sie also verklärt sahen, verschlug es vor Schreck und Freude die Worte. Sie erblickten das ihnen so wohlbekannte Gesicht, doch nun war wie durch Zaubermacht alles Leid daraus entwichen. Und sie sahen sie die Arme breiten, wie um die Welt zu umfangen und sie teilnehmen zu lassen an ihrer Glückseligkeit. Miriams Seelenverfassung übertrug sich auf die, die ihrer inne wurden, und sie klatschten jauchzend in die Hände.

«Dies ist der Tag, den Gott gemacht», sangen sie, «wir wollen uns seiner erfreuen und fröhlich sein.»

Im Verlauf des Tages stellten sich mehr Menschen ein; die von des Rabbis Anhängerschaft, die sich versteckt hatten, kamen mit langen Gesichtern zurück. Wie Diebe schlichen sie sich in Johannas Haus hinein: die Brüder Jakob, Joses, Simon und Juda mit ihrem Oheim Kleophas sowie dem Gerber Taddi. Nachdem der Sturm des Pöbels überstanden war, hielten sie jetzt die Gefahr für beseitigt und kamen, um die Mutter zur Heimkehr nach Nazareth abzuholen. Als sie in Hörweite gekommen waren, hatten sie den Jubel vernommen, der aus den oberen Gemächern im Hause Johannas erschallte. Und als sie dann am Vorgarten anlangten, wurden sie der jauchzenden Frauen ansichtig, die einander in die Arme fielen und vor Freude weinten.

Doch als sie dann das Haus betraten, merkten sie, daß nur das Weibervolk von diesem Jubel ergriffen war. Die beiden Männer dagegen fanden sie bitter verstimmt. In einer Ecke saß Simon bar Jona, dem die Tränen in den Bart liefen.

«Wahrlich, mein Herr hat mich nicht für wert befunden», sagte er. «Von allen seinen Dienern bin ich der am meisten verschmähte. Denn ich suchte ihn und fand ihn nicht.»

Die Brüder wußten nicht, was sie sagen sollten; Simon plapperte wie ein vom Irrsinn Befallener vor sich hin. Mit fragenden Augen blickten sie auf Jochanaan. Und dieser sagte:

«Sie hat eine Gestalt ihrer Einbildung gesehen, sonst nichts. Wenn der Meister sich in Wahrheit zeigen gewollt, so hätte er sich die Jünger dazu erwählt, nicht ein besessenes junges Weib wie diese Magdalenerin.»

Ohne ihm weiter zuzuhören, erstiegen die Brüder den Söller, wo die freudig erregten Frauen sich um die Mutter scharten.

Die Mutter selbst hatte sich verwandelt, daß sie kaum wieder zu erkennen war; bei ihrem ersten Anblick blieben die Brüder wie versteinert vor Schreck und Entsetzen auf der Stelle. Dies war nicht mehr die alternde Frau, die sie in Nazareth zurückgelassen hatten; es war, als sei ihre Jugendlichkeit aus längst vergangenen Tagen wiedergekehrt, ein Trugbild, hätten sie wohl geurteilt, hervorgerufen durch die Erinnerung an ihre Knabenjahre, wäre die Jugendlichkeit dieser Frau nicht von einer zeitlosen Hoheit gewesen. Die Gnade des Himmels ruhte auf ihrer Stirn und leuchtete in der dunklen, gütigen Weisheit ihrer Augen. Wiewohl ihr Mund ihnen zulächelte, so vermochten sie, von Ehrfurcht gebannt, zunächst keinen Schritt auf sie zuzutun. Dann aber öffnete die Mutter die Lippen und sagte freudigen Tones:

«Der HErr hat Großes an uns getan; Er ist zurückgekehrt in unsere Mitte.»

Bei diesen Worten erbleichten sie vor Entsetzen und schauten einander mit hilflosen Blicken an. War es der gekreuzigte Jeschua, den seine eigene Mutter «der HErr» nannte? Sie wagten keine Bewegung zu machen, noch ein Wort zu sprechen, so groß war ihre Angst. Schließlich fielen Joses und Simon nieder, drückten das Gesicht auf den Boden und weinten bitterlich, während Jakob, der Älteste, von Kopf bis Fuß zitternd dastand. Juda allein behielt ein gewisses Maß von Selbstbeherrschung und war der Erste, der die Sprache wiederfand; nicht an die Mutter noch an eine der anwesenden Frauen wandte er sich, sondern zu den Jüngern, die den Brüdern nachgefolgt waren, und fragte:

«Hat einer von den Jüngern den Meister gesehen?»

«Nein», ward ihm geantwortet. «Wir fanden nur das Leichentuch im Grab, sonst aber haben wir keine Spur von ihm erblickt. Welcher Verlaß ist auf die Worte eines Weibes?»

Im Verlauf des Tages fanden sich noch mehrere der Jünger ein;

jeder von ihnen kam aus seinem sicheren Versteck, und jeder wußte etwas anderes zu berichten. Niemand vermochte zu sagen, wie sich die Kunde verbreitet hatte, ob die Winde oder himmlische Engel sie in die Runde getragen hatten. Auch war keiner überzeugt von der Fassung des Gerüchts, die er vorbrachte; gewiß war nur, daß etwas Großes und Erstaunliches sich mit dem Leib ihres Herrn und Meisters begeben haben mußte. Daß sein Leib sich erhoben habe aus dem Grab, das wußten sie; es war nicht mehr und nicht weniger, als was ganz Jerusalem bekannt war. Es war in jeder Straße und in jedem Bazar der großen Stadt von Mund zu Mund gegangen. Jeschua von Nazareth, der vergangenen Freitag ans Kreuz Genagelte, der von den Galiläern als der König-Messias Ausgerufene, so raunte man sich zu, war auf rätselhafte Weise aus der Grabstätte auf der Liegenschaft des reichen Joseph von Arimathia verschwunden. Die Einen sagten, der Leichnam sei, auf gerichtliche Verfügung hin, aus dem Grab herausgenommen worden, um auf dem Friedhof der Märtyrer beigesetzt zu werden, eine Erklärung, die sowohl den Naturgesetzen wie den mosaischen Vorschriften Genüge tat. Andere dagegen beharrten auf einem Eingriff übernatürlicher Gewalten. Kurz, kein Mensch in Jerusalem konnte die Ohren vor diesen Gerüchten verschließen, zuallerletzt die Jünger, die, in ihrer zitternden Angst und Unwissenheit, gierig jede Neuigkeit über ihren Rabbi zu erhaschen suchten.

Da ihnen bekannt war, daß der älteste der Jünger, Simon bar Jona, sowie der Lieblingsjünger Jochanaan sich dort befanden, schlichen sie sich, von Hoffnung und Verzagtheit zugleich erfüllt, ins Haus der Johanna. Noch flackerte in ihren Herzen ein schwaches Flämmchen des Glaubens an den Heiland. Vielleicht hatte Gott doch seine Verheißung eingelöst und Jeschua von Nazareth den Juden zum Retter gesandt. Vielleicht hatte sich an diesem Tage doch die alte Weissagung erfüllt, und der Messias war – aus dem Grabe, in das er eingeschlossen gewesen wie Jona im Bauch des Walfischs – aufgefahren in Herrlichkeit mit den Engelscharen, die seines Wortes gewärtig waren. Wenn dies so war, warum sollten sie stumm bleiben und ihre Gesichter in düsteren Winkeln verbergen? Eher sollten sie doch mit lauter Zunge die Botschaft verkünden; denn nun mußten sich ja die Himmel auftun und alle Menschen gewahren, daß die Gnade des HErrn auf dem ruhte, den sie zuerst erkannt hatten. Sie erinnerten sich nun daran, wie der Rabbi zu seinen Lebzeiten in rätselhafter Weise auf das Sinnbild des Jona angespielt hatte. «Wer sein Leben verlieret um meinetwillen, der wird es finden», an dieses Versprechen des Meisters dachten sie nun. Mochten sie also kommen, die Kriegsknechte des Pilatus mit all ihren Geißeln und Schwertern und sie vor Gericht schleppen, denn der Rabbi hatte ihnen ja prophezeit, daß sie leiden würden um seines Namens willen.

Doch kaum hatten sie den Fuß über die Schwelle von Johannas Haus gesetzt und die Mienen von Simon und Jochanaan gesehen, da sank ihnen wieder der Mut. Ihre Furcht befiel sie wieder, und ihre Herzen wurden schlaff.

«Was ist geschehen, sprecht!»

«Wir wissen es nicht», erwiderte Jochanaan. «Der Meister ist aus dem Grabe verschwunden.»

«Aber habt ihr ihn gesehen?»

Wieder antwortete Jochanaan.

«Nein», sagte er, und dann setzte er langsam und nachdrücklich hinzu: «Niemand hat den Meister gesehen.»

«Warum jauchzen die Weiber denn dann?»

«Weil die Magdalenerin gesagt hat, der Meister sei ihr erschienen und habe zu ihr gesprochen.»

Da schüttelte Simon traurig den Kopf und sagte wiederum:

«Ich bin dem Meister nachgefolgt vom Tage an, da er mich im Jordan getauft hat. Aber ich bin nicht gewürdigt worden, ihn zu sehen noch seine Stimme zu hören. Mein Herr hat mich nicht dessen wert befunden.»

«Schmach und Schande!», rief Jochanaan erregt aus. «Daß die Launen eines besessenen jungen Weibes bei Männern gläubige Ohren finden! Höret mich an, Brüder: wenn der Meister auferstanden wäre, so würde er sich den Jüngern gezeigt haben, denen, die ihn lieben, denen, die er erwählte, da er lebte, nicht einem besessenen Weibe!»

«So ist es, Jochanaan», sagte einer der zuletzt Gekommenen. «Bei so schwerwiegenden Angelegenheiten darf man dem Zeugnis eines Weibes kein Vertrauen schenken.»

«Übrigens wissen wir, daß des Rabbis Leiche auf Verfügung des Hohepriesters nach dem Friedhof der Märtyrer überführt wurde», sagte Kleophas.

«Woher weißt du das?»

«Woher ich das weiß? Das weiß doch jedermann! Auf allen Märkten wird es erzählt.»

«Und jetzt wird man uns holen und vor Gericht schleifen», warf einer ein.

«Ich verstehe bloß nicht, was die Frauen in solchen Jubel versetzt. Sie werden mit ihrem Gejauchze noch die Schergen des Hohepriesters über uns bringen. Hört nur...» Der Sprecher stockte; denn die Mutter war vom Söller heruntergekommen und zu ihnen getreten. Sie mußte geahnt haben, wovon sie sprachen, oder es in ihren Gesichtern gelesen haben, denn unverzüglich sprach sie zu Jochanaan gewandt mit fester Stimme:

«Jochanaan, Sohn des Zebedäus, begreifst du nicht, daß sich der HErr denen zuerst offenbarte, die seiner am nötigsten bedurften, ja den Niedrigsten und Demütigsten, wie er es im Leben getan, und nicht denen, die stolz auf seine Liebe und ihrer gewiß sind?»

«Für uns ist der Meister schon gekommen und hat uns den Weg gezeigt», erwiderte Jochanaan. «Es ist gleichgültig, ob wir ihn mit unsern Augen wiederum sehen oder nicht. Denn unser Meister ist Geist und er ist in uns. Darum ist es zwecklos, eitel herumzusitzen und auf des Meisters Wiederkehr zu warten. Der HErr ist in uns, und wir werden in seinem Geiste beschließen, was wir zu tun haben.»

«Für mich, Jochanaan», sagte Simon bar Jona, «muß der Meister wiederkehren. Und er wird wiederkehren und uns den Weg weisen, denn wir sind wie Schafe, die sich zwischen Felsgestein verirrt haben. Und obschon ich nicht auserwählt war, seine Wiederkehr mit eigenen Augen zu schauen, so jauchze ich über seine Auferstehung. Denn nunmehr prüft er den Umfang unseres Glaubens um unseres Seelenheils willen. Darum sage ich, wir wollen hier unsern Herrn erwarten, und ich sage euch, er wird kommen nicht einmal nur, sondern Tag um Tag, uns zu sagen, was wir zu tun haben. Gleich dem guten Hirten, der seine Herde führt auf die grüne Aue, so werden wir ihm folgen ohne Furcht, mag er uns auch führen durch das Tal des Todesschattens.»

Da trat die Mutter zu ihm und sagte:

«Simon bar Jona, du sollst uns den Weg weisen und vorangehen. Deinen Fußspuren wollen wir folgen, denn der HErr hat gesprochen durch deinen gläubigen Mund.»

Doch Simon schüttelte verwirrt den Kopf und rief aus:

«Wer bin ich, daß ich seine Herde führen dürfte? Ich bin nur ein niederer Diener des Messias Jeschua! Ohne die Leitung des Meisters weiß ich nicht, was beginnen.» Und er warf sich zu Boden und schrie: «Herr, Herr, wo bist du? Komme zu uns, denn siehe, ohne deinen Stab, der uns leitet, sind wir wie ein Häuflein verlorener Schafe. Du, der du uns das ewige Leben gebracht, lasse uns nicht in der Finsternis. Sieh, deine Herde steht da verlassen, seit ihr der Hirte genommen ist. Komme du, guter Hirte, komm zu uns...» Lange noch blieb Simon auf den Knien liegen, die Hände vor sein tränenüberströmtes Gesicht geschlagen. Keiner sprach ein Wort, nicht die Jünger noch die Brüder. Sie senkten die Köpfe und hörten das Schluchzen des erschütterten Mannes vor ihnen auf dem Boden, und sie erzitterten, da der letzte Hoffnungsschimmer in Schweigen zu schwinden schien. Stumm standen sie da und warteten.

Da plötzlich schauerte die Gestalt der Mutter zusammen. Sie sahen ihren Blick auf einen Punkt im Raum gerichtet; ihre Lippen standen offen, blieben jedoch stumm. Die Andern folgten dem Blick der Mutter, und da sie nichts sahen, wandten sie ihn ihr wieder zu. Sie sahen sie plötzlich tief erbleichen und hörten ein schweres Stöhnen ihrem Munde sich entringen; und dann sahen sie sie lächeln unter Tränen, die ihre Augen erfüllten. Ihre Hände streckten sich zitternd aus, und von ihren lächelnden Lippen kam leise und zärtlich das altvertraute Wort:

«Tinoki...»

Und wieder wandten die Jünger den Blick. Da stand Er, der Ersehnte, die durchbohrten Hände zu unendlicher Umarmung ausgestreckt, und sie vernahmen die Stimme, die ihnen so wohlbekannt und so teuer war:

«*Schalom Alechem*... Friede sei mit euch.»

HISTORISCHE DATEN

zu Persönlichkeiten und Ereignissen, die im vorliegenden Buch geschildert oder erwähnt werden.

Vorbemerkung

Die Datierung der Geburt Christi ist seit langem umstritten. Die Festlegung auf das Jahr 753 nach Gründung der Stadt Rom, gleichgesetzt mit dem Beginn der christlichen Zeitrechnung (wenngleich es ein Jahr 0 nicht gibt – man sprang später von 1 v. Chr. auf 1 n. Chr. über), erfolgte im Jahre 525 durch den Abt Dionysius Exiguus, der dabei allerdings von falschen Zahlen für die Regierungszeit Herodes des Großen ausging. Der deutsche Astronom Johannes Kepler (1571 – 1630) errechnete unter Bezug auf das Erscheinen des Sterns von Bethlehem die Geburt Christi auf das Jahr 6. v. Chr. Eine andere Datierung auf das Jahr 2 v. Chr. scheint durch eine verläßliche Quelle gestützt zu werden, nach der Christus «mit etwa dreißig Jahren» von Johannes getauft wurde, kurz bevor dieser (wofür das Jahr 29 errechnet wurde) enthauptet wurde; andere Autoren nehmen die Enthauptung Johannes des Täufers jedoch für das Jahr 34/35 an.

Im Lukasevangelium wird die Reise der Eltern Jesu nach Bethlehem begründet mit der Volkszählung des Statthalters Publius Sulpicius Quirinius, die eindeutig für das 760 nach Gründung Roms belegt ist, womit das Jahr 6 oder 7 nach Beginn unserer Zeitrechnung als Geburtsjahr Jesu festgelegt ist. Spätere Deutungsversuche, daß eine derartige Volkszählung schon früher vorgenommen worden sei, werden schon durch eine Textanalyse nicht gestützt; es kommt hinzu, daß dies auch unlogisch wäre: im Jahre 6 wurde der frühere Herrschaftsbereich des Herodes dem römischen Reiche einverleibt, und genau dies war der triftige Anlaß für eine Volkszählung aus Besteuerungsgründen. Eine derartige Maßnahme in einem zwar abhängigen, aber jedenfalls nominell selbständigen Judenstaat dagegen ist völlig unwahrscheinlich.

Über Jahrhunderte hinweg haben sich in dickleibigen Veröffentlichungen dic Gelehrten immer wieder mit diesen Datierungsfragen beschäftigt, zumal ja selbst die drei weitgehend übereinstimmenden ersten Evangelien sich in heranziehbaren Angaben widersprechen.

Hier kann nur in aller Kürze darauf verwiesen werden, daß wir diese Schriften nicht als minutiöse Geschichtsschreibung betrachten dürfen, sondern daß es ihren Verfassern auf eine «höhere Wahrheit» ankam, bei der die Bestätigung einer bestimmten Voraussagung im heute sogenannten «Alten Testament» wichtiger war als ein tatsächliches historisches Ereignis. Da zum Beispiel der Prophet Michäas vorhersagte, daß der Messias aus Bethlehem kommen werde, war für den Evangelisten Lukas die Geburt Christi in diesem Städtchen eine feststehende Tatsache. Als logische Begründung für die Reise von Joseph und Maria dorthin nennt er die Steuerzahler-Erfassung (Volkszählung) unter dem syrischen Statthalter Quirinius, da es ihm auch um eine Abstimmung mit Daten der römischen Geschichtsschreibung ging.

Ein Widerspruch dazu ist der Verweis auf die Regierungszeit des Herodes und den von diesem verübten bzw. angeordneten «bethlehemitischen Kindermord». Hier müssen wir einfach von gewissen Überlagerungen und Personenvermischungen ausgehen. Es war bekannt, daß Herodes die Hasmonäer ausrotten ließ und auch sonst mancherlei Grausamkeiten beging, was Anlaß zum absolut sagenhaften Bericht von diesem Kindermord gewesen sein mag, für den es keinerlei Beleg außerhalb der Evangelien gibt. Der König mußte auch gegen Ende seiner Regierungszeit, als er um die siebzig war, in einem Neugeborenen keine Bedrohung seiner Herrschaft sehen. Wichtig ist aber, daß auch unter den Nachfolgern Herodes' I. dieser Name weit verbreitet war und teils mit Zusätzen, teils nachträglich dem eigentlichen Namen bei Herrschaftsantritt vorgesetzt, vorkam. Aus vier Ehen hatte der Großkönig selbst zwei Söhne namens Herodes: einen mit dem Beinamen Boethius und einen, der «der Bruder des Philippus» genannt wird. Selbst wenn wir vom Enkel und Urenkel, die als Herodes Agrippa I. bzw. II. später regierten, absehen, so trugen auch die beiden unmittelbaren Nachfolger Herodes' des Großen, seine Söhne Archelaos und Antipas, als Zusatz zumindest bisweilen den Namen des berühmten Vaters: von ersterem sind Münzen überkommen, auf denen er sich «Herodes der Ethnarch» nennt, von letzterem solche mit der Inschrift «Herodes der Tetrarch», und sowohl beim jüdisch-römischen Geschichtsschreiber Josephus Flavius als auch im Neuen Testament wird er teils nur als Herodes, teils «Herodes, genannt Antipas» bezeichnet.

Persönliche Lebensdaten Jesu und seiner Eltern sind im folgenden nicht aufgenommen, da sie sich (etwa in der Form «mit zwölf Jahren» oder «fünfzehn Jahre später») aus dem Text selbst ergeben. Andererseits sind Widersprüche zwischen Darstellungen des Autors (zum Beispiel bei Herodes) und feststehenden Lebensdaten auch auf eine gewisse dichterische Freiheit zurückzuführen. In Zweifelsfällen, also bei gelegentlich abweichenden Datierungen, stützt sich die folgende Zusammenstellung auf das Standardwerk von Karl Ploetz, «Auszug aus der Geschichte».

1002–963 v. Chr.
herrscht in Israel König David; mit seiner Herrschaft verbindet sich der endgültige Sieg über die Philister.

963–925 v. Chr.
regiert sein Sohn Salomo, nach dessen Tod Israel in ein Nord- und ein Südreich zerfällt.

587 v. Chr.
erobert der babylonische König Nebukadnezar II. Jerusalem, zerstört Stadt und Tempel und führt die Juden in die «babylonische Gefangenschaft». Nach der Eroberung des babylonischen Reiches durch den Perserkönig Kyros 539 setzt eine Rückwanderung der Juden ein, da ihr ehemaliges Siedlungsgebiet nun ebenfalls zum Perserreiche gehört. 538 beginnt man aufgrund eines Kyroserlasses mit dem Wiederaufbau des Tempels in Jerusalem, unter dem persischen Statthalter Nehemia werden von 445 an auch die Stadtmauern wieder errichtet.

200 v. Chr.
erobert der Seleukidenherrscher Antiochos III. Palästina. Antiochos IV. verbietet dann im Jahre 167 den jüdischen Kult, was den Aufstand der Hasmonäer auslöst: Mattathias, dessen Anführer, stirbt schon 166, seine Söhne Simon, Judas Makkabäus (gestorben 160) und Jonathan führen den Kampf fort. Letzterer wird – nachdem schon 164 der Jahwe-Kult wieder eingeführt worden war – 152 vom Seleukidenkönig Alexander Balas als Hoherpriester, 150 als «Stratege von Judaea» anerkannt, 142 jedoch von dem Söldnerführer Tryphon, der sich nach Beseitigung des Seleukidenherrschers Antiochos VI. selbst zum König aufgeschwungen hatte, getötet.

142–135 v. Chr.
herrscht in Palästina der Sohn des Mattathias, Simon, als Begründer der jüdischen Hasmonäer- (oder Makkabäer-) Dynastie unter seleukidischer Oberherrschaft. Ihm folgt

134–104 v. Chr.
Hyrkanos I., unter dem eine Epoche der Eroberungen einsetzt (107 Zerstörung Samarias): Galilaea, die Küstenstädte und große Teile des Ostjordanlandes werden gewonnen. 104/103 folgt der 140 geborene Aristobulos, erst Hoherpriester, dann auch König. Von 102 bis 76 herrscht Alexandros Jannaeus, der die Eroberung Galilaeas abschließt.

63 v. Chr.
gliedert der Triumvir Pompeius den jüdischen Staat unter Ausnutzung von dynastischen Konflikten dem Römerreich an; auf Alexandros Jannaeus war dessen Gemahlin Alexandra gefolgt, auf diese 67 ihr Sohn Hyrkanos II., gegen den jedoch Aristobulos II. als Gegenkönig aufgestellt worden war. Hyrkanos II. bleibt Hoherpriester, doch das Recht zur Steuererhebung wird ihm genommen. Samaria und auch viele der sonstigen Eroberungen gehen den Juden wieder verloren, Hyrkanos II. herrscht nur «über die Teilnehmer des Kults von Jerusalem», doch wird er 47 als Ethnarch in Bundesgenossenschaft mit Rom anerkannt. 57 und 53 fanden Aufstände statt.

40 v. Chr.
wird der 73 geborene Herodes aus Idumaea in Südpalästina, Sohn des Antipatros, eines Feldherrn des Hyrkanos und bereits Statthalter von Galilaea, vom römischen Senat als König eingesetzt. Unter Duldung durch die Römer rottet er die Hasmonäerdynastie aus und erobert 37 mit römischer Hilfe Jerusalem.

30 v. Chr. – 14 n. Chr.
herrscht im römischen Weltreich Kaiser Augustus; unter seiner Regierung fällt nach der Absetzung des Herodes-Nachfolgers Archelaos Judaea im Jahre 6 n. Chr. an Rom.

9 v. Chr. – 40 n. Chr.
herrscht im Nabataerreich Aretas IV. («Aretas von Arabien»).

6–4 v. Chr.
ist Publius Quintilius Varus (der später in der berühmten Schlacht im Teutoburger Wald fällt) Statthalter in Syrien; während seiner Statthalterschaft wird die Stadt Sepphoris verbrannt, die, wieder aufgebaut, beim Aufstand des Juda von Galilaea im Jahre 7 n. Chr. nochmals zerstört wird.

4 v. Chr.
stirbt Herodes I. (der Große), sein Reich wird unter seine Söhne geteilt: Archelaos erhält Judaea, Samaria und Idumaea, er wird jedoch von den Römern 6 n. Chr. abgesetzt und nach Gallien verbannt, und das Gebiet wird einem römischen Prokurator unterstellt. Sein zweiter Sohn (Herodes) Antipas herrscht dagegen von

4 v. Chr. – 37 n. Chr.
als Tetrarch in Galilaea und Peraea (östlich des Jordans) und ist damit Landesherr Christi. Vom römischen Kaiser Caligula abgesetzt, stirbt auch er in der Verbannung (40 n. Chr.)

6/7 n. Chr.
oder nach römischer Zeitrechnung im Jahre 760 «ab urbe condita» (also nach Gründung Roms) findet unter dem Statthalter Roms in Syrien, Publius Sulpicius Quirinius, die erste Volkszählung in diesen Gebieten statt, die uns der Evangelist Lukas als Grund für die Reise von Joseph und Maria nach Bethlehem nennt. Dabei ging es um den Eintrag in Steuerlisten – und gegen diese Erfassung zur Besteuerung durch Rom richtete sich der Aufstand des Juda von Galilaea.

14–37 n. Chr.
regiert im römischen Weltreich Kaiser Tiberius – er ist also derjenige, dem nach Christi Worten zu geben ist, «was des Kaisers ist».

26–36 n. Chr.
steht als Zeit fest, während der Pontius Pilatus Prokurator («Landpfleger») des zu Syrien geschlagenen Judaea und Samaria war.

18–36 n. Chr.
war Kaiphas Hoherpriester zu Jerusalem.

29 n. Chr.
wird in manchen Quellen als das Jahr der Enthauptung Johannes des Täufers (Jochanaans) genannt, in anderen Herbst 34 bzw. Winter von 34 auf 35. Wenige Monate vorher war er auf Befehl des Herodes Antipas verhaftet worden. Da übereinstimmend berichtet wird, daß Jesus mit seiner öffentlichen Lehrtätigkeit erst nach dieser Verhaftung des Johannes begann, müssen wir das oben als erstes genannte Jahr voraussetzen, wenn wir

33 n. Chr.
als, wie heute üblich, das Todesjahr Christi annehmen. Einen eindeutigen Beleg dafür gibt es freilich nicht, und wenn wir von einem späteren Tod des Johannes ausgehen, verschiebt sich damit auch das Todesjahr Christi. Belegt ist lediglich, auch in frühen nichtchristlichen Quellen, sein Tod während der Amtszeit des Pontius Pilatus.

Quellen: Große Familienbibel, Stauffacher-Verlag Zürich; Klaus Eccardt, Herrscher der Welt, Battenberg-Verlag München; Werner Stein, Kulturfahrplan, Herbig-Verlag München; Arno Peters, Synchronoptische Weltgeschichte, Universum-Verlag München; Ernst Sellin, Israelitisch-jüdische Religionsgeschichte, Quelle & Meyer, Leipzig; Propyläen-Weltgeschichte, Ullstein-Verlag, Berlin; Bibel-Lexikon in fünf Bänden, Brockhaus-Verlag Leipzig; Karl Ploetz, Auszug aus der Geschichte, Ploetz-Verlag Würzburg/Freiburg u. a.